# 삼국지강의 2

品三國(下)
by 易中天

Copyright © 2007 by Yi Zhongtian
Originally published in China as 《品三國(下)》
All rights reserved.

Korean translation copyright © 2007 by Gimm-Young Publishers, Inc.
This Korean edition is published by arrangement with the author and Shanghai Literature
& Art Publishing House through Enterskorea Co., Ltd., Seoul.

易中天

# 삼국지 강의 2

品三國

김영사

# 삼국지 강의 2

1판 1쇄 발행 2007. 11. 7.
1판 16쇄 발행 2019. 6. 10.

지은이 이중톈
옮긴이 홍순도

발행인 고세규
발행처 김영사
등록 1979년 5월 17일(제406-2003-036호)
주소 경기도 파주시 문발로 197(문발동) 우편번호 10881
전화 마케팅부 031)955-3100, 편집부 031)955-3200 | 팩스 031)955-3111

이 책의 한국어판 저작권은 캐럿 에이전시를 통한 저작권자와의
독점 계약으로 김영사에 있습니다. 저작권법에 의해 한국 내에서 보호를 받는
저작물이므로 무단 전재와 무단 복제를 금합니다.

값은 뒤표지에 있습니다.
ISBN 978-89-349-2714-3 03900
ISBN 978-89-349-2542-2 (세트)

홈페이지 www.gimmyoung.com  블로그 blog.naver.com/gybook
페이스북 facebook.com/gybooks  이메일 bestbook@gimmyoung.com

좋은 독자가 좋은 책을 만듭니다.
김영사는 독자 여러분의 의견에 항상 귀 기울이고 있습니다.

**차례**

## 3부 _ 삼국정립

25강 _ 중도에 그만두다　19

26강 _ 욕망은 끝이 없다　39

27강 _ 몸 둘 곳이 없다　60

28강 _ 남의 칼을 빌려 사람을 죽이다　80

29강 _ 살인 사건의 진상　104

30강 _ 후계자 쟁탈전　125

31강 _ 빈틈을 타고 들어오다　146

32강 _ 밀월의 음모　168

33강 _ 흰 옷을 입고 강을 건너다　187

34강 _ 맥성으로 패주하다　209

35강 _ 효정전쟁의 한　230

36강 _ 영안에서 후사를 부탁하다　253

## 4부 _ 다시 통일로

37강 _ 아주 특별한 군주와 신하 | 275
38강 _ 물과 기름의 관계 | 297
39강 _ 비통한 심정으로 팔을 자르다 | 317
40강 _ 내부 분쟁의 먹구름 | 339
41강 _ 공격은 최선의 수비 | 360
42강 _ 국면을 되돌릴 힘이 없다 | 380
43강 _ 군주와 신하의 만남 | 399
44강 _ 동남을 공략하다 | 420
45강 _ 하늘 같은 정 바다 같은 한 | 441
46강 _ 따뜻한 인생, 차가운 최후 | 461
47강 _ 거슬러 올라가다 | 481
48강 _ 방법은 달라도 결과는 같다 | 501

**결분** _ 장강은 여전히 동으로 흐른다 | 523
**역자 후기** _ 삼국지는 결코 끝나지 않는다 | 587

**장강** 장강은 위·촉·오 삼국을 나누는 경계 역할을 했으며 「삼국지」의 가장 중요한 지리적 배경이었다. 위와 촉이 장강 상류 지역인 익주를 놓고 연합과 전투를 반복했고, 강을 경계로 남방 정권(촉한·동오)과 북방 정권(조위)이 대치하는 국면이 형성되었다. 삼국시대의 가장 중요한 세 전쟁 가운데 두 전쟁, 즉 적벽대전과 이릉전쟁이 이 강 위에서 벌어졌다. ⓒ瑛

| 1 | 2 |
| --- | --- |
| 3 | 4 |

**조조** 지난 2천여 년 동안 가장 의견이 분분했던 역사적 인물 중 한 사람이 바로 조조이다. 간교하고 잔혹한 성격 때문에 천하의 모든 사람들로부터 가장 많은 비난을 받았지만 도덕적인 잣대를 제쳐둔다면, 조조는 분명 삼국의 군주 가운데 시대의 기운을 보는 눈이 가장 탁월했다고 할 수 있다. 위진 남북조시대를 거쳐 이후 중국 역사의 핵심 통치 계급으로 등장하게 될 '서족'을 역사 무대의 전면으로 끌어낸 것이 조조였기 때문이다. ⓒ瑛

**유비** 집도 절도 없이 떠돌던 유비가 촉나라를 세우고 황제 자리에까지 오른 데는 남모르게 조조의 공이 컸다고 할 수 있다. 조조가 앞서서 유비가 가야할 길과 피해야 할 길을 잘 보여준 것이다. 유비는 일찍이 방통에게 조조와 반대로 하면 일을 이룰 수 있다고 말한 바 있는데, 유비는 덕을 행하는 일에는 조조와 반대로 했고, 왕을 칭하고, 황제에 오르는 등의 입신 과정에서는 조조를 따랐다. ⓒ瑛

**손권** 조그만 지역에 자리 잡은 소군벌에 불과했던 손권이 성공의 길을 걸을 수 있었던 것은 그가 명분에 사로잡히지 않은 영민한 현실주의자였기 때문이다. 그는 자신의 이익에 따라 유비와 동맹을 맺거나 맞서 싸웠고, 조조를 도적이라 불렀다가 조조에게 신하를 자처하기도 했다. 천하를 호랑이 눈으로 굽어보면서 그에 따라 처신했으며 무엇보다 자신의 감정을 컨트롤할 줄 아는 인물이었다. ⓒ瑛

**제갈량** 제갈량이 수많은 삼국의 모사들과 달랐던 점은 자신만의 정치적 이상이 있었고, 그 이상을 실현할 수 있는 자리에 앉아 끊임없이 실행을 모색했다는 데 있다. 그는 자신이 할 수 있는 최선을 다해 통치 이념을 실제 정치 시스템에 적용했다. 하지만 끝끝내 법치주의 통일 왕조를 수립하는 데는 실패했다. 한 개인의 역량으로는 거스를 수 없었던 시대의 흐름 때문이었다. ⓒ瑛

**융중** 삼국시대의 인물들을 살펴보면 군주만이 신하를 택한 것이 아니라 신하 역시 믿고 의지하며 자신의 뜻을 실현시켜줄 군주를 선택했다는 것을 알 수 있다. 제갈량은 이 융중에 머물며 귀인을 기다렸다. 그리고 한 왕조의 부흥이라는 자신의 정치적 이상을 실현시켜줄 군주로 유비를 택했다. ⓒ瑛

**명월협 고잔도** 제갈량이 북벌을 준비하며 협곡 절벽에 구멍을 뚫어 만든 명월협 고잔도의 입구. ⓒ瑛

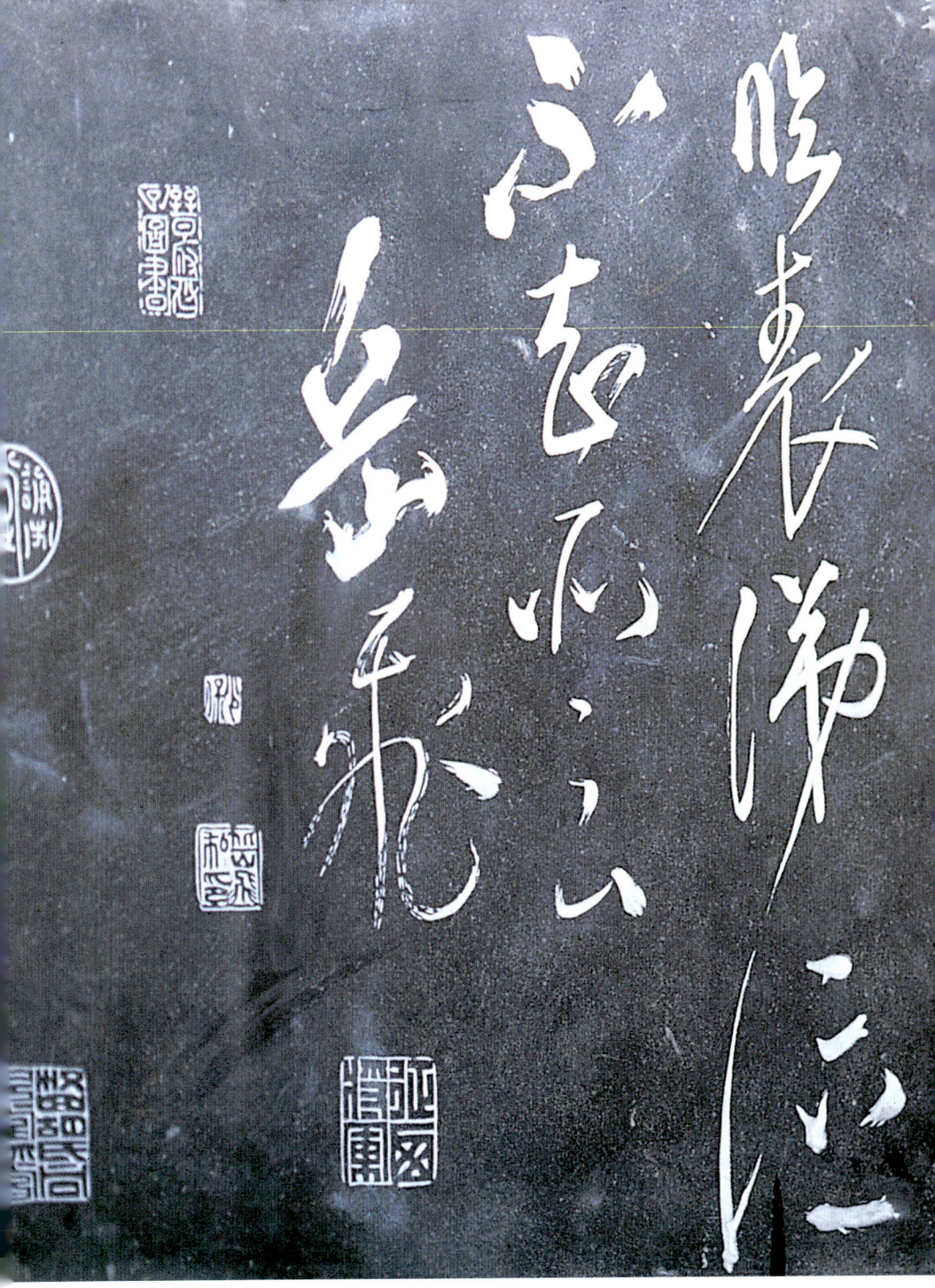

**출사표** 송나라 명장 악비가 쓴 『출사표』. 제갈량은 유비 사후, 실질적인 군주 노릇을 하며 끊임없이 북벌을 시도했다. 그 첫 번째 북벌을 떠나며 황제 유선에게 올린 글이 바로 이 『출사표』이다. ⓒ瑛

**영안궁** 효정에서 패한 유비는 그 다음해 백제성 영안궁에서 병사하는데, 죽기 전 제갈량과 이엄에게 어린 황제 유선을 맡긴다. 이 탁고는 자신의 사후 권력 안배를 염두에 둔 유비의 마지막 계책이라 할 수 있었다. ⓒ瑛

# 삼국정립

## 중도에 그만두다

적벽대전赤壁大戰은 조조曹操의 정수리에 일침을 가한 전쟁이다. 이때부터 조조의 세력은 다시는 남쪽을 넘보지 못했다. 그러나 조조는 쉽사리 패배를 시인하는 사람이 아니었다. 이른바 "공을 세우는 일에 뜻을 둔 사람은 말년이 돼도 장대한 뜻이 조금도 쇠퇴하지 않는다"는 말은 절대 자화자찬이 아니었다. 적벽대전의 패배는 단지 그의 득의양양하고 교만스런 마음을 현실로 되돌렸을 뿐이었다. 그는 이후에도 마땅히 해야 할 일을 계속했다. 뿐만 아니라 더 한층 시간을 다그쳤다. 그렇다면 적벽대전 후에 조조는 과연 어떤 일들을 했을까?

적벽대전 이후 조조는 군사적으로 중요한 세 가지 전쟁을 치릅니다. 마초馬超와 한수韓遂를 격파한 다음 손권孫權을 토벌하고 장로張魯를 공격했습니다. 이들 세 가지 일은 성패가 달랐습니다. 하지만 공통점이 하나 있는데, 모든 일을 끝까지 마무리 짓지 못했다는 사실입니다. 궁지에 몰린 적을 끝까지 쫓지 않았습니다. 또한 승전보도 없이 되돌아간 일도 있었습니다. 얻었으되 다시 잃는 상황이 연출되기도 했습니다. 다시 말해 '중도에 그만두다半途而廢'라는 성어로 아주 잘 설명이 되는 상황이었습니다.

도대체 어떤 이유가 있었던 것일까요?

### 조조의 마초·한수 공격

먼저 첫 번째 일에 대해 말해보겠습니다.

건안建安 16년(서기 211년) 조조는 서쪽의 마초와 한수를 정벌하기로 결정했습니다. 이로서 적벽대전 후 처음으로 조조가 대규모 군대를 동원하게 됩니다. 상식적으로 생각하자면 2년 이상에 걸쳐 군대를 정돈하고 전투력을 쌓은 조조는 마땅히 군대를 이끌고 다시 남쪽으로 가야 했습니다. 손권과 유비劉備 정벌을 통해 내부에 숨어 있는 치명적인 우환을 제거함으로써 적벽대전의 원한을 설욕해야 했기 때문입니다. 그런데 왜 서쪽 지역에 대한 정벌에 나섰을까요? 장쮜야오張作耀 선생의 저서 『조조평전曹操評傳』은 이에 대해 세 가지 이유를 말하고 있습니다. 첫째, 손권과 유비의 연맹은 이미 완성돼 있어서 당분간 와해시킬 수 없었습니다. 둘째, 마초와 한수가 중원中原에 군대를 보유하고 있어서 조만간 반드시 제거하지 않으면 안 됐던 것입니다. 마지막 이유는 손권이 마초, 한수 등과 연합을 꾀하려 했다는 사실입니다. 물론 이 연합은 주유周瑜가 병사한 탓에 성사되지는 못했습니다. 『삼국지三國志』 「주유전」에 의하면 주유는 건안 15년(서기 210년) 12월, 손권에게 촉(蜀, 유장劉璋)을 빼앗고 장(張, 장로)을 합병한 다음 마(馬, 마초)와 연합하자고 건의했습니다. 이 점을 이해하면 우리는 조조가 왜 건안 16년(서기 211년) 봄이 되자마자 바로 마초와 한수를 공격하려 했는지 알 수 있습니다.

그러나 마초와 한수를 토벌하는 것은 그렇게 쉽지 않았습니다. 왜냐하면 그들은 모두 조조가 천거해 조정에서 관직을 봉했기 때문입니다. 더구나 그들에게는 모반의 기미도 전혀 없었습니다. 이 상황에서 갑자기 그들을 정벌할 경우 정당한 이유 없이 군대를 출동해야 하고, 이는 도리에 어긋나는 일이기 때문입니다. 그래서 조조는 바로 음모와 위계를 사용했습니다. 『삼국지』「무제기武帝紀」에 의하면 그해 3월 조조는 사예교위司隸校尉 종요鍾繇에게 명령을 내립니다. 서쪽의 장로를 정벌하라고 말입니다. 정서호군征西護軍 하후연夏侯淵에게도 하동河東을 나와 종요와 군대를 합쳐 함께 진격하도록 명령을 내립니다. 우리는 당시 마초와 한수의 핵심 병력이 관중關中에 있고, 장로의 핵심 병력이 한중漢中에 있었던 사실을 알고 있습니다. 장로를 공격하려면 반드시 마초와 한수 등이 주둔한 지역을 지나가야 한다는 결론이 바로 나옵니다. 그래서 이 명령이 떨어지자 많은 휘하의 막료들(치서시어사治書侍御史 위기衛覬, 창조속倉曹屬 고유高柔 등)이 반대했습니다. 그들은 마초와 한수 같은 부류는 모두 큰 뜻이 없는 무인으로 일시적 안일을 탐하는 인물에 불과할 뿐이라고 생각했습니다. 더구나 장로는 길이 잘 통하지 않는 깊은 산 속에 있었습니다. 조정의 입장에서는 대규모의 군대를 동원하여 원정을 한다 해도 장로를 멸망시키지는 못할 것이고, 오히려 마초와 한수만 놀라게 해 상황이 시끄러워질까 걱정스러웠던 것입니다. 조조는 그런 의견을 듣고 코웃음을 쳤습니다. 그가 원하는 것이 바로 마초와 한수의 반란이었기 때문입니다.

그러나 『삼국지』「무제기」의 배송지裴松之 주에서 인용한 『위서魏書』에는 다른 설명이 있습니다. 『위서』는 이 방법을 생각해낸 사람이 종요라고 말합니다. 이유가 있습니다. 그는 마초나 한수 같은 사람들은 "겉으로는 따를지라도 내심은 믿을 수 없는 인물들"이라고 생각했습니다. 그래서 종요는 장로를 토벌하는 것을 구실로 마초 등을 강박해 인질을 보내도록 해야 한다고 주장했습니다. 조조는 어쨌든 이 건의를 받아들였습니다. 그러고는 순욱荀彧을 통해 이 일과 관련한 의견을 위기에게 물었습니다. 위기는 바로 반대했습니다. 그러나 조조는 이왕 종요가 "스스로 임무를 맡기를 원한" 만큼 그가 마음대로 처리하도록 맡겼습니다. 결과적으로 관서關西는 진짜 대대적인 반역을 도모합니다. 이로 인해 조조는 친히 군대를 이끌고 반역을 평정해야만 했습니다. 반란은 몇 만 명이 죽고 나서야 비로소 평정됩니다. 『위서』는 그래서 조조가 "위기의 건의를 듣지 않은 것을 후회했다"고 전하고 있습니다.

이것은 당연히 하나의 견해입니다. 그러나 저로서는 권모술수에 능한 조조가 과연 종요를 그렇게 쉽게 믿었을까 의심하지 않을 수 없습니다. 호삼성胡三省은 『자치통감資治通鑑』 주에서 이른바 "공개적으로 장로를 토벌하면서 은밀히 마초와 한수를 정벌한다"는 것이 조조의 생각이라고 주장했습니다. 그뿐만이 아닙니다. "괵虢을 정벌해 우虞를 얻는다"는 고도의 전략이라고 말하고도 있습니다. 호삼성에 의하면 조조의 목적은 분명했습니다. 마초와 한수에게 반란을 강요해 출병의 명분을 만든 다음 토벌하는 것이었습니다. 이에 대해서는 더 토론할 필요가 없을 것 같습니다. 어쨌든 종요의 군대가 움직이자 마초와 한수 등의 관서 40부部는 과연 모두 반란을 일으켰습니다. 그들은 10만 군사를 모아 동관(潼關, 산시성陝西省 시안 西安 인근 소재-옮긴이)에 주둔한 다음 조조와 목숨을 건 일전을 준비했습니다.

이제 조조에게 그들을 공격할 정당한 명분이 생기게 된 것입니다. 결국 그해 7월 조조는 일련의 전략적 배치를 마친 다음 57세 고령의 나이로 친히 전선으로 나가게 됩니다. 『삼국지』 「무제기」의 배송지 주에서 인용한 『위서』는 당시 어떤 사람이 조조에게 이렇게 주의를 환기시켰다고 말하고 있습니다. 관서의 병사들은 긴 창을 대단히 잘 사용하니 주의를 해야 한다고 말입니다. 그러나 조조는 이에 대수롭지 않게 말합니다.

"괜찮다! 전쟁의 주도권이 나에게 있지 적에게 있지 않다. 그들의 긴 창이 비록 대단하다고 하나, 나는 그들이 나를 찔러 죽이게 놔두지 않을 것이다. 여러분은 그것을 잘 보아라!"

하지만 전쟁은 조조가 말한 것처럼 그렇게 쉽게 풀리지 않았습니다. 그해 윤 8월 조조는 황하黃河의 북쪽으로 도하하고 있었습니다. 이때 그는 하마터면 전사할 뻔합니다.『삼국지』「무제기」의 배송지 주에서 인용한『조만전曹瞞傳』과『자치통감』에 의하면 당시 조조는 군사들로 하여금 먼저 황하를 건너게 하고 자신은 정예부대 백여 명을 거느리고 남쪽 기슭을 엄호했습니다. 사건은 그가 막 도하하려 할 때 일어났습니다. 마초가 보병과 기병 만여 명을 이끌고 공격해온 것입니다. 조조는 이때 의연하게 "호상(胡床, 보통 의자보다는 크고 등받이가 있는 중국식 의자—옮긴이)에 앉아 움직이지 않았"는데, 다행히 허저許褚와 장합張郃 등 수하 장수들은 일이 심상치 않다고 판단하여, 급히 조조를 부축해서 배에 태웠습니다. 그러나 물살이 세어 배가 북쪽으로 건너다 동쪽으로 4~5리나 표류하게 됩니다. 마초 등은 기회를 놓치지 않으려고 추격하면서 화살을 마구 쏘아댔습니다. "화살이 비 오듯 했다"라는 기록은 그렇게 해서 생겼습니다. 상황이 그러니 장수들은 나중에 조조가 어디에 있는지 몰라 모두들 걱정할 수밖에 없었습니다. 그들은 조조가 황하를 무사히 건너서 서로 알아볼 수 있게 된 다음에야 안도의 눈물을 흘립니다. 조조는 이때 "하하하!" 하고 큰 소리로 웃으면서 오늘 하마터면 쥐새끼같이 작은 적에게 당할 뻔했다고 익살스럽게 말했습니다.

상황은 9월이 되면서 크게 달라졌습니다. 이때 조조의 군대는 모두 위수渭水를 건넜습니다. 마초 등은 저항할 방법이 없게 됩니다.『삼국지』「가후전賈詡傳」에 의하면 당시 마초 등은 조조에게 땅을 할양할 테니 평화 협상을 하자고 제의합니다. 더불어 아들을 데려다 인질로 삼아도 좋다는 입장을 보였습니다. 조조는 가후에게 의견을 물었습니다. 가후는 대답하는 척하라고 말했습니다. 조조는 그렇게 한 후 나중에는 어떻게 하냐고 다시 물었습니다. 가후는 "그들을 이간시켜야 합니다"라고 말합니다. 조조는 바로 이간책을 써야 하는 현실을 이해했습니다.

이쯤에서 반드시 필요한 배경 설명이 있습니다. 마초와 한수 등의 반군은 요즘으로 치면 10개 여단 정도를 보유했을 정도로 군마가 많았습니다. 이는 그들이 10만 대군이라 불린 데서도 잘 알 수 있습니다. 그러나 그들은 사실 오합지졸에 불과했습니다. 장수들 간의 불화와 반목 역시 간단치 않았습니다. 마초는 마등馬騰의 아들입니다. 문제는 마등과 한수의 관계가 상당히 복잡했다는 사실입니다. 그들은 원래 오랜 친구였습니다. 그러나 나중에는 서로 반목하고 원수가 됐습니다. 조조는 이 같은 관계를 중간에서 조정했습니다. 마등을 조정으로 불러들인 것입니다. 이로써 아버지 대신 마초가 다시 한수와 한 배를 타게 됐습니다. 그러나 조조에게 그러한 관계는 두 사람을 이간시킬 수 있는 좋은 계기가 됩니다. 기회가 생길 경우 그 틈을 이용할 수 있게 된 것입니다. 방법은 여러 가지가 있었습니다. 어느 날 한수는 조조에게 만날 것을 제안했습니다. 조조는 그 기회를 매우 잘 이용했습니다. 『삼국지』「무제기」에 의하면 조조와 한수는 각자의 군영에서 말을 타고 앞으로 나와 만났습니다. 둘은 양 군영의 중간 지점으로 가서 많은 시간 동안 다정하게 이야기를 나누었습니다. 과연 무슨 이야기를 했을까요? 기록에만 의존하면 "군사에 대한 얘기는 언급하지 않고 단지 장안長安에서의 옛 일을 이야기했다"고 합니다. 이것은 사실 조금도 이상한 일이 아니었습니다. 우선 조조의 부친과 한수의 부친은 '같은 해 함께 등용된 효렴(孝廉, 관리로 천거된 자—옮긴이)'이었습니다. 조조 역시 한수와는 '동년배'였습니다. 옛 일을 이야기하는 것이 매우 자연스러운 사이였습니다.' 뿐만 아니라 둘은 뜻이 통하는 부분을 이야기할 때는 "박수를 치며 웃었다"고 전해집니다. 한수가 자기 군영으로 돌아오자 마초는 그에게 조조가 어떤 말을 했느냐고 물었습니다. 그때 한수는 "특별하게 말한 것이 없다"고 말합니다. 실제로도 "특별히 말한 것은 없었다"고 전해집니다. 아마 둘은 진짜 무언가 특별한 이야기를 하지 않았을 것입니다. 그러나 마초 등은 믿지 않았습니다. 그렇게 오랜 시간 동안 이야기꽃을 피우는 것을 뭇 사람들의 눈이 다 봤는데, '특별히 말한 것이 없다'는 얘기를 누가 믿을 수 있을까요?

　마초가 의심을 품기 시작하자, 조조는 다른 방법 하나를 더 생각했습니다. 『삼국지』「무제기」의 배송지 주에서 인용한 『위서』와 『삼국지』「허저전」, 『삼국지』「마초전」 등에 의하면 조조는 사흘 후 다시 한수와 만났습니다. 그러나 이번에는 마초가 현장에 있었습니다. 조조의 태도는 지난번과 달랐습니다. 그는 현장에 "나무를 묶은 장애물"을 설치하여 병풍처럼 둘러쳐진 장벽을 만들었습니다. 게다가 말을 탄 허저에게 칼을 빼어든 채 뒤를 따르라고 명합니다. 마초를 믿지 못하겠다는 입장을 분명히 보여준 것입니다. 역사적 사실은 조조의 경각심이 맞았다고 증명하고 있습니다. 당시 마초는 그 만남에서 조조를 습격하려는 확실한 의도가 있었습니다. 하지만 허저가 두려워 손을 쓰지 못한 것입니다.

　이 만남에서 조조는 긍정적이고 칭찬할 만한 면도 보였습니다. 조조가 태연자약하게 진 앞으로 나왔을 때 마초와 한수 휘하의 장군들은 하나같이 조조에게 공수拱手의 예를 표했습니다. 병사들 역시 마찬가지였습니다. 조조를 보기 위해 앞을 다퉈 한꺼번에 몰려들었습니다. 조조는 이에 웃으면서 "너희들은 조조를 보려는 것이냐? 너희들에게 알려주마. 나도 너희들과 똑같은 사람이지 눈알이 네 개에 입이 두 개 달린 사람이 아니다. 지혜가 좀 많을 뿐이다"라고 말했습니다. 마초와 한수의 부하들은 조조가 그렇게 말하는 것을 듣고는 그의 앞뒤를 살폈습니다. 그들의 눈에 바로 "광채를 내뿜는 총 10열의 철 기병 5천 기騎의 눈부신 대열의 모습"이 들어왔습니다. 그들은 너나 할 것 없이 놀라고 겁이 나 벌벌 떨었습니다. 투지는 사라지고, 전투력도 곧바로 저하됐습니다.

　이런 복선을 깐 다음 조조는 또 다른 계책을 사용합니다. 그는 한수에게 편지를 한 통 썼습니다. 그는 편지에 고의적으로 동그라미와 점을 그려 넣었습니다. 마치 한수가 고친 것처럼 보이도록 한 것입니다. 이 편지의 내용이 무엇이었는지 우리는 모릅니다. 더구나 그것은 중요하지도 않습니다. 중요한 것은 장쥐야오 선생이 지적한 몇 가지입니다. 우선 조조가 그 편지를 마초가 반드시 볼 것이라고 예측했다는 사실입니다. 말을 얼버무리면서 여러 가지로 해석이 가능한 내용을 많이 넣었다는 사실 역시 그렇습니다. 마지막으로 편지를 받은 사람이 내용을 고친 것처럼 보이도록 했다는 점입니다. 결과적으로 마초는 편지를 진짜 뜯어보았습니다. 그리고 한수가 편지를 고쳤다고 의심했고, 다시는 한수를 믿지 않았습니다.

주지하다시피 연합 작전을 펼칠 때 제일 조심해야 하는 것이 장군들 사이의 불화입니다. 한수와 마초는 서로 의심을 했습니다. 군대의 사기가 충천할 리가 없었고, 조조와의 전쟁에서 이길 수가 없었습니다. 당연히 결과도 그랬습니다. 조조는 기회를 잡아 단번에 한수와 마초를 공격해 양주凉州로 패퇴시켰습니다. 전쟁에 승리한 다음 조조는 하후연을 장안에 남겨 확보한 땅을 지키도록 했습니다. 자신은 다음 해인 건안 17년(서기 212년) 업성鄴城으로 돌아왔습니다. 이에 반해 한수는 건안 20년(서기 215년), 즉 조조가 장로를 정벌하는 그해에 서평西平과 금성金城의 여러 장군들에게 살해당하는 비극을 맞습니다. 마초 역시 건안 19년(서기 214년) 유비가 유장을 공격하던 해에 유비에게 몸을 의탁했습니다.

### 조조의 손권 공격

이제 두 번째로 조조가 손권을 정벌한 일에 대해 이야기하겠습니다.
조조가 한수와 마초를 격파한 목적 가운데 하나가 등 뒤의 화근을 제거하기 위한 것이었습니다. 관중이 이미 평정됐으므로 이제 다음은 손권을 정벌하는 일이 남았습니다. 조조는 손권과의 전쟁을 준비하는 기간에 일종의 강온 전략을 동시에 사용합니다. 그래서 완우阮瑀에게 강압과 회유의 내용이 함께 담긴 장문의 편지를 대필하도록 해 손권에게 보냈습니다. 조조가 제시한 조건은 "안으로 자포(子布, 손권의 막료 장소張昭—옮긴이)를 체포한 다음 밖으로 유비를 공격해달라"는 것이었습니다. 조조는 그렇게만 된다면 강동江東의 땅은 영원히 손권에게 속하고, 더불어 벼슬도 높아진다고 그를 회유했습니다. 둘째 조건도 있었습니다. 장소를 죽이기 아까우면 유비만 죽여도 된다는 것이었습니다. 손권은 당연히 이를 거절했습니다. 아니 오히려 조조에게 반격하기 위해 일찌감치 건안 16년(서기 211년), 조조가 한수와 마초를 정벌한 바로 그해에 장사長史 장굉張紘의 건의를 받아들여 수도를 경구(京口, 지금의 장쑤성江蘇省 전장鎭江)에서 말릉(秣陵, 지금의 장쑤성 난징南京)으로 옮겼습니다. 수도의 이름도 건업建業이라고 고쳤습니다. 여기에 그치지 않았습니다. 여몽呂蒙의 건의를 받아들여 유수구(濡須口, 지금의 안후이성安徽省 우웨이현無爲縣)에 군항軍港까지 건설했습니다. 손권의 이런 태도로 미뤄보면 양 진영의 결전은 그야말로 피할 수가 없었습니다.

그래서 조조는 건안 17년(서기 212년) 10월, 40만 명으로 알려진 대군을 이끌고 손권 정벌에 나섰습니다. 이어 건안 18년(서기 213년) 정월 유수구로 진군하게 됩니다. 지금의 관점에서 보면 조조는 이 전쟁에 대해 잘못 판단했다고 할 수 있습니다. 때와 지형의 이점을 제대로 분석하지 못했다고나 할까요. 이로 인해 조조의 군대는 교전이 시작됐음에도 적극적으로 나서지 못합니다. 전황은 교착상태에 빠졌습니다. 『삼국지』 「오주전吳主傳」의 배송지 주에서 인용한 『오력吳曆』에 의하면 당시 손권은 수차례나 조조의 군대를 향해 무력시위를 했습니다. 그러나 조조는 "수비만 하고 공격하러 나가지 않았다"고 합니다. 손권은 이에 한술 더 뜹니다. 직접 가

녑고 빠른 배 한 척을 타고(아마도 1개 선단船團으로 봐야 할 듯) 유수구에서 조조 군대의 수군 초소 앞으로 나아갔습니다. 조조는 당연히 손권이 온 것을 알았습니다. 그는 경비를 강화하고 활을 "함부로 쏘지 말라"고 명령했습니다. 조조가 보기에 손권의 선단은 "배의 무기와 군대가 잘 정돈돼" 있었습니다. 이후 그들은 조조의 진영 앞에서 약 5~6리 정도를 더 돌며 시위를 했습니다. 돌아갈 때에는 심지어 한 바퀴를 더 돈 다음 조조의 군대를 향해 북을 치고 연주를 하면서 "스스로 사기를 북돋기도" 했습니다. 조조는 이 모든 것을 직접 목격했습니다. 그는 결국 "자식을 낳으려면 손중모(孫仲謀, 손권) 정도는 되어야지 유경승(劉景升, 유표 劉表)의 아들(유종劉琮)처럼 돼지 자식, 개 자식이 돼 사람구실을 못해서야!"라는 깊은 탄식을 토하지 않을 수 없었습니다.

그러나 같은 상황에 대한 『위략魏略』의 기록은 다릅니다. 『위략』에 따르면 손권이 조조의 진영을 보러 타고 간 배는 가볍고 빠른 배가 아닌 큰 배입니다. 조조 역시 화살을 "함부로 쏘지 말라"고 말한 적이 없고, 오히려 활을 쏘도록 명령했다고 합니다. 조조의 명령에 따라 일제히 발사된 수많은 화살이 손권의 배 한쪽에 꽂혀 배가 기울어집니다. 이에 손권은 뱃머리를 돌릴 것을 명합니다. 배의 다른 한쪽에도 화살이 꽂히게 해 "화살로 배의 균형을 잡은" 것입니다. 그렇게 손권은 자기 진영으로 되돌아갔습니다.

이 이야기는 나중에 나관중羅貫中에 의해 교묘하게 바뀝니다. 적벽대전 때 제갈량諸葛亮이 "풀배로 화살을 빌리는" 장면의 원형으로 변하게 되는 것입니다. 사실 "풀배로 화살을 빌리는" 장면은 기술적으로는 불가능합니다. 손권의 당시 무력시위는 "화살을 빌리는" 것과는 아무 관계가 없었습니다. 따라서 여기에서 그것에 대해 말할 필요는 없을 것입니다.

배송지는 「오주전」에 이 두 가지 이야기에 대한 주석을 달고 있습니다만 이러한 일이 두 번이나 일어나는 것은 불가능합니다. 우리로서는 그런 일이 실제로 있었는지 알 도리가 없고요. 학자들은 대부분 『오력』의 기록이 맞는다고 여깁니다. 또한 『오력』의 이야기가 더욱 심미적이기도 합니다. 어떤 이야기가 사실인지는 차치하고라도 『오력』의 이야기에 나타나는 손권의 영웅적 기개는 글 속에서도 생생합니다. 여러분은 손권이 가볍고 빠른 배에서 조조를 바라보고 있는 장면을 상상해볼 수 있을 것입니다. 또한 조조가 자신의 군영에서 손권을 쳐다보는 장면을 떠올려볼 수도 있을 것입니다. 얼마나 사람들에게 흠모의 마음을 자아내게 하는 장면입니까. 그 장면은 저로 하여금 볜쯔린(卞之琳, 중국 현대 시인—옮긴이)의 작품 「단장斷章」을 생각나게 합니다. 바로 다음과 같은 시입니다.

　　당신이 다리 위에서 풍경을 보고
　　풍경을 보는 사람이 건물 위에서 당신을 보고 있습니다.
　　밝은 달이 당신의 창문을 장식하고 있고
　　당신은 다른 사람의 꿈을 장식하고 있습니다.

　전쟁은 당연히 예술이 아닙니다. 시는 더욱 아닙니다. 손권이 당시의 무력시위를 통해 만약 조조의 꿈을 장식했다면 그것은 아마 악몽이었을 것입니다.
　『삼국지』「오주전」의 배송지 주에서 인용한 『오력』에 의하면 손권은 자기 진영으로 돌아가서 조조에게 편지 한 통을 썼습니다. 편지에서 그는 "봄의 하천이 막 범람하게 됐습니다. 공소은 빨리 철군해야 합니다"라고 말합니다. 또 다른 한 장에는 여덟 자 짧은 글로 "귀하가 죽지 않으면 내가 편안할 수 없소이다 足下不死 孤不得安"라고 썼습니다.
　조조는 편지를 보고 탄복해 마지않았습니다. 확실히 그때는 봄비가 끊임없이 내려 홍수가 막 시작될 시기였습니다. 북방의 병사들이 작전을 하는 데 유리할 수가 없었습니다. '귀하가 죽지 않으면 내가 편안할 수 없소이다'라는 얘기 역시 맞는 말이었습니다. 조조는 머리를 끄덕이면서 결국 모든 장군들에게 "손권이 나를 속이지 않았다!"라고 말합니다. 철군 명령이었습니다. 그해 4월 그는 업성으로 돌아왔습니다. 조조와 손권은 당연히 그 뒤로 여러 번의 전쟁을 더 치렀습니다.

## 조조의 장로 공격

그 이야기는 다음으로 넘기고, 이제 세 번째 일에 대해 이야기하겠습니다.

세 번째 일, 즉 장로를 공격하는 일은 비교적 간단했습니다.

조조는 건안 20년(서기 215년) 3월, 군대를 이끌고 장로를 정벌했습니다. 그해 조조의 나이는 이미 61세였습니다. 그럼에도 그는 친히 출정을 하여 변방으로 달려갔습니다. 7월 조조의 군대는 양평관(陽平關, 지금의 산시성陝西省 몐현勉縣 서쪽)에 이르렀습니다. 놀란 장로는 투항을 준비합니다. 그러나 그의 동생 장위張衛가 동의하지 않았고, 결국 전쟁을 치르게 되었습니다. 그런데 이 전쟁은 정말 희극적인 전쟁이었습니다. 당시 조조는 척후병이 보고한 것처럼 양평관이 공격하기에 그다지 좋지 않다는 사실을 깨달았습니다. 그래서 바로 철군 명령을 내렸습니다. 그러다 철군 중 다시 말머리를 되돌려 장위를 공격하고 대승을 거뒀습니다. 장로는 그 와중에 파중巴中으로 도망쳤습니다. 이 일에 대한 사료의 기록은 여러 가지인데 저마다 각기 다릅니다. 먼저 『삼국지』「무제기」는 말머리를 돌려 공격한 것은 조조의 밀령이었다고 말하고 있습니다. 반면 「유엽전劉曄傳」은 유엽의 건의였다고 기록하고 있습니다. 또 「장로전」의 배송지 주에서 인용한 『위명신주魏名臣奏』와 『세어世語』 등은 그 일이 우연히 발생했다고 전하고 있습니다. 예컨대 『위명신주』는 동소董昭의 표문表文을 싣고, 당시 조조의 군대는 진짜 철군을 하려 했으나 앞쪽 부대가 길을 잃어 장위의 군영으로 잘못 들어갔다고 말하고 있습니다. 그런데 어찌 된 일인지 장위 군대는 조조의 군대가 야습하는 것으로 생각하고 놀라 소리를 지르면서 뿔뿔이 흩어졌습니다. 조조는 그 소식을 듣고 철군을 공격으로 바꾸도록 하라고 명령했습니다. 『세어』의 내용도 비슷합니다. 장위 군영에 뛰어든 것은 조조의 군대가 아니라 수천 마리의 사슴이었다고 합니다. 조조의 부장 고조高祚 등은 이때 북을 울리고 나팔을 불어 부대를 집합시켰습니다. 장위는 대군이 공격해온 것으로 생각하고 사기가 꺾여 바로 투항했습니다. 결과적으로 조조의 장로 정벌은 초기에는 매우 어려웠으나 승리에 이르는 과정은 오히려 아주 신속했습니다. 그래서 왕찬王粲은 시까지 지어 이를 찬양했습니다. "따르는 병졸들이 영민하고 용감무쌍했다. 군대를 피로하게 할 필요가 없었다所從神且武 安得久勞師"라고 말입니다. 그러나 저는 조조의 이 승리가 왕찬이 말한 '영민'과 '용감무쌍함'의 결과라기보다는 장로 집단의 투지가 사라졌기 때문이라고 생각합니다.

　장로 집단은 단 한 번의 전쟁으로 궤멸했습니다. 장로 본인은 그해 11월에 투항해 조조의 환대를 받았습니다. 장로의 투항으로 한중이 그대로 조조의 영토가 됐습니다. 한중은 익주益州로 가는 요로이자 관문이었습니다. 한중을 점령함으로써 바로 촉군蜀郡에 대해 손을 쓸 수가 있었습니다. 당연히 얼마 전 촉군을 얻고 형주荊州를 차지하기 위해 싸우고 있던 유비는 매우 긴장할 수밖에 없었습니다. 성도成都 지역의 안위 역시 극도로 불안정했습니다. 『삼국지』 「유엽전」의 배송지 주에서 인용한 『부자傅子』에는 당시 조조가 "촉을 하루에도 몇십 번씩 놀라게 했다"는 기록이 나옵니다. 때문에 유비(정확히 말하면 유비가 수비를 위해 성도에 남겨둔 장군)가 쉬지 않고 조조 병사의 목을 베었지만 불안감은 진정되지 않았습니다. 이런 상황 아래에서 조조가 승리의 기세를 몰아서 촉으로 진공하면 익주를 소탕하고 평정하는 것은 충분히 가능한 일이었습니다. 즉 유비를 치기 위해 고려할 만한 하나의 방안이었습니다.

조조의 두 주부(主簿, 기밀을 요하는 전략 회의에 참여하는 고급 막료-옮긴이)인 유엽과 사마의司馬懿는 실제로 조조에게 이 같은 건의를 올렸습니다. 아울러 적극 실시할 것을 강력히 주장했습니다. 그들의 건의는 각각 『삼국지』 「유엽전」과 『진서晉書』 「선제기宣帝紀」에 기록돼 있습니다. 유엽은 이때 다음과 같이 말합니다.

명공(明公, 조조를 말함-옮긴이)께서 한중을 점령한 후 촉의 백성들은 몹시 놀라고 두려워하고 있습니다. 병사들의 용기를 북돋아 공격을 할 경우 촉군을 바로 점령할 수 있습니다. 현재 촉군은 유비의 수중에 있습니다. 유비, 이 사람은 영웅입니다. 그러나 애석하게도 너무 늦게 군사를 일으켰습니다. 더구나 촉을 얻은 지도 얼마 되지 않았습니다. 아직은 위엄과 명망이 높지 않습니다. 명공의 영명하고 위풍당당한 기세와 우리 군의 왕성한 사기가 어우러진 이때에 촉을 공격하면 점령은 그야말로 식은 죽 먹기입니다. 만약 이 기회를 놓치면 유비는 한숨을 돌리게 돼 시끄러워집니다. 왜냐고요? 유비는 문관인 제갈량을 재상으로 삼아 나라를 다스리고 있습니다. 또 무관으로는 관우關羽와 장비張飛를 곁에 두고 있습니다. 용맹함이 삼군三軍 가운데 단연 으뜸입니다. 제갈량은 촉의 백성을 안정시키고 관우와 장비는 전략적 요충지를 잘 방어할 수 있게 될 것입니다. 국가가 위기에 처해도 백성의 마음이 떠나지 않으면 손을 댈 수가 없습니다.

사마의 역시 이때가 매우 좋은 기회라고 생각했습니다. 유비와 손권의 양 세력이 당시 형주를 손에 넣기 위해 서로 군대를 마주한 채 대치하고 있었기 때문입니다. 조조로서는 그 틈새로 세력을 확장할 수 있는 좋은 기회였습니다. 그래서 사마의는 조조에게 "유비가 교묘한 수단으로 유장을 멸했습니다. 그러나 촉의 백성들은 아직 그에게 귀부歸附하지 않았습니다. 그럼에도 그는 다시 강릉江陵을 공격하려 하고 있습니다. 이 기회를 놓쳐서는 안 됩니다"라고 말합니다. 그는 이어 "성인은 시기를 거슬러도 안 되고 시기를 잃지도 않습니다"라고 진언합니다. 이는 "시기가 다다르지 않고 조건이 성숙하지 않았으면 무리해서는 안 되며, 한편 시기가 되고 조건이 성숙했을 경우는 좋은 기회를 잃어서는 안 된다"는 말과도 같은 의미입니다. 사마의가 말한 바대로 시기를 놓쳐서는 안 되는 이유는 분명합니다. 좋은 시기는 다시 오지 않을 뿐 아니라 같은 사람에게 결코 두 번 오지 않기 때문입니다.

### 까닭 모를 조조의 철군

이런 말들은 모두 이치에 매우 합당했습니다. 그러나 조조는 받아들이지 않았습니다. 『진서』「선제기」에 의하면 이때 조조는 그저 매우 감개무량하게 이렇게 한마디를 했을 뿐입니다.

"사람은 늘 만족하지 못하는 바가 있다. 이미 농우隴右(한중을 의미함. 보통 농隴으로 통함—옮긴이)를 얻었는데 어찌 다시 촉을 얻으려 한다는 말인가!"

조조의 이 말은 옛 전고典故를 뒤집어 사용한 것입니다. 원래는 한 광무제光武帝 유수劉秀가 대장군 잠팽岑彭에게 한 말입니다. 『후한서後漢書』「잠팽전」에 의하면 건무建武 8년(서기 32년), 잠팽은 유수를 따라 천수天水를 격파하고 서성西城을 포위하여 승리를 눈앞에 두고 있었습니다. 얼마 후 유수는 동쪽으로 돌아가 잠팽에게 편지를 보내 "사람은 늘 만족하지 못하는 바가 있다. 이미 농을 평정했으니 다시 촉을 바란다"라고 말했습니다. 잠팽은 유수의 의도를 이해했습니다. 그래서 농을 평정한 다음 바로 촉으로 진군해 공손술公孫述을 멸했습니다. 분명히 유수의 뜻은 사람은 항상 만족하지 못하는 바가 있으므로 농을 얻었으니 촉을 바란다(得隴望蜀, 끝없는 욕심을 의미함-옮긴이)는 것이었습니다. 그러나 조조의 뜻은 반대였습니다. '사람은 늘 만족하지 못하는 바가 있다. 이미 농우를 얻었는데 어찌 다시 촉을 얻으려 한다는 말인가!'라고 하지 않았습니까?

조조가 철수하자 유비는 힘이 생겼습니다. 원래 유비는 매우 긴장하고 있던 차였습니다. 『삼국지』「선주전先主傳」에 의하면 유비는 "조조가 한중을 평정하고 장로가 파서로 도주했다"는 말을 들은 다음 바로 손권과 강화를 맺습니다. 양측은 이 강화를 통해 형주를 똑같이 나누기로 했습니다(이 문제는 뒤에서 다시 얘기하겠습니다). 유비는 이어 대장 황권黃權에게 군대를 이끌고 장로를 맞으러 나가라고 명령했습니다. 그러나 아깝게 한 발 늦어 장로는 조조에게 투항을 해버리고 맙니다. 그러나 조조의 철군 결정은 이런 유비에게 한숨을 돌릴 기회를 줬습니다. 유비 진영은 이로 인해 한중의 중요성에 대한 인식을 다시 생각해보게 됩니다. 건안 22년(서기 217년) 말 유비는 드디어 장비와 마초 등을 보내 하변(下辯, 지금의 간쑤성甘肅省 청현成縣 서쪽)에 주둔시켰습니다. 이어 다음 해에 친히 여러 수하 장군을 거느리고 진군하여 한중에 대한 대규모 군사행동을 시작했습니다.

한중으로 진군, 이를 탈취하자고 강력히 주장한 사람은 유비 진영에서 두 번째로 지모가 뛰어난 신하 법정法正이었습니다. 그런데 어떤 근거로 그를 두 번째로 지모가 뛰어난 신하라고 말하는 것일까요? 이는 『삼국지』「선주전」에 따른 것입니다. 이 기록에는 "건안 19년 유비가 촉을 얻고 익주益州의 목牧이 됐을 때 '제갈량을 가장 믿고 중하게 여기는 신하, 법정을 지모가 뛰어난 신하, 관우와 장비, 마초를 용맹한 신하'로 여겼다"라는 말이 나옵니다. 이를 통해 우리는 당시 군정軍政을 비롯한 모든 중요한 업무를 총괄한 신하가 제갈량이었다는 사실을 알 수 있습니다. 또 남쪽을 정벌하고 북쪽을 토벌하는 것은 관우를 비롯한 장비, 마초의 몫이었으며 그런 계획을 생각해낸 이가 바로 법정이었던 것입니다.

『삼국지』「법정전」에 의하면 조조가 철군한 다음 법정은 바로 유비를 찾아가 "이것은 하늘이 우리에게 기회를 주는 것으로 시기를 놓칠 수 없습니다"라고 말합니다. 결과적으로 유비는 "그 방안을 지지"했습니다. 한중을 유비가 친히 정벌한 것은 그래서였습니다. 이때 법정은 그 모든 계획을 수행하고 제갈량은 성도에 남아 최고 요충지를 지켰습니다. 유비의 그 결정은 정확한 것이었습니다. 나아가 당연한 것이었습니다. 우리는 유비가 그의 평생에 제일 두려워한 사람이 조조라는 사실을 잘 알고 있습니다. 그러나 그는 조조의 부하 장군들은 별로 두려워하지 않았습니다. 더구나 한중을 지키는 하후연은 용기만 있고 지혜가 없었습니다. 용병을 모르는 일개 "참을성 없는 장군"에 지나지 않았습니다. 유비는 여기에서 한 걸음 더 나아가 한중을 점령해야 비로소 천하의 형세가 근본적으로 바뀐다는 사실도 알았습니다. 그래야 진정으로 조조, 손권과 더불어 셋이 천하를 정립시킬 수 있다는 사실을 분명히 알았던 것입니다. 그로서는 이 전쟁을 하지 않을 수 없었습니다.

그러나 전쟁은 시작부터 순조롭지 못했습니다. 유비는 우선 양평관에서 조조 수하의 여러 장군들의 완강한 저항을 받았습니다. 유비는 이때 비로소 조조가 없다 하더라도 조조의 군대는 상대하기가 쉽지 않다는 사실을 알게 됩니다. 다급해진 그는 황급히 군사軍師인 제갈량에게 서신을 보냅니다. 그에게 빨리 원군을 보내도록 부탁한 것입니다. 그러나 왜 그랬는지는 모르겠지만, 제갈량은 망설이면서 결정을 내리지 못했습니다.

**한중 석문** 한중은 익주로 가는 요로이자 관문이었다. 조조가 장로에게서 빼앗은 이 땅을, 유비가 2년간의 전쟁끝에 조조에게서 취한 것은 바로 그 때문이었다. 한중을 뺏기면 촉 자체의 존망이 위태로웠고, 동시에 한중을 취함으로써 삼분된 천하의 한 부분을 도모할 근거지를 가질 수 있었다. ⓒ瑛

촉에 들어간 지 얼마 안 됐다거나 일을 신중하게 처리하기 위해서였을까요? 어쨌든『삼국지』「양홍전楊洪傳」에 의하면 유비는 "군대를 빨리 급파하라는 편지"를 제갈량에게 썼습니다. 제갈량은 편지를 들고 양홍에게 가서 물었습니다. 양홍은 제갈량에게 이렇게 말합니다.

"한중은 익주의 요로이자 존망의 관건이라 했습니다. 만약 한중이 없으면 촉도 없습니다. 한중을 잃게 되면 집 문 바로 앞으로 화를 불러오게 됩니다. 이런 상황에서 남자는 마땅히 전쟁터에 나가고 여자는 후방에서 병참 일을 도와야 합니다. 군사께서는 빨리 군대를 출발시키십시오. 도대체 뭘 머뭇거리십니까?"

'만약 한중이 없으면 촉이 없다'는 양홍의 이 말은 아주 기본을 잘 짚었다고 할 수 있습니다. 그러나 이에 대해 조조와 유비는 서로 다른 입장을 가졌습니다. 예컨대 조조는 농(한중)을 얻었어도 촉을 바라지 않았습니다. 반면 유비는 농을 얻지 못하면 촉을 보존할 수 없다고 생각했습니다. 한 명은 반드시 얻겠노라고 결심했습니다. 또 다른 한 명은 막을 수 있으면 막겠다고 생각했습니다. 이로 인해 전쟁의 승패는 시작하자마자 바로 정해졌습니다. 실제로도 그랬습니다. 2년 동안 유비 쪽이 계속 전쟁의 주도권을 장악했습니다. 더 나아가 유비는 건안 24년(서기 219년) 정월, 정군산定軍山에서 조조의 주장主將인 하후연의 목까지 베었습니다. 그래서 그해 3월에는 조조가 직접 다시 한중으로 오지 않으면 안 되었습니다. 그러나 정세는 이미 만회할 수 없이 기울었습니다. 조조는 이때 시기와 형세를 판단하고 크게 탄식했습니다. 이어 야간 암구호를 "계륵(鷄肋, 그다지 가치는 없으나 버리기는 아까운 닭의 갈비뼈—옮긴이)"으로 은밀히 정하고 장안으로의 대대적인 후퇴 길에 오릅니다. 이때부터 한중은 유씨의 것이 됐습니다. 유비는 이를 기반으로 그해 7월에 한중왕漢中王이라고 스스로 칭하게 됩니다. 하지만 조조는 천하를 순순히 유비에게 양보하지 않았습니다. 병법에 밝았던 그는 방어선을 한중과 관중 사이 천혜의 요충지에 구축했습니다. 이곳이 바로 역대 병법가들이 반드시 쟁취해야 할 땅으로 언제나 생각했던 진창陳倉이었습니다. 이 결정은 유효했습니다. 유비의 진공 추세를 효과적으로 저지했던 것입니다. 유비와 제갈량은 죽을 때까지 이 방어선을 넘지 못했습니다.

　조조는 농을 얻은 다음, 이어서 촉을 바라지 않았습니다. 그 결과 이미 얻은 농우까지 온전하게 보전할 수 없게 됩니다. 영원히 촉을 공략할 가능성을 잃어버린 것은 더 이상 말할 필요도 없습니다. 천하 통일의 이상 역시 이때부터 철저한 공염불이 됐습니다. 조조는 왜 촉을 바라지 않았을까요? 특별한 까닭이 있는 것은 아니었을까요? 일이 어쩌다 그리되었는지 궁금하지 않습니까?

이에 대해서는 법정의 견해가 상당히 일리가 있습니다. 법정이 유비에게 한중을 공격하도록 권했을 때입니다. 그는 말의 첫머리에서부터 이 문제를 거론했습니다. 그는 조조가 일거에 장로의 항복을 받아내고 한중을 평정했음에도, 여세를 몰아 전진하여 파巴와 촉을 점령하지 않고 급히 철군한 까닭이 따로 있다고 말합니다. 결코 조조의 생각이 면밀하지 않거나 병력이 부족했기 때문이 아니라고 했습니다. 반드시 내부에 문제가 있어 조조가 위협을 느꼈기 때문에 철군했을 것이라고 주장했습니다.

그렇다면 진짜 어떤 일이 있었을까요? 만약 그러했다면 조조는 그 일에 대해 어떻게 대응했을까요?

## 욕망은 끝이 없다

26강
得寸進尺

적벽대전 후 조조는 다시 세 차례의 전쟁을 수행했다. 마초와 한수를 격파한 다음 손권을 정벌하고 장로를 공격했다. 세 차례의 전쟁 모두, 그 기간이 각각 1년을 넘지 않았다. 조조는 심지어 전쟁을 중도에 그만두는 한이 있더라도 업성으로 돌아가고자 했다. 왜 그랬을까? 그가 매번 급하게 돌아간 것은 도대체 무슨 이유 때문이었을까? 그는 무슨 일을 계속 걱정했던 것일까?

앞에서 말했듯이 법정은 조조가 일거에 장로를 항복시키고 한중을 평정한 다음 계속 전진해 파와 촉을 점령하지 않고 오히려 '급히 북쪽으로 돌아간 것'은 틀림없이 '내부에 급박한 우환'이 있어서였다고 지적했습니다. 이것은 확실히 일리가 있는 말입니다. 조조의 후방 전선은 사실 너무 넓었습니다. 당연히 언제나 그다지 안정적이지 못했습니다. 이것은 손권이나 유비와는 다르게 조조만의 특수한 상황이었습니다. 셋 중에서는 손권의 상황이 제일 좋았습니다. 그가 이끄는 동오東吳 정권의 핵심 인물들은 사실 기본적으로 한 가족과 다름이 없었습니다. 손견孫堅이나 손책孫策 아래에서 녹을 먹은 오래 신하가 우선 대체로 그랬습니다. 예를 들면 정보程普·황개黃蓋·장소張昭·주유 등이 그들입니다. 그렇지 않은 경우는 손권 그 자신 스스로가 초빙 또는 발굴하거나 키운 인물들입니다. 노숙魯肅·감녕甘寧·여몽呂蒙·육손陸遜 등을 대표적으로 꼽을 수 있습니다. 이에 비해 유비의 상황은 비교적 복잡했습니다. 그가 익주를 얻은 다음 촉한 정권은 세 그룹의 인물들로 이뤄지게 됩니다. 한 그룹은 그가 형주에서부터 데리고 온 사람들이었습니다. 제갈량을 포함해 그와 함께 천하의 패권을 잡기 위해 생사를 같이 하기로 한 관우와 장비가 그들입니다. 이들을 '형주 그룹'이라 불러도 무방하겠습니다. 다른 한 그룹은 유언劉焉이 사천四川으로 들어갈 때 데리고 간 사람들로 '동주東州 그룹'이라 칭하기로 하겠습니다. 마지막 그룹은 현지 인물들로 '익주 그룹'으로 부르는 게 좋겠습니다. 당연히 이 세 그룹 간에는 모순이 있었습니다. 이 모순은 훗날 촉한 정권이 망하는 원인의 하나이기도 했습니다. 그러나 유비가 촉에 들어가기 전에는 결코 이런 모순이 없었습니다. 촉에 들어간 다음에도 유비가 통제하지 못할 정도로 모순이 첨예하지는 않았습니다.

### 커져가는 조조의 야심

조조가 처한 상황은 두 사람과는 완전히 달랐습니다. 그는 유비나 손권처럼 스스로 자신의 정권을 세운 것이 아니었습니다. 그는 '천자를 모시고 불복종하는 조정의 신하를 명령'하는 정권을 지향했습니다. 다시 말해 '천자를 옆구리에 끼고 천하 제후를 호령'하는 체제를 선택했습니다. 상황이 이랬으므로 그의 "넓은 후방"은 더불어 그의 "넓은 전방"이기도 했습니다. 조정 안의 사람들이 모두 그의 사람이 아니었다는 얘기입니다. 사실 그랬습니다. 반대·멸시·질투·반감·원한 등의 단어를 다 동원해도 괜찮을 정도로 조정 안에는 그의 생각을 공격하고 그를 비웃는 많은 사람들이 있었습니다. 적벽대전을 치르기 전의 조조는 가는 곳마다 당할 자가 없었습니다. 전공도 너무나 휘황찬란해 반대파들이 대개는 감히 공개적인 비방을 하지 못했습니다. 또한 그 자신도 적벽대전 전에는 황제나 문무백관들에게 상대적으로 겸허하고 온화한 태도를 보여줬습니다. 자신의 야심 역시 그렇게 두드러지게 보여주지 않았습니다. 한 황실에 미련을 두고 있는 사람들은 그래서 조조에 대해 희망을 갖고 그를 지지했습니다. 그런데 적벽대전 후에는 완전히 달라졌습니다. 조조의 공은 이전에 비해 빛을 잃었습니다. 그런데도 야심은 오히려 전보다 더 커졌습니다. 이것이 바로 내부의 불만을 불러일으킨 것입니다. 호삼성이 『자치통감』 주에서 말한 것을 참고하면 조정 안에는 몇 부류의 사람들이 생겨나게 됩니다. 어떤 사람들은 적벽대전의 패배를 빌미로 조조를 거꾸러뜨리려고 생각했습니다. 자신이 대신 치고 들어가 조조의 지위를 빼앗으려고 했던 것입니다. 또 한 부류는 조조가 충신인지 간신인지에 대해 경각심과 회의적 시각을 갖기 시작했습니다. 이전에는 이런 사람들이 많지 않았습니다. 설사 그렇다 해도 그러한 움직임은 비공개적이었습니다. 그러나 적벽대전 후에는 이런 사람들이 많아졌고, 곳곳에서 그러한 분위기가 나타나게 됩니다.

　이에 대한 조조의 입장은 대단히 분명했습니다. 그는 적벽대전이 끝나고 마초와 한수를 정벌하기 전인 건안 15년(서기 210년) 12월, 교령敎令을 발표했습니다. 그것이 바로 「양현자명본지령讓縣自明本志令」 혹은 「술지령述志令」이라 불리는 것입니다. 우리는 이를 『삼국지 강의』 2강 「간웅의 수수께끼」편에서 이미 언급한 바 있습니다. 이 일은 한 헌제獻帝가 조조에게 봉지封地를 더 늘려주려 한 탓에 가능했습니다. 우리는 조조가 헌제를 허현許縣에서 맞이한 다음 무평후武平侯로 봉해진 사실을 알고 있습니다. 당시의 무평은 큰 현으로 식읍이 만 호(戶, 가구)였습니다. 무평후는 그래서 현후縣侯, 다시 말해 만호후萬戶侯였습니다. 이 등급은 매우 높았습니다. 그의 조부나 부친과 비교해도 두 등급이나 높았습니다. 예컨대 조등曹騰과 조숭曹嵩의 봉작封爵은 정후(亭侯, 비정후費亭侯)로 그 위가 향후鄕侯였습니다. 현후는 바로 이 향후의 위였습니다. 건안 원년(서기 196년)은 원술袁術을 비롯해 원소袁紹와 여포呂布, 유표 등이 모두 건재했을 시기였습니다. 조조는 그때 이미 현후로 지위가 매우 높았습니다. 그러나 15년이 지난 당시에도 조조는 여전히 만호후였습니다. 당연히 조조는 그에 만족할 수 없었습니다. 문제는 현후가 제일 등급이 높은 작위라는 사실이었습니다. 황제가 다시 봉할 경우 공작公爵이나 왕의 작위를 줘야 했습니다. 하지만 이것은 불가능한 일이었습니다. 적어도 잠시 동안은 그럴 수 없었습니다. 이미 꼭두각시가 된 황제는 그래서 조조에게 봉지를 늘여주는 조치를 취합니다. 양하(陽夏, 지금의 허난성河南省 타이캉현太康縣)를 비롯해 자(柘, 지금의 허난성 저청현柘城縣)와 고(苦, 지금의 허난성 루이현鹿邑縣 동쪽) 등 3현 2만 호를 늘여주려 한 것입니다. 조조가 발포한 「양현자명본지령」은 황제가 주려 한 바로 그 봉지 3현 2만 호를 사양한 것입니다.

  이것은 조조 스스로 대본을 쓰고 스스로 연출한 연극이었습니다. 온갖 수단을 강구해 명예를 추구하는 그의 상투적인 수법이었습니다. 상황은 간단합니다. 만약 연극이 아니라면 그럴 듯한 쇼였을 것이 분명합니다. 그러나 진실은 그가 진짜 사양했다는 사실에 있습니다. 그러나 실제로는 어떻게 됐을까요? 『삼국지』 「무제기」의 배송지 주에서 인용한 『위서』는 헌제가 조조에게 내리려 했던 3현 2만 호가 거둬들여졌다고 말하고 있습니다. 대신 조조의 세 아들이 며칠 뒤 후侯로 봉해졌습니다. 조식曹植은 평원후平原侯에 봉해졌습니다. 또 조거曹據는 범양후範陽侯, 조표曹豹는 요양후饒陽侯에 봉해졌습니다. 식읍은 모두 각각 5천 호였습니다. 중요한 것은 이들의 위치입니다. 우선 평원은 청주青州 평원군平原郡, 범양은 유주幽州의 탁군涿郡, 요양은 기주冀州의 안평국安平國에 있었습니다. 표면상으로 볼 때 조조가 아들들을 통해 받은 전체 식읍은 원래 받기로 한 것보다 5천 호가 줄었습니다. 하지만 그 대신 바꿔 받은 것이 세 현후縣侯였습니다. 뿐만 아니었습니다. 한 주州에 한 명씩 봉해졌습니다. 게다가 이들 땅은 모두 전략적인 요충지였습니다. 조조가 손해를 봤는지 이익을 봤는지 여러분이 한번 짐작해보시기 바랍니다.

다시 교령으로 돌아가봅시다. 조조의 목적이 진짜 봉지를 사양하는 데 있었든 단순하게 그저 사양하는 척하는 데 있었든 그는 황제에게 신하로서 상주문을 올려야 했습니다. 그러나 조조는 오히려 군신들에게 교령을 내렸습니다. 신하로서 황제에게 상주하는 것 대신에 마치 황제가 신하를 대하는 방식을 취한 것입니다. 이렇게 한 데에는 분명한 목적이 있었습니다. 조조는 평계를 만들어 자기가 말하고 싶고 말해야 할 것을 말했던 것입니다. 이것은 요즘 유명 인사들이 사회적으로 조명받을 만한 사건을 벌인 다음 바로 기자회견을 하는 것과 같은 것으로 보면 됩니다. 조조는 적어도 이에 대해서는 거리낄 것이 없었습니다. 그는 「양현자명본지령」에서 아주 분명히 말합니다. 이 교령이 조정 안팎 반대파들의 입을 다물게 하기 위해 발포하는 것이라고 말입니다. 그 말은 진심이었습니다. 그외에 교령에서 말했던 것들도 모두 진심이었습니다. 절대 자리를 놓지 않겠다거나 권력을 양보하지 않겠다는 이야기들 말입니다. 그래서 그가 했던 행동들을 모두 연극이나 쇼라고 말하면 안 됩니다. 어떤 학자들은 조조가 3개 현을 사양한 것은 본의가 아니었으며, 그의 「양현자명본지령」 역시 본심에서 나온 것이 아니라고 말합니다. 그러나 그것은 글공부만 했을 뿐 세상 이치에는 어두운 사람들의 판단이라고 말하지 않을 수 없습니다. 조조가 남의 닭을 빌려 알을 낳고 남의 회사 명의를 빌려 상장하는 교묘한 수법을 썼다는 사실을 알아야 하는 것입니다. 어쩌면 그가 현을 양보한 것이 진심이었는지 아닌지는 신경을 쓸 필요가 없는 문제일 수 있습니다.

물론 실제적으로 볼 때 조조가 현을 사양한 것은 진실이 아니었습니다. 그러나 현을 사양한다는 말을 했을 때는 진실한 마음이 있었습니다. 기본적으로 정말이었고, 대부분 정말이었습니다. 가짜 연극을 진짜로 만들고 진짜 연극을 가짜로 만들며, 반은 진짜 반은 가짜 같은 속임수를 써서 진실을 은폐하는 것이 바로 조조의 빼어난 점이었습니다.

그러면 조조는 다른 사람의 입을 모두 막았을까요? 그렇지 못했습니다. 아니 막을 수가 없었습니다. 「양현자명본지령」을 발표한 후에도 반대의 소리는 적어지지 않았습니다. 오히려 작아지지 않고 커졌습니다. 이런 '비방 여론'을 통해 조조는 여론이 중요하지만 권력이 더 중요하다는 사실을 분명히 인식하게 됩니다. 붓대가 중요하나 칼이 더 중요하다는 사실도 마찬가지입니다. 천하 사람들의 입을 막는 것이 천하 사람들의 머리를 꽉 잡느니만 못하다는 사실 역시 그는 깨달았습니다. 그래서 조조는 기회를 이용하거나 심지어 기회를 스스로 만들어 자신에게 이로운 여론을 조성했습니다. 동시에 권력을 쟁취, 장악하는 일에도 박차를 가했습니다.

이처럼 조조는 권력, 특히 중앙 정부의 최고 권력을 쟁취하고 장악하기 위해 장기간 동안 정치의 중심 공간을 떠나 있을 수 없었습니다. 이러한 사정은 세 번에 걸친 출정을 언급한 앞 강의에서 조조가 출정에 소요한 기간이 그리 길지 않았던 이유에 대한 충분히 설명이 되지 않을까 싶습니다. 심지어 그는 별다른 전공 없이 돌아오는 것도 애석하게 생각하지 않았습니다. 조조가 서쪽의 마초와 한수를 정벌하기 위해 출병한 것은 건안 16년(서기 211년) 7월이었습니다. 이어 다음 해 정월에는 업성으로 돌아왔습니다. 출정 기간은 7개월을 넘지 않았습니다. 손권을 치기 위한 남정南征은 건안 17년(서기 212년)의 일이었습니다. 10월에 출병하여 다음 해 4월에 업성으로 돌아왔습니다. 역시 7개월을 넘지 않았습니다. 장로 정벌 기간은 그보다는 조금 길었습니다. 건안 20년(서기 215년) 3월에 출병하여 다음 해 2월에 업성으로 돌아왔습니다. 그래도 1년을 넘지 않았습니다.

조조가 급히 업성으로 돌아온 것은 결코 부인과 자식들과 함께 있기 위해서가 아니었습니다. 전쟁터에서 얻지 못한 전공을 그는 조정에서 찾고자 했던 것입니다. 마초와 한수를 정벌하고 돌아왔을 때였습니다. 그는 "황제를 알현할 때 이름이 불리지 않을 뿐 아니라 조정에 입실할 때 종종걸음으로 빨리 가지 않으면서도 칼을 차고 어전에 올라갈 수 있는, 마치 소하蕭何의 이야기에서나 들었을 법"한 엄청난 특전을 받았습니다. 손권을 정벌하기 위해 출정했다가 돌아와서는 위공魏公에까지 봉해졌습니다. 게다가 구석(九錫, 천자가 제후 등에게 하사하던 거마車馬나 의복 등의 9가지 물건-옮긴이)을 하사받는 은전을 입었습니다. 사직社稷을 세울 수 있는 권리 역시 마찬가지였습니다. 장로를 정벌하고 돌아와서는 한 발 더 나아갑니다. "공작에서 위왕魏王으로 봉한다"는 결정을 통보받습니다. '황제를 알현할 때 이름이 불리지 않는다'는 것은 다른 말이 아닙니다. 황제를 알현할 때 식전의 진행관이 단지 그의 관직명이나 자를 부르고 이름을 부르지 않는 것입니다. 또 '조정에 입실할 때 종종걸음으로 빨리 가지 않는다'는 것 역시 비슷합니다. 천자를 알현할 때 종종걸음으로 빨리 걸어 공경하는 마음을 나타낼 필요가 없다는 뜻입니다. '칼을 차고 어전에 올라갈 수 있다'는 것은 황제 앞에서 병기를 휴대하고 신발을 신을 수 있다는 사실을 말합니다. 마지막으로 '소하의 이야기에서나 들었을 법' 했다는 것은 유방劉邦이 소하蕭何에게 해주었던 파격적 대우를 의미합니다. 위공과 위왕에 봉해진 것은 조조의 작위가 후작侯爵에서 공작, 다시 공작에서 왕으로 올라갔다는 사실을 의미합니다. 이 세 가지 일, 즉 위공에 봉해지고, 구석을 받으며, 위왕에까지 봉해진 것은 각각 시간에 일정한 차이가 있었습니다. 첫 번째는 건안 17년(서기 212년), 두 번째는 건안18년(서기 213년), 세 번째는 건안 21년(서기 216년)의 일입니다. 그 일들 사이사이에도 조조의 위세를 키우는 특전이 끊이질 않았습니다. 그중 하나로 "천자는 위공의 지위를 제후와 왕의 위에 있게 한다"는 조치가 건안 19년(서기 214년)에 내려집니다. 매해마다 그의 입지를 강화시키는 새로운 방법이 강구됐고, 그때마다 새 작위가 조조에게 내려졌다고 말할 수 있습니다.

건안 22년(서기 217년), 조조에 대한 정치적 대우는 최고 절정에 이르게 됩니다. 황제가 이해 4월에 그에게 "천자의 기旗를 설치하고 출입을 경필警蹕로 칭"하도록 하는 조치를 비준해준 것입니다. 이어 10월에는 "열두 류(旒, 면류관 앞뒤로 늘어뜨리는 끈으로 천자는 열두 개가 있음—옮긴이)를 매단 관을 쓰도록 하는 것 외에도 금근거(金根車, 금으로 장식한 호화로운 수레—옮긴이)를 여섯 필의 말로 끌게 하면서 다섯 가지 계절 색(봄은 파랑, 여름은 빨강, 늦여름은 노랑, 가을은 흰색, 겨울은 검정—옮긴이)에 따라 부거(副車, 여벌의 수레—옮긴이)를 설치"하는 특전이 그에게 허용됐습니다. 조조에게 칭할 수 있도록 허용된 경필은 천자가 출입하는 것에 대한 존칭이었습니다. 나가는 것을 경警이라 하고 들어오는 것을 필蹕이라고 했습니다. 또 면류관 열두 류는 천자의 복식을 의미했습니다. 동한東漢의 제도에 의하면 황제만이 열두 류가 가능했습니다. 이를 백옥白玉이라고 했습니다. 삼공三公과 제후는 이보다 적었습니다. 일곱 류까지 허용됐습니다. 청옥靑玉이라고 불렀습니다. 경卿과 대부大夫는 다시 다섯 류로 줄어듭니다. 이것은 흑옥黑玉입니다. 금근거는 황제의 전용 마차였습니다. 보통 여섯 마리가 끌었습니다. 제후는 단지 네 필만 가능했습니다. 오색 부거는 금근거와 하나의 세트로 볼 수 있습니다. 동·서·남·북과 중앙의 순서에 따라 청·백·홍·흑·황 다섯 가지 색을 칠해 만든 것입니다. 여섯 마리가 끄는 수레와 마찬가지로 황제 전용이었습니다. 천자의 기는 더 말할 필요도 없습니다. 조조가 이런 대우를 받았다는 사실은, 예우만큼은 황제와 하나도 다를 바 없다는 것을 의미했습니다. 더구나 그는 대권을 장악하고 있었습니다. 황제 칭호만 없는 황제였습니다. 실제로 당시 그는 꼭두각시 황제인 헌제보다 훨씬 더 황제 같기도 했습니다.

## 조조는 왜 황제를 칭하지 않았나

이때 거의 모든 사람들은 조조가 한을 대신해 자립하여 황제로 등극할 것이라고 생각했습니다. 그러나 실제 상황은 달랐습니다. 그는 일생을 마칠 때까지 단 일보도 내딛지 않았습니다. 조조는 왜 황제를 칭하지 않았을까요?

이에 대해 학계에는 다양한 견해가 있습니다. 이중 비교적 널리 통용되는 것은 조조에게 그러고자 하는 마음이 있었으나 시기와 형세를 판단해 그만두기로 했다는 견해입니다. 결국에는 자신이 곤란해질 것을 알고 물러나 적당한 선에서 그만두기로 했다는 것입니다. 이 설에 의하면 한을 대신해 자립하는 임무는 그의 아들에게 넘겨집니다. 그 근거는 『삼국지』「무제기」의 배송지 주에서 인용한 『위략』과 『위씨춘추魏氏春秋』에서 찾을 수 있습니다. 두 책에 의하면 조조가 황제 칭호만 없는 황제가 된 다음 한을 대신해 자립하자는 얘기가 주위에서 고조되기 시작했습니다. 가장 먼저 공론화된 것은 건안 24년(서기 219년)의 일이었습니다. 진군陳群과 환계桓階, 하후돈夏侯惇을 대표로 하는 신하들이 조조에게 적극적으로 황제 자리에 오르도록 권한 것입니다. 진군과 환계는 이때 "한 왕조는 이미 유명무실해졌습니다. 하늘 아래 한 치의 땅도, 한 명의 백성도

한에 속하지 않습니다. 그저 공허한 이름만 남아 있을 뿐입니다. 이런 왕조를 대신하는 것이 왜 안 됩니까?"라고 말했습니다. 하후돈 역시 "누가 만민의 주인입니까? 백성을 위해 해로운 것을 제거하고, 모든 백성으로부터 신망을 받는 사람입니다. 옛날부터 지금까지 항상 그랬습니다. 전하가 바로 그런 분입니다. 마땅히 최대한 빨리 '하늘의 뜻에 응하고 인심에 따라야' 합니다. 무엇을 망설이십니까?"라고 말합니다. 조조는 이에 "공자는 정치에 보탬이 되게 하는 것이 정치에 참여하는 것이라고 했소. 만약 천명이 확실히 나에게 있다면 나는 주周 문왕文王이 되겠소. 그 정도면 족하오"라고 대답합니다. 주지하다시피 주 문왕은 천하의 3분의 2를 장악하고 있었습니다. 그럼에도 그는 은상殷商을 섬겼습니다. 물론 그의 아들 무왕 때에 가서 비로소 은상을 대체했습니다. 그래서 학계에서는 일반적으로 조조의 이 말을, 그가 내심 하고 싶은 일을 아들 조비曹丕에게 맡기려고 했다는 뜻으로 해석하고 있습니다. 결과도 그랬습니다. 조비는 조조가 세상을 떠난 지 불과 몇 개월 만에 한 황제를 위협해 제위를 물려받았습니다.

그러나 뤼쓰몐呂思勉 선생은 이에 동의하지 않습니다. 뤼선생은 『삼국사화三國史話』 중 한 절인 「체위무왕변무替魏武王辨誣」에서 조조가 한을 대신해 자립하려 했다는 견해를 전적으로 부정했습니다. 조조가 기본적으로 그런 마음을 품지 않았다고 생각한 것입니다. 선생은 조조가 주 문왕을 자기와 비교한 것에 대해 "그가 한을 대체하려 하지 않았던 것으로 보인다"고 잘라 말합니다. 학계에서는 조조가 주 문왕과 자신을 비교한 것을 보편적으로 조비에게 맡긴다는 암시로 해석하고 있으나 뤼선생은 이를 "어찌 황당한 말이 아니겠는가?"라면서 비판합니다. 그러나 솔직히 말해 황당하다고 한 뤼선생의 이 말을 저는 정밀 이해하지 못하겠습니다. 주 문왕의 아들이 주 무왕이 아닌가요? 주 무왕이 은상 왕조를 멸망시키지 않았나요? 어떻게 조조가 주 문왕을 자기와 비교한 것을 놓고 그저 제齊 환공桓公(춘추전국시대의 춘추오패 중 한 명. 주 왕조에 끝까지 충성을 맹세함—옮긴이)과 진晉 문공文公(역시 춘추오패 중 한 명으로 제 환공과 입장이 같았음—옮긴이)이 되고 싶어 했다는 식으로 해석할 수가 있을까요?

그렇다면 도대체 어떻게 된 것일까요?

저는 이 문제에 대해 다음과 같이 생각합니다. 조조의 깊은 속내 자체가 사실 매우 모순적이었다고 말입니다. 조조가 한 번도 한을 대신해 자립하는 것을 생각하지 않았다고 했다면 아마 그것은 사실이 아닐 것입니다. 또한 조조가 황제로 자립할 자격과 조건을 가지고 있지 않았다고 했다면 그건 더더욱 사실이 아닐 것입니다. 그러나 그는 그의 생을 끝마치는 날까지 확실히 그렇게 하지 않았습니다. 이건 분명한 사실입니다. 과연 그 원인은 어디에 있었을까요?

조조에게는 장애물이 있었습니다. 장쭤야오 선생의 『조조평전』은 이를 네 가지로 정리하고 있습니다. 제가 우선 결론부터 말해보겠습니다.

조조는 한을 대신해 자립하는 것이 "상서롭지 못하고 보은도 생각해야 하고 말을 바꾸기 어려웠을 뿐 아니라 수지가 맞지 않는다"고 판단했기 때문입니다. 그 내용을 구체적으로 살펴보면 이러합니다. 조조는 젊었을 때 "옛 군주를 폐하고 새 군주를 세우는 일은 천하에서 제일 상서롭지 못한 일이다"라고 말한 적이 있었습니다. 이런 생각은 아마 만년에도 있었을 것입니다. 그것이 첫 번째 이유가 되겠습니다. 둘째 조조는 늘 자신이 대대로 한나라의 은혜를 입었다는 생각을 하고 있었습니다. 이에 보답하려는 마음도 항상 있었습니다. 세 번째 이유 역시 명확합니다. 절대 한을 찬탈할 뜻이 없다고 줄곧 진지하게 맹세한 데에서 보듯 식언을 할 수가 없었습니다. 마지막 이유는 좀 복잡합니다. 유비와 손권은 줄곧 조조를 적이자, 참고할 필요가 있는 본보기로 생각했습니다. 또한 조조를 한의 반역자라고도 비난하면서 그가 조금 더 일찍 황제를 칭하기를 간절하게 바랐습니다. 그렇다면 조조로서는 황제를 칭하는 것이 손해 보는 장사일 수밖에 없었습니다. 『삼국지』 「무제기」의 배송지 주에서 인용한 『위략』에는 건안 24년(서기 219년), 손권이 놀랍게도 신하를 자칭하면서 상주를 올렸다는 내용이 나옵니다. 손권은 이때 천명이 조조에게 있다고 말했습니다. 이에 대한 조조의 생각은 아주 분명했습니다. 조조는 만약 자신이 황제를 칭하면 유비와 손권이 각각 그를 따를 것이라고 생각했습니다. '한漢 찬탈'의 죄명을 그 자신이 짊어져야 한다는 사실을 확실히 이해했던 것입니다. 그는 당연히 이 속임수에 걸려들지 않았습니다. 다시 말해보겠습니다. 조조는 당시 황제는 아니었으나 당당한 '중앙'이었습니다. 이에 반해 유비와 손권은 그저 '지방'에 불과했습니다. 만약 세 사람이 모두 황제를 칭하게 되면 유비와 손권은 '지방'이 아니라 '상대방'이 될 수 있었다는 얘기입니다. 조조 입장에서 이것은 전혀 수지가 맞지 않는 장사였습니다. 때문에 조조는 손권의 편지를 든 채 주위 신하들에게 "이 녀석이 나를 화로에 놓고 구워버리려고 하는군!"이라고 말했습니다.

이것이 바로 '만약 천명이 나에게 있다면 나는 주 문왕이 되겠다'고 말한 입장의 진의를 보여주는 것입니다. 한을 대신해 자립하여, 별도의 대위大魏 왕조를 세우는 것이 과연 천명을 따르는 것일까요? 그 대신 조조는 공에 봉해지고, 공국을 세우며, 왕을 칭하는 등 일련의 행보를 보였습니다. 더구나 그는 난관을 두려워하지 않고 용감하게 나아갔습니다.

이중 제일 중요한 것은 위공에 봉해지면서 구석을 하사받고 사직을 세운 일이었습니다. 그것이 조조의 지위를 가름할 하나의 전환점으로 볼 수 있기 때문입니다. 공에 봉해지는 것과 후에 봉해지는 것은 어떤 차이점이 있을까요? 표면상으로 보면 크게 다르지 않았습니다. 그저 후작에서 공작으로 작위 하나가 높아지는 것입니다. 그러나 실제로는 질적인 차이가 있었습니다. 후에 봉해지면 일정한 토지와 식읍을 얻는 것 외에 별다른 것이 없습니다. 심하게 말하면 그저 명예와 체면을 얻는 것에 지나지 않았습니다(예컨대 관내후關內侯. 관내후는 가장 낮은 직위임. 그 위로 정후·향후·현후가 있음—옮긴이) 그러나 공에 봉해지면 상황이 달라집니다. 바로 사직과 종묘宗廟를 세울 수 있는 권리가 주어집니다. 사직은 바로 사신社神과 직신稷神을 의미합니다. 다시 말해 토신土神과 곡신穀神입니다. 『백호통白虎通』의 「사직」편을 보면 "사람은 땅이 없으면 생존할 수 없고 곡식이 없으면 먹을 것이 없다"고 했습니다. 토지와 오곡을 가진다는 것은 중요한 의미를 내포합니다. 바로 통치권을 가진다는 의미입니다. 그래서 중국 고대 국가의 통치자들은 빈드시 사를 세워 토신에게 제사를 지냈습니다. 또 직을 세워 곡신에게도 제사를 지냈습니다. 그것들이 '사직'으로도 불렸습니다. 다시 말하면 사단社檀과 직단稷檀이었습니다. 종묘는 역대의 조상에게 제사를 지내는 곳이었습니다. 중국 고대의 국가 원수(천자 혹은 제후, 황제 혹은 국왕)들은 모두 세습이 원칙이었습니다. 때문에 종묘를 세우는 것은 공족을 비롯해 왕족과 황족의 통치 등이 모두 유래가 있다는 사실을 의미했습니다. 뿐만 아니라 천년만년 이어진다는 사실을 뜻했습니다.

종묘와 사직은 각각 궁전의 앞 좌우 양측에 세워졌습니다. 좌측은 종묘이고 우측은 사직으로 "좌조우사左祖右社"로 불렸습니다. 고대 중국에서 이것은 독립적인 주권 국가의 원수만이 누릴 수 있는 권리였습니다. 종묘와 사직은 동시에 이들 국가의 독립적 주권을 의미했습니다. 고대 중국에는 영토 합병 전쟁의 과정에서 한 국가를 멸망시키기 위해 반드시 해야 할 일이 있었습니다. 그 국가의 수도로 공격해 들어간 다음 종묘와 사직을 괴멸시키는 것이 그것이었습니다. "종묘를 괴멸시켜 나라를 멸망시키다"라는 말이 이 사실을 무엇보다 잘 보여줍니다. 반대의 경우도 마찬가지였습니다. 새로운 나라를 세우려면 동시에 반드시 종묘와 사직을 세워야 했습니다. "종묘를 건설해"야만 비로소 "나라를 세웠다"라고 할 수 있었습니다. 서한 초기에는 단지 제후와 왕만이 종묘와 사직을 세울 권한을 가졌습니다. 후에게는 그런 권한이 없었습니다. 다시 말하면 후에 봉하는 것은 그저 작위를 하사하는 것일 뿐이지만 공에 봉하는 것은 동시에 해당 공에 속한 나라를 인정하는 것이었습니다. 따라서 조조를 위공에 봉한 것은 "한 초기의 제후와 왕의 제도"에 근거해 그를 대우한다는 사실을 글로 분명하게 규정한 것이었습니다. 나아가 그가 정당한 명분으로 위군魏郡에 독립된 공국을 건립한 것을 의미했습니다.

이것은 당시 경천동지驚天動地할 하나의 대사건이었습니다. 사전에 반드시 많은 준비를 해야 했습니다. 그사이에 많은 곡절이 있었습니다. 『삼국지』「동소전」에 따르면 이러한 조조의 행보를 제안한 사람은 동소입니다. 동소, 이 사람에 대해서는 우리가 이미 『삼국지 강의』 6강 「깊이 생각하고 멀리 내다보다」편에서 언급한 바 있습니다. 그의 역사적 발자취는 그다지 많지 않은 편입니다. 그러나 그는 항상 중요한 순간에 출현했습니다. 자신의 세를 넓히기 위해 '천자를 받들' 기회를 노리던 조조는 건안 원년(서기 196년), 낙양에서 황제를 알현합니다. 그러고는 황제를 자신의 근거지인 허현에서 맞이하는, 허현 천도에도 성공합니다. 그 과정에서 동소의 계책은 큰 역할을 했습니다. 조조가 위공에 책봉된 것과 나중에 다시 위왕으로 작위가 올라간 것 역시, 모두 동소의 제안에 따라 이루어졌습니다.

동소의 당시 제안은 그 자신의 생각이었을까요, 아니면 조조의 뜻을 받든 것일까요? 모르겠습니다. 중요하지도 않습니다. 다시 말해 이 일은 어떤 창의성도 필요하지 않았습니다. 그저 이미 앞의 강의에서 얘기한 내용대로 하면 되는 것이었습니다. 결론적으로 저는 동소가 조조의 마음을 꿰뚫었다고 보고 싶습니다. 상대의 비위를 맞췄을 가능성이 높다는 얘기가 되겠습니다. 실제 조조는 일찍부터 그 같은 행보를 걸으려 한 듯 보입니다. 이에 앞서 그가 행한 세 가지 준비 작업을 살펴보면 충분히 그렇게 말할 수 있습니다. 첫째, 그는 토지를 넓혔습니다. 건안 17년(서기 212년), 조조는 '황제를 알현할 때 이름이 불리지 않을 뿐 아니라 조정에 입실할 때 종종걸음으로 빨리 가지 않으면서도 칼을 차고 어전에 올라갈 수 있는, 마치 소하의 이야기에서나 들었을 법'한 대우를 일단 얻었습니다. 동시에 15개 성도 얻었습니다. 이로 인해 그의 근거지는 원래의 15개 성에서 30개로 증가해 2배나 늘어나게 됐습니다. 둘째, 주州들도 합병했습니다. 건안 18년(서기 213년) 정월 원래 14개였던 주는 9개가 됐습니다. 병주幷州와 유주幽州 두 개 주와 사주司州의 하동河東 · 하내河內 · 풍익馮翊 · 부풍扶風 4개 군郡을 모두 조조가 당시 목牧이었던 기주冀州에 귀속시킨 것입니다. 셋째, 동시에 여론 조성을 진행했습니다. 그 일은 당연히 조조가 친히 나서서 하기가 불편했습니다. 또 그럴 필요도 없었습니다. 자연스레 주변의 수하들이 그를 도와 일을 처리했습니다. 그중 한 명이 동소입니다. 동소는 적어도 조조가 '마치 소하의 이야기에서나 들었을 법'한 대우를 받은 후이자 손권을 토벌하러 가기 전인 건안 17년 10월 연간에 분위기를 잡는 행동에 본격적으로 나선 것으로 보입니다. 『삼국지』「동소전」의 배송지 주에서 인용한 『헌제춘추獻帝春秋』와 『삼국지』「무제기」의 배송지 주에서 인용한 『위서』에는 당시 동소가 조조를 찾아갔다는 기록이 나옵니다. 그는 순욱荀彧을 찾아갔을 뿐 아니라 조정 곳곳의 사람들을 만나 조조를 위해 역설했습니다. 결국 청사진은 만들어졌습니다. 천자의 비준도 얻었습니다.

이렇게 해서 건안 18년 5월, 허울뿐인 괴뢰 황제는 부절(符節, 조정의 신표—옮긴이)을 휴대한 어사대부御史大夫 치려郗慮를 파견하여 조조를 위공으로 책명했습니다. 책명 때의 언사는 무척이나 화려했습니다. 조건도 매우 후했습니다. 가볍게 위공이 된 조조는 그러나 크게 달라진 것이 없었습니다. 원래대로 승상을 계속 맡았을 뿐 아니라 기주목의 자리도 그대로 유지했습니다. 새로 마련한 위국魏國의 제도 역시 '한 초기의 제후와 왕의 제도'와 하나도 예외 없이 같았습니다.

　이것은 조조가 간절히 원하는 바였습니다. 실권과 실리는 조금도 줄어들지 않은 채 지위는 더 높아지고 명예 역시 적지 않게 얻었기 때문입니다. 당시 조조가 주위에 은근하게 주장한 일관된 내용은 분명했습니다. "괜히 허명을 좇다 실제로는 화를 입을 처지에 처하면 안 된다"는 것이었습니다. 그러나 명성과 재물을 함께 얻으면서도 실권이 줄어들지 않고 실리 역시 적어지지 않는다면 누가 싫겠습니까? 더구나 위공이라는 작위는 절대로 허명이 아니었습니다. 실리 역시 만만치 않았습니다. 이때 조조는 분명 마음이 대단히 기뻤을 것입니다. 하지만 그는 겸양의 자세를 보여주기 위해 이 또한 세 번이나 사양했습니다. 결국 중군사中軍師 순유荀攸를 비롯한 종요·모개毛玠·정욱程昱·가후·동소 등 30여 명의 측근들이 연명으로 글을 올려 왕위에 오르라고 권유하게 됩니다. 이에 조조는 "공에 봉해지고 구석의 은전을 받는 것은 주공 정도라야 누릴 수 있는 대우이다. 내가 어떻게 감히 그럴 수 있겠는가?"라고 말하면서 재차 겸양의 자세를 보였습니다. 측근들도 지지 않았습니다. "충분히 감당할 수 있습니다, 감당할 수 있습니다! 명공의 공로는 주공보다 훨씬 많습니다. 역사가 기록된 이후로 명공의 공로보다 더 큰 공을 세운 사람은 없습니다"라고 말하면서 조조를 계속 압박했습니다. 그래도 조조는 사양했습니다. 다만 작위 외의 봉지는 받겠다는 입장은 은근히 비쳤습니다. 이에 측근들은 다시 "명공이 이러시는 것은 황제를 존중하지 않는 것일 뿐 아니라 저희들의 체면도 무시하는 것입니다"라면서 물러서지 않았습니다. 조조는 측근들의 거듭된 권유에 쑥스러워하면서 비로소 위공 작위를 받아들입니다.

지금에 와서 보면 솔직히 조조의 이런 쇼는 정말 혐오감을 일으킵니다. 보는 사람의 기분을 무척이나 언짢게 하는 태도입니다. 또한 조조의 본래 성격하고도 맞지 않았습니다. 그러나 달리 방법이 없었습니다. 그것은 하나의 규칙이고 관례였을 뿐 아니라 그렇게 하지 않으면 안 되는 당연한 수순이었습니다. 허세를 부려 사양하지 않았다면 그는 바로 "뻔뻔스럽게도 부끄러운 줄을 모른다"라는 욕을 바가지로 먹었을 것입니다. 더구나 당시 조조는 여론의 압력에도 대처해야만 했습니다. 사실 그가 공에 봉해지고 나라를 세우는 것은 누가 보더라도 천하의 극악무도한 짓으로 대개의 시선이 곱지 않았습니다. 바로 이런 분위기가 그를 더욱 더 조심스럽게 했고, 그로 하여금 연극과 쇼까지 하도록 강요한 것입니다.

### 순욱, 조조의 행보에 반대하다

사실상 반대파가 많았습니다. 더 놀라운 사실은 그중에는 조조가 제일 신임하고 가장 아끼는 한 사람도 반대 입장을 표명했다는 점입니다. 이 사람은 과거 중요한 순간마다 줄곧 조조를 지지하고 도왔으나 이번에는 완전히 역방향으로 질주했습니다. 이는 전혀 예상조차 못했던 일로 조조에게 적지 않은 마음의 상처를 줬습니다. 누구였을까요? 바로 순욱荀彧이었습니다.

순욱은 조조의 진영에서 그 누구도 넘보지 못할 단연 최고의 중량급 인물이었습니다. 조조가 그를 자신의 장량(張良, 전한 시대 고조의 모사―옮긴이)으로 여기고 대우했으니 어느 정도인지는 충분히 알 수 있습니다. 순욱은 29세 때 조조에게 투신했습니다. 당시 조조는 그를 두고 "나의 장량"이라고 극찬했습니다. 실제로도 그런 신임을 받을 만큼 많은 일을 했습니다. 순욱은 조조의 큰 기대를 저버리지 않았고 그를 위해 절묘한 전략 등을 적지 않게 생각해냈습니다. 심지어 생명의 위험까지 무릅썼습니다. 『삼국지』「무제기」와 「정욱전」, 「순욱전」 등에 의하면 흥평興平 원년(서기 194년) 여름, 연주兗州의 목牧을 대리하는 신분이었던 조조는 순욱과 정욱을 남겨 견성(鄄城, 지금의 산둥성山東省 쥐안청현鄄城縣 북쪽 소재)을 지키게 하고 병력을 총동원하여 도겸陶謙을 소탕하러 나갔습니다. 이때 조조의 오랜 친구 장막張邈과 진궁陳宮이 갑자기 모반을 일으켰습니다. 둘은 여포呂布와 연합해 연주까지 공격했습니다. 연주 경내의 곳곳에서는 투항의 깃발이 올라갔습니다. 투항을 하지 않은 곳은 견성을 비롯해 범현(範縣, 지금의 허난성 판현範縣)과 동아(東阿, 지금의 산둥성 양구현陽穀縣)뿐이었습니다. 당시 이 세 곳의 성마저 잃는다면, 조조로서는 의지할 곳 없는 불쌍한 신세로 전락할 상황이었습니다. 그 절체절명의 순간 순욱은 정욱과 상의, 각자 할 일을 나눴습니다. 이에 따라 정욱은 먼저 범현을 안정시킨 다음 조지棗祗와 함께 동아를 굳게 지켰습니다. 순욱의 활약 역시 대단했습니다. 그는 동군태수東群太守 하후돈을 급히 견성으로 불러들여 함께 성을 지키도록 했습니다. 그의 생각은 맞아떨어졌습니다. 하후돈은 성에 도착하자마자 하룻밤 만에 "모반한 자들의 목을 수십 개나 잘라내는" 용맹을 떨칩니다. 정세는 비로소 급속도로 안정됐습니다. 이때 예주자사豫州刺史 곽공郭貢이 수만 군사를 이끌고 성 아래에 도착, 순욱을 만나고자 했습니다. 이에 하후돈이 "만나서는 안 됩니다! 각하는 한 주를 수비하는 책임자입니다. 그를 만나러 가면 반드시 생명이 위험할 것입니다"라면서 순욱을 말렸습니다. 이에 순욱은 의연하게 말합니다.

"괜찮소! 곽공과 장막은 같은 부류이기는 하나 평소에는 결탁하지 않았소. 지금 곽공이 급히 온 것은 분명히 아직 그들의 계획이 결정되지 않아서일 것이오. 내가 가서 충분히 설득할 수 있소. 설사 즉시 그를 우리 편으로 끌어오지 못하더라도 중립을 지키게 할 수는 있을 것이오. 만약 내가 나가 그를 보지 않으면 그는 우리가 자신을 믿지 않는 것이라 생각할 것이오. 심지어 부끄럽고 분한 나머지 성을 낼지도 모르오."

결국 순욱은 혼자 성을 나가 곽공을 만났습니다. 곽공은 순욱이 전혀 두려움 없이 나오는 것을 보고 견성을 함락시키는 것이 쉽지 않을 것이라는 사실을 깨달았고, 바로 철수를 결정했습니다. 그렇게 견성은 보전될 수 있었습니다. 순욱의 이 의연한 행동은 솔직히 "칼 한 자루만 가진 채 적장의 초대연에 의연하게 나간 관우의 용기"에 필적하는 놀랄 만한 것이었습니다.

순욱은 조조가 정치 투쟁과 군사 투쟁을 결행한 결정적인 때마다 중요한 역할을 했습니다. 그 사실을 우리는 너무나 잘 알고 있습니다. 조조가 처음 군대를 일으켰을 때 동탁의 위세는 천하를 뒤덮었습니다. 조조는 자신감이 부족할 수밖에 없었습니다. 순욱은 그런 그에게 용기를 북돋아줬습니다. "동탁에게는 절대로 좋은 결과가 없을 것입니다. 어떤 일도 이뤄내지 못합니다"라면서 조조에게 확신을 심어줬습니다. 이때가 초평初平 2년(서기 191년)이었습니다. 조조가 본격적으로 성장해나갈 때도 다를 바가 없었습니다. 당시 제후들이 중원에 할거하고 있었습니다. 조조는 주저하면서 어떻게 해야 할지 결정하지 못하고 있었습니다. 순욱은 즉시 잘못된 방향을 바로 잡아줬습니다. 그를 도와 전략적 계획까지 세웠습니다. 홍평興平 원년(서기 194년)의 일이었습니다. 조조가 천자를 맞으러 갈 때도 예외가 아니었습니다. 모든 장군들의 입장이 분분하자 순욱은 그를 위해 정치적인 삼대 강령을 제정해줬습니다. 그가 '천자를 모시고 불복종하는 조정의 신하들을 호령'하도록 한 것입니다. 이는 건안 원년(서기 196년) 때의 일이었습니다. 조조가 원소와 전쟁을 하려 했을 때, 즉 마음은 있으나 힘이 따르지 못한다는 사실을 통감했을 때에도 그의 역할은 빛났습니다. 조조에게 반드시 승리할 수밖에 없는 네 가지 원인을 분석하여 그의 투지를 촉발시켰습니다. 이는 건안 2년(서기 197년)의 일입니다. 건안 13년(서기 208년) 남쪽으로 유표를 토벌하러 간 조조를 위해 전략 방안을 수립한 이도 다름 아닌 순욱이었습니다.

그런데 조조가 공으로 봉해진 다음 나라를 세우려고 하는 바로 그때 순욱이 부풀어오른 조조의 마음에 한 사발 찬물을 뿌립니다. 순욱은 자신에게 와서 비밀리에 의견을 물은 동소에게 이렇게 적극적인 반대의 입장을 피력합니다.

> 조공曹公이 의병을 일으킨 다음 폭란을 제거하고 천하를 평정한 것은 원래 조정을 도와 국가를 안정시키기 위한 것이었습니다. 그가 견지해야 하는 것은 충성이며 굳게 지켜야 할 것은 겸양하는 자세입니다. '군자는 덕으로 백성을 아끼고 보살펴야 합니다.' 당신들이 진짜 조공을 사랑한다면 그를 도와 만절(晚節, 오래도록 가는 충절—옮긴이)을 지키게 해야 합니다. 설사 공을 이루고 은퇴하게 하지는 못하더라도 최소한 '욕망이 한이 없다'라는 말을 듣도록 해서는 안 됩니다. 그렇지 않으면 훗날 조공에 대해 '마치 소하의 이야기와 같았다(조조가 신하로 만족한다는 의미—옮긴이)'라는 말에 이어 다시 '주공의 이야기와 같았다(조조가 단순한 신하가 아니라 주공처럼 섭정 또는 성인의 반열에 오른다는 의미—옮긴이)'는 평가가 따르게 됩니다. 그래서 이 일은 적당하지 않다고 사료됩니다.

그런데 아무래도 이상합니다. 순욱은 원래 조조의 '장량'이지 않았습니까? 그가 왜 역방향으로 질주했을까요? 순욱이 역방향으로 질주한 이후의 결과는 어땠을까요?

**27강**
**進退失据**

## 몸 둘 곳이 없다

조조가 정치적으로 차근차근 승승장구의 길을 걷던 그때, 그의 절친한 친구이자 책사 순욱이 이상하게도 조조의 마음과는 다른 길로 갔다. 게다가 미스터리한 죽음을 맞는다. 이 일에 대해서는 당시 의견이 분분했다. 무엇보다 유언비어가 곳곳으로 퍼져나갔다. 정사正史의 기록 역시 모호하게 기재돼 있다. 뭔가 깊이 은폐하는 비밀이 있을지 모른다는 분위기를 읽을 수 있다. 그렇다면 이 일의 배후에는 도대체 무슨 비밀이 숨겨져 있을까? 순욱은 왜 조조와 사이가 틀어졌을까? 이것과 밀접한 관계가 있는 사실, 즉 조조가 공으로 봉해진 다음 나라를 세운다는 것은 또 무슨 의미가 있을까?

앞의 강의에서 우리는 동소 등이 조정의 여론을 대대적으로 조성, 조조의 작위를 올리고 공으로 삼는 계획을 진행했다는 사실을 언급했습니다. 동소가 순욱의 의견을 물었다가 난관에 부딪치기는 했지만 말입니다. 사실 동소 등이 순욱에게 의견을 물었던 데에는 아주 분명한 의도가 있었습니다. 순욱이 단순히 계획을 지지하는 것은 물론이고 몇 걸음 더 나아가 아예 앞에 등장해주기를 희망했다는 얘기입니다. 그럴 만한 이유가 있었습니다. 순욱이 동한東漢의 명문거족 출신으로 명성과 영향력이 대단히 컸기 때문입니다. 그뿐만이 아닙니다. 그의 직위 역시 대단했습니다. 그는 건안 원년(서기 196년) 조조가 천자를 맞이하러 허현에 온 이후 줄곧 상서령尙書令의 자리(처음에는 대리였으나 나중에 실제로 임명됩니다)에 있었습니다. 자리만 요직이 아니라 실실적으로도 "항상 조정에서 중요한 임무를 맡아" 정무를 돌봤습니다. 상서령은 조정의 비서장에 해당하는 상당히 대단한 자리였습니다. 당시 동한의 정무는 상서에 속해 있었습니다. 따라서 상서령은 조정을 총괄하는 수뇌부의 자리로 승상 아닌 승상에 해당했습니다. 아시다시피 한 헌제의 조정은 조조에 의해 꼭두각시처럼 좌지우지 됐습니다. 물론 조조 자신이 건안 13년(서기 208년) 승상 직위로 복귀한 다음 그 자리에 직접 취임했으므로 그 이후에는 더 이상 순욱을 '승상 아닌 승상'이라고 말할 수는 없었습니다. 그러나 조조는 자주 전쟁터로 나가 전쟁을 지휘했습니다. 설사 전쟁터에서 돌아오더라도 주로 업성에 있었지 허현에 머물지 않았습니다. 조정의 일상 업무는 계속 순욱이 책임을 졌다고 볼 수 있습니다. 순욱이 조조를 도와 정무를 돌보고 직접 황제를 대했다고 말할 수 있는 것입니다. 그가 이른바 '조정에서 중요한 임무를 맡았다' 함은 바로 이를 말하는 것입니다.

　순욱은 조조를 위해 단순하게 정무를 보거나 황제만 마주 대하지 않았습니다. 그를 도와 많은 전략적 계책을 생각해냈습니다. 때문에 조조는 밖에서 전쟁을 벌이다 문제가 있으면 항상 그에게 편지를 보내 어떻게 할지 물었습니다. 순욱 역시 마찬가지였습니다. 조조에게 항상 먼저 적극적으로 협조하고, 지지하는 모습을 보였습니다. 각종 방안을 고안하고 결정을 내렸습니다. 최선을 다하는 모습이 조조를 따라 종군한 곽가나 가후와 다를 바가 없었습니다. 다시 말해 순욱은 조조에게는 소하 내지 장량이었습니다. 이처럼 대단한 자리에 있는 사람이 조조를 공으로 봉하고 나라를 세우게 하는 제안을 주도하는 것은 확실히 동소가 그러는 것과는 격이 많이 다릅니다. 눈에 띄게 제안의 무게가 묵직해집니다. 그의 신분도 그렇게 하기에 적합했습니다.

　그러나 순욱은 반대했습니다. "군자는 덕으로 백성을 아끼고 보살펴야 합니다"라는 말을 하면서 그랬습니다. 어투로 봐서는 순욱이 이 말을 동소 등에게 했다고 볼 수 있습니다. 그러나 그의 총명함과 예지로 볼 때 공에 봉하고 나라를 세우게 하는 일이 외견상으로는 동소의 건의이나 실질적으로는 조조의 마음이라는 사실을 모를 리가 없었습니다. 동소 등이 '비밀리에 순욱에게 자문을 구한 것'은 실제로는 조조를 대신해 물어본 것이었습니다. 그러므로 순욱의 말은 조조가 들으라고 한 말이었습니다. 그러나 그는 일말의 여지를 남겨놓기 위해 그것이 조조의 뜻인 것을 모른 척했습니다. 그로서는 조조가 자신의 말을 들은 다음 적당한 기회를 봐서 물러날 것을 희망한 것입니다. 또 동소 등의 행동을 저지해줄 것을 은근히 희망했다고 볼 수도 있습니다. 하지만 조조는 이미 일찌감치 마음을 굳힌 상태였습니다. 어떻게 그 말을 듣겠습니까? 조조는 결과적으로 크게 실망했습니다. 뿐만 아니었습니다. 화도 단단히 났습니다. 「순욱전」의 기록은 "태조(太祖, 조조-옮긴이)는 이로 인해 마음이 평안하지 못했다"라고 전하고 있습니다.

### 순욱의 미스터리한 죽음

단단히 화가 난 조조의 심기는 심각한 결과를 불러왔습니다. 이때 그는 남쪽의 손권을 정벌하려는 계획을 가지고 있었습니다. 조조는 주저 없이 황제에게 바로 표를 올립니다. 순욱을 초현(譙縣, 지금의 안후이성安徽省 보저우시亳州市)에 파견해 군대를 독려하게 하도록 말입니다. 더 나아가 조조는 그 기회를 빌어 순욱을 군중에 잡아뒀습니다. 시중侍中 겸 광록대부光祿大夫 직을 맡겨 "승상의 군사"로 종군하게 한 것입니다. 이는 사실 순욱을 상서령 직에서 파면한 것이라고 할 수 있습니다. 이렇게 엉뚱하게 종군을 하게 된 순욱은 수춘(壽春, 지금의 안후이성 서우현壽縣)에 도착했을 때 병으로 쓰러집니다. 이어 바로 미스터리한 죽음을 맞습니다. 향년 50세였습니다.

순욱의 죽음에 대해서는 두 가지 견해가 있습니다. 하나는 우울증에 걸려 세상을 떠났다는 것입니다. 또 하나는 자살을 강요받았다는 견해입니다. 앞의 견해는 『삼국지』「순욱본전」에서 볼 수 있는데, "우울해서 사망했다"고 적고 있습니다. 뒤의 견해는 「순욱본전」의 배송지 주에서 인용한 『위씨춘추』에 나와 있습니다. 당시 조조는 순욱에게 찬합을 보냈고, 순욱이 찬합을 열어보니 이상하게 안이 비어 있었습니다. 순욱은 조조의 뜻을 깨닫고 바로 독약을 먹고 자살했습니다. 이 일에 대해서는 당시 의견이 분분했습니다. 유언비어까지 곳곳에 퍼져나갔습니다. 「순욱본전」의 배송지 주에서 인용한 『헌제춘추獻帝春秋』의 기록은 다소 다릅니다. 이에 의하면 순욱이 죽은 다음 수하의 부하가 수춘을 탈출하여 손권에게 이상한 정보를 제공했다고 합니다. 내용인즉 조조가 순욱으로 하여금 헌제의 정비인 복태후伏太后를 모살하게 했으나 순욱이 이를 원치 않아 자살했다고 말입니다.

이는 당연히 유언비어였습니다. 그러나 우리는 순욱이 도대체 어떻게 죽었는지 알고 싶습니다. 그와 조조는 왜 마지막에 이처럼 돌이킬 수 없는 길을 걸어갔을까요? 역사학자들이 은폐했을지도 모르는 비밀스런 이야기의 배후에는 과연 어떤 것들이 숨겨져 있을까요?

먼저 『헌제춘추』의 이야기에 대해 말해보겠습니다. 이야기는 건안 5년(서기 200년) 거기장군車騎將軍 동승董承이 "허리띠에 밀지를 숨긴 사건"으로 살해당하는 참극에서부터 시작합니다. 당시 복태후는 그의 부친 둔기교위屯騎校尉 복완伏完에게 편지를 썼습니다. 황제가 동승을 살해한 조조에 대해 원한을 가지고 있다고 말입니다. 복완은 이 편지를 받은 다음 순욱에게 보여줬습니다. 순욱은 이를 보고 상당한 반감을 느꼈으나 말은 하지 않았습니다. 나중에 이 편지가 조조의 수중에 들어갔습니다(유언비어에 의하면 복완의 처남 번보樊普가 밀지를 조조에게 건네줬다고 합니다). 순욱은 이에 당황해 허현에서 업성까지 부리나케 달려갔습니다. 이어 조조에게 황제한테 딸을 시집보낼 것을 은근히 건의했습니다. 조조는 단호하게 거절합니다.

"궁중에는 이미 황후가 있지 않소! 내 딸이 어떻게 황제와 결혼할 수 있겠소? 게다가 나는 승상의 자리에 있소. 기본적으로 전쟁에서 세운 공으로 이 자리에 와 있는 것이오. 그런데 이제 다시 처갓집 덕 보듯 사위로서 덕을 봐야 한다는 말이오?"

순욱은 내친 김에 이렇게 권합니다.

"복태후는 아들이 없습니다. 또 본성이 흉악하고 잔인합니다. 속마음도 사악합니다. 그녀는 제 아비 복완에게 보낸 편지에서 승상을 악랄하게 공격했습니다. 말이 듣기에 매우 거슬리니 이참에 아예 그녀를 폐하십시오!"

조조가 다시 "아니, 그런 일이 있었소? 그런데 그대는 어찌 일찍 그 사실을 나에게 말하지 않았소?" 하면서 반문했습니다. 이에 순욱은 대경실색한 것 같은 표정을 지은 채 "벌써 말씀드렸습니다!"라고 대답했습니다. 조조는 끈질기게 순욱을 계속 다그쳤습니다.

"그렇게 큰일을 내가 어찌 잊겠소?"

순욱은 다시 크게 놀란 것처럼 얼굴 표정을 지으면서 얼버무렸습니다.

"정말 말씀드리지 않았습니까? 아, 생각났습니다! 당시 명공께서는 관도官渡에서 원소와 일전을 치르고 계시지 않았습니까? 저는 명공께서 후방을 걱정하실 것을 우려해 말씀을 드리지 않았습니다."

조조는 끝까지 물고 늘어졌습니다.

"관도의 전쟁이 끝난 후에는 왜 말을 하지 않았는가?"

계속되는 조조의 질문에 순욱은 할 말을 잃었습니다. 잘못을 인정하고 사죄할 수 밖에 없었습니다. 결과적으로 이로 인해 "태조가 순욱을 증오하게 됐다"고 합니다.

　이 이야기는 솔직히 척 들어봐도 거짓이라는 사실을 알 수 있습니다. 배송지는 일찍이 "평범한 사람도 이렇게까지 어수룩하지 않다"고 했습니다. 더군다나 천하의 순욱이 그랬겠습니까? 상황 정리를 위해 다시 살펴봅시다. 동승이 '허리띠에 밀지를 숨긴 사건'은 건안 5년(서기 200년) 정월에 있었습니다. 이에 반해 복태후가 살해당한 것은 건안 19년(서기 214년) 11월의 일이었습니다. 두 사건은 시간 간격이 거의 15년이나 납니다. 편지 하나를 어떻게 그렇게 오래 감출 수가 있었겠습니까? 더구나 순욱은 건안 17년(서기 212년) 말에 사망했습니다. 그가 언제 조조에게 가서 이 일에 대해 말할 수 있었을까요? 만약 말했다면 그 시기는 아무리 늦어도 그해 10월 조조가 손권을 정벌하러 나서기 직전이 돼야 합니다. 정말 그랬다면 조조는 왜 2년이 지나서야 복태후를 죽였을까요? 사실 순욱이 관련되었다는 이 일은 허구였습니다. 나아가 동승이 '허리띠에 밀지를 숨긴 사건'이나 복태후의 편지 사건 역시 모두 의심스러운 부분이 적지 않습니다. '허리띠에 밀지를 숨긴 사건'이 의심스럽다는 사실은 『삼국지 강의』 13강 「매실로 담근 술」편에서 이미 말했습니다. 복태후 사건이 의심스럽다는 사실에 대해서는 뤼쓰몐 선생이 『삼국사화』에서 이미 분석한 바 있습니다. 사실을 분명히 하기 위해 우리는 이 이야기에 대해 한번 말해볼 필요가 있겠습니다.

　『삼국지』「무제기」에 따르면 건안 19년 11월 복태후는 14년 전에 부친인 둔기교위 복완에게 편지를 쓴 사실이 드러나 황후 자리에서 쫓겨났습니다. 이어 바로 죽음을 당하고 그녀의 형제들도 처형당했습니다. 이 일의 경과는 배송지의 주에서 인용한 『조만전』에 비교적 상세히 묘사돼 있습니다. 『조만전』에 따르면 당시 조조는 순욱에 이어 상서령을 맡고 있던 화흠華歆을 황후에게 보냈습니다. 화흠은 명령에 따라 군대를 인솔하고 황후를 잡으러 갔습니다. 이때 황후는 문을 잠그고 벽 속에 숨어 있었습니다. 화흠은 그러나 거칠 것이 없었습니다. 문을 박살내고 벽을 허문 다음 한 손으로 황후를 끌어냈습니다. 이때 황제는 마침 어사대부 치려와 함께 앉아 있었습니다. 황후는 머리가 마구 헝클어졌을 뿐 아니라 맨발로 끌려나왔습니다. 그녀는 다급한 마음에 황제의 손을 붙잡고 말했습니다. "저를 구해줄 수가 없습니까?"라고 말입니다. 이에 황제는 "나 역시 내 생명이 언제 끝날지 모르오"라는 말로 대답을 대신했습니다. 황후는 치려에게도 "치공! 하늘 아래 이런 일이 있습니까?"라고 다급하게 말했습니다. 이때 치려가 어떻게 대답했는지 책에는 씌어 있지 않습니다. 아마도 그 역시 허수아비이긴 마찬가지였을 것이라 생각됩니다.

이 이야기는 나중에 『후한서』 「복황후기」에 뒤늦게 올라가게 된 것입니다. 항상 황제를 업신여기고 난동을 부린 조조의 행태를 증명하는 데 거론되는 근거라고 보면 됩니다. 그뿐만이 아닙니다. 조조의 신임을 등에 업고 패륜을 일삼은 화흠의 작태, 털끝만큼의 충성심도 없는 치려의 몰염치를 증명해주기도 합니다. 그러나 뤼쓰몐 선생은 이에 대해 "척 보기만 해도 억지로 가져다 붙인 내용이라는 사실을 바로 알 수 있다"라고 지적했습니다. 그는 이 이야기가 나중에 『후한서』에 뒤늦게 올라갔다면서 절대로 믿지 말라고 말하기도 했습니다. 이 말은 맞습니다. 『후한서』는 정말 믿을 수 없는 부분이 너무 많습니다. 『후한서』는 물론이고, 원래 믿을 수 없는 『조만전』까지 이 사실을 언급하고 있다면 어떻겠습니까?

물론 복태후가 폐위된 후 살해당한 것은 어쨌거나 진짜 확실한 사실입니다. 그러나 그렇게 된 원인은 상당히 의심스럽습니다. 뤼쓰몐 선생은 이 사건에는 분명히 다른 원인이 있다고 생각했습니다. 뤼선생은 이와 관련해 이렇게 말합니다.

"사람들은 큰일을 하는 사람에게는 말을 많이 한다. 어떤 사람은 그의 좋은 점을 말한다. 반면에 어떤 사람은 나쁜 점을 말한다. 근본적으로 사람마다 좋은 점만 말하기를 기대하는 것은 불가능하다. 큰일을 하는 사람은 비난과 칭찬을 도외시해야 한다는 말이다. 그런데 조조가 누구인가? 다른 사람이 이러쿵저러쿵 말하는 것을 염두에 두는 사람인가? 만약 그가 다른 사람이 자신을 욕하는 편지 하나 쓴 것에 격분하여 사람을 죽이려는 상황이 온다면 문제는 소문보다 훨씬 복잡했을 것이다. 그 자신으로서도 누구를 얼마나 죽여야 충분할지 잘 모를 정도였을 테니 말이다. 이런 사실만 놓고 봐도 이 사건은 틀림없이 다른 정치적 음모가 있었다고 해야 옳다. 그저 그 진상이 세상에 전해지지 않았을 뿐이다."

저는 뤼선생의 이 말이 매우 일리가 있다고 생각합니다. 심지어 저는 이 사건의 배경에 또 다른 원인이 있었을 뿐 아니라 엄청난 음모가 개입되었을 가능성이 있다고 생각합니다. 그렇지 않고서야 조조가 어떻게 황후까지 건드릴 수 있었겠습니까? 모두 다 알다시피 황후는 중궁(中宮, 황후의 처소-옮긴이)에 거주했습니다. 백성의 어머니였습니다. 어떻게 마음대로 폐위시킬 수 있었겠습니까? 하물며 함부로 죽인다는 것은 더 말할 필요도 없는, 불가능한 일입니다. 설사 최악의 경우를 상정하더라도 그렇습니다. 그것은 어디까지나 황제의 권한이었습니다. 어찌 승상이 그 일을 대신할 수 있었겠습니까? 더구나 황후는 결코 죄가 없었습니다. 그녀는 단지 황제의 말을 전했을 뿐입니다. 황제가 승상을 나쁘게 말한 것입니다. 그럼에도 엉뚱하게 승상은 황제를 대신해 황후를 시해했습니다. 하늘 아래 어찌 이런 도리가 있습니까? 어떤 사람은 헌제가 꼭두각시인 데다 조조가 너무 난폭해서 그랬다고 말합니다. 그 사실을 확실히 증명하는 것이라고 말합니다. 말이 그럴 듯합니다. 그러나 실제는 그렇지 않습니다. 헌제가 무능한 것은 물론 사실이었습니다. 조조가 난폭한 것도 주지의 사실이었습니다. 하지만 아무리 창호지라도 결코 쉽사리 뚫리지 않았습니다. 황제는 체면만큼은 여전히 유지하고 있었습니다. 건안 19년(서기 214년) 당시 조조와 황제의 관계는 확실히 매우 미묘했습니다. 그러나 결코 공개적으로 반목하는 정도에까지는 이르지 않았습니다. 심지어 그해 3월 황제는 '제후와 왕들의 위에 놓인 지위'를 주면서까지 그를 예우했습니다. 조조로서는 꼭두각시 황제가 나름대로 쓸모가 있었습니다. 그 이후에도 마찬가지였습니다. 그런 상황에서 조조가 어떻게 가식적인 인의仁義의 모습조차 버릴 수 있겠습니까? 그러나 어찌됐든 월권을 행사해 황제 대신 황후를 폐하는 것은 황제의 체면을 여지없이 짓밟아버리는 것이었습니다. 다른 사람이 보기에도 황제를 너무나도 업신여기는 행동이었습니다. 이 이해 관계를 조조가 모를 까닭이 없었습니다.

그런 탓에 이 일에 관련해서는 오로지 하나의 가능성만이 있습니다. 배후에 엄청난 음모가 있었다는 것입니다. 그 음모는 조조를 향한 것이었습니다. 황후는 그 가운데 휘말려 들어갔을 가능성이 높습니다. 만약 그렇지 않았다면 황후의 머리를 베어 여러 사람에게 경고의 메시지를 주려고 한 것이 틀림없습니다. 더구나 음모는 너무 엄청났습니다. 심지어 황제 본인까지 그 음모에 가담했을 가능성이 매우 컸습니다. 때문에 그는 울분을 참으면서 아무 말도 하지 못했습니다. 조조가 포악한 행위를 해도 하자는 대로 순순히 따랐던 것입니다. 음모는 너무나 엄청났던 만큼 그 누구도 공개적으로 말하지 못했습니다. 그래서 되는 대로 작은 잘못을 하나 찾아 그것을 가리지 않았나 생각됩니다. 저는 솔직히 황후가 과연 편지를 쓰기는 한 것인지 의심스럽습니다. 조조가 편지를 날조해 황후를 위해하는 데 이용한 것이 아닐까요? 어쨌든 황후의 아버지 복완은 건안 14년(서기 209년)에 이미 세상을 떠나 딸의 결백을 증언할 수 없었습니다. 황제는 본인이 제 발 저린 상황이었습니다. 감히 공개적으로 황후의 억울함을 역설하지 못했습니다. 그저 눈을 뻔히 뜬 채 복황후가 억울하게 죽어가는 모습을 바라볼 수밖에 없었습니다. 한 불쌍하고 연약한 여자는 이렇게 정치 투쟁의 희생양이 됐습니다. 누군지 모를 추악한 남자들 대신 속죄양이 된 것입니다.

당연히 여기서 사용한 '음모'라는 단어는 조조의 입장에서 말한 것입니다. 만약 조조의 반대편, 다른 입장에서라면 마땅히 '반항'이라고 해야겠습니다. 즉 이 일의 배경에는 바로 헛수고에 그친 헌제의 한 번의 반항이 작용했을 가능성이 있다는 것입니다. 이 반항으로 인해 조조는 황후를 죽이는 것과 같은 잔혹한 수단으로 아예 처음부터 황제에게 호된 맛을 보여 준 것입니다. 과거 조조가 건석(蹇碩, 영제靈帝 때의 위세 높던 환관—옮긴이)의 숙부를 몽둥이로 때려죽인 것과 하나 다를 바가 없다고 하겠습니다. 이처럼 "닭(복황후—옮긴이)"을 죽인 결과 "원숭이(헌제—옮긴이)"는 마지막에 고분고분 황제 자리를 내놓을 때까지 함부로 말하거나 행동하지 못하게 됐습니다. 달리 말해 '헌獻'이라는 시호諡號와 바꾸게 되는 것입니다(헌제가 나중에 결국 조조의 아들 조비에게 양위하는 사실을 일컬음—옮긴이). 내친 김에 한 마디 더 하자면 헌이라는 글자의 뜻은 아주 묘합니다(바친다는 뜻을 가진 황제의 시호가 좋지 않다는 의미임—옮긴이). 시대의 요구를 분명하게 알고 있었던 것일까요?

**순욱** 일찍이 조조에게 투신하여 조조의 입신을 위해 평생에 걸쳐 큰 공을 세웠다. 하지만 조조가 스스로 위공이 되어 한나라를 대신하려는 기미를 보이자 이를 반대하고 자살한다. 자신의 정치적 이상인 '한 왕실의 부흥'을 조조가 배신하자 결연히 죽음을 선택한 것이다.

지금까지 말한 것처럼 『헌제춘추』의 견해는 진짜 황당합니다. 그러나 순욱이 황후를 모살하는 것을 원치 않았다고 주장하는 것은 다소 다른 문제입니다. 그의 사람 됨됨이에 정말 잘 부합된다고 할 수 있겠습니다. 순욱은 진짜 그런 사람이었습니다. 됨됨이가 바르고 정직했습니다. 당시 칭찬이 자자할 정도였습니다. 『삼국지』의 배송지 주에서 인용한 「순욱별전」은 순욱이 "덕행을 두루 갖추고, 정도가 아닌 것에는 마음을 두지 않았다. 천하에 이름이 나 있었다"라고 말합니다. 또한 나라 안팎의 영재와 준걸들 중 "그를 모범으로 하지 않는 사람이 없었다"라고도 말합니다. 바로 사마의司馬懿와 종요 등이 그를 극도로 추앙했던 인물들이었습니다. 배송지 주에서 인용한 『전략典略』은 다음과 같이 그를 평가하고 있습니다.

> 지위가 낮더라도 능력 있는 사람을 존중했고 사치스런 생활을 추구하지 않았다. 대각(臺閣, 조정을 의미―옮긴이)에서도 사리사욕으로 생각을 어지럽히지 않았다.

그와 관련한 일화도 있습니다. 당시 그에게는 사촌 형제가 한 명 있었습니다. 그러나 능력이 다른 사람들에 비해 상대적으로 떨어져 관리에 임용되지 못하고 있었습니다. 그래서 어떤 사람이 순욱에게 "각하는 관직이 상서령에 이르고 있습니다. 사촌에게 의랑(議郎, 연구원에 해당―옮긴이) 정도 자리는 줄 수 없겠습니까?"라고 은근히 말했습니다. 이에 순욱은 웃으면서 "의랑과 같은 한가한 보직을 주지 못할 정도는 아니오. 그러나 상서령이라는 직책은 조정을 위해 현명한 인재를 선발하고 능력 있는 사람을 임용하는 자리오. 귀하가 말하는 것처럼 능력이 모자란 내 핏줄을 등용한다면 여러 사람들이 나를 어떻게 보겠습니까?"라고 단호하게 말했습니다.

이로써 알 수 있듯 순욱의 됨됨이는 태후를 모살하는 일에 나설 사람이 아니었습니다. 조조 역시 그에게 그런 일을 시키지도 않았습니다. 이런 짓을 할 사람은 조조의 측근 중에 아주 많았습니다. 그의 주변에는 그야말로 널린 것이 사람이었습니다. 어떻게 순욱에게까지 그런 피곤한 일을 시키겠습니까? 더구나 그는 그 방면의 전문가도 아닙니다. 당연히 우리는 순욱이 자신과 의견을 달리하는 사람을 제거하겠다는 조조의 생각에 동의했는지의 여부는 모릅니다. 이에 대한 기록도 사실 없습니다. 굳이 짐작해 말한다면 아마도 그는 가부를 말하지 않았을 것입니다. 문제는 불행히도 그가 전혀 생각하지 못한(사실은 조조도 생각하지 못했습니다) 무언가에 있었습니다. 그러다 어느 날 갑자기 자기 자신 역시 "조조와 의견을 달리 하는 적"으로 변해 조조가 제거하려는 대상이 됐다는 것입니다. 그렇다면 순욱과 조조의 관계는 왜 틀어졌을까요? 그는 도대체 어떻게 조조에게 죄를 짓는 신세가 됐을까요?

### 순욱의 정치적 이상

본질적으로는 정치적 견해의 차이였습니다.
순욱은 사실 일찍부터 조조와 일정한 의견 차이가 있었습니다. 건안 9년(서기 204년) 조조는 업성을 점령한 다음 기주목의 대리가 됐습니다. 기주는 원래 원소에게 속했던 지역이었습니다. 그러나 조조의 승리는 기주를 조씨의 땅이 되도록 했습니다. 그때 누군가가 건의를 해서 고대의 9주 九州 제도를 회복해야 한다고 주장했습니다. 그래야 기주의 근거지가 대폭 커진다고 강조했습니다. 그 말이 틀린 것은 아니었습니다. 이른바 고대 '9주'의 제도에 따르면 병주와 유주, 두 개 주와 사주의 하동·하내·풍익·부풍 등 4개 군이 모두 기주에 귀속될 수 있었던 것입니다. 조조의 마음은 그 건의에 바로 움직였습니다. 그러나 순욱이 반대했습니다. 순욱이 반대한 데에는 나름의 분명한 이유가 있었습니다. 순욱은 그렇게 하는 것이 조조에게 불리하다고 생각했습니다.『삼국지』본전에 따르면 순욱은 조조에게 "이전에 명공께서는 원상袁尚을 격파하고, 심배審配를 사로잡아 이미 '나라 안팎을 놀라게 했습니다.' 지금 다시 다른 이들의 근거지까지 기주에 귀속시키면 틀림없이 '사람마다 자기의 토지를 지키지 못할까 걱정해 군대로 막는 형국'이 나타날 것입니다. 더구나 명공께서 자신들을 차례로 해치울 것이라 생각하고 죽기를 각오하고 반항할 것입니다. 이렇게 되면 '천하를 도모하기가 쉽지 않을 것'입니다"라고 말했습니다. 조조는 순욱의 말이 나름대로 이치에 맞는다고 생각하고 바로 그 생각을 버렸습니다.

  중요한 점은 순욱의 그다음 말에 있었습니다. 그것은 다름 아닌 "과거의 수도를 수리 복원"하자는 강력한 주장이었습니다. 이 주장에 대해 당시 조조는 반대하지 않았습니다. 그렇다고 채택하지도 않았습니다. 아니 사실 할 수가 없었습니다. 그러나 조조는 그 일을 할 수 있는 조건이 됐을 때에도 하지 않았습니다. 아니 오히려 건안 18년(서기 213년) 정월에 주를 겸병하는 계획을 실시했습니다. 천하의 14주를 통폐합해 9주로 만든 것이었습니다. 사주(사예司隸)는 원래 하나인 것을 세 개로 나눴습니다. 이어 하동·하내·풍익·부풍 등 4개 군은 기주에 귀속시켰습니다. 또 홍농弘農과 하남河南은 예주豫州로, 경조京兆는 옹주雍州에 귀속시켰습니다. 우리는 사주가 원래 한 왕조의 수도 소재지로 장안과 낙양洛陽이 모두 그곳에 있었다는 사실을 잘 알고 있습니다. 장안은 경조, 낙양은 하남에 있었습니다. 조조가 사주 하나를 세 개로 나눈 것은 상당한 의미가 있었습니다. "천하에서 제일가는 주"를 해체한 것이었습니다. 나아가 한 왕조의 수도권 지역을 멸망시킨 것과 같은 의미가 있었습니다. 그것은 순욱이 당초 표방한 이상과는 상당히 차이가 있습니다. 그 차이를 어떻게 단순하게 거리로 헤아릴 수 있겠습니까?

조조가 주를 겸병했을 때 순욱은 이미 사망해 세상에 없었습니다. 문제는 조조가 주를 겸병한 것은 순욱이 사망한 후였으나 이를 준비한 것은 그가 사망하기 전이었다는 사실입니다. 더군다나 주에 대한 겸병은 조조가 공에 봉해지고 나라를 세우는 것과 함께 이뤄졌습니다. 실제로 조조는 사주의 4개 군과 병주 및 유주를 기주에 귀속시켰습니다. 그런 다음 이를 기초로 한 왕조와 지위가 거의 대등한 독립 왕국(공국公國)을 세웠습니다. 이것은 결코 웃을 일이 아니었습니다. 그것은 조조와 헌제 간의 관계에 이미 근본적인 변화가 발생했다는 사실을 의미했습니다. 조조는 이 일이 있기 전에는 동한 왕조의 승상이었습니다. 또 기주와 위군魏郡은 동한 왕조의 주군州郡이었습니다. 말할 것도 없이 조조와 헌제 간의 관계는 군신 관계였습니다. 따라서 기주와 조정은 바로 지방과 중앙의 관계였습니다. 그러나 조조가 공에 봉해지고 나라를 세운 다음 기주는 위공국으로 변했습니다. 조조가 위국공魏國公으로 변한 것입니다. 따라서 위국과 한 왕조의 관계는 국가와 국가 간의 관계였습니다. 위공과 헌제의 관계 역시 국공과 황제의 관계였습니다. 맞습니다. 하지만 이때 위공국은 아직 완전한 독립 국가는 아니었습니다. 위공국은 한 왕조가 책봉한 '방국邦國'으로, 한 왕조가 그의 '종주국'이었습니다. 또한 이때 조조는 하나의 완전한 독립 국가의 원수도 아니었습니다. 명의상 그는 여전히 동한 왕조의 '신하'로 한 헌제 역시 그의 '주군'이었습니다. 그러나 누구나 모두 알듯 이른바 한 왕조는 이때 이미 한 뼘의 땅도 없었습니다. 소위 황제 역시 반쪽의 권위조차 없었습니다. 그나마 있었다고 할 수 있는 것은 고작 체면과 명분뿐이었습니다. 이때 만약 이 명분마저도 없어진다면 '동한 왕조'에 대해서 "주군은 주군이 아니고, 신하 역시 신하가 아닌" 왕조라는 말이 가능하게 됩니다.

한 왕조의 이런 모습은 순욱이 진정으로 원하는 바와는 거리가 먼 것이었습니다.

순욱은 종종 사람들로부터 조조의 "최고 모사"로 불렸습니다. 그가 시종일관 했던 역할을 볼 때 이 말은 크게 틀리지 않는 것 같습니다. 그러나 우리가 분명히 알아야 하는 것은 순욱 이 사람을 단순하게 '모사'로만 봐서는 안 된다는 사실입니다. 일반적으로 말해 이른바 '모사'는 그저 주군을 위해 계획을 생각해내고 주군을 도와 이상과 목표를 실현하는 사람입니다. 주군의 이상과 목표가 무엇인지에 대해서는 그들은 신경 쓰지 않습니다. 이것은 어떻게 보면 변호사와 비슷합니다. 변호사의 임무는 법률 분쟁의 당사자를 도와 소송에서 이기는 것입니다. 이 소송을 이기는 것이 중요하지 의뢰인이 한 일이 정당한지 정당하지 않은지에 대해 신경 쓰지 않습니다. 이것은 일반적인 모사와 변호사의 직업 도덕과 규칙입니다. 다시 말해 직업 도덕과 게임 규칙에 따라 모사는 일반적으로 주군의 이상을 자신의 이상으로 삼고 주군의 목표를 자신의 목표로 둡니다. 변호사가 일반적으로 법률 분쟁 당사자의 이익을 자신의 이익으로 생각하고 그의 시비를 자신의 시비로 생각하는 것과 같습니다. 이것은 절대 잘못된 것이 아닙니다.

그러나 모사와 변호사 중에서도 다른 부류의 사람들이 있습니다. 그들에게는 자기의 이상과 가치관이 있고, 그에 따라 최후까지 지켜내야 할 선이 있습니다. 만약 당사자의 주장이 자신들의 이상과 서로 충돌하거나 자신들이 최후까지 지켜야 할 선을 넘으면 그들은 아예 이 일을 받아들이지 않습니다. 특히 그들 중 자신에 대한 도덕적 요구가 대단히 높은 사람은 주군이나 당사자를 자신이 직접 선택합니다. 예컨대 제갈량이 그렇습니다. 그가 유비를 선택한 이유에 대해서는 제가 『삼국지 강의』 15강 「시대를 보는 혜안」편에서 여러 가지 관점에서 말씀을 드린 바 있습니다. 그

때 말씀 드린 것 외의 다른 한 가지 중요한 이유는 다른 게 아닙니다. 유비의 정치적 이상과 정치적 주장이 제갈량 자신과 일치한다는 사실이었습니다. 순욱 역시 그런 사람이었습니다. 조조 휘하의 모사들 중에서 진짜 제갈량에 견줘 논할 수 있는 사람은 솔직히 순욱 외에는 없다고 해도 좋습니다. 제갈량과 순욱의 공통적인 특징은 모두 자신의 정치적 이상과 정치적 주장이 있다는 것입니다. 우리는 제갈량의 정치적 이상과 정치적 주장을 『삼국지 강의』 17강 「융중대책」 편에서 이미 언급한 바 있습니다. 그것은 바로 패업을 이뤄 한 황실을 부흥시키는 것이었습니다. 좀 더 구체적으로 보자면 먼저 셋으로 나눈 다음 하나로 통일하는 것이었습니다. 이에 반해 순욱의 정치적 이상은 건안 원년(서기 196년) 조조가 천자를 맞을 준비를 할 때 집중적으로 구현됐습니다. 그는 조조에게 삼대 강령을 제시했습니다. 그게 바로 천자를 정중하게 모심으로써 민의를 따르고 공평무사로 주변의 호걸들을 복종시키고 정의를 드날려 영웅을 끌어 모으는 것이었습니다. 순욱은 이 삼대 강령을 각각 대순大順, 대략大略, 대덕大德으로 불렀습니다. 따라서 이것들은 절대 책략이 아니었고 모략은 더구나 아니었습니다. 그보다는 오히려 이상이고 말 그대로 강령이라 해야 옳겠습니다. 순욱이 말하는 이 강령의 핵심은 별다른 것이 아니었습니다. "근본을 보존하자는 생각"이었습니다. 무엇의 '근본'입니까? 바로 나라의 근본입니다. 나라의 근본은 어디에 있나요? 바로 황제에게 있습니다.

순욱의 이상은 분명했습니다. 난세의 영웅을 보좌해 천하를 평정하고, 한 황실을 바로잡는 것이었습니다. 그가 보기에 조조가 바로 이런 영웅이었습니다. 조조에게 그러한 능력이 있다고 본 것입니다. 물론 더욱 중요한 사실은 조조에게도 처음에는 이런 생각이 있었다는 사실입니다. 우리는 동한 말년, 동탁이 난을 일으켰을 당시 조조가 처음으로 의병의 궐기를 부르짖은 사실을 잘 알고 있습니다. 심지어 그는 관동關東 연합군이 주저하고 앞으로 진공하지 않았을 때에도 용감하게 나가 싸워 전공을 세웠습니다. 원소와 원술·여포·유표 등이 하나같이 황제의 사활에 대해 무관심했을 때에도 그는 온갖 방법을 다 쥐어짜내 황제를 찾아 영접해 맞았습니다. 순욱이 당시 조조에게 "이것은 장군의 마음이 언제나 황실에 있고 장군의 숙원이 천하를 위태로움에서 구해내 바로 세우는 데 있다는 사실을 설명하는 것입니다!"라고 극찬의 말을 건넨 것도 그래서였습니다. 이 것은 그가 허풍을 떨겠다거나 아첨하려고 한 것이 아니었습니다. 어디까지나 진지한 그의 마음이 그 말에 녹아 있었다고 봐야 합니다. 더불어 그 말은 조조에 대한 순욱의 진실한 찬미였고 커다란 기대였습니다.

그러나 조조는 그를 실망시켰습니다.

순욱이 조조의 진중에 투신한 것은 초평初評 2년(서기 191년)이었습니다. 그때 37세의 동군태수東郡太守 조조는 확실히 뜨거운 피가 끓는 애국적인 장군이었습니다. 순욱이 천자를 모시자고 주장한 건안 원년(서기 196년)에 42세의 조조는 연주兗州의 목이었습니다. 그때에도 그는 마음만큼은 한 황실에 매어 있는 제후의 한 명이었습니다. 조조는 이후 12년 동안 남쪽을 정벌하고 북쪽을 토벌했습니다. 원술을 정벌하고 여포도 죽였습니다. 장수張繡를 항복시키고 원소도 멸해 북방을 완전히 평정했습니다. 이것은 순욱이 보기에 지극히 마땅한 행동이었습니다. 아니 어떻게 보면 반드시 해야 하는 일이었습니다. 그래서 순욱은 조조가 전공을 올릴 수 있도록 전력을 다해 도왔습니다. 건안 13년(서기 208년) 54세의 사공司空 및 기주목이던 조조는 삼공(三公, 황제 아래의 최고위직인 태위太尉·사도司徒·사공司空)의 직책을 없애고 승상의 자리를 신설했습니다. 더구나 본인 스스로 그 자리에 오르고 대권을 독점했습니다. 순욱은 이에 대해 공평하고 합리적이라고 생각했습니다. 그것을 위해 남쪽의 유표를 정벌하자는 건의와 방법을 조조에게 올린 것도 다 그래서였습니다. 심지어 건안 17년(서기 212

년) 정월 58세의 승상 조조가 스스로에게 '황제를 알현할 때 이름이 불리지 않을 뿐 아니라 조정에 입실할 때 종종걸음으로 빨리 가지 않으면서도 칼을 차고 어전에 올라갈 수 있는, 마치 소하의 이야기에서나 들었을 법'한 대우를 허용했을 때도 별로 반대하지 않았습니다. 제 생각에는 순욱이 그것을 현실로 받아들였으리라고 생각합니다. 소하는 어쨌든 유방에게 충성했기 때문입니다(조조가 이때까지는 여전히 헌제에게 충성할 마음이 있었을 것이라는 가능성을 의미함―옮긴이). 그러나 조조가 동소 등에게 건넨 은근한 암시와 암암리의 허락을 통해 공에 봉해지고 나라를 세우는 일을 계획하고 마련할 때 순욱은 동의하지 않았습니다. 정치적으로 매우 감각이 뛰어난 순욱은 바로 이 일의 심각성을 인식했습니다. 그는 조조가 일단 나라를 세우면 천하는 절대로 다시 유씨의 것이 되지 않으리라는 사실을 분명히 알았습니다. 이것은 순욱에게는 절대 넘어서는 안 되는 최후의 선을 넘는 것이었습니다. 그래서 그는 절대로 이것만은 안 된다고 생각했습니다. 찬성하지 않은 것은 더 말할 필요가 없습니다.

오로지 유씨만 천하를 다스릴 수 있고, 조씨는 그럴 수 없다는 생각은 지금 보면 정말 웃기는 발상이라 하지 않을 수 없습니다. 하지만 당시 그것은 근본적인 시비를 필요로 하는 문제였습니다. 이 문제에 대해서 우리는 '역사적 견해'를 살펴봐야 할 필요가 있습니다. 따라서 저는 조조가 마지막 순간에 한을 대신해 자립하지 않은 데에는 아마도 다른 이유가 하나 있다고 생각합니다. 그것은 조조가 순욱의 그 우울한 두 눈을 대할 수 없었기 때문이 아닐까 싶습니다. 조조가 '한을 찬탈'하는 일에 대해 분명한 태도를 취하지 않았더라도 그와 관련한 어떠한 얘기도 순욱은 동의하지 않았을 것이 너무나 분명했습니다. 따라서 조조로서는 더욱 더 자립이라는 말을 입에 올리지 못했다고 할 수 있는 것입니다. 순욱의 이상은 조조가 대大한 왕조를 수렁에서 건져내고 진흥하는 것이었다고 단언해도 좋습니다. 이 이상은 지금 봐서도 확실하게 희망이 없었습니다. 순욱은 죽어서도 눈을 감을 수 없었던 것입니다.

이런 사실을 분명히 하면 제 생각에는 순욱이 우울증 때문에 세상을 등졌는지 자살을 강요받았는지 다시 토론하는 것은 의미가 없습니다. 결과는 이러나저러나 같습니다. 순욱과 같은 이상주의자에게 이상이 파괴되는 것만큼 더 고통스러운 일은 없습니다. 다시 말해 순욱 역시 죽는 것 외에는 다른 방법이 없었습니다. 유비에게 몸을 의탁할 수는 없는 일 아니겠습니까? 물러날래야 물러날 수 없고 조조의 길을 따라갈 수도 없는, 한마디로 몸 둘 곳이 없는 순욱에게 남은 것은 오로지 '죽음의 외길'뿐이었습니다. 우울해서 세상을 등졌든 자살을 강요받았든 간에 순욱은 죽기 전에 아마도 매우 고통스러웠을 것이 확실합니다. 저는 심지어 이런 생각까지 문득 들었습니다. 순욱이 만약 지금 사람이었다면 임종 전에 아마도 조조에게 이런 노래를 하나 불러줬지 않을까 하는 생각 말입니다.

"나는 천만 리를 마다하지 않고 당신을 따랐습니다. 그러나 당신은 이를 전혀 마음에 두지 않는군요."

그렇습니다. 순욱에게는 이미 혼자 길을 걸어가야 하는 운명이 정해졌습니다. 더불어 그의 열정은 조조에 의해 모두 소진돼버리고 말았습니다. 비록 결과적으로 꿈에 불과했을지라도 조조는 일찍이 그의 유일한 희망이었습니다. 그러나 말년의 그는 계속 이렇게 물어봤어야 하지 않을까요?

"당신의 그 빛나던 모습은 도대체 어디에 있습니까?"

하지만 당연히 순욱은 묻지 않았습니다. 설사 묻는다고 해도 조조는 대답하지 않았을 것입니다. 사실 조조 역시 순욱과 크게 다를 것이 없었습니다. 그도 진퇴양난에 빠져 있었다는 말입니다. 아니 어떻게 보면 그가 순욱보다 더 어려운 상황에 있었다고 할 수도 있습니다. 순욱은 자신의 결정에 따른 책임이 자기 자신에게 한정되어 있었습니다. 과감히 자발적인 퇴출을 선택할 수 있었던 것입니다. 그러나 조조는 방대한 이익 집단을 대표했습니다. 퇴출을 선택하고 싶어도 주위의 다른 사람들이 그에 찬성하지 않았을 것입니다. 더구나 그는 이미 갈 데까지 간 상태였습니다. 마음을 귀신에게 홀려 이미 영혼을 마귀에게 판 상태였다고 할 수 있습니다. 이 마귀는 바로 감독과 제한, 제약을 받지 않는 최고 권력이었습니다. 이 권력을 강탈하고 장악한 다음 영원히 보존하기 위해 그는 피로 물들여진 그 길을 걸어가지 않으면 안 됐습니다. 그래서 순욱은 죽음을 택했고, 조조는 죽임을 선택한 것입니다. 한 번 그 길에 발을 들여 놓자 조조는 그 뒤에 조금도 인정사정을 두지 않았습니다. 계속 사람을 죽였습니다. 그의 절친한 친구들을 포함한 많은 사람들의 피를 손에 묻혔습니다. 피가 흘러 강이 될 때까지 그랬습니다.

그렇다면 조조는 누구를 죽이려 했고, 또 어떻게 죽였을까요?

## 28강 借刀殺人

## 남의 칼을 빌려 사람을 죽이다

순욱의 죽음과 조위曹魏의 건국은 하나의 불길한 조짐이었다. 이는 조조가 난세의 영웅에서 난세의 간웅으로 이미 철저하게 변했다는 사실을 의미했다. 또 그가 향후 더욱 잔혹한 방법으로 반대파에 대응할 것이라는 사실을 의미했다. 실제로 이전에도 반대파에 대응하는 조조의 전략은 대단했다. 계속 양면작전을 사용하는 전략을 써왔으니까 말이다. 공개적인 적뿐 아니라 겉으로 드러나지 않은 적에 대해서도 대응해야 했으므로 양면작전은 어떻게 보면 필연적이었다. 그러면 순욱을 죽이기 전에 조조는 반대파에 대해 어떻게 했을까?

앞의 세 강의를 통해 우리는 조조가 마초와 한수를 격파하고 손권 정벌에 나선 다음 장로를 공격하다 중도에서 그만뒀다는 군사적 움직임에 대해 우선 알아봤습니다. 또 '마치 소하의 이야기에서나 들었을 법'한 예우를 받은 다음 공에 봉해지고 나라를 세우며 마지막에는 위왕에까지 오르는 등 그의 정치적인 욕망은 끝이 없다는 사실에 대해서도 언급했습니다. 이것은 조조의 전략적 중점이 군사 분야에서 정치 분야로 전환하기 시작했다는 사실을 의미합니다. 나아가 그의 주 무대가 전쟁터에서 관료 사회로 옮겨졌다는 사실도 설명합니다. 뿐만 아닙니다. 기울어가는 나라를 구하고자 결심한 맨 처음 젊은 시절의 충정으로부터 가면 갈수록 멀어져갔다는 사실 또한 의미합니다. 그가 이렇게 된 것은 당연히 야심이 팽창한 결과였습니다. 이로 인해 몸 둘 곳이 없는 순욱은 죽어야만 했습니다. 마찬가지로 물러나려 해도 물러날 곳이 없는 조조는 계속 사람을 죽였습니다.

사실 조조는 이미 일찍부터 사람을 죽였습니다. 반대파를 제거해야 했던 것입니다. 그의 반대파는 그가 조정에 들어온 이후 줄곧 존재했습니다. 즉 그가 '천자를 모시고 불복종하는 조정의 신하를 명령'했든 '천자를 옆구리에 끼고 천하의 제후를 호령'했든 간에 반대파가 없었던 적은 없습니다. 한 사람이 조정을 이끌어가면서 대권을 장악한 다음, 하고 싶은 대로 다 하는데도 불구하고, 아무도 반대하는 사람이 없다면 솔직히 그것도 이상한 일입니다. 그래서 조조는 양면작전을 펼쳐야 했습니다. 조정 내외의 적에게 모두 대응해야 했기 때문입니다. 예컨대 순욱이 죽은 다음 당시 조조에 대해 비판적인 일부 세력들은 대대적 음모를 모의해 그를 난처하게 하기도 했습니다. 이때 손권은 이 소식을 공개적으로 유비에게 알렸습니다. 유비는 이에 "노적(老賊, 조조를 의미—옮긴이)이 죽지 않으면 재난과 변란이 끊이지 않는다"라고 즉각 말했습니다. 당시 조조는 확실히 앞뒤로 적의 공격을 받고 있었던 것입니다. 한마디로 안팎으로 궁지에 몰려 있던 조조로서는 마음은 더 악독해지고, 하는 짓은 더 악랄해지지 않을 수 없었습니다.

그런데 조조는 다른 의견을 가진 사람의 말을 듣는 인물이었습니다. 그는 다른 의견을 가진 사람의 말을 많이 듣는 것이 자신에게 좋다는 사실을 너무나 잘 알고 있었습니다. 그래서 그는 아래 사람이나 주위 사람들에게 솔직하게 말하고 많은 의견을 제시하도록 고무했습니다. 이에 대해서는 그의 말과 행동이 확실하게 증명합니다. 이른바 '말'은 그가 건안 10년(서기 205년) 10월에 반포한 「구직언령求直言令」입니다. '행동'은 그가 건안 12년(서기 207년)에 오환烏丸 정벌 계획을 반대한 사람에게 내린 큰 포상입니다. 이 일은 우리가 이미 앞에서 말한 바 있습니다. 「구직언령」을 보면 조조는 "아래 사람이 결코 해서는 안 되는 것 가운데 첫째가 앞에서는 그렇다고 말하고 뒤에서는 아니다라고 말하는 것"이라고 지적했습니다. 오환 정벌 계획을 반대한 사람을 크게 포상한 것도 그렇습니다. 호의적으로 좋은 의견을 제시하여 그 내용이 맞다면 설령 조조 자신과 의견이 다르다 해도 미움을 사는 것이 아니라 반대로 상을 받는다는 사실을 명확히 알리기 위해서라고 여러 사람들에게 말했습니다.

그런데 여러분은 '선의의 반대'와 '악독한 공격'을 구분할 수 있습니까? 또한 여러분은 마음 놓고 직언할 수 있는 너그러운 환경과 정당한 비판을 격려하는 분위기를 조성할 수 있습니까? 나아가 누군가가 여론을 이용해 모반을 획책하는 것을 방지할 수 있습니까? 질문은 또 있습니다. 여러분은 만약 그런 적대 세력을 공격할 때 그들이 감히 반항을 못하게 할 뿐 아니라 자신들의 발밑이 그리 안전하지 않다는 암시를 주어서는 쥐죽은 듯 침묵을 지키게 할 수 있습니까?

이것은 분명 반대파를 다루는 수준을 시험하는 문제였습니다.

우선 조조는 선의의 반대와 악독한 공격을 "3개의 구분"이라는 방법을 통해 가려냈습니다. 첫째는 "의견을 제안하는 것"과 "엇나가는 것"을 구분하는 것입니다. 둘째는 "의견이 틀어지는 것"과 "음모를 획책하는 것"을 구분하는 것입니다. 셋째는 "한 개인"과 "한 집단"을 구분하는 것입니다. 만약 한 개인이 그저 의견을 튼 경우라면 설령 고의적으로 엇나갔다 하더라도 조조로서는 그를 직접 죽일 필요가 없었습니다. 예형禰衡 같은 사람이 이 사례에 가장 합당한 사람이 아닌가 여겨집니다.

### 조조의 반대파 제거 : 예형

예형은 자가 정평正平입니다. 평원군平原郡 반현(般縣, 지금의 산둥성 러링시樂陵市 서남쪽) 사람으로 『후한서』는 그의 전傳을 「문원전文苑傳」에 올려

놓고 있습니다. 더불어 그를 "어려서부터 재주와 말솜씨가 있었다"라는 말로 평가하고 있습니다. 이로 볼 때 그는 문인에다 재능이 뛰어난 사람이었다고 할 수 있습니다. 문인에다 재능이 뛰어난 사람은 대부분 일반적인 결점이 있습니다. 자신의 재능을 믿고 남을 깔보면서 안하무인격으로 행동하는 것입니다. 예형이 바로 그랬습니다. 때문에 뛰어난 학식과 경륜에도 불구하고, 그를 쓰려고 하는 사람이 없었습니다. 그런데 오로지 공융孔融만은 예형의 재주를 지극하게 아꼈습니다. 급기야 공융은 조정에 표를 올려 예형을 적극 추천했습니다. 천하의 제일이라는 칭찬을 하기도 했습니다. 공융은 나중에 예형을 여러 차례 조조에게도 천거했습니다. 원래 재주 많은 사람을 좋아했던 조조는 이 명사가 보고 싶어질 수밖에 없었습니다. 그러나 예형의 입장은 달랐습니다. 그는 조조를 깔봤습니다. 스스로 미치광이라 칭하면서 조조에게 가기를 원하지 않았습니다. 게다가 돌아서서는 거침없는 글로 조조를 비난했습니다. 조조가 어찌 이것을 참겠습니까? 그러나 넘치는 재기발랄함과 높은 명성을 고려했기 때문에 그를 죽일 생각은 없었습니다. 그러나 그의 위풍당당한 태도만은 손을 볼 생각이었습니다. 풍문에 의하면 예형은 북을 잘 쳤다고 합니다. 조조는 이 소문을 듣고 예형을 불러 북치는 관리를 시키려 했습니다. 아울러 손님을 초대하는 각종 모임을 만들어 그의 연주를 듣고자 했습니다. 이번에는 의외로 예형이 순순히 응했습니다. 북치는 솜씨도 매우 훌륭하고 멋졌습니다. 기록은 "용모와 자태가 심상치 않았다. 음절과 박자가 비장해 감개무량해 하지 않는 사람이 없었다"고 전하고 있습니다. 예형이 연주를 마치고 걸어서 조조 앞에 나아갔을 때였습니다. 의전을 책임지는 관리가 그를 저지했습니다. 의전 책임자는 "북을 치는 관리는 마땅히 그에 합당한 복장으로 갈아입어야 하오. 그런데 당신은 어떻게 이 차림으로 걸어 들어왔습니까?" 하고 물었습니다. 이에 예형은 "알았습니다"라고 짧게 대답하고는 조조의 면전에서 전혀 당황하거나 서두르지 않은 채 자신의 옷을 하나하나 벗었습니다. 나중에는 실오라기 하나 걸치지 않고 홀랑 벗었습니다. 그러더니 다시 느긋하게 복장을 갈아입고 북을 연주하러 갔습니다. 얼굴에는 일말의 부끄러운 기색조차 없었습니다. 이렇게 되자 난처해진 것은 조조였습니다. 이러지도 저러지도 못하는 입장이 돼버렸던 것입니다. 그러나 조조는 역시 조조였습니다. 바로 하하 웃으면서 손님들에게 다음과 같이 말했습니다.

"내가 원래 저 예형이라는 친구에게 모욕을 주려고 생각했소이다. 헌데 오히려 내가 그에게 모욕을 당했소이다그려."

이 일로 그를 천거한 공융조차 난처하게 됐습니다. 공융은 말도 안 된다는 생각에 바로 내려와 예형을 심하게 질책했습니다. 더불어 조조가 인재를 귀하게 여긴다는 사실을 재삼 자세하게 설명했습니다. 예형은 마음이 동했는지 조조를 만나보겠다고 대답했습니다. 공융은 대단히 기뻐하며 바로 조조에게 뛰어가 말했습니다. 조조 역시 그 말을 듣고 매우 흡족해 했습니다. 수문장에게 예형이 오게 되면 바로 통보하도록 명령하기도 했습니다. 그러나 오후께나 돼서야 예형이 나타날 줄을 누가 알았겠습니까? 거기에서 그치지 않았습니다. 그는 사과를 하러 온 것이 아니었습니다. 오히려 그 반대로 욕을 하러 온 것이었습니다. 차림새 역시 기괴했습니다. 홑 무명옷을 입었을 뿐 아니라 머리띠는 광목 수건 하나로 대신했습니다. 또 손에는 나무 몽둥이 하나를 들고 있었습니다. 그는 그런 행색으로 대영(大營, 규모가 큰 군영)의 정문을 향해 앉아 욕을 줄줄이 내뱉었습니다. 게다가 욕을 하면서 동시에 나무 몽둥이로 땅을 쳤습니다. 그 소리가 리드미컬하기가 이루 말할 수 없었고 표현력도 아주 뛰어났습니다. 조조는 화가 단단히 났습니다. 머리를 돌려 공융에게 "예형 이 녀석, 도대체 뭐하는 물건이냐! 내가 죽이려고 마음먹으면 참새나 쥐 한 마리 죽이는 것에 불과하다는 걸 모르는 거냐?"라고 말했을 정도였습니다.

예형은 확실히 질이 좋지 않은 언동을 했습니다. 최소한 공융까지 난처하게 하지는 말아야 했습니다. 공융까지 한묶음이 되어 안팎으로 잘못된 사람이 돼버리고 말았습니다. 조조가 공융의 안목을 업신여기게 된 것입니다. 조조는 그러나 "큰 그릇을 받아들이지 못했다"는 주위의 악평을 짊어지기를 원치 않았습니다. 그럼에도 어떻게든 공융에게 이런 인간을 천거했느냐며 극도의 수모를 느끼게 해줘야 했습니다. 조조는 그래서 예형을 죽이지 않고 유표가 있는 곳으로 보냈습니다. 유표는 평소 너그럽고 온화한 사람이었습니다. 게다가 선비를 아낀다는 소문이 자자했습니다. 예형이 만약 태도를 바꿔 유표와 화목하게 지내면 그것도 나름대로 괜찮은 일이었습니다. 하지만 강산은 쉽게 바뀌어도 본성은 바뀌지 않는다는 말을 증명하듯 애석하게도 예형은 끝내 유표와 사이가 틀어졌습니다. 그는 또 다시 유표에 의해 황조黃祖가 있는 곳으로 보내졌습니다. 그러나 황조는 대단히 무식하고 거친 사람이었습니다. 예형의 이런 행동이 먹힐 까닭이 있겠습니까? 어느 한 연회 자리였습니다. 예형의 언사가 심히 불손했습니다. 당연히 황조는 그를 질책했습니다. 예형은 지지 않고 욕을 퍼부었습니다. 급기야 황조는 크게 노해 큰소리로 주위에 명령했습니다. 끌고 나가 곤장을 치라고 말입니다. 예형은 곤장을 맞으면서도 욕을 더 포악스럽게 했습니다. 황조는 더 참을 수가 없었습니다. 바로 죽일 것을 명령했습니다. 마침 당시 황조의 주부主簿는 평상시에 예형을 아주 미워했던 사람이었고, 서둘러 그를 죽여버리고 말았습니다. 사망할 때 그는 고작 26세에 불과했습니다.

예형의 죽음은 나중에 많은 동정을 받았습니다. 동정의 원인은 딱 세 가지가 아닌가 싶습니다. 첫째, 예형에게 도도하고 강직한 성격이 있었다는 것입니다. 둘째는 그가 감히 조조를 욕했다는 사실이 아닌가 여겨집니다. 셋째로 억울하게 죽었다는 점도 원인이 될 수 있을 것 같습니다. 예형의 죽음이 억울했다는 것 역시 두 가지 뜻이 있습니다. 하나는 그가 죽지 않았어야 한다는 사실을 의미합니다. 또 하나는 그가 결국 조조의 손에 죽었다는 사실을 뜻합니다. 다시 말해 조조가 남의 칼을 빌려 그를 죽였다는 얘기입니다. 사실 이런 견해는 모두 그럴 듯하나 실제는 그렇지 않습니다. 꼼꼼히 분석하지 않으면 피상적 현상에 현혹돼 잘못된 판단을 내릴 수도 있습니다.

그렇다면 여기서 예형을 향한 동정론에 대해 좀 더 이야기를 해볼까요? 과연 그럴 만했던 것일까요?

**조조 앞에서 북을 치고 있는 예형** 예형이 조조 앞에서 웃옷을 벗은 채 북을 치고 있는 장면이다. 그의 말과 행동은 권력자 앞에서도 거침이 없었으나, 동시에 누구에게나 무례했다. 기개가 넘치고 강직했다고 평가하는 것은 적당하지 않다. 오히려 객기가 넘쳤다고나 할까.

첫 번째, 예형은 도도하고 강직한 성격의 소유자였을까요? 아마도 그랬던 것 같습니다. 그는 가는 곳마다 최고 권력자에게 욕설을 퍼부었으므로 그렇게 말해도 무방합니다. 조조에게 가서는 조조를, 유표가 있는 곳에서는 유표를, 황조에게 가서는 황조를 욕했습니다. 시대를 불문하고 과연 몇 사람이나 감히 최고 권력자 앞에서 그렇게 할 수 있을까요? 아마도 몇 명 없을 것입니다. 사람들이 그에 대해 탄복할 만한 이유가 될 수 있겠지요. 그러나 우리는 이 문제를 그렇게 간단하게 봐서는 안 됩니다. 권력자를 욕한다고 해서 반드시 도도하고 강직하다고 할 수는 없습니다. 나아가 다음과 같은 점에 대해서도 의문을 가져야 합니다. 우선 최고 권력자가 꼭 욕을 먹어야 마땅했는지에 대해 생각해봐야 합니다. 또한 예형이 도대체 왜 욕을 했는지도 마찬가지입니다. 마지막으로 그가 줄곧 욕을 해왔는지, 그리고 최고 권력자들에게는 절대 협력하지 않았는지에 대해서도 생각해봐야 합니다. 사실 이렇게 따져보면 예형에게 문제가 있었다는 사실이 바로 확인됩니다.

우선 예형이 결코 '비협력주의자'가 아니었다는 대전제에서 출발해야 하겠습니다. 사실 그는 당시의 권력자들에게 협력하기를 간절히 원했습니다. 『후한서』 「예형전」에 의하면 그는 원래 "형주荊州로 피난"한 선비였습니다. 당시 형주에는 난을 피해 정착한 선비들이 많았습니다. 유표가 상대적으로 선비들에게는 좋은 여건을 만들어줬기 때문입니다. 만약 예형이 정말 뛰어난 인물이었다면 그는 두 가지 선택을 할 수 있었습니다. 하나는 제갈량이 말한 대로 하는 것입니다. 난세에 그럭저럭 생명을 부지하면서 제후에게 빌붙어 명예나 영달을 추구하는 어떠한 시도도 하지 않는 바로 그런 선택입니다. 다른 하나는 제갈량의 길을 따르는 것입니다. 기회를 기다려 움직이고 때를 선택해 나아가는 전략입니다. 그러나 예형은 그렇게 하지 않았습니다. 그는 그 자신조차 억누르지 못할 충동에 따라 행동했습니다. 우선 형주를 떠나 허현으로 내려갔습니다. 일설에 의하면 예형은 입신의 기회를 잡기 위해 과감하게 세상에 나왔을 당시 "자刺를 가슴에 은밀하게 숨겼다"고 합니다. 자는 다른 것이 아닙니다. 바로 명첩 名帖으로도 불리는 명함입니다. 다시 말해 예형은 몸에 은밀히 명함을 지니고 다니면서 마음에 드는 주군에게 자신을 소개하려는 준비를 항상 하고 있었습니다. 이것은 그다지 부끄러운 일이 아니었습니다. 당시 많은 사람들이 대부분 그러했습니다. 문제는 예형이 이리저리 찾아다녔는데도 불구하고 '높은 자리'를 보장하는 기회를 얻지 못했다는 사실이었습니다. 이로 인해 그는 대단히 실망하게 됩니다. 그가 주위 사람들을 욕하기 시작한 것이 바로 이때부터였습니다.

사서의 기록에 따르면 예형이 욕을 하기 시작한 것은 허현에 있을 때부터였습니다. 그때가 건안 원년(서기 196년)이었습니다. 『삼국지』「순욱전」의 배송지 주에서 인용한 『전략典略』은 그때 조조가 바로 천자를 맞이하고 허현을 수도로 정했다고 기록하고 있습니다. 대륙 곳곳의 호걸들이 이곳에 운집할 수밖에 없었습니다. 당연히 인재가 많았다고 말할 수 있겠습니다. 그래서 누군가가 예형에게 진군陳群과 사마랑司馬朗과의 교제를 권고했습니다. 그야말로 선의와 호의로 그런 것이었습니다. 그러나 그가 단번에 그런 권고를 우습게 볼 줄 누가 알았겠습니까? 그는 그 권고를 "내가 어찌 백정이나 술파는 사람들과 사귈 수 있겠는가?"라면서 일축해버렸습니다. 진군은 자가 장문長文입니다. 조부를 비롯해 부친과 숙부 등이 당시의 명사였습니다. 그 자신 역시 공융의 친구로 같은 조정의 관료였지 백정이 아니었습니다. 사마랑도 그렇습니다. 자가 백달伯達로 세가(世家, 여러 대를 내려오면서 나라의 중책들을 맡는 귀족 집안—옮긴이)의 자제였습니다. 그는 또 사마의의 맏형이었습니다. 말할 것도 없이 술파는 사람이 아니었습니다. 예형이 그렇게 나오자 다른 사람이 다시 그에게 "그러면 순문약荀文若이나 조치장趙稚長은 어떻습니까?"라고 물었습니다. 순문약은 다름 아닌 순욱이었습니다. 조조의 최고 모사로 대단히 훌륭한 인물이었습니다. 조치장도 간단치 않은 인물이었습니다. 당시 직위가 탕구장군蕩寇將軍이었습니다. 엄청난 대식가로도 유명한 인물이었지요. 예형이 그때 입을 아무렇게나 놀리며 이렇게 말합니다.

"순모는 그의 용모를 빌려 남에게 조문하도록 할 수 있고, 조모는 그의 배를 무기로 주방장을 시켜 손님을 초대하도록 할 수 있다."

대식가 조치장을 빗댄 말입니다. 여러분 한번 생각해보십시오. 도대체 이게 무슨 말입니까? 한마디로 예형은 누구나 다 우습게 봤습니다. 그나마 그가 조금 마음에 들어 한 사람이 바로 공융과 양수楊修였습니다. 그러나 그들 두 명에 대해서도 무례하기가 이를 데 없었습니다. 종종 주위 사람들에게 "큰 아이 공문거(孔文擧, 공융)와 작은 아이 양덕조(楊德祖, 양수)가 그래도 친하지. 다른 아이들은 언급할 필요조차 없지"라고 말했을 정도였습니다. 그런데 예형이 이 말을 했을 때 그 자신의 나이는 불과 20대 초반이었습니다. 당시 40세였던 공융보다 스무 살 가까이 어렸습니다. 그런데도 공융을 '큰 아이'로 불렀습니다. 여기 어디에 도도하고 강직한 성품이 있습니까? 분별없고 도리에 어긋나는 망나니의 행동이 있을 뿐이지요.

우리는 지금으로서는 예형이 가는 곳마다 벽에 부딪혀 심하게 욕을 일삼았는지, 욕하는 것을 기본적으로 좋아해 도처에서 벽에 부딪혔는지 잘 모릅니다. 제가 보기에는 대부분 두 번째 상황이 더 진실에 가깝지 않을까 합니다. 좀 더 동정적으로 말하면 동시에 두 상황이 겹쳐 악순환이 빈복되었다고 볼 수도 있습니다. 그에 대한 『후한서』의 기록을 보면 이해가 보다 쉽습니다.

"어려서부터 재주와 말솜씨가 있었다. 그러나 기질이 강하고 오만한 데가 있었다. 잘못된 것을 그냥 지나치지도 못했고, 늘 사람을 오만하게 대했다."

이에 대해서는 굳이 심각한 분석이 필요하지 않습니다. 그가 매우 감정적으로 일을 처리했을 뿐 아니라 말 그대로 고집이 세고 오만했다는 뜻입니다. 또 고의적으로 당시의 시류와 엇갈리기를 좋아했고 다른 사람과 맞서기를 즐겨했다는 얘기도 됩니다. 이밖에 다른 사람을 안중에도 두지 않았다는 의미이기도 합니다. 『삼국지』「순욱전」의 배송지 주에서 인용한 『전략』에도 그에 대한 이런 평가가 있습니다.

"재능을 너무 믿어 거만하고 방종했다. 남에 대한 비평에도 지나친 점이 많았다."

역시 좋지 않은 평가입니다. 한마디로 만약 어떤 사람이 자기보다 못하다고 생각하면 그와 말하는 것조차 귀찮게 생각한 것 같습니다. 모든 사람이 이로 인해 하나같이 그를 미워하지 않았나 보입니다. 사람들이 그를 미워한 것은 사실 당연하다고 볼 수 있습니다. 이처럼 분별없이 도리에 어긋나는 행동을 하는 무례한 사람이 어떻게 인간관계가 좋겠습니까? 더구나 예형은 그 자신 스스로 다른 이와 좋은 관계로 지내겠다는 생각이 없었던 것 같습니다. 『삼국지』「순욱전」의 배송지 주에서 인용한 『전략』은 예형이 조조에 의해 강제로 쫓겨날 때의 상황을 기록으로 남기고 있습니다. 당시 많은 사람들이 예형을 배웅하기 위해 모였습니다. 그들은 이때 서로 "예형은 오만하고 무례하다. 지금도 그가 늦으니, 우리는 그를 서서 기다리지 말자"고 약속했습니다. 그래서 예형이 도착했을 때 많은 사람들은 하나같이 그를 상대하지 않았습니다. 앉은 사람은 앉은 자세로 누운 사람은 누운 자세로 그를 쳐다보지도 않은 것입니다. 이에 예형은 앉자마자 큰소리로 울기 시작했습니다. 모두 그에게 왜 우느냐고 물었습니다. 그는 마치 기다렸다는 듯 "앉아 있는 사람은 무덤이고 누워 있는 사람은 시체 아니겠소. 내가 무덤과 시체 사이에 끼어 있으니 어떻게 슬프지 않겠소?"라고 대답했습니다. 이처럼 욕하기를 좋아하고 욕을 했다 하면 너무나도 신랄하고 잔혹한 말을 내뱉던 인간을 과연 누가 좋아하겠습니까? 그래서 많은 사람들은 그를 뼛속 깊이 증오했습니다.

예형을 미워한 사람은 단언컨대 결코 조조나 유표, 황조 같은 사람만이 아니었습니다. 공융을 제외한 대다수 사람들이었습니다. 마찬가지로 예형이 대항한 것도 그저 이들 최고 권력자들만이 아니었습니다. 모든 사회였습니다. 예형의 이른바 도도하고 강직한 성격은 내용적으로도 전혀 정의로운 것이 아니었습니다. 그저 악성적인 자아 표현의 방식일 뿐이었습니다. 게다가 그는 자신을 높이기 위해 다른 사람을 얕잡아보는 행동을 마다하지 않았습니다. 이것은 무엇을 설명하는 것일까요? 그가 아주 극단적으로 이기적인 사람이라는 것입니다. 스스로 잘난 체하는 그의 행동 역시 이기심의 표현이었습니다. 그의 마음속에는 오로지 자기 자신만 있었습니다. 다른 사람은 없었습니다. 그래서 그는 누구든 업신여겼습니다. 그는 심지어 자신의 도도하고 강직한 성격을 보여주기 위해 자기의 친구인 공융까지 아주 난처한 지경으로 몰고 가는 행동을 마다하지 않았습니다. 이런 사람은 영웅이라고 할 수 없습니다. 그저 망할 놈의 자식이라고 부를 수밖에 없습니다.

더구나 예형은 권력자 앞에서 다짜고짜 바로 욕을 한 것도 아니었습니다. 『삼국지』「순욱전」의 배송지 주에서 인용한 『부자』에 의하면 그는 일찍이 유표를 입이 닳도록 칭찬했습니다. 유표의 공덕도 찬양해 마지않았습니다. 그러나 나중에 그의 고질적인 병이 다시 도졌습니다. 미치광이 같은 말을 내뱉기 시작한 것입니다. 이로 인해 그는 황조에게 보내졌습니다. 황조에게 가서도 처음에는 괜찮았습니다. 황조는 그에게 매우 정중했습니다. 두 사람은 화목하게 지낼 수 있었습니다. 하지만 그는 그곳에서도 버릇을 참지 못했습니다. 다시 불손한 말을 하기 시작했습니다. 황조를 "죽어 마땅한 사람"이라고까지 욕했습니다. 황조는 결국 그를 죽여버리고 맙니다. 이렇게 보면 예형은 좋은 의미에서의 도도하고 강직한 성격을 가진 인물이 아니었습니다. 그보다는 심리적인 변태라고 불러야 옳지 않나 싶습니다. 사람을 욕하는 것이 습관이 돼 누구를 붙잡기만 하면 욕을 했던 것입니다.

이런 배경을 분명히 살핀 다음에야 우리는 바로 두 번째 문제에 대해 답을 할 수 있습니다. 그것은 바로 조조가 과연 욕을 먹어 마땅했느냐 하는 것입니다.

사실 조조가 욕을 먹어야 할 점이 있었다는 사실은 의심할 여지가 없었습니다. 하지만 예형이 조조를 욕했다고 해서 예형을 영웅으로 생각해서는 안 됩니다. 그가 무엇을 욕했는지를 봐야 합니다. 왜 욕을 했는지도 알아야 합니다. 당연히 우리는 구체적인 내용을 분명히 알 수는 없습니다. 그러나 예형의 일관적인 사람 됨됨이에 의거한다면 그다지 정의로운 내용을 거론할 수는 없을 것으로 생각됩니다. 어떤 사람은 예형이 조조를 욕한 것은 조조가 한을 찬탈한 것 때문이라고 말합니다. "한적(漢賊)"이라는 것입니다. 그러나 솔직히 말하면 조조가 한을 찬탈했는지에 대한 문제에도 의문의 여지가 있습니다. 적어도 건안 원년(서기 196년)의 조조는 한을 찬탈하겠다는 기미를 전혀 보여주지 않았습니다. 오히려 그 반대였습니다. 천자를 정중히 모셨습니다. 다시 말해보겠습니다. 설사 조조가 한을 찬탈했다고 합시다. 그럼에도 그의 최고 모사인 순욱은 한 조정에 충성했습니다. 그런데 왜 순욱까지 욕을 먹어야 했나요? 이것은 분명한 사실을 말해줍니다. 예형이 그저 사람 욕하기를 좋아했다고밖에는 말할 수 없습니다. 실제로도 그렇습니다. 예형이 조조를 욕한 것은 그를 멸시하고 혐오하고 증오했기 때문이라고 해야 합니다. 『후한서』는 이에 대해 "본래부터 멸시하고 혐오했다"고 적고 있습니다. 『삼국지』「순욱전」의 배송지 주에서 인용한 「문사전」 역시 "혐오하고 증오했다"고 주장하고 있습니다. 도대체 그는 왜 조조를 멸시하는 것도 모자라 혐오하고 증오했을까요? 모르겠습니다. 그러나 예형은 아마도 공융과 양수를 제외하고는 이 세상에서 멸시, 혐오, 증오하지 않은 인물이 없었을 것입니다. 더구나 조조는 예형에게 관대했습니다. 그는 예형으로부터 모욕을 당했어도 즉각 예민하게 반응하지 않았습니다. 예형이 그를 보러 온다는 말을 들었을 때도 아주 기뻐하면서 대단히 오래 기다렸습니다. 현명한 선비를 대하는 조조의 태도는 이처럼 예의가 있었습니다. 어떻게 욕을 먹어야 마땅한가요?

　이제 세 번째 문제에 대한 답을 해보겠습니다. 예형의 죽음이 억울한지 억울하지 않은지에 대한 문제가 되겠습니다. 저는 억울하기도 하고 억울하지 않기도 하다는 애매한 답을 드리고자 합니다. 억울하다고 말하는 것은 그가 아무리 못되고 미운 짓을 했더라도 죽어 마땅한 죄를 지은 것은 아니기 때문입니다. 이에 반해 그가 억울하지 않다고 말하는 것은 그것이 자업자득의 결과라고 할 수 있기 때문입니다. 한마디로 예형은 그의 도에 넘치는 거만함 탓에 죽음을 맞이했다고 할 수 있습니다. 『삼국지』 「순욱전」의 배송지 주에서 인용한 『부자』는 그가 유표 진영에 도착했을 때 유표가 그를 최고의 빈객으로 모셨다고 기록하고 있습니다. 그 역시 유표에 대한 칭찬의 말을 아끼지 않았습니다. 그 정도에서 그쳤다면 아마 괜찮았을 것입니다. 하지만 그는 유표의 좌우에 있던 심복 장수나 모사들을 짓궂게 풍자했습니다. 이들이 가만히 있을 까닭이 없었습니다. 그들은 바로 유표에게 가서 "예형이 장군의 인애와 관대함, 돈후함을 칭찬하는 것은 사실 장군에게 그저 하찮은 인정만 있다고 말하는 것에 불과합니다. 그는 속으로는 장군이 결단력이 없다는 사실을 은근히 암시하고 있습니다. 장군이 언젠가는 전쟁에서 패해 잘못될 것이라고 주장하는 것입니다"라고 모함을 합니다. 이 말은 유표의 급소를 찔렀습니다. 예형은 절대 그렇게 말한 적이 없습니다. 하지만 예형이 그렇게 말했다고 하면 얘기는 달라집니다. 누가 들어도 모두 믿을 수밖에 없었습니다. 유표는 부끄럽고 분한 나머지 치솟는 화를 참지 못했습니다. 바로 예형을 황조 진영으로 보냈던 것입니다. 『후한서』는 이에 대해 "강하江夏태수 황조가 성격이 급했기 때문에 예형을 그에게 보냈다"라고 기록하고 있습니다. 우리는 조조가 예형을 유표 진영으로 보낸 것은 유표가 관대하고 돈후했기 때문이라는 사실을 잘 알고 있습니다. 이뿐만이 아니었습니다. 조조는 예형에게 빠져 나갈 길을 열어줘 그가 알아서 스스로의 앞길을 잘 헤쳐 나가기를 희망했습니다. 즉 예형이 어떻게 행동할 것인지 그 후의 상황을 살피고자 했던 것입니다. 그에 반해 유표는 달랐습니다. 그는 황조가 성격이 급하고 포악하다는 사실을 알고 예형을 그곳으로 밀어 넣었습니다. 다시 말해 일부러 예형으로 하여금 황조와 맞서도록 한 것입니다. 심하게 말해 남의 칼을 빌려 사람을 죽이려는 의도가 있었다고 해도 좋습니다. 그렇다면 예형은 진정 황조가 어떤 사람이라는 것을 몰랐을까요? 어떻게든 조심스럽게 행동할 수는 없었을까요? 그러나 그는 이미 뼛속 깊숙한 곳까지 병이 든 상태였습니다. 사람을 욕하지 않으면 살아갈 방법이 없었습니다.

우리가 지금까지 살펴본 바에 의하면 예형의 죽음에는 세 가지 원인이 있습니다. 우선 그는 스스로 죽음을 자초했습니다. 또한 남의 칼을 빌려 사람을 죽인 유표의 교묘한 수법도 원인의 하나였습니다. 마지막으로 예형이 살았던 시대의 사회적 폐해 역시 거론하지 않으면 안 될 것 같습니다. 더 근본적으로 말하면 그는 당시의 비합리적 법제와 인권 의식의 부재로 인해 죽었다고 할 수 있겠습니다. 일개 강하태수가 단지 체면을 구겼다고 마음대로 사람을 죽여도 됩니까? 하지만 그것이 바로 전제주의의 모습이자 암흑 사회의 전형적인 단면입니다. 그러나 설사 당시가 이미 법제와 인권이 운운되는 사회였다 해도 예형은 다른 사람들의 사랑을 받을 수 없었을 것입니다. 때문에 우리는 그가 억울하게 죽은 모든 문사文士들 가운데 제일 동정받을 가치가 없는 인물이라고 말해도 괜찮을 듯합니다. 그는 너무나 다른 사람을 존중하지 않았습니다. 게다가 너무나 됨됨이가 돼먹지 않았습니다. 입을 열었다 하면 바로 분별없이 도리에 어긋나는 말을 내뱉었습니다. 상대방의 체면을 세워주지 않았을 뿐 아니라 자기 자신에게도 그런 여지조차 남겨두지 않았습니다. 마지막으로 그는 공격하는 대상이 너무 많고 넓었습니다. 그것은 스스로 다른 모든 사람들로부터의 고립을 자초하는 것이었습니다. 그가 한 짓들은 사실 너무 도가 지나쳤습니다.

결론을 말해보겠습니다. 예형은 죽어 마땅하지는 않았습니다. 그러나 그를 통해 배울 만한 가치 역시 없었습니다. 더구나 그런 그를 영웅으로 보고 칭송해서는 안 되겠지요.

### 조조의 반대파 제거 : 공융

이에 비해 공융의 죽음은 조금 다른 바가 있습니다.

논평을 좋아하는 사람들은 종종 예형과 공융을 한 부류의 인물로 일도양단하는 경향이 있습니다. 그럴 수도 있습니다. 두 사람의 관계는 사실 당시의 문인들 사이에서는 보기 드문 것이라 해도 괜찮을 만큼 좋았습니다. 소위 배짱이 맞았다고 할 수 있었습니다. 기록도 있습니다.『후한서』「공융전」은 조조가 공융을 죽일 때 상황을 상세하게 전하고 있습니다. 당시 어떤 사람이 "공융과 예형은 서로를 훌륭하다고 칭찬했습니다. 예형은 공융을 일컬어 '중니(仲尼, 공자─옮긴이)가 죽지 않았다'고 했고 공융은 예형을 과찬하며 '안회(顔回, 공자의 가장 뛰어난 제자─옮긴이)가 다시 살아났다'라고 했습니다"라면서 둘이 한 통속이라는 사실을 밀고했다고 합니다. 이 자료는 이후에도 계속 예형을 언급하고 있습니다. 공융의 사건이 어떤 면에서는 예형 사건의 연속선상에 있다는 사실을 잘 말해주는 기록이 아닌가 보여집니다. 그러나 예형과는 비교하기가 어려울 정도로 공융의 내력은 예사롭지 않았습니다. 그는 공자의 20대손으로 관직도 높았습니다. 장작대장(將作大匠, 한국의 건설교통부장관에 해당—옮긴이)이었습니다. 그가 조조에게 죽임을 당하는 시기가 늦은 것은 바로 그래서였습니다.

공융이 조조에게 죽임을 당한 것은 말할 것도 없이 조조에게 죄를 지은 사실과 관계가 있습니다. 그것은 한 번뿐이 아니었습니다. 때는 건안 2년(서기 197년)이었습니다. 당시 원술은 황제를 자칭했습니다. 조조는 이 기회를 틈타 공적 보복을 빌미로 사적인 원한을 풀려고 결심하게 됩니다. 원술과 인척 관계(사돈 관계임—옮긴이)인 태위太尉 양표楊彪를 죽이려고 생각한 것입니다. 공융이 이 계획을 들었습니다. 그는 바로 조조를 찾아가 "『주서周書』는 '부자와 형제 사이라도 죄는 서로 연루시킬 수 없다'라고 말하고 있습니다. 더구나 양표와 원술은 그저 친척일 뿐입니다"라고 진언했습니다. 조조는 이에 짐짓 관료적인 말투로 "이것은 황제의 뜻이오"라고 말했습니다. 어쩌면 공융은 마음속으로 '정말 제멋대로 지껄이는군!'이라고 생각했을지 모르겠습니다. 아무튼 그는 "만약 성왕(成王, 주를 건국한 무왕의 아들—옮긴이)이 소공(召公, 무왕의 동생이자 성왕의 삼촌—옮긴이)을 죽이려 한다면 주공(周公, 성왕의 삼촌이자 소공의 형—옮긴이)이 모른다고 말할 수 있겠습니까? 지금 천하 사람들이 각하를 공경하고 우러러 보는 것은 각하가 똑똑하고 어진 데다 지혜롭기 때문입니다. 게다가 각하는 일처리가 공평무사하기 그지없습니다. 만약 무고한 사람을 마구 죽인다면 천하 사람들이 모두 실망할 것 같아 두렵습니다. 우선 저 공융이 당당한 노魯나라의 대장부로서 내일 조정에 들어오지 않겠습니다!"라고 엄포를 놓습니다. 조조가 가만히 생각해보니 공융의 말이 상당히 일리가 있었습니다. 조조는 양표를 죽이지 않기로 결정을 내렸습니다. 그럼에도 마음속에 응어리가 맺히는 것은 어쩔 수가 없었습니다.

그러나 공융은 이후에도 조조를 가만히 놔두지 않았습니다. 기회만 있으면 그의 결점을 찾아냈습니다. 풍자하고 헐뜯거나 고의적으로 성가시게 구는 방식으로 조조에 대한 자신의 불만을 발산했습니다. 『삼국지』 「최염전崔琰傳」의 배송지 주에서 인용한 『위씨춘추』는 건안 9년(서기 204년) 조조가 업성을 점령했을 때의 일을 상세하게 기록하고 있습니다. 당시 조비가 원희(袁熙, 원술의 아들-옮긴이)의 부인 견甄씨를 빼앗아 부인으로 삼았습니다. 이때에도 공융은 발끈했습니다. 조조에게 즉각 편지를 보내 "무왕이 주(紂, 은나라 마지막 왕-옮긴이)를 정벌한 다음 달기(妲己, 주의 애첩-옮긴이)를 동생인 주공에게 줬습니다"라고 비아냥거렸습니다. 조조는 공융이 박학다식하다는 사실을 너무나 잘 알고 있었습니다. 당연히 그것이 정말 있었던 사실이라고 생각하고 그에게 "어떤 책에서 봤는가?" 하고 물었습니다. 공융이 이에 "지금의 상황에 비춰 유추해보면 그렇다고 생각합니다"라고 거듭 조조의 심기를 건드렸습니다. 『삼국지』 「최염전」의 배송지 주에서 인용한 『한기漢紀』에는 다음과 같은 일화도 등장합니다. 당시 조조는 양식을 절약하기 위해 금주禁酒를 명했습니다. 이때에도 공융이 튀어나와 반대 의견을 말했습니다.

"자고로 하늘에는 주성酒星이 있고 땅에는 주천酒泉이 있다는 말이 있습니다. 또 인간에게는 주덕酒德이라는 것이 있습니다. 그런데 어찌 술을 금하십니까? 다시 말하겠습니다. 옛부터 여자로 인해 나라가 망하는 경우가 많았습니다. 그렇다면 어찌 여자는 금하지 않는지요?"

이 말을 들은 조조는 당연히 매우 기분이 나빴습니다. 그러나 공융은 출신 성분이 좋고 명성도 자자했습니다. 조조로서도 그를 쉽게 어찌할 수 없었습니다. 그러나 '겉으로는 너그럽게 받아들였으나 내심으로는 기분이 좋지 않았다'는 식의 짐작은 충분히 할 수 있습니다. 만약 공융이 그저 비아냥거리기만 했거나 말투가 그냥 다소 각박했다면 아마도 조조 역시 참고 말았을지도 모릅니다. 그런데 애석하게도 공융은 조조의 정치 노선과 정치 강령까지도 공격했습니다. 조조의 모든 중요한 정책 결정을 반대했습니다. 이것만큼은 조조도 용인할 수 없었습니다. 예컨대 관도대전을 사례로 들 수 있습니다. 이때 공융은 조정에다 원소를 이길 수 없다는 여론을 퍼뜨렸습니다. 이로 인해 그는 순욱의 거센 반박을 받기도 했습니다. 이 일은 『삼국지』「순욱전」에서 아주 잘 살펴볼 수 있습니다. 『후한서』에 따르면 공융은 일찍이 조정에 글을 올려 고대 제도에 따라 수도로부터 천 리 이내에는 후를 봉하지 말아야 한다는 의견을 내놓았습니다. 조조는 이 건의가 자기를 겨냥한 것이라고 의심했습니다. 자신의 후작 작위를 천 리 밖의 지역에다 봉하게 하려는 것이라 생각했습니다. 게다가 공융은 유비와 대단히 밀접한 관계를 맺고 있었습니다. 조조는 결국 형주를 정벌하기 전에 먼저 공융을 제거하기로 결정했습니다.

그러나 공융은 결코 이름 없는 간단한 무명소졸이 아니었습니다. 그를 죽이기 위해서는 그에 마땅한 절차와 정당한 논리로 주위를 설득해야만 했습니다. 건안 13년(서기 208년) 6월, 때마침 조조는 관제를 개혁하게 됩니다. 이 개혁에서 가장 중요한 것이 승상과 어사대부(御史大夫, 우리나라의 감사원장에 해당—옮긴이)를 회복시키는 조치였습니다. 묘하게 이때 신임 어사대부로 임명된 이가 앞에서 한두 번 언급한 바 있는 치려였습니다. 치려는 원래 공융과 사이가 좋지 않았습니다. 그는 곧바로 자신을 어사대부로 임명한 조조의 심중을 헤아릴 수 있었습니다. 「공융전」에 의하면 치려는 즉각 공융이 저지른 죄의 증거를 수집하는 데 나섰습니다. 더불어 노수路粹라는 사람을 시켜 공융을 모함하는 자료를 쓰도록 했습니다. 그중에 제일 심각한 항목이 있었습니다. 공융이 "천하를 얻은 사람이 왜 묘금도卯金刀인가?"라고 말했다는 것입니다. 묘금도는 무엇인가요? 바로 한 황실의 성씨 유劉를 세 한자로 각기 떼어놓은 것입니다. 조조가 사실상 집권하고 있는 유씨 한 왕실의 존재에 대한 부정이라고 보면 되겠습니다. 이것은 모반이라고 할 수 있었습니다. 당연히 죽어야 했고 죽일 수도 있었습니다. 그래서 공융은 바로 투옥당했고 목숨을 잃었습니다. 그때 그의 나이는 56세였습니다. 부인과 자식들 모두 목숨을 잃었습니다.

그러나 조조가 공융을 죽이는 데 끌어온 죄명은 엉뚱하게도 '모반'이 아닌 '불효'였습니다. 『삼국지』 「최염전」의 배송지 주에서 인용한 『위씨춘추』는 조조가 공융의 명성이 너무 커서 다른 사람들이 불복할까 우려했다고 적고 있습니다. 그가 이례적으로 공융의 죄상을 내외에 공포한 것도 다 그래서였다는 것입니다. 당시의 소문에 따르면 공융은 두 가지 '불효한 말'을 한 것으로 돼 있습니다. 첫 번째는 "아버지와 자식 간에는 어떤 은혜 관계가 있는가?"라고 하면서 근본적으로 따져보면 정욕이 폭발한 것의 결과에 불과하다고 말했다고 합니다. 이어 "자식과 어머니 간에는 무슨 사랑의 관계가 있는가?"라고 하면서 그 관계가 한 가지 물건을 잠시 질항아리에 맡겨둔 것과 같다고 말했다고 합니다. 쏟아낸 후에는 바로 아무 관계도 없다는 뜻입니다. 또한 두 번째로 "기근이 들었을 때 먹을 것이 약간 있다. 만약 아버지가 좋지 않으면 이를 바로 다른 사람에게 먹게 해야 한다"라고 했다고 합니다. 이 같은 말들은 당연히 '불효'한 것입니다. 때문에 조조는 공융의 사형 사실을 대외적으로 천명하면서 "그는 천리와 도덕을 위반하고 패륜으로 예를 손상시켰다. 이제야 사형에 처한 다음 시체를 저자거리에 내걸었으나 그것도 너무 늦었다"라고 말했습니다. 다시 말해 공융은 마땅히 죽어야 했을 뿐 아니라 그 죽음이 너무 늦었다는 애기입니다.

  이것은 전형적으로 말로 죄를 다스린 사례이며, 전형적인 전제주의의 모습입니다. 이제 몇 가지로 나눠 이를 좀 더 구체적으로 살펴봅시다. 첫째, 우리는 공융이 정말 위에서 살펴본 것과 같은 말을 했는지는 모릅니다. 조조가 공포한 포고에 그렇게 나와 있을 뿐입니다. 이에 따르면 예형이 그 이야기를 들은 것으로 돼 있습니다. 예형이 공융에게 들은 다음 바로 곳곳으로 전파해 아주 나쁜 영향을 끼쳤다고 합니다. 그러나 당시 예형은 이미 죽어 저 세상으로 갔습니다. 증언할 수가 없었습니다. 어떻게 누가 공융이 말했다는 사실이 증명하겠습니까? 제가 보기에는 이 말은 오히려 예형이 공융에게 들려준 것이 아닌가 싶습니다. 하지만 조조는 공융이 말한 것으로 못을 박고 있습니다. 이는 공융의 죄명에 대한 해명을 절대 용인하지 않겠다는 뜻입니다. 둘째, 설사 공융이 그 말들을 했다 해도 죄가 있다고 하기 어렵습니다. 기껏해야 말 같지도 않은 말을 한 것으로 잘못은 있으나 죄가 있다고 하기는 어려운 것입니다. 그러나 조조의 시대는 인권을 말하는 시대가 아니었습니다. '말은 하지 않았어도 마음속으로 비난하고 비방하는 것'까지도 모두 죄였습니다. '미치광이 같은 공격'은 아예 말할 필요도 없지 않을까요? 당연히 죽어 마땅합니다. 셋째, 조조는 스스로 "재능만 있으면 바로 등용"한다고 입버릇처럼 말했습니다. 또한 그런 사람은 형수를 겁탈하고 뇌물을 받거나 어질지 않고 불효해도 괜찮다고 했습니다. 그런데 어떻게 불효했다고 사람을 죽일 수 있습니까? 어째서 이랬다저랬다 합니까? 이것은 스스로 제 뺨을 때리는 것이 아니겠습니까? 게다가 공융은 그저 불효한 말을 한 것에 불과합니다. 조조는 아마도 그 말로 인한 결과를 조직의 노선과 인사 정책에 적극적으로 활용하기 위해 공융을 더욱 마땅히 죽여야 한다고 생각한 것은 아니었을까요? 그러나 이런 생각을 우리는 결코 조조에게 가서 물어볼 수는 없습니다. 다행히 루쉰魯迅 선생이 이에 대해 언급한 말이 있습니다.

"우리가 만약 조조에게 가서 묻는다면 아마도 그는 우리 역시 죽일 것이다!"

사실 조조가 '불효하다'는 죄명으로 공융을 죽인 것은 매우 치밀한 꿍꿍이가 바탕에 있었습니다. 다시금 조조가 무서운 지략가라는 사실을 말해주는 결정이었습니다. 조조에 비하면 공융은 그저 감정적으로 일처리를 하는 사람이었습니다. 한마디로 공부만 알고 세상 일에는 어두운 사람이었던 것이지요.

조조가 무서운 지략가라고 생각할 수밖에 없는 이유는 많습니다. 우선 한 황실이 역대로 '효'라는 슬로건을 통해 천하를 다스릴 것을 주장했다는 사실입니다. 조조는 공융을 죽임으로써 그가 효를 유지하고 보호하기 위해 노력한다는 사실을 밖으로 드러냈습니다. 효를 유지하고 보호하기 위한 노력은 바로 한 황실을 유지하고 보호하려는 노력을 의미했습니다. 이것은 조조에게는 광명정대光明正大한 일이었습니다. 동시에 그 자신이 뒤집어쓰고 있던 '찬탈을 도모한다'는 혐의를 깨끗이 씻어낼 수 있었습니다. 정치적으로 가볍게 한 표를 더 얻을 수 있는 명분 있는 행동이었습니다. 또한 그렇게 함으로써 공융의 목숨을 앗았을 뿐 아니라 공융의 명예까지 훼손시킬 수 있었습니다. 한번 생각해보십시오. 공자의 20대손이 감히 불효를 주장했습니다. 그런데도 그의 인품을 더 믿을 수 있겠습니까? 조상도 배반하는 사람이 죽어 마땅하지 않을 수 있습니까? 이제 분명해집니다. 조조는 그저 공융을 죽인 데에서 한 걸음 더 나아가 그에게 악명을 씌워 오래도록 후세에 남기게 만들었습니다. 이 방법은 아주 악독한 것이었습니다. 이로 인해 진수陳壽는 『삼국지』를 쓸 때 감히 공융을 위해 전을 만들어 넣지도 못했습니다.

조조가 공융을 죽인 것은 반대파를 제거하는 것 이외의 목적도 있었습니다. 그것이 바로 풍기를 바로 잡으려는 의도가 있었을 겁니다. 이 풍기는 효나 불효와 관계가 있는 것이 아니었습니다. 오히려 정치와 관계가 많았습니다. 우리는 동한 말년에 많은 명사들이 서로 한결같이 '고결한 선비'를 표방한 사실을 잘 압니다. 그중에는 진짜 세속에 물들지 않은 채 자신의 순결을 지킨 고결한 선비들이 있었습니다. 그러나 온갖 수단과 방법을 다 동원해 명예를 추구하는 무리도 대단히 많았습니다. 그러나 그 어떤 '고결한 선비'라도 공통적인 특징은 하나 있었습니다. 바로 재주가 뛰어나면 성깔이 있다는 사실입니다. 설사 재주가 없더라도 성깔은 있었습니다. 또 그들은 모두 고상함을 자처했습니다. 이른바 세속적인 사람들과는 왕래하기를 원하지 않았습니다. 권력자에게도 마찬가지였습니다. 협력하는 것을 원하지 않았습니다. 적어도 권력자에게 협력하지 않는 척 했습니다. 어떤 선비든 자신의 개인 생활에서 그런 성질을 내보이는 것은 괜찮습니다. 그러나 그들이 이런 기질을 정치 영역에까지 가지고 오면 상황은 심각해집니다. 더구나 그 영향이 커지면 더욱 그렇습니다. 조조가 골치를 앓을 수밖에 없었습니다. 조조는 중요한 시기에 중차대한 일을 하는 비상한 사람이었습니다. 그는 독재를 원했습니다. 어찌 다른 사람이 매일 자신에게 이상한 말을 하는 것을 용납하겠습니까? 사람을 써야 하는데 어찌 협력하지 않는 것을 용인하겠습니까? 이것이 바로 여러 사람에게 경고를 보내기 위해 한 사람을 죽이지 않을 수 없는 이유였습니다. 공융은 이 전략에 희생된 한 마리의 큰 수탉이었습니다.

예형의 죽음은 건안 원년(서기 196년)의 일이었습니다. 또 공융의 죽음은 건안 13년(서기 208년)의 일이었습니다. 순욱이 죽은 것은 조금 더 늦은, 건안 17년(서기 212년)입니다. 문제는 이후에도 살육이 그치지 않았다는 사실입니다. 조조는 건안 21년(서기 216년)과 건안 24년(서기 219년)에 차례로 최염과 양수를 죽였습니다. 그들의 죽음도 당시 엄청난 사건이었습니다. 더불어 미스터리였습니다. 더구나 상황이 앞의 세 사람과는 달랐습니다. 그러면 최염과 양수는 왜 살해당했을까요?

## 29강 命案眞相

# 살인 사건의 진상

조조는 당사자에게는 억울한 모함 사건을 조작해 공융을 죽였다. 게다가 암암리에 권력의 힘을 과시함으로써 순욱을 죽음으로 몰고 갔다. 이것은 조조가 정치적으로 매우 강하고 강권强權적인 인물이라는 사실을 보여준다. 그는 어떤 사람이라도 자신의 정치 노선에 반대하는 것, 더 심하게 말하면 의구심을 품는 것조차 절대 허락하지 않았다. 이는 조조가 행한 살인의 주요 목적이 정치적인 필요와 무관하지 않다는 사실을 잘 설명하는 것으로 보인다. 그러면 조조가 최염을 죽인 다음 양수를 죽인 것에는 또 어떤 정치적 원인이 있는 것일까?

앞의 세 강의에서 우리는 순욱과 예형, 공융의 죽음을 이야기했습니다. 우리는 이를 통해 이 세 사람의 사인과 죽음을 맞이한 방식이 달랐다는 사실을 어렵지 않게 알 수 있었습니다. 예형은 그저 조조와 틀어졌습니다. 또 감정으로 맞섰습니다. 인간적인 인연도 좋지 않았습니다. 그러나 그는 그저 한 개인을 대표했습니다. 결코 일군의 정치 집단이나 정치 세력을 형성하지 않았습니다. 바로 그래서 조조는 그를 죽이지 않았습니다. 순욱도 조조와 엇나갔습니다. 그러나 그는 그저 한 개인일 뿐이었습니다. 그 역시 특정 집단이나 세력을 대표하지 않았습니다. 더구나 그는 조조 자신의 최고 공신이었습니다. 조조가 비공개적으로 그를 죽인 까닭입니다. 사후에 그에게 상당한 예우를 한 것도 그래서였습니다. 이에 반해 공융은 초지일관 엇나갔습니다. 그뿐만이 아니었습니다. 그는 당시 사회와 조정 내의 반대 세력을 대표했습니다. 장기적으로 조조와 대립했습니다.

조조가 공개적으로 그를 처형한 것도 모자라 그 일가의 전 재산을 몰수하고 참형에 처한 것은 다 이유가 있었습니다. 부적절한 죄명을 덧입혀 철저하게 비판한 것은 더 말할 필요조차 없습니다. 이것은 무엇을 말하는 것일까요? 조조가 정치로 모든 것을 재단한다는 사실을 설명하는 것입니다. 그는 아마 어떤 사람이 그의 체면을 세워주지 않아도 용인할 수 있었을 것입니다(당연히 어떤 경우는 용인하지 않을 수도 있겠습니다). 그러나 자신의 정치 노선과 정치적 구상에 반대하는 것은 절대 용인하지 않았습니다. 누가 감히 반대하면 그는 반드시 도살용 칼을 들어 조금도 망설이지 않고 그를 없앴습니다. 순욱 같은 공신조차도 예외가 아니었습니다. 그러니 최염과 양수는 더 말할 필요조차 없습니다.

### 조조의 반대파 제거 : 최염

최염의 죽음은 당시 세상을 떠들썩하게 만든 매우 억울한 사건이었습니다. 조조를 가능하면 비호하려 했고 심지어 공융을 전傳에도 올리지 않은 진수조차 최염의 죽음에 대해 "사람들이 제일 애석하게 느끼고 지금까지도 억울하게 생각한다"며 참지 못해 말했으니까요. 이를 분명히 설명하기 위해 우리는 먼저 최염이 어떤 사람인가를 알아봐야겠습니다. 이어서 그가 왜 죽었는지도 말해야겠습니다.

저는 최염을 열 여섯자로 평가합니다. 바로 "무무를 겸비하고, 조정의 중신이면서, 마음씨가 바른 군자에다, 덕성과 명망이 높은 사람文武全才 朝廷重臣 正人君子 德高望重"이라는 것입니다. 최염은 자가 계규季珪입니다. 청하清河 동무성(東武城, 지금의 산둥성 우청현武城縣 서북쪽) 사람입니다.『삼국지』「최염전」은 그가 어렸을 때 검술을 좋아하고 무술을 몹시 사랑했으나 말주변은 없었다고 말하고 있습니다. 그는 23세 때 고향에서 이른바 "정졸正卒"로 결정됐습니다. 정졸이 됐다는 것은 매년 일정 기간의 요역(徭役, 노역과 군역을 포함)의 의무를 져야 한다는 사실을 의미했습니다. 이런 요역은 글을 읽는 선비가 된 다음에야 면제될 수 있었습니다. 그래서 그는 바로 발분하여 『논어』와 한시漢詩를 공부했습니다. 그 결과 그는 29세 때에 경학經學대사 정현鄭玄의 제자가 됐습니다. 이어 원소의 부름을 받아 그의 휘하에 들어갔습니다. 직위는 기도위(騎都尉, 궁궐을 지키는 우림羽林 기병 통솔군관―옮긴이)였습니다. 그때 원소는 조조와의 관도전쟁에 나서려하고 있었습니다. 최염은 원소에게 조조를 공격하지 말라고 권했습니다. 그러나 우리는 원소가 자신과 다른 의견을 듣지 않는 사람이라는 사실을 너무나 잘 압니다. 원소는 역시나 최염의 말을 듣지 않았습니다. 결국 관도에서 비참하게 패했습니다. 원소가 죽은 다음 두 아들 원상袁尙과 원담袁譚 등이 한결같이 최염에게 눈독을 들였습니다. 그를 자기 사람으로 만들려고 한 것입니다. 이에 최염은 "병을 핑계로 고사"하는 입장을 취했습니다. 결과적으로 그는 감옥에 갇히게 됐습니다만 다행히도 진림陳琳 등의 도움으로 죽음만은 면했습니다.

그 후 최염은 조조가 업성을 점령하자 조조를 따랐습니다. 건안 13년(서기 208년) 조조는 삼공을 폐지하고 승상 제도를 회복했습니다. 승상에는 자신을 임명했습니다. 그는 승상부 아래에 동조東曹와 서조西曹도 설치했습니다. 간부 선발을 책임지는 기관이었습니다. 이중 서조는 중앙의 각 부문, 동조는 지방과 군대 쪽을 담당했습니다. 최염은 동조와 서조에서 모두 일했습니다. 배송지 주에서 인용한 『선현행장先賢行狀』에는 최염이 동·서 두 조에 재임했을 때 우수한 인재를 대규모로 선발했다는 기록이 있습니다. 그저 많이 뽑기만 한 것이 아니었습니다. 문무의 재능에 따라 인재를 등용하는 확실한 원칙도 지켰습니다. 정실에 전혀 좌우되지 않은 것은 물론이었습니다. "조정의 위신이 다시 높아지고 천하가 태평성대를 들먹을 수 있도록" 한 것입니다. 한마디로 인재 등용과 관련한 부패를 막고 조정의 권위와 신망을 바로 세웠다고 할 수 있겠습니다.

최염은 당시 덕성과 명망이 가장 높은 명사였습니다. 그는 어려서부터 성격이 아주 돈후했습니다. 과묵한 데다 용모가 당당했습니다. 첫눈에 훌륭한 인재라는 사실을 알 수 있었습니다. 『삼국지』 「최염전」의 기술도 이런 평가에서 크게 벗어나지 않아 "목소리와 자태가 우렁차고 분명했고, 용모가 시원스러웠다. 수염이 4척 길이에 매우 위엄과 덕망이 있었다"고 기록하고 있습니다. 『선현행장』 역시 그를 "청렴하면서 충성스럽고 고상한 데다 고매한 지식과 긴 안목의 혜안이 있었다. 일처리가 공정했고 조정에서는 엄정했다"고 칭찬하고 있습니다. 다시 말하면 그는 청렴하고 충성스러우면서도 절의가 있었습니다. 또 심지가 올바른 데다 학문이 깊었고 태도가 의젓했습니다. 긴 안목과 탁견이 있었고 사람을 잘 파악하면서도 일을 확실하게 했습니다. 더군다나 풍채가 당당했고 조정에서 위엄이 있었습니다. 바로 이런 까닭에 조정의 관리들은 모두 그를 숭배하고 존중했습니다. 더구나 조조조차도 그의 바른 기개 탓에 어려워했다고 합니다. 사실 조조가 최염을 동조와 서조에서 동시에 일하도록 한 것은 그가 탐욕스러운 관리들을 청렴하게 변화시킬 수 있는 능력이 있음을 믿었기 때문입니다. 또 용감한 관리들을 격려하려는 뜻도 있었습니다. 이는 조조 스스로가 한 말이었습니다. 다시 말해 조조는 최염을 모든 사람들의 귀감 내지는 관리의 모범, 시대의 본보기로 대우했다고 할 수 있습니다.

그런데 이런 사람이 조조에 의해 살해됐습니다. 그것도 완전히 무고하게 살해됐습니다. 조조가 내세운 이유가 있긴 했습니다. 입으로는 말하지 않고 "마음속으로 비방"했다는 것이 그 이유였습니다. 이른바 '마음속으로 비방'한 것을 죄명으로 사람을 죽이는 것은 솔직히 말도 안 되는 엉터리 핑계입니다. 더구나 최염이 '마음속으로 비방'했다는 것 자체가 기본적으로 이유로 성립되지 않습니다.『삼국지』「최염전」에 의하면 사정은 다음과 같았습니다. 조조가 위왕이 된 다음 양훈楊訓이라는 사람이 표를 올려 조조의 공훈과 성덕을 극찬했습니다. 다분히 자의적인 이 칭찬은 당연히 일부 사람들의 비난을 받게 됐습니다. 양훈이 권력에 영합하고 사람 됨됨이가 가식적이라는 비난이 이어진 것입니다. 이 비난은 더 나아가 최염에게까지 향합니다. 그가 양훈을 관리가 되도록 적극 추천했다고 여겼기 때문입니다. 말하자면 최염이 '조직부장(조조 정권의 인사 책임자라는 의미—옮긴이)'으로서의 임무를 제대로 다하지 못했다는 비난인 것입니다. 그래서 최염은 양훈이 올린 표의 초고를 보내달라고 부탁해서 읽어봤습니다. 그런 다음 양훈에게 이런 편지를 썼습니다.

나는 당신의 표를 봤소. 일을 한 것이 그런대로 괜찮을 따름이오! 아 시대여, 시대여. 지금은 응당 변혁이 있어야 하는 시대가 아닌가.

그런데 불행히도 누군가에 의해 이 모호한 내용의 편지의 존재가 조조에게 바로 밀고됐습니다. 최염에게는 너무도 억울한 살해 사건은 그렇게 일어났습니다.

최염은 왜 이 편지를 썼을까요? 그의 진짜 생각과 동기는 과연 무엇이었을까요? 이에 대해 확실히 알 수는 없습니다. 다만 진수는 최염의 본의가 조조의 반대파 사람들을 풍자하는 데에 있었을 것이라고 생각했습니다. 그러나 이 편지는 확실히 모호하고 불확실한 부분이 있었습니다. 이 편지를 직역할 경우 "상주문은 내가 봤소. 일한 것이 그런대로 괜찮을 따름이오! 아 시간이여, 시간이여. 시간이 변함에 따라 상황의 변화 역시 반드시 일어날 것이오!"라는 내용이 됩니다. 여기에서의 최대 관건은 그런

대로 괜찮은 일이 무슨 일이고 변화가 일어난다는 것이 무엇을 의미하는가 하는 것입니다. 아마도 양훈의 상주문이 그럭저럭 괜찮게 씌어졌다는 뜻이 될 수 있을 듯합니다. 또 그가 표를 올린 일이 그런대로 괜찮다는 뜻일 수도 있습니다. 시간이 지남에 따라 양훈에 대한 사람들의 입장 역시 변화가 일어날 것이라는 의미도 있습니다. 이 분석은 사실에 입각한 것일 뿐 아니라 나름대로 조리 있고 분명하다고 볼 수 있습니다.

그러나 문제는 밀고한 사람이 이렇게 이해하지 않았다는 데 있습니다. 그의 해석은 바로 이랬습니다.

"상주문은 내가 봤소. 조모라는 사람이 한 그 일이 그런대로 괜찮을 따름이오! 아 하늘이 주는 좋은 기회여, 하늘이 주는 좋은 기회. 결국 변할 때가 있을 것이오"

이러한 해석에 조조는 몹시 분노했습니다. 그는 그래서 "백성이 딸을 낳을 경우 통상적으로 '딸을 낳았을 따름이다'라고 말한다. 이는 다시 말해 그저 딸을 낳은 것에 불과하다는 뜻으로 그저 '그런대로 괜찮을 따름이다'라는 말이다. 이 '따름이다'라는 표현에는 사실 좋은 뜻이 없다. '변할 때가 있을 것이오'라는 말은 더욱 불손하다. 다른 꿍꿍이 속이 있다"라고 주장했습니다. 그는 결국 최염의 머리를 깎은 다음 노역에 처하는 처벌을 내렸습니다. 최염 같은 훌륭한 인품과 용모, 높은 품격과 지위를 가진 사람에게 이런 형벌은 당연히 대단한 모욕입니다. 하지만 최염은 이런 능욕을 당해도 별로 동요하지 않았습니다. 속마음이 매우 담담해 보였을 뿐 아니라 품행도 이전과 별로 달라지지 않았습니다. 말과 안색도 그랬습니다. 전혀 굴복하는 모습을 보이지 않았습니다. 옹졸하거나 비굴한 것과도 거리가 있었습니다. 남에게 아첨하거나 동정을 구하는 것은 더 말할 필요가 없었습니다. 바로 이때 최염을 모함한 사람이 조조에게 다시 결정적인 말을 했습니다. 최염이 죄를 인정하지 않고 회개하지도 않는다고 말입니다. 조조는 기다렸다는 듯 "최염이 수형 생활을 하고 있음에도 손님들을 계속 사귀고 있다. 그 무리가 문전성시를 이루고 있다. 말할 때에도 수염을 흔들고 사람 눈을 바로 쳐다본다. 마음속에 불만이 있는 것 같다"고 말하면서 최염에게 사약을 내렸습니다. 이 일은 『위략』에 좀 더 자세하게 묘사돼 있습니다. 내용은 다음과 같습니다. 당시 조조는 이 사건을 책임지고 있는 관리에게 수하 한 사람을 보내 명령했습니다. 사흘 후에 그에 대한 소식을 듣겠다고 말입니다. 며칠이 지나자 감시를 책임진 관리는 최염이 태연자약하게 지내고 있다고 보고했습니다. 이에 조조는 "최염이 기어코 본 왕의 손에 피를 묻히게 하겠다는 말인가?"라면서 불같이 화를 냈습니다. 최염은 이 말을 듣고 머리를 끄덕였습니다. 이어 "내가 잘못한 것이다. 조공이 이런 생각을 가지고 있는 줄을 몰랐으니"라고 말한 다음 침착하게 자살했습니다.

최염의 죽음은 굳이 분석할 필요가 없습니다. 그저 척 봐도 억울한 사안이었습니다. 조조의 대응이 정상이 아니라는 점도 달리 말이 필요 없습니다. 그야말로 완전한 히스테리였습니다. 덮어씌운 죄명도 '황당무계'한 것이라고 해야 하겠습니다. 이 때문에 이 일은 즉각 주위의 반발을 샀습니다. 모개毛玠가 가장 먼저 나섰습니다.

『삼국지』「모개전毛玠傳」에 따르면 동조연(東曹掾, 동조의 장관—옮긴이)을 역임했던 그는 최염과 조정의 간부를 선발하는 일을 함께한 인연이 있습니다. 당연히 최염의 불행에 대해 불만이 많았습니다. 이때에도 최염을 고발했던 비열한 밀고자와 아첨꾼들의 활약은 빛났습니다. 모개의 불만을 바로 조조에게 뛰어가 알린 것입니다. 조조는 대로했습니다. 기다렸다는 듯 모개의 꼬투리를 찾아 하옥시킨 다음 죄를 물었습니다. 모개는 의연했습니다. 전혀 예상하지 않았던 불행을 편안한 마음으로 받아들이고 조조가 보낸 종요에게 냉철하고 자세히 자신의 심정을 진술했습니다.

예로부터 지금까지 다른 사람들의 질투와 모함으로 인해 억울하게 죽임을 당한 사람은 일일이 헤아릴 수조차 없습니다.
저는 현리縣吏에서 시작해 조정의 대신이 됐습니다. 이때까지 제가 죄를 지은 사람이 어디 한두 사람이겠습니까? 또 저에게 꼬투리를 찾으려면 무슨 어려운 점이 있겠습니까? 저는 그저 조정에서 대질 답변하는 기회가 있기를 바랄 뿐입니다. 만약 제 말이 이치에 맞지 않아 극형에 처하신다면, 저는 관직을 올려주시는 영광으로 받아들일 것이며, 저의 머리를 거두는 것을 큰 영광으로 여기겠습니다.

모개의 말은 당연히 논박하기가 어려운 것이었습니다. 더구나 이때 조조가 황제가 돼야 한다고 주장하면서 초지일관 조조에 대해 지지 입장을 보였던 환계桓階(물론 다른 사람도 있었습니다)가 그를 구하기 위해 적극적으로 나섰습니다. 조조는 그제서야 모개를 풀어줬습니다. 물론 그는 관직에서 물러나야 했습니다.
이 일은 일찍이 사람들로부터 비판을 받았습니다. 예를 들면 손성孫盛 같은 사람이 비판을 제기한 대표적인 인물입니다. 그는 "위 무제(조조)가 그렇게 한 것은 정치와 형벌 제도를 위배한 것"이라고 주장했습니다. 우리도 이 부분에 대해서는 납득할 수가 없습니다. 모개에 대한 처신은 과거 조조가 보여줬던 인간적 모습이나 주장과 다르기 때문입니다. 아마도 권력과 야심이 함께 커짐에 따라 이때의 조조는 이미 과거의 조조가 아니었던 모양입니다. 그러나 문제는 조조가 히스테리를 일으켰다 하더라도 정신착란까지 가지는 않았을 것이라는 사실입니다. 더구나 마치 미친 사람처럼 아무 이유도 없이 사람을 죽이는 지경에까지 이르지는 않았을 것입니다. 그의 살인에는 항상 원인이 있었습니다. 때문에 조조의 행동보다 훨씬 더 이상했던 것은 최염의 반응이었습니다. 이 사건은 확실히 무고한 것이었습니다. 그런데도 왜 최염은 모개처럼 이렇게 적극적으로 진술하거나 답변하지 않았을까요? 심지어는 변명조차 하기를 원치 않았을까요? 최염이 편지에서 한 말은 분명 두 가지로 해석이 가능했습니다. 그럼에도 조조는 왜 굳이 뜻을 왜곡하여 해석했을까요? 조조와 최염은 도대체 무슨 관계였을까요? 그는 왜 최염을 죽이려 했고 최염은 왜 자살을 택했을까요?

진수의 설명은 분명합니다. "옛날 인연을 믿고 공경하지 않았다"는 것이었습니다. 이는 "태조는 거리낌과 의심이 많고 그것을 참지 못하는 사람이다. 노나라 공융, 남양의 허유許攸와 누규婁圭는 모두 옛날 인연을 믿고 공경하지 않다가 살해당했다. 그러나 최염은 사람들이 제일 애석하게 느끼고 지금까지도 억울하게 생각한다"는 진수의 말에서도 잘 알 수 있습니다. 틀린 말은 아닌 것 같습니다. 허유의 죽음은 확실히 '공경하지 않은 것'이 원인이었습니다. 그러나 공융은 그렇지 않았습니다. 그의 사인은 '공경하지 않은 것'보다는 '대항한 것'이 원인이었습니다. 그렇다면 최염은 어땠을까요? '공경하지 않은 것'도 '대항한 것'도 아니었습니다. 조조가 위공에 봉해지고 위왕에 올랐을 때도 그는 반대하지 않았습니다. 조조의 입장에서 '공경하지 않은 것'으로 보였거나 그렇게 해석된 '일을 한 것이 그런대로 괜찮을 따름이다'라는 말도 반드시 조조를 향한 것이었다고 하기도 어렵습니다. 그러면 조조는 도대체 왜 최염을 죽였을까요?

세 가지 가능성이 있습니다.

첫째는 조조의 신경과민입니다. 우리는 조조가 위공에 봉해지고 위나라를 건국하면서 위왕을 칭했을 때 많은 사람들이 그래서는 안 된다고 생각했다는 사실을 잘 알고 있습니다. 한번 생각해보십시오. 순욱과 같은 핵심 브레인도 반대를 했습니다. 그렇다면 다른 사람은 어떠했겠습니까? 순욱은 공개적으로 반대했습니다. 이에 반해 다른 사람들은 뒤에서 수군거렸습니다. 이런 분위기는 조조의 정신을 긴장시키지 않을 수 없었습니다. 조조는 공연한 의심으로 고민을 하는 것에 그치지 않았습니다. 조그만 일에도 놀라고 무서워 떨었습니다. 그러나 더욱 중요한 것은 조조의 생각이었습니다. 전통적인 관념에 따르면 진정한 군자가 책임을 져야 할 일은 왕실을 보호하고 정변을 방지하거나 타도하는 것이었습니다. 조조는 비록 '찬탈을 도모한다'는 주변의 의심을 인정하지 않았으나 혐의를 벗을 수는 없었습니다. 그래서 그는 고상한 도덕을 지닌 자신의 주변 사람들을 각별히 경계하고 아주 유별나게 의심했습니다. 최염이 바로 이런 범주에 들어가는 유형의 사람이었습니다. 바로 이런 선입관으로 인해 조조는 최염의 말을 듣고는 선의로 해석하지 않았습니다. 그가 '악독한 공격'을 한다고 의심했습니다.

문제는 최염이 왜 변명을 하지 않았을까 하는 점입니다. 이에는 두 가지 가능성이 있습니다. 하나는 "달갑게 여기지 않았다"는 것이었습니다. 우리는 최염의 인품이 매우 고상하고 고귀하다는 사실을 압니다. 고상하고 고귀한 사람은 종종 도도한 기질과 풍모가 있습니다. 이를테면 진정한 군자는 온몸이 곧은 기운으로 뒤덮여 있고, 대장부는 정의를 위해서는 죽음을 두려워하지 않습니다. 그에게 과연 무슨 변명이 필요했을까요? 그로서는 조조가 죽인다면 바로 죽을 수 있었습니다. 또 스스로 손을 써도 됐습니다. 이것이 바로 그가 조금도 두려움하지 않고 자살을 선택한 이유입니다. 또 하나의 가능성은 "그럴 필요가 없었다"는 것입니다. 바꿔 말해 최염은 이미 조조가 조만간 자신을 죽일 것이라는 사실을 알고 있었습니다. 변명을 해도 소용이 없었습니다. 그래서 조금의 두려움도 없이 정의를 위해 희생당하는 것이 유일한 선택이라고 생각했습니다. 이렇게 보았을 때 조조가 최염을 죽일 수밖에 없었던 이유로 다음과 같은 또 다른 가능성을 생각해볼 수 있을 것입니다.

둘째 가능성은 보복 살인입니다. 최염은 조조에게 죄를 진 적이 있었을까요? 네, 그렇습니다. 그것도 아주 일찍이 그랬습니다. 『삼국지』「최염전」에 의하면 건안 9년(서기 204년) 조조는 업성을 점령하고 원씨를 평정한 다음 기주목이 됐습니다. 득의양양한 기분에 들뜬 그는 막 기주 감옥에서 구출돼 자신의 별가종사別駕從事로 있던 최염에게 "어제 내가 이 지역의 호구를 조사해봤소. 그랬더니 인구가 30만이었소. 30만 백성을 얻은 것이오. 기주는 정말 큰 주인 것 같소!"라고 자랑했습니다. 이에 최염은 뜻밖에도 "현재 천하는 분열돼 있습니다. 구주가 분열됐고 원씨 형제는 집안 싸움을 일으켜 기주 백성들의 시체가 황야에 널렸습니다. 그런 와중에 왕의 군대가 도착했습니다. 그럼에도 저는 먼저 인애의 소리를 전파하거나 상부상조 풍속의 온존에 대해 물었다는 말은 듣지 못했습니다. 도탄에 빠진 백성을 구하려는 움직임은 더 말할 것이 없습니다. 오히려 그보다는 먼저 얼마만큼의 군대와 무기를 얻었는가를 계산한 다음 군사력을 확충하는 것을 급선무로 한다는 얘기가 더 자주 귀에 들립니다. 이것이 우리 기주의 남녀노소가 명공에게 바라는 바일까요?"라는 비판의 말을 입에 올렸습니다. 이 말은 정의롭고도 이치에 합당한 엄숙한 것이었습니다. 주변의 빈객들은 모두 놀라 얼굴이 하얗게 질려버렸습니다. 조조도 득의양양한 표정과 태도를 서둘러 거둬들이고 최염에게 사과했습니다. 다시 강조하거니와 최염의 이야기는 정의롭고도 정직한 말이었습니다. 그래서 사람들은 그에게 존경의 염을 품지 않을 수 없었습니다. 그러나 그 말은 조조의 마음 깊숙한 곳에 맺혔습니다. 최염을 죽인 것은 바로 이 때 맺힌 원한을 복수한 것이라고 할 수 있습니다. 저는 『품인록品人錄』이라는 책에서 이미 이런 입장을 제기한 바가 있습니다.

문제는 이것이 가능했을 것인가 하는 점입니다. 저는 가능하다고 생각합니다. 우리는 전제주의 시대에 권력을 장악하고 있던 사람들 중 자신에게 말대꾸하는 것을 좋아했던 사람은 단 한 명도 없었다는 사실을 알아야 합니다. 또 이에 대해 보복하거나 사적인 원한을 공적으로 보복하는 방법을 생각하지 않은 사람 역시 한 명도 없었다는 사실을 알아야 합니다. 심지어 가장 무능하고 가장 어리석은 황제나 관리라 해도 이 방법을 모르는 사람은 없었습니다. 그들에게 이 부도덕한 보복의 방법은 생각하고 안 하고의 문제가 아니었습니다. 할 수 있느냐 없느냐의 문제였습니다. 굳이 다른 것이 있다면 언제 보복하느냐 하는 것이었습니다. 여러 경우가 있을 수 있습니다. 어떤 사람은 그 자리에서 얼굴색이 확 바뀐 다음 바로 실행에 옮겼습니다. 또 어떤 사람은 장기적 목표와 더 큰 이익을 위해 우선 참고 기다렸다 최후에 은원 관계를 계산하기도 했습니다. 그 자리에서 얼굴색이 바뀌는 사람은 사실 대단히 멍청한 사람입니다. 마지막에 이르러 계산하는 사람이 바로 간웅입니다. 조조가 최염을 죽인 것은 자신이 간웅임을 말해준 확실한 증거입니다. 건안 9년에 맺힌 원한을 건안 21년에 가서야 살인을 통해 푼 것입니다. 조조로서는 무려 12년을 기다린 것입니다. 그는 오래 기다릴 줄 아는 사람이었습니다.

셋째 가능성은 후계자 안배와 관계가 있습니다. 조조는 만년에 후계자를 세우는 문제로 꽤 고민했습니다. 고민의 핵심은 최연장자인 조비와 제일 재능이 뛰어난 조식 둘 중에서 누구를 후계자로 하느냐는 것이었습니다. 답답해진 그는 문무백관들에게 편지를 보내 비밀리에 의견을 물었습니다. 조조가 비밀리에 의견을 물은 탓에 모두 밀서로 대답했습니다. 그러나 위나라 상서(尙書, 정치비서) 신분인 최염은 "편지를 봉하지 않고" 공개적으로 대답했습니다. 그의 입장은 명료했습니다.

"『춘추春秋』의 원칙에 의하면 후계자는 적장자를 세우도록 돼 있습니다.

더구나 오관중랑장五官中郎將(조비)은 어질고 효성스러우면서도 똑똑합니다. 정통을 계승하기에 아주 적합합니다. 저 최염은 정도正道를 죽음으로 힘써 지키기를 원합니다."

조조는 그 편지를 보고 크게 놀랐습니다. 결정적인 이유가 있었습니다. 조비의 라이벌 조식이 최염의 조카 사위였기 때문입니다. 최염이 조식에 기울지 않고 조비를 추천한 것은 사실 공평무사한 것이었습니다. 조조는 "한숨을 내쉬면서 탄식"하지 않을 수 없었습니다. 그는 바로 최염을 위나라의 중위(中尉, 궁정 호위대장 겸 수도 방위사령관―옮긴이)로 임명했습니다.

표면상으로 볼 때 이 일은 최염이 살해당한 원인이라 하기에는 불가능한 듯합니다. 최염의 주장은 조조와 하나도 다르지 않고 일치하니까요. 그러나 배송지는 이 이야기의 후반부에 주 하나를 덧붙였습니다. 『세어』에 의하면 조식의 부인, 즉 최염의 조카딸은 단지 화려한 옷을 입었다는 이유로 시아버지 조조에게 "제도와 명령을 위반"했다는 죄명을 뒤집어쓴 채 사약을 받은 것으로 돼 있습니다. 최염과 그의 조카딸은 모두 조식과 관계가 있었습니다. 또 둘 다 조조에게 "사약을 받았습니다." 뿐만 아니었습니다. '사약을 받은' 이유 역시 모두 정당한 것이 아니었습니다. 당연히 사람들은 그 속에 어떤 묘한 관계가 있는 것이 아니냐는 의심을 가질 수밖에 없습니다. 저는 배송지가 이 이야기에 주를 단 것은 솔직히 일종의 암시라고 생각합니다. 이것은 당연히 추측입니다. 그러나 근거가 전혀 없는 것은 아닙니다.


### 조조의 반대파 제거 : 양수

실제로 어떤 사람은 분명 후계자 안배와 관련한 이유로 죽었습니다. 예컨대 양수가 대표적입니다. 그는 진정 조비와 조식의 후계자 쟁탈전의 희생양이라고 해도 전혀 이상하지 않습니다. 양수의 죽음에는 불분명한 부분들이 있습니다.

양수는 자가 덕조德祖입니다. 양표楊彪의 아들, 양사楊賜의 손자, 양병楊秉의 증손자, 양진楊震의 고손자입니다. 그의 선조들을 살펴보면 우선 양진은 사도司徒와 태위太尉 벼슬을 지냈습니다. 이어 양병은 그냥 태위 자리에만 있었으나 양사는 사공司空과 사도, 태위를 모두 거쳤습니다. 양표 역시 아버지와 같이 사공·사도·태위 자리를 모두 역임했습니다. 그래서 그들 양씨 가문은 원소, 원술의 집안과 함께 '사세삼공(四世三公, 4대를 연이어 모두 3공의 자리에 오른 것을 일컬음-옮긴이)'의 집안으로 불렸습니다. 더구나 '사대삼태위'의 자리를 연이어 이어왔습니다. 양수의 집안 배경은 매우 특별했습니다.

양수 그 자신도 만만치 않았습니다. 총명하기가 그지없었고, 재주도 아주 뛰어난 사람이었습니다. '망상의 챔피언'인 예형조차 늘 그를 '작은 아이'라고 부르면서 '인물'로 여겼을 정도이니까요. 게다가 양수는 인품까지 좋았습니다. 겸허하고도 예절이 바른 사람이었습니다. 예컨대 『삼국지』「조식전」의 배송지 주에서 인용한 『전략』은 양수를 "겸허하고 예절이 바르고 재능이 뛰어났다"라고 높이 평가하고 있습니다. 그래서 조비를 포함한 조조의 모든 아들들은 하나같이 경쟁적으로 그와 교우 관계를 가졌습니다. 그렇게 볼 때 그의 죽음은 누구에게 죄를 지어서가 아니었던 것 같습니다. 하지만 역사학자들은 일반적으로 양수가 태자를 책봉하는 다툼의 와중에서 죽었다고 생각합니다. 이들의 주장에 따르면 상황은 다음과 같습니다. 당시 조비와 조식은 태자로 책봉되기 위해 극도로 치열하게 경쟁했습니다. 이때 양수는 조식의 편을 들었습니다. 그러나 조조는 조비를 태자로 세우기로 최종 결정을 내렸습니다. 그러고는 양수가 조식을 부추겨 조비와 정면으로 대항하는 사단을 일으키는 것을 방지하기 위해 자신이 세상을 떠나기 백일 전, 양수를 죽였습니다. 형제 간에 서로 다투고 내분이 일어나는 것을 미연에 확실히 막기 위해서는 그 길이 최고의 선택이라고 생각한 것입니다. 더구나 양수는 조조와는 거의 원수인 원술의 외조카였습니다. 『삼국지』 「조식전」과 『후한서』 「양수전」에 기록되어 있는 상황은 확실히 그리합니다.

하지만 이 주장은 상당히 의심스럽습니다. 양수가 분명히 조식을 돕기는 했습니다. 그러나 양수는 결코 사력을 다해 조식을 도운 최측근은 아니었습니다. 『삼국지』 「조식전」의 배송지 주에서 인용한 『전략』은 이에 대해 "조비가 태자가 된 다음 양수는 조식과 거리를 두겠다고 생각했다. 그러나 조식은 계속 양수와 연락을 취했다. 양수는 '이를 감히 어떻게 하지 못했다'"라고 기록하고 있습니다. 이것이 당시 양수의 입장을 잘 말해주지 않나 싶습니다. 하지만 조식은 어쨌든 조조가 사랑하는 아들이었습니다. 비록 태자가 되지는 못했으나 양수로서는 조식을 외면하는 죄를 지을 수는 없었습니다. 게다가 양수가 비록 사세삼공의 명문 집안 출신이기는 했으나 이때는 황제조차도 조조의 꼭두각시에 불과했습니다. 한편 조조는 여러 차례 자신에게 상처를 받은 양수의 아버지 양표를 어떻게 생각했을까요? 기록을 보면 그에 대해 알 수 있습니다. 『후한서』 「양표전」에 의하면 건안 10년(서기 205년)에 양표는 우선 직무에서 면직당했습니다. 이어 11년(서기 206년) "은택(恩澤, 전공 외의 이유로 주는 혜택—옮긴이)"에 의해 후에 봉해진 사람들의 작위가 모두 박탈당했을 때 그 역시 당사자가 됐습니다. 말하자면 파면당한데 이어 작위까지 빼앗겼습니다. 비록 "죽은 사람"은 아니었으나 이미 "한물간 사람"이 됐습니다. 이런 상황에서 아들인 양수가 조비와 조식 형제의 비위를 어떻게 맞추지 않을 수가 있겠습니까?

더구나 양수는 조비와의 관계도 나쁘지 않았습니다. 『전략』의 기록을 한번 살펴봅시다. 이에 따르면 양수는 일찍이 보검 한 자루를 조비에게 선물했습니다. 조비는 이를 대단히 애지중지해 항상 몸에 차고 다녔습니다. 나중에 황제가 돼 낙양에 머물렀을 때에도 이 보검을 차고 있었습니다. 어느 날 조비는 조용히 궁을 빠져나갔습니다. 세상 물정을 좀 보고 싶었던 것이겠죠. 그때 그는 갑자기 양수를 생각하게 됩니다. 그는 보검을 어루만지면서 바로 어가를 멈추라고 명령했습니다. 이어 주위의 신하들에게 "이것이 바로 그때 양덕조(양수를 일컬음-옮긴이)가 말한 왕모王髦라는 사람의 칼이오. 왕모는 지금 어디 있는가?"라고 물었습니다. 그렇게 해서 왕모를 찾자 조비는 그에게 식량과 의복 등의 선물을 줘서 격려하기까지 합니다. 말하자면 좋은 사람의 것은 모두 좋게 보인다는 말이 되겠습니다. 조비가 이처럼 보검을 몹시 아낀 데에서 그치지 않고 왕모까지 불러 상을 내린 것이나 양수를 거론할 때 이름 대신 자를 부르고는 했던 것은 무엇을 말할까요? 조비가 양수에 대해 좋은 감정을 가지고 있다는 사실을 말합니다. 최소한 반감은 가지지 않았다고 할 수 있습니다. 조비는 자신이 누구를 죽이는 것도 좋아하지 않았습니다. 조조가 그를 대신해 이미 모든 사람을 죽였니까요.

저는 조조가 자기 자신을 위해 양수를 죽였다고 생각합니다.

양수에 대해서는 당시의 모든 사람들이 아주 똑똑하다고 공인했습니다. 그러나 실제로는 양수는 헛똑똑이의 모습을 보였습니다. 『후한서』 「양수전」이 그 사실을 잘 보여줍니다. 양수가 승상의 주부를 하고 있을 때였습니다. 그는 당시 성실하게 집무실에 앉아 있지 않았습니다. 항상 어디론가 빠져나가 놀 생각을 했습니다. 그러나 조조가 무슨 문제가 생겨 그에 대해 물어보지 않을까 부담스러워했습니다. 그래서 양수는 밖으로 나갈 때마다 먼저 조조의 생각을 추측해 미리 답장을 쓴 다음 이를 시종에게 전달하도록 했습니다. 이에 대해 조조는 양수가 어떻게 이렇게 대답을 빨리 할까 하고 차츰 이상하게 생각하기 시작했습니다. 결국 그는 사람을 보내 어떻게 된 일인지 알아보게 했습니다. 결과적으로 진실이 백일하에 드러났고, 당연히 양수를 미워하기 시작했습니다.

이 일에 대해서는 다른 버전의 이야기가 있습니다.『세설신어世說新語』「첩어捷語」의 유효표劉孝標 주에서 인용한『문사전文士傳』이 그것입니다. 그 기록에는 양수가 답장을 쓸 때 조조의 문제 제기가 몇 번이나 반복될 것인지도 모두 계산해냈다고 적고 있습니다. 질문 순서에 따라 답을 쓴 다음 시종에게 분부해 조조의 부름이 있을 경우 하나씩 대답하도록 한 것입니다. 그러나 양수는 사람의 계산이 하늘의 천변만화한 조화에 미치지 못한다는 사실을 간과했습니다. 기록에 의하면 당시 양수의 집무실에 한바탕 바람이 불었다고 합니다. 당연히 질문에 대한 답을 적어놓은 종이의 순서가 완전히 뒤섞이게 됐습니다. 시종은 별 수 없이 뒤섞인 순서에 따라 대답을 했습니다. 동문서답이 되는 것을 피할 수가 없었습니다. 조조는 이에 벌컥 성을 내면서 양수를 불러들여 따져 물었습니다. 사실을 숨기기 어려워진 양수는 사실대로 이실직고했습니다. 결과는 어떻게 됐을까요? 잔재주가 큰일을 그르쳤으니 조조의 불만이 어땠는지는 충분히 짐작할 수 있습니다.

또한 양수에게는 여러 사람 앞에서 자신이 총명하다는 사실을 너무 내세우는 버릇이 있었습니다.『세설신어』「첩어」에 의하면 조조가 한 번은 새로 건축하는 승상의 공관을 시찰했습니다. 시찰이 끝난 다음에도 조조는 공사 현장에 대한 생각을 말하지 않았습니다. 다만 수행원에게 지시해 승상부의 대문 위에 '활活'자를 쓰게 했습니다. 당시 승상부 신축 공사 책임자이던 양수는 즉각 인부들에게 대문을 헐고 다시 지으라고 명령했습니다. '문門' 가운데 '활活'자가 들어가니 '활闊(넓다는 의미—옮긴이)'자가 된 것입니다. 조조가 승상부의 문이 너무 큰 것을 좋게 생각하지 않는다는 것을 표현했고, 양수가 그 의미를 알아챈 것입니다. 한 번은 어떤 사람이 조조에게 엿으로 만든 과자를 보내줬습니다. 조조가 한 입을 먹었습니다. 이어 상자〔盒〕 위에 '합솜'이라는 글자를 써서 주위 사람들에게 건네줬습니다. 사람들은 그 의미를 이해하지 못했습니다. 그러나 양수는 그것을 받아먹으면서 "각 사람마다 한 입〔人一口〕씩 맛보라는 것 아닙니까?"라고 말했습니다. 맞는 말이었습니다. 사실 이런 재주가 하찮은 재주〔雕蟲小技〕에 불과하다면 전체적으로는 큰 문제가 없습니다. 그러나 그게 군중軍中에서 보여진다면 얘기는 달라집니다. 조조에게 그를 죽여야겠다는 마음이 들게 할 것이 확실합니다. 『삼국지』「무제기」의 배송지 주에서 인용한 『구주춘추九州春秋』에 의하면 건안 24년(서기 219년) 조조는 친히 대군을 이끌고 장안에서 사곡斜谷으로 나아간 다음 한중으로 진군했습니다. 유비와의 결전을 준비한 것입니다. 그러나 누가 알았겠습니까? 유비가 군대를 거둬들여 험준한 곳에 진을 친 채 싸우려 하지 않았습니다. 조조는 공격하려 했으나 앞으로 나아갈 수가 없었습니다. 수비하려 해도 버티고 있을 만한 근거지가 없었습니다. 한마디로 진퇴양난이었습니다. 하루는 어느 부하가 그에게 군중의 암호를 내려달라고 했습니다. 조조는 바로 "계륵(닭의 갈비뼈)"라고 대답했습니다. 양수는 그 말을 듣고 바로 군장을 꾸릴 준비를 했습니다. 주위의 모두가 급히 그에게 그 이유를 물었습니다. 양수는 즉각 "닭의 갈비뼈는 먹어도 맛이 없습니다. 그러나 버리기에는 아까운 것입니다. 더 있어봤자 이득이 없으니, 일찍 돌아가는 것만 못합니다. 위왕은 돌아갈 생각이 있는 것이 분명합니다"라고 말했습니다.

이번에도 양수의 생각은 맞았습니다. 그러나 그는 이 때문에 목숨을 내놓게 됐는지도 모르겠습니다. 과연 반년이 채 안 돼 조조는 양수를 죽였습니다. 『전략』에 의하면 양수의 죄명은 "기밀을 누설하고 제후와 내왕" 했다는 것이었습니다. 다시 말해 국가기밀 누설죄, 파당을 이뤄 사리사욕을 꾀한 죄, 요사스런 말로 대중을 현혹시킨 죄를 저질렀다는 얘기입니다.

각종 자료들에 의하면 양수는 죽기 전에 주위 사람들에게 "나는 내 죽음이 너무 늦었다고 생각한다"고 말했다고 합니다. 그러나 만약 그가 자신의 죽음이 조식과 연루된 것이라고 생각했다면, 죽음을 맞이한 순간에도 그 이유를 정확히 이해하지 못한 것이 됩니다. 양수는 자신이 엄연한 전제주의 체제에서 살고 있다는 사실을 몰랐던 것입니다. 더구나 조조는 이런 체제에서도 보기 드문, 몇 안 되는 '의심 많은 주군' 가운데 한 명이었습니다. 이런 인물들은 시기심과 경계심이 모두 강합니다. 그런 인물들이 제일 시기하고 미워하는 것은 다른 것이 아니라 자신의 마음을 밑바닥까지 꿰뚫어보는 것입니다. 그 이유를 찾는 것은 그리 어렵지 않습니다. 그들은 자기 자신만의 전제적인 독재 체제를 유지하지 위해 반드시 우민愚民정책과 정보 정치를 취해야 했기 때문입니다. 그들은 다른 사람의 모든 것을 파악하기를 원했습니다. 그러나 자신이 암시하거나 언급한 것을 제외하고는 다른 사람들이 자신의 마음을 아는 것을 원하지 않았습니다. 결론적으로 독재자는 자신을 신비화하고 "주군의 위엄을 추측할 수 없도록" 해서 다른 사람들이 전전긍긍하기를 원합니다. 그래야만 자신이 마음먹은 대로 모든 것을 할 수 있습니다. 그러나 양수는 조조의 모든 생각을 불을 보듯 분명히 알고 있었습니다. 심지어는 묻고자 하는 문제의 순서까지 꿰고 있었습니다. 이것은 마음을 읽히는 사람의 입장에서 너무 공포스러운 것이었습니다. 이런 사람이 자신의 주변에 있는데 조조가 어떻게 마음대로 정치를 할 수 있었겠습니까? 만약 양수가 모든 것을 꿰뚫고 있었더라도 말을 하지 않았다면 아마도 상황이 조금 달라졌을 가능성이 있습니다. 하지만 양수는 굳이 도처에서 떠벌렸습니다.

이것은 우선 거꾸로 조조의 잔꾀의 수준이 별로 높지 않다는 사실을 말해주는 일이 될 수 있습니다. 적어도 양수에게는 죄다 읽혔으니까요. 그리하여 일단의 사람들이 감히 조조에게 불복종하거나 저항하겠다는 마음을 품을 수도 있었을 겁니다. 그 때문에 조조의 입장에서는 양수라는 이 '못'을 조만간 어떻게든 뽑아야 했습니다. 더구나 양수는 조식과 그를 추종하는 무리와 뒤섞여 있었습니다. 뽑지 않으면 안 됐습니다. 예형이 죽은 까닭은 그가 사람을 너무 이해하지 못한 탓입니다. 이에 반해 양수의 죽음은 그가 너무 사람을 잘 이해했기 때문이 아닌가 생각됩니다. 아무튼 예형과 양수는 모두 자신을 제대로 이해하지 못했을 뿐 아니라 사람과 사람이 어떻게 함께 지내야 하는지를 몰랐던 것 같습니다.

사실 최염의 죽음도 비슷했습니다. 그 역시 전제정치하에서는 범하지 말아야 할 큰 금기를 범했습니다. 표면상으로 볼 때 최염은 태자를 책봉하는 문제에서 줄을 잘못 서는 실수를 하지 않았습니다. 그러나 문제는 그가 '편지를 봉하지 않고' 대답했다는 것입니다. 그것은 암묵적으로 금지된 것이었습니다. 전제 정치는 일종의 비밀 정치라고 할 수 있습니다. 내부거래와 어두운 밀실 정책을 좋아합니다. 만약 여러분이 이 상황에 처해 있다면 무엇을 공개한다는 것은 규칙을 어기는 것입니다. 또한 내부거래와 밀실 정책의 시대에는 공개적인 것이 반드시 진실한 것은 아니었습니다. 진실은 종종 막후에 숨겨져 있었습니다. 최염이 자신의 생각을 공개한 것은 사실 사심이 없었다고 할 수 있습니다. 그러나 조조가 보기에는 어쩌면 작심하고 쇼를 한 것일 수 있었습니다. 그렇지 않다면 왜 그만 유독 편지를 봉하지 않았을까요? 다른 사람들은 너나 할 것 없이 다 밀봉을 했는데도 말입니다. 최염은 생각에 거리낌이 없을 수도 있습니다. 하지만 자신이 그렇게 함으로써 조조가 남몰래 숨어 나쁜 짓을 꾸민다는 사실을 까발리는 것이 아니겠습니까? 자신이 거리낌이 없는 군자라면 조조는 근심하고 두려워하는 소인이 되는 것이 아니겠습니까? 조조가 어떻게 기분이 좋을 수 있겠습니까. 그래서 조조는 최염의 편지를 읽고 '한숨을 내쉬면서 탄식'한 끝에 아마도 다른 생각을 했을 것입니다.

　당연히 이것은 추측입니다. 소위 말하는 '역사의 진실'은 역사학자들에게 넘겨 그들이 밝히라고 합시다. 저는 그저 전제정권하의 살인은 이치를 말하지 않는다는 사실을 이야기하고 싶을 따름입니다. 특히 황권이나 황제 자리 등의 문제와 연관될 때에는 더욱 그렇습니다. 인성이나 인정, 인권이라는 것은 눈곱만큼도 들먹일 수가 없습니다. 자신의 친부모를 비롯해 형제, 자녀를 죽이면서 조금도 인정에 끌리지 않았습니다. 한漢 무제武帝가 아들을 죽이지 않았습니까? 당唐 태종太宗 역시 형제를 죽이지 않았습니까? 그러면 조조는 어떻게 했을까요?

# 후계자 쟁탈전

조조의 말년에 후계자 문제는 정치 의사 일정으로 언급됐다. 이로 인해 조비·조창曹彰·조식 등 삼형제의 후계자 쟁탈전은 몹시 극렬하게 전개될 수밖에 없었다. 조조 역시 이 일을 확실히 하기 위해 억울한 무고 사건과 유혈 사건을 만들어내는 데 주저하지 않았다. 그러나 이해하기 어려운 것은 그가 조비를 추대한 최염을 죽게 했을 뿐 아니라 조식에게 힘을 보탰던 양수까지 살해했다는 사실이었다. 조조는 도대체 누가 후계자가 되기를 원했을까?

앞 강의에서 우리는 조조가 자신이 죽기 백여 일 전에 단호하게 '명문 거족의 자제' 양수를 죽인 사실에 대해 언급했습니다. 이로써 불쌍한 사세삼공 양가의 전통은 하루아침에 몰락하고 말았습니다. "아무리 위대한 인물의 덕이 있어도 5대를 지나면 한 가문이 망한다(君子之澤 五世而斬, 맹자의 말임—옮긴이)"라는 아주 오래된 불후의 진리가 여기서 또 맞아떨어진 것입니다.

당시 양수의 아버지인 양표는 아직 살아 있었습니다. 양표는 일찍이 사공의 자리에 있었습니다. 또 사도와 태위 자리에도 있었습니다. 한마디로 '3공'의 세 개 관직의 맛을 모두 봤습니다. 지위가 얼마나 높은지 가히 짐작할 수 있겠지요. 그러나 그는 눈을 뻔히 뜬 채 사랑하는 아들이 죽는 것을 지켜봐야만 했습니다. "백발 노인이 검은 머리의 젊은 자식을 먼저 보낸다"는 말이 실감이 날 정도였습니다. 마음이 얼마나 비통했는지는 미루어 짐작할 수 있습니다. 『후한서』 「양표전」에 의하면 하루는 조조가 양표와 마주쳤습니다. 조조는 그의 용모가 초췌한 것을 보고 깜짝 놀랐습니다. 조조는 바로 "양공 어떻게 이토록 말랐소이까?"라고 물었습니다. 양표는 이에 "신은 김일제金日磾와 같은 선견지명도 없으면서 오로지 자식을 지극히 사랑하는 마음만 있었다는 것을 부끄럽게 생각하고 있습니다(전한前漢 시대의 김일세라는 사람이 무제武帝에게 사랑을 받던 자신의 아들이 색에 빠지자 죽여버린 사실을 빗댄 것. 반성의 뜻을 표한 것 같으나 속으로는 당신이 내 아들을 죽이지 않았냐는 항의의 뜻을 담고 있음—옮긴이)"라고 대답했습니다. 이에 조조는 "얼굴 표정을 고칠 수밖에 없었다"고 합니다.

조조의 물음은 관심의 표현이었습니다. 그러나 양표의 대답은 마음 저 깊숙한 곳에서 우러나오는 말이었습니다. 조조가 '얼굴 표정을 고치지' 않을 수 없게 만들었습니다. 이때의 양표는 관직을 잃고 작위를 박탈당한 상태였습니다. 하지만 그래도 원로였습니다. 당시 이런 인물조차 집안을 보전하지 못했습니다. 그도 그럴진대 다른 사람들은 어땠을까요? 덧붙여 말해보겠습니다. 양표는 자식을 지극히 사랑했습니다. 그렇다면 조조에게는 그런 마음이 없었을까요? 양표는 집안을 보전할 수 없었습니다. 그런데 조조라고 집안 보존을 자신할 수 있었을까요? 여러분은 조조의 위풍이 주위에 미치지 않는 곳이 없고 한때 패자를 칭했다는 사실만 생각하지 마십시오. '아무리 위대한 인물의 덕이 있어도 5대를 지나면 한 가문이 망한다'라는 불후의 진리가 조조만큼은 비켜갈 것이라고 누구도 장담할 수 없었습니다. 실제로 조조는 그 사실을 너무나 잘 깨닫고 있었던 것 같습니다. 그는 좀 더 많이, 좀 더 멀리 생각하지 않을 수 없었습니다.

이 점에서 보듯 후계자 선정 문제는 일찍이 조조의 정치 의사 일정에 언급됐습니다. 그러나 애석한 것은 이 문제의 해결이 쉽지 않았다는 사실입니다.

### 후계자 경쟁, 조비냐 조식이냐

여러 기록을 종합해보면 조조에게는 적어도 15명의 부인과 25명의 아들이 있었습니다. 가장 후계자 자리에 가까웠던 아들은 장자 조앙曹昻이었습니다. 그는 그러나 건안 2년(서기 197년) 정월에 전사했습니다. 조조가 가장 총애하던 다른 아들 조충曹沖도 건안 13년(서기 208년) 5월에 병으로 세상을 떠났습니다. 그외의 아들은 요절하거나 지극히 평범했습니다. 그래도 비교적 희망이 있었던 아들들이 조비를 비롯해 조창과 조식이었습니다. 『삼국지』 「조충전」에 따르면 가장 총애하던 조충이 병으로 죽었을 때 조조는 매우 비통해했습니다. 이때 조비가 부친을 위로했습니다. 조조는 이에 "이는 나의 불행이다. 하지만 너희 몇 명 조씨들에게는 행운이다"라고 말했습니다. 여기에서의 이른바 '너희 몇 명 조씨'는 다름 아닌 조비와 조창, 조식이었습니다.

이들 세 명은 모두 자신이 후계자가 되려는 생각을 가지고 있었습니다. 그들은 모두 변卞부인의 아들이었습니다. 조조의 본부인은 정丁부인이었습니다. 그러나 정부인은 아들을 낳지 못했습니다. 나중에 양자로 삼았던 조앙은 전사하고 조조와도 이혼했습니다. '후계자 선출' 문제에서 제외될 수밖에 없었습니다. 정부인이 이혼으로 폐위당한 다음 정실의 지위를 이은 사람은 변부인입니다. '후계자 선출' 원칙에 따르면 후계자는 마땅히 변부인의 아들 가운데에서 뽑아야 했습니다. 변부인에게는 원래 아들이 4명 있었습니다. 그중 조웅曹熊은 일찍 세상을 떠났습니다. 후계자로 선출될 수 있는 대상은 오로지 조비를 비롯한 조창과 조식뿐이었습니다. 이것이 후계자 선출 문제와 관련한 첫 번째 기본 정보가 되겠습니다. 두 번째로 그들 세 명은 모두 유능했습니다. 성과도 있었습니다. 그 수준도 조조의 다른 아들들과 확실히 달랐습니다. 이렇게 보면 그들 앞에 놓인 문제가 '후계자 선출'이든 '현자賢者 선출'이든 세 명 모두 하나같이 자격을 가지고 있었습니다. 이른바 '후계자 쟁탈전'은 바로 변씨의 이 세 아들 사이에서 전개됐습니다.

그러면 조조는 누구를 선택했을까요?

역사학자들은 일반적으로 먼저 조창을 배제할 수 있었다고 생각합니다. 물론 조창이 인물이라는 사실은 부인할 수 없었습니다. 『삼국지』 「조창전」에 의하면 그는 어려서부터 말 타고 활 쏘는 것에 아주 능했습니다. 배짱도 좋고 힘도 셌습니다. 당연히 전쟁에도 많이 참여했고 전공도 많았습니다. 건안 23년(서기 218년) 대군代郡의 오환烏丸이 반란을 일으켰을 때였습니다. 조조는 조창을 북중랑장北中郞將, 효기장군驍騎將軍으로 임명해 오환을 정벌하도록 했습니다. 조조는 출병에 앞서 조창에게 "아들아! 집에서는 부자 관계지만 명령을 받으면 곧 군신 관계가 된다. 네가 알아서 잘하도록 해야 한다!"라고 당부했습니다. 조창은 부왕의 뜻을 너무나도 잘 이해했습니다. 북벌 전쟁 중에 이런 사실은 잘 확인됐습니다. 그는 몸소 병사들의 앞에 나서 적진 깊숙이 돌격해 들어갔습니다. 적진을 함락시키는 것은 그야말로 시간 문제였습니다. 말을 타고 친히 활을 쏘는 모습은 "활시위 소리에 적이 앞뒤로 이어 쓰러졌다"라는 표현이 절대 과장이 아니라는 사실을 말해줬습니다. 조창 자신도 "갑옷에 여러 발의 화살을 맞았"지만 "의지와 기개가 더욱 대단해져" 결과적으로 적을 "크게 격파" 합니다. 이때 중립 상태에서 전쟁을 관망하던 선비鮮卑족은 대단히 놀랐습니다. 조창이 이처럼 용감하게 싸움을 잘하니 기세를 막아낼 수가 없다고 본 것입니다. 그들은 바로 귀순 의사를 나타냈습니다. 이렇게 해서 "북방을 모두 평정"하게 됩니다. 조창은 전쟁을 승리로 이끈 다음 장병들에게 상상 외의 큰 상을 내렸습니다. 이어 조조에게 보고할 때는 조비의 건의에 따라 "여러 장군들에게 공을 돌렸다"고 합니다. 조조는 너무 기뻐 조창의 노란 수염을 잡고 "노란 수염이 과연 큰 인물이구나!"라고 찬탄해 마지않았습니다.

실제로 조조는 이 아들을 굉장히 자랑스러워했습니다. 『삼국지』「조창전」의 배송지 주에서 인용한 『위략』은 한중漢中에서의 싸움 장면을 그리고 있습니다. 이에 따르면 산 위에 숨어 있던 유비는 유봉劉封을 산 아래로 보내 조조에게 은근히 싸움을 걸었습니다. 조조가 이에 "짚신 팔던 작자는 어째 늘 가짜 아들(유봉은 유비의 양자였음-옮긴이)을 보내 싸움을 거는가? 너 기다리고 있거라. 내가 노란 수염을 불러오는 것을 보란 말이다"라면서 조창을 들먹였습니다. 얼마나 아들에 대한 신임이 두터운지 알 수 있지 않습니까?

그러나 조창은 결정적인 문제가 있었습니다. 용감하기는 했으나 지혜가 없었습니다. 공부를 좋아하지도 않았습니다. 그래서 조조가 틀어쥐고 가르쳤습니다. 조조가 한 번은 그에게 "너는 항상 창검 같은 무기를 가지고 놀거나 사냥하기를 좋아한다. 그것은 필부의 용기에 불과하다. 어떻게 큰일을 이룰 수 있겠느냐?"라고 따끔하게 충고했습니다. 그런 다음 그에게 『시경』과 『서경』을 읽도록 했습니다. 조창은 그러나 주위 사람들에게 항상 "남자 대장부라면 위청衛靑이나 곽거병霍去病처럼 백만대군을 거느리고 변방의 전쟁터를 달려 공을 세우고 업적을 일궈내야지, 어떻게 몇 권의 낡은 책에 의지해 박사로 그럭저럭 살 수 있겠소?"라고 말하고는 했습니다. 이런 생각은 확실히 '군주'에게는 어울리지 않는 것이었습니다.

조조 역시 조창을 주도면밀하게 관찰했습니다. 그는 일찍이 모든 아들에게 장래 희망을 묻고 각자의 입장을 말하게 한 적이 있습니다. 이때 조창은 "장군이 되고 싶습니다"라고 대답했습니다. 조조가 이에 "장군이 돼 어떻게 하려느냐?" 하고 되물었습니다. 조창은 "철갑을 입고 무기를 든 채 위험을 돌아보지 않겠습니다. 항상 병사들보다 먼저 앞에서 돌진해 상을 줄 것은 주고 벌할 것은 벌할 것입니다"라고 대답했습니다. 역사서는 이 대답에 "태조가 크게 웃었다"고 기록하고 있습니다. 조조가 만약 조창을 태자로 세울 생각이 있었다면 아마도 그렇게 웃고 끝내지는 않았을 것입니다. 조조는 그때 이미 조창이 좋은 장군 재목이기는 하나 좋은 국왕이나 좋은 황제가 될 수 없다는 사실을 너무나 잘 알았던 것입니다.

이제 남은 것은 조비와 조식입니다. 많은 사람들은 조조가 원래 조식을 후계자로 세울 생각을 가졌다고 말합니다. 조비가 음모를 꾸몄고, 조식 자신 역시 여러 차례 실수를 해 조조가 도리 없이 조비를 후계자로 세웠다는 것이죠. 이것이 전혀 근거가 없는 주장은 아닙니다. 『삼국지』 「조식전」을 보면 확실히 조식 후계자론에 대한 견해가 있습니다. 게다가 "여러 차례나 태자로 봉해질 뻔했다"라는 말도 하고 있습니다. 조식이 후계자로 거론된 데에는 두 가지 이유가 있습니다. 하나는 조식이 재능이 있었다는 사실입니다. 다른 하나는 조조가 그를 좋아했다는 사실입니다. 이 두 가지 원인은 인과 관계가 있습니다. 조식이 "매번 만날 때마다 어려운 문제를 물으면 빨리 대답했다"라는 기록을 보면 됩니다. 당연히 조조에게 "특별한 총애를 받을 수밖에 없었"던 것이지요. 그러나 저는 오히려 이 두 가지 이유가 조조가 조식을 후계자로 세우지 못하도록 한 요인이 됐다고 생각합니다.

먼저 조식에 대한 총애와 관련해 말하겠습니다. 조조가 조식을 좋아한 것은 진실이었습니다. 그러나 그렇기 때문에 오히려 그를 후계자로 세울 수가 없었습니다. 왜 그랬을까요? 후계자를 세우는 방법에는 역대로 네 가지가 있었습니다. 우선 적자를 세우는 방법입니다. 그다음이 장자를 세우는 것입니다. 이어 현명한 아들을 세우는 것과 사랑하는 아들을 세우는 방법이 또 있었습니다. 전통적 관념을 따르면 제일 취하기 좋은 방법이 바로 적자를 세우는 것입니다. 정확히 말하면 적장자를 세우는 것입니다.

만약 어느 아들이 적자(정실이 낳은)이자 장자(연령이 제일 많은)라고 합시다. 이 경우 그를 후계자로 세우는 것은 전혀 문제가 없습니다. 만약 장자이지만 적자가 아니고(서자이고) 적자이지만 장자가 아니라면(둘째라면) 차라리 나이가 적은 적자를 세우지 장자인 서자를 세우지 않았습니다. 이것이 바로 '적자를 후계자로 세우지 장자를 후계자로 세우지는 않는다'라는 원칙입니다. 따라서 적자가 두 명 이상이거나 적자가 없이 모두 서자라면 연장자를 세웠습니다. 품행과 재능은 고려하지 않았습니다. '연장자로 후계자를 세우지 현명한 사람을 세우지는 않는다'는 원칙입니다. 물론 현명한 사람을 세우는 것이 절대 불가능한 것은 아닙니다. 현명한 사람을 세우는 것도 나름의 도리가 있기 때문입니다. 어진 군주를 세우는 것이 국가와 국민에게 모두 좋은 결과를 낳게 됩니다. 모두가 받아들일 수 있었던 것입니다. 그러나 최대한 취해서는 안 되는 방법도 있었습니다. 그것이 바로 사랑하는 아들을 세우는 것이었습니다. 이것은 어찌보면 완전히 결정권자의 취향에 따라 생각없이 후계자를 정하는 방법이라 할 수 있습니다. 저항과 견제를 받지 않을 수 없었습니다. 정리하자면 태자를 세우는 방법은 다음과 같다고 하겠습니다. 먼저 적자를 고려하고 그다음은 연장자와 현명한 아들, 마지막으로 사랑하는 아들을 생각하는 것입니다. 때문에 조비를 택하는 것은 적자를 세우는 것에다 연장자를 세우는 것이기도 했습니다. 이에 반해 조식을 택하는 것은 사랑하는 아들을 세우는 것이었습니다. 조조가 누구를 세우려 했을지 여러분도 한번 생각해보십시오. 맞습니다. 원래 조조는 규칙을 잘 지키지 않는 사람으로 유명합니다. 어떤 때에는 상대방의 패를 보고 패를 내는 도박판의 기본 원칙조차도 따르지 않았습니다. 그럼에도 조조가 '사랑하는 아들을 세웠다'는 오명까지 뒤집어쓸 필요는 없었습니다. 더구나 조조는 결코 조식 하나만 사랑한 것이 아니었습니다.

아마도 어떤 사람은 조조가 조식을 택하려고 한 것은 '사랑하는 아들을 세우는 것'이 아니라 '현명한 아들을 세우는 것'이라고 말할지도 모릅니다. 조조는 실제 '누구나 재능만 있으면 등용한다'라는 원칙을 주창한 인물이었습니다. 어떻게 조조 같은 위인이 전통적인 관념의 속박을 받겠습니까? 당연히 제일 재능이 있는 조식을 세울 수 있었을 것입니다. 이 견해는 그럴 듯해 보이나 사실 그렇지 않습니다. 실제로 조식은 매우 재주가 있는 사람이었습니다. 어려서부터 재주 있는 소년으로서 싹수를 보였습니다. 『삼국지』「조식전」에 의하면 그는 아주 어렸을 때부터 글을 썼습니다. 어느 날 조조가 그의 작품을 읽고 매우 놀랐습니다. 그는 즉각 아들에게 다른 사람에게 부탁해 쓴 것이 아니냐고 물었습니다. 조식이 이에 "입만 열면 경론經論이고 붓을 움직이면 명문이라는 말이 있습니다. 얼굴을 맞대고 물어보면 바로 알 수 있을 텐데 어떻게 대필을 시키겠습니까?"라고 대답했습니다. 그 후 유명한 동작대(銅雀臺, 조조가 업鄴의 북서쪽에 세운 누각. 구리로 만든 봉황으로 지붕을 장식해 이런 이름이 붙었음―옮긴이)가 세워졌습니다. 조조는 모든 아들에게 대에 올라 부賦를 짓도록 했습니다. 조식이 "붓을 들어 바로 글을 썼는데, 정말 대단했고, 조조가 놀랄 정도였다"고 합니다. 그의 글재주가 얼마나 뛰어난 것인가를 말해주는 이야기입니다.

그러나 진짜 문제는 태자를 뽑는 것이었습니다. 작가협회 회장을 뽑는 것이 아니었습니다. 그저 글을 얼마나 잘 쓰는지 여부가 기준이 될 수 없었습니다. 정치적 재능이 어느 정도인지를 봐야 했습니다. 조조는 정치적 역량의 측면에서 조식을 면밀히 관찰했습니다. 아울러 그에게 큰 기대를 했습니다. 건안 19년(서기 214년) 조조가 손권을 정벌하려고 할 때였습니다. 그는 조식을 남겨 업성을 지키게 했습니다. 조조는 그에게 "아비가 돈구령頓丘令을 한 그때의 나이가 23세에 지나지 않았다. 지금 돌이켜보건대 어떤 후회될 만한 일이 없었다. 네가 올해 딱 23세가 아니더냐. 알아서 잘하도록 해라!"고 간곡하게 당부했습니다. 그렇다면 조식의 실제 능력은 어땠을까요? 『삼국지』「조식전」은 이에 대해 말하지 않고 있습니다. 하지만 분명히 좋았다고 봐야 합니다. 그렇기 때문에 '여러 차례나 태자로 봉해질 뻔했다'는 기록이 나오게 된 것입니다. 그러나 시간이 흐르면서 능력을 의심받는 일처리가 많아졌고, 결론적으로 조조의 총애를 잃었습니다.

그런데 조식과 관련해 분명 여러 가지 면에서 의문이 생깁니다. 첫째, 조식이 뒤에 남아 업성을 지킬 때 일을 정말 기가 막히게 잘 처리했을까 하는 의문이 듭니다. 만약 그러했다면 사서에는 왜 이에 대한 기록이 없을까요? 둘째, 조식은 처음에는 능력이 뛰어난 듯 보였는데, 왜 나중에는 그 능력을 의심받았을까요? 애석하게도 『삼국지』는 이 문제에 대해 모호하게 기록하고 있습니다. 그저 자세히 이야기하지 않은 것만이 아니라 훨씬 더 나가 더듬거린다는 느낌까지 줍니다. 뭔가를 피하는 것이 아닌가 하는 생각을 할 정도입니다. 그러나 저는 조식이 정치적으로 뛰어난 능력을 보였다면 그것은 숨기기 어려웠을 것이라고 생각합니다. 사실 조식이 세상을 깜짝 놀라게 할 큰일을 하는 것은 아마도 불가능했을 것입니다. 첫째, 아버지 조조가 너무 강했습니다. 전쟁터에 나가 공을 세운 조창을 제외하고는 아들들이 무슨 성과를 올리기가 어려웠던 것입니다. 둘째, 조식은 정치적으로 그다지 성숙한 사람 같지 않습니다. 『삼국지』「조식전」을 다시 볼 필요가 있습니다. 조비가 후계자 쟁탈전에 성공하고 조식이 총애를 잃은 원인에 대해 춘추필법(객관적 시각에서 엄격하게 기록하는 필법-옮긴이)으로 기록하고 있으니까요. 그 기록에 따르면 "조식은 일하는 것이 제멋대로였고, 자신에게 엄격하지도 않았다. 음주 역시 절제하지 않았다"라는 내용이 있습니다. 그에 반해 조비는 "마음속 계산을 통해 사람을 대하고 감정을 억제하면서 자신을 꾸밀 줄 알았다. 궁중의 많은 주변 사람들이 모두 그를 위해 좋은 말을 했다"라고 기록돼 있습니다. 바꿔 말해 조비는 그럴듯하게 자신을 꾸밀 줄 알았습니다. 감정을 억제할 줄도 알았습니다. 당연히 주위의 인심을 샀습니다. 조조는 결국 조비가 대를 잇도록 결정했습니다.

이런 까닭에 후세의 많은 사람들은 조식을 동정했습니다. 조비를 동정하지는 않았습니다. 오히려 경멸했습니다. 우리가 보기에는 '제멋대로 하는 것'이 '감정을 억제하면서 자신을 꾸밀 줄 아는 것'보다 훨씬 사랑스럽습니다. 그것은 조금도 의심할 바 없는 사실입니다. 반면 '감정을 억제하면서 자신을 꾸밀 줄 아는 것'은 그저 사랑스럽지 않은 것만이 아니라 겁나는 일입니다. 그러나 이것은 우리의 생각이지 조조의 생각은 달랐습니다. 조조는 이때 '누가 제일 사랑스러운 사람'인지를 평가해 후계자로 삼으려는 것이 절대로 아니었습니다. 그는 '누가 제일 믿을 만한 사람'인가를 고려했던 것입니다. 어떤 방면에서 제일 믿음직스러워야 했을까요? 정치적으로 믿을 만해야 했습니다. 정치적으로 믿을 만하다는 것은 무슨 뜻일까요? 조위曹魏의 정권이 대대손손 이어지도록 보장할 수 있어야 하는 것이었습니다. 이렇게 하기 위해서는 후계자 후보들의 '성

**조식 문집** 조식은 재주가 뛰어났고, 조조가 매우 아끼는 아들이었다. 후계자 쟁탈전에서 조비의 강력한 라이벌이 된 까닭이다. 특히 그는 빼어난 문장가였다. 하지만 결정적으로 정치적 판단 능력은 조비에게 뒤졌다. 작가협회 회장을 뽑는 것이 아닌 이상, 조비가 후계자로 정해진 것은 당연했다.

격'보다는 '마음속의 계산'을 잘 봐야 했습니다. 한마디로 분별력이 떨어지는 사람을 조위 정권의 후계자로 선발해서는 안 됐습니다. '제멋대로 하는 것' 역시 정치가가 갖춰야 할 자질은 아니었습니다. 어떤 사람은 이에 대해 조조가 '감정에 충실한 사람'으로 조식의 '제멋대로' 기질이 그와 아주 닮은 것이라고 말합니다. 맞습니다. 조조는 확실히 '감정에 충실한 사람'이었습니다. 그러나 우리는 그가 '교활하고 간사'한 성격적 특징도 가지고 있었다는 사실을 잊어서는 안 됩니다. 그의 두 아들 중 하나는 확실히 그의 이 '교활하고 간사'한 성격을 닮았습니다. 또 다른 하나는 그의 '제멋대로인 솔직담백'한 특징을 그대로 물려받았다고 할 수 있겠습니다. 곰발바닥 요리와 생선 요리를 동시에 얻을 수 없다는 『맹자』의 구절이 딱 들어맞는 경우가 아닌가 싶습니다. 조조는 바로 이 때문에 두 아들 모두에게 '의심'의 눈길을 보낸 것입니다. 그러나 어쨌든 조조는 수없이 갈등을 거듭하다 드디어 결정을 내렸습니다. 결과는 이성이 감성보다 우위를 차지했습니다. 당시는 천하가 결코 태평하지 않았습니다. 조위 정권 역시 앞뒤로 적의 공격을 받았습니다. 조조로서는 마음속 계산을 할 줄 아는 사람을 뽑는 편이 분명히 마음이 더 놓였을 것입니다. 장쭤야오 선생은 『조조평전』에서 "나라를 통치한다는 큰 틀에서 고려해볼 때 조식은 확실히 조비보다 못했다"고 주장했습니다. 저는 이 결론이 맞다고 생각합니다.

사실 재능의 차원을 고려해보더라도 조식보다는 조비를 선택하는 것이 옳았을 것으로 판단됩니다. 변부인의 세 아들인 조비·조창·조식은 모두 재능이 있었습니다. 그러나 재능의 방향은 모두 달랐습니다. 진수는 조창에 대해 "무예가 뛰어나고 장군의 기질이 있었다"고 묘사했습니다. 조식에 대해서는 "글재주가 뛰어나 충분히 후배 세대들에게도 모범이 될 만한 수준의 능력을 갖췄다"고 평가했습니다. 말하자면 한 명은 글이 뛰어났고 한 명은 전형적인 무인이었다고 하겠습니다. 이에 반해 조비는 문무를 모두 겸비했습니다. 조비는 당시 이미 저명한 시인이었습니다. 조조, 조식과 함께 이른바 '3조'로 불렸습니다. 당연히 조비의 시는 '3조'의 다른 두 사람, 아버지와 동생의 그것보다는 못했습니다. 그러나 문학사에서 조비의 지위는 결코 낮지 않습니다. 우선 그는 창조적이었습니다. 작품「연가행燕歌行」은 칠언시의 비조로 인정받고 있을 정도입니다. 또한 이론에도 뛰어났습니다. 예컨대 그의『전론典論』「논문論文」은 중국 문학비평사의 최고 경전으로 불리고 있습니다. 루쉰魯迅 선생이 문학사에 대해 말할 때마다 위진魏晉 시대를 "조비의 시대"로 부른 것은 다 그래서였습니다. "문학의 자각(정치나 종교 등으로부터 분리된 문학 자체의 중요성을 인식하는 것. 후한後漢 때부터 본격 대두되기 시작함—옮긴이)" 정신을 대표한다고 인정한 것도 같은 맥락에 있습니다. 한 사람이 무려 두 "시대의 획을 긋는 데" 혁혁한 공헌을 세운 것입니다. 조비는 확실히 그럴 만한 사람이었습니다.

조비는 무공도 대단했습니다. 마술과 검술 모두 일류로 불릴 만했습니다. 말을 탄 자세에서 활을 쏘는 실력이 우선 대단했습니다. "사냥감을 쫓으면 십 리를 달렸고 말을 탄 자세에서 활을 쏘면 보통 백 보 너머의 목표물까지 맞췄다"는 말은 절대 과언이 아니었습니다. 검술 역시 상당한 수준이었습니다. 당시 무림의 고수와 실력을 겨뤄도 될 정도였습니다.『전론』「자서自敍」에는 그의 검술 실력을 확실하게 보여주는 기록이 있습니다. 사탕수수로 만든 칼로 분위奮威장군 등전鄧展과 검술을 겨뤄 가볍게 물리쳤다는 기록이 그것입니다. 그러므로 조식이 대단한 재능이 있었다고 해서 조비가 무능하다고 말해서는 절대로 안 됩니다. 그보다는 오히려 조창이나 조식과 비교해 여러 방면에서 훨씬 더 다양한 재주를 가지고 있었다는 사실을 인정해야 할 것 같습니다.

조비에게는 결정적인 이점도 있었습니다. 가장 나이 많은 연장자라는 사실이었습니다. 적자에 연장자를 후계자로 세우는 것은 당시의 전통이

자 규칙이었습니다. 그러한 전통은 고황제高皇帝 유방조차도 무시할 수 없었습니다. 조조가 주변에 물었을 때 대부분의 의견이 조비 쪽으로 기울었습니다. 『삼국지』의 「최염전」, 「모개전」, 「형옹전邢顒傳」, 「가후전」에는 모두 그와 같은 의견이 실려 있습니다. 이중 최염의 의견은 우리가 이미 앞 강의에서 언급했습니다. 모개와 형옹의 태도 역시 아주 분명했습니다. 모두 연장자를 후계자로 세우는 것이 어겨서는 안 되는 원칙이라고 생각했습니다. 그들은 적자와 서자를 구분하지 않으면 후환이 끝이 없다는 사실을 하나같이 잘 안 것입니다. 특히 모개는 원소의 교훈까지 언급했습니다. 제일 재미있었던 사람은 가후였습니다. 조조는 일찍이 가후에게 누구를 후계자로 뽑는 것이 제일 적합하냐고 사적으로 물은 적이 있습니다. 가후는 한마디도 대답하지 않았습니다. 조조는 이에 "내가 사랑하는 경에게 물었소. 그대는 어떻게 말을 하지 않소?"라고 물었습니다. 가후는 "마침 어떤 일을 생각하고 있었습니다"라고 의미심장하게 대답했습니다. 조조가 "무슨 일을 생각하시오?"라고 다시 물었습니다. 가후는 "원소와 유표의 일을 생각했습니다. 우리는 원소와 유표가 모두 어린 아들을 세우고 연장자를 세우지 않은 탓에 내부의 분열에 직면해서 스스로 자멸했다는 사실을 압니다"라고 대답했습니다. 조조는 당연히 그 말을 이해했습니다. 결국 조조는 조비를 후계자로 정했습니다. 사서의 기록에도 "태조가 크게 웃으면서 마침내 태자를 정했다"라는 내용이 있습니다.

사실 조조가 조비를 후계자로 정하겠다는 생각이 없었던 것은 아니었습니다. 건안 16년(서기 211년)에 조식을 포함한 조조의 여러 아들이 모두 후에 봉해졌습니다. 그에 반해 조비는 아무 작위에도 봉해지지 않았습니다. 그저 오관중랑장에 임명됐을 뿐이었습니다. 그러고는 "아래 직속 관리를 두고 승상을 보좌하게" 했습니다. 오관중랑장은 그다지 높지 않은 관직입니다. 궁정 시위대의 분대장에 지나지 않았습니다. 아래에 직속 관리를 둘

자격이 없었습니다. 더군다나 승상을 보좌할 수는 더욱 없었습니다. 그러나 그렇게 했습니다. 조조의 이런 조치는 요즘 말로 하면 '직위가 낮은 자에게 막강한 권력을 부여'하는 것이었습니다. 직위는 낮았으나 지위는 높았고 권력이 대단했다고 하겠습니다. 어떻게 보면 중랑장이 만호후보다 훨씬 더 나았다고 할 수 있습니다. 조조가 조비를 다른 아들들과 구별해 특별대우한 것이었습니다. 그래서 건안 22년(서기 217년) 10월, 조조는 태자를 세우면서 「고자문告子文」을 발포해 이렇게 공언하게 됩니다.

"너희들 모두는 후의 작위에 봉해졌다. 그러나 자환(子桓, 조비를 일컬음―옮긴이)은 후에 봉하지 않고, 오관중랑장으로 임명했다. 이것은 바로 태자를 의미한다는 사실을 알아야 한다."

마음속의 계산에 능하고 문무를 모두 겸비한 점, 연장자라는 세 가지 조건이 바로 조비가 최종적으로 조조의 낙점을 받은 중요한 원인이라고 말할 수 있습니다.

### 조비 승리의 일등공신, 오질

조비의 승리를 가능하게 한 또 다른 이유를 굳이 찾으라고 한다면 찾을 수도 있습니다. 그것은 주변 뛰어난 인물들의 적절한 조언이었습니다. 조비와 조식이 후계자 자리를 놓고 치열한 암투를 벌이고 있을 때 사실상 조조 집단의 내부에는 두 개의 작은 파벌이 있었습니다. 이른바 두 개의 정치 파벌이 형성됐다고 할 수 있습니다. 이중 한 파벌은 조비를 추대했습니다. 다른 파벌은 당연히 조식의 편이었습니다. 이에 대해서는 『삼국지』「가후전」의 기록이 잘 증명합니다. "각각의 파벌"이 있었다고 분명히 적고 있습니다. 적극적으로 자문해준 책사는 조식 쪽에 많았습니다. 정의

丁儀를 비롯해 정이丁廙와 양수가 있었습니다. 조비 쪽에는 오로지 오질吳質만이 중요하게 거론되는 인물이었습니다. 애석하게도 정의를 비롯해 정이, 양수, 이 '보잘것없는 세 사람'은 '제갈량'의 상대는커녕 오질에게도 제대로 대응하지 못했습니다.

오질은 자가 계중季重이고, 제음(濟陰, 지금의 산둥성 딩타오定陶) 사람입니다. 『삼국지』 「오질전」의 배송지 주에서 인용한 『위략』은 그에 대해 "재능과 학문이 두루 뛰어나" 조비와 제후들이 극진한 예로 대하면서도 좋아했다고 기록하고 있습니다. 오질은 그러나 조비와 조식의 후계자 쟁탈전에서 드러내놓고 조비를 지지했습니다. 그는 조비를 위해 승리할 수 있는 방법도 생각해냈습니다. 그것은 딱 두 가지였습니다. 첫째가 "성실함을 다하는 것"이었습니다. 둘째는 조조로 하여금 "의심하도록 만드는 것"이었습니다. 『삼국지』 「오질전」의 배송지 주에서 인용한 『세어』에는 이와 관련한 일화가 등장하고 있습니다. 조조가 출정에 나설 때였습니다. 조비와 조식은 모두 멀리까지 나가 아버지를 전송했습니다. 이때 조식은 '작은 총명'을 과시하기라도 하려는 듯 부친의 공적과 은덕을 찬양했습니다. 말이 화려하고 듣기 좋았습니다. 주변에서도 모두들 아주 듣기 좋은 소리라고 생각했습니다. 조조의 마음 역시 매우 흡족했습니다. 하지만 조비는 그렇지 않았습니다. 기분도 좋지 않았습니다. 오질이 그때 나서서 그 어려운 상황을 역전시킬 기회를 만듭니다. 바로 귓속말로 조비에게 "이 상황에서 해야 할 일은 오로지 눈물을 흘리는 것입니다"라고 말합니다. 조비는 오질의 절묘한 계책에 따라 "눈물을 흘리면서 이별"했습니다. 우는 모습도 그야말로 천지를 감동시킬 정도로 처절했습니다. 조조와 주위의 다른 사람들 역시 그를 따라 눈물을 흘릴 수밖에 없었습니다. 결과는 미뤄 짐작할 수 있겠지요. 조조는 완전히 감동을 받습니다. 주위의 다른 사람들도 '조식의 말은 매우 화려하나 성실한 마음은 조비에게 못 미치는 것 같다'라고 생각하게 됐습니다. 오질은 정말 자신의 이름에 부끄럽지 않았습니다(오질의 이름 질質은 질박하다, 소박하다는 뜻이 있음—옮긴이). 제일 간단하고 소박하면서도 원가가 가장 낮은 방법으로 조식을 이긴 것입니다.

오질은 이처럼 대단한 사람이었습니다. 자연히 조식 측에서 견제하지 않으면 안 되는 눈엣가시가 돼버리고 말았습니다. 오질의 행보도 각별히 주목받게 됐습니다. 『삼국지』「조식전」의 배송지 주에서 인용한 『세어』에는 당시의 상황을 설명하는 내용의 글이 나옵니다. 한 번은 조비가 허름한 '대나무 광주리'에 오질을 몰래 숨겨 집으로 들어오도록 했습니다. 조식에게 대응할 수단을 그와 모의하기 위해서였습니다. 이 움직임은 바로 양수에게 포착됐습니다. 즉각 조조에게도 보고됐습니다. 그러나 조사하기에는 때가 이미 늦었습니다. 하지만 조비는 긴장했습니다. 그래서 오질에게 어떻게 해야 하느냐고 물었습니다. 오질은 "무엇이 두렵습니까? 지금처럼 하면 됩니다"라고 대수롭지 않게 말했습니다. 며칠이 지났습니다. 조비는 다시 '대나무 광주리'를 집으로 운반해 들였습니다. 양수는 조조에게 다시 보고했습니다. 조조는 이번에는 사람을 보내 조사했습니다. 그러나 개봉해보니 별것 아니었습니다. 안에 담긴 것은 오질이 아니라 비단이었습니다. 이 일의 결과는 "태조는 이로 인해 의심을 하기 시작했다"는 기록이 잘 말해줍니다. 조조가 뭘 의심했겠습니까? 조식과 양수 등이 조비를 모함하기 위한 음모를 꾸민다고 의심한 것입니다.

오질의 전략은 성공했습니다. 왜 성공했을까요? 그는 조조를 꿰뚫어보고 있었습니다. 오질은 우선 조조가 비록 인재를 중용하는 스타일이기는 하나 정을 훨씬 더 중요하게 여긴다는 사실을 알았습니다. 그래서 조비로 하여금 성실한 모습을 보이도록 했습니다. 그는 조조가 의심이 많은 사람이라는 사실도 잘 알고 있었습니다. 원래 사람은 총명할수록 의심이 많아지는 법입니다. 조조처럼 말입니다. 조조가 의심하도록 만드는 전략을 세운 이유입니다. 오질에 비하면 양수는 수준 차이가 좀 납니다. 그는 항상 작은 총명으로 큰 영양가가 없는 잔꾀만 생각해냈습니다. 우리는 이미 앞의 강의에서 양수가 조조의 생각을 추측하는 것을 좋아했다고 말한 바 있습니다. 애석하게도 그는 눈치가 빠르고 추측에 능했지 조조의 깊숙한 속마음을 '정확히' 알아내 행동으로 옮기지는 못했습니다. 『삼국지』「조식전」의 배송지 주에서 인용한 『세어』를 들여다보면 잘 알 수 있습니다. 이에 따르면 양수는 종종 자신이 조조에게 했던 것처럼 조식을 대신해 많은 질문을 예상하고, 모범 답안을 미리 준비해놓고 있었습니다. 그래서 매번 조조가 문제가 생겨 물어보면 바로 미리 준비해놓은 적당한 답을 가지고 가도록 했습니다. 조조에게 '재치 있는 생각이 매우 민첩하다'는 인상을 주려고 한 것이었습니다. 그러나 양수의 일처리는 치밀하지 못했습니다. 타이밍을 잘 맞추지 못한 것입니다. "질문이 나가자마자 답이 바로 돌아왔다"라는 기록이 말해주듯 대응이 너무나 빨랐습니다. 결과적으로 조조는 의심을 품게 됐습니다. 아무리 조식이 똑똑해도 그렇지 "이렇게 빠를 수는 없다"는 것이 조조의 생각이었습니다. 그는 사람을 보내 상황을 조사하게 했습니다. 진상은 곧 밝혀졌습니다. 이때부터 조조는 조식에 대해 다시 생각하게 됐습니다. 양수에 대해서는 극도의 혐오감을 가지게 됐지요.

더구나 양수의 예상이나 대처 자체도 모두 정확한 것은 아니었습니다. 『삼국지』「조식전」의 배송지 주에서 인용한 『세어』를 보면 일목요연해집니다. 한번은 조조가 조비와 조식 형제에게 각각 업성의 성문 밖으로 나가 일을 보도록 명령했습니다. 수문장에게는 통행을 허가하지 말라는 은밀한 명을 미리 내렸습니다. 양수는 조조가 반드시 이런 시험을 낼 것이라는 것을 알고 있었습니다. 그는 미리 조식에게 "수문장이 못 나가게 할 가능성이 있습니다. 만약 그렇게 하면 공은 왕명을 받은 몸이니 그를 죽여도 됩니다"라고 조언을 했습니다. 이 결과 조식은 성을 나갈 수 있었습니다. 반면 조비는 나가지 못했습니다. 조조의 이런 시험은 두 아들에 대한 종합적이고 면밀한 관찰을 위한 것이었습니다. 능력뿐 아니라 덕에 대한 관찰이기도 했습니다. 조식은 외견상 이 시합에서 이겼습니다. 그러나 두 아들이 조조에게 남긴 인상은 확연하게 달랐습니다. 조비는 어질고 너그러운 사람으로 비춰졌습니다. 반면 조식은 잔인하다는 인상을 줬습니다. 실제로는 조식이 시합에서 지게 된 것이죠. 양수는 하나는 알았으나 둘은 몰랐습니다. 멀리 내다보는 안목이 모자랐습니다. 식견 자체도 깊지 못했습니다. 그가 '작은 총명'으로 불리어야 하는 이유입니다. 당연히 작은 총명의 양수가 '큰 총명'의 오질을 이길 수 없었습니다. 더구나 조비에게는 주위의 책사가 오로지 오질 한 명이었습니다. 그러나 조식은 휘하의 책사들을 규합해서 파당까지 형성했습니다. 조조로서는 그것도 못마땅했습니다.

오질이 양수보다 한 수 높았는지는 모르나, 오질보다 한 수 위에 있는 인물이 있었으니, 그가 바로 가후입니다. 오질이 조비에게 가르쳐준 것은 '술수'였으나 가후가 일러준 것은 '도리'였기 때문입니다. 『삼국지』「가후전」에 따르면 조비는 일찍이 가후에게 사람을 보내 "어떻게 해야 내 지위를 보전할 수 있겠습니까?"라고 물었습니다. 가후의 답은 아주 담담했습니다.

우선 공은 도덕을 널리 드날리고 기상과 도량을 배양하십시오. 그다음 선비로서의 책임과 의무를 실천하면서 근면 성실하도록 노력하십시오. 마지막으로 쉴 줄 모를 정도로 부지런하고 효도에 위배되는 일도 하지 마시기 바랍니다. 그러면 됩니다.

보통 사람이 보기에 이 말은 지극히 상투적으로 들립니다. 그러나 가장 정확하고 가치 있는 말이었습니다. 가후는 그야말로 근본을 말했던 것입니다. 사실 모든 것은 사람 됨됨이에 달려 있습니다. 우리도 마찬가지입니다. 노동을 하든, 관리 노릇을 하든, 장사를 하든, 공부를 하든, 모든 것이 다 그렇습니다. 사람 됨됨이를 갖추고 있다면 다른 일에서도 성공하게 돼 있습니다. 그렇지 않고 뭔가를 이룬다면 그것은 그저 한때의 목적을 달성하는 것에 불과할 따름입니다. 이 말만 놓고 보면 가후는 정말 뛰어난 사람이었습니다. 저는 이전에 제갈량은 '큰 지혜', 가후는 '작은 총명'이라고 말한 적이 있습니다. 제갈량의 총명과 재능, 지혜는 나라를 다스리는 데 쓰였지만 가후의 그것들은 권모술수에 사용됐기 때문입니다. 그러나 '보잘것없는 세 사람(양수·오질·가후)'을 놓고 보면 가후 외에는 '큰 지혜'로 불릴 만한 사람이 없습니다.

**가후** 가후는 삼국사에서 가장 총명한 사람이라 할 수 있다. 그는 무엇보다 인간의 본성을 꿰뚫어보는 능력이 있었다. 자기 자신에 대해 잘 알았고, 상대방의 마음을 읽는 데 능했다. 그가 내놓는 계책이나 정세 판단이 대부분 옳았던 것은 바로 그 때문이다.

아무튼 조비는 가후의 가르침에 따라 자신을 연마했습니다. 급기야는 조조의 신임도 얻었습니다. 조비는 그러나 가후의 각별한 주의에도 불구하고 자신의 여우 꼬리를 드러내기도 했습니다. 『삼국지』「신비전 辛毗傳」의 배송지 주에서 인용한 『세어』를 참고해보는 것이 좋을 것 같습니다. 이에 따르면 조비는 태자에 봉해졌을 때 자신의 감정을 억제하지 못했습니다. 의랑議郞 신비의 목을 끌어안고 "신공, 신공! 그대는 내가 얼마나 기쁜지 아는가?"라고 감격스러워 했던 것입니다. 이 행동은 당시 사람들에게는 그저 소인배가 뜻을 이뤄 기뻐한 정도로밖에는 여겨지지 않았습니다. 품위가 없었습니다. 오히려 다른 두 여자가 피력한 소회가 훨씬 냉철하고, 이성적이면서 차분했습니다. 두 여인 중 한 명은 조비의 모친 변부인이었습니다. 이에 대한 이야기는 『삼국지 강의』 11강 「모든 내는 바다로 흐른다」편에서 이미 말한 바 있습니다. 다른 한 명은 신비의 딸 헌영憲英이었습니다. 당시 신비는 집으로 돌아가 조비가 환호작약하던 모습을 헌영에게 말했습니다. 헌영은 이에 크게 한탄하면서 꼬집어 말합니다.

"태자가 어떻게 그럴 수가 있습니까. 태자가 뭡니까? 태자는 군주를 이어 국가를 다스려야 하는 사람입니다. 군주의 자리를 잇게 되면 비통하다고 느껴야 합니다(아버지나 형이 세상을 떠난 것을 의미하기 때문). 국가를 다스리게 된 것도 두려워해야 합니다(책임이 막중함을 의미하기 때문). 비통해하고 두려워해야 함에도 오히려 기뻐 어쩔 줄을 모르니 얼마나 오래갈 수 있겠습니까? 위나라가 번창하지 못하고 오래가지 못할까 두렵습니다."

### 조위 정권의 딜레마, 구품중정제

결과적으로 불행히도 정말 헌영의 말은 적중했습니다. 조비는 건안 22년(서기 217년) 10월 태자에 올랐습니다. 왕위를 계승한 것은 건안 25년(서기 220년) 정월이었습니다. 또 같은 해 10월에는 한나라 헌제를 협박해 양위를 이끌어냈습니다. 그는 이후 6년 동안 황제의 자리에 있다 황초黃初 7년(서기 226년)에 사망했습니다. 향년 40세였습니다. 이어 위나라는 조비가 사망한 지 정확하게 45년 만인 무제武帝 태시泰始 원년(서기 265년)에 역사 속으로 사라졌습니다.

위나라가 단명한 원인은 물론 조비가 너무나 자만해 자신의 처지를 망각한 데 있지 않았습니다. 문제는 제도에 있었습니다. 이와 관련해 우리가 반드시 지적해야 할 것이 하나 있습니다. 그것은 조비가 '한나라 찬탈'에 성공한 요인 중 하나가 바로 '구품중정제(九品中正制, 모든 관직을 1품에서 9품까지 나눈 것으로 이후 동양권 관료제의 효시가 됐음—옮긴이)'의 실행에 있었다는 사실입니다. 이른바 '구품중정제'는 사대부가 관리 사회를 독점하는 제도였습니다. 조비는 이를 조건으로 내걸어 선비, 즉 사족士族의 광범위한 지지를 얻었던 것입니다. 그러나 성공과 실패는 모두 사람에게 달려 있다는 말이 있습니다. 위나라는 애석하게도 바로 이 사대부의 손에 의해 멸망의 길로 내몰렸습니다. 유비의 촉한 정권은 이와 반대였습니다. 그들은 한나라 초기의 제도에 손을 대지 않고, 구품중정제를 실시하지 않았습니다. 그러다가 결국 사족의 지지를 받지 못해 멸망했습니다. 결론적으로 구품중정제는 위나라가 멸망한 원인과 촉나라가 멸망한 원인을 제공하는 중요한 제도라 할 수 있습니다.

그러나 이 문제에 대해서는 이쯤으로 하고, 삼국의 정세로 되돌아가 손권과 유비를 살펴봐야 할 때가 됐습니다. 적벽대전 이후의 유비와 손권은 과연 어떠했을까요? 그들은 어떻게 자기들의 장대한 꿈을 키워나갔을까요? 이 과정에서 그 둘은 처음처럼 공고한 연맹을 통해 조조에게 공동으로 대항할 수 있었을까요?

## 31강 乘虛而入

# 빈틈을 타고 들어오다

적벽대전 후 형주를 세 등분한 조조와 유비, 손권은 모두 다음 쟁탈 목표로 익주를 눈독에 들였다. 그러나 최후의 승자는 유비였다. 그렇다면 유비는 어떻게 이 쟁탈전에서 이길 수 있었을까? 조조와 손권은 왜 익주를 얻지 못했을까? 원래 익주를 근거지로 삼고 있던 유장은 왜 자신의 소중한 땅을 잃었을까?

　　적벽대전 후 유비는 일련의 전쟁과 홍정을 통해 무릉(武陵, 행정 중심은 지금의 창더常德에 있었음)과 장사(長沙, 행정 중심은 지금의 창사長沙에 있었음), 계양(桂陽, 행정 중심은 지금의 천저우郴州에 있었음), 영릉(零陵, 행정 중심은 지금의 링링零陵에 있었음) 등의 강남 4군과 남군南郡의 절반을 손에 넣었습니다. 이어 스스로 형주의 목을 자임했습니다. 이때 손권은 서쪽으로는 이릉(夷陵, 지금의 후베이성 이창宜昌), 동쪽으로는 심양(尋陽, 지금의 장시성江西省 주장九江)에 이르는 장강長江 방어선을 완전히 장악하고 있었습니다. 아울러 강하군江夏郡도 손에 넣고 있었습니다. 이는 주유가 강릉江陵을 공격하여 함락했기 때문에 가능했습니다. 조조 역시 만만치 않았습니다. 비록 북쪽으로 돌아가기는 했으나 여전히 남양군南陽郡과 양양襄陽을 중심으로 남군의 나머지 절반을 차지하고 있었습니다. 한마디로 조조를 비롯한 유비, 손권 등이 형주를 정확하게 세 등분하고 있었다고 할 수 있습니다.

그 누구도 나머지 두 명보다 우위를 차지하지 못했던 것입니다. 그래서 이들은 너나 할 것 없이 모두 익주를 차지할 생각을 하기 시작했습니다.

익주는 한중·광한廣漢·파군·촉군 등을 포함하고 있었습니다. 동한에서 제일 큰 두 주의 하나였습니다. 뿐만 아니었습니다. '옥야천리 천부지국(沃野千里 天府之國, 비옥한 토지가 천 리에 이르고 천연자원이 풍부한 땅이라는 뜻. 지금의 쓰촨성을 일컬음—옮긴이)'이라 불릴 만큼 황금 같은 땅이었습니다. 게다가 주인인 유장은 기본적으로 능력이 부족해 땅을 지킬 수가 없었습니다. 호랑이와 이리들이 서로 먹기 위해 다투는 순한 양의 꼴이라 할 수 있었습니다. 싸움의 결과는 유비의 승리로 돌아갔습니다. 손권과 조조는 빈손을 털어야 했습니다. 이로써 삼국정립의 형세가 비로소 모양을 갖추기 시작했습니다. 우리는 원래 유비가 세 명 중 제일 약했다는 사실을 잘 알고 있습니다. 더구나 그가 점령한 형주 4군은 당시에도 제일 가난한 지역이었습니다. 그런데 어떻게 제일 강한 자가 익주를 얻지 못하고, 가장 약자에게 그 땅을 내줬을까요? 도대체 왜 그랬을까요?

### 유비가 익주를 차지한 이유 : 손권과의 수싸움에서 이기다

네 가지 이유가 있습니다.

첫째로 손권은 애초 그 땅을 취하기가 곤란했습니다. 손권이 촉을 취하는 데는 두 가지 방법이 있었습니다. 하나는 북상하여 안강安康을 경유해서 한중으로 들어가는 것이었습니다. 또 하나는 장강을 따라 남쪽 방향으로 서진하는 것이었습니다. 이 두 길은 그러나 실제로는 갈 수 없는 길이었습니다. 남쪽으로 가기 위해서는 유비의 근거지를 지나야 했습니다. 북쪽으로 가는 것도 그랬습니다. 조조가 반응을 보이지 않을 것이 너무나 분명했습니다(조조가 동맹을 맺지 않을 것이라는 이야기임—옮긴이). 고심 끝에 손권이 생각해낸 방법은 유비와 협력해 촉을 취하는 것이었습니다. 『삼국지』「선주전」에 의하면 당시 이미 손권의 매제(유비가 이때 이미 손권의 여동생을 부인으로 맞이했음—옮긴이)가 됐던 유비는 손권의 제안을 놓고 막료들과 상의를 하지 않을 수 없었습니다. 의견은 둘로 나뉘었습니다. 어떤 막료는 유비에게 흔쾌히 응해도 괜찮다고 했습니다. 그러면서 "어쨌든 손권이 우리의 근거지를 넘어 익주를 점령할 수는 없습니다. 익주는 우리의 것입니다"라고 자신만만해 했습니다. 그러나 은관殷觀이라는 막료는 그 의견에 동의하지 않았습니다.

"우리와 오가 연합해 촉을 공격하면 선봉에 서야 하는 것은 분명히 우리입니다. 그렇게 해서라도 익주를 얻으면 좋습니다. 그러나 만약 점령하지도 못하고, 오의 군대가 뒤에서 우리를 막으면 곤란해집니다. 진퇴양난의 곤경에 빠지게 됩니다."

은관의 말은 손권의 마음을 꿰뚫어본 것이었습니다. 연합해서 촉을 취하겠다고요? 그것은 유비를 형주에서 밀어내려는 계략이었습니다. 유비는 속지 않았습니다. 더군다나 유비는 손권과 연합해 촉을 취하는 데 성공한다는 확실한 보장이 있었다 해도 그 방법을 원하지 않았을 것입니다. 배송지의 주에서 인용한 『헌제춘추』는 당시 유비의 마음에 대해 "스스로 촉을 도모하기를 원했다"고 묘사하고 있습니다. 어떻게 손권과 동업을 할 수 있었겠습니까? 그러나 유비는 이때 손권의 제안을 대놓고 거절할 수는 없었습니다. 은관이 대신 이러한 대책을 내놓습니다.

"우리는 손권이 촉을 정벌하는 것을 지원할 수는 있습니다. 그러나 출병해서는 안 됩니다. 현재 우리가 새로 얻은 네 군의 정황이 안정되지 않아 함부로 병력을 움직일 수 없다고 말하면 됩니다. 이렇게 하면 감히 우리의 방어선을 넘어 자기들이 직접 촉을 공격하지는 못할 것입니다."

유비는 은관의 건의를 받아들였습니다. 손권은 과연 자신의 계획을 포기했습니다.

이것은 어디까지나 「선주전」의 견해입니다. 실제 상황은 아마도 이보다 조금 더 복잡했을 가능성이 큽니다. 「선주전」의 배송지 주에서 인용한 『헌제춘추』에 의하면 유비는 당시 손권에게 답장을 보내 촉을 취할 수 없는 이유 두 가지를 설명했습니다. 첫 번째 이유는 촉 지방의 백성이 부유하고 나라가 강력해서 방어는 쉽지만 공격하기는 매우 어렵다는 것이었습니다. 유비는 설사 오기吳起나 손무孫武가 와서 공략하더라도 점령하기 쉽지 않을 것이라고 부연 설명까지 했습니다. 두 번째 이유는 감당하기 어려운 대적 조조를 앞에 놓고 틈을 줘서는 안 된다는 것이었습니다. 즉 유비와 손권이 촉(유장) 및 한중(장로) 등과 연합해야 이전투구를 벌여서는 안 된다는 논리였습니다. 유비는 이어 "조조가 비록 마음이 음흉하고 본심을 헤아리기 어려운 간적이나 표면상으로는 천자를 받들고 있소. 명의상으로도 한의 신하이오. 정치적으로는 그 누구보다 우위에 있다고 하겠소. 혹자는 조조가 적벽대전에서 패한 후 이미 전도가 막막해 웅대한 이상과 포부가 없어졌다고 하나 사실은 전혀 그렇지 않소. 현재 조조는 '삼분된 천하의 둘을 보유'하고 있소. 나아가 '장차 전마에게 바닷가의 물을 먹이고 오회(吳會, 손권의 동오-옮긴이)에서 병력을 점검'할 준비(강남을 건널 준비를 가리킴-옮긴이)를 하고 있소. 어떻게 집에 앉아 늙기를 기다린다고 하겠소? 우리가 만약 유장이나 장로와 서로 죽이고 죽는다면 조조는 반드시 허를 타고 들어올 것이오. 그것은 장구한 계획이 아니오"라면서 계속 촉 정벌의 부당성을 역설했습니다.

손권도 이 전략에 넘어가지 않았습니다. 그는 즉각 분위장군 손유孫瑜를 보내 하구夏口에 주둔하도록 했습니다. 유비는 당연히 손유의 통과를 허락하지 않았습니다. 말하자면 강온 양면 정책을 같이 사용했다고 하겠습니다. 『삼국지』「노숙전」에 의하면 이때 유비는 손권에게 다시 편지를 써 다음과 같이 말했습니다.

나 유비와 유장은 모두 한의 종실이오. 마음을 합해 한 왕조를 위태로움에서 구하기를 간절히 원하고 있소. 현재 유장이 장군에게 죄를 지은 모양이오. 저는 매우 두려움을 느끼오. 원컨대 장군께서 그를 용서하기를 바라오. 다시 말하건대 익주를 탈취한다는 이야기는 저로서는 감히 들을 수 없는 말이오. 만약 장군이 진짜 유장을 용서하지 않는다면 저는 머리를 풀어 헤치고 산림에 은거할 수밖에 없소.

이런 대응은 확실히 외유내강의 전형적인 모습이었습니다. 그렇다고 유비가 손권의 조치에 상응하는 군사 행동을 전혀 하지 않은 것은 아니었습니다. 아니 오히려 더 확실하게 했습니다. 그는 우선 관우를 강릉에 파견해 주둔시켰습니다. 이어 장비를 자귀秭歸, 제갈량을 남군에 주둔하게 했습니다. 유비 자신은 잔릉孱陵에 주둔했습니다. 손권은 상황을 파악하고 손유를 철수시켰습니다. 그러나 유비는 손유가 떠나자마자 곧바로 익주를 공략할 생각을 구체화하기 시작했습니다. 결국 건안 16년(서기 211년)에 그는 군대를 이끌고 촉으로 공격해 들어갔습니다. 『삼국지』「노숙전」에 따르면 손권은 이 소식을 듣고 몹시 화가 나 "유비 이 교활한 놈, 감히 속임수를 쓰다니!"라고 하면서 욕을 퍼부었다고 합니다.

손권이 이렇게 말한 것은 그의 입장에서 보면 일견 타당한 것 같기도 합니다. 유비의 입장에서 봐도 마찬가지입니다. "전쟁에서는 적을 속여도 좋다"라는 것은 불문율이라고 할 수 있습니다. 솔직히 전쟁에서는 정의나 신용이 있고 없고는 전혀 고려의 대상이 되지 않습니다. 여러분도 한번 생각해보세요. 익주를 손권은 점령해도 되고 유비는 점령하면 안 된다고 말할 수 있겠습니까?

## 유비가 익주를 차지한 이유 : 유장의 무능함

어쨌든 익주를 점령하는 것이 손권에게는 아주 어려운 일이었던 반면 유비에게는 비교적 손쉬운 일이었습니다. 그러나 유비가 손권보다는 익주를 취하기가 편했다 해도 그곳에도 사람은 있었습니다. 유비가 어떻게 얻겠다고 말한 다음 바로 얻을 수 있었겠습니까?

이것은 유비가 순조롭게 익주를 손에 넣은 두 번째 이유를 말해준다고 하겠습니다. 유장이 무능했기 때문에 가능한 결과였습니다. 유장을 관대하게 평가하는 사람들의 표현을 빌리면 비교적 온화하고 유약했다고 말할 수 있겠습니다. 그는 유표와 비슷한 사람이었습니다. 그저 자신의 극히 좁은 땅을 지킬 생각만 했습니다. 그러나 불행히도 그는 유표처럼 하지도 못했습니다. 땅을 지키지 못한 것이죠.『삼국지』「선주전」에 의하면 건안 16년(서기 211년) 유장은 조조가 서쪽의 장로를 정벌하려 한다는 소식을 들었습니다(사실은 마초와 한수를 핍박해 반란을 일으키도록 한 것입니다. 이는 앞의 「중도에 그만두다」편에서 언급했습니다). 그는 안절부절 못했습니다. 이때 그의 부하 장송張松이 뛰어가 말했습니다.

"조공은 천하의 무적입니다! 거기에다가 장로의 군수 물자와 군사들까지 취해 익주를 공격한다면 누가 감히 막을 수 있겠습니까?"

유장이 이에 "내가 지금 바로 그것을 걱정하는 것이 아닌가?"라고 되물었습니다. 장송이 다시 "유예주(劉豫州, 유비)에게 의지할 수 있습니다. 유예주와 장군은 한 집안 사람입니다. 더구나 조조와는 숙적인 데다 용병에 능합니다. 그를 불러들여 장로를 치는 것이 어떨까요. 만약 장로를 성공적으로 공략하면 익주는 강대해집니다. 조조가 와도 결코 두려할 필요가 없습니다"라고 바람을 넣었습니다. 유장이 들어보니 일리가 있었습니다. 그는 장송의 건의에 따라 곧바로 법정法正으로 하여금 병사 4천 명을 이끌고 가 유비를 맞이하도록 했습니다. 장송의 이 계책은 은혜를 원수로 갚는 것이었습니다. 적어도 아무 영양가 없는 잔꾀에 불과했습니다. 유비가 '천하의 효웅'이라는 사실을 모르는 사람이 누가 있습니까? 그런데 어떻게 그런 그를 촉으로 불러들입니까? 그것은 '늑대를 집안으로 끌어들이는 것'이 아니겠습니까? 적어도 "신神을 불러들이기는 쉬워도 내보내기는 어렵다"는 말이 생각나는 상황이 아닌가 싶습니다. 당연히 장송의 계책은 많은 사람들의 경각심을 불러일으켰습니다. 아니 많은 사람들의 반대에 부딪쳤다고 말해야 옳을 것입니다. 『삼국지』「황권전黃權傳」, 「유파전劉巴傳」의 배송지 주에서 인용한 『영릉선현전零陵先賢傳』과 「유장전」 등에는 황권 등이 모두 일찍이 유장에게 이 계책을 실행에 옮겨서는 안 된다고 전력을 다해 진언한 사실이 기록돼 있습니다. 황권이 우선 그랬습니다.

"좌장군(유비)은 원래부터 용맹하기로 이름이 나 있습니다. 장군은 그를 어떻게 대우하시려고 그를 부르십니까? 만약 부하로 삼는다면 그가 원하지 않을 것입니다. 동등한 자격으로 대하는 것도 말이 안 됩니다. 한 나라에 두 왕이 있을 수 없습니다. 두 영웅이 나란히 서면 상대방은 태산처럼 굳건해지고 우리는 쌓아 올린 계란과 같이 몹시 위태롭게 됩니다. 이 계책은 결코 써서는 안 됩니다."

유파 역시 "유비는 웅대한 이상과 포부가 있는 사람입니다. '들어오면 반드시 해가 됩니다.' 절대로 받아들여서는 안 됩니다"라고 진언했습니다. 왕루王累라는 수하는 한 술 더 떴습니다. 『화양국지華陽國志』의 기록에 따르면 그는 더 강경한 태도로 "성문에 거꾸로 매달려 간언"을 했고, 이 정도에서 그치지 않고 "성문에서 자살함으로써 반대 입장을 분명히 밝혔다"고 전합니다.

　황권과 유파, 왕루의 의견은 분명히 맞는 것이었습니다. 그러나 유장은 들은 체 만 체했습니다. 이런 태도는 아무래도 좀 이상합니다. 유장이 아무리 무능하다 해도 그렇습니다. 황권 등이 말하는 이치를 이해하지 못할 정도로 어리석지는 않았을 것입니다. 그런데 그는 왜 남의 의견을 받아들이지 않고 자기 고집대로만 했을까요?

　원래 유장에게는 자기 나름의 계산이 있었습니다. 『삼국지』 「유장전」을 볼 필요가 있습니다. 이에 따르면 당시 장송은 유장에게 "현재 방희龐義와 이이李異 등 우리 주의 여러 장군들은 모두 '공로가 있다는 사실을 내세워 교만하고 방종하게 행동합니다.' 더구나 적과 내통해 반란을 모의할 생각도 가지고 있습니다. 만약 우리가 유예주를 부르지 않은 채 '적이 외부에서 공격해 들어오고 백성이 내부에서 반란을 일으켜 공격을 해오면' 아주 귀찮아집니다"라고 한바탕 장광설을 늘어놓았습니다.

　이 말은 사실 바로 유장의 마음속 아픈 곳을 찌른 것입니다. 익주로 말할 것 같으면 유장과 그의 부친 유언劉焉이 건립한 정권이었습니다. 이른바 외래 정권이었습니다. 유언이 익주에 들어왔을 때로 돌아가봅시다. 당시 유언과 적지 않은 그의 친구들이 익주에 들어왔습니다. 유언은 이들을 바탕으로 장안과 남양南陽 일대에서 사천으로 들어온 유민들까지 규합해 군대를 편성했습니다. 이른바 '동주병東州兵'으로 불린 군대였습니다. 이들은 '외지 출신'의 '동주 그룹'이 됐습니다. 이들 외에도 그룹이 있었습니다. 바로 현지의 사족들이었습니다. 이들은 자연스레 '토착 출신'의 '익주 그룹'을 형성했습니다. 문제는 이 두 그룹의 갈등이 매우 깊었다는 사실입니다. 유언이 살아 있을 때 일어났던 한 번의 반란은 다 이유가 있었던 것입니다. 그는 물론 이를 진압했습니다. 유장이 자리를 계승한 다음에도 반란은 있었습니다. 이 역시 진압됐습니다. 그러나 모순은 결코 완화되지 않았습니다. 그래서 유장이 장송의 건의를 받아들인 것입니다. 이에 대해서는 뤼쓰몐 선생도 비슷한 견해를 가지고 있었습니다. 『진한사秦漢史』에서 "유장은 자신 휘하 장군들이 일으킬 내란을 더 걱정했다. 같은 종실인 유비가 자신을 돕기를 기대했다"고 말한 것을 보면 잘 알 수 있습니다. 그러나 아무런 명분 없이 유비를 부르는 것은 "수하 장군들의 의심을 살 수 있었습니다." 유장은 그것이 부담스러워 장로를 토벌한다는 명분을 내세웠습니다. 이 전략은 유장 입장에서 볼 때 일거양득일 수 있었습니다. 이익만 있고 손해는 없는 것이었습니다. 그의 기본적인 생각이 유비로 하여금 장로를 치게 하는 것이기 때문이었습니다. 만약 전략이 성공해 장로를 물리칠 경우 유비를 한중에 머물도록 하면 됩니다. 어쨌거나 장로는 이미 배반을 했고 한중 역시 이미 자신의 것이 아니었습니다. 그는 장로가 그 땅을 계속 점유하게 하느니 차라리 유비에게 주는 것이 훨씬 더 낫다고 생각한 것입니다. 더구나 유비와 조조는 숙적입니다. 그가 있어 북쪽을 지킨다면 근심걱정이 없어지게 됩니다. 이뿐만이 아니었습니다. 한중과 촉군은 한 주이기는 했으나 이렇게 될 경우 각자의 정권이 세워지게 됩니다. 유비는 한중에 있게 되고 자신은 촉에 있게 되는 것입니다. 황권이 말한 '한 나라에 두 왕이 있을 수 없다'라는 문제는 자연적으로 해결됩니다. 그보다는 오히려 서로 보완하고 도와 일을 도모하면서 생사도 같이 할 수 있습니다. 말하자면 서로 돕고 의지하는 밀접한 관계가 되는 것으로 대내적으로나(내부의 촉 장군들에 대해서) 대외적으로(조조에 대해서) 모두 위협이 되는 힘을 가지게 됩니다. 그래서 뤼쓰몐 선생은 "유장에게 그것이 계책이 아니라고 말할 수는 없다"라고 말한 것입니다.

애석하게도 유장이 온갖 계산을 다 했음에도 결과는 완전히 반대로 나타났습니다. 유비가 익주로 들어가 유장을 도와 집을 지켜주거나 정원을 보호해주지 않은 것입니다. 오히려 그를 먹어버렸습니다. 이 전략은 사실 근본적으로 말해 문제가 있었습니다. 유장이 처음부터 다른 사람을 이용하겠다는 마음을 가지지 말아야 했다는 얘기입니다. 여러분이 다른 사람을 이용하려 한다면 그들에게는 그런 마음이 없을까요? 여러분이 다른 사람과의 거래에서 손익을 따진다면 그들은 그런 계산을 하지 않을까요? 다른 사람을 이용하면 반드시 다른 사람에게 이용을 당합니다. 또 다른 사람과의 거래에서 손익을 따지면 반드시 다른 사람으로부터 그런 꼴을 당합니다. 늑대를 집으로 끌어들이는 결과가 분명하게 나타나는 것입니다. 자신이 지른 불에 자신이 타 죽게 되는 것이죠. 이와 관련한 교훈이 전혀 없었던 것도 아닙니다. 멀리 돌아볼 필요도 없습니다. 하진과 원소가 동탁을 낙양으로 불러들인 것만 봐도 됩니다. 충분한 교훈이 될 수 있습니다. 그래서 결국 사람 됨됨이가 성실해야 한다는 말이 나오게 됩니다. 다른 사람을 총알받이로 하겠다고 생각해서는 안 되는 것입니다. 그러나 유장의 실패를 좀 더 구체적으로 살펴보면 두 가지를 "생각하지 못한 것"이 아마 더욱 확실한 요인이 아니었던가 싶습니다.

첫 번째 '생각하지 못한 것'은 유비가 자신의 지휘를 따르지 않을 것이라는 사실입니다. 두 번째로 '생각하지 못한 것'은 장송과 법정 등이 그리 큰 충신이 아니었다는 사실입니다. 그들은 이미 일찍부터 익주를 유비에게 바칠 계획을 세우고 있었던 것입니다. 이들이 이처럼 유장을 버리고 유비와 결탁한 데에는 다 이유가 있었습니다. 우선 장송은 조조를 몹시 미워했습니다. 법정은 조금 달랐습니다. 유장에게 직접적인 불만이 있었던 것입니다. 장송은 건안 13년(서기 208년) 유장의 명을 받고 조조에게 파견됐습니다. 그는 조조에게 우호적인 관계를 가지자는 입장을 전달했습니다. 그러나 각종 이유로 인해 어려움에 부딪쳤습니다. 결과적으로 모욕을 당하고 돌아올 수밖에 없었습니다. 조조에 대해 좋은 마음을 가질 이유가 없었습니다. 장송은 한 걸음 더 나아가 유비와 연합할 것을 유장에게 주장했습니다. 법정의 경우는 유장에게 인정받지 못한 아픔이 있었습니다. 이에 대해서는 "그는 유장에게 임용을 받지 못했다. 게다가 그 주州와 읍邑의 주민 및 객지 사람들로부터도 품행이 나쁘다는 비난을 들었다. 결국 뜻을 이루지 못했다"는 『삼국지』「법정전」의 법정에 대한 평가의 글을 참고할 필요가 있을 것 같습니다. 다시 말해 유장은 법정을 별로 대단하게 생각하지 않았습니다. 게다가 '토착 주민'이나 '외지 사람'들 모두 그를 좋지 않게 말했습니다. 기본적으로 뜻을 이룰 수가 없었습니다. 장송이 조조에게 모욕을 당하고 법정이 유장에게 불만이 있었다는 사실만이 이들이 유장을 배반한 이유는 아니었습니다. 두 사람은 좋은 친구 사이이기도 했을 뿐더러 하나같이 유장이 뭔가를 크게 이룰 인물이라고 생각하지 않았습니다. 자연스럽게 유비를 위한 익주의 '스파이'가 됐다고 할 수 있습니다. 이들은 심지어 지도마저 유비에게 가져다 바쳤습니다. 둘 중 누가 지도를 바쳤을까요? 『삼국연의』는 『삼국지』「선주전」의 배송지 주에서 인용한 『오서吳書』에 근거해 장송이라고 주장하고 있습니다. 그러나 학계는 일반적으로 『오서』의 기록이 믿을 수 없다고 말합니다. 사마광司馬光의 『자치통감고이資治通鑑考異』는 심지어 이전에 장송이 유비를 본 적도 없다고 말합니다. 장쭤야오 선생의 『유비평전』도 『삼국연의』에 기록된 그 고사는 "모두 존재하지 않는 사실이다"라고 말하고 있습니다. 그렇다면 지도를 가져다 바친 사람은 아마도 법정이 아닐까 생각됩니다. 장송은 조조의 진영에서 돌아온 다음 적극적으로 유비와 동맹을 맺을 것을 주장했습니다. 더불어 법정을 '연락책'으로 추천했습니다. 『삼국지』「법정전」에 따르면 법정은 유비 진영에서 돌아온 다음 장송에게 유비가 뛰어난 재능과 원대한 계략이 있는 사람이라고 칭찬했습니다. 두 사람은 자연스럽게 유비를 군주로 모실 것을 몰래 계획하게 됩니다. 법정의 '지도 헌납'은 아마도 이때였을 것입니다.

이렇게 볼 때 유장이 법정에게 4천 명의 병사를 이끌고 가서 유비를 촉으로 맞아들이게 한 것은 '늑대를 집으로 끌어들이는 것'이었습니다. 또 '상점에서 물건을 집까지 직접 배달해주는 것'이라 해도 좋겠습니다. 『삼국지』 「법정전」과 『자치통감』에 의하면 법정은 유비를 만나 먼저 유장의 뜻을 전했습니다. 그런 다음 유비에게 익주 탈취 계책을 내놓았습니다. 법정은 이때 "장군의 영명함으로 유장의 유약함을 대적하고 여기에 장송 등이 안에서 내응하면 대업을 완수하는 것은 손바닥 뒤집는 것과 같지 않겠습니까?"라고 말했습니다. 유비는 법정의 이 말을 귀담아 들었습니다. 그러나 그는 망설이는 자세를 보였습니다. 이때 방통龐統이 다시 와서 진언을 했습니다. 방통은 자가 사원士元으로, 양양 사람입니다. 『삼국지』에 따르면 그는 유표의 휘하에서 일한 적이 있습니다. 또 『강표전江表傳』은 주유의 부하로 있었다고도 말합니다. 방통이 맡은 업무는 한결같이 공조功曹였습니다. 이른바 '공조'는 일종의 사무직 문관을 의미했습니다. 그는 유비가 스스로 형주목이 된 다음에는 '종사從事'가 됐습니다. 그는 이 신분을 가지고 뇌양현耒陽縣의 현령을 대행했습니다. 여전히 사무직 문관이었으나 나중에 이 자리에서는 면직됐습니다. 방통의 재주를 가장 확실하게 알아본 사람은 노숙魯肅이었습니다. 『삼국지』 「방통전」에 따르면 당시 노숙은 유비에게 편지 한 통을 보내 "방통은 결코 현의 관리를 할 재목이 아닙니다. 중용하면 크게 실력을 발휘할 수 있습니다"라고 그를 높이 평가했습니다. 제갈량 역시 그렇게 말했습니다. 유비는 이때서야 비로소 방통과 독대하고 깊은 대화를 나눴습니다. 결과적으로 "그를 아주 중시하게 되었다"고 합니다. 그에게 제갈량과 더불어 요직을 맡도록 하고, 대우 역시 제갈량 다음에 이르렀습니다.

그런데 이 내용은 솔직히 의문이 가는 점이 많습니다. 진晉나라 사람 습착치習鑿齒의 『양양기襄陽記』에 의하면 일찍이 방덕공(龐德公, 방통의 숙부—

옮긴이)은 "제갈량은 와룡臥龍, 방통은 봉추鳳雛이다"라고 말했습니다. 『삼국연의』는 아예 수경선생(水鏡先生, 사마휘司馬徽를 가르킴—옮긴이)의 말을 빌려 "두 사람 중 한 명을 얻으면 천하를 안정시킬 수 있다"라고 말했습니다. 그런데 유비 진영에서 두 사람에 대한 대우가 처음부터 왜 그렇게 차이가 많이 났을까요? 첫 번째 의문입니다. 유비는 뛰어난 인재가 목마르게 아쉬웠습니다. 만약 그가 '와룡'과 '봉추'라는 말을 들었다고 가정해봅시다. 어떻게 방통을 무시할 수 있었겠습니까? 두 번째 의문입니다. 가장 먼저 유비에게 방통을 소개한 사람이 왜 노숙이었는가 하는 사실 역시 의문입니다. 게다가 제갈량은 "선주(유비)에게 말했다"는 말에서 보듯 왜 노숙이 추천한 후에야 비로소 방통을 높이 평가했을까요? 장쭤야오 선생의 『유비평전』도 이 사실에 대해 의문을 제기하고 있습니다. 이에 대해서는 우리도 확실하게 알 수 없습니다. 아마 제일 큰 가능성은 『양양기』의 기록을 믿을 수 없다는 것입니다. 이른바 '와룡'은 있었으나 '봉추'는 없었다는 말이 되겠습니다.

사실 방통과 제갈량은 함께 논할 인물이 절대 아닙니다. 방통의 공로는 오로지 하나입니다. 유비를 도와 익주를 얻게 한 것입니다. 『삼국지』「방통전」의 배송지 주에서 인용한 『구주춘추九州春秋』와 『자치통감』의 기록을 보면 잘 알 수 있습니다. 법정이 계책을 내놓자 유비는 망설이는 척했으나 방통이 다시 유비를 적극적으로 부추겨 행동으로 옮기게 한 것입니다. 방통은 이때 "형주 이 지방(정확히 말해 유비가 소유하고 있는 형주 4군)은 부유하지도 강대하지도 않습니다. 돈을 필요로 해도 돈이 없고 사람을 원해도 사람이 없습니다. 지금 동쪽에는 손권, 북쪽에는 조조가 있습니다. 세 세력이 정립하는 국면을 형성하기가 매우 어렵습니다. 지금의 익주는 '나라가 부유하고 백성들이 강합니다. 호구도 백만'입니다. 병마 역시 막강할 뿐 아니라 자급자족이 가능합니다. 충분히 이를 취해 큰일을 도모해도 무방할 것 같습니다"라고 유비를 부추겼습니다.

그러나 유비는 여전히 망설이는 모습을 보였습니다. 그는 일단 "안 된다!"고 단호하게 말했습니다. 이어 "현재 나와 서로를 용납하지 못하는 사람은 바로 조조이다. 조조는 성급하지만 나는 너그럽고 온화하다. 그는 잔인하고 포악하지만 나는 인자하다. 또 그는 간사해 남을 잘 속이나 나는 충직하고 온후하다. 모든 것이 조조와 완전히 반대이다. 이것이 내가 성공할 수 있는 이유가 아니겠는가. 만약 지금 하나의 작은 이유로 천하의 신의를 잃는다면 이런 일은 절대로 해서는 안 된다!"라고 부연했습니다. 장쥐야오 선생은 유비의 이 말에 대해 "진심으로 말한 것이 아니다"라고 잘라 말했습니다. 그러나 저는 반은 진실이고 반은 거짓이라고 생각합니다. 제갈량의 융중대책隆中對策에 따르면 익주를 탈취해 본거지로 삼은 다음 패업을 완수해 한나라 황실을 부흥시키는 것은 유비 진영의 기본 이상이었습니다. 그것이 어떻게 '작은 일'입니까? 분명히 '큰일'이죠! 그러나 유비에게는 결정적 장애가 있었습니다. 유비는 진짜 여러 면에서 조조와는 반대였습니다. 이는 "조조는 서두름·포악함·거짓말 등으로, 나는 관대함·인자함·충직함 등으로 세상을 경륜한다"는 그의 말에서도 잘 확인할 수 있습니다. 여기에서 '으로[以]'는 동사입니다. 굳이 해석하자면 사용하다, 의지하다 등으로 풀이할 수 있겠습니다. 다시 말하면 유비는 '모든 것을 조조와 반대'로 하는 원칙을 표방했고, 그것을 전술로 삼았다고 하겠습니다. 그런 그에게 지금 유장이 도와달라는 요청을 했습니다. 어떻게 뒤통수를 쳐서 먹어버릴 수 있겠습니까? 차마 입으로는 말할 수 없었습니다. 그러나 제갈량의 계획에 따르면 익주는 머지않아 탈취해야 하는 목표였습니다. 그런데 마침 유장이 사람까지 보내 도움을 요청해왔습니다. 기회라고 말하지 않을 수 없었습니다. 더구나 당시 유비의 입장은 제갈량이 말한 바와 같이 아주 곤란했습니다. 조조와 손권의 중간에 끼어 있는 데다 주위에는 손권의 동생인 손부인이 지켜보고 있어 동쪽은 접어둔 채 서쪽을 호시탐탐 노리지 않으면 안 됐던 것입니다. 이에 대해서는 『삼국지』「법정전」이 자세하게 기록하고 있습니다. 따라서 이때 유비의 심정은 마음은 간절하나 뒤탈을 염려하지 않을 수 없었다는 식으로 설명할 수 있겠습니다. 바로 이런 이유로 인해 사마광은 이 당시의 얘기를 기록할 때 미묘하게 수정을 합니다. 유비가 부정적인 마음을 담아 물어보는 것으로 고친 것입니다. 즉 "나는 익주를 취하지 않는다"라고 하지 않고 "어떻게 해야 하는가?"로 적었습니다. 아주 정확한 기술이었다고 말할 수 있겠습니다.

방통은 유비의 그 마음을 당연히 꿰뚫고 있었습니다. 즉시 유비의 염려를 없애는 데 도움을 줬습니다. "무릇 응기응변의 시대에서는 융통성이 없어서는 안 됩니다. 약하고 작은 자를 합병하고 어리석은 자를 공격하는 것은 불변의 진리입니다. 향후 그(유장)를 큰 나라 하나의 주인으로 봉한다면 떳떳하지 않겠습니까? 우리가 현재 손을 쓰지 않으면 머지않아 다른 사람이 이롭게 될 것입니다"라는 외견상 합리적인 이유를 들면서 유비를 부추겼습니다.

사실 이 말은 정말 당치 않는 억지였습니다. 이유도 근거가 아주 빈약했습니다. 그것은 남의 집에 불이 난 틈을 이용해 도둑질을 하고 그 사람의 땅을 탈취하는 일이었습니다. "도의로 은혜를 갚는다"거나 "어떻게 도리가 없다고 하겠습니까?"라고 한 말들은 진짜 강도의 논리에 지나지 않았습니다. 사실 방통은 말을 좀 더 멋있게 할 수 있었습니다. 다음과 같이 말입니다.

"의義는 당연히 필요한 것입니다. 또 말하지 않으면 안 됩니다. 그러나 의라는 것에는 몇 가지 종류가 있습니다. 정의·도의·신의·인정·의리 등이 그것입니다. 그러나 주군은 모든 것을 다 갖출 수 없습니다. 만약 곰발

바닥 요리와 생선 요리를 다 가질 수 없다면 작은 의는 버리고 큰 의를 취해야 합니다. 역적 조조에 대항해 한나라 황실을 일으켜 세운 다음 천하를 평정하는 것은 이른바 큰 의입니다. 이것과 비교할 때 유장에 대한 은혜와 의리는 아주 작은 의입니다. 큰 도리는 작은 도리를 관할하게 돼 있습니다. 천하의 백성들을 위해서는 역시 유계옥(유장) 그가 억울한 일을 당하도록 해야 합니다. 더구나 우리가 취하고자 하는 것은 그의 땅이지 그의 머리가 아닙니다. 다시 말해 유계옥의 입장에서 보면 조조에게 겸병을 당하느니 우리에게 양보하는 것이 훨씬 더 좋습니다. 우리는 최소한 그에게 적당한 자리를 준비하고 있지 않습니까!"

그러나 방통은 이렇게 말하지 않았습니다. 유비 역시 다시 묻지 않았습니다. 우리가 볼 때 사실 이 당시 유비가 원한 것은 그저 일종의 견해였습니다. 얼렁뚱땅 설명해주기만 하면 되지 않았나 싶습니다. 그저 자신이 도리에 어긋나지 않는다는 마음의 위안이 필요했던 것입니다. 더군다나 '오늘 우리가 취하지 않으면 끝내는 다른 사람에게 이익이 될 것'이라는 우려도 거짓은 아니었습니다. 어쨌든 유장으로서는 익주를 지키는 것이 불가능했습니다. 유비로서는 그것을 조조나 손권에게 주느니 내가 점령하는 것이

**방통**  노숙의 추천으로 유비 진영에 발탁된 방통은 유비가 익주를 취하는 데 큰 공을 세웠다. 하지만 「양양기」나 「삼국연의」에서 제갈량이 와룡이고 방통이 봉추라고 운운한 것은 과장된 측면이 없지 않다. 같은 급으로 보기에는 여러모로 제갈량에 한참 미치지 못했기 때문이다.

더 낫다고 생각할 수 있었습니다. 손권에게도 설명하기가 어렵지 않았습니다. "이번 출병은 결코 유장의 근거지를 탈취하는 것이 아니다. 그의 요청을 받아 그의 집과 정원을 보호하기 위해 나서는 것"이라고 말할 수 있었습니다. 최소한 명분상으로는 이럴 수 있었습니다.

유비는 그래서 건안 16년(서기 211년) 12월, 드디어 방통과 함께 군사를 이끌고 서쪽 방향으로 거슬러 올라가 익주로 출발했습니다. 제갈량과 관우, 장비는 남겨 형주를 지키도록 하고 조운에게는 후방의 수비를 담당하게 하는 조치를 취한 다음이었습니다. 그의 익주 입성은 유장이 사전에 이 사실을 널리 알린 만큼 일사천리였습니다. 그야말로 도처에 파란 신호등이 켜져 있었습니다. 『삼국지』는 당시의 광경을 "국경을 넘어 들어가는 것이 귀가하는 것과 같았다"고 말하고 있습니다. 유장의 환대 역시 극진했습니다. 친히 성도成都에서 부현(涪縣, 지금의 쓰촨성 몐양시綿陽市)까지 나와 영접할 정도였습니다. 둘은 누가 먼저랄 것도 없이 만나자마자 대단히 기뻐했습니다. 유장은 유비에게 대규모의 군사 원조도 마다하지 않았습니다. 『삼국지』「선주전」에 의하면 이때 유비는 "3만 병력을 규합했고 전차를 비롯한 갑옷·무기·물자 등이 부족함이 없었다"고 합니다. 장로를 상대하기에 충분했습니다. 그렇다면 그는 병력을 이끌고 장로를 치러 갔을까요?

아니었습니다.

유비는 유장으로부터 대규모의 군사 원조를 받은 다음 예정대로 군대를 이끌고 북상했습니다. 그러나 유장의 부현과 장로의 양평관 사이인 가맹(葭萌, 지금의 쓰촨성 광위안廣元 경내)에서 북상을 멈췄습니다. 유비는 가맹에 멈춘 다음 무엇을 했을까요? 장로를 공격했을까요?

## 유비가 익주를 차지한 이유 : 유비의 수완

이 부분은 유비가 순조롭게 익주를 얻을 수 있었던 세 번째 원인과 관계가 있습니다. 이 상황에 대처한 유비의 수완이 대단했다는 얘기가 되겠습니다.

앞에서 말했듯 유비는 일찍부터 익주를 탈취하려는 마음이 있었습니다. 이것은 그와 제갈량이 융중에서 이미 확정해놓은 일이었습니다. 유장이 그를 불러들인 것은 그저 하나의 기회를 제공한 데 불과했습니다. 법정과 방통의 권고 역시 부채질한 것 이상은 아니었습니다. 솔직히 지금 봐도 유비는 정치가로서 부끄럽지 않습니다. 이에 반해 장송과 방통은 그냥 정객이라고 불러야 좋을 것 같습니다. 『삼국지』의 「선주전」과 「방통전」을 보면 잘 알 수 있습니다. 두 유씨가 부현에서 서로 만날 때였습니다. 장송과 방통은 유장을 만날 때 그를 제거하자고 이구동성으로 유비에게 건의했습니다. 이에 유비는 법정에게 "이 일은 큰일이오. 황급하게 할 수 없소"라고 말했습니다. 방통에게는 "처음 다른 나라에 와서 아직 은덕과 신의조차 세우지 않았소. 이 일은 할 수 없소"라고 말했습니다. 이처럼 정치적으로 장송의 부류보다 몇 수나 뛰어난 유비는 가맹에서 "보다 많은 은덕을 쌓고 민심을 수습"하면서 기회를 기다렸습니다.

기회를 말하면 기회는 오는 법입니다. 『삼국지』「선주전」에 의하면 건안 17년(서기 212년) 10월 조조는 손권을 치기 위해 남정에 나섰습니다. 같은 해 12월, 다급해진 손권은 유비에게 도움을 요청했습니다. 유비는 바로 유상에게 편지를 써 "손권과 본인은 서로 의지하는 밀접한 관계입니다. 그러나 형주에 있는 관우는 힘이 미약해 도움을 주지 못하고 있습니다. 장로는 걱정할 필요가 없습니다. 그저 자신을 지키는 작자에 불과합니다"라고 말했습니다. 이어 다시 그에게 1만 명의 병사와 군수물자를 더

지원해주면 자신은 형주로 돌아가 손권을 돕겠다고 요청했습니다. 마침 유장은 유비가 가맹에서 한 행보에 대해 의심하고 있던 차였습니다. 더구나 그는 유비가 "동쪽으로 가려한다"는 말까지 들었습니다. 의심이 더해질 수밖에 없었습니다. 겨우 4천 명의 병사만 지원해주고 나머지 도움 요청을 반으로 줄인 것도 그래서였습니다. 장송은 이 소식을 듣고 크게 놀랐습니다. 그는 바로 법정에게 편지를 써 "우리들의 거사가 이제 눈앞에서 이뤄지려 하고 있다. 그런데 어떻게 성공을 눈앞에 두고 돌아간다는 말인가?"라면서 안타까워했습니다. 결과는 좋지 않았습니다. 장송은 자신의 형인 광한 태수 장숙張肅에게 고발당하고 맙니다. 분노한 유장은 그를 감옥에 가둔 다음 얼마 안 있어 머리를 베고 말았습니다.

유장의 의심과 장송의 조바심은 유비에게 촉을 정벌할 구실을 줬습니다. 당시 방통은 유비에게 상·중·하 세 가지 계책을 내놓았습니다. 상책은 정예 병사들을 뽑아 밤낮으로 행군하여 성도를 기습하는 것이었습니다. 하책은 백제白帝로 돌아가 형주를 공고히 한 다음 신중하게 천천히 의논하는 것이었습니다. 유비는 그중 중책을 받아들입니다. 백수관(白水關, 지금의 쓰촨성 광안廣安 경내)을 지키던 유장의 장군을 살해한 후 창끝을 돌려 일거에 부현을 점령한 것입니다. 이어 유비는 건안 18년(서기 213년) 5월에 부현에서 성도로 진군했습니다. 건안 19년(서기 219년) 5월에는 관우에게 형주를 지키도록 하고 제갈량과 장비, 조운 등에게 촉으로 진공하라는 명령을 내렸습니다. 병력을 나눠 효과적으로 공략하도록 한 것입니다. 그해 여름 유비는 드디어 낙성(雒城, 지금의 쓰촨성 광한 북쪽)을 점령했습니다. 또 제갈량과 장비, 조운과 병력을 합쳐 성도도 포위했습니다. 이때에는 마초 역시 유비의 진영에 몸을 의탁하고 있었습니다. 유장은 완전히 독안에 든 자라가 되고 말았습니다. 『삼국지』「유장전」에 의하면 결국 유장은 결단을 내립니다. "우리 부자가 익주를 20여 년 동안이나 다스렸으나 백성들에게 은혜나 덕을 베풀지 못했다. 게다가 지금 다시 백성에게 3년 동안에 걸친 전쟁의 고통을 강요하고 있다. 어찌 더 이상 참을 수 있으리오!"라고 말하면서 성문을 열고 투항한 것입니다.

유비의 익주 탈취와 유장 축출, 유장의 우매하고 모욕적인 투항에 대한 역사가들의 평가는 각각 다릅니다. 저는 장줴야오 선생이 『유비평전』에서 말한 관점에 대체로 찬성하는 편입니다. 익주 탈취와 유장을 축출한 것은 아주 치사하고 수단이 꽤 비열했으나 대국적인 측면에서 볼 때 너무 가혹하게 힐책해서는 안 된다는 것입니다. 유장의 몽매하고 모욕적인 투항 역시 비슷한 것 같습니다. 백성들이 전쟁의 재난을 피할 수 있도록 한 것만큼은 후세 사람들이 그의 연약함과 무능함을 책망할 수는 있어도 기개가 없다고 풍자해서는 절대로 안 될 것 같습니다. 역사적 인물을 평가할 때는 '역사의 동정'이 있어야 한다고 생각합니다.

여기에 두 가지 사료의 내용을 보충할 수 있습니다.

첫 번째는 『삼국지』「방통전」의 내용입니다. 이에 의하면 유비는 부현을 점령한 다음 경축연을 대대적으로 열었습니다. 유비는 주연이 무르익을 무렵 방통에게 "오늘의 연회는 기분 좋다고 말할 수 있다"고 말했습니다. 이에 방통이 "남의 근거지를 점령하고도 기쁘다면 아마도 '인仁의 군대'가 아니지 않겠습니까?"라고 대꾸했습니다. 당시 유비는 이미 상당히 취해 있었습니다. 그래서 바로 화를 내면서 "무왕이 주를 정벌한 다음 앞에서 노래하고 뒤에서 춤을 췄다. 설마 그것도 인의 행동이 아니라는 말인가? 내 눈앞에서 사라지게!"라고 방통을 꾸짖었습니다. 얼마 후 술이 깬 유비는 자신의 처사가 합리적이지 못했다고 생각했는지 방통을 불러 들였습니다. 방통은 사과하지 않았습니다. 대신 그 자리에 덥석 주저앉아 먹고 마셨습니다. 유비가 그에게 "방금 누가 틀렸나?"라고 물었습니다. 방통이 "군주와 신하 둘 다 틀렸습니다"라고 대답했습니다. 이에 유비가 하하 소리와 함께 크게 웃었습니다. 그러고는 종전처럼 아무 일 없었다는 듯 술을 마시고 즐겼습니다.

두 번째는 유비가 성도를 진공할 때의 얘기입니다. 당시 유장의 수하에 정도鄭度라는 사람이 있었습니다. 그는 상황이 어려워지자 유장에게 이른바 견벽청야(堅壁淸野, 성벽과 보루를 튼튼히 하고 야외의 식량 등을 거둬들이는 전략—옮긴이)를 건의했습니다. 유장은 그러나 이에 다음과 같이 말하며 동의하지 않았습니다.

"나는 적에게 저항해 백성을 안정시킬 수 있다는 말은 들었어도 백성을 놀라게 해 적을 막았다는 말은 듣지 못했다."

그 결과 유비가 지나가는 연도의 창고에 저장된 식량과 농작물들은 모두 유비의 것이 됐습니다. 이 두 가지 일을 어떻게 봐야 할까요? 저는 독자들의 높은 식견을 믿는다는 말로 대답을 대신하겠습니다.

어쨌든 익주의 주인이 바뀌게 된 가장 중요한 원인은 유장이 늑대를 집으로 끌어들였기 때문입니다.

### 유비가 익주를 차지한 이유 : 조조의 판단착오

유비가 결과적으로 익주를 차지할 수 있었던 다른 하나의 이유로는 조조의 판단착오를 들 수 있겠습니다. 만약 조조가 촉을 취하려고 했다면 길은 하나였습니다. 반드시 북쪽으로 병력을 움직여야만 했습니다. 먼저 마초와 한수, 장로 등을 멸하고 한중을 취했어야 비로소 기회를 틈타 움직일 수 있었다는 얘기입니다. 사실 이것이 조조에게는 쉽지 않은 일이었습니다. 그러나 유비에 대한 평가가 부족했던 것은 아무래도 실수라고 말하지 않을 수 없습니다. 유비가 촉을 손에 넣는 데에는 총 3년이란 시간이 걸렸습니다. 그동안 조조는 어떠한 반응도 보이지 않았습니다(예컨대 견제하고 교란하는 일). 조조는 그보다는 쓸데없이 손권에게 무용을 뽐내고 위용을 과시하는 데에만 주력했습니다. 도요새와 조개가 싸우는 사이에 유비가 어부지리(漁父之利, 도요새가 무명조개의 속살을 먹으려고 부리를 조가비 안에 넣는 순간 무명조개가 껍데기를 꼭 다물고 부리를 안 놔주자, 그 틈을 타서 어부가 둘 다 잡아 이익을 얻었다는 고사에서 유래함—옮긴이)를 얻게 된 셈이죠. 하기야 이것 역시 일종의 빈틈을 타고 들어오는 전략으로 봐야겠지만 말입니다!

유비가 익주를 얻은 다음 손권은 바로 상황이 좋지 않다고 느꼈습니다. 유비가 신의를 저버린 사람이라고 크게 욕을 하는 것 외에 사람까지 파견해 유비에게 형주 반환을 요구한 이유가 그래서였습니다. 그러면 유비는 손권에게 형주를 빌린 것이었나요? 도대체 어떻게 빌렸고 손권은 왜 그에게 빌려줬을까요? 또 이제 와서 돌려받을 수 있을까요? 돌려받지 못한다면 어떻게 해야 할까요?

## 32강 蜜月陰謀

# 밀월의 음모

적벽대전 기간 손권과 유비는 공동의 적에 대응하기 위해 군사적 동맹을 결성했다. 이것은 그들이 조조를 물리치고 승리를 거둔 중요한 원인이었다. 그렇지만 이런 동맹은 취약한 것이었다. 일단 적의 위협이 완화되면 각자의 이익에 따라 충돌이 발생하고 동맹은 바로 파열의 가능성에 직면하게 된다. 실제 손권과 유비 양 진영이 표면상으로 우호적인 '밀월기'를 가졌을 때에도 정치적 음모는 계속됐다. 그러면 손권 진영에서는 유비에 대해 어떤 계책을 사용했을까?

    우리는 앞의 강의에서 적벽대전이 조조의 실패로 끝나고 손권과 유비 등이 승리를 틈타 자신들의 전과를 확대했다는 사실을 언급한 바 있습니다. 다시 구체적으로 살펴보면 우선 유비는 무릉을 비롯해 장사·계양·영릉 4군을 점령했습니다. 그는 이를 기반으로 제갈량을 군사중랑장軍師中郎將으로 임명해 장사·계양·영릉 등의 3군을 총감독하게 했습니다. 직무는 "그 지방의 세금을 조달해 군사력을 충실"하게 하는 것이었습니다. 주유 역시 1년이라는 시간을 투자해 다음 해 12월 강릉을 점령했습니다. 이에 유비는 조정에 즉각 상주문을 올려 손권을 '거기장군 겸 서주徐州의 목'으로 추천했습니다. 손권 역시 마찬가지였습니다. 유비가 '형주목이 되는 것'에 동의했습니다. 손권은 여기에서 그치지 않았습니다. 자신의 여동생을 유비와 결혼하게 했습니다. 이로써 손권과 유비의 동맹은 '밀월기'에 진입했습니다. 그러나 이 시기는 음모 역시 충만한 '밀월기'였습니다. 우리는 이 기간 동안의 일 중 세 가지 사건에 주의할 필요가 있습니다. 그것이 바로 손권이 여동생을 유비와 결혼하게 한 일과 주유가 아주 지독한 수를 쓴 일, 노숙이 형주를 빌려준 일입니다. 이 세 가지 사건을 통해 우리는 일단 손권과 유비 간의 관계가 미묘했다는 사실을 그다지 어렵지 않게 알 수 있습니다.

### 손권, 여동생을 유비와 결혼시키다

우선 첫 번째 사건, 손권이 여동생을 유비와 결혼시킨 일에 대해 말해보겠습니다.

손권이 여동생을 유비와 결혼시킨 것이 과연 음모일까요? 쉽게 말하기가 어렵습니다. 그러나 『삼국연의』는 분명 음모라고 했습니다. 음모를 생각해낸 사람도 적시하고 있습니다. 주유라고 말입니다. 결과적으로 이 음모는 제갈량에게 간파당했습니다. 뿐만 아니었습니다. 제갈량은 상대의 계획을 역이용했습니다. 유비는 이로 인해 아름다운 부인을 맞아 상당 기간 회포를 푸는 횡재를 했습니다. 반면 주유는 이중으로 손해를 봤습니다. 오나라의 미인과 적지 않은 병사들을 잃었습니다(중국인들은 이를 두고 주유가 부인도 잃고 군사도 잃었다고 함—옮긴이). 그러나 이것은 소설 속에 나오는 얘기입니다. 믿을 수가 없습니다. 이 결혼에 대한 기록이 있기는 합니다. 『삼국지』「선주전」에 나옵니다. 그러나 단지 몇 글자밖에 없습니다. "유기劉琦가 병사한 다음 유기의 주변에서는 선주(유비)를 형주목으로 추천해 공안公安을 통치하게 했다. 손권이 이를 두려워해 여동생을 보내 관계를 공고하게 했다"는 기록입니다. 공안은 현재의 후베이성湖北省 궁안현公安縣으로 원래는 유강구油江口 또는 유구油口로 불렸습니다. 공안은 유비가 바꾼 이름입니다. 원래 형주의 치소(治所, 행정 중심지-옮긴이)는 양양에 있었습니다. 그러나 양양은 당시 조조에게 점령당했으므로 유기의 뒤를 이어 형주목이 된 유비로서는 공안을 행정 중심지로 삼을 수밖에 없었습니다.

유비는 형주의 7군 가운데 4개의 군을 얻었습니다. 일대에서는 제일 가난한 4개 군이었습니다. 그러나 손권은 시간이 지날수록 그 4개 군을 우습게 볼 수 없었습니다. 이것이 '여동생을 보내 관계를 공고'하게 한 이유였습니다. 말하자면 혼인 관계를 통해 동맹 관계를 더욱 확실하게 해야겠다는 생각이었습니다. 그것은 호의에서 비롯된 것이었습니다. 적어도 악의는 없었습니다. 그러므로 그것을 '정략 결혼'이라고 부르는 것은 괜찮습니다. 하지만 '정치 음모'라고 부르는 것은 타당하지 않다고 봅니다. 만약 굳이 달리 불러야 한다면 그저 '계책'이나 '양모(陽謀, 음모의 반대-옮긴이)' 정도가 되지 않을까 싶습니다.

그러나 이 결혼이 행복했던 것인지의 문제와 이 부부가 잘 어울렸는지에 대해서는 충분히 토론해볼 필요가 있습니다. 적어도 나이는 전혀 비슷하지 않았습니다. 손권이 여동생을 시집보냈을 때 그 자신은 29세였습니다. 여동생은 대략 19세 전후였습니다. 반면 유비는 49세였습니다. 이와 관련한 재미있는 뒷얘기도 있습니다. 유비가 손권의 여동생과 선을 볼 때 '교국로(喬國老, 손권의 장인으로 당시 유비와 손권 여동생의 중매장이 역할을 자처했음-옮긴이)'의 아이디어에 따라 수염을 까맣게 염색했다는 얘기입니다. 연극 같은 데에 간혹 나오는 이 에피소드는 그러나 사실 말도 안 됩니다. 유비는 기본적으로 수염을 기르지 않았기 때문입니다. 『삼국지』「주군전周群傳」은 이 사실을 분명히 증명합니다. "선주(유비)는 수염을 기르지 않았다"고 분명하게 말하고 있습니다. 다른 증거도 있습니다. 유비가 유장과 부현에서 만날 때였습니다. 장유張裕라는 유비의 부하 한 사람이 현장에 있었습니다. 그는 입 주위가 온통 수염투성이로 당시 유비가 "자네의

돼지 털은 입을 온통 뒤덮고 있군"이라고 농담 삼아 말을 던졌습니다. 이때 장유 역시 "털이 없으면 바로 돼지의 주둥이가 드러나게 됩니다"라면서 맞받아쳤습니다. 당연히 농담이었습니다. 문제는 이 농담이 유비의 마음속에 항상 남아 있었다는 사실이었습니다. 유비는 결국 나중에 구실을 만들어 장유를 죽였습니다. 제갈량까지 직접 나서 그를 구명하려 했으나 성공하지 못했습니다. 유비의 입장은 아무리 난꽃이라 해도 문을 가로막고 있다면 잘라버려야 한다는 것이 아니었나 싶습니다. 당연히 이는 뒷날의 에피소드였습니다. 다시 손권의 여동생 얘기로 돌아가겠습니다.

손권의 여동생 이름은 손인孫仁입니다. 자신의 네 오빠(손책·손권·손익孫翊·손광孫匡)처럼 외자 이름입니다. 그녀는 주지하다시피 손씨 집에서 태어났습니다. 결혼은 형주목과 했습니다. 이를테면 강동에서 제일가는 집안의 딸이자 형주의 퍼스트 레이디였습니다. 당연히 보통 여자가 아니었습니다. 『삼국지』「법정전」에도 그녀가 어떤 사람인지에 대한 기록이 있습니다. "재주가 뛰어나고 굳세고 용맹했다. 여러 오빠의 풍모를 가지고 있었다"라고 서술하고 있습니다. 실제로도 그랬습니다. 우선 신변을 지키는 시녀가 백여 명에 달했습니다. 그것도 모두 칼을 차고 양쪽에 시립하는 시녀들이었습니다. 유비가 매번 그녀의 방에 들어갈 때마다 "내심으로는 항상 늠름凜凜했다"는 기록처럼 잔뜩 경계하고 있던 것은 다 이유가 있었습니다. '늠름'은 권위 있는 대사전인 『사해辭海』에 따르면 '추워하는 모습', '경외하는 모습', '경계하고 두려워하는 모습'의 뜻을 가지고 있습니다. 이 세 가지 뜻의 범례는 바로 앞의 유비가 한 말입니다. 백전노장인 유비마저도 부인을 만날 때마다 음산한 한기를 느꼈기 때문에 경계하고 두려움을 지니고 있었다는 것입니다. 이처럼 경계하고 두려워하는 모습에 대해 호삼성이 주를 단 『자치통감』은 "모해당할까 두려워한 것"이라고 설명하고 있습니다.

이 사실은 유비와 제갈량 모두 분명히 알고 있었습니다.『삼국지』「법정전」에 따르면 제갈량은 나중에 이 일에 대해 "손부인이 주군의 신변에 해를 끼칠까 두려워했다"고 회상했다고 합니다. 유비 역시 대비를 하지 않은 것은 아니었습니다. 조운을 항상 자기 주변에 배치해 뜻밖의 사고를 예방하려는 노력을 기울였습니다. 사실 기록을 보면 그럴 수밖에 없었습니다.『삼국지』「조운전」의 배송지 주에서 인용한『운별전雲別傳』은 당시 손부인은 자신이 손권의 여동생이라는 사실을 믿고 "오만 방자"하기가 그지없었다고 합니다. 이에 따르면 그녀는 많은 동오의 관리들과 군사를 거느리기도 했습니다. 분명히 "제멋대로 하고 법을 전혀 지키지 않았"을 것입니다. 유비로서는 사람 됨됨이가 엄격하고 신중하면서도 무게가 있는 조운을 '내무부장'으로 임명할 수밖에 없었던 것입니다. 조운을 은근히 뒤에서 도우면서, 어떻게 손을 볼 수도 없고 그렇다고 피할 수도 없는 손부인에게 대응하게 한 것입니다.

유비와 제갈량의 걱정이 기우가 아니었다는 것은 다음과 같은 사실이 증명합니다. 건안 16년(서기 211년) 12월 유비는 군대를 이끌고 촉으로 들어갔습니다. 손권은 당연히 이 소식을 들었습니다. 그의 대응은 신속했습니다. 유비가 신의를 저버렸다고 크게 욕한 다음 배를 보내 여동생을 데려오게 했습니다. 이때 손부인은 유선(劉禪, 아두로도 불린 유비의 아들─옮긴이)도 데리고 가려고 준비했습니다. 그러나 조운과 장비가 "병사들을 동원하여 강을 차단"해 뜻을 이루지 못했습니다. 이 일은 비록 야사『운별전』에 나오는 이야기이지만『자치통감』이 채용했고, 이로 볼 때 사실인 것 같습니다.『삼국지』「선주목후전先主穆后傳」의 배송지 주에서 인용한『한진춘추漢晉春秋』에도 이 일은 나옵니다. 제갈량이 조운을 보내 강에서 막았다고 기록하고 있습니다. 이것이 바로『삼국연의』의 제61회「조운이 강을 막고 아두를 탈취하다」편의 기본 근거입니다. 손권의 여동생이 혼인을 해 형주로 온 뒤로 확실히 형주는 한시도 편할 날이 없었습니다. 그러한 상황은 아마도 "제갈량은 감정을 얼굴에 나타내지 않고 뒤에서 주의를 게을리하지 않았다. 조운은 출입하면서 앞에서 주의했다. 그들은 언제나 마음이 조마조마했다"라는 기록을 남긴 천얼둥陳邇冬 선생의 『한화삼분閑話三分』을 보면 되지 않을까 싶습니다.

그렇다면 손권의 여동생이 아들 유선을 데려가려고 한 것은 손권의 지시를 받은 것일까요, 아니면 자기 스스로 한 것일까요? 이 점에 대해서는 솔직히 잘 모르겠습니다. 만약 전자였다면 이 결혼은 틀림없는 '밀월 음모'였습니다. 반면 후자였다면 우리는 그녀가 대단한 '여장부'라고 탄복하지 않을 수 없습니다. 이에 대해서 주슈사祝秀俠 선생은 「대지대용大智大勇의 손부인」이라는 글에서 "삼국의 여자 인재들 중 첫 번째는 단연 손부인이다. 물론 그녀는 임무를 완수하지는 못했다. 그러나 자기 마음대로 들락날락하면서 위풍을 도처에 떨친 것이나 멀리 다른 나라에 시집와 마치 무인지경에 있는 듯 행동한 것은 솔직히 일반 여성이 할 수 있는 일이 아니지 않는가?"라고 주장하고 있습니다. 맞는 말입니다. 그러나 저는 그녀가 여자로서는 불행했다고 생각합니다. 유비와의 결혼이 우선 본인의 뜻이 아니었습니다. 이혼 역시 자기 마음과는 무관했습니다. 아무튼 손부인은 고향으로 돌아간 다음 일에 대해서는 어떤 기록도 남아 있지 않습니다. 그녀가 어떻게 됐는지는 아무도 모르는 것입니다. 그녀와 유비는 기본적으로 영화 「마음의 행로」의 주인공처럼 되는 것이 불가능했습니다. 다른 남자와도 마찬가지 아니었을까 싶습니다. 아마도 「메디슨 카운티의 다리」나 「워털루 브리지」에 나오는 광경은 보여주지 못했을 것이라고 생각됩니다.

솔직히 손권의 여동생은 아무런 대가 없는 희생양이 됐습니다. 게다가 손권은 유선마저도 인질로 잡아가려고 했습니다. 이는 손권 진영에서 부득이하게 쓸 수밖에 없었던 아주 수준 낮은 수였습니다. 그들은 원래 유비를 인질로 삼으려 했으니까요.

### 주유, 유비를 집어삼키려 하다

이제 두 번째 사건, 즉 주유가 독한 수를 쓴 것에 대해 이야기해야겠습니다.

『자치통감』에 의하면 손권이 여동생을 유비와 결혼시킨 것은 건안 14년(서기 209년) 12월(조조가 보낸 유세객이자 주유의 친구인 장간蔣幹이 오나라의 군영에 도착, 주유에 대한 회유를 획책한 것도 이때임)이었습니다. 이어 1년이 지난 건안 15년(서기 210년) 12월 유비는 친히 경구(京口, 지금의 장쑤성江蘇省 전장시鎭江市)에 도착해 자신의 손위 처남 손권을 만났습니다. 이 일은 『삼국지』의 「선주전」을 비롯해 「주유전」, 「노숙전」 등에 모두 기록돼 있습니다. 「노숙전」의 기록에 의하면 유비가 이때 경구에 간 것은 "형주의 관할권을 요구하는 것"이 목적이었습니다. 우리는 주유가 강릉을 점령한 다음 손권이 그를 남군 태수로 임명하고 강릉에 주둔하게 한 사실을 알고 있습니다. 이때 유비는 손권을 '거기장군 겸 서주목'으로 추천했습니다. 손권 역시 유비가 '형주목'이 되는 것에 동의했습니다. 주유는 이 외에 남안南岸의 땅도 유비에게 주었습니다. 유비는 바로 공안을 형주의 행정 중심지로 삼았습니다. 그러나 유비는 이 정도에서 만족하지 않았습니다. 다시 경구에 가서 근거지를 요구한 것입니다. 『삼국지』 「선주전」의 배송지 주에서 인용한 『강표전江表傳』에는 이에 대해 "유비는 주유가 준 땅이 협소해 백성을 안정시키기에 부족하다고 생각하고 손권에게 형주의 몇 개 군을 빌리려 했다"고 말하고 있습니다. 이것이 일반적으로 말하는 '형주를 빌리다'라는 말의 구체적 내용이 되겠습니다.

사실 '형주를 빌리다'라는 말은 얘기가 안 됩니다. 이에 대해서는 뒤에서 말하겠습니다. 유비는 형주를 '빌릴' 수가 없었습니다. 그가 요구한 것은 그저 남군이었습니다. 남군은 장강을 제어할 수 있는 요지였습니다. 북쪽으로는 중원을 공격할 수도 있었습니다. 더구나 서쪽으로는 익주로 들어갈 수 있는 곳이었습니다. 병법을 아는 이들이라면 누구나 원하는 곳이었습니다. 유비 역시 그곳을 얻기를 원했습니다. 그러나 유비는 그렇게 속내를 말하면 안 됐습니다. 그저 "나는 '형주의 관할권'을 원한다"라고만 말할 수 있었습니다. 무슨 의미냐구요? 간단합니다. "나는 지금 형주목이 아닌가? 형주목은 형주의 행정 중심지에서 일을 해야 한다"라는 말이 됩니다. 형주의 행정 중심지는 어디에 있었습니까? 양양에 있었습니다. 양양은 어디에 있었습니까? 남군에 있었습니다. 그러나 양양은 조조가 점령하고 있었습니다. 당연히 갈 수가 없었습니다. 그저 남군에서 별도의 다른 곳을 찾아야 했습니다. 어떤 곳이냐구요? 강릉이었습니다. 강릉이 남군의 행정 중심지였기 때문입니다. 형주의 행정 중심지로 갈 수 없다면 남군의 행정 중심지에라도 가야 했던 것입니다. 그래서 유비는 "형주의 관할권을 요구하는 것"이라고 말했던 것입니다. 바꿔 말해 유비가 '형주를 빌리는 것'은 사실은 남군을 빌리는 것이었습니다. 즉 강릉을 원하는 것이었습니다.

주유로서는 이것은 호랑이의 가죽을 벗겨야겠다고 말하는 것과 다를 바가 없었습니다. 강릉이 어떤 곳입니까? 주유가 1년이라는 시간과 공을 들여 점령한 곳이었습니다. 어떻게 유비에게 주겠습니까? 물론 유비가 강릉을 원한 것이 전혀 도리가 없는 것은 아니었습니다. 주유가 강릉을 공격할 때 유비도 힘을 보탰기 때문입니다. 『삼국지』 「주유전」의 배송지 주에서 인용한 『오록吳錄』에는 분명 이 기록이 있습니다. 그러나 주유는 그렇게 생각하지 않았습니다. 입으로 들어온 기름진 고기를 절대 남에게 줄 수 없다는 것이 그의 생각이었습니다. 아니 주유는 그저 주지 않으려는 데 그치지 않았습니다. 한 걸음 더 나아가 유비를 연금할 것을 주장했습니다. 『삼국지』 「주유전」에 따르면 유비가 경구에 도착하자 주유는 바로 손권에게 유비의 연금을 강력히 주장하는 글을 올렸습니다.

> 유비 이 사람은 '효웅의 모습'을 지녔습니다. 관우와 장비 역시 '용맹한 장군'입니다. 어찌 오랫동안 자신을 낮춰 다른 사람 밑에 있겠습니까? 차라리 그를 오현(吳縣, 지금의 장쑤성 쑤저우시蘇州市)으로 보내 호화로운 집과 아름다운 여자들을 주는 것이 낫습니다. 주색에 빠져 방탕한 생활을 하게 하는 것입니다. 관우와 장비 역시 마찬가지입니다. 서로 멀리 떨어뜨려 놓아야 합니다. 이어 저 같은 장군을 보내 그들을 휘하에 거느리고 전쟁을 하게 되면 모든 것이 순조롭습니다. 반대로 그들에게 땅을 양보해 그들을 모이게 하면 곤란합니다. 더구나 그들을 모두 전쟁터에 있게 한다면 교룡이 구름과 비를 얻게 되는 형국이 됩니다. 다시는 연못 속의 물건이 되지 않습니다. 저는 이것이 두렵습니다.

주유가 생각한 이 수는 대단히 독한 수였습니다. 하지만 아깝게도 현실적이지 못했습니다. 유비를 연금하는 것은 어렵지 않았습니다. 그러나 유비를 연금한 다음에 다시 관우와 장비를 처리한다는 생각은 정말로 황당무계했습니다. 삼국시대의 장군이나 군사들은 모두 자신의 주군이나 장군들에게 충성을 다했습니다. 여포의 군사들은 여포의 말을 들었습니다. 마초의 군사들도 마초의 말을 들었습니다. 관우와 장비의 군사들은 오죽하겠습니까? 당연히 관우와 장비의 말을 들었습니다. 어떻게 주유의 말을 듣는다는 말입니까? 설사 주유의 계책이 성공했더라도 관우와 장비는 당연히 주유에게 복종하지 않았을 것입니다. 그들은 한 사람에게만 충성했습니다. 바로 유비였습니다. 관우가 조조에게 몸을 의탁했을 당시 조조는 관우를 어떻게 대했습니까? 그러나 관우는 마지막에 그를 떠나갔습니다. 여러분이 지금 유비를 연금한 다음 관우, 장비를 여러분에게 복종하도록 한번 해보십시오. 발상이 기상천외하다고 하지 않을 수 있겠습니까? 그들은 아마도 바로 죽일 듯 뛰어와 유비를 구해갈 것입니다. 구하지 못하더라도 아마 철천지원수가 될 것입니다. 바로 그렇기 때문에 그 생각은 어리석은 잔꾀였다고 할 수 있습니다. 손권 역시 그렇게 생각했습니다. 가능하지 않는 일이라고 여겼습니다. 게다가 노숙 등의 사람들 역시 반대했습니다. 『삼국지』「주유전」의 기록을 보면 이유를 알 수 있습니다. "손권은 조조가 북쪽에서 좀 더 많은 영웅들을 모을 것이라고 생각했다. 또 유비를 갑자기 제압하는 것도 힘들 것이라고 우려했다. 결국 계책을 받아들이지 않았다"는 기록이 그 사정을 잘 말해줍니다. 손권의 이 결정은 분명 자신에게 현명한 선택이었습니다.

하지만 이 일은 나중에 유비에게 두려움을 느끼도록 했습니다. 『삼국지』「방통전」의 배송지 주에서 인용한 『강표전』에 따르면 한 번은 유비와 방통이 한담을 하고 있었습니다. 이때 유비가 방통에게 "선생은 일찍이 주유의 부하로 공조 자리에 있지 않았소? 듣건대 내가 경구에 갔을 때 어떤 사람이 손권에게 나를 붙잡아두라 했다고 하던데 그런 일이 있었소? 신하는 새로운 주군에게 선택을 받으면 그에게 충성을 다하는 법이니, 내게 말해도 무방하다고 생각하오"라면서 은근히 물었습니다. 방통은 "있었습니다"라고 솔직하게 대답했습니다. 유비는 이에 크게 탄식하면서 "나는 그때 다른 방법이 없었소! 손권에게 부탁을 해야 할 입장이었으니까. 한 번 다녀오지 않을 수 없었소. 그런데 하마터면 주유에게 당할 뻔했구려. 천하의 지모 있는 사람들의 생각은 정말 다 같은가 보오. 당시 공명은 나에게 수차례나 가지 말 것을 권했소. 그 뜻이 매우 간절했소. 그는 아마 그러한 곤경까지도 빈틈없이 염두에 둔 것 같소. 그러나 나는 당시 '손권의 적은 북쪽에 있지 않은가? 그는 나를 의지하려 하지 않는가?'하는 생각에 '결심하고 의심하지 않았던 것'이오. 내가 '아주 빈틈없는 계획'도 없이 모험을 했소이다"라고 당시를 술회했습니다.

지금 보기에는 이것이 유비가 익주를 탈취할 수 있었던 원인의 하나가 아니었을까 싶습니다. 앞에서 말한 것처럼 유비가 운명적으로 하지 않으면 안 되는 일을 했던 적이 한 번 더 있었습니다. 주객이 전도된 일, 즉 익주를 탈취하고 유장을 축출한 일이 그것입니다. 익주를 탈취한 과정은 솔직히 질이 좋지 않았습니다. 하지만 유비에게는 달리 방법이 없었습니다. 자신의 튼튼한 근거지를 세우지 않으면 다른 사람에게 이리저리 쫓겨 다니고 남의 음모에 빠지지 않을 수 없었기 때문입니다. 결론적으로 그저 당시 세태를 원망할 수밖에 없다고 하겠습니다. 만약 평화 시대였다면 유비는 사람 됨됨이와 재능으로 볼 때 지방의 좋은 관리가 되지 않았을까 싶습니다.

아무튼 유비는 주유의 계책에 대한 손권의 반대로 위협을 벗어났습니다. 그러나 주유는 결코 단념하지 않았습니다. 그는 원래의 계책이 성사되지 않자 다른 계획을 생각해냈습니다. 친히 경구로 가서 손권을 만나 촉(유장)을 탈취하고 장로의 땅을 겸병한 다음 마초와 연합하자는 중요한 전략적 건의를 한 것입니다. 『삼국지』「주유전」에 따르면 주유는 이때 손권에게 이렇게 말했습니다.

"조조는 적벽에서 크게 손해를 봤습니다. 그래서 현재 자신의 진영 내부에서 반란이 일어날까 걱정하고 있습니다. 절대로 우리와 다시 싸울 수 없습니다. 이는 아주 좋은 기회입니다. 원컨대 장군께서는 신 주유와 분무장군(손권의 어린 아우 손정孫靜의 아들 손유孫瑜)이 함께 촉을 정벌해 유장을 멸한 다음 다시 장로까지 멸하도록 허락해주십시오. 이때 장군은 손유에게 익주를 지키게 하면 됩니다. 저 주유는 돌아와 장군과 함께 양양을 굳게 지키고 조조를 위협하면 되지 않겠습니까. 그러면 '북방은 충분히 도모할 수 있습니다'."

이 계책은 표면적으로 보면 조조에 대항하는 것이었습니다. 그러나 사실은 유비를 염두에 둔 것이었습니다. 주유가 진짜 익주를 차지한다면 장강의 상류와 하류가 모두 손권의 땅이 되기 때문입니다. 당연히 유비는 중간에 끼일 수밖에 없습니다. 그가 아무리 대단하다고 해도 어떻게 대응할 수 있겠습니까? 뤼쓰몐 선생은 그래서 『진한사』에서 "이 주유의 계책은 패자를 자처하기 위한 것"이라고 말했습니다. 상대적으로 비교해볼 때 나중에 유비와 연합해 촉을 취하는 계책과는 차이가 많았습니다.

손권은 주유의 계책을 허가했습니다. 주유는 잔뜩 고무돼 강릉으로 돌아가 계책을 실행하기 위한 준비에 착수했습니다. 그러나 불행히도 그는 파구(巴丘, 후난성湖南省 웨양시岳陽市)에 이르러 병사하고 말았습니다. 그때 그의 나이는 36세였습니다. 주유는 임종 전에 손권에게 상소를 올려 두 가지를 당부했습니다. 첫 번째는 자신이 추천하는 노숙이 임무를 계속 수행하도록 해달라는 것이었습니다. 두 번째는 항상 조조와 유비를 생각하고 잊지 말라는 것이었습니다. 『삼국지』「주유전」의 배송지 주에서 인용한 『강표전』은 이와 관련해 주유가 다음과 같이 말했다고 기록하고 있습니다.

"조조가 북방에 있어 변경의 영토가 평안하지를 못합니다. 또 유비는 남의 땅에 의탁하고 있습니다만 그를 용납하는 것은 호랑이를 키우는 것입니다."

한마디로 그는 조조와 유비를 동오의 양대 적으로 간주했던 것입니다.

그런데 노숙의 생각은 달랐습니다. 노숙과 주유는 친한 친구였습니다. 그들의 관점은 적벽대전 전까지는 같았습니다. 그것은 반드시 유비와 연합해 조조에게 대항한다는 것이었습니다. 그러나 전쟁 후 상황은 달라졌습니다. 주유는 유비까지 집어삼켜 동오의 덩치를 더 키워야 한다고 주장했습니다. 반면 노숙은 유비와 연합해 조조에 대항하자는 입장을 견지했습니다. 이로 인해 강동 진영에는 주유를 축으로 하는 '유비를 집어삼키려는 파'와 노숙을 축으로 하는 '유비와 연합하려는 파'가 자연스럽게 형성됐습니다. 그럼에도 주유는 임종에 이르러 의외로 노숙을 자신의 후계자로 추천했습니다. 우리는 여기서 주유에 대한 존경의 마음을 표시하지 않을 수 없습니다. 그렇다면 노숙은 친구의 은혜를 알고 이에 보답하려고 태도를 바꿨을까요?

### 노숙, 조조에 대항하고자 유비와 협력하다

이제 세 번째 사건인 노숙이 형주를 빌려준 일에 대해 얘기해야 하겠습니다.

노숙은 주유의 자리를 이어 정책을 조정했습니다. 노숙은 무엇보다 손권에게 강릉을 유비에게 양보하라고 설득했습니다. 여기서 우리는 먼저 소위 '형주를 빌리다'라는 말에 대해 살펴볼 필요가 있습니다. 앞에서 말했듯 '형주를 빌리다'라는 말은 사실 얘기가 안 됩니다. 첫째 유비는 결코 형주 전체를 요구하지 않았습니다. 요구할 수도 없었습니다. 손권 역시 줄 수 없었습니다. 당시 남양南陽군과 남군의 일부가 조조의 수중에 있었습니다. 유비가 어떻게 손권에게 '빌려달라'고 할 수 있겠습니까? 실제 유비가 '빌리려는 것'은 오로지 남군이었습니다. 그중에서도 일부분, 즉 강릉이었습니다. 때문에 '형주를 빌리다'라고는 말할 수 없고 그저 '강릉을 빌리다'라고 말하는 것이 맞습니다. 둘째 '강릉을 빌리다'라는 것도 사실은 기본적으로 얘기가 안 됩니다. 유비가 요구한 강릉이 기본적으로 '빌리는' 대상이 될 수 없었기 때문입니다. 이에 대해서는 일찍이 청나라 사람 조익

趙翼이 자세하게 설명한 적이 있습니다. 그는 『22사찰기二十二史札記』「차형주지비借荊州之非」에서 "어떤 것을 '빌리다'라고 하는 것의 의미는 무엇인가? 어느 물건이 원래 내 것이었으나 잠시 다른 사람에게 줘 사용하게 하는 것을 '빌려주다'라고 한다. 그렇다면 형주도 좋고 강릉도 좋다. 그 땅이 본래 손권의 것이었나? 아니다. 형주는 원래 유표의 땅이었다. 유표가 죽은 다음에는 그의 아들 것이 됐다. 이 때문에 적벽대전 후 유비는 유기劉琦를 형주자사로 추천했다. 결코 형주가 자신의 것이라고 말하지 않았다. 나중에 유기가 병사하고 난 후 유비는 여러 사람의 추천으로 형주목이 됐다. 이 계승 관계에 따르면 형주는 마땅히 유비의 것이다"라고 주장했습니다. 만약 형주가 유비의 것이라면 강릉과 남군도 당연히 그렇습니다. 그러나 당시 강릉은 주유가 차지하고 있었습니다. 유비는 그저 돌려받기를 원했을 뿐이었습니다. 때문에 『자치통감』은 "손권으로부터 형주의 몇개 군을 빌렸다"라고 말하지 않고 "형주의 관할권을 요구하는 것"이라고 말했던 것입니다. 계승 관계나 권속 관계로 미뤄볼 때 유비가 손권에게 강릉을 요구한 것은 그저 '형주를 요구하다'라고 말할 수 있는 것이지 '형주를 빌리다'라고 말하는 것은 맞지 않기 때문입니다.

그러면 '형주를 빌리다'라는 말은 어디에서 나왔을까요? 『삼국지』에서 나왔습니다. 『삼국지』「노숙전」을 보면 "유비가 경구에 도착해 손권을 만난 다음 형주의 관할권을 요구했다. 노숙은 손권에게 형주를 빌려줘 함께 조조에 대항할 것을 권유했다"라는 글이 나옵니다. 나중에 노숙과 관우가 형주 문제와 관련해 교섭할 때에도 같은 말이 나옵니다. 노숙이 "원래 땅을 당신들에게 빌려준 것이다"라고 말했다는 기록이 있습니다. 『삼국지』「선주전」의 배송지 주에서 인용한 『강표전』도 마찬가지입니다. "손권으로부터 형주의 몇 개 군을 빌렸다"고 말하고 있습니다. 이것이 누구의 논리인지는 확실합니다. 바로 동오 진영의 논리입니다. 이 논리는 전혀 도리가 없는 것이 아닙니다. 본래 전쟁기에는 '계승권'을 말해서는 안 됩니다. 한 지방을 누가 무력으로 점령하면 그 땅은 바로 그 사람의 것이 됩니다. 누가 가져가겠다거나 회수를 하겠다면 무력을 써야 합니다. 그러나 유비는 손권에게 무력을 쓸 수가 없었습니다. 그저 울분을 꾹 참으면서 찾아가 '빌릴' 수밖에 없었습니다. 당연히 우리는 당시 유비가 어떻게 말했는지 모릅니다. 그저 모호하게 '형주의 관할권을 요구'했을 것입니다. 그런데 손권은 이 말을 '형주를 빌려달라'는 것으로 이해했습니다.

'빌리다〔借〕'라는 글자는 단순합니다. 그러나 이 한 글자에는 복선이 깔려 있었습니다. 끝내는 그것이 화근이 되어 손권과 유비의 동맹을 파열로 이끌었습니다. 이유는 있었습니다. 손권은 장기적으로 유비에게 형주를 '빌려줄' 수가 없었습니다. 유비 역시 '돌려줄' 수가 없었습니다. 유비 입장에서 볼 때 남군과 강릉은 원래 자기 것이었습니다. 왜 '돌려줘야' 합니까? 설사 '빌린 것'이라고 쳐도 그렇습니다. 그것은 '호랑이가 돼지를 빌린 것'과 하등 다를 것이 없었습니다. 제가 볼 때 손권과 유비 쌍방은 모두 이런 이치에 대해 마음속으로 생각했을 것이 분명합니다. 그래서 여기 하나의 문제가 생깁니다. 왜 손권은 유비에게 '형주를 빌려주는 것'에 동의했을까요?

이유가 있습니다. 가장 중요한 이유는 조조에게 대항하기 위해서였을 것입니다. 『삼국지』「노숙전」의 배송지 주에서 인용한 『한진춘추』를 살펴보는 것이 좋겠습니다. 유비가 경구에 도착해 '형주의 관할권을 요구'했을 때 주유는 유비를 연금하자고 주장했습니다. 여범呂範이라는 손권의 수하도 같은 주장을 했습니다. 노숙은 반대했습니다. 이긴 사람은 노숙이었습니다. 그가 손권을 설득한 논거는 간단했습니다. "조조의 세력이 막강"하므로 유비의 힘을 빌려 조조의 적을 더욱 키워야 한다는 것이었습니다. 손권에게 형주 땅을 유비에게 '빌려주자'고 한 것도 같은 이유였습니다. "함께 조조에 대항"하기 위해서였습니다. 「노숙전」은 이와 관련해 다음과 같은 기록도 남기고 있습니다. "이 소식을 들었을 때 글을 쓰고 있던 조조는 붓을 떨어뜨렸다"라는 기록입니다. 이 기록은 정사에 있는 것이지만 믿지 않는 사람들이 있습니다. 사마광이 그런 사람입니다. 『자치통감고이』에서 "아마 조조가 그렇게까지는 하지 않았을 것이다"라고 말하고 있습니다. 그러나 이 일이 조조에게 불리한 것만은 분명한 사실이었습니다.

유리한 입지를 굳힌 것은 당연히 유비였습니다. 그는 나아가면 바로 공격이 가능하고, 물러나도 방어가 가능한 하나의 전략적 요충지를 얻었습니다. 손권도 이익이 있었습니다(그는 이익이 없으면 어떤 일도 하지 않았습니다). 첫째, 손권-유비 동맹을 공고히 할 수 있었습니다. 이로 인해 조조는 쉽게 남하하지 못했습니다. 둘째 후방을 돌아봐야 하는 걱정을 해결했습니다. 그는 이로써 국내 문제를 해결할 수 있었습니다. 셋째, '땅을 빌려준다'는 명분을 통해 자신의 세력을 유비의 점령 구역까지 확대할 수 있었습니다. 이 세 가지 이익은 장쭤야오 선생의 『유비평전』이 상세하게 설명하고 있습니다. 결론적으로 말해 손권과 노숙이 '형주를 빌려준 것'은 그들이 보살의 마음을 가졌거나 유비를 좋아해서가 아니었습니다. 그들은 유비도 잠재적인 적으로 간주했습니다. 그저 유비가 아직까지는 이용 가치가 있다고 보았다고 생각하면 될 것 같습니다. 바꿔 말해 그들은 유장처럼 유비로 하여금 자신들의 집을 돌보고 정원을 보호하도록 돕겠다고 생각했던 것입니다.

애석한 것은 누구나 손익 계산을 하지만 저마다 계산 방법이 다르다는 사실입니다. 손권은 그 자신만의 손익 계산이 있었습니다. 유장 역시 그랬고 유비는 더 말할 것이 없었습니다. 저마다 계속 머리를 굴려가면서 계산했지만 결국 유비만이 벌었습니다. 반면 손권과 유장은 잃었습니다. 유장은 비참하기까지 했습니다. 회사는 파산하고 지위와 명예도 모두 잃었습니다. 손권은 유비가 세력을 키워나가고, 두 주의 목(형주목에다 익주목)을 겸하며, 욕망을 하나둘 실현하는 것을 눈 뜨고 지켜봐야만 했습니다. 유비는 손권을 위해 다시는 집을 돌보거나 정원을 보호하지 않아도 됐습니다. 뿐만 아니라 방향을 바꿔 손권을 집어삼킬 수도 있게 됐습니다.

이후 손권은 계산하지 않았습니다. 막무가내로 나온 것입니다.『삼국지』「오주전」과『자치통감』에 따르면 건안 20년(서기 215년) 5월 손권은 제갈량의 형 제갈근諸葛瑾을 유비에게 보냈습니다. 형주를 회수하기 위해서였습니다. 유비는 즉답을 하지 않았습니다. 그저 "현재 양주凉州를 공격할 준비를 하고 있소. 양주를 함락시킨 다음 형주의 모든 땅을 당신에게 주겠소"라고 말했습니다. 손권은 그의 말을 듣고 "형주는 분명히 빌려준 것이다. 그런데도 돌려주지 않고 헛소리로 시간을 끌어!"라면서 분노했습니다. 그래서 그는 형주의 반환과 관계없이 유비가 관할하고 있는 장사와 계양·영릉 등의 3군에 관리를 파견했습니다. 당시 형주를 전체적으로 관리하는 책임자는 관우였습니다. 관우가 어디 이런 수에 당할 사람입니까? 바로 손권이 파견한 관리들을 강제로 내보냅니다. 손권은 예상대로 대로했습니다. 즉각 여몽呂蒙에게 2만 명의 군사를 줘 장사·계양·영릉 3군을 공격해서 탈환하도록 했습니다. 또 노숙에게는 군사 1만 명을 거느리고 파구(지금의 후난성 웨양시)로 진주하여 관우와 대치하라고 명령했습니다. 이어 자신은 육구(陸口, 지금의 후베이성 자위현嘉魚縣 서남쪽 루수이陸水가 장강長江으로 유입되는 곳)에서 병력 배치를 직접 지휘했습니다. 유비는 당연히 소식을 들었습니다. 형세가 만만치 않다는 사실을 분명하게 알았습니다. 그는 제갈량을 남겨 성도를 지키게 한 다음 5만 명의 군사를 이끌고 6월경에 공안으로 돌아왔습니다. 동시에 관우에게 군사 3만 명을 이끌고 익양益陽에 진주하여 손권과의 결사의 일전을 준비하라고 명령을 내렸습니다.

전쟁이 발발하기 직전 노숙과 관우는 한 번 회담을 가졌습니다.『삼국지』「노숙전」에 따르면 당시 양측은 양쪽 군대의 거리를 백 보로 한 다음 서로 단도부회(單刀赴會. 원래는 관우가 칼 한 자루만 가지고 적장의 초대연에 나갔다는 뜻이나 여기에서는 서로 칼 한 자루씩만 차고 만난다는 의미—옮긴이) 하기로 약속을 했습니다. 이 자리에서 노숙은 관우를 책망하면서 "우리나라가 좋은 마음과 좋은 뜻으로 귀측에 땅을 빌려준 것은 귀측 군대가 전쟁에서 패해 멀리까지 와 발붙일 곳조차 없기 때문이었소. 지금 당신들은 익주를 얻었으니 마땅히 형주를 돌려줘야겠소. 우리는 그저 3군만 요구하고 있소. 모두 돌려주기를 원하는 것이 아니오!"라고 말했습니다. 그의 말이 채 끝나기도 전이었습니다. 관우 진영에서 웬 장군이 끼어들어 "천하의 땅은 오로지 덕이 있는 사람에게만 속하는 것이오. 세상에 어디 영원불변한 것이 있겠소!"라면서 노숙의 말을 반박했습니다. 노숙은 바로 목소리와 얼굴이 묘하게 변하더니 큰 소리로 그 장군을 꾸짖었습니다. 관우 역시 칼을 잡은 채 일어나 그 장군에게 "이것은 주공이 고려한 일일세. 자네가 뭘 아나!"라고 힐책하면서 물러가라는 눈짓을 보냈습니다. 회담은 결과가 없었습니다.

솔직히 노숙의 말에는 일리가 없었습니다. 유비가 '형주를 빌렸을' 때는 '군대가 패전해 멀리까지 와 발붙일 곳이 없었던 때'가 아니었습니다. 손권이 요구한 장사·계양·영릉 3군 역시 원래는 동오의 것이 아니었습니다. 유비가 스스로 공략한 것이었습니다. 무슨 근거로 그에게 돌려줘야 합니까? 손권에게 남군을 '빌렸다'고 해서 장사·계양·영릉 3군마저도 모두 '빌린' 것이 됩니까? 이와 관련해서는 배송지 주에서 인용한 『오서』의 기록이 더 일리가 있습니다. 이에 따르면 관우는 "적벽대전 때 좌장군(유비)은 친히 전선에 임해 적과 싸웠소. 그것이 다 헛수고라는 말이오? 한 치의 근거지도 가질 수 없다는 말이오? 더구나 지금은 고작 한 치밖에 없는데 당신들이 거둬가도 된다는 말이오?"라고 노숙을 힐책했습니다. 노숙은 당연히 변명을 했습니다. 어쨌거나 노숙과 관우는 서로 어떤 결과도 얻지 못했습니다. 그들은 그저 전쟁터에서 볼 수밖에 없었습니다.

전쟁은 거의 일촉즉발이었습니다.

이것은 노숙에게는 고통스러운 일이었습니다. 그는 동오 진영 '연맹파'의 지도자(유비 진영의 '연맹파' 지도자는 제갈량이었습니다)로서 결코 이런 결과를 원하지 않았습니다. 저 멀리 성도에 있는 제갈량 역시 원하지 않았을 것입니다.

이때 조조가 그들을 도왔습니다. 그해 3월 조조는 서쪽의 장로를 정벌하기 시작해 7월에 한중으로 들어갔습니다. 이 소식은 유비에게 전해졌습니다. 유비는 지금은 손권과 반목할 때가 아니라는 사실을 절감했습니다. 행동도 빨랐습니다. 즉각 손권에게 사람을 보내 화해를 청했습니다. 손권도 유비와의 전쟁을 원치 않았습니다. 그는 제갈근을 보내 담판을 했습니다. 성과도 있었습니다. 쌍방이 상수湘水를 경계로 형주를 나누는 데 협의한 것입니다. 이에 의해 장사와 강하·계양의 동쪽은 손권에게 귀속됐습니다. 남군과 영릉·무릉의 서쪽은 유비에게 귀속됐습니다. 남양과 남군의 양양은 당연히 계속 조조의 것이었습니다. 결과적으로 유비는 상수 동쪽 지역을 잃었습니다. 하지만 조조와 손권의 양면 협공을 피할 수 있게 됐습니다. "땅을 평화와 바꿨다"라고 말할 수 있겠습니다.

이 투쟁에서 손권은 형주를 회수하지 못했습니다. 여동생만 되찾아오는 데 그쳤습니다. 그러나 그는 물론 포기하지 않았습니다. 더구나 강동 진영에는 형주를 되찾자고 주장하는 사람이 많이 있었습니다. 예컨대 여몽이 바로 그런 사람이었습니다. 그러면 여몽은 어떤 사람일까요? 그는 손권을 대신해 형주를 되찾을 수 있을까요? 만약 그렇다면 그는 또 어떻게 했을까요?

# 흰옷을 입고 강을 건너다

33강
白衣渡江

건안 20년의 형주 쟁탈전은 손권과 유비 상호 간의 타협과 영토 분할로 막을 내렸다. 그러나 그들은 모두 그에 만족하지 않았다. 손권은 여몽의 건의를 받아들여 형주의 완전 회수를 자신의 가장 중요한 사명으로 생각하기 시작했다. 관우 역시 유리한 형세를 이용해 조조 수중의 양양과 번성樊城을 빼앗는 전쟁을 일으켰다. 조조와 유비, 손권 셋은 형주라는 드넓은 땅에서 머리싸움뿐만 아니라 용맹도 겨루기 시작했다. 그러면 투쟁의 결과는 어땠을까?

건안 20년(서기 217년) 노숙이 세상을 떠났습니다. 그를 이은 사람은 여몽이었습니다. 이는 아주 재미있는 일이었습니다. 앞에서 말했듯 적벽대전 후 강동 진영에는 '유비를 집어삼키려는 파'와 '유비와 연합하려는 파', 두 파벌이 형성돼 있었습니다. '유비를 집어삼키려는 파'의 주유가 죽은 다음 그를 이은 사람은 '유비와의 연합'을 주장한 노숙이었습니다. 그런데 '유비와의 연합'을 주장하는 노숙이 죽은 다음에 그를 이은 사람은 묘하게도 '유비를 집어삼키려는 파'의 여몽이었습니다. 세상사는 변화무쌍하다는 말이나 세상사는 돌고 돈다는 속담은 확실히 불후의 진리였습니다. 이로써 "유비를 집어삼키고 형주를 탈환하자"라는 슬로건은 강동에서 아주 떠들썩한 말이 됐습니다.

그러면 여몽은 어떤 사람일까요? 그는 왜 '유비를 집어삼키고 형주를 탈환하자'고 주장했을까요?

### 터프가이 지략가, 여몽의 등장

여몽 역시 노숙과 친구 사이라 할 수 있습니다. 특히 그들의 내왕은 많은 드라마틱한 요소가 있었습니다. 『삼국지』「여몽전」에 따르면 건안 15년(서기 210년) 말 주유가 병으로 죽자 노숙이 그의 자리를 이었습니다. 이때 노숙은 육구로 향하다 도중에 여몽의 위수 지역을 지나게 됐습니다. 마침 어떤 수하가 노숙에게 여몽을 찾아볼 것을 건의했습니다. "여장군의 공로와 명성이 지금 갈수록 커지고 있습니다. 예전과 같이 대해서는 안 됩니다"라는 말까지 덧붙였습니다. 우리는 여몽의 출신 배경에 대해 잘 알고 있습니다. 그는 일단 귀족과는 거리가 먼 가난하고 비천한 신분의 사람이었습니다. 게다가 교육을 거의 받지 못했고 책 읽기도 별로 좋아하지 않았습니다. 조정에 편지를 올릴 일이 있으면 자신이 구술한 다음 다른 사람에게 대필하게 할 정도였습니다. 자연히 사람들에게 용기는 있으나 지모는 없는 무장이라는 느낌을 줬습니다. 때문에 노숙도 그를 약간 경시했습니다.

아무튼 노숙이 여몽을 보러 간 이야기로 돌아가겠습니다. 노숙은 이 만남에서 크게 놀라고 맙니다. 여몽은 연회를 열어 노숙을 극진히 대접했습니다. 술이 세 순배나 돈 다음이었습니다. 여몽이 갑자기 "각하께서는 현재 중책을 짊어지고 있습니다. 또 관우와 대치하고 있습니다. 앞으로 어떤 계책으로 뜻밖의 사태를 예방하시겠습니까?"라고 물었습니다. 노숙은 여몽을 경시했으므로 즉석에서 "임기응변으로 대처하면 되겠지요"라고 대수롭지 않게 대답했습니다. 여몽이 이에 "아마 안 될 텐데요! 현재 우리는 표면적으로는 유비와 한 식구입니다. 그러나 언제 어떻게 될지 모릅니다. 게다가 관우는 맹장입니다. 어찌 사전에 예방하지 않을 수 있겠습니까?"라면서 노숙을 위해 다섯 가지 계책을 내놓았습니다. 노숙은 여몽의 말을 듣자마자 자신도 모르게 자리에서 일어나 여몽 옆으로 가서 앉았습니다. 이어 그의 등을 쓰다듬으면서 "어허, 여자명呂子明! 여자명! 그대의 재략이 이 정도 수준에 이르렀는지 내 전혀 생각조차 못했소!"라고 찬탄했습니다. 노숙은 거기에서 그치지 않고 곧바로 내실로 들어가 여몽의 모친까지 배알했습니다. 두 사람은 좋은 친구가 되기로 한 다음 헤어졌습니다.

이 일은 배송지 주에서 인용한 『강표전』에 좀 더 자세하게 기록돼 있습니다. 이에 따르면 당시 노숙은 여몽의 등을 쓰다듬으면서 "형제여, 나는 그대가 그저 전투만 잘하는 줄 알았소! 그런데 학문 역시 이렇게 뛰어나니 예전에 보던 '오하아몽(吳下阿蒙, 무예는 출중하나 학식이 없는 사람-옮긴이)'이 아니외다!"라고 칭찬했습니다. 여몽은 이에 "선비는 사흘만 헤어져 있어도 괄목상대합니다. 형님, 관우가 어떤 사람인지 한번 생각해 보십시오. 근면하고 배우기 좋아하는 사람입니다. 『좌전左傳』을 숙독하는 반면 의지가 굳고 과단성이 있습니다. 용감하고 씩씩한 기개 역시 넘칩니다. 그러나 스스로 고상하다고 자부하는 약점이 있습니다. 오만한 기세도 남들을 몹시 깔보는 쪽으로 흐르고 있습니다. 이런 사람에게 대응하려면 상대방이 생각하지 못하는 방법을 통해 이

**여몽** 노숙에 이어 오나라의 병권을 맡은 여몽은 삼국사 인물 중에서 눈에 띄는 대기만성형 지장이라 할 수 있다. 노숙과는 달리 손권-유비 동맹에 부정적이었으며, 결국 양번전쟁에서 관우를 계략에 빠뜨려 형주를 취했다.

33강 흰 옷을 입고 강을 건너다 | 189

기는 책략을 써야 하지 않을까요?"라고 말했습니다. 그는 이어 노숙에게 계책을 올렸습니다. 노숙은 "그의 계책을 진지하게 경청하고 밖으로 공개하지 않았다"고 합니다.

그러면 여몽은 어떻게 '무지막지한 터프가이'에서 '모략가'로 변신했을까요? 이는 손권의 역할이 컸던 것으로 알려져 있습니다. 『강표전』에 따르면 손권은 일찍이 여몽과 장흠蔣欽에게 "그대들은 이제 모두 최고위 관리가 됐으니 마땅히 책을 더 많이 봐야 하오"라고 말했습니다. 여몽은 이때 "군중의 일이 바쁜 상황에서 언제 책을 보겠습니까?"라고 대꾸했습니다. 그러자 손권은 "내가 그대들에게 학문을 하라는 것이 설마 박사가 되라고 그러는 것이겠소? 그저 얼마간의 역사만 이해하면 되지 않겠소! 그대들이 아무리 일이 많다고 해도 설마 나보다 바쁘다는 말이오? 광무제는 일찍이 남쪽을 정벌하고 북쪽을 토벌할 때에도 책에서 손을 떼지 않았소. 어디 그뿐이오. 조맹덕은 천하를 다투기에는 늙었으나 열심히 배우고 있소. 그대들은 어떻게 스스로 힘써 배우려 하지 않소?"라고 힐책했습니다. 여몽은 이렇게 해서 독서를 시작했습니다. 나중에는 그 숱한 유생들보다 더 많은 책을 읽었습니다.

여몽은 원래 타고난 재능이 있었습니다. 이해력이 대단히 뛰어난 데다 세상사에 대한 경험도 많았습니다. 게다가 본격적으로 독서를 하자 자신만의 독특한 견해가 생기게 됐습니다. 그렇게 갈고 닦은 지혜를 바탕으로 정세에 대한 여몽 스스로의 안목 또한 생기게 된 것입니다. 여몽의 견해는 노숙과 달랐습니다. 노숙은 조조가 동오의 가장 큰 적이라고 생각했습니다. 반드시 유비와의 협동 작전을 통해 이 공동의 적에 대항해야 한다고 생각했습니다. 그러나 여몽은 노숙의 입장에 동의하지 않았습니다. 여몽은 관우가 대단한 영웅이라고 생각했습니다. 줄곧 동오를 집어삼켜 영토를 확장하겠다는 야심이 있다고 봤습니다. 더구나 그가 장강 상류에 자리 잡고 있어 지리적으로도 유리하다고 생각했습니다. 동맹이 오래 지속될 수 없다고 판단한 것입니다. 그가 손권에게 "은밀히 계책을 토로한 것"은 바로 그래서였습니다. 『삼국지』 「여몽전」에 따르면 이 '계책'은 두 가지 문제에 대한 의문을 바탕으로 마련되었습니다. 우선 조조에 대항하기 위해서 반드시 관우에게 의존해야 하는가 하는 의문이었습니다. 그다음은 관우라는 인물이 과연 믿을 만한 사람인가 하는 것이었습니다. 첫 번째 의문에 대해 여몽의 대답은 반드시 필요하지는 않다는 것이었습니다. 여몽은 이때 손권에게 "주군은 손교孫皎를 남군에 보내 지키게 할 수 있습니다. 또 반장潘璋을 백제白帝에 진주시키는 것도 가능합니다. 여기에 장흠에게 병력 1만 명을 거느리고 장강 상류 익ㅊ으로 가게 할 수도 있습니다. 본인 역시 마찬가지입니다. 주군을 위해 바로 앞의 양양을 지키는 것이 가능합니다. 만약 이런 전략적인 안배를 한다면 우리가 조조를 왜 무서워해야 합니까? 왜 관우에게 의지를 해야 합니까?"라고 자신있게 말했습니다.

관우가 과연 믿을 만한 인물인가에 대해서도 여몽의 견해는 꽤 비관적이었습니다. "관우와 유비 등은 교묘한 수단이나 힘으로 빼앗으려는 자들입니다. 항상 이랬다저랬다 합니다. 절대로 우리를 자기들 편으로 생각하지 않을 것입니다. 조만간 우리에게 안면을 바꿀 때가 올 것입니다. 그들이 아직까지 우리에게 손을 쓰지 않은 이유는 주군께서 무용이 뛰어나고 현명하기 때문입니다. 또 우리가 아직 살아 있는 것도 이유일 것입니다. 그러나 만약 지금 먼저 선수를 써서 상대를 제압해놓지 않으면 우리가 모두 죽었을 때에는 어떻게 합니까?"라면서 비감하게 손권을 부추겼습니다.

손권은 여몽의 말이 분명히 맞다고 생각했습니다. 그러나 그는 형주를 먼저 취해야 할지 아니면 서주徐州를 먼저 취해야 할지를 확실하게 결정하지 못했습니다. 결국 여몽이 다시 "서주를 점령하는 것은 그다지 어렵지 않습니다. 어려운 것은 과연 지킬 수 있느냐 없느냐 하는 것입니다. 서주라는 지방은 말이 마음껏 달릴 수 있는 드넓은 평지입니다. 북방의 용맹한 기병들이 막힘없이 사방으로 마구 치달리기에 적합합니다. 더구나 우리가 서주를 점령하면 조조가 다시 와서 빼앗으려고 할 것입니다. 그때가 되면 군사가 7~8만 명이라도 지키지 못할까 두렵습니다. 먼저 관우를 제거하고 완전히 장강을 점령해 우리의 세력을 강력하게 하는 것만 못합니다"라고 진언했습니다. 손권은 이 말 역시 아주 정확하고 적절하다고 생각했습니다.

강동 진영의 입장에서 보면 여몽의 이 말은 확실히 틀린 것은 아니었습니다. 먀오웨繆鉞 선생의 저서인 『삼국지선주三國志選注』의 고증에 의하면 여몽이 이 말을 한 것은 건안 16년(서기 211년)이었습니다. 이때 유비는 이미 촉으로 들어가 있었습니다. 그저 촉을 얻지 못했을 뿐이었습니다. 그러나 유비는 촉을 얻은 다음에 결코 형주를 '돌려주지' 않았습니다. 손권 역시 '구걸'할 수 없었습니다. 이는 손권이 유비를 "진심으로 대할 수 없었다"는 사실을 설명하는 것이었습니다. 나아가 강동 진영이 오로지 무력을 통해서만 형주를 탈환할 수 있다는 사실도 설명한다고 하겠습니다. 여몽은 선견지명이 있었던 것입니다.

### 관우, 양번전쟁을 일으키다

그러나 문제는 관우였습니다. 말로 제거하겠다고 해서 제거할 수 있는 인물이 아니었습니다. 기회가 있어야 했습니다. 건안 24년(서기 219년)에 바로 기회가 왔습니다. 『자치통감』에 의하면 이해 5월 유비는 조조의 수중에서 한중을 탈취했습니다. 7월에는 스스로 한중왕이라 칭하고 성도로 군대를 이끌고 돌아왔습니다. 곧 인사도 있었습니다. 허정許靖을 태부太傅, 법정을 상서령, 관우를 전장군, 장비를 우장군, 마초를 좌장군, 황충黃忠을 후장군으로 임명하는 인사였습니다. 이 좋은 소식들은 유비 진영의 사람들을 크게 고무시켰습니다. 게다가 손권이 마침 이때 동쪽에서 합비合肥로 진공했습니다. 그러자 관우가 매우 좋은 형세를 이용했습니다. 양양과 번성을 공략하는 양번襄樊전쟁을 일으킨 것입니다.

이 전쟁은 조조가 마음을 졸이게 만들었습니다. 당시 조조는 한중으로부터 장안으로 막 철군해 돌아와 있었습니다. 그는 관우가 번성을 공격한다는 말을 듣고 좌장군 우금于禁을 파견해서 돕도록 했습니다. 양번 수비 책임자인 장군 조인曹仁은 우금과 입의장군立義將軍 방덕龐德을 번성의 북쪽에 주둔시켰습니다. 우금은 조조가 친히 발탁한 애장이었습니다. 『삼국지』「우금전」에 따르면 그는 "장요張遼 · 악진樂進 · 장합張郃 · 서황徐晃 등과 함께 하나같이 명장"이었습니다. 조조는 심지어 "아무리 역사적인 명장이라도 반드시 그를 능가한다고 할 수는 없다"면서 그를 칭찬했습니다. 방덕은 원래 마초의 부하였습니다. 위남渭南전쟁 당시 조조에 투항해 '입의장군'이 된 인물이었습니다. 『삼국지』「방덕전」에 의하면 양번전쟁 당시 마초는 이미 유비의 사람이 돼 있었습니다. 또 방덕의 사촌형 방유龐柔도 유비의 부하로 활약하고 있었습니다. 조인은 당연히 방덕의 충성심에 대해 의심하지 않을 수 없었습니다. 방덕은 이에 "나는 나라의 두터운 은혜를 입었습니다. 의롭게 전력을 다해 전쟁터에서 죽을 것입니다. 이번에 내가 관우를 죽이지 않으면 그가 나를 죽이게 될 것입니다"라고 말하면서 변치 않을 충성심을 강조했습니다. 그는 나중에 진짜 관우와 교전하다 화살 한 방을 관우의 이마에 명중시키기도 했습니다. 이로 인해 관우의 군중에서는 그를 '백마장군'이라고 불렀습니다. 관우 군영에서는 그의 이름만 들어도 간담이 서늘해졌다고 합니다. 조조의 입장에서는 이런 두 명의 장군이 번성의 북쪽을 지키고 있었으므로 일단은 관우의 공세를 막아낼 수 있었습니다.

그러나 하늘이 돕지 않았습니다. 8월에 큰 비가 내렸습니다. 한수(漢水, 지금의 한수이강. 중국 산시성 서남부 보중산에서 발원하는 양쯔강의 지류임—옮긴이)가 넘쳐 제방 밖으로 물이 흘러내렸습니다. 번성이 홍수에 둘러싸이게 된 것입니다. 이때 우금의 지휘하에 있던 7군은 관우의 수공에 의해 전부 익사당하는 비극을 맞고 맙니다. 이것이 이른바 "물이 7군을 익사시키다"라는 고사입니다. 그러나 『삼국지』「관우전」은 그렇게 기록하고 있지 않습니다. 그저 "가을에 큰 장마가 내려 한수가 범람했다. 우금이 지휘하는 7군은 모두 익사했다"라고만 말하고 있습니다. 이 물이 관우가 막아 흘려보낸 것이라고 말하지 않은 것입니다. 더 나아가 관우가 홍수를 이용할 생각을 했다고도 말하지 않았습니다. 『자치통감』 역시 이렇게 말하지 않고 있습니다. 자연재해의 결과라고 언급하고 있습니다. 관우는 그저 기회를 틈타 공격한 것일 뿐이었습니다. 결과적으로 우금은 생포돼 투항하는 길을 택했습니다. 그러나 방덕은 생포된 다음 의를 위해 죽었습니다. 『삼국지』「방덕전」에 따르면 당시 방덕은 무릎을 꿇지 않고 서서 있었습니다. 관우는 좋은 말로 투항을 권고했습니다.

"귀하의 형은 한중에 있소. 본인 역시 귀하를 장군으로 대우할 생각이오. 왜 빨리 투항을 안 하시오?"

이에 방덕은 관우를 욕하면서 단호히 거절합니다.

"너 이 모자라는 꼬마 놈아, 무슨 엉뚱한 말을 하는 것인가! 위왕은 강력한 병사가 백만이다. 위력이 천하에 떨치고 가는 곳마다 당할 자가 없다! 너희 유비라는 인간은 도대체 뭐하는 물건인가? 그저 평범한 사람에 불과할 뿐이다. 어디 우리 위왕의 상대가 되겠느냐! 나 방덕은 조정의 귀신이 되기를 원하지 도둑의 장군은 절대로 안 할 것이다!"

관우는 그를 죽일 수밖에 없었습니다. 소식은 바로 조조 진영에 전해졌습니다. 조조는 "소식을 듣고 비통해 했고, 그를 위해 눈물을 흘렸다"고 전해집니다.

우금은 투항하고 방덕은 죽었습니다. 번성의 수장 조인 역시 비참한 지경에 이르렀습니다. 왼쪽 어깨와 오른쪽 팔을 잃은 것입니다. 상황은 더욱 악화돼갔습니다. 무엇보다 번성의 성벽이 홍수에 잠겨 계속 무너져 내렸습니다. 성 안을 지키던 병사들은 완전 공황 상태에 빠졌습니다. 『삼국지』 「만총전滿寵傳」의 기록이 당시의 상황을 잘 보여줍니다. 당시 누군가가 조인에게 관우의 포위가 느슨한 틈을 이용해 배로 번성에서 탈출하자고 건의했습니다. 조인을 도와 성을 지키던 만총은 이 계획에 찬성하지 않았습니다. 만총은 "홍수는 오는 것도 빠르고 가는 것도 빠릅니다. 틀림없이 오래 지속되지 않을 것입니다. 더구나 관우는 절대 경솔하게 공격해 들어오지 않을 것입니다. 그들의 후방 역시 절대로 안전하지 않기 때문입니다. 그러나 우리가 만약 오늘 성을 버리고 탈출하면 황하黃河 이남의 땅은 다시는 조정에 속하지 않게 됩니다"라면서 그 이유를 상세하게 들었습니다. 조인은 이에 "그대의 말이 맞다!"고 그를 격려했습니다. 만총은 그래서 백마를 물에 빠뜨려 죽이라고 명령한 다음(성을 사수하겠다는 뜻을 의미함-옮긴이) 휘하의 장군, 병사들과 죽기를 각오하고 싸울

**방덕** 방덕은 본래 마초의 부하였으나 조조에게 투항해 최후까지 조조에게 의를 지켰다. 양번전쟁 당시 관우에게 패해 투항을 권유받지만, 호기롭게 거절하고 장렬한 죽음을 맞았다.

것을 맹세했습니다. 마침 이때 서황徐晃의 원군이 도착했습니다. 관우는 철군할 수밖에 없었습니다.

관우가 비록 번성에 대한 포위를 풀었으나 전쟁은 끝난 것이 아니었습니다. 관우도 포기하지 않았습니다. 이 상황은 오래전부터 형주를 탈환하려고 음모를 꾸며온 손권 진영에게는 의심할 바 없는 좋은 기회였습니다. 그렇게 생각할 충분한 이유가 있습니다. 우선 관우는 삼키기에 쉽지 않은 딱딱한 뼈와 같았던 양양과 번성 두 곳을 어떻게든 수중에 넣으려 했습니다. 게다가 그의 앞에는 조인과 서황 두 장군이 있었습니다. 이런 상황에 대처하려면 충분한 병력이 있어야 했습니다. 그러나 일단 후방에서 병력을 전방으로 이동시키면 남군은 허약해질 수밖에 없었습니다. 반대로 대량으로 병력을 이동하지 않을 경우 전방의 상황이 절박해질 가능성이 높았습니다. 이것이 바로 관우가 직면한 최대 난제였습니다. 여몽이 손권에게 먼저 전술적인 방법을 생각한 다음 어떻게든 관우의 군대를 속여 양번 쪽으로 움직이도록 만든다는 전략을 내놓은 것은 그래서였습니다. 여몽의 생각은 그런 다음에 허를 타고 들어가 배후에서 칼로 찌르겠다는 것이었습니다. 이 아이디어는 당연히 좋은 것이었습니다. 문제는 강동 진영이 관우를 속일 수 있을 것인가 하는 데 있었습니다.

### 관우, 여몽의 수에 걸리다

그게 가능했습니다.

여몽은 사실 이미 관우를 속였습니다. 『삼국지』「여몽전」에 의하면 그는 비록 관우를 멸해야 한다는 주장을 줄곧 펼쳤으나 노숙의 자리를 이어받은 다음에 외견상으로는 "더욱더 후덕한 은혜를 베풀고 관우와 우호 관계를 맺었습니다." 우리는 노숙과 관우 두 군대가 인접해 있을 당시의 상황을 잘 알고 있습니다. 동맹군 상호에 대한 의심이 컸고, 쌍방의 변방 경계선이 개의 이빨처럼 들쭉날쭉한 탓에 마찰과 분규가 적지 않았다는 사실을 말입니다. 당시 노숙이 이와 관련해 많은 중재를 했을 정도였으니까요. 여몽이 '더욱더 후덕한 은혜를 베푼 것'은 그를 통해 관우의 의심을 거두려 한 속내가 있었습니다. 관우로서는 그저 노숙이 폈던 정책의 연속이라고 생각했습니다. 이것이 바로 여몽의 첫 번째 수인 '우호를 가장하는 것'이었습니다.

여몽의 두 번째 수는 더욱 절묘했습니다. '병에 걸린 것으로 가장하는 것'이었습니다. 『삼국지』「여몽전」을 보면 잘 알 수 있습니다. 당시 여몽은 손권에게 "관우는 지금 북쪽의 번성을 공략하고 있으나 많은 예비 병력을 남겨두고 있습니다. 이는 소신이 배후에서 손을 쓸까 두려워서입니다. 누구나 알고 있듯 저는 건강이 좋지 않은 사람으로 자주 병이 납니다. 지금 청하건대 주군께서는 제가 군대를 이끌고 건업으로 돌아가 치료하도록 허락해주시기 바랍니다. 관우가 이 사실을 알면 틀림없이 남군의 군대를 전부 양양으로 돌릴 것입니다. 이때 '대군이 강을 건너 밤낮으로 빠르게 전진해서 그 허점을 습격'하면 남군은 어렵지 않게 점령할 수 있습니다. 관우도 어렵지 않게 생포할 수 있습니다"라고 말하고, 자세한 계책을 담은 글을 올렸습니다. 이 기록대로 여몽은 자신의 병이 심하다고 주위에 널리 알렸습니다. 손권 역시 고의로 밀봉하지 않은 공문을 보내 여몽을 불러들였습니다. 관우는 그 수에 진짜 걸려들고 말았습니다.

세 번째 수는 '애송이인 척하기'였습니다. 그러나 이 수는 여몽의 머리에서 나왔으나 그것을 실행한 이는 다른 사람이었습니다. 바로 육손陸遜이었습니다. 육손은 자가 백언伯言입니다. 오군吳郡의 오현吳縣(지금의 장쑤성 쑤저우시) 사람으로 강동의 명문가 출신이었습니다. 손권의 조카사

위(손책 딸의 남편임)이기도 합니다. 다시 『삼국지』「여몽전」을 볼 필요가 있을 것 같습니다. 여몽이 병에 걸린 것으로 가장해 건업으로 돌아갈 때였습니다. 육손이 무호無湖를 지나던 여몽을 찾아가 만났습니다. 이때 육손은 여몽에게 "관우의 방어 지역은 상류입니다. 장군의 방어 지역과 접하고 있습니다. 그러나 지금 장군이 하류로 내려 가면 전방이 걱정되지 않습니까?"라고 걱정스레 물었습니다. 여몽은 이에 "그대의 말이 맞는 말이오. 그러나 나는 실제로 병이 너무 중하오. 건업으로 돌아가 치료를 받지 않으면 안 되는 상황이오"라고 대답했습니다. 육손은 다시 "장군이 건업으로 돌아가 치료하는 것은 당연합니다. 저 육손은 그저 장군이 주군을 만나서 제 얘기를 잘 전해주십사 부탁하고 싶어 이렇게 찾아온 것입니다. 관우는 용맹하고 무예가 뛰어난 영웅입니다. 그러나 너무 자신의 재주를 믿고 줄곧 오만한 자세로 남을 깔보고는 했습니다. 더구나 이번에 그는 번성을 포위해 상당한 전과를 올렸습니다. 우금의 항복을 받아내고 방덕을 죽였습니다. 그야말로 전과가 휘황합니다. 득의만만할 수밖에 없습니다. 이뿐만이 아닙니다. 그는 지금도 오로지 북벌을 이루겠다는 생각이 머리에 가득 차 있습니다. 우리는 안중에도 없습니다. 만약 이런 상황에서 장군의 병이 심하다는 소문을 들으면 우리를 더 우습게 생각할 것입니다. 우리는 그러나 그가 전혀 준비를 하고 있지 않을 때 뜻밖의 공격을 가할 수 있습니다. 생포하는 것도 어렵지 않습니다"라고 주장했습니다. 여몽은 육손의 말이 대단히 이치에 합당하다고 생각했습니다. 그러나 그 계책에 대해 기밀을 유지해야 했습니다. 감히 쉽게 태도를 표명할 수가 없었습니다. 그저 관료 투의 말로 "관우에게 그렇게 쉽게 대적할 수 있겠소? 첫째, 그는 용맹하고 싸움에 능하오. 위풍이 넘친다는 말을 들을 정도로 천하에 이름이 나 있소. 둘째, 그는 '이미 형주를 점거해 크게 은혜와 신의를 떨치고 있소.' 위엄과 명망이 있다는 얘기오.

셋째, 그는 초반전에서 대승을 올려 배짱이 커지고 기백이 왕성하오. 위력이 있다는 말이오. 이런 사람은 '쉽게 도모할 수 없소'"라며 곤란한 기색을 보였습니다.

### 육손, 여몽을 잇다

여몽은 말은 이렇게 했으나 마음속으로는 육손을 아주 흡족하게 생각했습니다. 여몽은 건업에 도착하자마자 손권에게 그를 추천했습니다. 당시 손권은 여몽이 자리를 떠나게 되면 누가 그를 대신해 가장 육구를 잘 지킬 수 있는 인물인지 자문을 구했습니다. 여몽은 당연히 육손이 제일 적합한 인물이라고 대답했습니다. 원인은 두 가지가 있었습니다. 첫째, 육손은 보기 드문 인재였습니다. 여몽은 다음과 같이 육손을 평가했습니다.

"생각하는 것이 깊고 거시적입니다. 재능이 중책을 맡기에 충분합니다. 계획이나 판단을 살펴봐도 마찬가지입니다. 큰 임무를 맡길 수 있습니다."

여기에서 말하는 '생각'은 바로 이념과 사고입니다. 이른바 '생각하는 것이 깊고 거시적이다'라는 말은 심모원려(深謀遠慮, 깊이 생각하고 멀리 내다보다-옮긴이)라는 표현으로 달리할 수 있겠습니다. 더구나 육손은 전쟁 이론에 대해 이미 탁월한 견해를 가지고 있었습니다. 당연히 여몽을 이을 인물로 적합한 사람이었습니다. 둘째, 육손은 비록 '재간이 중책을 맡기에 충분'함에도 불구하고 "아직 이름이 널리 알려지지 않았다"는 장점이 있었습니다. 관우가 그에 대해 어떤 걱정도 하지 않을 것이 확실했습니다. 관우를 계속 속일 수 있다는 얘기였습니다. 여몽은 바로 이 때문에 육손보다 더 적합한 인물은 없다고 말한 것입니다.

손권은 여몽의 말이 맞다고 생각했습니다. 바로 육손을 편장군偏將軍과

우부독右部督에 임명해 여몽을 잇도록 했습니다. 당시 여몽이 육손을 위해 세운 계책은 특별한 것이 아니었습니다. "밖으로는 숨겨 노출시키지 않고 안으로는 형국을 살피는 것"이었습니다. 바꿔 말해 외면적으로는 애송이인 척하면서 뒤에서 칼을 가는 것이라고 보면 되겠습니다. 육손은 실제 그렇게 했습니다. 육손은 육구에 도착하자마자 관우에게 최고 경지의 속임수가 담긴 편지 한 통을 썼습니다. 편지의 문체는 훌륭했습니다. 그러나 뜻은 아주 간단했습니다. 첫째, 그는 "장군의 이번 승전은 역사에 전례가 없던 일입니다. 한신韓信조차도 비교할 수 없습니다"라면서 관우를 극도로 칭송했습니다. 둘째, 그는 극도로 자신을 낮췄습니다. 자신은 원래 일개 서생으로 기본적으로 현재의 직책을 맡을 능력이 없다면서 관우에게 많은 가르침을 바란다고 했습니다. 셋째, 겉으로는 관우의 승리를 경하해 마지않았습니다. 동맹군의 승리는 자신들에게도 매우 유리하다고 말하면서 강동에서는 박수를 치고 쾌재를 부르지 않을 수 없다고 추켜세웠습니다. 넷째, 의도적으로 티를 내 관우에게 주의를 환기시켰습니다. "조조가 교활하니 장군은 절대로 마음을 놓아서는 안 됩니다"라고 하면서 관우가 군대를 진짜 전선으로 이동시키기를 원하고 있음을 은근히 드러낸 것입니다.

불행히도 관우는 속임수에 넘어가고 말았습니다. 그는 동오 진영의 인재가 너무 없다고 생각했습니다. 말하자면 손권 수하의 인재들이 갈수록 예전보다 못하다는 생각을 한 것입니다. 사실 그런 생각을 할 수도 있었습니다. 동오 최초의 수군 총지휘관은 주유였습니다. 냉혹한 사람이었으나 재능은 아주 뛰어났습니다. 하지만 아쉽게도 수명이 그다지 길지 않은 '단명 귀신'이었습니다. 주유가 사망한 후 등장한 사람은 노숙이었습니다. 그 역시 대단한 사람이었으나 '중재인'에 지나지 않았습니다. 노숙을 대체한 여몽은 진정한 전쟁터의 장군이었습니다. 그러나 '병든 모종'이었습니다. 육손 역시 마찬가지였습니다. 관우로서는 이름을 들도 보도 못했습니다. 그저 "공부만 알고 세상사에는 어두운 사람"이라는 말만 들었을 뿐이었습니다. 관우가 보기에는 손권 진영은 확실히 희망이 없었습니다. 걱정할 필요가 없었습니다. 그는 그래서 점차 군대를 이동시키기 시작해 번성으로 방향을 돌렸습니다.

관우가 군대를 이동시키자 육손은 곧바로 손권에게 글을 올렸습니다. 관우를 사로잡아 괴멸시키는 계획의 요점을 진술한 것입니다. 손권 역시 육손의 계획에 따라 병력을 이동시키고 장군을 파견했습니다. 그러나 관우는 아무것도 모르고 있었습니다. 관우가 생각하지 못한 것은 하나 둘이 아니었습니다. 관우는 표면적으로는 온화하고 겸허한 '병든 모종'과 '공부만 알고 세상사에는 어두운 사람'이 사실은 마음이 독하고 하는 짓이 악랄하기 그지없는 '교활한 양의 새끼'라는 사실을 생각하지 못했습니다. 표면적으로는 자신이 벌이는 번성과의 전쟁에 박수를 치면서 쾌재를 부르는 동맹군이, 사실은 배후에서 번뜩번뜩 칼을 가는 적이었다는 사실도 생각하지 못했습니다. 과거의 혈맹 친구가 이미 적과 결탁해 합동 작전을 통해 자신의 머리를 가져갈 준비를 하고 있다는 사실은 더군다나 생각하지 못했습니다.

손권과 조조의 결탁은 관우의 예측을 완전히 빗나갔을 뿐 아니라 많은 사람들도 이해를 하지 못하는 부분입니다. 손권은 조조와는 적이 아니었습니까? 반면 유비와는 동맹을 맺은 친구가 아니었습니까? 어떻게 조조와는 적에서 친구가 되고 유비와는 반목하여 원수가 됩니까? 사실 변수가 많은 정치 관계에서는 원래 영원한 친구도, 영원한 적도 없습니다. 적이 친구가 될 수 있고, 친구 역시 적으로 변할 수 있습니다. 모든 것은 이익의 존재 여부와 형세가 어떤지에 달려 있다고 할 수 있습니다. 적벽대전 당시 조조는 동오의 최대 위협 세력이었습니다. 그래서 오는 유비와 동맹을 맺었습니다. 그러나 지금 유비가 남군을 '빌린' 여세를 몰아 익주를 탈취하고 한중을 점거했습니다. 나아가 방릉(房陵, 지금의 후베이성 팡현房縣)과 상용上庸까지 점령하고 있었습니다. 그의 근거지는 갈수록 커지고 있었습니다. 게다가 사방으로 연결돼 한 덩어리가 되어가고 있었습니다. 만약 관우가 다시 양양과 번성을 점령할 경우 강동 진영에 크나큰 위협이 될 것은 너무나 자명했습니다. 장강 하류의 한 지방을 할거하던 정권인 강동 진영으로서는 유비와 관우가 자신의 상류에서 갈수록 커지는 것을 눈을 뜨고 볼 수가 없었던 것입니다. 상황은 이미 유비를 '집어삼켜' 자신을 '키우는' 문제가 아니었습니다. 유비를 '제어하고' 자신을 '지키는' 문제였습니다.

그러나 손권 진영의 힘만으로 유비를 제어한다는 것은 쉬운 일이 아니었습니다. 적벽대전 당시 유비와의 연합을 통해 조조에게 대항할 수 있었던 것처럼 이제는 조조와 연합해야만 비로소 유비와 관우의 위협에서 벗어날 수 있었던 것입니다. 마침 조조 역시 동오의 도움을 필요로 하고 있었습니다. 이유는 첫 전투에서부터 혁혁한 전공을 올린 관우의 욱일승천에 있었습니다. 관우는 번성에서 우금의 항복을 받고 방덕을 죽였습니다. 세상의 주목을 받은 정도가 아니라 천하를 놀라게 했습니다.『삼국지』「관우전」은 당시 상황이 어느 정도였는지를 잘 보여줍니다. "관우의 위세가 전 대륙에 떨쳤다. 조조는 허도에서 업성으로 천도해 그의 예봉을 잠시 피할 것을 신하들과 상의했다"고 말하고 있습니다. 한마디로 조조는 천도까지 고려하지 않으면 안 됐던 것입니다. 이에 대해 뤼쓰몐 선생의 『진한사』는 "뜬소문으로 의심스러운 말"에 불과하다면서 믿을 수 없는 기록이라고 주장하고 있습니다. 그러나 조조 진영에 긴장을 느끼도록 한 것은 분명 사실인 것 같습니다. 조조로서도 손권과 연합하여 남북에서 협공을 가함으로써 관우로 하여금 앞뒤를 돌아보지 못하게 만드는 것보다 더 나은 전략은 없었던 것입니다. 관우를 우왕좌왕 정신을 차릴 수 없게 하는 이 전략은 조조 진영의 모사들이 주장했습니다.『삼국지』「장제전蔣濟傳」을 보면 그들이 누구인지 알 수 있습니다. 사마의와 장제입니다. 그들은 조조와 수하들이 천도를 할 것인가 말 것인가 하는 문제를 놓고 토론을 벌이고 있을 때 조조에게 계책을 올립니다.

"유비와 손권은 겉으로는 친밀합니다. 그러나 실제로는 소원합니다. 아마도 손권은 관우가 뜻을 이루는 것을 절대로 원치 않을 것입니다. 그러니 지금 사람을 파견해 관우의 후방을 몰래 기습하도록 손권을 설득해야 합니다. 그에게 강남에 봉해주겠다는 약속을 해도 무방합니다. 그러면 번성의 포위 문제는 틀림없이 해결되고 천도 역시 할 필요가 없게 됩니다."

조조는 이 건의를 받아들였습니다. 즉각 손권에게 평화의 메시지를 보냈습니다. 손권 역시 지체없이 관우를 정벌해 조정에 충성을 표시하겠다는 내용의 편지를 써서 조조에게 보냈습니다.『삼국지』「오주전」에도 분명 그렇게 기록돼 있습니다. "관우를 토벌해 충성을 다하겠다"고 말입니다.『삼국지』「동소전」은 좀 더 구체적으로 기록하고 있습니다. 이에 따르면 당시 손권은 자신이 군대를 이끌고 서쪽으로 진군해 관우를 몰래 습격할 것을 보증했습니다. 대신 조조 진영에는 비밀을 지켜줄 것을 희망했습니다. 관우가 미리 대비하는 것을 막기 위해서였습니다. 조조는 부하들에게 의견을 구했습니다. 하나같이 비밀을 지켜야 한다는 입장을 피력했습니다. 그러나 원래 노련하고 용의주도한 계획으로 유명한 동소는 비밀을 누설시켜야 한다고 주장했습니다. 비밀을 지키면 손권에게 유리하고 비밀을 누설하면 조조에게 유리하다고 생각했던 것입니다. 왜 그럴까요? 관우가 소식을 들은 다음 두 가지 반응을 보일 것이라고 생각했기 때문이겠지요. 동소의 말을 들어보면 이해하기가 쉽습니다. "관우가 보일 반응 중

하나는 바로 군대를 돌리는 것입니다. 그러면 번성의 포위를 풀 수 있습니다. 게다가 손권과 관우를 싸우게 할 수도 있습니다. 이렇게 되면 우리는 앉아서 어부지리를 얻게 됩니다. 그러나 관우라는 사람은 일찍부터 지략보다는 무력의 힘을 믿는 것으로 유명합니다. 아마 곧바로 철군하지는 않을 것입니다. 만약 이때 성을 지키는 우리의 병사들이 곧 구원병이 올 것이라는 사실을 모르고 있다면 우리에게 대단히 불리합니다. 때문에 입으로는 비밀을 지킨다고 대답하고 실제로는 고의로 비밀을 누설시켜야 합니다"라고 말한 것입니다. 조조는 그의 건의에 적극 찬성했습니다. 조조는 곧 서황에게 명령을 내려 손권의 편지를 여러 장 베껴 쓰게 했습니다. 이어 화살을 번성과 관우의 군영에 쐈습니다. 손권이 곧 강릉과 공안을 몰래 기습할 것이라는 소식을 공공연히 알린 것입니다.

동소의 예측은 맞아 떨어졌습니다. 과연 번성을 지키던 조인의 부대는 소식을 듣고 사기가 충천해졌습니다. 성을 지켜야겠다는 결심이 더욱 커진 것입니다. 이에 비해 관우는 머뭇거리면서 결정을 내리지 못했습니다. 관우는 왜 주저하면서 결정을 내리지 못했을까요? 『자치통감』에 주를 단 호삼성의 관점은 이에 대해 "관우는 강릉과 공안이 철옹성이라고 자만했다. 손권이 결코 '단시간 내에 격파할 수 없다'고 생각한 것이다. 게다가 번성은 홍수로 둘러싸여 있었다. 이미 입으로 들어오기 직전의 살이 오른 고기였다. 어찌 지금까지의 공로를 수포로 돌릴 수 있었겠는가? 진짜 마음이 달갑지 않았다"면서 그 이유를 설명했습니다.

관우가 주저하고 있을 때 서황에게 기회가 왔습니다. 서황은 조조의 명령을 받고 번성을 구하러 왔으나 줄곧 군대의 출동을 미룬 채 기다리고 있었습니다. 병력이 '포위를 풀기에 부족'한 데다 결정적인 기회를 기다릴 필요가 있었던 것입니다. 바로 이때 조조가 서황에게 12개 영營의 군대를 증파해줬습니다. 서황은 기회를 놓치지 않고 일거에 진공했습니다.

『삼국지』「관우전」의 배송지 주에서 인용한 『촉기蜀記』는 당시의 상황을 다음과 같이 묘사하고 있습니다.

전쟁터에서 마주한 서황과 관우는 먼 거리를 두고 약간의 한담을 나눴다. 그들은 '그저 지나간 일에 대해서만 얘기를 나누고 군사와 관련해서는 언급하지 않았다.' 서황은 관우가 조조의 진영에서 머물렀을 때의 옛 친구였기 때문이다. 그러나 눈 깜짝할 사이에 서황은 말에서 내려 '관운장의 머리를 자르는 자에게는 상금 천금을 주겠다'고 주위의 수하들에게 말했다. 관우는 어안이 벙벙해져 '형님, 어떻게 그런 말을 하십니까?'라고 물었다. 이에 서황은 '이것은 공적인 일이다. 바꿔 말해 사적인 정은 사적인 정이고 공적인 일은 공적인 일이다. 나 서황은 공적인 일에는 절대로 인정사정을 봐주지 않는다.'

결과적으로 관우는 참패를 당했습니다. 번성에서도 철수하지 않을 수 없었습니다.

번성의 포위는 풀렸습니다. 그러나 조조는 승리한 여세를 몰아 관우를 추격하지 않았습니다. 조조가 인자해서거나 옛 생각이 나서 그런 것이 아니었습니다. 산에 앉아 호랑이들이 싸우는 것을 지켜보기 위해서였습니다. 조조는 이미 번뜩번뜩하게 칼을 간 손권이 빈손으로 돌아갈 것이라고는 생각하지 않았습니다.

### 백의도강 기습작전

조조의 예측은 너무나 정확했습니다. 손권은 관우처럼 주저하지 않았습니다. 아니 오히려 동작이 더욱 신속했습니다. 『삼국지』「동소전」에 의하면 당시 여몽은 명을 받들어 일단 심양에 도착했습니다. 이어 적을 속이기 위해 정예 병사들을 큰 배에 태워 숨긴 다음 하얀 옷을 입고 노를 젓게 했습니다. 군인은 장사꾼으로, 병선은 화물선으로 위장한 것이었습니다. 이들은 도중에 관우의 초소와 맞닥뜨렸습니다. 하지만 쥐도 새도 모르게 제압하고 가볍게 남군에 도착했습니다. 이때 남군을 수비하던 책임자는 장군 사인士仁과 태수 미방麋芳이었습니다. 사인이 공안, 미방이 강릉을 지켰습니다. 이 두 사람은 관우에 대해 불만을 가지고 있었습니다. 게다가 관우를 무서워하고 두려워하는 마음이 있었습니다. 여몽의 대군이 도착하자 그들은 곧바로 투항했습니다. 관우가 정신을 차렸을 때 남군은 이미 손권의 것이 돼 있었습니다. 이것이 이른바 '백의도강白衣渡江', 즉 '흰 옷을 입고 강을 건너다'라는 고사의 내용입니다.

관우는 남군을 잃었다는 소식을 듣고 황급히 돌아왔습니다. 그러나 아무 소용이 없었습니다. 남군의 민심이 이미 여몽에게 완전히 돌아섰던 것입니다. 지금 생각해도 여몽은 정치적 두뇌가 아주 뛰어난 사람이었습니다. 그는 남군을 점령한 다음 대대적인 위무 공작을 벌였습니다. 이른바 회유 정책을 통해 국면을 급속도로 안정시킨 것입니다. 그러면 여몽은 구체적으로 어떤 일을 했을까요? 첫째, 군대를 단속했습니다. 엄하고 분명한 군기를 내려 백성의 재물을 약탈하지 못하게 했습니다. 둘째, 백성을 그저 위로하는 데에서 더 나아가 생활 형편까지 알뜰살뜰하게 보살피고 의사와 약을 보냈습니다. 셋째, 관우의 창고를 밀봉한 채 손권을 기다렸습니다. 마지막으로 관우와 장군들의 가족을 후대해 인심을 얻었습니다. 관우는 다급해졌습니다. 『삼국지』「여몽전」에 따르면 그는 당시 급히 돌아오는 와중임에도 계속 사람을 파견해 여몽과 연락을 취했습니다. 여몽은 그때마다 그들을 후하게 대접했을 뿐 아니라 행동의 자유까지 허락했습니다. 이에 따라 그들은 성 곳곳을 돌아다니면서 집집마다 안부를 물을 수 있었습니다. 심지어 성에 남아 있는 가족들의 친필 편지를 관우의 진영에까지 가지고 돌아갔습니다. 관우를 따르는 막료들과 병사들은 자연스럽게 자신들의 가족이 편안하게 잘 지내고 있다는 사실을 알게 됐습니다. 결과적으로 관우가 채 돌아오기도 전에 그의 수하들은 "군영의 관리들과 병사들이 싸울 마음이 없었다"는 기록처럼 관우를 위해 목숨을 바쳐 싸우겠다는 생각을 이미 버렸습니다.

이와 동시에 육손의 군영에서도 개선가는 계속 울려 퍼졌습니다. 각 성을 지키던 유비 수하 장군들의 행보는 다양했습니다. 도망갈 장군은 도망갔고(예컨대 의도宜都태수 번우樊友) 패할 장군은 패했습니다(예컨대 방릉 태수 등보鄧輔). 또 투항할 장군은 투항했습니다(예컨대 촉의 장군 진봉陳鳳). 『삼국지』「여몽전」에 의하면 이때 육손은 "베고 생포하고 투항을 권유해 받아들인 사람이 만 명에 이르렀다"고 합니다. 그야말로 대승을 거둔 것입니다. 『삼국지』「오주전」도 이에 대해 다음과 같이 기록하고 있습니다.

"육손이 의도를 공략, 함락시킨 다음 곧바로 자귀·지강枝江·이도夷道를 점령했다. 이어 이릉夷陵에 군대를 주둔시켜 협곡의 입구를 지켰다. 촉나라 군대가 진공할 것에 대비한 것이다."

이뿐만이 아니었습니다. 『삼국지』「여몽전」에 의하면 얼마 지나지 않아 손권도 남군에 도착해 직접 진두지휘에 나섰습니다. 여몽과 육손이 친 그물에 관우가 걸려들기를 기다린 것입니다. 설상가상 관우는 이때 이미 앞뒤로 적의 공격을 받고 있었습니다. 관우가 번성을 떠날 때 조인의 수하들은 모두 승리의 여세를 몰아 추격해서 관우를 일거에 생포해야 한다고 수장했습니다. 그러나 조엄趙儼은 반대했습니다. 그는 관우를 살려둬 손권의 화근이 되도록 해야 한다고 권고했습니다. 조엄의 당시 직위는 의랑議郎이었습니다. 형식상 그의 임무는 '조인의 군사 참모'였습니다. 그러나 사실 그는 조조가 조인 군중에 파견한 심복이었다고 해야 더 맞지 않을까 싶습니다. 그의 진정한 임무가 말해주듯 조엄의 생각은 조조와 완전히 일치했습니다. 관우를 살아 있는 그대로 손권에게 넘겨주어 그의 손을 빌어 죽이게끔 하겠다는 것이었습니다. 이를테면 손권이 유비의 철천지원수가 되도록 하려 했던 것입니다. 그러면 조조는 목적을 달성했을까요? 관우에게는 과연 어떤 운명이 기다리고 있을까요?

## 맥성으로 패주하다

34강 敗走麥城

건안 24년의 형주 쟁탈전은 손권과 조조가 암암리에 결탁한 가운데, 아주 빠른 근본적인 형세의 전환이 있었다. 조조와 손권의 남북 협공으로 관우는 앞뒤로 적의 공격을 받았다. 진공하려 해도 진공할 수 없고 퇴각하려 해도 퇴각할 수가 없었다. 끝내는 맥성麥城으로 패주하여, 전사했다. 유비 진영은 이로 인해 영원히 형주를 잃었다. 그러면 일찍이 그 "위세가 대륙을 풍미했던" 용맹한 장수가 왜 철저히 실패해 돌이킬 수 없는 길을 가게 됐을까? 유비 진영에서는 이 참패에 대한 책임을 누가 져야 했을까?

바로 앞의 강의에서 우리는 여몽이 '백의도강' 전략을 통해 남군南郡을 몰래 기습한 사실에 대해 언급했습니다. 또 서황이 기회를 틈타 반격에 나서 번성을 구해냈다는 사실도 말했습니다. 이때 관우의 처지는, 장쭤야오 선생의 『유비평전』에서 인용하자면, "이미 근거지를 잃었고 장군과 병사, 관리들도 잃었다. 더구나 민심조차 잃었다"라는 말로 설명할 수 있겠습니다. 관우는 이처럼 '세 가지를 상실'하면서 막다른 골목에 이르게 됐습니다. 죽음의 외길만 남은 것입니다.

관우 자신도 이 사실을 대략 의식하고 있었을 것입니다. 『삼국지』「여몽전」의 기록을 보면 관우가 이미 자신의 세력이 약했을 뿐 아니라 막다른 골목에 이르렀다는 사실을 아주 분명히 알았다고 전하고 있습니다. 관우는 맥성(지금의 후베이성 당양시當陽市 동남쪽)으로 도주했습니다. 곧이어 다시 맥성에서 도망을 나왔습니다. 이에 대한 기록은 『삼국지』「오주전」이 자세하게 기록하고 있습니다. 이에 따르면 관우가 맥성에 들어가자 손권은 그에게 투항을 권유했습니다. 관우는 이에 거짓으로 동의하는 척했습니다. 그러고는 성 위에 깃발과 병사들처럼 만든 인형을 세워놓고 살그머니 도망을 쳤습니다. 도망가는 길에서 병사들이 계속 대열을 이탈해 도주했고, 마지막에는 겨우 십여 명만 남게 됐습니다. 「여몽전」을 보면 상황이 어떠했는지 알 수 있습니다.

"서쪽의 장향(漳鄕, 지금의 후베이성 당양시 동북쪽)으로 갔을 때 수하들이 모두 관우를 배반하고 투항했다"라는 기록이 있습니다. 손권 역시 관우가 도망갈 것으로 미리 예상하고 있었습니다. 그는 주연朱然과 반장潘璋 등을 보내 "그가 지나갈 길을 차단하도록 했습니다." 『삼국지』 「반장전」과 「주연전」에 의하면 당시 반장과 주연은 임저(臨沮, 지금의 후베이성 위안안현遠安縣 서북쪽)에 진군해서, 협석(夾石, 지금의 후베이성 당양시 동북쪽)에 주둔했습니다. 이어 12월에는 결국 관우와 그의 아들 관평關平, 도독 조루趙累 등이 반장의 부하 마충馬忠에게 포로가 되어 살해당하고 말았습니다.

### 관우의 죽음

관우의 죽음에 대해서는 역사적으로 많은 다른 견해가 있습니다. 누가 죽였는가 하는 문제를 포함해 어디에서 죽었는지 등이 하나같이 논쟁을 유발하고 있을 정도입니다. 당연히 논쟁을 불러일으킬 만한 이유가 있습니다. 『삼국지』의 기록은 첫 눈에 보기에도 상당히 모호하고, 배송지의 주에서 인용한 자료들은 모순투성이인 탓입니다. 우선 『삼국지』 「오주전」은 "마충이 장향에서 관우 부자와 도독 조루 등을 생포했다"고 기록하고 있습니다. 『삼국지』 「관우전」은 다릅니다. "손권이 장군을 보내 관우를 습격하게 했다. 임저에서 관우 부자의 목을 베었다"고 기록하고 있습니다. 여기에 두 곳의 지명이 나옵니다. 하나는 장향, 하나는 임저입니다. 누가 죽였는가에 대해서는 「관우전」의 경우 손권의 명령에 의해 '관우를 습격'한 반장이라고 말합니다. 더 구체적으로 말하면 그의 부하 마충입니다. 그러나 「관우전」의 배송지 주에서 인용한 『촉기』는 손권의 결정이라고 말하고 있습니다. 손권은 처음에는 죽일 생각이 없었다고 합니다. "관우를 생포해 유비와 조조에게 대적하게 하려 했다"는 것입니다. 그러나 부하들이 하나같이 그의 생각에 동의하지 않았습니다. "늑대 새끼는 길러서 안 됩니다. 나중에 반드시 해가 됩니다. 조조가 제때에 관우를 제거하지 않아 하마터면 천도까지 할 뻔하지 않았습니까?"라는 말로 반대했습니다. 그래서 손권은 관우를 죽일 수밖에 없었다는 것입니다.

배송지는 이 말이 사실이 아닐 것이라고 생각했습니다. "당시 손권은 반장에게 관우의 길을 차단하도록 명령하고 '관우가 도착하면 바로 목을 베어라'라는 지시를 내렸다. 당연히 관우를 잡자마자 바로 죽였다"고 그는 기록하고 있습니다. 더구나 임저는 강릉에서 2~3백 리 길입니다. 어떻게 바로 죽이지 않고 꾸물거리면서 죽이느냐 살리느냐를 토론했겠습니까?

반면 장쭤야오 선생은 그렇지 않다고 생각했습니다. 『유비평전』을 살펴봅시다. 이에 따르면 반장의 임무는 오로지 길을 차단하는 것이었습니다. 함부로 관우를 죽일 수 있는 권한은 없었습니다. 『삼국지』의 각 전에도 손권이 '관우가 도착하면 바로 목을 베어라'라고 명령을 하달했다는 기록은 없습니다. 더구나 임저나 장향으로부터 강릉까지는 수로로 백 리를 넘지 않습니다. 제때에 지시를 받을 수 있었습니다. 장쭤야오 선생은 이밖에 『삼국지』「오범전吳範傳」을 예를 들어 자신의 주장에 힘을 실었습니다. 이에 따르면 오범이라는 사람은 비교적 영감이 있는 '예언가'였다고 합니다. "매번 길흉화복의 징조가 있다 싶으면 바로 이를 미리 헤아렸다. 그의 술수 역시 대부분 효과가 있었다"는 기록이 그에 대한 근거입니다. 좀 더 기록을 살펴봅시다. 손권과 여몽이 관우를 기습하는 계획을 논의했을 때였습니다. 주위의 많은 사람들이 그것은 불가능하다고 말했습니다. 그러나 오범은 가능하다고 말했습니다. 관우가 손권에게 항복을 요청했을 때에도 그의 역할은 빛났습니다. 손권은 오범에게 항복의 의사가 진심인지 아닌지를 물었습니다. 오범은 거짓이라고 바로 대답했습니다. 손권이 반장을 파견하여 길을 차단했을 때는 더 말할 필요가 없었습니다. 정탐을 담당한 병사가 관우가 도망갔다고 말하자 오범은 도망갈 수 없다고 말했습니다. 이에 손권은 언제쯤 잡을 수 있느냐고 물었습니다. 오범은 내일 낮이라고 말해줬습니다. 다음 날 낮이었습니다. 바람이 불더니 장막이 휘날렸습니다. 오범은 양손으로 박수를 치면서 "관우가 도착했구나!"라고 말했습니다. 눈 깜짝할 사이 정도였을까요. 밖에서 만세 소리가 들렸고, "관우를 얻었다는 말이 전해졌습니다." 바로 이 기록을 근거로 장쥐야오 선생은 관우를 죽인 사람은 손권이라고 생각했습니다.

장쥐야오 선생의 견해에 대해서는 사실 충분히 반론을 제기할 수 있습니다. 이른바 '관우가 도착했구나'는 말은 결코 관우가 손권의 대본영으로 후송됐다는 뜻이 아닙니다. 그저 잡았다는 뜻에 불과합니다. 이전에 관우에 대한 어떤 소식도 없었으니까요. 소식이 들리자마자 사람까지 끌고 왔다는 것은 상식적으로 이해가 되지 않습니다. 이른바 '관우를 얻었다는 말이 전해졌다'라는 말도 마찬가지입니다. 관우를 잡았다는 소식이 전해져 온 것입니다.

더구나 배송지의 관점 역시 일리가 없는 것은 아닙니다. 『촉기』의 말이 의심스럽다는 얘기가 되겠습니다. '관우를 생포해 유비와 조조에게 대적하게 하려 했다'는 것이 도대체 말이 됩니까? 관우를 이용해 조조에게 대응한다는 것은 그런대로 말이 된다고 합시다. 관우를 이용해 유비에게 대응한다는 것은 어리석은 사람의 꿈이 아닌가요?

그렇기 때문에 저는 반장 아니면 마충이 관우를 죽였다고 생각합니다. 그러나 '함부로 죽인 것'이 아니라 '명령을 받은 것'입니다. 우선 하나의 가능성은 손권이 확실히 먼저 '관우가 도착하면 바로 목을 베어라'라고 명령을 하달한 것입니다. 이 가설은 비록 사서에 기록은 없으나 논리적으로 절대 불가능한 것은 아닙니다. 관우는 마충이 죽였을 가능성이 가장 큽니다. 또 다른 가능성은 손권이 관우를 사로잡았다는 소식을 들은 다음 이 지시를 내린 것입니다. 「오주전」에 의하면 반장과 주연은 "관우가 지나갈 길을 차단하기 위해 임저에 도착, 협석에 머물렀다"고 기록돼 있습니다. 즉 임저를 군영으로 삼고, 다음에 협석에 매복했던 것입니다. 협석은 장향의 서북쪽에 위치해 있었습니다. 이를 바탕으로 추론하면 반장은 장향에서 관우를 생포한 다음 그를 군영이 있는 임저로 후송했습니다. 이때 손권의 명령이 도착했습니다. 그래서 반장은 바로 관우를 죽였습니다. 때문에 관우는 손권이 죽였다거나 반장이 죽였다고 말해도 모두 괜찮습니다.

사실 반장이나 마충이 '함부로 죽였다'고 해도 책임은 모두 손권이 져야 했을 것입니다. 유비 역시 그 빚을 손권의 머리에 올려놓고 찾았을 것입니다. 손권은 이것이 두려웠습니다. 일이 모두 끝난 뒤에 생각해보니 진짜 그랬습니다. 손권은 고심 끝에 다른 사람에게 화를 전가시키는 방법을 생각해냈습니다. 「관우전」의 배송지 주에서 인용한 『오력』에 의하면 손권은 관우를 살해한 후 그의 머리를 조조 진영으로 보냈습니다. 하나의 가상을 만들어 사람들로 하여금 관우는 조조가 죽인 것이라고 믿게 하려 했던 것이 분명합니다. 손권의 이런 옹졸함을 조조가 어찌 간파하지 못하겠습니까? 그는 제후의 예의에 따라 관우의 장례를 후하게 지내줬습니다. 그 정도만 해도 사람들에게 관우는 내가 죽인 것이 아니라는 사실을 널리 알릴 수는 있었으니까요. 그러면 조조는 왜 관우의 머리를 손권에게 되돌려 보내지 않았을까요? 이유가 있었습니다. 우선 그렇게 하는 것은 너무 과한 반응이었습니다. 자칫하다가는 손권과 얼굴을 붉힐 수 있었습니다. 더구나 조조는 분명히 손권과 연합해 관우를 함께 공격하자는 맹약을 했습니다. 조조가 이때 한 왕조의 승상이었다는 사실 역시 무시하기 어렵습니다. '중앙'을 대표하는 입장에서 '지방'이 '중앙'에 상납한 물건을 되돌려 보내는 것은 도리가 아니었던 것입니다. 조조는 그저 후하게 장례를 지내주는 방법으로 자신의 결백을 주장할 수밖에 없었습니다.

### 양번전쟁은 꼭 필요했는가

어쨌거나 관우는 죽었습니다. 형주도 잃어버렸습니다. 이것이 유비 진영에게 중대한 손실이라는 사실은 의심의 여지가 없습니다. 때문에 우리는 이 부분에서 반드시 물어야 합니다. 도대체 유비 진영의 누가 이 참패에 대한 책임을 져야 했을까요?

여러 가지 견해가 있을 수 있겠습니다. 어떤 사람은 관우 자신이 책임져야 한다고 할지 모릅니다. 또 어떤 사람은 유비가 책임져야 한다고 할 것입니다. 제갈량이 책임져야 한다는 입장을 가진 사람도 없지는 않을 것입니다. 이처럼 많은 견해가 나오는 데에는 그럴 만한 이유가 있습니다. 대략 세 가지 의문점이 있습니다. 첫째는 관우가 양번전쟁을 반드시 일으켰어야 했는가 하는 것입니다. 둘째는 유비가 관우를 형주 도독 자리에 앉혔어야 했는가 하는 것입니다. 마지막으로 유비 진영은 왜 고군분투한 관우를 지원하지 않고 그대로 내버려뒀는가 하는 것도 의문이 되겠습니다. 이 세 가지 중 첫째 것이 가장 근본적인 문제이므로 우리는 이 의문부터 이야기를 풀어나가는 것이 좋을 듯합니다.

우리는 관우가 맥성으로 패주한 직접적 원인이 여몽과 육손이 남군을 몰래 기습한 다음 그의 배후에서 칼로 찔렀기 때문이라는 사실을 잘 압니다. 그러나 손권과 여몽, 육손 등이 음모를 꾸며온 것은 상당히 오래전부터였습니다. 관우가 만약 양양과 번성을 공격하러 가지 않았다면 그들 역시 기회가 없었을 것입니다. 바꿔 말해 앞의 양번전쟁이 없었다면 나중에 맥성으로 패주하는 일도 없었을 것입니다. 이 부분에도 다시 세 개의 작은 의문이 있을 수 있습니다. 누가 양번을 공격하도록 결정했는가? 왜 양번을 공격해야 했는가? 양번전쟁은 반드시 했어야 했는가? 하는 의문입니다.

먼저 첫 번째 작은 의문에 대해 말하겠습니다. 이 의문에 대해서는 두 가지 다른 견해가 있습니다. 장쭤야오 선생의 『유비평전』은 양번전쟁이 "관우가 유비와 제갈량의 뜻을 받아" 일으킨 것이라고 말하고 있습니다. 그러나 전쟁을 일으킨 다음 유비와 제갈량은 이에 부합하는 일련의 조치들을 취하지 않았습니다. 사전에 이 전쟁의 위험성에 대해 경각심을 일깨우는 별다른 언질을 주지 않았습니다. 또한 위급한 상황에 직면한 관우를 즉각적으로 지원해주지도 않았습니다. 게다가 참모에 해당하는 군사軍師를 배치해주는 도움도 없었고, 용감하기는 하나 남의 말을 듣지 않는, 의외로 지략이 부족한 고집불통인 관우가 "혼자 가서 공략하도록" 내버려뒀습니다. 때문에 장쭤야오 선생은 이 실패에 대해 유비와 제갈량이 책임을 벗어나기 어렵다고 말했습니다. 심지어 "마땅히 중요한 책임을 져야만 했다"고도 주장했습니다.

허쯔쥐안何玆全 선생의 『삼국사三國史』는 다른 견해를 가지고 있습니다. 이는 그가 "관우는 양양과 번성을 공격하는 문제를 유비나 제갈량과 협의하지 않았다"라고 한 것에서 그대로 드러납니다. 이 말은 일리가 있습니다. 왜냐하면 『삼국지』를 샅샅이 훑어봐도 유비나 제갈량이 관우에게 양번으로 진공하라는 '명령'을 했거나 '뜻을 전했다'는 기록은 찾을 수 없으니까요. 사실 사서들이 이처럼 중차대한 결정을 기록에서 누락시킨다는 것은 있을 수 없습니다. 따라서 양번 진공은 관우가 자신의 독단적인 생각으로 결정한 것이라고 이해할 수밖에 없습니다. 그러나 유비는 관우에게 양번 진공의 권한을 주거나 뜻을 전하지 않았으면서도 굳이 반대도 하지 않았습니다. 만약 반대했다면 역사적으로 마땅히 기록이 남아 있어야 합니다. 게다가 유비가 강력히 반대했다면 관우는 나아가 싸우지 않았을 것입니다. 이로 볼 때 당시 유비의 태도는 방임 내지 묵인했거나 묵시적 동의를 했다고 할 수 있습니다. 때문에 그가 조금의 책임도 없다고 말할 수는 없습니다.

제갈량은 전혀 책임이 없습니다. 『삼국지』「제갈량전」에 따르면 양번전쟁 때 제갈량의 직함은 '군사장군軍師將軍'이었습니다. 직무는 '서좌장군부사(署左長軍府事, 좌장군부 사무서리)'였습니다. 이 직함과 직무는 유비가 성도를 점령한 다음 내린 것이었습니다. 당시 유비의 직함은 좌장군이었습니다. 사무를 보는 관청은 당연히 좌장군부였습니다. 때문에 '서좌장군부사'는 유비의 '총리대신'이나 '대관가(大管家, 대리인. 집사에 해당—옮긴이)'라 할 수 있었습니다. 그 자리의 임무는 유비를 도와 정무를 잘 처리하고 국토를 수호할 뿐 아니라 백성을 편안하게 하는 것이었습니다. 더불어 유비의 부재 시에는 "성도를 지키고 경제력과 군사력을 강화하는" 책임도 져야 했습니다. 바꿔 말해 제갈량은 결코 유비 군대의 '3군 총사령관'이나 '참모총장'이 아니었습니다. 직책 역시 주로 행정이나 민정 분야에 국한됐지 군사 분야와는 관계가 없었습니다. 그가 무슨 책임이 있겠습니까?

물론 어떤 사람은 "관우가 양번전쟁을 일으킨 것은 제갈량의 총체적 전략 안배에 따라 그 맥락 아래 일을 진행한 것이라 할 수 있다. 형주와 익주를 넘어 세력을 넓히는 것은 제갈량의 기정 방침이었다. 그것은 '융중대책' 안에 잘 설명돼 있다. 그러므로 제갈량 역시 책임이 있다"라고 말합니다. 그러나 이 말은 이치에 맞지 않습니다. 제갈량의 융중대책은 그저 총체적 계획이었지 구체적인 실행 방안이 아니었습니다. 관우가 양양과 번성을 공격한 것은 제갈량이 결코 명령한 것이 아니었습니다. 그에게는 사실 그만한 권력도 없었습니다. 만약 제갈량이 융중대책을 수립했다는 이유로 책임을 그의 머리에 뒤집어씌운다면 제갈량에게는 억울하고 불공평한 것이 됩니다.

더구나 '융중대책'에 어떻게 기록돼 있습니까? 제갈량은 이에 대해 분명히 말했습니다.

> 만약 천하의 형세에 변화가 생기면 바로 대장 한 명으로 하여금 형주의 군대를 거느리고 완성宛城과 낙양으로 향하게 하고, 장군(유비)은 친히 익주의 군대를 이끌고 진천秦川으로 나아가십시오.

제갈량의 계획은 분명했습니다. 우선 만약 천하의 형세에 변화가 있어야만 한다는 전제 조건이 있었습니다. 게다가 두 갈래 길로 나눠 출병하는 것이었습니다. 이제 물어봅시다. 관우가 양양과 번성을 공격할 때 천하의 형세에 변화가 있었습니까? 없었습니다. 두 갈래 길로 출병했습니까? 이 역시 그렇지 않았습니다. 어떻게 양번전쟁을 제갈량이 세운 전략적 배치 계획에 의한 것이라고 말할 수 있겠습니까? 이뿐만이 아닙니다. 제가 보기에 관우는 제갈량이 구상한 전략적 계획을 따른 것이 아니라 오히려 그의 전략적 안배를 깨뜨려버렸다고 할 수 있습니다. 형주를 잃음으로써 '두 갈래 길로 나눠 출병한 다음 북상하여 조조를 궤멸시키고 천하를 통일'할 가능성이 영원히 없어졌으니까요.

저는 이 전쟁이 가져올 수 있는 나쁜 결과에 대해 제갈량이 전혀 예견

하지 못했다고 생각하지 않습니다. 그렇다면 제갈량은 왜 관우의 행동을 저지하지 않았을까요? 이 부분에서는 일단 약간의 의문을 남겨두고 나중에 다시 이야기하도록 합시다. 지금은 먼저 앞에서 제기한 두 번째 작은 의문, 왜 양번을 공격해야 했는가에 대해 살펴보는 것이 좋을 듯합니다.

뤼쓰몐 선생은 유비가 한중에서 보여준 일련의 군사적 행동에 관우가 호응하기 위해서 양번전쟁을 일으켰다고 보고 있습니다. 뤼선생의 『진한사』를 보도록 합시다. "전쟁에서 승리를 하고자 하는 군대는 마땅히 동시에 출병하고 작전시에는 앞뒤에서 서로 호응해야 한다. 이런 이유로 유비의 군대가 돌아오기 전에 관우의 군대가 출병했다"라고 기술하고 있습니다. 저는 이 견해가 조금 이해가 안 됩니다. 유비가 한중으로 진군한 것은 건안 23년(서기 218년)이었습니다. 이어 건안 24년(서기 219년) 정월에는 정군산에서 하후연을 죽였습니다. 또 조조가 한중으로 진군한 것은 그해 3월이었습니다. 그러나 조조는 5월에 철군하여 장안으로 돌아갔습니다. 만약 관우가 일으킨 양번전쟁이 조조를 견제하기 위한 것이었다면 왜 좀 더 일찍 손을 쓰지 않았을까요? 유비가 한중을 점령한 다음 한중왕을 자칭할 때인 7월까지 기다렸다 다시 양번을 공격한 것은 필요 이상의 행보가 아니겠습니까?

따라서 관우의 행동은 그저 욕망은 한이 없다는 식으로 이해할 수밖에 없습니다. 듣기 좋게 말하면 승리의 여세를 몰아 한층 더 분발하여 공격에 나선 것입니다. 그러나 나쁘게 말하면 자신의 주제를 넘어 욕심을 부린 것이었습니다. 그렇다면 도대체 어떤 상황이었을까요? 이것은 앞에서 제기된 마지막 작은 의문과 관련되는 것입니다. 양번전쟁은 반드시 필요했던 것이었을까요?

이 의문에 대해서는 두 가지 견해가 있습니다. 하나는 '마땅히 공격해야 했다'는 견해입니다. 이 견해는 두 가지 내용을 포함하고 있습니다. 우선 제갈량이 유비를 위해 융중에서 내놓은 책략에 의하면 양양과 번성은 머지않아 빼앗아야 했다는 것입니다. 양번을 빼앗아야 비로소 형주 전부를 점령할 수 있으니까요. 그랬다면 '반드시 공격해야 했다'라고 할 수도 있겠습니다. 또 하나는 당시 관우가 양번을 탈취하는 것이 결코 불가능한 상황이 아니었다는 것입니다. 적어도 그럴 만한 조건이 형성돼 있었습니다. 먼저 양번전쟁이 일어나기 반년 조금 더 전쯤 남양 지역에서 조조에 반대하는 모반사건이 발생했습니다. 이 일은 형주 북부에 대한 조조의 통치가 안정되지 않았다는 것을 증명하는 것이었습니다. 또한 유비가 이미 한중을 얻었을 뿐 아니라 상용上庸 등지까지 얻어 군기가 크게 올랐습니다. 기세가 왕성했던 것입니다. 그리고 손권이 동쪽에서 합비로 진공해 들어간 탓에 멀리 떨어진 채로 서로 호응해 군사적으로 도움을 줄 수가 있었습니다. 반면 조조 진영은 바로 한중으로부터 철수한 데다 손권에 대응해야 했기 때문에 전 지역을 두루 다 돌보기가 어려웠습니다. 이 상황을 바탕으로 하면 '공격할 수 있었다'라고 말할 수 있겠습니다. 반드시 '공격해야 했다'에 '공격할 수 있었다'를 더해 얻어낸 결론은 주지하다시피 '마땅히 공격해야 했다'였습니다.

그러나 허쯔취안 선생은 다른 견해를 가지고 있습니다. 그는 양번전쟁이 관우가 "시기가 아닌 때에 저지른 한 차례의 군사적 모험"이라고 생각했습니다. 그가 쓴 『삼국사』의 관점에 따르면 당시 한중을 막 탈취한 유비는 어떻게든 정세를 안정시켜야 했습니다. 백성의 생활도 안정시켜 원기를 회복시킬 필요가 있었습니다. 어찌 또 싸움을 벌이겠습니까? 이것이 허쓰취안 선생이 군사 모험이라고 비판하는 첫째 이유입니다. 유비가 이미 한중을 점령했는데도 관우가 다시 양번을 취하려 했던 것은 군사 전략적으로도 문제가 있습니다. 하나는 앞이고 하나는 뒤였습니다. 결코 두 갈래 길로 출병해 동시에 동서로 공격하는 전략과는 상관이 없었습니다.

게다가 천하의 형세에 변화가 없는데도 전쟁을 도모한 것은 제갈량의 기본 전략에 부합하지 않는 것이었습니다. 그것이 군사 모험으로 비판받는 두 번째 이유입니다. 사실 관우의 군대는 기세가 드높았던 것 같지만 전력에는 한계가 있었습니다. 홍수의 도움이 없었더라면 우금을 투항시키고 방덕을 죽이는 전공조차 올리지 못했을 수도 있습니다. 실제로 관우의 공격에도 불구하고 번성은 함락되지 않았습니다. 아니 오히려 서황의 군대가 돌격해 들어오자 철수할 수밖에 없었습니다. 다시 말해 당시 관우의 위력은 과장됐던 것입니다. 그래서 허쯔취안 선생은 손권이 몰래 남군을 기습해서 점령한 것은 그저 횡재한 것에 불과하다고 폄하했습니다. 굳이 손권이 배후에서 습격하지 않았어도 조조의 군대가 충분히 관우에게 반격할 능력이 있었고, 관우의 실패는 불 보듯 뻔했다는 얘기입니다. 다만 손권의 협공이 없었다면 그렇게까지 비참하게 지지는 않았을 것입니다.

저는 허쯔취안 선생의 견해가 정말 맞다고 생각합니다. 종합적으로 말해보면 우리는 첫 번째 큰 의문에 대한 결론을 끌어낼 수 있습니다. 우선 양번전쟁은 관우가 일으킨 것입니다. 유비는 권한을 주거나 뜻을 전하지 않았으나 반대도 하지 않았습니다. 다음으로 관우가 양번전쟁을 일으킨 원인은 한 번 승리로 이성을 잃었기 때문이라는 결론이 나옵니다. 즉 형세 판단을 잘못해 조금만 더 노력하면 단 한 번의 전쟁으로 천하의 대세를 결정할 수 있을 것이라고 엉뚱하게 생각했다는 것입니다. 바로 이 때문에 유비 진영은 너나 할 것 없이 그의 공격을 수수방관할 수밖에 없었습니다. 루비盧弼 선생이 『삼국지집해三國志集解』에서 황은동黃恩彤이 말한 바를 인용해 "그저 그 승리만 기뻐했지 실패는 우려하지 않았다"고 주장한 것처럼 말입니다. 마지막으로 양번전쟁을 일으킨 시기가 잘못됐을 뿐 아니라 준비 또한 부족했다는 결론 역시 가능할 것입니다. 이 잘못된 판단은 당연히 공을 세우려는 공명심에 눈이 어두웠던 관우에게 책임이 있다고 하겠습니다.

## 관우는 형주 도독으로 적합했는가

그래서 우리는 다시 하나의 의문에 봉착할 수밖에 없습니다. 유비가 과연 관우를 형주의 도독으로 앉혔어야 했는가 하는 문제입니다.

이 두 번째 큰 의문은 대답하기가 쉽지 않습니다. 여러분도 유비가 완전히 사람을 잘못 뽑았다고 말할 수 없을 것입니다. 솔직히 관우의 충성심은 문제가 없었습니다. 게다가 그는 유능했습니다. 유비가 군대를 일으킨 후 그의 전공을 보면 그렇습니다. 남쪽을 무찌르거나 북쪽을 토벌하게 되면 언제나 자신의 부대를 이끌고 한몫하는 능력을 보여주었습니다. 병력이 나눠지지 않았으면 모르겠으되 자신의 부대를 맡을 경우는 항상 그랬습니다. 관우는 노련한 병법의 전문가이기도 했습니다. 형주를 지키고 수군을 거느릴 수 있었던 것은 관우이기에 가능했던 것입니다. 유비가 유명한 장판파長板坡 싸움에서 패했을 때도 관우가 없었다면 위험에서 벗어날 수 있었다고 장담하기 어렵습니다. 그가 지휘하던 수군이 유비를 구해줬으니까요. 관우는 원래 북방 사람이었습니다. 그러나 의외로 남방에서도 수군을 거느릴 수 있었습니다. 그 사실은 어느 것보다 관우의 능력을 확실히 보여주는 증거가 아닌가 싶습니다. 그가 충성심과 능력을 겸비한 노련한 병법의 전문가라는 결론은 결코 과찬이 아닌 것입니다. 이렇게 볼 때 유비가 촉으로 들어가면서 대장 한 명을 남겨 형주를 지키게 하려면 과연 누구를 낙점해야 했을까요? 관우가 아니면 안 됐던 것입니다.

그러나 관우는 성격에 문제가 있었습니다. 일단 몹시 방자하고 오만했습니다. 잘난 체를 많이 했을 뿐 아니라 고집불통으로 남의 의견도 전혀 듣지 않았습니다. 게다가 공명심이 강했고, 남이 추켜세워 주는 것을 너무 좋아했습니다. 『삼국지』「관우전」에 의하면 건안 19년(기원 214년) 유비가 성도로 진공할 때였습니다. 어느 날 마초가 투항해왔습니다. 관우는 당시 마초를 잘 알지 못했습니다. 그래서 제갈량에게 편지를 써서 마초라는 사람의 재능이 누구와 비교해 함께 논할 수 있는 수준인지를 물었습니다. 제갈량은 관우가 다른 사람보다 못하다는 평가를 듣는 것을 수치로 생각하는 것을 너무나 잘 알고 있었습니다. 제갈량은 지체없이 "마맹기(馬孟起, 마초의 자는 맹기)는 문무를 모두 겸비했습니다. 영웅적인 기개도 뛰어나 '일세의 걸출'이라고 할 수 있습니다. 아마도 장익덕과 어깨를 나란히 할 수 있을 것 같습니다. 그러나 어찌 미염공(美髥公, 아름다운 수염을 가진 사람으로 관우를 칭함—옮긴이)의 '절륜함'과 비교하겠습니까!"라는 화답의 편지를 보냈습니다. 관우는 편지를 보고 매우 기뻐했습니다. 그러고는 바로 제갈량의 편지를 자신을 방문한 손님들에게 돌려 읽어보게 했습니다.

  이 일에 대해서는 다른 평가들이 있습니다. 너무나도 교활한 제갈량이 양쪽 모두에게 미움을 사지 않는 처신을 했다는 말입니다. 하지만 저는 그렇지 않다고 말하고 싶습니다. 아니 오히려 그 반대라고 말해도 좋겠습니다. 이때의 제갈량은 아직 승상은 아니었으나 이미 승상의 재능을 드러내기 시작했다고 볼 수 있는 것입니다. 승상의 역할이라는 것이 뭡니까? '세상을 조화롭게 하는 것'입니다. 상하 좌우 여러 분야 사람들의 관계를 잘 처리하는 것도 중요한 역할 중 하나입니다. 당시 마초는 새로 투항해왔으므로 내심이 불안하지 않을 수 없었습니다. 낙관적인 생각을 갖게 하고 위무도 해야 했습니다. 더구나 마초는 보기 드문 인재였습니다. 어떻게 폄하할 수 있겠습니까? 그러나 관우는 자기가 다른 사람보다 능력이 낮게 평가되는 것을 용납하는 사람이 아니었습니다. 제갈량으로서는 '일세의 걸출' 정도로는 '절륜함'에 비하지 못한다고 말할 수밖에 없었습니다.

제갈량의 이런 화법은 부작용을 불러왔습니다. 관우에게 '나쁜 버릇이 들도록 한 것'이었습니다. 그러나 이는 제갈량 한 사람의 책임만은 아니었습니다. 유비를 포함한 유비 진영 모두가 짊어져야 할 책임이었습니다. 그들은 모두 한결같이 관우에게 양보하거나 추켜세웠으니까요. 『삼국지』 「황충전」에 사례가 나옵니다. 건안 24년(서기 219년) 7월 유비는 한중왕을 자칭하고 관우를 전장군, 장비를 우장군, 마초를 좌장군에 임명했습니다. 동시에 황충을 후장군으로 임명할 예정이었습니다. 당시 제갈량은 관우가 틀림없이 기분이 좋지 않을 것이라고 예상했습니다. 그럴 이유는 당연히 있었습니다. 우선 유비와의 관계를 따지면 황충은 장비에게 미치지 못했습니다. 여기에 명성까지 따지면 황충은 마초에게조차 미치지 못했습니다. 관우가 어찌 '같은 반열의 사람'으로 받아들이겠습니까? 그러나 유비는 "상관없소이다. 내게 다 방법이 있소이다"라고 자신만만해 했습니다. 유비의 방법은 다른 특별한 것이 아니었습니다. 비시費詩를 보내 관우를 달래는 것이었습니다. 『삼국지』 「황충전」에 의하면 비시가 관우의 진영에 도착했지만, 관우는 펄쩍 뛰면서 "대장부가 어떻게 한낱 늙은 사병과 같이 일어나고 앉을 수 있다는 말인가!"라고 화를 버럭 냈습니다. 비시는 서두르지도 여유를 부리지도 않으면서 다음과 같이 말했습니다.

한왕(漢王, 유비)은 사람을 등용할 때 그 격에 크게 구애받지 않습니다. 한왕이 파격적으로 황한승(黃漢升, 황충)을 발탁한 것은 그저 그가 새로 큰 공을 세웠기 때문입니다. 그러나 한왕의 마음에 자리한 한승의 무게를 어찌 군후(君侯, 관우)와 함께 논할 수 있겠습니까! 군후와 한왕은 어떤 관계입니까? 서로 마음이 통하고 피를 나눈 것과 다름없는 사이입니다. 마치 한 사람과 같습니다. 한

왕의 영욕은 바로 군후의 영욕입니다. 한왕의 화와 복은 군후의 화와 복입니다. 군후께서는 설마 한왕과 자리를 놓고 흥정을 하려는 것은 아니겠죠? 저 비시는 그저 편지를 전하러 왔습니다. 군후께서 안 받으시겠다면 비시는 돌아가면 그만입니다. 하지만 군후께서 후회하실 것 같아 두렵습니다.

관우는 비시의 말을 듣고 깨달은 바가 있었고, 바로 유비가 내린 관직을 받았습니다. 비시의 이런 말은 유비 진영 내에서는 감히 호랑이의 엉덩이를 만지는 것과 같은 것이었습니다. 그래도 이 정도면 털의 결을 따라 만진 것으로 봐야 합니다. 이 이야기는 유비 진영이 관우를 대하는 기본적인 습관을 설명하는 것이라 볼 수 있습니다. 이에 따라 관우는 '나쁜 버릇이 든 아이'로 변하고 말았습니다. '나쁜 버릇이 든 아이'에게는 일반적으로 두 가지 특징이 있습니다. 하나는 자기 마음대로 한다는 것입니다. 다른 하나는 천진하다는 사실입니다. 나쁜 버릇이 들었기 때문에 마음대로 하고, 아이인 탓에 천진한 것입니다. 관우는 바로 이런 유형의 사람이었습니다. 마음대로 했기 때문에 양번전쟁을 일으켰고 천진한 탓에 여몽과 육손에게 속았던 것입니다. 마음대로 하고 순진했던 탓에 적과 나, 친구와의 관계를 처리할 때 일련의 잘못을 범한 것입니다.

여기에서는 두 가지 예로 문제를 설명할 수 있습니다. 『삼국지』「관우전」의 배송지 주에서 인용한 『전략』을 보면 양번전쟁 때 손권은 주동적으로 관우를 돕겠다고 제안했습니다. 그러나 마음속으로는 옹졸한 생각을 품고 있었습니다. 자신의 부대에게 너무 빠르게 가지 말도록 명령을 하달한 것입니다. 동시에 그는 사신을 파견해 관우에게 여러 사실을 통지했습니다. 그러나 관우는 손권의 제안을 좋은 기회로 이용하지 못했습니다. 우선 자신을 등 뒤에서 치려는 손권의 계획을 진정시키지 못했습니다. 손권을 이용해 조조를 견제하지 못한 것은 더 말할 필요가 없습니다. 관우는 오히려 손권의 움직임이 너무 느리다고 원망했습니다. 심지어 자신이 우금의 투항을 받은 공적만 믿고 거만함이 하늘을 찔렀습니다. 그가 손권의 사신 앞에서 손권을 심하게 욕을 하면서 "돼 먹지 않은 자식, 감히 꾸물거려! 내 번성을 빼앗으면 그다음에는 너를 멸하고야 말리라!"고 이를 간 것은 그래서였습니다. 그의 전략을 보면 정말 그렇습니다.

배송지는 이에 대해 사실이 아닐 것이라고 생각했습니다. 손권과 여몽이 관우를 몰래 기습하는 계획을 세운 것은 이미 한참 전이었으니까요. 만약 진짜 원군을 파견해 전쟁을 도와줄 구실이 있었다면 왜 몰래 '백의도강'과 같은 계책을 썼을까요? 그러나 또 다른 사실 하나가 있었습니다. 손권이 관우에게 혼인을 통한 연합을 제안한 것이 바로 그것입니다. 그러나 손권의 사신은 관우에게 욕을 먹고 아무 소득없이 돌아갔습니다. 『삼국지』 「관우전」의 원문을 보면 알 수 있습니다. "손권이 사신을 파견해 자기 아들의 부인으로 관우의 딸을 요구했다. 관우는 사신을 욕하고 구혼에 응하지 않았다"라고 기록돼 있습니다. 주지하다시피 이런 부류의 결혼은 대대로 정치성을 띠고 있습니다. 동맹 관계의 유지를 위해 이뤄지는 것이지요. 손권은 여동생을 유비와 결혼시켰습니다. 그런데 관우라고 왜 딸을 손권의 아들과 결혼시킬 수 없습니까? 관우가 손권을 업신여겼을 수 있습니다. 손권에게 원한을 품었을 수도 있습니다(이때 손권은 이미 여동생을 소환해 갔습니다). 이 혼사를 거론하는 것 자체가 못마땅했을 수도 있습니다. 그러나 자신의 감정을 외교적인 표현으로 드러내야 했습니다. 사람에게 욕은 하지 말아야 했습니다.

'나쁜 버릇이 든 아이'는 특징이 하나 더 있습니다. 사람에게 욕하기를 좋아한다는 게 바로 그것입니다. 앞에서 우리는 여몽의 군대가 남군에 도착하자마자 성을 지키던 두 장군이 바로 투항했다고 말했습니다. 그 원인 중 하나는 이 두 사람이 관우에게 불만을 품었을 뿐 아니라 무서워하고 두려워하는 마음이 있었기 때문입니다. 『삼국지』「관우전」에 의하면 관우는 시종일관 그들을 업신여겼습니다. 이런 업신여김은 관우의 성질로 미뤄볼 때 당연히 조금의 거리낌도 없이 나타났다고 할 수 있습니다. 그래서 그들은 '진작부터 관우가 자신들을 경시하는 것에 불만을 가졌'던 것입니다. 관우는 출정 길에 오를 때 그런 그들에게 '군수물자를 공급'하도록 명령을 내렸습니다. 그러나 그들은 맡은 일의 처리에 전력을 다하지 않았습니다. 결과적으로 관우에게 호되게 욕을 먹었습니다. "마땅히 처벌해야 한다"는 협박 같은 소리도 들었습니다. 두 사람은 '두렵고 불안한' 마음을 가질 수밖에 없었습니다. 게다가 여몽의 투항 권고는 이들의 불안한 마음에 불을 질렀습니다. 여몽은 간단하게 이들의 투항을 받아내는 데 성공했습니다. 한번 생각해봅시다. 여러분이 전방으로 전쟁을 하러 나가고 누군가가 후방에서 안방을 지키고 있다고 말입니다. 후방으로부터의 지원이 얼마나 중요한 것입니까? 그러므로 후방을 지키고 있는 사람들에게 관우는 조금 더 관대한 태도를 보일 수는 없었을까요?

이런 여러 가지 일들은 하나같이 관우를 형주 도독으로 파견한 것이 적합하지 않았다는 사실을 설명합니다. 맞습니다. 관우는 중요한 순간에 한몫해내는 능력과 그것을 인정받을 만한 경력이 있습니다. 그러나 그것은 유비의 사업 초기 단계에서 보여준 것이거나 쌓은 것이었습니다. 작은 성(예컨대 하비下邳)을 지킨 데 불과했고 그리 강하지 않은 적(예컨대 안량顔良)과 상대해 싸운 것입니다. 그러나 형주와 같은 전략적 요충지는 달랐습니다. 그 중요한 지역을 지키면서 조조 같은 간웅, 손권처럼 대단히 교활한 사람과 맞선다는 것은 한마디로 정치와 군사 두 분야에서 동시에 탁월한 능력이 필요한 것이었습니다. 애석하게도 관우는 그럴 만한 능력이 없었습니다. 그는 무엇보다 정치적인 두뇌가 없었습니다. 전략적 안목도 없었습니다. 고집불통으로 남의 의견은 더욱 듣지 않았습니다. 자기 고집대로만 하는 사람이었습니다. 근본적으로 정치, 군사 두 분야에서 작전을 펼쳐야 하는 중책을 맡기에는 부적합했습니다. 내친 김에 자기 마음대로 하거나 천진했다는 사실 외의 관우의 약점을 더 찾아봅시다. 오만하고 교만했다는 점도 그 하나라 하겠습니다. 적에게 틈을 타고 들어올 기회를 많이 남겨줬다고 해도 틀리지 않습니다. 바꿔 말해 그와 같은 성격의 사람은 사방 각지를 싸돌아다니는 '대협객'은 될 수 있을지는 몰라도 중원을 무대로 다투는 '대원수'는 될 수 없었던 것입니다.

그러면 유비와 제갈량이 사람을 잘못 쓴 것일까요? 그렇지는 않습니다. 우선 제갈량은 책임이 없습니다. 그는 이때 결코 사람을 쓰는 권한이 없었습니다. 유비가 관우를 대한 태도도 결코 사람들이 상상하듯 모든 말이나 계획을 다 듣고 받아들인 것은 아니었습니다. 그럼에도 유비는 당연히 책임이 있습니다. 그러나 크게 비난할 수는 없습니다. 유비 역시 그렇게 멀리까지 내다보지는 못했으니까요. 솔직히 유비의 사업은 너무 빨리 발전했습니다. 충분한 사상적 준비와 조직적 준비를 할 수가 없었습니다. 유비는 일단 자신이 익주를 점령하면 형주에 전대미문의 압력이 쏟아질 것이라는 사실을 생각하지 못했습니다. 관우가 사태를 감당하지 못할 것이라는 사실도 마찬가지였습니다. 그는 성도에 들어가 주인이 된 다음에 신속히 사람을 파견해 관우를 돕고 통제해야 했습니다. 그러나 과연 누구를 파견할 수 있었을까요? 제갈량은 갈 수 없었습니다(익주에 세운 새 정권은 완전히 제갈량에게 의지하고 있었습니다). 방통은 이미 당시에는 세상을 떠났습니다. 게다가 법정은 관우와 잘 알지도 못했습니다. 그렇다고 장비나 조운·마초·황충 등을 파견합니까? 다시 반복해 말하자면 유비에게는 방법이 없었습니다. 더구나 그 자신은 이미 승리에 도취돼 있었습니다.

### 유비는 왜 관우를 돕지 못했는가

이제 마지막 세 번째 큰 의문에 대한 답을 내려야 하겠습니다. 유비 진영은 왜 고군분투하는 위기의 관우를 구원하지 않고 그대로 내버려뒀을까요? 제 판단은 '미처 생각하지 못했다'라는 한마디로 정리할 수 있습니다. 뤼쓰몐 선생의 생각도 저와 비슷합니다. 『진한사』에서 "관우의 갑작스런 몰락은 조조가 예상했던 것이 아니었다. 손권조차도 그가 그렇게 빨리 패할 줄은 생각하지 못했다"라고 말하고 있습니다. 바꿔 말해 누구도 관우가 산이 무너지듯 예상 외의 패배를 당할 것이라고 생각하지 못했던 것입니다. 그럴 수밖에 없었습니다. 그는 패하기 직전까지 적들의 간담을 서늘하게 만들었습니다. 더구나 조조의 군대를 대파하고 위세를 천하에 떨치면서 조조가 천도까지 생각할 정도로 그를 압박했습니다. 조조와 손권조차 생각하지 못한 것을 유비라고 생각할 수 있었을까요? 역시 미처 생각하지 못했다고 말해야 하겠습니다. 아니 유비는 조조나 손권보다 훨씬 더 미처 생각하지 못했다고 해야 합니다. 그는 손권과 조조가 몰래 결탁할지 모른다는 가능성도 전혀 염두에 두지 못했습니다. 여몽과 육손이 예상 외의 두 갈래 길로 출병할 것이라는 점 역시 마찬가지였습니다. '흰 옷을 입고 강을 건너' 은밀히 남군을 습격할 것을 어찌 생각할 수 있었겠습니까? 게다가 워낙 뜻밖의 일이라 피할 수도 없었습니다. 그렇습니다. 건안 24년(서기 219년) 7월 관우의 양번성 공격에서부터 같은 해 12월 그가 맥성으로 패주하기까지의 기간은 거의 반년에 가까웠습니다. 그러나 전세의 대반전은 겨우 순간이었습니다. 관우는 조조가 손권의 편지를 외부에 은밀히 흘리기 전까지는 필승의 신념을 안고 있었습니다. 물론 그 뒤에 바로 손권의 생각을 알았습니다. 그럼에도 여전히 곧바로 번성에서 철수하기를 원치 않았습니다. 그 역시 자신이 실패할 것이라고 생각하지 못했으니까요. 사실 그 전까지 한동안 유비 진영에서 울려 퍼진 것은 모두 승전보였습니다. 어떻게 구원병을 보냅니까? 유비는 관우가 맥성으로 패주한 다음 민심이 이반하고 측근들이 배신했을 때 관우를 구할 생각이 있었습니다. 그러나 공수부대를 파견한다면 모를까 상황은 이미 되돌리기가 어려웠습니다.

최후의 결론을 내려봅시다. 관우가 맥성으로 패주하고 유비 진영이 형주를 잃은 것은 조조와 손권이 연합해 공동의 적을 제어한 결과입니다. 유비 진영에서는 관우가 직접적인 책임을 져야 합니다. 제갈량은 책임이 없었으나 유비는 의사결정권자로서의 책임을 지지 않으면 안 됐습니다. 그러나 누가 책임을 지든 간에 유비는 이런 일체의 결과를 받아들일 수가 없었습니다. 그리고 그대로 방치하지도 않았습니다. 그러면 유비는 이후 어떤 행보를 취했을까요? 그 결과는 어땠을까요?

**35강 猇亭遺恨**

## 효정전쟁의 한

건안 24년 12월 유비는 마음의 준비조차 못한 상황에서 관우를 잃었다. 게다가 형주마저 잃었다. 이는 익주를 얻은 다음 원대한 계획을 막 펼치려 했던 유비에게 심각한 타격이 아닐 수 없었다. 그러나 유비는 그대로 물러서지 않았다. 1년 반 후 형주를 되찾으려는 일념하에 이릉전쟁을 일으킨 것이다. 그러나 그는 전쟁에서 패하고 죽음으로써 인생의 막을 내렸다. 그러면 이 전쟁은 어떤 전쟁이었을까? 반드시 승리할 것이라고 다짐했건만 유비는 왜 이 전쟁에서 패하고 말았을까?

바로 앞 강의에서 우리는 형주를 둘러싼 쟁탈전에 대해 얘기했습니다. 이 전쟁의 결과 유비는 애통하게도 관우와 형주를 잃었습니다. 관우는 유비의 애장이었습니다. 형주 역시 다르지 않았습니다. 유비의 생명줄이었습니다. 유비는 당연히 그대로 물러서지 않았습니다. 1년 반 후 동쪽을 향해 정벌의 기치를 높이 들어올렸습니다. 손권을 토벌하려는 전쟁을 일으킨 것입니다. 이 전쟁을 일으킨 시기는 서기 221년 음력 7월이었습니다. 그 이전 서기 220년 음력 1월에는 역사적으로 중요한 일이 있었습니다. 조비가 드디어 황제를 칭한 것입니다. 연호는 황초黃初로 바꾸었습니다. 유비 역시 가만있지 않았습니다. 다음 해 4월 그 역시 황제를 칭했습니다. 연호는 장무章武로 정했습니다. 때문에 전쟁을 일으킨 이때를 역사의 기록에서는 '황초 2년 7월' 또는 '장무 원년 7월'이라고 부릅니다. 당시 유비는 효정(猇亭, 지금의 후베이성 이두宜都 북쪽)과 이릉(夷陵, 지금의 후베이성 이창시 동남쪽)에 군대를 주둔시켰습니다. 이로 인해 이 전쟁은 역사적으로 '이릉-효정전쟁', 약칭으로는 '이릉전쟁' 또는 '효정전쟁'으로 불립니다.

이릉-효정전쟁은 관도대전, 적벽대전과 함께 역사적으로 중요한 전쟁입니다. 이 전쟁은 또 관도대전, 적벽대전과 마찬가지로 전쟁을 일으킨 주인공이 모두 패배함으로써 끝을 맺는 것으로 유명합니다. 관도대전은 원소가 일으켰습니다. 결과적으로 원소는 실패했습니다. 적벽대전은 조조가 일으켰습니다. 역시 조조가 실패했습니다. 이릉전쟁 또는 효정전쟁은 유비가 일으켰습니다. 유비가 실패하는 결과로 나타났습니다. 아울러 그는 전쟁 직후에 세상을 떠났습니다.

### 유비가 효정전쟁에서 패한 이유 : 손권의 유비무환

그러면 유비는 왜 실패했을까요? 저는 세 가지 중요한 원인이 있었다고 생각합니다. 첫째는 손권의 유비무환 때문입니다. 둘째는 유비가 남의 의견을 받아들이지 않고 자기 고집대로 행동했기 때문입니다. 마지막은 육손의 냉정한 지휘입니다. 이 세 가지 원인은 그저 전쟁의 결정 과정과 진행 과정만 봐도 이해하기가 그리 어렵지 않습니다.

먼저 손권의 유비무환에 대해 말해보겠습니다.

형주의 쟁탈전 이후 기본적으로 매우 취약했던 손권-유비 동맹은 공개적으로 파탄에 이르렀습니다. 손권은 자신이 유비에게 죄를 졌다는 사실을 분명히 알고 있었습니다. 그는 결국 깨끗하게 유비와 얼굴을 붉히기로 마음을 먹었습니다. 그 이후 조조에게로 기울었습니다. 『삼국지』 「유장전」, 「오주전」과 「무제기」의 배송지 주에서 인용한 『위략』에 의하면 손권은 남군을 탈취한 다음 다시 유비가 익주목이라는 현실을 인정하지 못하겠다는 입장을 선포했습니다. 그는 대신 유장을 익주목으로 임명해 자귀에 주둔하게 했습니다. 조조 역시 손권에게 화답했습니다. 표기장군驃騎將軍으로 추천한 다음 가절(假節, 황제 권위의 상징인 부절符節을 주는 것. 이를 받은 이는 군내에서 군령을 어긴 자를 마음대로 처단할 수 있음—옮긴이)을 부여받은 신하의 권위까지 인정해줬습니다. 형주목과 남창후南昌侯에 봉한 것은 자연스러운 수순이었습니다. 손권은 이에 곧바로 조조에게 글을 올려 신臣이라고 칭하는 영악한 행보를 보였습니다. 심지어 조조를 황제라고까지 말했습니다. 한마디로 손권은 조조가 '중앙'이라는 사실을 승인하고 조조는 형주가 손권의 것이라는 사실을 인정한 것입니다. 그러나 손권은 익주가 유비의 것임을 인정하지 않았습니다. 우리는 유비가 원래 '두 개 주의 목을 겸'했다는 사실을 잘 알고 있습니다. 형주목에다 익주목이었던 것입니다. 그러나 조조와 손권의 논리에 따르면 그는 아무것도 아니었습니다. 유비는 이런 상황에서 당연히 익주목을 하고자 하지 않았습니다.

손권 또한 유비가 그러고자 하지 않았다는 사실을 잘 알았습니다. 심지어 유비는 손권이 자신을 익주목으로 인정한다 해도 받아들이지 않았을 것입니다. 유비는 자신의 이익을 위해 형주를 재탈환하기를 더 원했습니다. 또 의를 위해서 원수를 갚고 원한을 씻기를 바랐습니다. 한바탕 큰 전쟁이 일어날 수밖에 없었습니다. 손권 역시 사전에 대비하지 않을 수 없었습니다.

손권은 정치와 군사 두 방면에서 충분한 준비를 했습니다. 그가 정치적으로 준비한 일 중 가장 중요한 것은 적극적으로 조위 정권에 가까이 다가간 것이었습니다. 사실 손권은 형주 쟁탈전 이전에 이미 조조에게 은근하게 추파를 던졌습니다. 건안 22년(서기 217년) 봄 손권은 조조에게 사신을 파견했습니다. '투항 의사를 전하기' 위해서였습니다. 조조는 이에 다시 손권과 통혼을 원한다는 신호를 보내면서 화답을 했습니다. 형주 쟁탈전 때의 양측 간 결탁은 바로 이렇게 시작된 것입니다. 손권은 전쟁 이후에도 계속 조위에 기울었습니다. 건안 25년(서기 220년) 10월 드디어 조비는 한나라 황제를 대신해 칭제를 했습니다. 이때 유비 진영은 격렬한 반응을 보였습니다. 동원이 가능한 모든 말과 글로 조위의 죄상을 적시하면서 조비에게 갖은 욕설을 다 퍼부었습니다. 그러나 손권 진영은 침묵을 유지했습니다. 황초 2년(서기 221년) 7월 유비가 오나라 정벌의 기치를 들어올렸습니다. 이 무렵 손권은 조비에게 글을 올려 다시 한 번 신하를 자칭했습니다. 1개월 후였습니다. 이어 11월에 조비가 책봉한 오왕吳王의 칭호를 받았습니다. 다음 해에는 연호를 황무黃武라고 정했습니다. 이때 조비와 유비 등은 모두 황제를 칭하고 있었습니다. 손권 역시 독립 왕국의 국왕이 된 셈이었습니다. 삼국정립의 형세는 비로소 정식으로 형성됐다고 할 수 있었습니다.

그러나 이때 손권은 명의상으로는 아직 조위 왕조의 번왕藩王이었습니다(손권이 칭제한 것은 8년 이후인 서기 229년입니다). 조비의 책봉을 받아들이는 것은 사실 손권에게 쉽지 않은 결정이었습니다. 우선 이렇게 함으로써 조비의 '한나라 찬탈'을 정당한 행위로 인정하는 것을 의미했기 때문입니다. 또한 조비와 손권이 군신 관계라는 사실을 인정하게 됩니다. 이로 인해 강동 진영 내부에서는 많은 이견이 생겼습니다. 『삼국지』「오주전」의 배송지 주에서 인용한 『강표전』이 상황을 잘 말해줍니다. 손권이 수하들에게 "우리 한번 그때를 생각해보자. 유방 역시 항우의 봉호封號를 받아 한왕이 되지 않았는가? 이것은 그저 임기응변이 필요한 시기에 취하는 방편의 하나일 터인데 무슨 상관이 있겠는가?"라고 말했다는 기록을 남기고 있습니다.

손권이 조위의 책봉을 받아들인 것은 분명 임시변통의 계책에 지나지 않았습니다. 시기가 성숙한 다음 그 자신도 칭제할 것이라는 사실은 의심의 여지가 없었습니다. 그러나 당시만큼은 그는 어떻게 하든지 먼저 조비를 진정시켜야 했습니다. 나아가 전력을 집중해 유비에 대응해야만 했습니다. 손권은 정치적 준비에만 힘쓴 것은 아니었습니다. 군사적 준비 역시 함께 해나갔습니다. 『삼국지』「오주전」에 의하면 손권은 오왕 책봉을 받기 7개월 전, 즉 황초 2년(기원 221년) 4월 유비가 칭제한 다음 자신의 지휘부를 공안公安에서 악성(鄂城, 지금의 후베이성 어저우시鄂州市)으로 옮기고, 무창(武昌, 지금의 후베이성 우한시武漢市의 우창구와는 다른 곳임)이란 이름으로 바꾸었습니다. 아울러 무창·하치下雉·심양·양신陽新·시상柴桑·사선沙羨 등의 여섯 개 현을 통합해 무창군이라 했습니다. 손권은 그해 8월 이 같은 조치에 대해 설명합니다. "편안한 처지에 있을 때에도 위태로워질 때의 일을 미리 생각한다는 말이 있다. 이것이 바로 선철·선현의 가르침이다. 하물며 승냥이와 이리(유비와 조비를 비유함—옮긴이)가 우리 주위에 있는데 어찌 준비하지 않을 수 있겠는가?"라고 말입니다. 때문에 그는 "차라리 건업建業의 물을 마시지 무창의 물고기는 먹지 않는다(오나라의 수도인 건업이 무창보다는 훨씬 좋은 곳이라는 의미—옮긴이)"는 민요에서도 알 수 있듯 적지 않은 반대 여론이 있었음에도 불구하고, 의연하고 결연하게 무창으로 수도를 옮겼습니다. 더불어 유비가 출병하자 장강 연안에 방어선을 구축했습니다. 손권이 줄곧 유비의 움직임에 대비했다는 사실을 바로 알 수 있는 일련의 조치들이었습니다. 한마디로 손권은 전쟁에 대비한 것입니다.

그러나 유비는 상대적으로 준비가 부족했습니다. 형주의 쟁탈전 이후 유비는 가슴속 울화통을 터뜨리고 원한을 새기기만 했지, 마음을 가라앉히고 그동안의 전쟁 경험을 총결산해서 반면교사로 삼으려고 노력하지 않았습니다. 게다가 국민의 생활을 안정시키고 병마를 단련하는 등의 전

**조자룡상** 조운은 삼국시대의 그 수많은 장수 중 가장 대중적인 인기가 많은 인물이다. 하지만 본격적인 삼국정립 시기의 그의 공적이나 직위를 살펴봤을 때 대중적 이미지와 역사적 평가는 별개 문제이다. 그는 한 번도 상장군 이상의 직위에 오른 적이 없으며, 유비의 전폭적인 신뢰를 얻지도 못한 듯하다. ⓒ瑛

쟁 준비조차 하지 않았습니다. 그저 서둘러 황제를 칭하는 데 급급했습니다. 유비는 결국 황초 2년 4월 병오(서기 221년 5월 15일)에 성도 서북의 무담산武擔山에서 황제에 즉위했습니다. 유비는 즉위식을 허둥지둥 마친 직후인 6월, 병력에 대한 총 검열을 실시했습니다. 이어 7월에는 친히 정벌에 나섰습니다. 유비는 더불어 장비에게도 출병에 나서 강주(江州, 지금의 충칭重慶)에서 병력을 합치도록 명령했습니다. 그러나 장비는 출병에 나서기도 전에 부하에게 살해당하고 말았고, 그의 머리는 곧바로 손권 진영으로 보내졌습니다.

장비의 죽음은 유비에게 의심할 바 없이 중대한 손실이었습니다. 우리는 유비 진영에 최고 중의 최고 장군인 이른바 '오호상장五虎上將(호랑이에 비할 만한 다섯 명의 최고 장군—옮긴이)'이 있었다는 사실을 잘 알고 있습니다. 그런데 유비는 왕을 자칭한 후 실제로는 오로지 네 명의 상장만을 임명했습니다. 그들이 바로 전장군 관우·우장군 장비·좌장군 마초·후장군 황충이었습니다. 조운은 빠졌습니다. 조운은 그대로 익군장군翊軍將軍일 뿐이었습니다. 그러나 진수는 『삼국지』를 쓸 때 조운에게도 전傳을 만들어줬습니다. 관우·장비·마초·황충 등과 같은 반열에 놓은 것입니다. 민간에 '오호상장'이라는 말은 바로 이렇게 해서 생겼습니다. 이들 중 관우는 형주의 쟁탈전에서 살해당했습니다. 또 황충은 1년 전에 병으로 죽었습니다. 게다가 갑작스런 장비의 죽음은 유비의 이른바 '오호상장'이 달랑 두 명으로 줄어들게 됐다는 사실을 의미했습니다. 그렇다고 두 장군이 유비의 곁에 있었던 것도 아닙니다. 마초는 북방에서 위나라를 막고 있었습니다. 조운은 신임을 받지 못했습니다(그 원인은 뒤에서 다시 말하겠습니다). 결국 동오 정벌에 나선 부대 내에는 그럴 듯한 장군이 없었습니다. 그 외에 모사들 역시 마찬가지였습니다. 방통은 이미 건안 19년(서기 214년)에 전사했습니다. 법정 역시 건안 25년(서기 220년)에 유명을 달리했습니다. 성도를 지켜야 했던 제갈량은 유비를 따를 수가 없었습니다. 지모가 뛰어난 모사나 군사軍師도 없었던 것입니다. 이 모든 상황으로 볼 때 유비는 전쟁을 너무 급하게 일으켰다고 말할 수 있습니다. 출병 자체가 불리했다고 말해도 좋습니다. 믿음직한 장군과 지략이 뛰어난 모사들이 부족했다는 것은 굳이 더 말할 필요가 없습니다. 그런데도 유비는 왜 이 싸움을 했을까요?

### 유비가 효정전쟁에서 패한 이유 : 무모한 고집

이것은 유비가 실패하게 된 둘째 원인과 관련이 있습니다. 유비가 남의 의견을 받아들이지 않고 자기 고집대로 일을 감행한 것입니다.

사실 유비의 동오 정벌과 칭제를 포함한 일련의 결정에 대해 당시 많은 사람들은 반대 입장을 견지했습니다. 예컨대 앞에서 언급한 바 있는 비시를 비롯해 상서령 유파劉巴, 주부 옹무雍茂 등은 모두 유비의 칭제에 찬성하지 않았습니다. 동오 정벌을 반대한 사람으로는 익군장군 조운과 종사좨주從事祭酒 진복秦宓 등이 있었습니다. 만약 진복의 말을 망언으로 친다 하더라도(『삼국지』「진복전」은 "하늘이 주는 시기로 봐서도 절대 이롭다고 하기 어렵다"고 말했다고 기록하고 있습니다) 조운의 견해는 그래도 꽤 합리적이라고 말할 수 있습니다. 『삼국지』「조운전」의 배송지 주에서 인용한 『운별전』의 기록을 참고할 필요가 있습니다. 조운이 유비에게 "나라의 역적은 조조이지 손권이 아닙니다. 만약 조조만 멸한다면 동오는 별로 문제가 되지 않습니다. 지금 조조가 죽기는 했으나 그의 아들 조비는 더 나쁩니다. 위를 그대로 놔두고 먼저 오와 싸우는 것은 좋지 않습니다. 더구나 이 전쟁은 일단 시작하면 끝내기가 쉽지 않습니다. 확실한 결말을 맺는 것 역시 어렵습니다"라고 말한 것으로 기록하고 있습니다.

그런데 이것은 이른바 유비에게는 '귀에 거슬리는 말'이었습니다. 우리는 이때 유비의 나이가 공자의 표현을 빌릴 경우 '귀에 거슬리지 않는' 나이(이순耳順, 60세를 의미함—옮긴이)에 이르렀다는 사실을 잘 압니다. '귀에 거슬리지 않는다'는 것은 무슨 말이든지 모두 받아들인다는 뜻을 가지고 있습니다. 그러나 왜 그랬는지는 모르겠지만, 유비는 이때 결코 '귀가 열린' 상태가 아니었습니다. 결국 비시는 직급을 강등당하는 수모를 겪어야 했습니다. 또 옹무는 목숨을 잃었고 진복은 '투옥(나중에 풀려남)'되었습니다. 유파는 그나마 조금 괜찮아 별다른 해가 없었습니다. 그러나 겁에 질려 그 이후 감히 입을 열지 못했습니다. 조운은 신임을 받지 못했습니다. 동오 정벌에 따라가지 못했습니다.

왜 이렇게 됐는지 계속 살펴보면 별로 이상하지도 않습니다. 유비는 이른바 조조와 비슷한 독불장군이었습니다. 이미 결정을 내린 자신의 정치노선과 전략 방침에 다른 사람이 반대하는 것을 용납하지 않는 인물이었습니다. 문제는 이 노선과 방침이 맞느냐는 것입니다. 칭제한 일까지 굳이 얘기할 필요도 없습니다. 그저 동오 정벌에 대해서만 말해도 충분합니다. 유비는 왜 동오 정벌에 나섰을까요? 일반 사람들은 대부분 관우를 위한 복수(『삼국지』「법정전」을 포함한 모든 기록들이 대체로 '관우의 치욕을 복수'하기 위해서라고 말함) 때문이라고 말합니다. 또 혹자는 치밀어 오르는 분노가 원인이라고 주장합니다. 그러나 이 주장들은 믿을 수 없습니다. 뤼쓰몐 선생의 『삼국사화』를 보면 분명해집니다. 의형제를 맺은 동생을 위해 복수한다는 주장을 "아주 웃기는 말"이라고 쓰고 있습니다. 유비의 군대를 분노의 군대라고 하는 것도 "결코 사실이 아니다"라고 말하고 있습니다. 저는 뤼쓰몐 선생의 이 말이 상당히 일리가 있다고 생각합니다. 왜 그럴까요? 그렇습니다. 유비처럼 의지가 굳세고 참을성이 많은 사람은 감정적으로 일을 처리하지 않습니다. 더구나 유비는 관우가 살해당했다는 소식에도 너무 슬퍼 죽고 싶은 생각뿐이라 하지도 않았고, 분노해서 탁자를 치면서 벌떡 일어서지도 않았습니다. 그보다는 오히려 자신의 칭제에 더 바빴습니다. 이는 관우 전사 후에 시호를 내리지 않은 것에서도 잘 알 수 있습니다. 관우에게 장무후壯繆侯라는 시호가 추증된 것은 경요景耀 3년(서기 260년) 후주 유선 때였습니다. 유비가 동오 정벌에 나섰을 시점이 관우가 전사한 지 1년 반이 다 됐을 때였다는 사실도 감안해야 합니다. 어떻게 감정적인 충동이 있었겠습니까? 단지 기정방침이라고 말할 수 있습니다.

그러나 제갈량의 '융중대책'에 따르면 유비의 기정방침이 마땅히 오와 연합해 조에 대항하는 것이라는 사실을 우리는 잘 알고 있습니다. 조운 역시 "마땅히 민심을 좇아 조속히 관중關中을 도모해야 한다"라는 말을 했습니다. 아무리 생각해도 위를 놔둔 채 먼저 오와 싸워서는 안 되었습니다.

그러면 유비는 왜 제갈량의 전략 계획에 따르지 않았을까요? 또 왜 조운의 의견을 받아들이지 않았을까요? 뤼쓰몐 선생의 견해를 참고하면 이 행태는 여몽이 서주를 공격하지 않고 형주를 공격한 것과 같은 것입니다. 감을 먹을 때는 누구나 다 부드러운 것을 집어 고르는 것과 같은 이치라는 것입니다. 상당히 일리가 있습니다. 조위는 강적이었습니다. 천하의 반 이상을 보유하고 있었습니다. 어떻게 한 입에 삼킬 수 있었겠습니까? 자연히 다른 아이디어를 생각해낼 수밖에 없습니다. 여몽이 관우를 상대하기 좋다고 생각했고 유비는 손권이 괴롭히기 좋다고 판단했다는 것입니다. 게다가 손권 진영의 맹장 여몽은 유비와 관우에게 결정적인 한 방을 먹인 형주의 쟁탈전이 끝난 다음 논공행상이 시작되기도 전에 죽어버리고 말았습니다. 유비는 그를 계승했으나 일개 서생일 뿐인 육손을 가볍게 다룰 수 있을 것이라 판단한 것입니다.

조위 진영에서도 이 사실을 간파한 사람이 있었습니다. 『삼국지』「유엽전」에 따르면 관우가 살해당한 다음 해, 즉 유비가 군대를 일으킨 전 해인 위 문제 황초 원년(서기 220년)에 조비는 신하들에게 유비가 관우의 복수를 위해 출병해서 오나라를 칠 것인지를 질문했습니다. 대답은 거의 한결같았습니다. 그렇지 않을 것이라는 것이었습니다. 이들 대부분은 "촉나라는 소국입니다. 대장은 관우 한 명 외에는 없다고 생각합니다. 그러나 관우는 죽었습니다. 누가 감히 출병을 하겠습니까?"라고 자신 있게 말했습니다. 반면 유엽은 분명히 할 것이라고 말했습니다. "촉나라는 분명 작고 약합니다. 그러나 유비의 기본 책략은 무력으로 강해지겠다는 것입니다. 반드시 기병하여 백성을 동원할 수밖에 없습니다. 무용과 위세를 떨쳐 자신에게 충분한 군사적 역량이 있다는 사실을 나타내려 할 것입니다. 게다가 유비와 관우는 '이치상으로는 군신이나 정으로는 부자'와 같습니다. 그런데 관우가 죽었습니다. 그를 위해 복수를 하지 않는다는 것은 말이 되지 않습니다"라고 말입니다.

유엽의 말은 상당히 일리가 있습니다. 당시 유비의 진짜 생각도 그랬을 가능성이 많습니다. 그러므로 종합적 서술이 가능합니다. 저는 유비가 오나라 정벌에 나선 것에는 세 가지 이유가 있었다고 생각합니다. 첫째, 관우와 유비는 그 정이 친형제같이 두터웠고 생사를 같이하기로 한 사이입니다. 복수를 하지 않을 수 없었습니다. 둘째, 당시가 약육강식 시대였다는 사실도 간과해서는 안 됩니다. 약자인 유비로서는 공격을 최선의 방어로 생각해야 했습니다. 조위는 너무 강했으므로 공격할 수 있는 것은 오로지 동오뿐이었던 것입니다. 세째 원인은 가장 중요한 것입니다. 형주를 탈환하지 않으면 안 된다는 사실이었습니다. 앞에서 말했듯이 형주는 유비의 생명줄이었습니다. 어찌 손권이 마음대로 빼앗게 내버려두겠습니까?

그러나 비록 형주를 꼭 탈환해야 한다는 당위성이 있었다 해도 천천히 신중하게 생각해야 했습니다. 준비 역시 단단히 잘해야 했습니다. 적어도 전쟁의 과정 중에도 조금 침착하고 확실하게 해야 했습니다. 『삼국지』「황권전」을 한번 참고해봅시다. 이에 따르면 당시 편장군偏將軍이었던 황권은 동오로 거침없이 쳐들어가는 것은 위험하다고 우려했습니다. 그래서 유비에게 차근차근 진을 쳐가면서 확실한 방법으로 전쟁에 임할 것을 건의했습니다.

오나라 군대는 용맹하고 전투에 능합니다. 대응하기 쉽지 않습니다. 더구나 우리 군대가 강을 따라 내려가면 공격하기는 쉬우나 퇴각하기는 어렵습니다. 때문에 신은 감히 선봉에 나설 것을 간청하는 바입니다. 전하를 위해 상황을 타진해보겠습니다. 전하는 후방에서 지휘만 하시면 됩니다.

그러나 유비는 듣지 않았습니다. 황권을 강북으로 보내버린 다음 아무것도 돌보지 않은 채 계속 진공했습니다. 이것은 유비의 잘못이었습니다.

### 유비가 효정전쟁에서 패한 이유 : 육손의 용병술

솔직히 효정전쟁 과정에서 유비가 보여준 행보나 감정은 두 글자로 표현할 수 있습니다. '경솔'입니다. 만약 상대방도 경솔했다면 당연히 그들은 한번 싸워 볼 수는 있었습니다. 하지만 애석하게도 상대의 총지휘관은 경솔하지 않았습니다. 아니 오히려 대단히 침착하고 냉정했습니다. 한마디로 유비가 경솔할수록 상대방은 더욱 냉정해졌다고 하겠습니다. 냉정한 지휘관, 육손의 존재는 바로 효정전쟁에서 유비가 실패한 세 번째 이유였습니다.

육손은 효정전쟁에서 오나라 군대의 전방 총지휘관이었습니다. 『삼국지』「육손전」에 따르면 당시 손권은 육손을 대도독大都督으로 임명한 다음 가절(부하들의 목을 벨 수 있는 권위의 상징인 상방上方 보검을 가진다는 의미 ― 옮긴이)의 권위도 부여했습니다. 또 주연朱然·반장·송겸宋謙·한당韓當·서성徐盛·손환孫桓·선우단鮮于丹 등의 휘하 군사 5만 명을 이끌고 서쪽으로 올라가 적을 격퇴하도록 명령했습니다. 지금 보기에도 손권의 이 결정은 너무나 정확했습니다. 육손을 기용한 용병 역시 아주 기가 막혔습니다. 이 전쟁을 만약 육손이 지휘하지 않았다면 결과는 아마도 다른 모양이 됐을 가능성이 없지 않습니다. 이 가정은 당연히 사실이 증명하고 있습니다.

그렇다면 육손이 어떤 용병술을 썼는지 한번 보도록 합시다.

『삼국지』「선주전」에 의하면 오 황무 원년이자 위 황초 3년인 촉 장무 2년(서기 222년) 정월에 유비의 선봉부대는 이릉에 도착했습니다. 이어 유비가 2월에 효정에 도착했습니다. 『삼국지』「육손전」과 이 「육손전」의 배송지 주에서 인용한 『오서』와 『자치통감』에 의하면 당시 오나라 군대의 장군들은 계속 병력을 출동시킬 것

**육손** 문무를 겸비한 최고의 장군이자 정치가로서 여몽을 도와 관우를 제압하고 이릉전쟁에서는 진중하고 정확한 전술로 유비에게 큰 승리를 거두었다. 손권 진영의 최고 공신이라 할 수 있는 그도 말년에 손권에게 미움을 받아, 울화병으로 세상을 떠났다.

을 요구했습니다. 하지만 육손은 동의하지 않았습니다. 육손은 유비가 독하게 마음먹고 왔으므로 반드시 침착하게 응전을 해야 한다는 사실을 너무나 잘 알고 있었던 것입니다. 그는 장군들에게 "유비가 대군을 친히 이끌고 강을 따라 동쪽으로 내려 왔소. 기세가 만만치 않소. 날카로움 역시 대단하오. 더구나 그는 높은 곳의 험준한 요새에 의지하고 있소. 쉽게 공격해 격파할 수가 없소. 크게 이긴다는 것은 더욱 어렵소. 만약 군대를 출동시켜 지게 되면 전체의 국면에 영향을 주게 되오. 문제가 심각해지는 것이오. 그러나 촉나라 군대는 산지에서 행군을 하는 만큼 본래 힘을 발휘하기 어렵소. 시간을 끌게 되면 군대 전체가 피곤해질 것이오. 군사를 출동시키는 것은 그 변화를 조용히 관찰하느니만 못하오"라고 이유를 자세하게 설명했습니다. 하지만 장군들은 육손의 말에 모두 그가 배짱이 두둑하지 못하다고 생각했습니다. 모험을 하는 것을 두려워한다고 생각했습니다. 그래서 "각각 분노와 원망의 마음을 품게 됐습니다."

그러나 육손은 자기 나름의 생각이 있었습니다. 그는 얼마 후 대대적인 철수 명령을 하달했습니다. 주변 수백 리의 높은 산과 험한 준령을 모두 유비에게 내주고 자신은 효정 전선을 굳게 지키면서 응전을 거부한 것입니다. 유비는 어쩔 도리없이 장군 오반吳班에게 병사 수천 명을 동원해 평지에 군영을 설치하라는 명령을 내렸습니다. 오나라 장군들은 다시 일제히 "산 속 숲에서는 전투를 할 수 없으나 지금은 다릅니다. 저들이 평지로 내려왔으니 공격할 수 있겠습니다!"라고 말했습니다. 육손은 서두르지 말라고 대답했습니다. 유비의 이 조치는 속임수가 분명했습니다. 과연 유비는 육손을 속일 수 없다는 사실을 알고는 계곡에 매복시킨 8천 명의 병사들을 모두 나오게 했습니다. 오나라 장군들은 그때 비로소 크게 깨달았습니다. 육손의 신과 같은 예측에 너나 할 것 없이 탄복했습니다.

솔직히 육손의 뛰어난 점은 단순히 그의 신기묘산神機妙算에만 있지 않습니다. 그가 감정을 잘 제어할 줄 알았다는 데에도 있습니다.『조귀론전 曹劌論戰』을 읽어본 사람은 알고 있을 것입니다. "무릇 전쟁의 성패는 용기에 달려 있다. 첫 번째 북을 치면 병사들의 용기가 진작된다. 그러나 두 번째 북을 치면 용기가 떨어진다. 세 번째 북을 치면 용기가 완전히 사라진다"라는 사실을 말입니다. 아무려나 강을 따라 내려온 촉의 군대는 기세가 등등했습니다. 한 입에 오나라를 삼키지 못하는 것을 한스러워하는 듯했습니다. 그러나 그들이 이릉과 효정 전선에 도착했을 때는 사정이 달라졌습니다. 꼼짝달싹하지 못할 정도로 동오의 군대에게 차단당해버리고 말았습니다. 무려 수개월 동안이나 결전의 기회조차 찾지 못하고 있었습니다. 그뿐만이 아니었습니다. 보급이 원활하지 못해 식량 역시 부족했습니다. 날씨는 점점 무더워져갔습니다. 촉나라 병사들의 투지와 사기는 갈수록 떨어졌습니다. 이때에야 육손은 비로소 역공의 기회가 왔다고 군중에 선포했습니다.

『삼국지』「문제기」와 진원陳垣의『이십사삭윤표二十史朔閏表』에 따르면 육손이 역공의 뜻을 굳힌 것은 그해(222년)의 윤 6월이었습니다. 『삼국지』「육손전」에 의하면 당시 오나라 장군들은 모두 그의 생각을 이해하지 못했습니다. 그들은 "유비를 공격하는 것은 그가 막 동오 땅에 들어왔을 때 했어야 했다. 그러나 그는 이미 오륙백 리나 깊숙하게 들어와 있다. 게다가 그와 우리는 서로 7~8개월을 대치했다. 그의 군영은 이미 견고하게 뿌리를 내린 상태이다. 천혜의 요새 역시 모두 보강했다. 어떻게 공격을 할 수 있을까?"라고 생각했습니다. 그러나 육손의 생각은 달랐습니다. 그가 수하 장군들에게 한 다음과 같은 말을 살펴보면 되겠습니다.

유비는 교활한 사람입니다. 경험이 풍부하고 보고 들은 것이 많아 식견이 넓습니다. 그는 우리 동오로 진격하려 했을 때 분명히 주도면밀한 계획을 세웠을 것입니다. 때문에 우리는 강하게 맞설 수 없었습니다. 그러나 지금은 이미 몇 개월이나 지났습니다. 그의 병사들은 이미 피로한 기색이 역력합니다. 투지 역시 떨어질대로 떨어졌습니다. 어떤 좋은 수도 생각해내기 어려운 상황입니다. 내 생각에는 이 반역자를 멸할 수 있는 때가 바로 오늘입니다.

육손은 비록 이렇게 말은 했으나 병력 출동은 신중하게 했습니다.
"먼저 유비의 영 하나를 공격했"지만 결과는 "실패"였습니다. 여러 장군들은 약속이나 한듯 "보십시오! 많은 병사들이 헛되게 전사했습니다"라고 그를 비난했습니다. 그러나 육손은 병사들이 헛되게 전사했다고 생각하지 않았습니다. 그가 그 출동을 통해 유비의 결점을 찾아내고 초나라 군대를 격파하는 방법을 찾았으니까요.
그러면 유비의 진영에는 어떤 결점이 있었습니까? 또 육손의 공격에는 어떤 기발한 묘수가 있었을까요? 원래 유비는 전선에 도착한 다음 부대에 명령을 내려 무협巫峽에서부터 이릉에 이르기까지 영들을 잇도록 했습니다. 이렇게 해서 수십 개의 영이 7백 리에 걸쳐 이어졌습니다.『삼국지』「문제기」는 당시 조비가 "유비는 반드시 패배한다"라고 말했다고 적고 있습니다. "유비가 병법을 모르는구나! 영을 칠백 리에 늘어놓고 어떻게 적에게 대항하는 것이 가능한가? 더구나 그의 병영들은 튼튼한 곳에 있지 않아. 내가 보기에는 손권의 승전보가 곧 오겠군"이라고 단정적으로 말했다는 것입니다.
유비의 결점은 멀리 낙양에 있던 조비도 찾아냈습니다. 지척에 있는 육손이 못 찾았을 리가 없지요.『삼국지』「육손전」을 보면 잘 알 수 있습니다. 이에 따르면 육손은 촉의 군대와 대치하는 단계에 이미 손권에게 글을 올려 유비 격파 전략을 다음과 같이 자세하게 설명했습니다.

제가 당초 제일 걱정했던 것은 유비가 '수륙으로 함께 진공해오는 것'이었습니다. 그러나 뜻밖에도 유비는 이렇게 유리한 조건을 포기했습니다. 오히려 수군을 상륙시켜 산중에 병영을 구축해서 주둔하게 했습니다. 이렇게 해서 그의 영은 온통 연결이 됐습니다. 그러나 그것은 자신을 패전의 땅으로 내모는 것과 하나 다를 바가 없습니다.

바로 이 때문에 육손은 상대의 화력을 시험할 겸 유비의 영을 공격해본 것입니다. 그리고 방법을 찾아냈습니다.

육손의 방법은 아주 간단했습니다. 적벽대전 때 손권과 유비의 연합군이 사용했던 방법이었습니다. 바로 태우는 것이었습니다. 『삼국지』「육손전」에 의하면 그는 휘하의 모든 병사들에게 각각 한 묶음씩의 풀을 가지고 유비의 군영에 가까이 다가가도록 명령했습니다. 불을 지른 다음 동시에 공격하도록 하기 위해서였습니다. 일단 불이 피어오르자 동오의 전 병력은 공격에 나섰습니다. 이 방법은 과연 성공했습니다. 전쟁 상황을 처음부터 살펴보면 좀 더 알기 쉽습니다. 오나라 군대의 주력은 육손의 지휘하에 효정에 모두 집합하여 유비와 대전을 벌였습니다. 결과는 만족스러웠습니다. 촉나라 군대의 40여 개 영을 연속으로 함락시킨 것입니다. 유비는 너무 갑자기 당하는 일이라 방어에 나설 수가 없었습니다. 그는 결국 허둥대다 마안산(馬鞍山, 지금의 후베이성 이창시 서북쪽)으로 후퇴했습니다. 육손은 멈추지 않았습니다. 각 군이 한층 더 분발해 사방에서 바짝 공격의 고삐를 조일 것을 독려했습니다. 촉나라 군대는 "땅이 무너져 내리듯 궤멸돼 전사자가 만여 명"에 이르렀습니다. 유비는 겨우 몇 명의 군사들만 데리고 밤새도록 달려 백제성白帝城으로 도주했습니다. 배를 비롯해 그의 각종 무기, 군수 물자 등은 "일거에 모두 적의 전리품이 됐습니다." 그의 부대 역시 처참했습니다. "시체가 수면에 떠올라 강을 막으면서

이릉대전도

**장강 무협** 서릉협, 구당협과 함께 장강 삼협 중 하나로, 삼협 가운데에서도 가장 풍광이 아름다운 협곡이다. 이릉전쟁 당시 유비는 이곳 무협에서부터 이릉까지 7백 리에 이르는 길에 수십 개의 영을 이어 설치했는데, 이는 전쟁에서 패하게 된 직접적인 원인이 되었다. ⓒ瑛

아래로 흘러갔다"라는 기록만 봐도 알 수 있습니다. 완전히 만신창이가 된 유비의 마음은 그야말로 '참괴'라는 말이 적합했습니다. 분노와 원망이 가슴속에 가득 찼습니다. 그는 하늘을 바라보다 크게 한숨을 내쉬면서 "짐이 뜻밖에 육손에게 수치와 모욕을 당했다. 이것이 하늘의 뜻일까 두렵다!"고 탄식을 늘어놓았습니다.

유비는 '육손에게 굴욕을 당한 것'을 인정하기 싫었습니다. 아마도 그와 관우의 눈에 육손은 한낱 서생에 불과했을지 모릅니다. 걱정할 필요가 없다고 생각했을 가능성이 큽니다. 육손의 손에 무릎을 꿇을 것이라고는 상상도 못했을 것입니다. 사실 육손은 서생이 아니었습니다. 선비의 풍모를 지닌 무장이었습니다. 동오 진영의 최고 정치가이자 군사 전략가였습니다. 그의 성공은 무슨 '하늘의 뜻'이 아니었습니다. 그보다는 '그의 지략' 때문이었습니다. 앞에서 말했듯 육손은 일찍이 손권에게 글을 올렸습니다. 그 상주문에서 육손은 "장강 삼협三峽의 제일 동쪽이 서릉협西陵峽이고, 이 서릉협의 동쪽 입구가 바로 이릉현입니다. 이 이릉은 전략 요충지로 우리 동오의 서쪽 대문입니다. 이 땅은 점령하기가 쉬우나 잃기도 쉽습니다. 일단 잃으면 그저 한 군을 잃는 것이 아닙니다. 전체 형주의 안전 역시 이로 인해 매우 우려할 만한 수준으로 변해버리고 맙니다. 그렇기 때문에 이번 전쟁은 실패할 수 없습니다. 오로지 성공해야만 합니다"라면서 이 전쟁의 중요성을 손권에게 분명하게 강조했습니다. 이것이 육손이 전쟁에서 이길 수 있었던 첫째 원인입니다. 전쟁을 극도로 중시하고 반드시 이길 것을 다짐한 것입니다.

그렇다면 육손만 이번 전쟁을 극도로 중시했겠습니까? 유비는 이 전쟁을 이기려고 생각하지 않았겠습니까? 그래서 육손은 전쟁의 향배를 걱정하는 손권에게 "첫째, 유비는 전쟁의 관례를 어기고 있습니다. 자신의 집은 지키지 않은 채 군대를 동원해 원정을 하고 있습니다. 이것은 스스로 죽으러 오는 것입니다. 둘째, 유비는 일생을 전쟁터에 나가 싸웠으나 패배가 많지 승리한 것은 적습니다. 이로 미뤄볼 때 이번 역시 걱정할 바가 못 됩니다. 셋째, 그는 '수군을 버리고 보병에 의존하고 있습니다. 곳곳에 영을 세우고도 있습니다"라고 말하면서 유비의 3대 약점을 진술합니다. 이어 그는 손권에게 걱정하지 말고 마음 편하게 좋은 소식을 기다릴 것을 주청했습니다. 이것이 바로 육손이 전쟁에서 이긴 둘째 원인입니다. 지피지기에다 철두철미한 준비까지 한 것입니다.

셋째 원인은 '침착하게 응전하고 일보 물러나 있다가 나중에 손을 써 적을 제압한 것'이었습니다. 구체적인 상황은 이미 앞에서 말했습니다. 여기에서 말하려는 것은 이렇게 하기가 그리 쉽지 않다는 사실입니다.

『삼국지』「육손전」을 보도록 하겠습니다. 이에 따르면 육손과 유비가 서로 대치하고 있을 때 손환이 이도(夷道, 지금의 후베이성 즈청枝城 서북쪽)에서 유비의 군대에 포위를 당했습니다. 손환은 손권의 친족 조카뻘(그 아버지 손하孫河가 손권의 아버지 손견의 조카뻘)로 당시 안동중랑장安東中郞將으로 있었습니다. 당연히 손환은 육손에게 도움을 요청했습니다. 육손 휘하의 여러 장군도 출병해야 한다고 주장했습니다. 그러나 육손은 군대를 움직이지 않았습니다. 그저 "안동은 우리 주군의 인망이 높아 인심을 많이 얻고 있소. 이도는 금성철벽으로 식량 등이 충분하오. 걱정할 필요가 없소. 본인이 계책을 펼칠 때까지 기다리면 이도의 포위는 구원하러 가지 않아도 자연히 해결되오"라고 말했을 뿐입니다. 그러나 그의 생각은 틀리지 않았습니다. 육손이 유비의 촉영에 화공을 가하자 손환의 포위는 바로 풀렸습니다. 뿐만 아니었습니다. 『삼국지』「손환전」과 「육손전」에 의하면 포위가 풀린 후 손환의 활약은 대단했습니다. 산을 만나면 길을 내고 강을 만나면 다리를 놓는다는 식으로 어려움을 뚫고 돌진했습니다. 심지어 지름길로 돌아가서는 유비를 추격하기도 했습니다. 유비는 산 넘고 재를 넘는 온갖 고생을 다하고서야 겨우 횡액을 면할 수 있었습니다. 때문에 유비는 무사히 탈출한 다음 무척이나 화가 난다는 듯 "짐이 예전 경구에 갔을 때 손환은 아직 어린 아기였다. 그런데 지금 예상외로 짐을 이렇게 괴롭히는구나!"(손환은 유비와 전투를 벌일 당시에는 25세였습니다)라면서 이에 대해 자책했다고 합니다. 손환 역시 재미있는 말을 남기고 있습니다. "손모는 지원을 받지 못했을 때 확실히 장군을 원망했습니다. 그러나 지금 비로소 장군의 조치가 적절했다는 것을 알겠습니다!"라는 말을 육손에게 전했다고 합니다.

육손의 여유 있는 침착함과 적절한 조치, 더 나아가 참고 또 참으면서 일보 물러나 있다 손을 써 적을 제압한 것 등은 확실히 간단한 덕목이 아닙니다. 더구나 오나라 군대에게 일거의 성공과 큰 승리를 안겨주었습니다. 육손이 이렇게 할 수 있었던 이유는 그의 사고 수준이 대단히 높았기 때문입니다. 당시 육손의 지휘와 통솔을 받던 장군들은 나이 많은 노장이거나 종친과 인척이었습니다. 모든 이들이 다 믿는 구석이 있었습니다. 당연히 두려움을 몰랐습니다. 육손에게 공손히 복종하지도 않았습니다. 육손이 회의를 소집할 때마다 늘상 손에 보검을 쥐고 얼굴빛을 근엄하게 한 채 비분강개조로 말한 것은 다 그래서였습니다. 심지어 그는 협박조의 말도 서슴지 않았습니다.

유비가 천하에 이름을 떨친 사람이라는 사실은 모두 다 아는 바입니다. 조조마저도 그를 무서워합니다. 지금 그는 친히 대군을 이끌고 우리 국경을 침범했습니다. 결코 가벼운 적이 아닙니다. 어찌 어린아이의 장난으로 볼 수 있겠습니까? 여러분께서 기왕에 나라의 은혜를 크게 받았다면 마음을 합쳐 서로 도와야 합니다. 공동의 적에 대해 적개심을 불태워야 합니다. 그러나 제 지휘를 듣지 않으면 무슨 방법이 있겠습니까? 저 육모는 비록 한낱 서생에 불과하나 주군의 명을 받았습니다. 주군이 저 육손을 중용한 것은 모욕을 잘 참고 막중한 책임을 감당할 능력이 있기 때문입니다. 장군의 자리에 있으면 장군을 하는 것입니다. 제가 어찌 마다하겠습니까. 군령은 산과 같습니다. 범해서는 안 됩니다. 본인은 이 사실을 먼저 말해두겠습니다!

육손의 이 말은 일리가 있었습니다. 말도 준엄했습니다. 게다가 그는 확실히 용병술이 귀신같았습니다. 결국은 모두 그를 따랐습니다. 한번은 손권이 그에게 "여러 장군이 그대의 지휘를 따르려 하지 않았다고 했다는데 장군은 왜 과인에게 보고를 하지 않은 것이오?"라고 물었습니다. 이에 육손은 "신이 비록 겁이 많고 나약하나 천하의 장군인 인상여藺相如와 구순(寇恂, 후한 시대의 명장-옮긴이) 겸허하게 자신을 낮춘 이야기는 들었습니다"라고 대답했습니다. 손권은 그의 말에 만족스럽다는 듯 호탕하게 크게 웃었습니다. 이어 보국장군輔國將軍 직을 수여하고 형주목과 강릉후에 봉했습니다.

장쭤야오 선생은 『유비평전』에서 일찍이 효정전쟁 성패의 원인을 총결산했습니다. 이 결산에서 그는 손권이 승리할 수 있었던 원인을 네 가지로 생각했습니다. 그중의 하나가 바로 "총사령관 선발을 적당한 사람으로 한 것"(나머지 세 가지는 각각 충분한 전쟁 준비와 정확한 전략, 지세의 유리함)입니다. 확실한 뛰어난 결론입니다.

효정전쟁은 유비에게 막대한 타격이었습니다. 『삼국지』「선주전」에 따르면 장무 2년(기원 223년) 8월 유비는 전쟁에서 패한 다음 무현(巫縣, 지금의 충칭시 우산巫山)으로 철수했습니다. 또 나중에는 백제성(지금의 충칭시 펑제奉節 동쪽)에 머물렀습니다. 그러나 머지않아 병에 걸려 거동을 못하게 됩니다. 이어 장무 3년(서기 224년) 2월 유비는 자신이 오래 살지 못할 것임을 깨닫고 제갈량을 영안(永安, 원명 어복魚復. 현의 행정 중심지는 백제성)으로 불러들여 후사를 논의했습니다. 이것은 사실 주변에 많은 영향을 미칠 대단히 큰 사건이었습니다. 그러면 유비는 어떻게 후사를 안배했을까요? 이 안배의 배후에는 또 어떤 뜻이 있을까요?

# 영안에서 후사를 부탁하다

유비는 효정에서 패한 후 다음 해 4월 영안궁에서 병사했다. 죽기 전 그는 적절하게 후사를 처리했다. 우선 유선에게 제위를 물려줬다. 또 제갈량에게는 탁고託孤(죽은 뒤 자식을 부탁함-옮긴이)를 했다. 한 걸음 더 나아가 만약 유선이 능력이 모자라면 제갈량이 '스스로 취해도' 좋다고 했다. 이에 대해서는 뚜렷하게 다른 두 가지 역사의 평가가 있다. 그러면 유비의 이 말은 그 목적과 생각이 과연 어떤 것이었을까? '영안탁고永安託孤'의 배후에 깊이 숨겨진 털어놓기 어려운 얘기가 있는 것일까?

　　촉한 장무 2년(기원 222년) 윤 6월 유비는 효정에서 패하고 영안현으로 돌아왔습니다. 주로 머문 곳은 백제성이었습니다. 이때 유비는 정신적, 육체적으로 모두 지쳐 있었습니다. 뿐만 아니었습니다. 병에 걸려 일어나지도 못했습니다. 유비는 자신이 더 이상 살지 못할 것이라는 사실을 직감적으로 알았습니다. 그래서 '후사'를 주도면밀하게 준비하기 시작했습니다. 이른바 후사라는 것은 촉한 정권을 누구에게 주느냐 하는 것이었습니다. 세습제에 따를 경우 황제의 자리는 당연히 유선에게 물려줘야 했습니다. 그러나 그때 유선은 겨우 17세였습니다. 아직 미성년자였습니다. 재능은 유비와 비교할 수조차 없었습니다. 누군가 잘 보좌할 사람이 있어야 했습니다. 유비는 제갈량과 이엄李嚴을 선택했습니다. 이 사실은 『삼국지』「선주전」이 아주 잘 말해주고 있습니다. "선주는 병이 심해지자 승상 제갈량에게 탁고했다. 상서령 이엄에게는 제갈량을 보좌하게 했다"라는 기록을 남기고 있습니다. 탁고 후인 장무 3년 4월 24일(기원 223년 6월 10일) 유비는 영안궁에서 세상을 떠났습니다. 향년 63세였습니다.

### 유비의 죽음과 영안탁고

유비의 탁고는 삼국의 역사에서는 큰 사건이었습니다. 유비 진영과 촉한 정권의 그리 길지 않은 역사가 이를 기준으로 둘로 나뉘었다고 볼 수 있기 때문입니다. 전기는 지도자가 유비였습니다. 후기는 제갈량이 기둥이었습니다. 이처럼 시기를 나누게 되는 것은 영안탁고의 직접적인 결과이기도 했습니다. 『삼국지』「제갈량전」에 의하면 유비는 병이 위급해지자 제갈량을 성도에서 영안으로 불러들여 "후사를 부탁"합니다. 뿐만 아니라 다음과 같은 간곡하고 의미심장한 말도 했습니다.

선생의 재능은 조비의 열 배입니다. 나라를 태평하게 안정시키고 대업을 이루기에 충분합니다. 그래서 선생을 불러 향후 일처리를 의논하는 것입니다. 만약 유선이 그럭저럭 괜찮으면 그를 보좌해주십시오. 그러나 그 아이가 장래성이 없다면 선생은 자신이 옳다고 생각하는 일을 해도(自行其是 원문은 '스스로 취해도自取'로 되어 있음—옮긴이) 무방합니다.

제갈량은 유비의 말을 듣고 얼굴 가득 눈물을 흘리면서 "신은 목숨이 다할 때까지 전심전력을 다 기울여 황상을 보좌하고 한 마음으로 충절을 다하겠습니다"라고 말했습니다. 유비는 바로 조서를 내려 "지금부터 아버지를 대하는 것처럼 그렇게 승상을 대하라"는 내용의 유훈을 유선에게 내렸습니다.

이것이 저 유명한 '영안탁고'입니다. 문제는 이로 인해 역사적인 논쟁이 일어났다는 것입니다.

이에 대해 긍정적으로 생각하고 찬양한 사람은 진수입니다. 그는 『삼국지』「제갈량전」에서 유비의 행동을 "예로부터 지금까지 볼 수 있는 군신 관계 중에서 가장 공평무사한 본보기"라고 평가했습니다. 왜 그랬을까요? 유비는 국가 전체와 친아들을 제갈량에게 부탁했습니다. 자신은 조금의 다른 생각도 없었습니다. 전혀 주저하지도 않고 두 마음을 먹지도 않은 것입니다. 저는 진수가 이렇게 말한 것은 유비가 '만약 그 아이가 장래성이 없다면 선생이 스스로 취해도 무방합니다'라는 말을 한 것 때문이 아닌가 생각합니다. 진수는 이 말이 무슨 의미를 가지고 있는지 분명히 설명하지 않았습니다. 당연히 이 말을 멋대로 해석해서는 안 됩니다. 그러나 우리는 일반적으로 유선이 '보좌해도 능력을 발휘하지 못한다'면 제갈량이 대신 들어서라는 뜻으로 이해하고 있습니다. 진짜 그렇다면 이것은 정말 보기 드문 일입니다. 위대한 일이라고까지 감히 일컬을 수 있습니다. 군주 세습제가 불변의 진리로 받아들여지는 시대에서 국가와 백성의 이익을 그 어떤 것보다 더 높게 봤다는 사실을 의미하니까요. 국가와 백성을 위해 자신의 가족을 희생할 뿐 아니라 하늘과 신이 내려준 권력까지 포기하는 것이라고 할 수 있었습니다. 이런 생각은 당연히 공평무사한 것입니다. 역사적으로도 전무후무합니다.

그러나 문제는 이것이 가능했을 것인가 하는 점에 있지 않을까요?

저는 불가능했다고 생각합니다. 무엇보다 중국 역사상 이런 예가 없었습니다. 유비 이전의 진시황이나 한 무제는 말할 것도 없고 유비 이후의 당 태종과 송宋 태조太祖 시대에도 그렇습니다. 황제가 자신의 아들이 무능력하다고 국토와 사직을 다른 사람에게 넘긴 적은 단 한 번도 없습니다. 그들이 밤낮으로 생각하는 것은 한결같았습니다. 어떻게 하면 권좌를 잘 보전해 자손만대에 끊이지 않도록 이어지게 하느냐 하는 것입니다. 이것은 역대 왕조 모든 황제들의 공통적인 생각이었습니다. 유비가 어떻게 예외가 될 수 있겠습니까? 유비가 설령 특별한 예외라고 해도 그렇습니다. 우리는 그의 이런 생각이 어디에서 나왔는지 도저히 알 수가 없을 것입니다. 중국 역사에서 그저 '왕조를 바꾸는' 제왕사상은 있었어도 결코 '번갈아 통치'하는 민주주의 개념은 없었으니까요. 만약 유비에게 이런 자각이 있었다면 어찌 조지 워싱턴이 아니었겠습니까? 설사 유비가 워싱턴이 되려고 했더라도 결과는 비슷했을 것 같습니다. 제갈량이 존 애덤스나 토머스 제퍼슨은 감히 되지 못했을 것이기 때문입니다. 당시 이런 대체를 정당하다고 생각한 사람은 없었습니다. 손권이 조조에게 한을 대체하라고 권했을 때도 조조는 손권이 호의를 품고 그러는 것이 아니라고 판단했습니다. 그러니 유비가 제갈량에게 '선생이 스스로 취해도 된다'라고 했다면 그것은 제갈량을 불 위에 올려놓고 굽겠다는 의미가 아니었겠습니까? 더구나 조조는 그저 말뿐인 황제에 불과한 헌제를 대신해 실질적인 권력을 쥐었는데도 '한나라의 반역자'라는 욕을 먹었습니다. 만약 제갈량이 유선을 대신했다면 어떤 일이 벌어졌겠습니까?

바로 이런 이유 때문에 후세의 많은 사람들은 진수의 말과는 전혀 다른 상반된 의견을 가지게 됐습니다. 제일 먼저 의문을 제기한 사람은 진晉의 손성孫盛이었습니다. 유비의 탁고가 그야말로 황당하다고 생각한 것입니다. 『삼국지』 「제갈량전」의 배송지 주에 따르면 손성은 이에 대해 아주 긴 입장의 글을 세상에 남겼습니다. 그가 보기에 탁고에서 가장 중요한 것은 '사람을 바로 뽑는 것'에 있었습니다. '어떻게 말했는지'는 그다음 문제입니다. 만약 사람을 바로 뽑았다면 이런 말이 필요가 없습니다. 탁고를 한 자신이 말을 하지 않아도 상대방은 한마음으로 충절을 다할 것이기 때문입니다. 만약 사람을 잘못 뽑았다면 더군다나 그렇게 말할 수 없습니다.

자리를 찬탈하는 반역의 길을 열어주는 것과 같기 때문이죠. 그래서 손성은 "예로부터 지금까지 이렇게 교활하고 교묘한 거짓말로 탁고를 한 적은 없었다. 그럼에도 크게 문제가 일어나지 않은 것은 그저 유비의 운이 좋았다고 할 수밖에 없다. 게다가 유선이 공교롭게도 다소 모자란 탓에 허튼 생각을 하지 않았다. 제갈량의 경우 위엄과 명망이 높아 주위를 누를 수 있었다. 만약 그렇지 않았다면 일찍부터 여론이 분분하고 인심이 대란을 일으켰을 것이다"라고 말한 것입니다.

지금 볼 때 손성의 혹독한 비판은 그래도 비교적 관대한 것 같습니다. 단지 유비가 '실언'한 것에 불과한 것이라고 생각했을 뿐입니다. 근대 학자인 루비 선생의 견해는 손성의 입장과는 또 많이 다릅니다. 루비 선생은 『삼국지집해』에서 유비의 탁고는 '감정의 움직임'에 따른 느낌과 관계있다고 손성을 반박했습니다. 근본적으로 별다른 꿍꿍이가 있는 것은 아니라고 생각한 것입니다. 이는 그의 말을 들어보면 확실해집니다.

당시 유비가 걱정한 것은 '자리를 계승한 아들이 재능이 없는 것'이었습니다. 또 노심초사한 것은 '자신의 대에서 일궈놓은 가업의 실패'였습니다. 마지막으로 생각했던 것은 '현명한 사람에게 자리를 물려줄 것을 결심한 것'이었습니다. 그런데 어떻게 그런 그가 그토록 많은 잔꾀를 생각했겠습니까? 또 솔직하지 않다고 하겠습니까? 무슨 근거로 그의 마음에 교묘한 속임수가 있었다고 의심할 수 있겠습니까?

물론 이 또한 당연히 하나의 견해입니다. 더구나 일리가 없는 것도 아닙니다. 그러나 반드시 지적해야 할 것은 이른바 '감정의 움직임'이라는 주장 역시 그저 추측에 불과하다는 사실입니다. 우리는 유비가 아닙니다. 누구도 유비가 바로 이렇게 생각했을 것이라고 단정할 수 없습니다. 그러나 루비 선생도 어차피 추측한 것이므로 다른 사람에게도 추측의 자유가 있습니다. 예컨대 장쭤야오 선생이 그런 사람입니다. 『유비평전』에서 유비가 다른 마음이 있었다고 생각했습니다. 뿐만 아닙니다. "그 뜻이 아주 분명한 것"이라고 강조했습니다. 그것은 다른 것이 아니었습니다. 모든 가능한 수단과 방법을 동원해 제갈량에게 충성을 표시할 것을 강요했다는 주장입니다. 장쭤야오 선생은 유비가 제갈량에 대해 기본적으로 "대단히 큰 의심을 품고 있었다"고 생각했습니다. 때문에 아들의 황제 자리가 태산처럼 흔들림 없이 굳건해지도록 하기 위해 그는 "제갈량을 의논할 여지없는 곳까지 밀어붙이는 것"을 마다하지 않았습니다. 이어 그를 꿇어앉게 하고 얼굴 가득 눈물을 흘리면서 맹세할 수 있도록 한 것입니다. 이에 대해서는 왕부지王夫之의 『독통감론讀通鑑論』도 비슷한 해석을 하고 있습니다. 유비가 그렇게 말할 정도였다면 제갈량으로서는 마음을 꺼내 보여주는 것 외의 다른 무슨 방법으로 그의 의심을 없앨 수 있었겠습니까! 따라서 유비가 나라를 부탁한다고 한 말은 '두 마음이 없는 것'이 아니라 오히려 '교묘한 속임수를 품고 있는 것'을 의미한다고 해도 좋습니다.

이와 관련해서 하나의 결정적인 문제가 있습니다. 그게 바로 '만약 그 아이가 장래성이 없다면 선생이 스스로 취해도 무방합니다'라는 글이 무슨 뜻을 가지고 있느냐는 것입니다. 이에 대해 요즘의 팡베이천方北辰 선생은 다른 견해를 가지고 있습니다. 『삼국지주석三國志注釋』이라는 책에서 '선생이 스스로 취해도 무방합니다'의 '취해도'는 대신한다는 뜻이 아닌 '골라 취하다'라는 뜻이라고 말하고 있습니다. 다시 말해 "만약 그 아이가 그릇이 못 되면 선생이 스스로 처리 방법을 골라 취할 수 있다"의 뜻이 된다는 것입니다. 사실 방법은 아주 간단했습니다. 유비의 다른 아들 중에서 한 명을 뽑아 황제로 옹립하는 것입니다. 바꿔 말해 유비가 제갈량에게 준 것은 폐위의 권한이었습니다. 그가 자립해 군주가 되라고 한 것은 아닙니다.

 이 견해는 상당히 일리가 있습니다. 우선 유비에게는 유선 외에 황제가 될 자격이 있는 아들이 적어도 두 명 더 있었습니다. 노왕魯王 유영劉永과 양왕梁王 유리劉理입니다. 『삼국지』 「선주전」의 배송지 주에서 인용한 『제갈량집』을 봐도 괜찮을 것 같습니다. 이에 따르면 유비는 숨을 거둘 때 노왕 유영을 가까이 불러 "짐이 죽은 다음에 너희 형제들은 '아버지에게 대하는 것처럼 승상에게 대하고 승상과 함께 일을 해야 한다'"고 당부했습니다. 이것은 유비가 유선에게 한 말과 꼭 같습니다. 유영을 유선 다음의 '제2의 후계자'로 봤다고 이해할 수 있습니다. 제갈량에게 폐위의 권한을 줬다는 사실은 매우 파격적인 것입니다. 그만큼 제갈량을 속속들이 믿었다고 할 수 있습니다. 당연히 황제 자리를 물려준다는 말과도 다릅니다.

 결론적으로 저는 팡베이천 선생의 해석이 말이 된다고 봅니다. 적어도 일가를 이룬 사람의 말이라고 생각합니다. 이 해석에 따르면 유비는 확실히 자신의 가정과 국가, 아들과 정권을 모두 제갈량에게 부탁했습니다. 분명히 '두 마음이 없는 것'이었습니다. 나아가 '군신 관계의 공평함이 고금의 아름다운 본보기'가 될 정도였다고 해도 좋겠습니다. 제갈량이 유비에게 한 말도 마찬가지 아닌가 보입니다. 막다른 골목에 몰려 할 수 없이 "가슴을 갈라 피를 흘리면서 보여준 것"이 아닙니다. 폐부에서 우러나온 감격의 눈물을 흘린 것과 같습니다. 이 때문에 저는 '선생이 스스로 취해도君可自取'를 '선생이 자리를 대신할 수 있습니다先生可以取而代之'로 해석하지 않고 '선생이 자신이 옳다고 생각하는 일을 해도 무방합니다先生可以自行其是'라고 번역한 것입니다. 사실 신하에게 옳다고 생각하는 일을 해도 무방하다는 권한을 준 것은 대단한 것입니다. 황은이 산과 같이 무겁다고 해도 좋았습니다.

### 영안탁고의 의미

그러나 여전히 문제는 남습니다.

첫 번째 문제는 유비가 왜 조비를 언급했을까 하는 것입니다. 그의 본뜻이 그저 제갈량에게 폐위의 권한만 주고 자리를 대신할 권한을 주지 않았다면 조비를 언급할 필요가 없지 않았을까요? 조비는 무슨 '고명대신(顧命大臣, 태자가 나이가 어려 집정하기 어려울 때 도움을 주도록 위임받은 신하—옮긴이)'이 아니었습니다. 더군다나 신하된 자로서의 '모범'도 아니었습니다. 모두가 알고 있듯 조비는 이때 이미 헌제를 몰아내고 자신이 황제가 돼 있었습니다. 따라서 유비가 앞에서 '선생의 재능은 조비의 열 배'라고 말하고 뒤에서 다시 '만약 그 아이가 장래성이 없다면 선생이 스스로 취해도 무방합니다'라고 한 것은 결코 다른 뜻이 있어서가 아닙니다. "조비가 할 수 있는 일은 그보다 재간이 열 배인 당신 역시 할 수 있습니다. 짐이 당신에게 하라고 그러는 것이니까 최선을 다해서 하면 됩니다!"라는 말로 해석할 수 있습니다.

두 번째 문제는 유비의 이런 말이 역사상 전례가 없었던 것은 아니라는 사실입니다. 손책이 주인공입니다. 장소에게 탁고할 때 거의 똑같은 말을 한 적이 있습니다. 『삼국지』 「장소전」의 배송지 주에서 인용한 『오력』을 참고해야 할 것 같습니다. 손책이 "만약 손중모(손권)가 큰일을 할 수 없는 재목이라면 선생이 바로 그를 대신하십시오"라고 말한 것으로 기록하고 있습니다. 하늘 아래 오로지 한 번만 있었던 것이 아니라 비슷한 짝이 있었습니다. 손책의 말은 결코 다른 뜻이 없었습니다. 그를 대신하라는 것입니다. 이에 반해 유비의 말은 '스스로 취해도 무방한 것'이었습니다. 별로 차이가 없는 것 같습니다. 그러나 실제 내용은 하늘과 땅만큼의 차이가 있지 않습니까?

세 번째 문제는 설사 유비의 원래 뜻이 그랬다 해도 제갈량에게 폐위의 권한을 준 것은 당시 주위의 사람들을 몹시 놀라게 할 일이라는 사실입니다. 동한 말년에 폐위에 직접 나선 사람은 누구였을까요? 동탁董卓이었습니다. 멀쩡하게 잘 있는 황제를 내쫓고 자신이 대신한 사람은 누구였을까요? 조비였습니다. 따라서 이른바 '스스로 취해도 무방하다'의 자구字句적 의미는 조비가 아니라 동탁이 되라는 것입니다. 이 일을 과연 제갈량이 할 수 있을까요? 이에 대해서는 그저 "유비의 뜻은 당연히 제갈량으로 하여금 동탁이 되라고 한 것이 아니었다. 곽광霍光이 되라고 한 것이었다"라는 팡베이천 선생의 말을 들어보면 괜찮을 것 같습니다. 곽광은 서한의 권신으로 한 무제가 임종 시에 일찍이 그에게 탁고를 했습니다. 곽광은 당부대로 보좌의 충성을 다했습니다. 아니 더 나아가 황제를 폐위하는 악역도 담당했습니다(창읍왕昌邑王 유하劉賀를 폐하고 선제宣帝 유순劉詢을 세웠습니다). 그러나 곽광 사후에 그 가족은 치명적인 환난을 당했습니다. 부인을 포함해 일가친척 거의 모든 사람이 몰살을 당했습니다. 설사 곽광이 된다 하더라도 상당히 부담스러운 것이 아닌가 싶습니다. 역지사지해서 여러분이 그 입장이 한번 된다고 가정해도 크게 다르지 않습니다. 놀라 혼비백산이 돼 전신에 식은땀을 흘리면서 땅에 엎드린 채 "저는 제 모든 힘을 다해 충절을 다할 것입니다. 죽음도 마다하지 않겠습니다"라고 말하지 않을 수 없을 것입니다.

'선생이 스스로 취해도 된다'를 황제를 대신하는 것이라고 이해해도 괜찮다고 칩시다. 또 '선생이 옳다고 생각하는 일을 하는 것'으로 해석해 제갈량으로 하여금 곽광이 되도록 하든 조비가 되도록 하든 다 좋습니다. 어쨌거나 한 가지 분명한 것은 제갈량에게 이 모든 것은 거대한 압력이 될 수밖에 없었다는 사실입니다. 그렇기 때문에 우리는 여기에서 한 번 물어봐야 합니다. 유비가 '스스로 취해도 된다'라는 말을 '고의로 압력을 가하기 위해' 했는지 아니면 '다른 뜻없이 오로지 실언을 한 것'인지를 말입니다. 또 '진심으로 부탁한 것'인지 아니면 '암암리에 무슨 꿍꿍이 속셈을 깔고 한 것'인지에 대해서도 의문을 품어봐야 합니다.

당연히 이것은 유비 자신만이 알 수밖에 없습니다. 하지만 결코 추측할 수 없는 것은 아닙니다. '두 마음이 없는 것'이었다는 진수의 주장이나 '감정의 움직임'에 따른 것이었다는 루비 선생의 주장도 사실은 모두 추측이니까요. 그들이 이런 결론을 얻은 것은 이유가 있었습니다. 그들의 눈에 유비와 제갈량의 관계가 마치 물고기가 물을 얻은 것과 비슷한 데다 서로 마음이 통하는 것처럼 보였기 때문입니다. 게다가 둘 사이에는 외견적으로 특별한 감정적 거리도 없었습니다. 더구나 임종 때의 탁고는 당연히 가슴 속 깊숙한 속내를 피력하는 것입니다. 솔직담백한 것이 정상입니다. 그러나 이들 훌륭한 선생들도 생각하지 못한 것이 하나 있는 것 같습니다. 그것은 관계가 아무리 좋아도 주군과 신하는 주군과 신하일 따름이고, 신하를 아무리 신임하는 군주도 군주는 군주라는 사실입니다. 더구나 유비는 일반적인 군주가 아니었습니다. 그의 땅은 그 자신이 싸워 얻은 것이었습니다. 인간 됨됨이 자체도 '천하의 효웅'으로 불리고 있는 사람이었습니다. 그의 생각은 일반 학자들이나 서생들이 생각하는 것처럼 그렇게 간단하지 않았을 것이라는 얘기입니다.

사실 군주의 마음을 제일 잘 이해하는 것은 군주입니다. 그러므로 우리는 청淸나라 강희康熙 황제의 평가에 주의해볼 가치가 있을 것 같습니다. 『어비통감집람御批通鑑輯覽』에 따르면 강희 역시 유비가 한 말 속에 다른 뜻이 들어 있다는 사실을 어렵지 않게 간파했습니다. 더 나아가 그는 유비의 말에 깊은 경멸의 입장을 나타내기도 했습니다. 도대체 말이 안 된다고 생각한 것입니다. 이는 "소열(昭烈, 유비)은 평상시에 항상 자신과 제갈량은 물과 물고기 같은 친밀한 사이라고 하지 않았는가? 제갈량이 한

마음으로 충성을 다 바친다는 것을 그가 설마 몰랐다는 말인가? 그는 왜 탁고할 때에 이런 의심 많고 괴상야릇한 말을 해야 했을까?"라는 그의 말에서도 잘 확인됩니다. 강희는 그래서 "삼국시대의 사람들은 모두 이런 꼴불견들이다. 매우 비열하다!"라는 결론을 내리고 말았습니다.

강희의 결론은 그럭저럭 격식을 갖춘 것으로 볼 수 있습니다. 사실 유비가 말한 탁고에 어디 무슨 '삼국시대 당시의 케케묵은 낡은 풍습에 얽매인 일반적 생각'이 있었겠습니까? 뭔가 있다면 그것은 오로지 '제왕의 생각'일 뿐이었습니다. 이런 생각은 제왕도 아니었던 손책 역시 가지고 있었습니다. 손책이 비록 황제는 아니었으나 실질적인 군주였으니까요. 더구나 그는 자신이 창업한 군주였습니다. 이런 사람에게는 특징이 있습니다. 자신이 마련한 창업의 기반이 다른 사람의 수중에 들어가는 것을 결코 원치 않는다는 것입니다. 하지만 애석하게도 천얼둥 선생이 『한화삼분』에서 말한 것처럼 손책과 유비는 모두 운이 좋지 않았습니다. 두 후계자가 미성년자로 모두 어렸던 것입니다. 손권이 18세, 유선이 17세였습니다. 그 어린 나이에 오로지 힘만 믿는 군대를 비롯해 전쟁터를 누비던 장군, 개국공신 같은 '상전'들을 가볍게 제압할 수 있겠습니까? 안심이 안 됐던 것입니다. 그래서 탁고를 한 것입니다. 그러나 아무에게나 마구잡이로 부탁할 수는 없었습니다. 우선 주변과의 관계가 좋은 인물을 뽑아야 했습니다. 게다가 위엄과 명망 역시 높아야 했습니다. 능력도 뛰어나지 않으면 곤란했습니다. 그럴 수밖에 없었습니다. 우선 주변과의 관계가 좋지 않으면 부탁할 수가 없습니다. 또 위엄과 명망이 낮고 능력이 뛰어나지 않으면 부탁해도 쓸모가 없습니다. 그러나 그 한 사람이 너무 위엄과 명망이 높고 능력 역시 뛰어나면 어떻게 되겠습니까? 더구나 어린 후계자와 의지할 곳 없는 과부가 보좌에 앉아 있는데 말입니다. 정권이 안정되지 않은 기회를 틈타 그 사람이 자리를 대신하지 않겠습니까? 한마디로 부탁을 해도 안 되고 하지 않아도 안 되는 상황이 되는 것입니다. 정말 곤란한 상황이라 하지 않을 수 없습니다. 그렇다면 이럴 때의 최후 결정은 어떻게 해야 할까요? 마지막으로 자신의 입장을 상대방에게 다 내보여주는 것입니다. 천얼둥 선생이 말한 것처럼 "앞에서 남김없이 말하는 것, 즉 철저하게 알려주는 것"입니다. 어떻게 철저한 것이냐구요? '만약 그 아이가 장래성이 없다면 선생이 자신이 옳다고 생각하는 일을 해도 무방합니다'라고 말한 정도면 아마 누구도 할 말이 없을 것입니다.

이것은 매우 뛰어난 수였습니다. 앞에서 말했듯 관계가 아무리 좋아도 주군과 신하는 주군과 신하일 따름입니다. 신하를 아무리 신임하는 군주도 군주는 군주입니다. 더구나 천얼둥 선생이 말한 것처럼 손책이나 유비 등의 이런 '영웅적 군주'들의 경우에게는 대체로 자신이 제일 신임하는 사람을 동시에 제일 의심하게 됩니다. 서로 너무나 잘 알고 있으니까요. 이 사실은 군주나 신하가 모두 잘 알고 있습니다. 그러나 쌍방이 이를 마음속에 담아두면 의심과 거리가 생기게 됩니다. 문제는 탁고할 때 절대로 이 의심과 거리가 있으면 안 된다는 사실입니다. 차라리 말을 분명히 하고 모든 것을 철저하게 알려주는 것보다 못합니다. 말을 분명히 하고 모든 것을 철저하게 알려주면 쌍방은 마음이 개운해집니다. 게다가 각자 마음이 놓입니다. 유비의 경우 마음 놓고 죽을 수가 있었습니다. 제갈량 역시 마음 놓고 일을 할 수 있었습니다. 어찌 쌍방이 모두 좋은 경우가 아니겠습니까? 공사公私에 모두 이로운 것은 아예 말할 필요도 없지 않을까요? 당연히 이 '뛰어난 수'라는 것은 '고대의 입장'에서 말하는 것입니다. '현재의 시각'은 분명히 아닙니다. 하지만 이렇게 할 수밖에 없었습니다. 어쨌거나 유비에게 워싱턴이 되라고 요구할 수는 없지 않겠습니까?

아마도 혹자들은 "당신이 말하는 군신 관계나 제왕의 생각은 일반적인 말입니다. 유비와 제갈량은 특별한 예가 될 수 있지 않겠습니까? 그들의 만남은 앞에 '삼고초려三顧草廬'가 있고 뒤에는 '영안탁고'가 있습니다. 서로 진심으로 터놓고 대한 데다 동고동락했다고 일컬어집니다. 어찌 다른 사람들과 일률적으로 논할 수 있겠습니까?"라고 의문을 제기할지 모릅니다. 그렇습니다. 두 사람의 관계가 예사롭지 않았다는 것은 역사적으로 많은 사람들이 모두 인식하는 사실입니다. 예컨대 「제갈량전」의 배송지 주는 "유비와 제갈량 두 군신의 만남은 일세에 보기 드문 것이라고 말할 수 있다"라고 기록하고 있습니다. 『삼국지』 「선주전」도 그렇습니다. 유비가 "나에게 공명이 있는 것은 마치 물고기가 물이 있는 것과 같다"라고 말했다는 기록이 있습니다. 두 사람의 관계가 이런데 탁고의 내용을 어떻게 의심할 수가 있었겠습니까? 또 무엇을 더 철저하게 알려준다는 말입니까?

## 유비와 제갈량, 그 관계의 변화

이쯤에서 유비와 제갈량의 관계를 더 언급해야겠습니다.

유비와 제갈량의 관계는 과연 어땠을까요? 확실히 '일세에 보기 드문 것'이기는 했습니다. 그러나 그것은 단지 '서로 만난 지' 얼마 안 된 초창기의 일이었습니다. 진짜 물고기가 물을 만난 것과 같았습니다. 더 정확히 말하면 적벽대전 전까지였습니다. 나중에는 반드시 그렇다고 말하기가 곤란합니다. 이 상황은 『삼국지』 「제갈량전」에 분명히 기록돼 있습니다. 이에 따르면 삼고초려 이후 유비와 제갈량은 항상 무릎을 맞대고 흉금을 터놓고 의견을 나눴습니다. 쌍방의 "감정이 갈수록 좋아져" 급기야 "관우와 장비 등이 기분 나쁠 정도"에까지 이르렀습니다. 이후 적벽대전 직전 제갈량은 동오로 건너가 뛰어난 외교활동으로 상대를 주물렀습니다. 결국 손권-유비 동맹을 이끌어내 유비가 조조를 물리치는 데 혁혁한 공훈을 세웠습니다. 또 이를 통해 유비가 봉착했던 난관을 모두 극복하게 했고, 형주의 강남 4군도 소유하도록 도왔습니다. 자신은 군사중랑장으로 임명되기도 했습니다. 유비와 제갈량의 '밀월기'라고 말할 수 있겠습니다.

그러나 적벽대전(기원 208년)부터 영안탁고(기원 223년)까지 무려 15년 동안 우리는 제갈량의 그림자를 많이 볼 수 없게 됩니다. 그의 목소리 역시 아주 적게 들을 수밖에 없었습니다. 구체적으로 살펴봅시다. 우선 유비가 촉으로 들어갈 때 데리고 간 모사는 방통이었습니다. 한중에 진공할 때는 법정이 방통을 대신했습니다. 두 경우 다 제갈량의 일은 "이들 지방의 세금을 거둬들여 군사력을 보강하는 것"이거나 "성도를 지키고 경제력과 군사력을 강화하는 것"이었습니다. 그도 아니면 장비와 조운과 함께 군대를 이끌고 촉으로 들어가 "함께 성도를 포위"하는 것이었습니다. 얼핏 보면 사람들에게 마치 제2선으로 물러난 것 같은 인상을 주기에 충분했습니다.

이런 그의 역할이 유비와 제갈량의 관계에 무슨 문제가 있지 않느냐 하는 점을 설명하는 것은 아닙니다. 아니 그와는 반대일 수도 있었습니다. 군이 비교하자면 그의 역할은 소하와 비슷했다고 할 수 있습니다.『사기史記』「소상국세가蕭相國世家」를 한번 봅시다. 이에 따르면 유방이 항우와 천하를 다툴 때 소하는 남북의 크고 작은 전투를 따라다니면서도 전쟁에는 나서지 않았습니다. 여러 장군들이 "전쟁에서 세운 공은 없이 그저 글만 가지고 논의하기를 즐긴다"라고 시기했을 정도였으니까요. 그러나 유방은 사후 논공행상 때 그를 첫 번째 공신으로 결정했습니다. 유비가 칭제했을 때도 상황은 비슷했습니다. 제갈량은 전체 신하 중에서 단연 첫 번째 자리에 있었습니다. 그럴 수밖에 없었습니다. 전반기에 형주를 방어한 것이나 후반기에 성도를 방어한 것 등은 모두 책임이 막중한 임무였습니다. 형주와 성도는 모두 유비의 근거지와 대본영으로 노련하게 국정을 운영할 능력이 있고, 믿을 수 있는 사람이 지키지 않으면 안 됐으니까요. 세금을 거둬들여 경제적 안정과 국방을 튼튼히 한 것 역시 중요했습니다. 병마를 출동시키기 전에 식량과 마초를 먼저 보내야 한다는 것은 거의 상식입니다. 군량미가 없으면 전쟁을 할 수 없는 것 아니겠습니까? 진수의 『진「제갈량집」표 進「諸葛亮集」表』를 한번 살펴보는 것도 필요하겠습니다. 이에 따르면 제갈량의 특징적인 능력은 "군대를 통솔하는 능력이 장점이지만 기묘한 책략에는 약점이 있었다. 백성을 다스리는 능력이 용병하는 책략보다 훨씬 뛰어났다"라는 기록으로 설명이 가능합니다. 그렇다면 백성을 다스리는 능력이 뛰어난 제갈량을 남겨 후방을 지키게 하고 기묘한 계책에 능한 방통과 법정을 출정시켜 종군하게 하는 것이 유비가 사람을 잘 알아보고 적재적소에 쓴다는 점을 설명해주는 것이 아니겠습니까? 문제가 없다고 할 수 있겠습니다.

  그러나 적벽대전 이후 유비와 제갈량의 관계는 실제로 조금 미묘해졌습니다.

  우리는 제갈량이 유비를 위해 일찍이 전략적 계획을 세웠다는 사실을 잘 압니다. 그것이 저 유명한 '융중대책'입니다. 이치에 따르면 적벽대전 후 유비는 이 전략 계획을 실행에 옮기고 제갈량은 크게 능력을 발휘했어야 했습니다. 그러나 왠지 모르게 제갈량은 과거에 비해 확 달라졌습니다. 침묵한 것입니다. 그럼에도 유비가 촉으로 들어간 것은 방통의 적극적 종용과 그가 내놓은 전략에 힘입은 바가 컸습니다. 또 한중을 공략한 것은 법정의 적극적 주장과 죽기를 결심한 용기 있는 행동이 결정적 계기가 됐습니다. 방통이 전사하자 유비가 "몹시 애석해 하고 말할 때마다 눈물을 흘렸다"고 하는 기록이 있는 데에는 다 이유가 있습니다. 법정이 병으로 죽었을 때도 마찬가지였습니다. 유비는 "그를 위해 며칠 동안이나 눈물을 흘렸다"고 전해집니다. 유비를 위해 더 많은 힘을 쓰고 유비와 감정이 더 돈독했던 인물은 아마도 방통과 법정이 아니었나 싶습니다.

이것은 사실 크게 중요한 것이 아닙니다. 제갈량은 계획을 수립하는 사람이었습니다. 꼭 스스로가 집행해야 할 필요는 없었습니다. 오히려 방통과 법정이 유비를 따라 남북을 토벌하고 정벌하면서 감정이 날이 갈수록 깊어져야 이치에 맞는 것입니다. 그러나 하나 이상한 것은 제갈량이 관우의 양번공격과 유비의 동오정벌에 왜 반대하지 않았는가 하는 것입니다. 두 전쟁 모두 잘못된 결정이라는 사실은 이미 증명되고 있지 않습니까? 관우가 양번을 공격할 당시(서기 219년) 법정은 아직 살아 있었습니다(상서령 겸 호군장군護軍將軍이었음). 이때에는 그나마 법정의 말을 많이 들어도 무방했습니다. 그러나 유비가 오를 정벌하려고 나섰을 때(서기 221년)에는 방통이 이미 사망한 뒤였을 뿐 아니라 법정 역시 불귀의 객이 돼 있었습니다(서기 220년에 사망). 제갈량은 왜 이때에도 한마디도 안했을까요?

이에 대한 제갈량의 태도를 알 수는 있습니다. 『삼국지』「법정전」을 참고해봅시다. 이에 따르면 유비가 효정에서 패한 다음 제갈량은 크게 탄식하면서 "만약 법효직(法孝直, 법정)이 있었다면 이렇게 되지는 않았을 터인데. 그는 틀림없이 황상을 저지했을 거야. 황상으로 하여금 동정東征을 못하게 했을 거야. 설사 동정을 했더라도 이처럼 비참하게 패하지는 않았을 것을!"이라고 애통해 했습니다.

제갈량의 효정전쟁에 대한 이 태도는 우리가 사서에서 유일하게 찾을 수 있는 기록입니다. 그렇다면 그것은 제갈량이 일이 벌어지고 난 다음에 후회하고 반성한 것일까요? 아마도 아닌 것 같습니다. 만약 그렇다면 그것은 '원님 행차 뒤의 나팔'이 아니고 무엇이겠습니까? 사실 제갈량은 말 못할 사정이 있었습니다. 주지하다시피 제갈량의 기본적 전략 계획은 '손권과의 동맹'이었습니다. 손권에 대해 "도울 수는 있어도 탐낼 수는 없다"고 생각한 것입니다. 이 점에서 볼 때 그는 오나라를 정벌하는 것에 찬성하지 않았을 가능성이 많았습니다. 그러나 그는 말하지 않았습니다. 왜 말하지 않았을까요? 우선 한 가지 가능성이 있습니다. 그 역시 형주를 잃는 것을 원하지 않았거나 효정전쟁에서 이길지도 모른다는 요행을 바라는 마음이 있었을 것입니다. 또 다른 하나의 가능성도 배제할 수 없습니다. 제갈량이 말해봐야 소용이 없다는 사실을 알았다는 것입니다. 말 안 하느니만 못하다는 것을 알았다는 얘기입니다.

그러면 뒤의 가능성에 증거가 있습니까? 있습니다. 증거는 바로 제갈량 자신의 말입니다. 바로 '법효직이 있었다면 황상을 저지했을 거야'라는 말이 되겠습니다. 그의 이 말은 암시하는 바가 매우 분명합니다. 우선 유비는 오로지 법정의 말만 들었다는 것입니다. 만약 법정이 반대했다면 유비는 오나라 정벌에 나서지 않을 수 있었다는 얘기입니다. 둘째 법정이 사망하자 유비는 제갈량을 포함한 그 누구의 말도 듣지 않았다는 얘기도 됩니다. 분명히 법정과 제갈량은 저마다 유비와의 관계가 달랐습니다. 유비와 제갈량의 관계는 아마도 '서로 공경해 손님을 대하듯 하는 부부 관계'라고 부를 수 있을 것 같습니다. 이에 반해 유비와 법정의 관계는 '어떤 말이나 계획도 모두 듣고 받아들이는 관계'라고 할 수 있었습니다. 이것이 바로 관우가 양번 공략에 나설 때 제갈량이 한마디도 하지 않은 원인 중의 하나가 아닌가 싶습니다.

다른 한 가지 일도 두 사람의 관계가 미묘하다는 사실을 설명할 수 있습니다. 『삼국지』「제갈량전」에 따르면 유비 칭제 이후 제갈량은 승상에 임명됐습니다. 더불어 승상의 신분으로 녹상서사錄尙書事를 겸했고 가절의 권위를 부여받았습니다. 이어 장비가 죽은 다음에는 사예교위司隸校尉까지 겸임했습니다. 표면상으로만 보면 제갈량은 신분과 지위, 권력 면에서 촉한 신하들 중 단연 으뜸이라고 할 수 있습니다. 누구도 비교할 수가 없습니다. 그러나 이 부분에서 주의해야 합니다. 제갈량이 승상에 올랐지만 아직 '부府를 열지'는 않았습니다. '부를 연' 것은 유비가 사망한 다음입니다. 우리는 동한에 승상 제도가 없었다는 사실을 잘 압니다. 승상은 서한의 제도로 특징이 '부를 열어 정사를 돌보는 것'이었습니다. 이른바 '부를 연다'는 것은 바로 각종 부서를 설치하고 산하에 관리를 두는 것입니다. 바로 자신의 직속 업무 기관과 부릴 수 있는 관리들을 둔다는 얘기입니다. 이는 무엇을 의미하는 것일까요? 승상이 '황궁'으로부터 독립한 '승상부'를 보유한다는 것을 의미합니다. '황권'에서 독립한 '승상권'이 있다는 사실도 의미합니다. 승상이 바로 이런 자리였기 때문에 조조는 승상 제도를 회복시키고, 본인 스스로 승상에 올랐던 것입니다. 이를테면 헌제로부터의 분권을 원했다고 볼 수 있습니다. 그러면 유비는 제갈량을 승상으로 임명하고서도 왜 '부를 열지' 않았을까요? 장쭤야오 선생이 분석한 말을 참고할 필요가 있습니다. "대권이 남의 손에 넘어가는 것을 걱정하는 어쩔 수 없는 마음과 제갈량에 대한 불완전한 신임을 함축"하는 것으로 이해하면 되겠습니다. 바꿔 말해 유비의 제갈량에 대한 신임은 결코 '무한한 신임'이나 '완전한 신임'이 아니었습니다. '유한한 신임', '보류하는 신임'이었던 것입니다.

제갈량과 유비의 관계에 이처럼 미묘한 변화가 발생한 것이 그저 '새로운 것을 좋아하고 옛 것을 싫어'하는 유비의 성향에 따른 것이라면 문제는 별로 없습니다. 그러나 무서운 것은 두 사람의 정치 이념이 충돌하는 것이었습니다. 모두 다 알듯 제갈량은 위대한 정치가였습니다. 정치가와 정객은 비슷해 보입니다. 하지만 다릅니다. 가장 확실한 차이점 중 하나는 정치가는 이상이 있는 반면 정객은 그저 이익만 좇는다는 것입니다. 유비는 이상이 있있습니까? 아마도 원래는 있있을 것입니다. 하지만 나중에 잊었습니다. 이상을 잊은 시기는 왕부지가 『독통감론』에서 말하고 있습니다. 형주와 익주를 얻은 다음이라고 말입니다. 이때의 그는 그저 이익만 좇았지 이상은 없었습니다. 때문에 위에 대한 정벌에 나서지 않고 오를 공격했습니다. 다시 왕부지의 말을 들어봅시다. "선주의 포부는 분명하게 드러났다. 기회를 틈타 스스로 칭왕하는 것뿐이었다"라고 아예 못박고 있습니다. 유비가 종종 입버릇처럼 내뱉었던, "한나라의 반역자와는 양립할 수 없다"라는 말은 순전히 자신의 칭왕, 칭제를 위한 핑계에 불과했던 것입니다.

유비는 자신의 이상을 잊었으나(원래 없었을지도 모릅니다) 제갈량은 잊지 않았습니다. 그러나 난처했던 것은 이런 미묘한 변화를 둘 중 누구도 먼저 말할 수 없었다는 사실이었습니다. 우선 유비는 잊지 않은 척했습니다. 제갈량 역시 함부로 그에 대해 언급하거나 경각심을 불러일으킬 수 없었습니다. 그저 속으로 이해하고 침묵할 수밖에 없었습니다. 대신 제갈량은 열성적으로 일에 몰두해 자신이 맡은 일들을 훌륭하게 처리했습니다. 유비 역시 법정에 의지해 좀 더 많은 이익을 낚아챘습니다.

문제는 당시 법정이 이미 죽고 없었다는 사실입니다. 유비에게는 원래 조조에 못지않게 지모가 뛰어난 신하들이 많았습니다. 그러나 방통과 허정許靖·유파·마량馬良 등은 이미 세상을 떠난 뒤였습니다. 무장 중에서도 관우·장비·마초·황충 등이 그의 곁에서 사라졌습니다. 남아 있는 사람 중에 그나마 위엄과 명망, 능력이 있는 사람은 제갈량과 조운·위연魏延 등이 고작이었습니다. 이중 위연은 유비의 신임이 매우 두터운 무장이었습니다. "선주 출정시 모사에는 법정이 있고 무장에는 위연이 있다"라는 말이 촉의 군영에 항상 돌았던 것은 그래서였습니다. 그러나 어쨌든 유비가 탁고를 위연에게 하기는 어렵지 않았을까요? 탁고를 할 수 있는 사람은 오로지 제갈량뿐이었습니다. 더구나 이때 제갈량의 직위는 승상에다 녹상서사였습니다. 가절의 권위를 부여받은 데다 사예교위까지 겸하고 있었습니다. 그러나 이때의 군신 관계는 확실히 예전과 달랐습니다. 유비가 우려할 정도였습니다. 이것이 바로 이 강의의 앞에서 언급한 '모래를 섞는(견제한다는 의미-옮긴이)' 것과도 같은 '상서령 이엄에게는 제갈량을 보조하게 했다'는 방안이 마련된 이유가 될 수 있지 않나 싶습니다. 이엄은 원래 건위犍爲태수로 상서령으로 임명된 것은 장무 2년(서기 222년) 10월이었습니다. 유비가 효정에서 패한 지 4개월 후이고, 영안탁고 6개월 전입니다. 분명히 유비의 특별한 안배로 볼 수 있습니다. 이 안배에 대해 베이징대학 교수 톈위칭田余慶 선생은 다른 견해가 있습니다. 이에 대해서는 나중에 다시 말하기로 하겠습니다.

이상이 바로 '영안탁고'에 대한 저의 견해입니다. 오로지 추측일 뿐입니다. 그러나 어찌됐든 유비는 제갈량에게 탁고를 했습니다. 제갈량 역시 촉한 정권을 이끌어가야 하는 이 책임을 받아들였습니다. 사실 이 걸출한 정치가 입장에서 말하면 이 탁고는 그의 정치 이상과 정치적 포부를 실현할 수 있는 기회였습니다. 동시에 막중한 책임과 거대한 압력을 감내해야 한다는 사실도 의미했습니다. 정치가로서 나라를 잘 다스려야 했을 뿐 아니라 정권을 공고히 해야 했으니까요. 게다가 유비 사후 복잡하게 얽힐 여러 가지 관계도 잘 처리해야만 했습니다. 그러면 제갈량은 어떻게 했을까요? 우리는 그의 행보에서 어떤 계시를 얻을 수 있을까요?

# 다시 통일로

# 아주 특별한 군주와 신하

**37강 非常君臣**

유비가 영안에서 병사한 다음 자리를 계승한 유선은 그저 이름뿐인 국가 원수였다. 군사, 정치 분야와 관련한 중요 업무가 모두 제갈량에게 넘겨진 것이다. 촉한 정권은 이때부터 이른바 '제갈량 시대'에 진입했다. 이것은 중국 역사에서 특수한 시기였다. 유선과 제갈량 역시 아주 특별한 군주와 신하였다. 그러면 그들의 관계는 과연 어땠을까? 이런 특수한 관계의 배후에 어떤 역사적 비밀은 없었을까?

장무 3년 4월 24일(서기 223년 6월 10일) 유비는 영안궁에서 세상을 떠났습니다. 그는 임종 전에 "승상 제갈량에게 탁고를 하고 상서령 이엄에게 제갈량을 보좌하도록 했습니다." 이로써 촉한 정권은 새로운 시대에 진입하게 됐습니다.

이 시대는 한마디로 '제갈량의 시대'라고 할 수 있습니다. 유비가 부탁한 것은 자신의 아들뿐 아니라 촉한 정권 전체였으니까요. 따라서 제갈량에게 이 상황은 기회와 도전이 병존하는 것이라고 말할 수 있었습니다. 그는 우선 자신의 정치 이상과 정치적 포부의 실현에 나설 수 있었습니다. 그러나 다른 한편으로는 적지 않은 문제에도 직면해야 했습니다. 우리는 제갈량이 걸출한 정치가라는 사실을 너무나 잘 압니다. 그러면 정치가 과연 무엇일까요? 정치는 바로 관계입니다. 다시 말해 각종 관계를 잘 처리하는 것입니다. 이때 제갈량이 처리해야 할 관계는 적어도 네 가지 종류가 있었습니다. 그게 바로 군신 관계를 비롯해 동료 관계, 맹우 관계 및 적대 관계였습니다. 이들 관계는 당연히 모두 중요했습니다. 그러나 봉건주의 제도에 따를 경우 가장 중요한 것은 분명해집니다. 바로 그와 유선의 군신 관계였습니다.

이 안에는 분명 많은 문제가 있을 수밖에 없습니다. 유비의 탁고가 너무나 특별했으니까요. "너는 승상과 함께 일할 때 아버지에게 대하는 것처럼 대하라"고 당부한 것이나 "만약 그 아이가 장래성이 없다면 선생은 자신이 옳다고 생각하는 일을 해도 무방합니다"라는 말을 한 것은 확실히 일반적인 것이 아니었습니다. 그렇기 때문에 우리는 여기에서 첫 번째로 유선이 유비의 유언을 따랐는가 하는 문제에 대해 의문을 가져봐야 합니다.

대답은 '그렇다'라고 할 수 있습니다. 『삼국지』「제갈량전」이 증명합니다. "(유선은) 건흥建興 원년 제갈량을 무향후武鄕侯에 봉하고 승상부를 열어 사무를 관장하게 했다. 머지않아 익주목도 제수했다. 정사의 대소를 막론하고 모두 제갈량이 결정하도록 했다"는 기록이 나옵니다. 분명히 유선은 유비의 유언에 따랐습니다. 아니 오히려 한 술 더 떴습니다. 하나하나 살펴봐도 괜찮겠습니다.

### 유선, 실질적인 권력을 제갈량에게 넘기다

우선 제갈량을 무향후에 봉했습니다. 과거 일부 학자들이 이 무향을 남정(南鄭, 지금의 산시陝西성 난정―옮긴이)의 무향곡武鄕谷이라고 주장하기도 했습니다. 그러나 먀오웨 선생은 이 주장이 확실하게 틀린 것이라고 말합니다. 마땅히 낭야군琅邪郡의 무향현(지금의 산둥성 소재―옮긴이)

이 돼야 한다는 것이 그의 견해입니다. 당연합니다. 제갈량이 낭야군 사람이니까요. 다시 말해 유선은 낭야군의 무향현에 그를 봉한 것입니다. 비슷한 사례도 있습니다. 탁군涿郡 사람인 장비를 서향후西鄕侯에 봉한 것이 그것입니다. 서향과 무향은 모두 현이었습니다. 서향현은 지금의 베이징시 팡산房山 서남쪽입니다. 또 무향현은 서한 때 낭야군에 속했다 나중에 없어졌습니다. 이로 볼 때 장비와 제갈량은 모두 현후였지 향후가 아니었습니다. 혹자는 제갈량을 무향후에 봉하는 것이 어떻게 가능하냐고 할지도 모릅니다. 낭야군 무향현이 당시 촉나라 땅이 아니었으니까요. 그러나 이런 작위에 봉하는 것은 '요령(遙領, 직명만 받고 직접 가서 취임하지 않는 것을 일컬음―옮긴이)'으로 불리는 일종의 관례였습니다. 예컨대 유비의 아들 유영이 노왕, 유리가 양왕에 봉해진 것은 모두 이런 관례에 의한 것이었습니다. 손권 역시 나중에 이런 방식으로 왕으로 봉해졌습니다. 이 봉은 두 가지 의미를 가졌습니다. 봉을 받은 사람의 지위가 높아진다는 의미가 우선 있었습니다. 봉하는 사람이 천하의 주인(황제―옮긴이)이라는 사실도 의미했습니다. 촉한 정권에는 하나의 의미가 더 있었습니다. 그것은 바로 자신이 정통이라는 사실을 증명할 수 있다는 것입니다.

또한 유선은 제갈량에게 승상부를 열어주어 정무를 관장하게도 했습니다. 부 아래에 각급 부서를 설치하는 것 외에 관리까지 임명해 일을 처리하도록 한 것입니다. 이는 제갈량이 본인 직속의 관리를 두는 것 외에 상대적으로 독립된 업무 기구와 관료 체계를 확립할 수 있게 됐다는 사실을 의미했습니다. 기록에 따르면 서한 초기의 승상과 태위, 어사대부 등의 이른바 '삼공'은 모두 부를 세웠습니다. 나중에는 대장군까지 부를 열었습니다. 조조가 승상 제도를 회복한 다음 스스로 승상에 올라 부를 세운 것은 괜히 그런 것이 아니었습니다. 그러나 제갈량은 유비에 의해 승상에 임명됐음에도 부를 세우지 못했습니다. 부를 세우는 것과 그러지 못하는 것의 차이는 매우 컸습니다. 부를 열 경우 승상은 상대적으로 황권에 독립된 승상권을 보유하게 됐습니다. 하지만 부를 세우지 않으면 그럴 수 없었습니다. 이 문제가 대단히 중요하다는 얘기입니다. 이에 대해서는 나중에 다시 말하겠습니다.

유선은 제갈량에게 익주목까지 제수했습니다. 우리는 소위 말하는 '촉한'이 '익주'라는 사실을 너무나 잘 압니다. 그렇다면 촉한 승상이 관리하는 지역과 익주목이 관리하는 지역은 아무런 차이가 없다고 할 수 있었습니다. 승상이면서 익주목을 겸임하는 것이 부질없는 일이었다고 해야 할까요? 당연히 그렇지 않았습니다. 지리적 범위로 보면 촉한은 익주라고 해야 합니다. 그러나 국가체제로 보면 다릅니다. 촉한은 촉한이고 익주는 익주입니다. 차이가 어디에 있었을까요? 촉한은 왕조입니다. 이에 비해 익주는 군현입니다. 촉한 승상은 중앙 정부의 핵심 고관이었습니다. 반면 익주목은 지방 관리였습니다. 전자는 중앙 행정권, 후자는 지방 행정권을 보유했습니다. 이 두 직무의 권한은 달랐습니다. 임무 역시 달랐습니다. 익주목은 '목민牧民'의 자리, 승상은 '목관牧官'의 자리였습니다. 물론 익주목도 '목관(태수나 현령을 관리)'이기는 했습니다. 그러나 승상은 '목민'을 하지 않았습니다. 제도상으로 볼 때 두 개가 다른 자리라는 사실은 확실해집니다.

그럼에도 유선은 이 두 개의 자리를 제갈량에게 모두 줬습니다. 매우 의미 있는 조치였습니다. 우리는 이쯤에서 종합적인 결론을 내려도 무방할 것 같습니다. 유선은 제갈량을 우선 무향후에 봉했습니다. 제갈량에게 존귀한 자리를 부여한 것입니다. 승상부를 열어줘 정무도 관장하게 했습니다. 독립적인 승상권을 준 것입니다. 익주목 역시 제수했습니다. 목민의 권한까지 허락한 것입니다. 촉나라의 위에서부터 아래까지 모든 것을 제갈량에게 넘겨줬다고 해도 좋겠습니다.

제갈량은 지위만 높지 않았지 사실상 대권을 독점했습니다. 『삼국지』 「후주전」의 배송지 주에서 인용한 『위략』에 의하면 유선은 유비의 자리를 계승한 다음 '정무는 승상인 제갈량이 책임지고 제사는 짐이 책임진다'라고 일찍이 분명히 밝혔습니다. 이 말은 도대체 무슨 뜻일까요? 말 그대로입니다. 모든 군사와 정치 분야의 중요 업무는 제갈량이 처리하고 자신은 그저 명의상의 국가 원수를 맡겠다는 얘기입니다. 만약 이 말이 정통 역사서에 보이지 않는다면 믿을 수가 없을 것입니다. 그러나 "정사의 대소를 막론하고 모두 제갈량이 결정하도록 했다"라는 『삼국지』 「제갈량전」의 기록은 어쨌거나 사실입니다.

이 대권 장악은 조조의 그것과 크게 다를 것이 없었습니다. 조조의 직함과 직무는 무엇이었습니까? 무평후武平侯(현후)에 승상(승상부를 열었음), 기주冀州목이었습니다. 그렇다면 제갈량은 어땠나요? 무향후(현후)에 승상(승상부를 열었음), 익주목이었습니다. 어떻게 이처럼 닮았을까요! 물론 다른 것도 있기는 합니다. 조조의 직함과 직무 가운데 최소한 반은 자기가 직접 봉하거나 제수한 것이었습니다. 그저 무평후만 헌제가 봉한 것이었습니다. 그러나 제갈량의 직함과 직무는 모두 선제 유비와 후주 유선의 의지에 근거하고 있었습니다.

그러나 스스로 했다고 해도 좋고 강요를 당했다고 해도 좋습니다. 유선과 유협劉協 두 황제가 본질적으로 같은 것은 하나 있었습니다. 하나같이 '고무 도장(실질적인 권한이 없다는 뜻—옮긴이)'이었다는 사실입니다. 그래서 우리는 두 번째 의문을 한번 가져봐야 할 것 같습니다. 유선의 느낌은 과연 어땠을까 하는 것입니다.

## 권력을 넘긴 유선의 속마음

저의 견해는 단도직입적입니다. 기분이 개운하지 못했다는 것입니다. 증거가 있습니까? 있습니다. 『삼국지』「제갈량전」의 배송지 주에서 인용한 『양양기』를 한번 펼쳐봐야겠습니다. 이에 따르면 제갈량이 사망한 다음 각지의 백성은 작고한 승상을 위해 사당을 세울 것을 줄이어 요구했습니다. 하지만 허가가 나지 않았습니다. 백성은 부득이 거리와 골목에서 "사계절의 각종 절기에 따라 개인적인 제사를 지내 추모"할 수밖에 없었습니다. 결국 누군가가 칼자루를 쥐고 나섰습니다. 그는 "곳곳에 사당을 세울 필요는 없으나 성도에는 세우지 않을 수 없다"고 유선에게 상주를 올렸습니다. 하지만 "후주는 동의하지 않았다"고 합니다. 이 일은 사안이 사안인 만큼 나중에 급기야 상당히 골치 아픈 현안으로 대두됐습니다. 심지어 조야의 대립까지 일으켰습니다. 다행히 다시 일련의 중재파가 나타나 상황을 원만히 수습했습니다. 유선에게 다음과 같은 글을 올려 주청한 것입니다.

성현을 추앙하고 공신을 추모하는 것은 예로부터 지금까지의 미덕입니다. 더구나 승상의 공훈은 세상에 으뜸가는 것입니다. 황실이 다행히 존재하는 것도 사실은 승상의 공이 큽니다. 이뿐만이 아닙니다. 백성으로 하여금 거리와 골목, 들판에서 '골목 제사'와 '들판 제사'를 지내게 하는 것도 사실은 말이 안 됩니다. 물론 승상의 사당을 성도에 세우는 것 역시 그리 적합하다고 말하기는 어렵습니다. 소열 황제의 사당이 여기에 있으니까요. 그러면 어떻게 해야 하겠습니까? 방법은 있습니다. 비교적 가까운 곳인 정군산定軍山 승상의 묘 앞에 사당을 세우는 것입니다. 동시에 확실한 규정도 마련해야 합니다. 모든 사람은 오직 이 사당에서만 승상에게 제사를 지내면서 추모할 수 있다는 사실을 확실하게 밝혀야 합니다. 이는 다시는 마음대로 '제사'를 지낼 수 없다고 규정하는 것이 됩니다. 결론적으로 말하겠습니다. 사당은 세우되 성도와 전국 각지에는 세울 수 없게 하고 오로지 승상 묘 앞에 세우십시오. 제사 역시 지낼 수 있으나 지내고 싶다고 지낸다거나 멋대로 아무 곳에서나 지내게 하지 말고 오로지 한중의 승상 사당에 가서 지내도록 하십시오.

그들의 말은 상당히 합리적이기도 했습니다. 유선은 그때서야 비로소 동의했습니다.

이때 상주를 한 사람은 보병교위步兵校尉 습륭習隆과 중서랑中書郞 상충向充 등이었습니다. 무슨 대단한 거물들이 아니었습니다. 게다가 이 상주를 자세히 읽어보면 그들이 얼마나 조심스러웠는지 알 수 있습니다. 글 속에는 노파심과 함께 자기를 가능하면 굽혀 일을 성사시키도록 하려는 노력이 물씬 묻어나고 있습니다. 심지어 이들은 유선이 받아들일 수 있는 흥정까지 마다하지 않았습니다. 이뿐만이 아니었습니다. 성현들의 예를 우선 거론한 다음 유선이 책임을 벗어날 수 있도록 슬쩍 퇴로를 열어주면서 마지막에 받아들일 수 있는 방안을 내놓았습니다. 다시 말하면 오로지 제갈량의 묘 앞에만 사당을 세우고 제사를 지낼 수 있게 한다는 규정이 바로 그것입니다. 한번 생각해보십시오. 제갈량의 묘는 저 멀리 한중의 정군산에 있지 않습니까? 그곳에 사당을 세운다고 과연 몇 명이나 제사를 지내러 갈 수 있었겠습니까? 당연히 유선에게는 아무리 해도 막지 못할 '전 국민적인 제사'보다는 그 제안을 받아들이는 것이 훨씬 더 낫다고 할 수 있었습니다. 이는 이런 일에 대해 통쾌하게 대응하기 어려웠던 유선의 곤란한 입장을 말해주는 사실이 아닌가 싶습니다. 제갈량에 대한 기본적인 그의 마음이 어떠했는가는 더 말할 필요조차 없겠습니다.

혹자는 유선을 위해 옹호를 하기도 합니다. 제갈량을 위해 사당을 세우는 문제를 허가하지 않은 데에는 다 근거가 있었다고 말입니다. 이 근거가 다름 아닌 예법입니다. 『양양기』는 이에 대해 "조정에서 예법의 규정에 의해 논의한 다음 허락하지 않았다"라고 기록하고 있습니다만 이 주장은 솔직히 말이 안 됩니다. 습륭 등은 상주를 통해 어떻게 말했습니까? 한 왕조 4백 년 동안 작은 덕행과 공로를 기념하기 위해 세워진 비석과 토우土偶, 사당 등이 엄청나게 많다고 말하지 않았습니까? 설마 이처럼 대단한 한나라가 이때까지 예의 규범을 입에 올리지 않았다는 말입니까? 작은 덕행과 작은 공로도 토우와 사당을 세우는데 그처럼 대은대덕한 제갈량을 위해 사당을 세우는 것이 예법을 어기는 것입니까? 덧붙여 말하자면 유선은 무슨 규칙 따위를 꼭 지키는 인물이 아니었습니다. 그는 공명이 사망한 다음 승상 제도를 아예 폐지해버렸습니다. 부친의 일생일대의 열망이었던 중원 북벌 계획도 중지시켜 버렸습니다. 마음만 먹으면 제갈량을 위해 예법 하나 정도는 깨뜨릴 수 있지 않았을까요? 단도직입적으로 말해 그의 마음이 원하지 않았던 것입니다. 마음이 좁았다고 할 수 있겠습니다.

　이쯤에서 우리는 세 번째 의문을 제기해야겠습니다. 유선은 왜 기분이 개운하지 못했을까요?

　이 역시 세 가지 원인이 있었습니다. 무엇보다 유선이 거의 연금 상태와 같은 처지에 놓여 있었다는 사실을 들 수 있습니다. 추정하건대 유선은 유비의 자리를 승계한 다음 궁을 나가본 적이 없습니다. 진수가 기록한 바는 진짜 그렇습니다. 제갈량이 사망한 지 1년 몇 개월이나 됐을 때였습니다. 정확하게 말하면 건흥 14년(서기 236년) 4월이 되겠습니다. 이때서야 유선은 비로소 도강언都江堰에 행차, 민강岷江을 한 번 봤다고 합니다 (『삼국지』「후주전」의 기록). 주지하다시피 도강언은 지금까지 전해 내려오는 중국 고대의 저명한 수리 시설입니다. 촉한의 군주라는 신분으로 한

번은 시찰해야 마땅했습니다. 그러나 그가 그렇게 하고자 하면 비판을 받고는 했습니다. 호삼성이 『자치통감』에 주를 달 때 했다는 말을 참고하면 이해가 쉽겠습니다.

"제갈량이 사망하자 산으로 들로 돌아다니면서 놀고 즐겨도 그를 저지하는 사람이 아무도 없었다."

제갈량이 살아 있었을 때 유선은 감히 어디로 제대로 돌아다닐 생각을 하지 못했다는 사실을 알 수 있습니다. 혹자들은 더 나아가 그가 만약 어디론가 돌아다니려 했다면 제갈량이 저지했을 것이라고 말하기도 합니다. 유선이 황제가 됐을 때는 17세였습니다. 제갈량이 사망했을 때도 29세에 지나지 않았습니다. 이 나이는 어떤 연령대입니까? 이런 나이에 온종일 궁에 갇혀 있으면 답답하지 않을 수 있었을까요? 게다가 머지않은 장래에 직접 나라를 다스릴 사람이었습니다. 밖을 좀 돌아다니면서 국정이 어떤 것인지를 이해해야 하지 않았을까요? 이 때문에 천얼둥 선생은 "유선을 위해 억울함을 대신 호소"했던 것입니다.

또한 제갈량에게 항상 훈계를 듣지 않을 수 없었다는 사실도 거론해야 하겠습니다. 건흥 5년(서기 227년) 제갈량은 북벌을 위한 출발에 앞서 유선에게 표를 올렸습니다. 이것이 바로 저 유명한 「출사표出師表」입니다. 「출사표」는 당연히 천고에 길이 남을 고상한 기풍의 아름다운 문장입니다. 누구나 할 것 없이 읽으면 대단히 감동하고 탄복해 마지않습니다. 그러나 아마도 한 사람은 예외일 수 있을 것입니다. 그 사람은 바로 유선입니다. 제갈량의 이 문장의 말투가 완전히 아이를 훈계하는 것이니까요. "자신을 덕이 낮다고 스스로 낮추거나 조리에 맞지 않는 비유를 끌어다 변명하지 말아야 한다不宜妄自菲薄 引喩失儀"는 내용이 우선 그렇습니다. "사사로움에 치우치지 말아야 한다不宜偏私"거나 "틀림이 없어야 한다不宜異同"라는 문장 역시 마찬가지입니다. 모두 그다지 듣기 좋은 말은 아닙니다. 혹자들은 이렇게 말할지 모릅니다. "듣기 안 좋으면 어떡하겠소? 좋은 말은 귀에 거슬리지 않습니까!"라고 말입니다. 죄송합니다. 여러분은 제 이야기의 의도를 혼동했습니다. 저는 여기에서 제갈량의 말이 맞는지 안 맞는지를 토론하려는 것이 아닙니다. 유선이 글을 읽고 마음이 개운했는지 그렇지 않았는지를 토론하려는 것입니다. 제갈량의 말은 당연히 맞습니다. 그러나 유선이 읽고 개운하지 않았을 것이라는 추측 역시 틀리지 않을 것입니다. 더구나 제갈량은 이런 말들을 할 때 걸핏하면 '선제'를 들고 나왔습니다. 여러분 한번 보십시오. 매우 짧은 「출사표」라는 글 한 편에 '선제'를 언급한 곳이 10여 곳이나 됩니다. 평상시 제갈량의 입에서 '선제'라는 단어가 떠나지 않았을 것이라는 사실을 충분히 알 수 있지 않나 싶습니다. 제가 만약 유선이었다면 아마 마음이 개운치 않았을 것입니다. 언제나 아버지를 들먹인다면 유선은 어떻게 되겠습니까? 유선으로서는 '그렇다면 짐은?'이라고 내심 생각하지 않을 수 없습니다.

친정親政을 하기 어려웠다는 현실 또한 이유로 들 수 있겠습니다. 우리는 제갈량이 그저 고명대신이지 섭정왕이 아니라는 사실을 잘 압니다. 황제가 아니라는 사실은 더 말할 것이 없습니다. 그의 임무는 오직 유선을 보좌하는 것이었습니다. 유선을 대체하는 것이 아니었습니다. 이른바 '탁고'는 새 군주가 나이가 너무 어려 도움이 필요하기 때문에 하는 것입니다. 새 군주가 어른이 된 다음에는 그로 하여금 친정을 하게 해야 합니다. 더구나 유비는 '만약 그 아이가 재능이 없다면 선생은 스스로 취해도 무방합니다'라고 분명히 말했습니다. 그런데 만약 유선이 '재능'이 있었다면 어떻게 해야 했을까요? 당연히 '스스로 취할 수' 없었습니다. 그러나 우리는 유선에게 정치 권력을 돌려주려고 노력한 제갈량의 모습을 그 어디에서고 볼 수 없습니다. 특히 그의 계획 중에 과연 그런 생각이 있었는지는 더욱 알지 못합니다. 언젠가는 유선이 '견습 황제'에서 '친정 황제'

로 변신할 수 있도록 도울 생각이 있었던 것일까요? 때문에 유선의 '실습 기간'은 거의 불만의 연속이었을 것입니다. 궁극적으로도 '정상으로 돌아가지' 않았습니다. 이제 물어봅시다. 만약 여러분이 유선이라면 기분이 좋았겠습니까?

연금과 같은 상태, 훈계를 듣지 않을 수 없는 상황, 친정하기 어려운 현실 등이 유선을 항상 둘러쌌다면 추정하건대 유선은 아마 기분이 개운하지 않았을 것입니다.

그래서 우리는 네 번째 의문을 제기해야 할 것 같습니다. 제갈량은 왜 군주에게 정치 권력을 돌려주려 하지 않았을까요?

일반적 견해는 유선이 너무 모자랐기 때문이라는 것입니다. 한마디로 도와 일으켜 세울 수 없는 유아두劉阿斗였다는 얘기가 되겠습니다. 유선이 그러하다면 촉을 그에게 넘겨주는 것은 그야말로 끝장을 내겠다는 얘기가 아니었을까요? 그렇다면 유선의 자질이 모자라다는 증거가 있습니까? 있습니다. 네 가지 증거가 있습니다. 무엇보다 소인배를 가까이 하고 신임했습니다. 이것은 모두가 아는 사실입니다. 굳이 말할 필요조차 없습니다. 더구나 소인배를 가까이 하고 신임하는 자세는 이미 일찌감치 조짐이 있었습니다. 그렇지 않았다면 제갈량은「출사표」에서 선한과 후한이 어떠어떠했다는 장황한 말을 하지 않았을 것입니다.

싸우지 않고 항복하는 스타일이라는 것도 그가 모자라는 사람이라는 사실을 말해줍니다. 이 사실 역시 모두가 다 아는 것입니다.『삼국지』「후주전」의 배송지 주에서 인용한『한진춘추』에는 그러한 사례도 나옵니다. 이에 의하면 촉의 운이 다해 유선이 투항을 준비할 때 다섯째 아들인 북지왕北地王 유심劉諶은 강력하게 반대 입장을 피력했습니다. 부왕인 유선에게 "우리가 막다른 골목에 이르러 반드시 패한다 하더라도 군신과 부자가 힘을 다해 배수의 일전을 치러 순국해야 마땅합니다. 그래야 비로소 선제에게 얼굴이 서는 것입니다!"라고 결연히 말했습니다. 그러나 유선은 아들의 말을 듣지 않았습니다. 유심은 도리 없이 유비의 사당에 가 통곡한 다음 전 가족을 다 죽였습니다. 본인 역시 자결을 택했습니다. 유심의 행동에 비하면 유선의 겁약함과 무능함은 더욱 확연해지지 않습니까?

배은망덕했다는 것 역시 거론해야겠습니다.『삼국지』「후주전」과 「조운전」의 배송지 주에서 인용한『운별전』에는 경요景耀 3년(서기 260년)에 유선이 세상을 떠난 관우와 장비·마초·황충 등의 장군들에게 각각 시호를 추증했다는 기록이 나옵니다. 이때 관우는 장무후, 장비는 환후桓侯, 마초는 위후威侯, 황충은 강후剛侯의 시호를 추증받았습니다. 유독 조운만 아무것도 없었습니다. 나중에 이에 대해 강유姜維 등이 불만을 품었습니다. 그러자 다음 해에 유선은 조운에게 비로소 시호를 추증하게 됩니다. 시호는 순평후順平侯였습니다. 주지하다시피 조운은 유비 진영의 대공신이었습니다. 게다가 유선의 대은인이었습니다. 이미 고인이 된 장군들에게 시호를 추증하는데 어떻게 조운은 생각하지 않고 다른 사람만 일일이 신경을 썼을까요? 이 어찌 배은망덕이 아니겠습니까?

더구나 그는 패기까지 없었습니다.『삼국지』「후주전」의 배송지 주에서 인용한『한진춘추』를 인용할 필요가 있겠습니다. 유선은 투항한 다음 낙양으로 옮겨졌습니다. 치욕스럽게도 '안락공安樂公'으로 봉해졌습니다. 마침 사마소司馬昭가 그를 위해 주연을 열었습니다. 사마소는 그를 위한답시고 특별히 촉나라의 춤곡을 연주했습니다, 처량하기가 이를 데 없었습니다. "원래 촉나라의 무곡과 예악이 위나라 궁전에서 연주됐으니 그럴 수밖에 없었"던 것입니다. 당연히 "유선의 옆에 있는 사람들은 너나 할 것 없이 슬픔을 느꼈"으나 유선만은 달랐습니다. "기뻐 웃는 모습이 평소와 다름없었다"고 합니다. 이 태도는 사마소마저도 눈뜨고 볼 수 없을 정도였습니다. 사마소는 급기야 주위의 수하에게 "사람이 어찌 이렇게도 패기가 없을 수가 있소!"라고 말하면서 의아하게 생각했습니다. 결국 하루는 사마소가 유선에게 물어보고야 말았습니다. "공께서는 촉나라를 끔찍이 생각하고 있지 않습니까?"라고 말입니다. 유선이 이에 "여기가 너무 즐거워 촉나라를 생각하지 않고 있습니다"라고 대답했습니다. 이 말은 사실 일국의 군주가 내뱉어야 할 말이 아니었습니다. 그래서 유선을 따라 낙양에 들어간 옛 신하 극정郤正은 진언을 하지 않을 수 없었고, 다음과 같이 해야 할 말까지 가르쳐주었습니다.

"다음에 다시 물으면 주공은 '부왕을 비롯한 선인들의 무덤이 거기에 있는데 어떻게 하루라도 생각하지 않는 날이 있겠습니까'라고 말하고 눈을 감으십시오."

나중에 사마소가 다시 이에 대해 물었습니다. 유선은 극정이 가르쳐준 대로 말했습니다. 사마소는 매우 이상하게 생각하면서 "어떻게 극정의 말을 듣는 것 같군요?"라고 물었습니다. 유선이 바로 눈을 뜨면서 "정확하게 맞추셨습니다. 바로 그 사람입니다"라고 대답했습니다.

그러자 주변의 모든 사람들은 한바탕 크게 웃었습니다.

여러분이 한번 판단해보십시오. 유선이 패기가 있는 사람인지 없는 사람인지를 말입니다.

그러나 이 견해들에 대해서는 약간의 토론이 있어야 하겠습니다. 맞는 말도 있고 너무 심하게 공격하는 말도 있으니까요. 우선 소인배를 가까이 하고 신임을 했다는 평가입니다. 솔직히 역대 왕조나 시대의 황제들 주변에 소인배가 없었던 적이 있었습니까? 한 무제 때는 없었나요? 한 무제 때는 없었을까요? 소열 황제 유비의 주변에도 마찬가지였을 것 같습니다. 없지는 않았을 것입니다. 예컨대 법정이라는 사람은 어땠나요? 많은 사람들이 소인배라고 생각했습니다. 심지어 제갈량조차 그로 인해 골치를 썩였습니다.

거꾸로 유선이 오로지 소인배만을 가까이 하고 신임했던 것만은 아니었습니다. 이는 제갈량을 비롯해 장완蔣琬·비위費褘·동윤董允 등이 '사영四英'으로 불리면서 앞서거니 뒤서거니 유선을 보좌한 사실에서 잘 확인됩니다. 유선의 정부를 '현인 내각'으로 불러도 무방하지 않았을까요?

싸우지 않고 항복하는 스타일이었다는 점도 나름의 토론이 필요하겠습니다. 역사적으로 싸우지 않고 항복한 주군은 결코 유선 하나만이 아니었습니다. 비근한 예로는 유장劉璋이라는 인물도 있었습니다. 물론 유장이 싸우지 않고 항복한 것은 암흑을 버리고 광명의 길로 들어선 것이라는 평가를 받을 수 있습니다. 그렇다면 유선이 그러한 것은 주권을 잃고 국가를 욕되게 한 것이라고 해야 할까요? 정녕 말도 안 되는 것입니까? 당연히 말이 됩니다. 사실 유선과 유장은 다른 점이 있었습니다. 유장은 유비에게 항복하기 직전 분명히 "우리 부자는 익주에서 20여 년 동안이나 백성에게 아무 혜택도 주지 못했다. 오히려 백성으로 하여금 전쟁의 고통을 당하게 하고 있다. 더 이상 참을 수가 없다"고 말했습니다. 이 부분은 진정 긍정적으로 볼 만한 가치가 있습니다. 그러나 유선은 이런 경지에 있지 않았습니다. 그가 생각한 것은 오로지 목숨을 보존하는 문제였습니다. 그는 심지어 혼자 도주하려고까지 했습니다. 도주할 수 없었기 때문에 사마소에게 투항한 것입니다. 그러므로 싸우지 않고 항복한 유선의 스타일에 대해서는 별로 배울 만한 점이 없다고 할 수 있습니다. 하지만 촉한이 망한 것은 그 한 사람만의 책임은 아니었습니다. 망국의 군주라는 이유만으로 그가 말한 것은 하나도 맞는 것이 없다고 해서는 안 됩니다.

조운에게 시호를 추증하지 않은 조치 역시 나름의 이유가 없지는 않았습니다. 유비가 왕을 칭했을 때 그저 네 명의 대장만을 봉한 것이 이유였습니다. 관우가 전장군, 장비가 우장군, 마초가 좌장군, 황충이 후장군으로 봉해진 것입니다. 조운의 이름은 당시에도 나중에도 없었습니다. 게다가 민간에 널리 퍼져 있는 '오호상장'이라는 것도 그렇습니다. 진실과는 거리가 멀었습니다. 한마디로 조운은 자신의 일생에서 한 번도 '최고 명예의 장군'을 해보지 못했던 것입니다. 유비 생존 시 그는 그냥 익군장군이었습니다. 유선이 제위를 이은 다음에는 정남장군征南將軍과 진동장군鎭東將軍으로 봉해지기도 했으나 나중에 다시 '기곡箕谷의 전투에서 패배'해 진군장군鎭軍將軍으로 강등됐습니다. 결론적으로 장군으로서 조운의 지위는 관우·장비·마초·황충 등과 동렬에 있었다고 하기 어렵다는 결론이 나올 수밖에 없습니다. 유선은 당시 바로 이 네 명 대장의 명단과 각각의 직급에 따라 시호를 추증한 것입니다. 부친이 즐겨 써온 방법을 그대로 계승한 것입니다. 물론 설사 그렇더라도 이 조치는 당연히 조운으로서는 억울했습니다. 나아가 확실히 배은망덕했다고 해도 좋습니다. 그러나 따지고 보면 이 계산은 유비와 해야 했던 것이었습니다. 유선 한 사람이 욕을 먹을 수는 없습니다. 더구나 유선은 마지막에 조운에게 시호를 추증했습니다. 주위의 충고를 잘 받아들였다고 할 수 있습니다. 구태여 크게 비난받을 필요가 있을까요?

그럼에도 불구하고 유선이 사마소 앞에서 보여준 태도는 확실히 속이 불편할 정도로 한심스럽습니다. 설사 망국의 군주라 해도 이렇게 겁약하고 기개와 패기가 없어서는 안 되는 것입니다. 극명하게 대조되는 사례도 있습니다. 유선이 위에 항복한 지 13년이 지난 다음 오나라 황제 손호孫皓는 진晉나라에 투항했습니다. 자연스럽게 유선보다 한 등급이나 낮은 '귀명후歸命侯'에 봉해졌습니다. 이후 상황은 『진서晉書』 「무제기」가 잘 기록하고 있습니다. 이에 의하면 손호는 낙양에 도착하자 어전에 올라 진晉 무제武帝 사마염司馬炎을 알현했습니다. 사마염은 손호를 자리에 앉게 한 다음 "짐이 이 자리를 마련하고 그대를 기다린 지 오래 됐소이다"라고 말했습니다. 손호는 이에 "신도 남방에 이런 자리를 마련하고 폐하를 기다렸습니다'라고 말합니다. 오리가 죽어도 주둥이는 단단하다는 말처럼 현실에서는 실패했으나 이를 인정하지 않고 상대의 은근한 비난을 맞받아친 것입니다. 싸움에 진 장수는 용맹을 말하지 않는다는 속담이 있습니다. 망국의 군주인 손호가 항복을 받아들이는 사람 앞에서 의외로 이처럼 나왔다는 것은 경박하다고 말할 수밖에 없습니다. 하지만 적어도 유선의 태도보다는 '음미할 가치'가 있지 않나 싶습니다.

그러나 유선은 겁약했을지는 몰라도 결코 멍청한 사람은 아니었습니다. 그저 기개가 없었다뿐이지 식견이 없는 것도 아니었습니다. 대략 짐작해보면 그는 어수룩한 척한 것입니다. 유선은 망국의 군주인 자신이 영원히 이전으로 돌아갈 수 없다는 사실을 분명히 알고 있었습니다. 나아가 생명을 보존하는 것이 가장 좋은 일이라는 사실 역시 확실하게 인식하고 있었습니다. 이뿐만이 아니었습니다. 그는 자신의 생명을 보존하려면 주위 사람들로 하여금 자신에게는 복벽(復辟, 제왕으로 복귀함-옮긴이)의 마음이 전혀 없고 촉나라를 생각하는 마음조차 없다는 점을 깨닫도록 해야 한다는 사실도 너무나 잘 알았습니다. 『삼국지집해』가 인용한 신행愼行의 "촉나라를 그리는 말을 사마소는 듣고 싶지 않았다"라는 이야기를 그는 그야말로 가슴에 새기고 있었다고 할 수 있겠습니다. 그래서 그는 '너무나 편안해 고향 생각도 잊었다'라고 말해야만 했던 것입니다. 설사 촉나라를 생각하는 마음이 있다고 말하더라도 그렇습니다. 반드시 다른 사람이 가르쳐준 것이지 자신이 느낀 것이 아니라고 말해야 했던 것입니다. 결과적으로 "모든 사람이 웃었을" 때만 이 '안락공'에게 '안락'이 완벽하게 보장될 수 있었습니다. 그가 말했던 '정확하게 맞추셨습니다. 바로 그 사람입니다'라는 한 구절은 자신이 결코 촉나라를 생각하지 않는다는 사실을 증명하는 것일 뿐 아니라 자신이 식견이 없다는 사실을 증명하는 것이었으니까요. 이른바 '일거양득'이었습니다. 이렇게 할 수 있는 것은 사실 매우 어렵습니다. 한번 생각해봅시다. 극정이 가르쳐준 대로 말한 다음 만약 사마소가 '어떻게 극정의 말을 듣는 것 같군요?'라고 묻지 않았다면 유선은 어떻게 해야 했을까요? 이것은 그가 담력이 있어 감히 도박을 했다는 사실을 설명하는 것입니다. 또 지혜가 있어 사마소가 꼭 물어보리라는 것을 계산해 맞춘 것입니다. 하나같이 유선이 멍청한 사람이 아니라는 사실을 증명하지 않나 싶습니다.

사실 유선의 뛰어난 머리에 대해서는 제갈량 역시 일찍이 상당한 평가를 했습니다. 내용은 『삼국지』「선주전」의 배송지 주에서 인용한 『제갈량집』에 나와 있습니다. 유비가 임종 전 유선에게 유언을 남기면서 "승상이 너에게 감탄해 '매우 지혜롭다'고 했다. 진보 역시 빠르다고 말했다. 네가 정말 그렇다면 짐도 안심할 것이다"라고 말했다는 것입니다. 제갈량은 아첨을 하지 못하는 사람이었습니다. 유비도 남의 단점이나 잘못을 감싸는 사람은 아니었습니다. 때문에 이 말은 상당히 신빙성이 있습니다. 물론 혹자는 이 말이 제갈량이 유비를 안심시키려고 한 말이라고 주장하기도 합니다. '선의의 거짓말'이라는 것이죠. 그럴 수도 있습니다. 그러나 아무리 과장을 한다 해도 '매우 지혜롭다'고까지 말하지는 않았을 것입니다. 바꿔 말해 유선은 최소한 평범한 사람이었지 멍청한 사람은 아니었습니다.

유선이 결코 멍청한 사람이 아니었다는 사실은 인원궁尹韻公 선생의 「유선과 제갈량」이란 글에서도 나타납니다. 그는 두 가지 일로 이 사실을 설명했습니다. 첫 번째 일은 제갈량이 사망한 다음 유선이 다시는 승상을 임명하지 않은 것이었습니다. 다시 자신의 대권이 남의 손에 들어가는 것을 가볍게 막은 것이죠. 방법 역시 꽤나 멋있었습니다. 아래와 같은 일련의 조치를 보면 되겠습니다. 건흥 12년(서기 234년) 우선 장완을 상서령으로 임명해서 '국사를 총괄'하는 제갈량의 역할을 대신하게 했습니다. 또 건흥 13년(서기 235년) 4월에는 장완을 대장군 겸 녹상서사로 임명하면서 한 무제 이후의 제도를 회복시켰습니다. 이어 연희延熙 2년(기원 239년)에 장완을 대사마에 명하고, 연희 6년(기원 243년)에는 상서령 비위를 대장군 겸 녹상서사로 임명했습니다. 대사마 장완에게는 행정 분야를 총괄하면서 군사 분야를 관리하도록 하고, 대장군 비위에게는 군사 분야를 총괄하면서 행정 분야를 관리하도록 권한을 준 것입니다. 한마디로 두 권신의 권력을 교차시켰습니다. 서로 견제하면서 균형을 이루게 한 것입니다. 그러면서도 둘에게 하나씩의 확실한 권한을 줬습니다. 이처럼 딱 부러지는 정치적 구도와 권력 안배를 생각해내는 사람이 어떻게 멍청한 사람일 수 있겠습니까? 『삼국지』 「후주전」의 배송지 주에서 인용한 『위략』에도 비슷한 내용은 있습니다. 연희 9년(서기 246년) 장완이 사망했을 때였습니다. 유선은 이때 완벽하게 "친히 국정을 틀어쥐었습니다." 감정을 전혀 나타내지 않으면서 신하로부터 군주의 권력을 되찾아 온 것입니다. 어찌 멍청한 사람이 할 수 있는 일이겠습니까?

두 번째 일은 연희 원년(기원 238년) 6월에 위나라 사마의司馬懿의 군대가 요동遼東으로 출병해서 공손연公孫淵을 정벌한 것과 관련이 있습니다. 이 출병은 촉의 관점에서 봤을 때 의심할 여지없이 북벌에 나설 좋은 기회였습니다. 그러나 이때 유선은 장완에게 매우 침착하고도 냉정한 명령을 내렸습니다. 『삼국지』 「장완전」에 따르면 유선은 "요동 3군에서 발생한 반조反曹 사건은 예전 진승陳勝, 오광吳廣의 봉기(起義, 진나라의 멸망과 한나라의 등장을 가져온 계기가 된 농민 반란—옮긴이)가 아니겠는가! 척 보니 하늘이 조위를 멸망시키려 하는 것 같네. 그대는 조속히 행장을 꾸려 삼군을 거느리고 한중으로 진주하시오. 오나라 군대가 행동을 개시하는 것을 기다렸다 동서 양쪽에서 서로 호응하도록 하오. 이어 위나라 내부에 문제가 나타나면 바로 진공을 해도 좋소"라고 명령했습니다. 정말 좋은 전략 아닙니까! 사실 이 명령은 장완에게 경거망동하지 말라는 경각심을 은근하게 일깨워준 것이기도 했습니다. 애만 쓰다가 아무 소득도 거두지 못한 과거 선대의 전철을 다시 밟지 말라는 권고였습니다. 유선이 과연 멍청한 사람이었습니까? 아닙니다!

이로써 우리는 유선이 일반 사람들이 생각하듯 그렇게 모자라지는 않았다는 사실을 알 수 있을 것 같습니다. 그럼에도 그가 아주 모자라 보이는 이유는 그의 아버지 연배 인물(유비와 제갈량)과 적수(손권과 사마의)가 너무 강했기 때문입니다. 또 그 자신이 망국의 군주였기 때문이기도 합니다. 만약 천하가 통일된 태평성대였다면 그는 아마도 "가업을 지킨 군주"가 될 수 있었을지도 모릅니다.

## 유선에게 권력을 되돌려주지 않은 제갈량의 처지

그래서 우리는 반드시 계속 되물어야 하겠습니다. 제갈량은 왜 대권을 독점하고 유선에게 정치 권력을 되돌려주려 하지 않았을까요? 이에 대해서는 여러 견해가 있을 수 있습니다.

가장 유력한 견해는 유선이 집정 경험이 없었다는 것입니다. 『삼국지』 「후주전」의 배송지 주에서 인용한 『위략』을 참고해보면 "제갈량은 유선이 정사를 '제대로 알지 못했다未閑'고 생각해 내외의 일을 모두 관리했다"는 기록이 남아 있습니다. 여기에서 한閑의 뜻은 한嫺과 통합니다. 이른바 '미한未閑'은 '제대로 숙지하지 못했다'는 뜻이라고 할 수 있습니다. 당연합니다. 유선은 황제를 해본 적이 없었습니다. 정사를 숙지하는 것이 오히려 이상한 일이었습니다. 그러면 '숙지'했다면 어떻게 됐을까요? 그러나 다시 말하건대 제갈량은 유선에게 실습을 시키지 않았습니다. 또한 실습한 것을 실행해보도록 하는 것은 더 말할 나위가 없었습니다. 그가 어떻게 숙지할 수 있었겠습니까? 따라서 이 견해는 말이 안 됩니다. 그저 억지로 갖다 붙인 주장일 뿐입니다.

제가 추측하건대 제갈량이 그렇게 한 것에는 세 가지 이유가 있지 않나 싶습니다.

우선 '군주는 이름뿐이고 권력은 승상에게 있다는 한나라 초기의 풍토'와 관련이 있을 것 같습니다. 저는 『제국의 슬픔』이라는 책에서 일찍이 말했습니다. 서한 초기에 설립된 각종 중앙 기구와 제도는 중국 제국의 역사상 가장 훌륭한 것으로 간주할 수 있다고 말입니다. 그중에서도 제일 합리적인 것은 '궁정'과 '조정'을 분리한 것입니다. 즉 '황권'과 '승상권'을 구분한 것이라고 하겠습니다. 황제는 국가 원수였습니다. 주로 통일된 국가를 상징하는 역할을 했습니다. 이에 반해 승상은 정부의 수뇌였습니다. 문무백관을 거느리고 실제 국가를 관리했습니다. 더불어 정치적으로 모든 실질적인 책임을 졌습니다. 굳이 비교하자면 황제는 이사장에 비교될 수 있겠습니다. 승상은 당연히 전문 경영인, 즉 CEO에 비교될 수 있습니다. 다시 말해봅시다. 황제는 권한을 주기는 하지만 책임은 없었습니다. 승상은 책임은 있었으나 주군의 권력이 없었습니다. 그래서 만약 국가에 일이 생기면 황제는 권한을 부여한 사람의 명의로 승상과 정부를 문책할 수 있었습니다. 승상과 정부 역시 정치적 책임을 지지 않을 수 없었습니다. 이렇게 볼 때 승상 지도하의 정부는 바로 '책임 내각' 내지는 '문책 정부'가 될 수 있지 않았나 싶습니다. 제갈량이 집권한 기간의 촉한 정부가 바로 이랬습니다.「출사표」를 참고하면 바로 알 수 있습니다. "바라건대 폐하께서는 신에게 적을 토벌해 한나라 왕실을 부흥시킬 수 있는 책임을 맡겨주십시오. 그러나 만약 책임을 다하지 못하면 신의 죄를 다스려 선제의 영혼에 고하십시오"라는 글귀가 나오고 있지 않습니까? 황제가

'권한을 부여'할 수 있을 뿐 아니라 '문책'도 가능하다는 사실을 말해주는 것입니다. 황제로서는 제일 좋은 여건이라고 말해도 좋습니다. 이는 달리 말해 황제의 친정이 그다지 좋은 것이 아니라는 사실도 말해줍니다. 만약 황제가 자신이 스스로 권한을 부여하고 직접 행정을 한다고 해봅시다. 국가에 일이 생길 경우 책임질 사람이 없게 됩니다. 책임을 물을 수도 없습니다. 좋지 않다고 단언해도 괜찮습니다. 그래서 반드시 '군주는 이름뿐이고 권력은 승상에게 있다'는 식의 제도가 필요한 것입니다. 유선이 '정무는 승상인 제갈량이 책임지고 제사는 짐이 책임진다'라고 한 것은 바로 이런 현실을 잘 알았기 때문에 한 말이라 할 수 있겠습니다. 그러나 애석하게도 제갈량이 사망하면서 정무를 책임질 사람이 사라졌습니다. 유감이라고 말하지 않을 수 없습니다.

두 번째 이유는 "맡은 바 책임이 무거운 데다 갈 길까지 멀어 손을 놓을 수가 없었다"는 제갈량의 현실이 잘 말해줄 듯합니다. 다시 「출사표」를 언급해봅시다. "선제께서 신이 신중하다는 사실을 아시고 임종에 즈음해 신에게 큰일을 맡겼습니다. 명을 받은 다음 밤낮으로 걱정하고 탄식하면서 당부하신 일을 이루지 못해 선제의 큰 덕을 손상시킬까 두려웠습니다"라고 걱정하는 이야기가 나옵니다. 이 말은 아마도 사실일 것입니다. 제갈량은 책임감이 대단히 강한 사람이었습니다. 그는 항상 일을 잘못 처리할까 걱정했습니다. 나아가 다른 사람이 하는 일도 미더워하지 않았습니다. 차라리 자신이 힘든 것이 낫지 손에서 일을 떼기를 원치 않았던 것입니다. 더구나 그의 눈에 유선은 아직 아이였습니다. 어떻게 국가를 그냥 그에게 넘겨줄 수 있겠습니까?

마지막으로 "안팎으로 궁지에 몰린 데다 위기가 도처에 숨어 있었다"는 현실도 감안해야 할 것 같습니다. "지금 천하는 셋으로 나뉘어 있습니다. 그러나 익주는 피폐해져 있습니다. 실로 국가의 존망이 달린 위급한 때입니다"라고 말하는 「출사표」의 말을 참고하면 분명해집니다. 이 말 역시 진실이라는 얘기입니다. 솔직히 제갈량이 전면에 나서 정무를 접수하여 관리했을 당시 촉나라의 상황은 낙관적이지 않았습니다. 북으로는 조위, 동으로는 손오가 있었던 것입니다. 물론 촉한의 정권 내부는 표면적으로는 대단히 화목해 보였습니다. 그러나 실제로는 모순이 겹겹이 쌓여 있었습니다. 게다가 그렇게 복잡하게 뒤엉킨 내부 모순은 제갈량에게는 거대한 압력이 되었습니다. 조심스럽게 자신과 다른 신료 간의 관계를 처리해야만 했습니다. 또 일련의 곤란한 문제도 해결해야 했습니다. 그가 쉽게 유선에게 정치 권력을 넘겨주지 않은 원인이 확실하다고 봐야 하겠습니다.

그러면 촉한 정권 내부에는 어떤 모순이 있었을까요? 그중에 제일 중요한 것은 무엇일까요? 제갈량은 그것을 어떻게 해결했을까요?

38강
難容水火

# 물과 기름의 관계

유비는 영안에서 병으로 사망하기 전 극히 세심하게 '제갈량을 정으로 이엄을 부'로 하는 구도를 완성했다. 제갈량에게 탁고하고 상서령 이엄이 보좌하도록 한 것이다. 그러나 유비가 사망한 후 이엄은 보좌의 역할을 충분히 다하지 못했다. 오히려 8년 후에는 파면과 유배를 당했다. 그러면 제갈량은 왜 그렇게 했을까? 이런 단호한 결정의 배후에는 어떤 속깊은 정치적 원인이 있었을까?

앞 강의에서 우리는 제갈량과 유선의 군신 관계를 말했습니다. 이 강의에서는 제갈량이 처리해야 했던 둘째 관계인 동료 관계에 대해 살펴보겠습니다. 촉나라에 제갈량의 동료는 많았습니다. 그러나 제일 중요한 사람은 역시 이엄이었습니다. 왜 그러냐고요? 함께 고명대신이 된 데다 유조遺詔까지 받았으니까요. 『삼국지』 「선주전」에 의하면 유비는 임종 전에 분명 "승상 제갈량에게 탁고를 하고 상서령 이엄에게는 제갈량을 보좌하게 했습니다." 『삼국지』 「이엄전」의 기록 역시 다르지 않습니다. 이엄이 "제갈량과 함께 후주를 보좌하라는 유조를 받았다"고 기록하고 있습니다. 뿐만 아니라. 유비는 "이엄을 중도호中都護에 제수해 대내외의 군대를 통괄하게 하고 영안에 주둔하도록 했습니다." 이 안배는 가만히 보면 손책 사후의 그것과 매우 비슷합니다. 『삼국지』의 「장소전」과 「주유전」에 의하면 손책은 임종 전에 장소에게 탁고를 했습니다. 또 주유에게는 "중호군中

38강 물과 기름의 관계 | 297

護軍을 제수해 장사長史 장소와 함께 모든 일을 관장하게 했습니다." 제갈량이 담당한 승상이나 장소가 맡은 장사는 모두 문관의 자리였습니다. 좀 더 자세하게 말하면 행정 장관이었습니다. 이에 반해 이엄이 맡은 중도호나 주유가 담당한 중호군은 무관의 자리였습니다. 행정 장관에 비견될 수 있는 군사 장관이었습니다. 주유와 장소는 "함께 모든 일을 관장"했고 이엄과 공명은 "함께 유조를 받았"으며 한 명은 문관, 한 명은 무관이었습니다. 또 한 명은 정, 한 명은 부였습니다. 어찌 이처럼 닮았습니까! 이것은 무엇을 설명할까요? 유비 마음속에서는 이엄이 곧 주유였다는 사실을 말해줍니다. 한 걸음 더 나아가면 그가 주유이기를 희망했다는 사실을 설명해주지 않나 싶습니다.

### 제갈량과 이엄, 두 고명대신 간의 갈등

그렇다면 이엄은 주유의 역할을 했을까요?

못했습니다. 단언하건대 이엄은 제갈량과 함께 유선을 잘 보좌하지 못했습니다. 아니 오히려 유비가 탁고한 지 8년 후에 파직당했습니다. 지위도 명예도 모두 잃게 됐습니다. 이엄의 마지막은 주유의 그것과 완전히 달랐습니다. 역사에 미스터리를 남겼을 정도입니다. 이 강의에서 말하려고 하는 것은 바로 이 미스터리입니다. 따라서 우리는 이엄이 파직당한 경과부터 미리 살펴봐야겠습니다.

『삼국지』「이엄전」에 의하면 사건 개요는 대체로 다음과 같습니다. 촉한 건흥 9년(서기 231년) 제갈량은 기산으로 네 번째 출격을 단행했습니다. 조위를 북벌하기 위해서였습니다. 이때 제갈량은 이엄에게 군량미 운송을 책임지도록 했습니다. 당연했습니다. 당시 이평李平으로 개명한 이엄(독자들의 편의를 위해 계속 이엄으로 칭함—옮긴이)이 마침 중도호의 신분으로 승상부의 정무를 대리했으니까요. 말 먹이를 포함한 군량미의 조달, 운반을 감독하는 일이 그의 기본적인 임무였다는 얘기입니다. 그러나 애석하게 이엄은 운이 너무 나빴습니다. 그해 여름과 가을 사이에 큰 비가 연이어 내려 군량미를 예정대로 전선으로 운송할 수가 없었던 것입니다. 이엄은 할 수 없이 전령을 군중에 파견해 자신의 상황과 생각을 설명했습니다. 제갈량에게 철군하도록 요청한 것입니다. 제갈량 역시 철군하겠다고 응답했습니다. 그러나 정작 제갈량의 철군 소식이 전해지자 이엄은 짐짓 놀라면서 "아이구! 군량미가 충분한데 왜 철군을 하는 거야?"라고 주위를 둘러보며 말했습니다. 이어 유선에게 상주해 "승상의 철군은 '철군을 위장한 것'으로 적을 깊숙하게 유인하기 위한 것이 목적입니다"라고 보고했습니다. 당연히 사실이 아니었습니다. 당연히 제갈량의 행동에 대한 의심을 불러일으키게 했습니다. 제갈량은 도리 없이 이엄이 그동안 친필로 쓴 편지 원본을 모두 꺼내 주위에 보여줬습니다. 이엄은 할 말이 없었습니다. 그저 솔직하게 고백하고 머리를 숙여 죄를 인정하는 수밖에요.

이 짤막한 줄거리가 이엄이 파직당한 경과입니다. 눈썰미가 있는 사람이라면 내용과 경우가 의심스럽다는 점을 알 수 있을 것입니다. 우선 범죄 동기가 분명하지 않습니다. 『삼국지』는 이엄이 책임을 시인하지 않고 자신의 잘못을 남에게 전가하려 한 것이 죄가 됐다고 주장합니다. 이 주장의 앞부분은 그런대로 말이 됩니다. 하지만 뒷부분은 아무래도 문제가 있습니다. 이엄이 올린 표는 제갈량의 철군이 '적을 깊숙하게 유인하기 위한 것'이라고 말하고 있습니다. 이 말은 '제갈량의 이보 전진을 위한 일보 후퇴'를 분명히 설명하고 있습니다. 하지만 "제갈량이 공격하지 않은 죄를 고자질하는 말"이라고 하기는 어렵지 않습니까? 범죄를 저지른 수법이 졸렬하다는 것도 이상합니다. 이엄이 만약 제갈량을 음해하려 했다면 그는 이렇게 조리에 맞지 않는 앞뒤 말을 하지는 않았을 것입니다. 더구나 증거나 약점 등은 더욱 남기지 않았을 것입니다. 나름대로 똑똑한 것으로 알려졌던 이엄이 어떻게 나중에 제갈량이 '자신이 친필로 쓴 편지들을 제시할 것'이라는 점을 생각하지 못했겠습니까? 일방적인 어느 한쪽의 주장이라는 사실 역시 간과해서는 안 될 것 같습니다. 우리는 촉한에 사관史官이 없었다는 사실과 이엄이 문집을 남기지 않았다는 점을 잘 알고 있습니다. 당연히 이엄의 당시 속마음과 실제 어떤 말을 했는지에 대해서는 영원히 알 길이 없습니다. 그러나 대신 말해줄 사람은 있습니다. 베이징대학 톈위칭 교수가 주인공입니다. 그는 「이엄의 흥망과 제갈량의 용인술」이라는 글에서 앞의 말들이 "지나치게 터무니없고 일반적 도리에 부합하지 않는다"라고 주장했습니다. 이엄이 한 행동과는 거리가 멀다는 얘기입니다. 때문에 톈 선생은 "그 속에 아주 의문스러운 숨은 꿍꿍이 속내가 들어 있다"고 말했던 것입니다.

당연히 숨은 속내가 있었습니다. 중국 고대의 정치는 밀실에서의 조작이 빈번한 일종의 비밀 정치였습니다. 때문에 공개적으로 널리 알려진 자료는 이따금 일의 진상을 충분히 대표하지 못했습니다. 심지어는 진상을 은폐하기까지 했습니다. 예를 들어 헌제의 정비 복태후의 편지가 그랬습니다. 저는 솔직히 조조가 날조한 것으로 의심하고 있습니다.

제갈량은 당연히 이엄의 편지를 위조하지는 않았습니다. 더구나 이엄의 '범죄 행위'나 '범죄 증거'는 그저 이 몇 통의 편지에 있지 않았습니다. 이엄에게는 분명 결정적인 문제가 있었습니다. 문제 역시 이렇게 간단하지는 않았을 것입니다.

그러나 이는 그의 억울함을 말해주는 중요한 요인은 아닌 것 같습니다. 우선 이엄이 자신의 문제를 인정했습니다. 이는 제갈량이 적어도 이엄의 약점을 잡았다는 사실을 설명합니다. 중신들도 제갈량의 입장을 지지했습니다. 『삼국지』 「이엄전」의 배송지 주에는 제갈량이 그의 파직을 건의하기 위해 상소할 때 서명한 사람이 위연을 비롯해 양의楊儀·등지鄧芝·유파·비위·강유 등을 포함해 20여 명에 이르렀다고 기록하고 있습니다. 결국 이엄은 이로 인해 파직당해 평민이 됐습니다. 이어 재동(梓潼, 군의 이름. 행정 중심지는 지금의 쓰촨성 쯔퉁현)으로 유배됐습니다. 이엄은 3년 후인 촉한 건흥 12년(서기 234년), 제갈량이 사망했다는 소식을 들었습니다. 그러나 복권되지 못하고 바로 병이 들어 사망했습니다.

이엄이 파직당한 것은 촉한 정권에서는 의심할 여지없는 대단히 큰 사건이었습니다. 더불어 얼음 석 자는 결코 하루이틀에 언 것이 아니라는 말이 있듯 이엄의 파직은 오랫동안에 걸친 장고의 결과가 아니었나 생각됩니다. 바꿔 말해 제갈량은 일찍부터 이엄의 문제를 해결하려고 생각했던 것입니다. 이번 사건은 그저 기회를 제공한 것에 불과할 뿐이었다는 얘기입니다.

우리는 여기에서 한 가지 의문을 제기하지 않을 수 없습니다. 제갈량은 왜 이엄을 제거하려고 했을까요?

두 가지 관점이 있습니다. 한 가지 관점은 이엄이 권력과 이익을 다투다 제갈량에 의해 제거됐다는 것입니다. 한마디로 스스로 멸망을 자초했다고 볼 수 있습니다. 다른 한 가지 관점은 제갈량이 권력을 이용해 자신과 의견이 다른 반대 세력을 제거했다는 것입니다. 이 두 관점은 역사적으로 첨예하게 대립하고 있습니다. 따라서 먼저 당시의 제반 상황을 확실히 이해하고 다시 말을 이어가겠습니다.

상황은 대체로 이렇습니다. 『삼국지』의 「제갈량전」과 「이엄전」에 따르면 유비가 제갈량과 이엄을 영안으로 소환해 탁고한 다음 둘은 각자의 길을 갔습니다. 제갈량은 성도로, 이엄은 영안에 머물렀습니다. 이어 황제 자리를 계승한 유선이 제갈량을 무향후, 이엄을 도향후都鄕侯로 봉했습니다. 이후 제갈량은 부를 열고 자신의 고유 사무를 처리했습니다. 또 익주목까지 제수받았습니다. 이엄 역시 가절의 권위(상방보검을 보유)를 부여받은 다음 광록훈光祿勳(궁정의 호위대장)의 직함을 제수받았습니다. 건흥 4년(서기 226년) 이엄은 다시 보한장군輔漢將軍에서 전장군으로 진급했습니다. 보한장군은 이른바 일반 장군인 '잡호장군雜號將軍'으로 등급이 비교적 낮았습니다. 반면 전장군은 최고 명예의 장군인 '명호장군'으로 등급이 상당히 높았습니다. 뿐만 아니었습니다. 전장군은 관우가 앉았던 자리이기도 했습니다. 이엄에게 충분히 체면을 세워줬다고 할 수 있습니다. 건흥 8년(서기 230년) 이엄은 전장군에서 다시 표기장군驃騎將軍으로 승진했습니다. 『후한서』「백관지」와 주에 의하면 당시 장군 중 지위가 제일 높은 것은 대장군이었습니다. 다음이 표기장군, 그 다음이 거기장군이었습니다. 이어 위장군衞將軍·전·후·좌·우장군 순이었습니다. 문관과 비교할 경우 대장군과 표기장군은 '지위가 승상 다음'이었습니다. 또 거기장군과 위장군·전·후·좌·우장군은 '지위가 상경上卿 다음'이었습니다. 따라서 이엄이 전장군에서 표기장군으로 진급한 것은 지위가 한 단계 상승한 것이었습니다. 여기에서 그치지 않았습니다. 그의 아들 이풍李豊 역시 강주江州도독에 임명돼 강주의 군대를 통솔하게 됐습니다.

도대체 여기에 어떤 문제가 있었을까요?

겉으로는 문제가 없었습니다. 이엄은 차츰차츰 승진의 길을 걸어갔으니까요. 그러나 제갈량과 비교하면 곳곳에서 차이가 났습니다. 우선 제갈량은 조정에 있었으나 이엄은 밖에 있었습니다. 제갈량은 군주 옆에 가까이 있으면서 조정을 총괄했습니다. 큰일이든 작은 일이든 그가 입만 열면 모든 것이 그대로 결정됐습니다. 그러나 이엄은 여기에 한마디도 끼어들 수가 없었습니다. 사실 이엄이 영안(지금의 펑제奉節)에 주둔한 것이나 나중에 강주(지금의 충칭)로 옮긴 것은 크게 의미가 없습니다. 어차피 정치 중심과 권력 중심으로부터 한참 떨어져 있었기 때문입니다. 이러한 물리적 조건은 이엄으로서는 정말 불리한 것이었습니다. 각론으로 들어가면 더욱 확실해집니다. 우선 그는 성도로부터 멀리 떨어져 있어서 조정의 일에 참여할 수가 없었습니다. 후주를 보좌하는 것은 더 말할 필요도 없습니다. 게다가 관료 사회와도 소원해져 능력을 발휘할 기회 역시 잃었습니다. 자연히 대외 전쟁이나 정벌에 나서는 것에서도 소외됐습니다. 거인擧人이나 현명한 인재를 추천하는 권한도 전혀 가지지 못했습니다. 위 아래로 모두 왕래가 소원했다고 단언해도 좋습니다. 기본적으로 이름을 날릴 기회가 원천봉쇄된 것입니다. 요즘 말로 하면 완전히 '따돌림'을 당할 위험에 직면하게 된 것입니다. 이것이 그가 나중의 암투에서 패배한 하나의 잠재적 원인인 것은 두말할 필요가 없을 것 같습니다.

그럼에도 하나의 의문은 확실하게 남습니다. 왜 그가 조정에 들어가지 않았는가 하는 것입니다. 그가 원하지 않은 것일까요? 그도 아니면 제갈량이 막은 것일까요? 탁고 이후 제갈량은 성도로 다시 돌아가 조정을 이끌었습니다. 반면 이엄은 영안에 남아 변방의 관문을 지켰습니다. 탁고 때의 말을 보면 이것은 확실히 유비의 안배에 따른 것이었습니다. 그러면 유비는 왜 이렇게 안배를 했을까요? 임시적 안배였을까요, 아니면 장기적 안배였을까요? 만약 임시적인 안배였다면 왜 바꾸지 않았을까요? 만약 장기적 안배였다면 유비의 생각은 무엇이었을까요? 애석하게도 이 모든 것에 대해 우리가 지금 알 수 있는 것은 아무것도 없습니다.

그나마 알 수 있는 것은 이엄이 제갈량과 동시에 고명대신이 됐음에도 많은 방면에서 하나같이 그와 비교가 안 됐다는 사실입니다. 예를 들면 좀 더 알기 쉽습니다. 우선 제갈량은 자신의 행정 기관과 관료 시스템을 가지고 있었습니다. 그러나 이엄은 없었습니다. 제갈량은 지방의 수장까지 겸임했습니다. 하지만 이엄은 이마저도 할 수 없었습니다. 한 사람은 조정에 있었고, 한 사람은 밖에 있었습니다. 비교하는 것조차 말이 안 될 정도였습니다. 이 현실은 당연히 불평을 불러일으켰습니다. 이엄으로서는 '당신은 정正 고명대신으로서 주의 목을 겸임하고 있소. 부副인 나는 자사(刺史, 주의 장관임. 목을 둘 경우에는 자사는 없는 경우가 대부분임-옮긴이)를 할 수 없다는 말입니까?'라는 생각을 할 수 있었던 것입니다. 그러나 당시 촉한에는 오로지 하나의 주만 있었습니다. 그것이 익주였습니다. 한 주 안에 목이 있고 다시 자사가 있을 수는 없었겠죠? 그러나 이엄에게는 방법이 있었습니다. 『삼국지』 「이엄전」과 『화양국지』는 이 사실을 잘 말해주고 있습니다. 이에 따르면 이엄은 강주로 옮겨간 다음, 조정에 강주를 중심으로 5개의 새로운 군을 획정하여 또 다른 주인 파주巴州를 설치할 것을 건의했습니다. 말할 것도 없이 자신이 파주자사를 맡으려고 그랬던 것이죠. 그러나 결과적으로 "승상 제갈량은 허가하지 않았습니다." 이 조치는 당연히 이엄의 기분을 껄끄럽게 만들었습니다. 몇 년 후 이엄은 다시 조정에 자신의 부를 열어줄 것을 요구했습니다. 이유는 그럴 듯했습니다. 그는 조위의 사례를 들었습니다. 위 문제 조비의 유조를 함께 받아 공동으로 위 명제明帝 조예曹叡를 보좌하게 된 네 명의 고명대신인 조진曹眞과 진군·조휴曹休·사마의司馬懿 등이 모두 부를 연 사실을 말입니다. 이 요구 역시 거절당했습니다. 그러나 제갈량은 이번에는 이엄에게 그에 상응하는 보상을 해줬습니다. 이엄의 아들 이풍을 강주도독으로 추천하고 대우도 높여준 것입니다.

대략 이 정도가 이엄과 제갈량, 두 고명대신 간의 관계의 주요 내용입니다. 어떤 역사학자들은 바로 이 때문에 이엄이 파직당한 것은 완전히 자업자득이라고 말합니다. 왜냐고요? 이유는 충분합니다. 우선 이엄은 고명대신의 신분으로 국가 건설을 위한 전략을 전혀 생각해내지 않았습니다. 게다가 목숨을 다해 나라를 지키려는 모습도 그다지 보여주지 않았습니다. 그저 권력과 이익을 다투거나 권력을 통해 사리사욕을 모색하는 모습만 보였습니다. 더구나 그는 수단 방법도 가리지 않았습니다. 예를 들 수도 있습니다. 이엄이 "5개의 군을 파주로 하고 자사를 요구한 것"이 언제였습니까? 대략 촉한 건흥 5년(서기 227년) 때였습니다. 당시는 위 문제 조비가 이미 세상을 떠나고 위 명제 조예가 자리를 이은 때였습니다. 제갈량은 이 기회를 틈타 북벌을 준비하기 시작했습니다. 이엄의 군대를 한중으로 진주시킨 것은 이런 계획의 연장선상에서였습니다. 그러나 이엄은 명령을 받은 다음에도 여러 가지 핑계를 대면서 시간을 질질 끌고 출동하지 않았습니다. 대신 5개의 군을 획정해 파주를 세운 다음 자신에게 자사를 맡길 것을 요구했습니다. 이것이 자신의 이익만 바라는 치사한 흥정이 아니고 무엇이겠습니까? 건흥 8년(서기 230년)에도 그랬습니다. 제갈량은 기산으로 출동할 준비를 하고 있었습니다. 이엄에게는 한중을 지키게 할 계획 역시 세워놓고 있었습니다. 그런데 이엄은 다시 기회를 틈타 사마의 등이 부를 세운 것을 대대적인 화제로 입에 올렸습니다. 실제적으로는 사마의를 핑계 삼아 자신의 입장을 강화하려 했던 것이겠죠. 협박과 사기를 쳐서 뭔가를 얻어내겠다는 심산이 아니고 무엇이겠습니까?

좀 더 심각한 이엄의 문제는 『삼국지』 「이엄전」의 배송지 주에서 인용한 『제갈량집』에 나옵니다. 이에 따르면 이엄은 제갈량에게 보낸 편지에서 "구석九錫을 받은 다음 작위를 올려 왕을 칭하십시오"라고 권유했습니다. 제갈량은 당연히 거절했습니다. 그러면 이엄은 왜 제갈량에게 유선의 명을 받아 칭왕을 하도록 종용했을까요? 우선 가장 확률이 높은 가능성은 자신이 원하는 관직을 얻기 위해 먼저 다른 사람의 작위를 은근히 부추겼다는 것입니다. 공명이 불의하다는 모함을 하기 위한 전략일 가능성도 있습니다. 앞의 강의에서 우리는 이때 제갈량의 권력과 지위가 이전의 조조와 매우 비슷하다고 말한 바 있습니다. 그러나 여기에서 더 나아가 다시 구석을 받은 다음 왕까지 칭한다면 어떻게 되겠습니까? 조조와 다를 바가 하나도 없어집니다. 어떤 종류의 가능성이든 이엄이 좋은 뜻으로 제갈량에게 그런 제안을 하지 않았다는 사실은 분명합니다.

이렇게 보면 솔직히 이엄의 인품은 상당히 의심스럽습니다. 위밍샤余明俠 선생이 『제갈량전』에서 평가한 내용의 글이 생각날 정도입니다. "완전히 자신의 이익만을 위해 남을 속이기 좋아할 뿐 아니라 음험하고 잔악하다. 나라의 일에 대해서는 조금도 생각하지 않은 나쁜 사람"이라는 평가 말입니다. 한마디로 제갈량이 그를 파직한 것은 너무나 당연한 조치였습니다.

그러나 이에 대해서도 여러 가지 견해가 있을 수 있습니다. 우선 이엄의 좋지 않은 성격에 대해 살펴봅시다. 이기적인 데다 은혜를 남용하는 것도 모자라 온갖 수단을 부려 명예를 추구했다거나 국가의 일을 중요하게 생각하지 않았다는 혹평은 오로지 제갈량 쪽의 말입니다. 증거가 부족하다고 하겠습니다. 다음으로 이엄이 보좌 역할을 제대로 못한 것 역시 그렇습니다. 우선 그가 조정에 있지 않았던 것이 가장 큰 이유인데, 그건 힘이 없어 그랬던 것입니다. 그를 나무랄 수 없는 조그마한 핑계는 될 듯합니다. 세 번째 이엄이 자사를 하겠다거나 부를 설치해줄 것을 요구한 것도 단순하게 권력과 이익을 다투고 관직에 눈이 멀어 그랬다고 매도만 할 수는 없습니다. '부 고명대신'으로서 그의 권력과 지위, 대우 등이 '정 고명대신'에 비해 차이가 너무 심했으니까요. 그래서 인원궁 선생은 「이엄의 파직」이라는 글에서 이엄이 "'광명정대光明正大하고 떳떳하게' 자신의 합법적 권익을 쟁취하고 지키기 위해 노력했다"는 생각을 피력했던 것입니다. 인선생의 견해에 따르면 이엄이 제갈량에게 '구석을 받은 다음 작위를 올려 왕을 칭하십시오'라고 한 것도 바로 이 때문에 나온 것이라고 볼 수 있습니다. 인선생은 심지어 이엄의 이 행동을 "의도적으로 제갈량을 난처하게 만들기 위한 것"이라고까지 해석하기도 합니다. 결과적으로 제갈량은 매우 당황했고, 바로 이엄에게 답을 보내 속마음을 밝히지 않을 수 없었습니다. 여러 기록을 보면 당시 제갈량은 "만약 조위를 멸하고 조예를 죽인다면 나는 여러분과 함께 작위를 받을 것이오. 설령 십석十錫이라도 감히 받을 것이오. 하물며 구석九錫이야?"라고 말했습니다. 이 말은 정의롭고 늠름한 그의 기상을 보여줍니다. 그러나 커다란 금기를 범했습니다. '십석이라도 받을 것'이라니요? 조조가 구석을 받은 것에 불과했는데도 사람들에게 반 죽도록 욕을 먹지 않았습니까? 만약 제갈량이 십석을 받는다면 상황이 어떻게 됐을까요?

이미 언급한 여러 상황들을 종합할 경우 이엄은 애가 타서 제갈량을 지지고 볶는 듯한 행동을 보여줬다고 할 수 있습니다. 이런 태도는 솔직히 제갈량을 두둔하는 사람 입장에서 보면 '대단히 광폭한 공격'입니다. 그러나 이엄의 입장을 지지하는 사람이 볼 때는 '권력을 지키기 위한 행동'이라고 말해도 무방할 것 같습니다. 인원궁 선생이 대표적으로 이런 평가를 하는 경우입니다. 이엄은 일찍부터 제갈량이 "함께 탁고를 받은 동료를 안중에 두지도 않았다"는 사실을 알아차렸다고 생각한 것입니다. 사실 그랬습니다. 제갈량은 도처에서 자신의 조력자여야 할 이엄을 배제하거나 억압하고 냉대했습니다. 게다가 항상 '방해'를 해 이엄이 설 자리조차 없게 만들었습니다. 이엄으로서는 당연히 "자신이 약하다는 사실을 드러내지 않고 굴복하지도 않은 채 반격할 기회를 엿볼 수밖에 없었습니다."

어떤 사람들은 제갈량이 왜 이엄에게 일정한 권력을 주지 않았는지 물을지도 모르겠습니다. 이에 대해 인원궁 선생은 제갈량이 "권력욕이 대단히 강한 정치가"이기 때문이라고 생각했습니다. 틀린 말은 아닙니다. 그의 스타일이 "대권을 독점하고 작은 권력이라도 분산시키지 않는 것"이었으니까요. 제갈량은 바로 이 때문에 비록 함께 탁고를 받았음에도 이엄을 방치한 채 중용하지 않았던 것입니다. 하지만 이엄에게 이런 방법은 먹히지 않았습니다. 바꿔 말해 이엄의 비극은 그가 유명무실한 고명대신이 되기를 원하지 않았기 때문입니다. 그러나 불행하게도 "권력을 마음대로 휘둘러야 기분이 좋은" 제갈량은 "기본적으로 다른 사람이 최고 권력에 손을 대는 것을 원하지도 용인하지도 않았습니다." 굳이 말한다면 둘은 서로 맞지 않는 물과 기름이었다고 할 수 있는 것입니다. 결과적으로 "권력을 가지고 노는 것에 뛰어난 제갈량"은 "이엄이 대문 앞으로 보내온 실수"를 구실로 해 그를 때려 엎은 다음 다시는 일어나지 못하게 했습니다.

정리해봅시다. 현재 우리 앞에는 두 가지 뚜렷이 다른 의견이 있습니다. 우선 위밍샤 선생을 대표로 하는 역사학자들의 견해입니다 이들에 따르면 제갈량과 이엄 간의 투쟁의 본질은 간단합니다. 이엄이 자신의 권력과 이익을 위해 광폭한 공격을 가했습니다. 이에 제갈량은 대국大局을 고려해서 거듭 양보했습니다. 그래서 그 투쟁의 자취는 공격과 인내 및 양보, 재차 공격, 이어 다시 인내와 양보, 그러고는 이엄의 자멸로 끝을 맺습니다. 인원궁 선생을 대표로 하는 역사학자들의 견해는 완전 반대입니다. 제갈량과 이엄 간의 투쟁의 본질은 권력을 마음대로 휘둘러야 성이 차는 제갈량이 동료를 억압한 것입니다. 이에 이엄은 권력을 유지하기 위해 힘차게 일어나 도리에 입각해 항쟁했습니다. 그 투쟁의 자취는 전자와 크게 다를 것이 없습니다. 억압과 항쟁, 재억압과 재항쟁, 이엄의 피비린내 나는 여지없는 참패로 끝이 납니다.

이런 극단적 평가는 너무나 흥미롭습니다.

위밍샤 선생과 인원궁 선생은 모두 진지한 역사학자들입니다. 그들이 근거로 내세우는 자료는 모두 정사에 기록으로 남아 있는 내용입니다. 절대 헛소리가 아닙니다. 그들의 논리 역시 모두 이치에 닿습니다. 그러나 양쪽이 얻어낸 결론은 현격한 차이가 있습니다. 이 사실은 무엇을 설명할까요? 무엇보다 인품과 도덕을 기준으로 역사적 사건을 보는 것은 절대 안 된다는 사실을 설명합니다. 사물의 표면적 현상만으로 역사를 보는 것도 곤란하다는 사실을 말해줍니다. 우리는 정치투쟁의 도화선이 종종 작은 일에서 비롯된다는 것을 잘 압니다. 작은 일이 큰 사건을 일으키는 것입니다. 또 배후에는 반드시 큰 원인이 있습니다. 더구나 제갈량은 대정치가였습니다. 촉한 정권을 짊어졌던 그로서는 대국과 전체적 국면을 고려하지 않으면 안 됐습니다. 때문에 이엄을 소인에다 '악질분자'라고 인정하더라도 제갈량과 이엄 간의 투쟁을 그저 군자와 소인과의 투쟁으로 보는 것은 제갈량을 너무나 폄하하는 것이 아닐까 싶습니다. 물론 이엄이 소인인지 아닌지도 결론적으로 말하기는 쉽지 않습니다.

## 촉한 정권을 이루고 있는 세 정치 세력

그러면 제갈량이 고려한 대국大局은 무엇일까요?

이 문제에 대한 답을 얻으려면 유비의 영안탁고까지 거슬러 올라가야 합니다. 즉 유비가 탁고를 할 때 왜 굳이 인원궁 선생이 "제2의 바이올리니스트"로 부른 인물인 이엄을 안배해야 했는가에 대해 주의를 기울여봐야 한다는 얘기입니다. 유비가 '천하의 효웅'으로 일생을 전쟁터에서 보냈을 뿐 아니라 보고들은 것이 많고 식견이 넓은 주도면밀한 인물이라는 사실은 누구나 다 알고 있습니다. 따라서 그가 이엄을 안배한 것은 단순히 갑자기 생각이 나서 그런 것이 아니라 심모원려에서 비롯한 것이라고 할 수밖에 없습니다. 문제는 유비가 과연 무엇을 고려했는가에 있습니다.

톈위칭 선생은 이 '골드바흐의 추측(러시아 수학자 골드바흐가 세운 이론으로 2보다 큰 짝수는 두 소수의 합으로 나타낼 수 있다는 것. 하지만 아직 수학적으로 완전히 증명되지 못했다. 여기서는 굉장히 풀기 어려운 문제라는 의미로 쓰임-옮긴이)'과 같은 문제의 답을 『촉사사제蜀史四題』라는 책을 통해 내놓은 바 있습니다. 유비가 '제갈량을 정으로 이엄을 부'로 해서 탁고한 것은 내부 우환을 제거하고 정권을 공고하게 하기 위해서라고 생각한 것입니다. 톈선생의 생각에 따르면 유비는 촉한 정권이 안고 있는 남모를 최대의 근심과 곧 닥칠지 모르는 재난이 조위나 손오와의 관계에 있다고 보지 않았습니다. 바로 촉한 정권 내부에 있다고 봤습니다. 이런 내부의 모순이 유비로 하여금 평범하지 않은 탁고를 하도록 한 것입니다.

그렇다면 이제 다시 한 번 의문을 제기해야겠습니다. 정말 그랬을까요?

그렇습니다. 우리는 유비가 세운 촉한 정권이 세 개의 정치 세력으로 이루어져 있었다는 사실을 잘 압니다. 다시 말하면 첫째 세력은 '본토 세력'으로 원래 낙양에서 관리를 하던 익주 관료와 익주에서 관직을 받은 본토 호족을 포함합니다. 우리는 이를 통칭 '익주 그룹'으로 부릅니다. 다음 세력은 '유장의 옛 부하들'로 유언 부자를 따라 촉으로 들어온 사람들과 나중에 유장에게 몸을 의탁한 사람들을 포함합니다. 통칭 '동주 그룹'으로 불립니다. 마지막 세력은 '유비의 핵심 측근들'로 유비의 가족이나 다름없는 인물들(예컨대 관우와 장비)과 나중에 유비에게 의탁한 인물(예컨대 마초)들을 포함합니다. 이들은 '형주 그룹'으로 불리는 세력입니다. 이 세 그룹은 촉에 도착한 순서에 따라 복잡한 주객主客 및 신구新舊의 모순 관계를 형성했습니다. 유언 부자가 촉에 들어갔을 때를 살펴봅시다. 익주 그룹이 주主이고 구舊였습니다. 동주 그룹은 객客에다가 신新이었습니다. 당연히 주객 및 신구 간에 큰 싸움이 있었습니다. 유비가 촉에 들어간 다음에 이 관계는 다시 변했습니다. 원래 객이고 신이던 동주 그룹이 주와 구로 변했습니다. 주객과 신구의 모순은 자연스레 형주 그룹과 익주·동주 그룹 간의 모순으로 변했습니다. 그런 와중에도 동주와 익주, 두 그룹

간의 모순 역시 여전히 존재했습니다. 유비의 촉한 정권은 바로 이런 삼중의 모순 위에 세워진 것이었습니다. 결코 좋은 상황이 아니었습니다.

더욱 상황이 나빠진 것은 유비가 효정전쟁에서 대패한 이후였습니다. 원래 마음속에 불만을 품고 있던 익주·동주 그룹의 준동을 제어하지 못하게 된 것입니다. 『화양국지』에 상황이 자세히 나와 있습니다. 이에 따르면 유비가 전쟁에서 패해 영안으로 후퇴한 다음인 11월에 발병까지 하자 한가漢嘉태수 황원黃元이 12월에 반란을 일으키게 됩니다. 이뿐만이 아닙니다. 『삼국지』「제갈량전」에 의하면 유비가 사망한 다음 남중南中 지역의 각 군은 예기치 않은 반란을 일으켰습니다. 앞에도 말했지만 유비의 건국 과정을 살펴보면 기초가 튼튼하지 않았습니다. 바로 이런 부실한 기초가 유비의 효정전쟁 패배 이후 촉나라를 마구 뒤흔든 것입니다.

당연히 유비는 이런 상황을 우려할 수밖에 없었습니다. 그는 노심초사했습니다. 결국 나라를 위해 자신과 걱정을 같이 할 사람은 오로지 제갈량밖에 없다는 결론이 내려졌습니다. 바로 이것이 유비가 '승상 제갈량에게 탁고'를 한 원인이었습니다. 그러면 왜 굳이 이엄에게 보좌를 하라고 했을까요? 이유는 있습니다. 다른 두 세력을 고려하지 않을 수 없었으니까요. 바꿔 말해 이른바 '옛 사람들' 중에서도 대표 인물이 있어야 했다는 얘기입니다. 『삼국지』「이엄전」에 의하면 이엄은 원래 형주(남양南陽)사람으로 일찍이 유표의 밑에서 일했습니다. 능력 역시 만만치 않아 한때는 이름을 날리기도 했습니다. 그러다 조조의 남하 당시 유표의 아들 유종이 투항하자 이엄은 서쪽의 유장에게 의탁했습니다. 유비가 촉으로 들어간 다음에는 다시 무리를 이끌고 유비에게 투항했습니다. 청대의 하작何焯은 이 때문에 자신의 『의문독서기義門讀書記』에서 유비가 이엄을 선택한 것은 "촉의 옛 신하들을 격려하고 위무" 해야 하는 데다 "형주가 조조에게 넘어갔는데도 오로지 그만이 촉으로 귀순" 했기 때문이라고 기술하기도 했습니다. 물론 하작은 이엄이 "백성과 군대를 다스리는 재능과 전략 역시 뛰어났다"고 주장했습니다. 이뿐만이 아니었습니다. 이엄은 이른바 '옛 사람들' 중에서 유비의 '형주 그룹'과 관계가 제일 좋고 친밀했습니다.

당연히 위에 언급한 요인들보다 더욱더 중요한 것은 그의 대표성이었습니다. 이미 말했듯 촉한 정권은 세 개의 정치 세력으로 이뤄져 있었습니다. 이 세 정치 세력의 성격은 각각 판이했습니다. 특히 유비는 그 차이를 누구보다도 잘 알고 있었습니다. 당시의 정권 구조를 보면 어렵지 않게 파악할 수 있습니다. 우선 형주 그룹은 정권 주체였습니다. 동주 그룹은 힘을 합쳐야 할 대상이었습니다. 반면 익주 그룹은 방어해야 할 대상이었습니다. 이 시각은 결코 이상하다고 할 수 없습니다. 유비를 수뇌로 하는 형주 그룹은 하나의 새로운 외래 세력이었으니까요. 익주에 발을 붙여야 했을 그들로서는 자신들보다 일찍 넘어온 외래 세력과 힘을 합치고 서로 의지하지 않으면 안 됐다는 얘기입니다. 이 대상이 바로 동주 그룹이었습니다. 이들은 반신반구인 데다 객이자 주였습니다. 신구 쌍방의 소통을 원활하게 하는 역할에는 그야말로 적격이었습니다. 동주 그룹에 속하면서도 형주 그룹에 가까운 이엄이 유비가 희망을 걸 수밖에 없는 인물이었다는 점은 이로써 확연해집니다.

솔직히 유비의 안배는 많은 심혈을 기울인 결과라고 해도 과언이 아니었습니다. 우선 유비의 결정은 신구 관계를 처리하는 기본 원칙에 입각한 것이었습니다. 이 원칙은 비록 명문화된 기록은 없으나 촉한 정권의 관리 임용에 관한 불문율에서 어렵지 않게 파악할 수 있습니다. 그것이 바로 "나중에 온 사람이 높은 자리에 앉고 이 관례가 바뀌는 것을 용인하지 않는 원칙"입니다. 또 "우리를 위주"로 한 다음에 "세 그룹 사람들을 모두 임용하는 원칙" 역시 불문율이라고 할 수 있었습니다. '우리를 위주로 해야 하는 원칙'을 지켜야 했던 탓에 제갈량을 정으로 하고, '세 그룹 사람들을 모두 임용'을 해야 했기 때문에 이엄을 부로 한 것입니다. 다시 말해 유비의 탁고는 인사 안배의 방식을 통해 자신의 정치적 유서를 남긴 것이라고 말할 수 있습니다. 이 원칙은 훗날 제갈량이 다른 고명대신을 파면할 수 있도록 한 정치적인 힘의 원천이었습니다. 이 사람, 즉 이엄은 '나중에 온 사람이 높은 자리에 앉는다'라는 원칙에 도전했던 것입니다.

그러나 이것 역시 유비의 안배를 보는 그저 하나의 유력한 시각일 뿐입니다. 다른 시각도 없지 않습니다. 그것이 바로 유비의 '제왕적 생각'입니다. 『삼국지』의 「이엄전」과 「선주전」, 「제갈량전」에 의하면 유비가 이엄을 영안으로 불러들여 상서령에 임명한 것은 장무 2년(서기 222년) 10월이었습니다. 또 제갈량을 영안으로 부른 것은 다음해인 장무 3년(서기 223년) 2월이었습니다. 두 사람이 영안에 도착한 시기와 "이엄과 제갈량이 함께 유조를 받았다"는 말을 고려하면, 유비가 제갈량에게 "만약 그 아이가 장래성이 없다면 선생은 자신이 옳다고 생각하는 일을 해도 무방합니다"라고 말했을 때 이엄은 현장에 있었습니다. 적어도 그렇게 말한 것을 알았습니다. 이는 매우 흥미로운 사실입니다. 그 말에는 도대체 무슨 뜻이 있었을까요? 확실한 메시지가 있었습니다. 유비는 이엄에게 "제갈량은 짐이 제일 신임하는 신하이다. 신임하는 수준은 '자신이 옳다고 생각하는 일을 해도 무방하다'라고 말할 정도이다. 그대는 그의 지위에 감히 도전하지 말라!"고 말한 것입니다. 이유는 있었습니다. 이엄은 이른바 '옛 사람들'의 대표였습니다. 이엄을 통해 신구 관계를 긴밀히 유지할 수 있었습니다. 또한 그로부터 '옛 사람들'의 이상한 움직임 역시 촉발될 수 있었습니다. 한마디로 이엄의 존재는 양날의 칼이었습니다. 유비로서는 혹 있을지 모를 재난을 미연에 방지하지 않을 수 없었던 것입니다. 이 때문에 톈위칭 선생은 제갈량의 역할이 바로 귀신을 잡는 종규(鍾馗, 중국에서 역귀를 쫓아낸다는 신―옮긴이)였다고 주장했습니다. 당연히 "그 귀신은 이엄이었습니다."

그러나 저는 그렇게 간단하게 생각하지 않습니다. 혹자들이 주장하는 것처럼 이엄이 유비의 탁고를 자신과 자신이 대표하는 '옛 사람들'에 대한 경고로 이해하지 않았을 가능성이 농후하다는 얘기입니다. 아마도 이엄은 유비가 "군주의 두 손으로 신하의 두 손을 대한 것"이라고 생각하지 않았을까 합니다. 그렇지 않았다면 유비는 왜 이엄을 영안에 주둔하도록 안배했을까요? 제갈량이 진짜 유선을 대신해 자리를 차고앉으려 한다면 이엄이 영안에서 출병하여 왕실을 위해 충성을 다해도 좋다는 암시였을 가능성이 있다는 것입니다. 바로 이것이 이엄이 감히 제갈량과 세력의 균형을 맞추려고 한 정치적 야심의 원천이었습니다. 이엄은 이렇게 이해했기 때문에 자신의 부를 세울 것을 요구할 수 있었습니다. 나아가 파주자사를 맡겠다는 요구도 할 수 있었습니다. 제갈량에게 편지를 써서 구석을 받은 다음 작위를 올려 왕을 칭하라고 한 것 역시 마찬가지였습니다. 제갈량이 '더 이상 신으로 머물지 않으려는 마음'이 있는지 알아보기 위한 것이라고 할 수 있었습니다. 한마디로 이엄은 그것이 유비의 정치 유서를 집행하는 길이라고 생각했습니다. 때문에 떳떳하게 할 수 있었던 것입니다.

당연히 이 모든 것은 추측입니다. 우리는 유비의 바람이 그저 형주·동주·익주 등 세 그룹의 신구 세력 모두가 한마음 한 뜻으로 마음을 합쳐 서로 돕는 것에 있었다고 여전히 믿고 싶을 따름입니다.

지금 보면 그렇게 심혈을 기울였음에도 불구하고 실제 유비가 자신의 뜻을 이루었다고 할 수 없습니다. 우선 제갈량은 너무 대범하지 못했습니다. 이엄에게 그저 이름뿐인 자리만 내줬을 뿐 권력은 크게 양보하지 않았습니다. 이엄의 행동도 만족스럽지 못했습니다. 이엄은 무엇보다 자신이 대단히 뛰어난 사람이라고 생각했습니다. 자연히 주위 사람들이 함께 일하기가 어려웠습니다. 당시 항간에는 "이엄은 친근해지기가 어려워 이

인갑(鱗甲, 비늘과 껍데기. 딱딱해서 들어가지 않는다는 의미―옮긴이)으로 불린다"는 말이 있었습니다. 이엄의 몸에 인갑이 있다는 말로 쉽게 가까워질 수 없다는 의미와 통합니다. 이 사실은 『태평어람太平御覽』이 인용한 『강표전』과 『삼국지』「진진전陳震傳」에도 모두 기록으로 남아 있습니다. 그는 줏대없이 이쪽저쪽에 빌붙고 이간을 붙이는 좋지 않은 행보도 보였습니다. 『삼국지』「진진전」이 잘 말해줍니다. 이에 따르면 제갈량은 일찍이 자신이 가장 아끼는 막료인 장완과 동윤에게 "나는 원래 이엄이 그저 남과 협력하지 않는다는 사실만 알고 그를 건드리지 않으면 된다고 생각했소. 그러나 나는 그가 '소진蘇秦과 장의張儀'처럼 궤변을 늘어놓을 줄은 몰랐소(북벌 출병보다는 자신의 부를 세울 것을 요구하면서 사사로운 이익만 취하는 행보를 비난한 것임―옮긴이). 소진과 장의가 한 일이 뭐요. 싸우지 않고 '왕복 외교'를 한 것 아니오. 이는 정권 내부의 안정과 단결을 파괴하는 행동이 분명하오"라고 주장하는 편지를 써서 이엄의 사리사욕에 가득 찬 행동을 맹비난했습니다. 이엄은 자신이 거느린 군대를 통해 위엄을 과시하면서 제갈량에 비견될 만한 대등한 지위를 원하는 과분한 행동도 서슴지 않았습니다. 예컨대 그가 파주자사가 되기를 원한 것은 제갈량이 볼 때에 독립적인 왕국을 원한 것이었습니다. 마찬가지로 부를 세울 것을 요구한 것은 바로 중앙에 대항하겠다는 생각과 하나 다를 바가 없었습니다.

제갈량은 난처해질 수밖에 없었습니다. 그는 승상으로서 자신이 해야 할 일이 촉에 들어온 새로운 사람들의 입지를 공고히 하고 옛 사람들의 마음을 안정시켜주는 것이라는 사실을 잘 알고 있었습니다. 나아가 신구의 협조를 이끌어내 양측의 보이지 않는 경계선을 제거해야 한다는 사실도 깊이 깨닫고 있었습니다. 이것이 그가 이엄에게 계속 양보했던 이유였습니다. 그러나 조직의 단결을 위해서는 원칙이 없어서는 안 됐습니다.

이엄은 분명하게 '우리를 위주로 하고 뒤에 온 사람이 높은 자리에 앉는다'는 원칙에 도전했습니다. 결국 구실을 찾아 그를 파직시키지 않으면 안 됐습니다. 제갈량으로서는 그 구실이 주위에서 "믿기 어렵다"고 하더라도 우려할 여유가 없었습니다(톈위칭 선생의 말).

이제 우리는 결론을 내릴 수 있을 것 같습니다. 제갈량이 이엄을 파직시킨 것은 가까운 원인과 먼 원인, 표면적 원인과 근본적 원인이 있었습니다. 근본적 원인은 익주·동주·형주 세 세력 간 정치 구도에서 빚어진 촉한 정권 내부의 모순이었습니다. 제갈량이 의연히 이엄을 파직한 것은 결국 한 번의 고통을 꾹 참음으로써 영원히 편해지는 방법을 찾은 것이라고 할 수 있습니다. 그는 이 모순을 해결해야만 법에 따라 촉을 다스리는 것이 가능하다고 봤으니까요. 사실 법에 따라 촉을 다스리는 것은 제갈량이 신구의 모순을 해결하는 가장 기본적인 해결책이기도 했습니다. 제갈량은 제1차 북벌 때에도 가정街亭을 잃은 잘못을 저지른 마속馬謖을 법에 따라 처리했습니다. 마속 스스로도 처분을 요청했습니다. 이 일은 공정한 법 집행과 분명한 상벌에 대한 제갈량의 의지를 나타내는 사건이었습니다. 그러나 사건은 그리 간단하지 않았습니다. 그러면 제갈량이 "눈물을 뿌리면서 마속을 참"한 배후에는 또 어떤 의미가 있는 것일까요?

> 39강
> 痛失劈膀

# 비통한 심정으로 팔을 자르다

이엄의 파직 미스터리처럼 마속의 죽음 역시 하나의 수수께끼이다. 마속의 운명에 대해 『삼국지』는 각각 다른 세 가지 기록을 남기고 있다. 제갈량이 "눈물을 뿌리면서 마속을 참"한 것에 대해서도 역사적으로는 다른 의견이 있다. 그러면 제갈량은 왜 결연히 마속을 처리했을까? 그리고 왜 눈물을 흘렸을까? "마속을 참해 대중에 사죄했다"는 그의 행동의 배후에는 군기를 엄하게 하고 법을 확고히 집행하겠다는 의지 외에 일반 사람들이 모르는 털어놓기 어려운 감춰진 이야기가 있었던 것은 아닐까?

앞 강의에서 우리는 이엄의 파직에 대해 말했습니다. 이번에는 마속의 죽음에 대해 살펴보도록 하겠습니다.

마속의 비극은 중국에서는 누구나 다 아는 유명한 얘기라고 말할 수 있습니다. 『삼국연의』에 "눈물을 뿌리면서 마속을 참하다揮淚斬馬謖"라는 스토리(여기에서 연유한 '읍참마속'은 보통 큰 목적을 위하여 자기가 아끼는 사람을 버리는 것을 이르는 말로 쓰임—옮긴이)가 있으니까요. 이 스토리는 경극京劇의 소재이기도 합니다. '가정을 잃다失街亭'와 '공성계空城計' 같은 스토리와 함께 지금도 경극으로 공연되고 있습니다. 경극에서는 이들 모두를 합쳐 '실공참失空斬'으로 부르기도 합니다. 아무리 많이 봐도 지루하지 않은 아주 재미있는 내용입니다. 소설이나 연극 등의 예술 작품으로 각색되었을 때 가장 실감 나는 하이라이트라고 해도 좋겠습니다. 그러나 이와 관련한 역사적 진실을 말하려면 아주 번거로워집니다. 가정전투의 패배 이후 마속이 죽었는지 살았는지조차 명확하게 말하기가 어려우니까요. 주지하다시피 『삼국지』에는 마속의 전傳이 없습니다. 마속의 최후는 오로지 다른 사람의 전에서 찾을 수 있을 뿐입니다. 『삼국지』의 관련 기록도 각 전마다 일치하지 않습니다. 우선 「제갈량전」은 제갈량이 한중으로 군대를 이끌고 돌아온 다음 바로 "마속을 참해 대중에 사죄했다"고 말하고 있습니다. 「왕평전王平傳」 역시 "승상 제갈량이 이미 마속을 죽였다"고 기록하고 있습니다. 이 기록들을 따르면 마속은 제갈량이 죽였습니다. 그러나 「마량전」의 기록은 다소 다릅니다. "제갈량이 공격했으나 근거지가 없어 한중으로 후퇴했다. 마속은 감옥에 갇혀 죽었다. 제갈량은 이에 눈물을 흘렸다"고 전하고 있습니다. 이에 의하면 마속은 감옥에 갇힌 다음 옥중에서 죽었습니다. 「상랑전向朗傳」의 기록은 더욱 황당합니다. "마속이 도망쳤으나 향랑이 이를 알고도 보고하지 않았다. 제갈량은 분노해 그를 파직시켜 성도로 보냈다"라고 말하고 있습니다. 이 이야기에 따르면 마속은 도망을 쳤습니다. 더구나 자신의 친구인 향랑까지 연루시켜 관직을 잃게 만들었습니다. 같은 사람이 쓴 같은 책 『삼국지』에 무려 세 가지 설이 있습니다. 역사를 연구하기가 쉽지 않다는 것을 이 마속 이야기를 통해 알 수 있습니다.

### 읍참마속의 진실

그러면 마속은 도대체 어떻게 됐을까요? 도망갔을까요? 아니면 제갈량이 죽였을까요? 그도 아니라면 옥중에서 죽었을까요?

저는 살해당했다고 말해도 좋다고 봅니다. 「제갈량전」의 기록이 틀릴 수 없기 때문입니다. 더구나 다른 세 전의 말 역시 통일시킬 수 있습니다.

이른바 '마속을 참해 대중에 사죄했다'는 것은 사형에 처했다는 사실을 의미합니다. 그렇다고 반드시 죄인이 틀림없다는 사실을 밝힌 다음 형장으로 호송하여 참수해 대중에게 보인 것은 아니었습니다. 예컨대 이렇게 종합해볼 수도 있습니다. 제갈량은 마속이 가정을 잃자 바로 사형 선고를 내렸습니다. 마속은 그 소식을 듣고 도망갔습니다. 그러나 바로 잡혀와 감옥에 갇혔습니다. 이어 형을 집행하기도 전에 죽고 말았습니다. 그러나 제 생각으로는 이럴 가능성은 크지 않습니다.『삼국지』「마량전」의 배송지 주에서 인용한『양양기』를 자세히 살펴보도록 합시다. 이에 따르면 마속은 죽기 전에 제갈량에게 다음과 같은 글을 올렸습니다.

명공(제갈량)은 저 마속을 친아들처럼 대했습니다. 저 마속 역시 명공을 마치 아버지를 존경하는 것처럼 여겼습니다. 그래서 만약 명공께서 치수에 힘을 쓰지 않은 곤鯀을 대순大舜(요순시대의 순임금—옮긴이)이 처벌한 것처럼 저를 벌하신다면 저는 우리의 부자지간과도 같은 깊은 은혜의 정을 저버리지 않겠습니다. 저 마속은 죽어도 여한이 없습니다.

마속의 태도는 이토록 진지했습니다. 그런데 어떻게 잡힌 다음에 도망을 갔겠습니까?

그러나 마속이 잡힌 다음 도망쳤을 가능성이 크지 않다는 것과 결코 그가 도망했을 리가 없다는 것은 엄밀히 다른 문제입니다. 그는 잡히기 전에 도망갈 수 있었으니까요. 여러분 마속이 이 편지를 언제 썼는지 한번 생각해보십시오.『양양기』의 기록은 '죽기 전'이라고 말하고 있습니다. 즉 감옥에 갇혀 사형 판결을 받은 다음입니다. 따라서 그 전에 패전을 한 장군의 입장에서 본능적으로 발을 빼 도망할 가능성이 결코 없는 것은 아니었습니다. 이로 볼 때 상황은 이랬을 가능성이 있습니다. 마속이 가정을 잃은 다음 도망을 가기는 했습니다. 그러나 나중에 잡혔을 것입니다. 그도 아니면 자수를 했을 것입니다. 마속은 당연히 자신의 죄를 용서받을 수 없다는 사실을 잘 알고 있었습니다. 그래서 제갈량에게 글을 올려 '치수에 힘을 쓰지 않는 곤을 대순이 처벌한 것처럼 벌해달라'는 입장을 밝힌 것입니다. 제갈량 역시 망설이지 않았습니다. 법에 따라 마속에게 사형을 선고한 다음 나라와 주위 대중에게 사죄했습니다. 다만 집행을 하기 전에 마속은 옥중에서 죽었습니다.

이 추측은 앞의 얘기들보다 비교적 합리적입니다. 최소한 그런대로 말이 됩니다. 하지만 이 추측에는 아직 한 부분이 빠져 있습니다. 마속이 체포된 것인지 아니면 자수한 것인지에 대한 사실 관계입니다. 아쉽게도 자료가 없어 증명할 수는 없습니다. 그가 도망친 것이 사형 선고를 받기 전인지 후인지도 마찬가지입니다. 확정적으로 말하기가 어렵습니다. 그러나 어쨌든 제갈량이 사형 판결을 내린 것은 거의 사실입니다. 이에 대해서는 방증도 있습니다. 이미 앞에서 인용한 『양양기』에 따르면 마속이 죽은 다음 장완이 한중에 도착해 제갈량에게 다음과 같이 말했습니다.

지금 천하는 아직 안정되지 않았습니다. 사람을 귀히 여기고 써야 하는 상황입니다. 그런데 이럴 때 이런 걸출한 인재를 죽였으니 너무나 애석합니다.

이에 제갈량은 눈물을 흘리면서 마속을 죽이지 않을 수 없었던 이유를 설명했습니다. 만약 제갈량이 마속을 죽이지 않았다면 이런 설명은 필요 없었습니다. 이로 볼 때 마속이 형장에서 죽었든 옥중에서 죽었든 제갈량에게 사형을 선고받고 죽은 것은 확실합니다. 바로 이 때문에 「제갈량전」은 '마속을 참해 대중에게 사죄했다'라는 기록을 자신 있게 남긴 것입니다. '승상 제갈량이 이미 마속을 죽였다'는 「왕평전」의 기록 역시 마찬가지입니다. 결과적으로 미주알고주알 따지지 않는다면 우리는 "눈물을 뿌리면서 마속을 참했다"라는 말은 틀리지 않다는 결론을 내릴 수 있지 않나 싶습니다.

그럼에도 두 가지 의문이 생기지 않을 수 없습니다. 우선 마속을 꼭 죽여야 했을까요? 또한 제갈량이 진짜 마속을 죽이려고 생각했는가 하는 의문도 제기해봐야 하겠습니다.

마속을 꼭 죽여야 했는지에 대해 먼저 말해보겠습니다. 이 문제는 당시에도 상당한 논쟁이 있었고, 나중에도 의견이 분분했습니다. 예컨대 장완은 죽이지 말아야 한다고 생각했습니다. 동진東晉의 역사학자 습착치習鑿齒는 아예 마속을 위해 장문의 글을 쓰기까지 했습니다. 그는 심지어 제갈량이 조위를 이길 수 없었던 원인이 바로 여기에 있다고까지 생각했습니다. "촉한은 원래 약소하고 인재 역시 매우 드물다. 그런데 뜻밖에 '그 준걸을 죽였다!' 이처럼 사람을 쓰면서도 대업을 이루려 생각하는 것은 상당히 곤란한 일이 아니겠는가?"라는 노골적 비판까지 했습니다. 마속의 문제를 처리한 제갈량의 조치가 그다지 현명하지 못했다는 힐책이라고 할 수 있겠습니다.

장완은 제갈량의 심복이었습니다. 습착치 역시 역사상 최초로 조조를 '찬탈 역적'으로 정의하면서 촉한이 정통이라고 주장한 사람입니다. 그들은 제갈량에 대해 아무런 편견이 없었습니다. 그럼에도 하나같이 마속을 죽이지 말았어야 했다고 제갈량을 비판했습니다. 생각해볼 가치가 충분히 있습니다. 사실 전쟁 중에 장군을 쉽게 죽여서는 안 됩니다. 전쟁에서 이기고 지는 것은 흔히 있는 일이기 때문입니다. 게다가 장군 정도의 인재는 승리를 가져올 수 있는 귀중한 보배입니다. 만약 전쟁에서 실패했다고 바로 죽여야 한다면 세상에 목숨이 붙어 있을 장군이 몇이나 되겠습니까? 더구나 이쪽이 인재 한 명을 죽일 경우 저쪽 적은 상대적으로 승리할 기회가 한 번 더 늘어나게 됩니다. 아군을 슬프게 하고 적을 기쁘게 만드는 한심한 작태가 아니겠습니까? 이러한 이유로 장완과 습착치가 제갈량을 강하게 비판한 것이었습니다. 이제 좀 더 구체적으로 들어가보도록 합시다. 당시 장완은 "초나라가 득신得臣을 죽이니 진나라 문공文公이 그 사실을 알고 기뻐했다"라는 말을 입에 올렸습니다. 습착치 역시 "초나라 성왕成王은 득신이 자신에게 이로운 사람이라는 것을 모르고 죽여 실패를 가중시켰다"라고 말했습니다. 장완과 습착치 모두 같은 사례를 언급한 것입니다. 이 얘기는 초나라와 진나라 사이의 성복城濮전쟁 때의 사건으로 『춘추』와 『좌전』의 희공僖公 28년에 기록돼 있습니다. 이야기 속 주인공은 자옥子玉으로도 불린 득신이란 인물로 당시 초나라군의 사령관이었습니다. 결론부터 말하면 성복전쟁에서 초나라는 패했습니다. 전쟁에서 패한 다음 초나라 성왕은 사람을 보내 득신에게 "그대가 만약 봉해진 땅으로 돌아가면 부모와 고향 사람들이 뭐라고 할지 모르겠소?"라고 물었습니다. 이 말의 뜻은 두예杜預가 『집해集解』에서 말한 것처럼 분명합니다. "어떻게 부모와 노인들의 얼굴을 보겠습니까?"라는 뜻입니다. 득신은 방법이 없었습니다. 자살하는 것이 최선의 선택이었습니다. 득신은 비록 자살했으나 그것은 성왕이 강요한 타살입니다. 그래서 『춘추』는 "초나라가 자신의 대부 득신을 죽였다"라는 기록을 남긴 것입니다. 이렇게 해서 적인 진나라는 기뻐했습니다. 초나라는 습착지가 말한 바와 같이 실패를 가중시켰습니다. 장완과 습착지 등이 한결같이 언급한 이 얘기의 뜻은 아주 분명합니다. 초나라 성왕이 득신을 죽인 것은 진나라 문공에게는 뜻밖의 기쁨이었다는 것입니다. 제갈량이 마속을 죽였으니 조위 진영에서 박수를 치면서 쾌재를 부르지 않았겠습니까?

마속이 가정을 잃은 것은 물론 크게 잘못된 일입니다. 마땅히 처벌해야 했습니다. 하지만 반드시 죽여야만 했던 것은 아닙니다. 다른 방법도 있었습니다. 장군의 급과 관직을 낮추는 것이 일반적인 것이 될 수 있었습니다. 그도 아니면 전쟁터의 최일선에 나서도록 하거나 공을 세워 죄를 씻도록 할 수도 있었습니다. 사실 그것이 패전의 멍에를 뒤집어쓴 장군을 처벌하는 일반적인 방법입니다. 이 기준에 의해 말한다면 마속은 죽이지 않아도 괜찮았습니다.

사실 마속은 죽지 않을 수 있었습니다. 제갈량도 결코 죽이고 싶지 않았습니다. 이제 두 번째 의문에 대해 이야기해보겠습니다. 제갈량이 마속을 죽이고 싶지 않았다는 것은 눈물이 증명합니다. 천얼둥 선생의 『한화삼국』을 참고하는 것이 좋겠습니다. 천선생은 이 책에서 제갈량이 눈물을 흘린 이유에 대해 네 가지로 분석했습니다. 이중 가장 먼저 거론할 수 있는 것이 단연 '마속을 안타깝게' 생각했기 때문이 아닌가 싶습니다(나머지 세 가지 이유에 대해서는 뒤에 다시 이야기하겠습니다). 제갈량이 왜 마속을 안타깝게 생각했을까요? 여기에는 또 세 가지 이유가 있습니다. 우선 마속은 심복이었습니다. 게다가 마속은 인재였습니다. 마속은 위엄과 명망도 있었습니다. 『삼국지』 「마량전」에 따르면 마속은 마량의 동생입니다. 마량과 마속 형제는 모두 다섯 명이었습니다. 모두 인재들이었는데, 그중 가장 걸출한 인물은 단연 마량이었습니다. 이는 당시 항간에 "마씨 5형제 중에 백미白眉가 가장 우수하다"라는 말이 있었던 것에서도 잘 알 수 있습니다. 백미가 바로 마량이었습니다. 그러나 애석하게도 마량은 이릉전쟁에서 전사했습니다. 때문에 그의 동생 마속은 '열사의 유족'으로 간주됐습니다. 더구나 마량과 제갈량의 관계는 아주 좋았습니다. 호형호제할 정도였습니다. 배송지가 그들 두 명이 의형제를 맺었거나 친척일지도 모른다고 생각한 것은 바로 이런 좋은 관계에 기인한 것이었습니다. 마량이 전사한 다음 제갈량은 그의 동생 마속을 극진하게 보살폈습니다. 마속이 죽기 전에 제갈량에게 글을 올려 '명공(제갈량)은 저 마속을 친아들처럼 대했습니다. 저 마속 역시 명공을 마치 아버지처럼 존경했습니다'라고 말한 것은 이 사실을 잘 뒷받침합니다. 물론 이런 말은 둘의 연배를 생각하면 결코 적합하지 않았습니다. 마량은 제갈량을 '형님'이라 불렀고 마속은 제갈량보다 겨우 일곱 살이 적었으니까요. 그러나 중국에는 "맏형은 아버지와 같고 맏형수는 어머니와 같다"라는 말이 있습니다. 또한 유엽은 "유비와 관우는 '은혜가 마치 부자와 같다'"라고 말한 바 있습니다. 그렇다면 마속에게 제갈량은 아버지와 같은 맏형이라는 결론을 내릴 수 있겠습니다.

바로 이 때문에 어떤 사람들은 제갈량이 마속을 중용한 것을 두고 "능력과는 관계없이 자신과 가까운 사람을 임용했다"는 말로 비판하기도 합니다. 사실 이 말은 틀렸다고 할 수 있습니다. 마속이라는 인물이 확실히 인재는 인재였으니까요. 『삼국지』「마량전」이 증명합니다. "마속은 '재능이 뛰어나고 군사 전략에 능했다.' 승상 제갈량이 '깊이 신임했다.' 그래서 '접견을 하면 매번 낮부터 밤까지 이야기가 그치지 않았다'"는 기록을 남기고 있으니까요. 여러분 한번 생각해보십시오. 제갈량이 공무가 얼마나 많았겠습니까? 매일 너무나 바쁘게 온갖 정사를 처리해야 했습니다. 어디 시간이 있어 나발을 불듯 조잘거리면서 한가하게 잡담을 나눴겠습니까? 그와 마속이 철야로 의견을 나눈 것은 당연히 마속의 생각에 취할 부분이 많았기 때문입니다. 실제로도 제갈량은 적지 않은 마속의 건의를 받아들였습니다. 『삼국지』「마량전」의 배송지 주에서 인용한 『양양기』에 따르면 건흥 3년(서기 225년) 제갈량은 남중을 정벌하기 위해 출병했습니다. 이때 마속은 수십 리를 따라와 전송했습니다. 헤어질 때쯤 됐을까요. 제갈량은 마속에게 "우리 둘이 비록 수년 동안 작전 계획을 짜왔으나 나는 오늘은 그대가 더 좋은 건의를 할 수 있을 것이라고 생각하네"라고 말했습니다. 마속은 이에 바로 저 유명한 '16자 방침'을 내놓습니다. 그게 바로 "마음을 공격하는 것이 상책이고 성을 공격하는 것은 하책이다. 심리전을 하는 것이 상책이고 군대로 싸우는 것은 하책이다攻心爲上 攻城爲下 心戰爲上 兵戰爲下"라는 것이었습니다. 제갈량은 "그 책략을 받아들였습니다." 나중에 너무나 유명한 '칠종칠금(七縱七擒, 제갈량이 남이南夷의 추장 맹획孟獲을 일곱 번 잡았다가 일곱 번 풀어줘 마침내 굴복시켰다는 고사—옮긴이)'이라는 말이 생겨난 것은 다름 아닌 이 전략의 덕이었습니다.

물론 저는 마속의 건의가 없었더라도 제갈량이 그렇게 할 수 있었을 것이라고 생각합니다. 그러나 마속이 제갈량과 같은 생각을 했다는 것이 중요합니다. 영웅의 생각은 대체로 일치한다는 사실을 말해주는 것이 아닐까요? 또한 마속이 인재라는 사실을 분명히 말해줍니다. 이처럼 뛰어난 인재였기 때문에 그에게는 위엄과 명망이 있었습니다. 그것이 어느 정도였는지는 『양양기』에 잘 나타납니다. 이에 따르면 마속이 죽었을 때 그를 위해 눈물을 흘린 사람은 무려 십만여 명에 이르렀다고 합니다. 마속의 죽음을 안타깝게 생각한 사람이 그저 제갈량 한 명만이 아니라는 사실을 알 수 있습니다. 마속을 죽이지 않아도 괜찮았을 것이라는 얘기가 되겠습니다.

## 법에 따라 촉을 다스리다

이렇게 되면 다시 한 번 의문이 제기될 수밖에 없습니다. 이런 분위기였는데도 제갈량은 왜 결연히 마속을 죽였을까요?
앞에서 말했듯 이 문제에 대해서는 장완이 제갈량에게 물어본 적이 있습니다. 제갈량의 대답은 어떠했을까요? 제갈량은 눈물을 흘리면서 "손무가 천하무적이 된 까닭은 그가 법을 엄하고 분명하게 집행했기 때문이오. 현재 천하는 사분오열돼 있소. 전쟁이 언제 끝날지 모르오. 만약 기율과 법을 준수하지 못하고 명령과 금지 사항마저 지켜지지 않는다면 우리는 무엇에 의지해 적을 이기겠소?"라고 말했습니다.

이 말이 의미하는 바는 분명했습니다. 제갈량이 '눈물을 뿌리면서 마속을 참'한 것은 바로 "법에 따라 촉을 다스린 것"이었습니다. '법에 따라 촉을 다스리려' 했다면 반드시 법치의 원칙도 따라야 했습니다. 왕과 공이 법을 어긴다 해도 서민과 똑같이 그 죄값을 물어야 한다는 것이었습니다. 인정에 구애되지 않아야 하고 공평무사해야 하는 것은 말할 것도 없었습니다. 확실하게 법을 집행해야 할 뿐 아니라 결코 인위적으로 법을 폐지해서도 안 됐습니다. 인정에 사로잡혀 법을 어기는 것은 더 말할 필요조차 없었습니다. 이 점에서 제갈량은 천고의 모범이라고 할 수 있었습니다. 한중으로 철수한 다음 그는 엄숙히 가정을 잃은 책임을 마속에게 물었습니다. 『삼국지』의 「왕평전」과 「조운전」에 의하면 제갈량이 법에 따라 촉을 다스린 결과는 정말 참혹했습니다. 마속이 옥에 갇혀 죽은 것 외에도 장군 장휴張休와 이성李盛이 죽임을 당했습니다. 장군 황습黃襲은 병권을 박탈당했습니다. 조운 역시 진동장군에서 진군장군으로 강등됐습니다. 유일하게 처분을 받지 않은 사람은 왕평이었습니다. 아니 그는 오히려 진급했습니다. 우선 참군參軍의 직급이 더 봉해져 5부(서남쪽 오랑캐 청강인靑羌人으로 구성된 정예부대)의 사령관이 됐습니다. 게다가 영사(營事, 제갈량의 대본영을 책임짐)를 담당하게 됐을 뿐 아니라 토구장군(討寇將軍, 원래는 비장군裨將軍이었음)으로 승진하고 정후亭侯에도 봉해졌습니다.

제갈량은 자신에게도 엄격한 처분을 내렸습니다. '스스로 3등급 강등'

의 처분을 자청한 것입니다.『삼국지』「제갈량전」에 의하면 조정은 그의 요구를 받아들였습니다. 그는 바로 우장군으로 강등됐습니다. 그래서 제갈량의 지위가 건흥 4년(기원 226년) 전장군으로 진급한 이엄보다도 조금 낮아지게 됐습니다.

이런 일련의 조치는 당시의 조야를 깜짝 놀라게 만들었습니다. 사실 오늘날 보더라도 놀랄 만한 사건이었습니다. 우리는 여기에서 제갈량의 여러 가지 뛰어난 장점을 발견할 수 있습니다. 도대체 그의 장점은 무엇일까요?

우선 그는 스스로를 엄격하게 다스렸습니다. 그는 마속 등의 수하들을 처벌하는 것과 동시에 유선에게 상소해 스스로 처분을 요청했습니다. 한마디로 이번 전쟁의 모든 책임을 다 졌다고 해도 과언이 아니었습니다. 관련 내용은 저 유명한「가정자폄소街亭自貶疎」에 자세하게 나옵니다.

신은 불행히도 평범한 재능을 갖고서 맡지 말아야 할 중요한 임무를 맡았습니다. 친히 삼군三軍을 거느리는 권력을 가졌던 것입니다. 그러나 그러면서도 규칙과 규범을 엄하고 명확하게 하지는 못했습니다. 게다가 경계하고 두려워하는 마음과 조심하고 삼가는 마음도 가지지 못했습니다. 이 때문에 가정에서 장군들이 소신의 명령을 따르지 않았습니다. 기곡 수비군 역시 지시를 듣지 않았습니다. 지금 그 원인을 밝히자면 모두 신이 사람을 잘못 기용했기 때문입니다. 게다가 사람을 잘못 보고 일처리 역시 흐리멍덩하게 했습니다. 규정에 따를 경우 일단 전쟁에서 패전하면 반드시 최고 책임자를 문책하는 것이 원칙입니다. 그것이 '춘추대의春秋大義'인 것입니다. 신은 마땅히 모든 책임을 져야 합니다. 고로 신은 스스로 3등급 강등을 청합니다. 부디 신이 잘못을 고칠 수 있도록 허락하여 주십시오.

이런 자세는 사실 경건한 마음으로 존경을 표하게 만드는 태도입니다. 저는 앞에서 조조가 성공한 까닭이 자신의 잘못을 직시하고 인정했기 때문이라고 말했습니다. 비록 어떤 때는 인정을 하면서 우물쭈물하기도 했지만 말입니다. 그러나 자신의 잘못을 바로 볼 수 있었던 것만으로도 대단한 것입니다. 그에 비한다면 제갈량은 더 대단했습니다. 그는 다른 사람의 책임까지 자신이 짊어졌습니다. 물론 어떤 사람은 제갈량이 '스스로 3등급 강등'을 한 것이 조조가 '머리카락을 잘라 머리를 베는 것을 대신'한 것과 같은 쇼라고 혹평합니다. 법을 엄하게 집행할 경우 조조는 진짜 머리를 내놓아야 했으니까요. 더구나 비록 우장군으로 강등되기는 했으나 제갈량은 여전히 대리 승상으로 권력은 조금도 줄지 않았습니다. 이것은 허위가 아닐까요? 사기를 치는 것이 아닐까요? 하지만 이런 혹평은 사실 역사를 모르고 하는 말입니다. 정치를 모르고 하는 말이라고도 할 수 있습니다. 중국 고대의 정치는 유가의 학설을 지도사상으로 했습니다. 유가사상이 방법론적으로 말하는 것이 뭡니까? 바로 '경經'과 '권權'을 말합니다. 경은 반드시 견지해야만 하는 것입니다. 권은 융통성 있게 하는 것을 말합니다. 얘기는 분명해집니다. 정책은 원칙이 있어야 할 뿐 아니라 융통성도 필요하다는 것입니다. 그래서 '전쟁에서 패전하면 반드시 최고 책임자를 문책한다'는 춘추대의가 있는 것이고, "벌은 지위가 지극히 높은 사람에게 가하면 안 된다"는 말도 있는 것입니다. 책임자를 문책하지 않으면 누구 하나 책임지는 사람이 없게 되지만 그렇다고 진짜 최고 책임자를 법으로 다스리는 것은 적을 웃게 하고 아군을 슬프게 하는 이적 행위가 될 수 있으니까요. 바로 이런 이유로 최고 책임자가 잘못을 범하면 반드시 처분을 내리기는 해야 했지만 적당히 끝내거나 그저 지적하는 선에서 그쳐야 했던 것입니다. 조조가 자살하지 않고 그저 머리카락으로 머리를 대신해야 했던 이유가 이제 명확해지는 것 같습니다. 제갈량도 마찬가지였습니다. '스스로 3등급 강등'을 자청한 다음 '대리 승상으로서의 일을 하면서 모두 이전같이 통괄'할 필요가 있었던 것입니다. 더구나 조조가 '머리카락을 잘라 머리를 베는 것을 대신한 것'은 결코 간단한 행동이 아니었습니다. 자신의 머리를 삭발하는 형벌인 곤髡에 처한 것과 마찬가지였습니다. 제갈량이 우장군으로 강등된 것 역시 가벼운 처분이 아니었습니다. 쇼라고 절대 말할 수 없습니다.

  과감하게 잘못을 인정한 자세도 높이 평가할 만합니다. 제갈량은 「가정자펌소」를 통해 요즘 말로 하자면 이른바 반성문을 쓴 것입니다. 중국 사람은 반성문 쓰기를 좋아합니다. 게다가 아주 잘 씁니다. 황제조차도 '스스로 꾸짖는 조서'가 있을 정도입니다. 그러나 심각하게 반성하는 사람은 많지 않습니다. 마음에도 없는 말을 하는 경우가 대단히 많습니다. 그에 비한다면 제갈량의 이 「가정자펌소」는 전혀 그렇지 않았습니다. 조금의 과실도 덮지 않았습니다. 실사구시적인 심정이 곳곳에서 넘쳐나고 있습니다. 그의 반성은 다음의 몇 가지 면에서 주의할 가치가 있을 것 같습니다. 우선 그는 모든 책임을 다 졌습니다. 다음으로 사람을 잘못 썼다고 하는 등 문제의 키포인트를 적절하게 지적했습니다. 문책 제도를 확립하는 계기도 됐습니다. 마지막으로 잘못을 고칠 수 있게 하는 조치로도 연결됐습니다. 이 점은 상주문에는 없으나 확실히 그러했습니다. 가정을 잃은 다음 제갈량 자신이 반드시 모든 전선에 나가 진두지휘한 것이 이 사실을 증명합니다. 이로써 다시는 '사람 기용을 잘못'하거나 '명령을 위반'하고 '조심하지 않는' 과실 등이 일어나지 않았습니다. 제갈량이 대단하다고 할 수 있는 것은 바로 이 부분입니다. 사람은 잘못을 범하지 않을 수 없습니다. 제갈량 역시 예외는 아닙니다. 그러나 그는 실패를 한 다음 대책을 강구하고 차후를 대비할 줄 알았습니다. 너무나 값진 덕목이라 할 수 있습니다. 성현의 교훈 중에 "잘못을 알고 고치는 것이 가장 좋은 것이다"라는 말이 있습니다. 따라서 제갈량이 가정전쟁의 경험을 총괄한 다음 교훈을 얻은 것은 대단히 훌륭한 대응책이었다고 말할 수 있습니다.

상벌을 분명히 한 것 역시 제갈량이기 때문에 가능했던 것 같습니다. 마속은 가정을 잃은 직접적 책임자였습니다. 그래서 사형에 처해졌습니다. 반면 조운은 '기곡에서 방어에 실패'했으나 그저 강등만 당했습니다. '아군이 약하고 적이 강한 상태'였고 '병사들을 규합해서 굳건히 지켜 대패하지 않은' 것이 이유였습니다. 왕평은 둘과는 달리 오히려 큰 상을 받았습니다. 전쟁 직전에는 '마속에게 계속 충고'했고 전쟁에서 패한 다음에도 '북을 치면서 악착같이 수비'를 해 장합의 공격을 막아냈으니까요. 이 일련의 조치들을 뭐라고 해야 하나요? 법에 따라 촉을 다스린 것입니다. 법을 확고하게 집행한 것이라고 말할 수 있습니다.

그러나 여전히 의문은 남습니다. 제갈량은 자신이 한 일이 이처럼 옳았는데도 왜 눈물을 뿌렸을까요?

나라를 잘 다스리려면 확고하게 법을 집행해야 한다는 사실은 누구나 다 압니다. 또 법을 확고하게 집행하려면 부모형제라도 예외를 두지 않는 것이 원칙입니다. 그러나 제갈량이 눈물을 흘린 것은 이런 법의 확고한 집행이라는 차원에서 해석할 수는 없습니다. 조조도 진궁陳宮을 죽일 때 눈물을 흘렸지 않습니까? 제갈량이 마속을 죽였는데 어떻게 눈물을 흘리지 않을 수 있겠습니까? 문제는 제갈량이 그를 언급할 때마다 울었다는 사실입니다. 마속이 확실히 죽어 마땅했다면 한 번 눈물을 뿌린 것으로 충분하지 않았을까요. 그가 두 번째 눈물을 흘린 것은 심복인 장완을 대했을 때였습니다. 이때 둘은 인재와 법제 중 어느 것이 더 중요하냐는 문제를 놓고 토론을 벌였습니다. 장완은 인재가 더 중요하다고 생각했습니다. 당연히 제갈량은 법제가 더 중요하다고 생각했습니다. 그렇다면 왜 눈물을 흘리면서 말했을까요? 저는 그 속에 틀림없이 숨겨진 진실이 있다고 생각합니다.

몇몇 사람들은 제갈량이 눈물을 흘린 이유가 결코 그렇게 간단하지 않다고 생각했습니다. 예컨대 천얼둥 선생이 대표적인 인물입니다. 앞에서도 잠깐 언급했지만 그는 네 가지 원인이 있다고 해석하고 있습니다. 우선 마속을 애통해한 것입니다. 다음으로 전쟁에서 전사한 장군들과 병사들을 애도한 의미도 있었습니다. 자신에 대한 회한의 의미 역시 무시할 수 없습니다. 마지막으로 선제를 되돌아보는 눈물의 의미도 확실히 있었습니다. 마속을 애통해한 것은 이미 앞에서 언급한 바 있습니다. 전사한 장군들과 병사들을 애도한 것 역시 당연합니다. 그러면 왜 자신에 대한 회한을 운운하면서 선제를 되돌아봤을까요? 그 이유는 『삼국지』「마량전」을 보면 찾을 수 있습니다. 이에 따르면 유비는 생전에 제갈량에게 "마속은 허풍이 심합니다. 중용할 수 없는 인물입니다. 승상은 그를 잘 살피도록 하십시오!"라고 특별한 충고를 한 바 있습니다. 애석하게도 이런 충고에도 불구하고, 제갈량은 마속을 너무나 잘 봤습니다. 결과적으로 유비의 말을 염두에 두지 않아 큰 실수를 불러온 것입니다. 『삼국연의』는 이에 대한 제갈량과 장완의 대화를 그럴싸하게 각색해내기도 했습니다. 이에 따르면 장완은 제갈량에게 "마속의 죄는 법으로 다스려 마땅한데 승상은 왜 우십니까?"라고 묻습니다. 제갈량은 이에 "나는 마속 때문에 우는 것이 아니오. '내 자신이 현명하지 못한 것을 후회하고 선제의 뛰어난 예지를 되돌아' 보니 울음이 절로 나오는 것이오"라고 말했습니다. 그렇습니다. 제갈량의 눈물은 유비의 말을 듣지 않은 것을 후회하는 눈물이었습니다.

이 이유들은 모두 다 일리가 있습니다. 하지만 한 가지 이유를 더 생각해볼 수 있습니다. 좋은 기회를 잃었다는 원통함이 그 이유가 되겠습니다. 한번 생각해봅시다. 제갈량이 마속을 언제 죽였습니까? 제1차 북벌 때였습니다. 이 전쟁은 처음부터 아주 순탄했습니다. 『삼국지』 「제갈량전」과 「제갈량전」의 배송지 주에서 인용한 『위략』을 보면 제갈량의 이 북벌에 대해 조위는 조금도 마음의 준비를 하지 않았습니다. 그들의 눈에는 그저 유비만 있었지 제갈량은 없었으니까요. 더구나 유비가 사망한 다음 촉한은 여러 해 동안 별 움직임이 없었습니다. 조위로서는 경각심이 풀릴 수밖에 없었습니다. 그런데 뜻밖에도 제갈량이 공격을 감행한 것입니다. 그저 그런 출병도 아니었습니다. 나름대로 병사들을 잘 조련한 다음 예상외로 제갈량이 친히 대군을 거느리고 기산으로 출병한 것이었습니다. 사서 등에서 제갈량의 부대를 "진용이 질서정연했고 상벌이 엄정했다. 게다가 명령 계통이 분명했다"라고 기록한 것은 다 이유가 있었습니다. 조위 진영은 이 갑작스런 사태에 "조야가 모두 두려워했"다고 합니다. 더구나 남안南安과 천수·안정安定 등 3개 군에서 "동시에 제갈량에 호응했"고 결과적으로 "관중이 소란해졌습니다." 제갈량의 이 전과는 그냥 얻어진 것이 아니었습니다. 나름대로 여러 해 동안 심혈을 기울여 준비한 전략적 계획의 산물이었습니다. 한마디로 과거 어느 때보다 훨씬 눈부신 승리를 얻을 수 있는 절호의 시기였습니다. 그러나 그것이 마속에 의해 하루아침에 무너졌으니 어떻게 그가 가슴이 쓰리지 않았겠습니까!

 그러면 그저 이런 것들이 제갈량이 실성한 듯 통곡한 이유의 전부일까요? 아닙니다.


## 마속을 죽인 근본적 이유

 『삼국사화三國史話』의 저자인 옌렁黻伶 선생은 다른 이유가 있었다고 생각했습니다. 옌링 선생은 바로 『삼국지』「제갈량전」에 나오는 다섯 글자에 그 이유가 있다고 했습니다. "육속이사중(戮謖以謝衆, 마속을 참해 대중에게 사죄했다)"라는 다섯 글자 말입니다. 대중에게 사죄했다는 글의 뜻은 간단합니다. 대략 '백성의 분을 진정시키고 대중의 노여움을 억제했다'라는 뜻입니다. 이 때문에 옌링 선생은 "마속을 죽인 것은 군법에 따른 것이다. '대중에게 사죄' 하는 것과 무슨 관계가 있는가?"라고 묻고 그 이유를 밝힙니다. 제갈량이 마속을 기용한 것은 '대중의 뜻에 위배되는 것'이었다는 게 그 답입니다. 『삼국지』「마량전」을 보도록 합시다. 이에 따르면 당시 제갈량의 수하에는 결코 믿을 만한 장군이 없지 않았습니다. 위연과 오일吳壹이 그들입니다. 이들은 당시 많은 사람들이 마음속으로 가장 적합하다고 생각한 선봉장감이었습니다. 그러나 제갈량은 힘으로 대중의 의견을 눌렀습니다. 마속을 기용한 것입니다. 제갈량은 승상에다 최고 책임자였습니다. 그 자신이 마속을 기용하겠다고 하면 다른 사람은 어떻게 할 방법이 없었습니다. 그러나 제갈량으로서는 배후에서 수군거리는 것까지 어떻게 할 수는 없었습니다. 물론 마속이 성공했다면 사람들은 당연히 할 말이 없었을 것입니다. 그러나 마속은 자신의 역할을 다하지 못했습니다. 가정을 잃고 도망까지 쳐버렸습니다. 말할 것도 없이 일은 커졌습니다. 이미 앞에서 말했듯 유비는 일찍이 마속의 기용에 대해 생전에 간절하게 당부까지 했습니다. 더구나 제갈량 주변에서는 위연과 오일을 제치고 마속을 기용한 조치에 대해 하나같이 동의하지 않았습니다. 제갈량이 남의 의견을 무시하고 자기 고집대로만 한 것입니다. 다 알다시피 결과 역시 일패도지(一敗塗地, 싸움에 한 번 패하여 간과 뇌가 땅바닥에 으깨어진다는 뜻으로, 여지없이 패하여 다시 일어날 수 없게 되는 지경에 이른 것을 의미함—옮긴이)로 나타났습니다. 이런 상황에서 그는 어떻게 해야 했을까요? 아마도 입이 열 개라도 할 말이 없었을 것입니다.

　그 당시를 한번 생각해봅시다. 아마 분명히 여기저기에서 쑥덕거리고 의견이 분분했을 것입니다. 위연이 어떤 사람이었습니까? 선제가 총애한 신하였습니다. 오일은 또 어떤 사람이었습니까? 당시 황후와 남매지간이었습니다. 그러면 마속은 어떤 사람이었습니까? 선제가 '중용할 수 없는 사람'이라고 말한 인물이었습니다. 위연과 오일은 거들떠보지도 않고 굳이 마속을 기용한 것은 도대체 무슨 의미였을까요? 선제의 유언조차 따르지 않았을 뿐 아니라 대중의 여론에 역행한 것에 대해 과연 추궁을 해야 했을까요, 말아야 했을까요? 당연히 추궁해야 마땅했습니다. 그 때문에 제갈량은 마속을 죽였습니다. 자신 역시 3등급 강등의 처분을 자청한 것입니다. 결론적으로 말해 제갈량이 마속을 죽인 것은 법과 기율을 엄격하고 공정하게 하기 위한 의도도 있었으나 더 큰 이유는 백성과 대중들의 분노를 억누를 필요가 있었기 때문입니다. 옌렁 선생의 말을 빌리면 "대중의 분노에 밀려 죽이지 않을 수 없었던 것입니다." 제갈량은 이처럼 부득이했던 탓에 '슬프고 분한 마음'이 저절로 일어난 것이고, 나아가 억제하기도 어려웠을 것입니다.

　역시 일리가 있습니다. 확실히 제갈량이 마속을 죽인 것은 그저 법과 기율만의 문제가 아닌 정치적 원인이 관련돼 있습니다. 그러기에 우리는 이 문제를 더욱 간단하게 볼 수 없을 것 같습니다. 제가 보기에도 제갈량이 '눈물을 뿌리면서 마속을 참'한 것은 정치적 목적이 있었습니다. 결코 단순히 '대중에게 사죄했던 것'만은 아니었습니다. 혹자는 제갈량이 마속을 죽인 것은 결코 선봉장을 인선할 때 '대중의 뜻에 위배된 것' 때문만이 아니라고 말합니다. 설득력이 있는 것도 같습니다. 그가 '사죄'한 '대중'이 그저 위연과 오일 그리고 이들을 선봉장으로 삼자고 주장했던 사람들뿐만이 아닌 촉한 정권의 모든 권력 주변 인물들이었으니까요. 저는 앞 강의에서 촉한 정권은 세 개의 정치 세력으로 이뤄졌다고 말한 바 있습니다. 주지하다시피 첫째 세력은 형주 그룹으로 유비와 제갈량을 대표로 했습니다. 촉한 정권의 첫째 자리에 앉은 '제1세력'으로 칭해도 무방합니다. 다음 세력은 동주 그룹으로 이엄과 오일이 대표적인 인물이었습니다. '제2세력'이 되겠습니다. 마지막 세력은 익주 그룹으로 팽양(彭羕, 광한廣漢 사람)과 두경(杜瓊, 성도 사람), 초주(譙周, 낭중閬中 사람) 등이 주요 인물들입니다. 지위가 제일 낮아 재야라고 불려도 무방한 이들이 '제3세력'입니다. 유비가 사망한 다음 제갈량은 예정대로 정권을 접수했습니다. 지위 역시 말할 수 없이 높았습니다. 대권을 독점했다는 말이 좋겠습니다. 당연히 주변의 적지 않은 사람들이 마음속으로는 제갈량에게 복종하지 않았습니다. 우선 '제3세력'이 불만을 품었습니다. '제2세력' 역시 권력을 한번 겨뤄보겠다는 암중모색을 하지 않을 수 없었습니다. '제1세력' 중에서도 일부의 어떤 사람(예컨대 위연)들은 자신들 고유의 입장이 있었습니다. 이런 상황에서 '군주의 권한을 대행'하는 제갈량으로서는 하나의 선택 외에는 없었습니다. 그것은 오로지 '법치'를 실행하는 것이었습니다. 오로지 모든 일을 공개·공평·공정의 원칙하에 '법에 따라 나라를 통치'해야만 3대 세력 간의 관계와 민심을

**제갈량** 유비가 죽으면서 유선에게 황제 자리를 물려주지만, 촉한 정권의 실질적인 권력자는 승상 제갈량이었다. 그는 강력한 법치주의를 표방하며, 틈이 생길 때마다 북벌전쟁을 감행했다. 하지만 뜻을 이루지 못하고 세상을 뜬다. 제갈량 자신이나 그가 다스린 촉한 정권이 가장 모범적인 정치를 실행한 것은 분명하다. 그럼에도 그가 지나치게 이상화된 것은 후대 사람들의 의도적인 곡해가 분명히 작용했다.

안정시키고 정권을 공고히 할 수 있었던 것입니다. 이 때문에 제갈량이 법에 따라 촉을 다스린 것은 그저 법과 기율의 문제가 아닌 정치 문제였다고 할 수 있습니다.

이제 우리는 제갈량이 마속을 사형에 처한 다음 왜 자신까지 3등급 강등을 시켰는지 분명히 이해할 수 있습니다. 또한 왜 통곡의 눈물을 흘렸는지도 이해가 가능합니다. 마속을 참한 그의 행동은 한마디로 "작은 것을 희생시키고 큰 것을 보존하"기 위한 것이었습니다. 여기에서 이엄 파직 사건의 경과를 다시 한 번 살펴보는 것이 좋겠습니다. 마속이 죽은 것은 건흥 6년(서기 228년)이었습니다. 이엄은 이보다 3년 후인 건흥 9년(서기 231년)에 파직당했습니다. 또 이보다 1년 전인 건흥 5년(서기 227년)에는 이엄이 제갈량에게 도전을 감행했습니다. 5군을 새로 획정하고 파주를 설치한 다음 자신을 자사에 임명해주도록 요구한 것입니다. 제갈량은 이때 이엄 문제를 어떻게 해결할 것인지 상당히 고민했을 것이 분명합니다. 결론은 법으로 나라를 다스리는 원칙을 확실하게 강조한 다음 그대로 실시하는 것이었습니다. 더구나 이엄과 같은 중량급 인물에 대해서는 불법적 수단을 사용할 수 없었습니다. 법으로 제재해야 했습니다. 법을 공평하게 집행해야 한다는 얘기였습니다. 제갈량은 이를 위해 고심 끝에 두 명의 중량급 인물을 미리 처치하는 용단을 내렸습니다. 한 명은 요립廖立이란 인물로 형주 그룹에 속하는 사람이었습니다. 다른 한 명은 내민來敏으로 동주 그룹에 속했습니다. 두 사람은 파벌이 달랐으나 일으킨 문제는 같았습니다. 인사에 불만을 품었을 뿐 아니라 내부의 모순을 꾀하고 나라의 안정과 단결을 파괴했습니다. 요립은 결국 파직당했습니다. 내민은 자리에서 물러나는 정도의 처벌을 받습니다. 제갈량으로서는 공정한 법 집행의 사례를 만들어놓은 셈입니다.

바로 이런 상황에서 마속이 일을 저질렀습니다. 제갈량에게 이 일이 얼마나 큰 난제였으며, 거대한 압력에 직면할 수밖에 없었는지는 상상하기 어렵지 않습니다. 마속에 대한 조치를 엄하게, 그리고 빨리 취하지 않으면 어떤 결과가 나타나겠습니까? 백성에게 상황을 설명하기가 난처해질 뿐 아니라 계속 법으로 나라를 다스리는 것이 어려워지고 맙니다. 마속이 제갈량의 사람이라는 사실은 너나 할 것 없이 다 아는 사실이었으니까요. 예컨대 마속을 풀어주면 위연과 오일이 불복할 가능성이 대단히 높았습니다. 이미 처벌을 받은 요립과 내민 역시 뒤늦게 불복하지 말라는 법이 없었습니다. 이엄 등은 아마 더했을 것입니다. 더욱 기세가 올라 거리낌이 없었을 것입니다. 제갈량은 이 순간 망설이지 않았습니다. 전체를 위해 칼을 뽑아 단칼에 마속을 내리쳤습니다. 그를 죽여 대중에게 사죄하고, 다른 칼로는 자신에게 3등급 강등이라는 처벌을 내립니다. 마속 역시 이때 대의를 깊이 이해한 것 같습니다. 자신을 법으로 다스려 백성들에게 사죄하도록 자발적으로 요청한 것입니다. 이것은 스스로 팔을 자르는 것과 하나도 다를 것이 없었습니다. 스스로 마음을 찢는 것과도 비견될 만한 일이었습니다.

자, 이제 정리해봅시다. 제갈량이 '눈물을 뿌리면서 마속을 참'한 직접적 원인은 마속이 가정을 잃은 실수에 있습니다. 그러나 좀 더 근본적인 원인은 촉한 정권의 내부 투쟁에 있었던 것입니다. 어쨌거나 제갈량이 솔선수범하여 공개·공정·공평의 원칙하에 법대로 나라를 다스린 탓에 그의 생전에 촉한은 전체적으로 태평했습니다. 그러나 나무가 고요히 있고 싶다 해도 바람은 그치지 않는 법입니다. 건흥 12년(서기 234년) 8월 제갈량이 북벌 도중 군영에서 병으로 세상을 떠나게 됩니다. 불행한 것은 그의 장례가 채 끝나기도 전에 내부에서 권력 투쟁이 일어났다는 사실입니다. 이 투쟁의 주인공은 형주 그룹의 위연과 양의였습니다. 제갈량이 세상을 떠나자마자 그동안 수면 아래 있던 갈등이 폭발해 너 죽고 나 살자는 식의 처절한 혈투로 드러난 것입니다. 위연과 양의의 권력 투쟁은 과연 어떻게 된 일일까요? 위연은 정말 『삼국연의』가 기록한 대로 '반역자'였을까요?

## 내부 분쟁의 먹구름

이엄의 파직, 마속의 죽음, 위연의 반란은 '제갈량 시대'의 3대 미스터리이다. 이 기간의 역사에 대해서는 지금까지 저마다 다른 의견들이 무척 많다. 특히 위연의 반란에 대해서는 더욱 그렇다. 어떤 사람들은 위연이 매우 충성스러운 장군이었으나 이유 없이 피해를 당했다고 주장한다. 누명을 뒤집어썼다는 얘기이다. 또 어떤 사람들은 위연이 난신적자亂臣賊子로 백번 죽어 마땅한 인물이라고 말한다. 그에 대한 판단을 뒤집을 수 없다는 말이다. 이뿐만이 아니다. 극히 일부의 다른 사람들은 위연 사건은 '내분'에 불과한 것으로 그저 곤장 50대를 쳐도 무방했다고 평가한다. 그렇다면 어떤 견해가 역사의 진실에 좀 더 근접한 것일까?

앞의 강의에서 우리는 촉한 정권 내부의 여기저기에서 권력 투쟁이 일어났다는 사실에 대해 말했습니다. 이로 인해 제갈량은 전심전력을 다해 각 그룹 간의 화합을 도모하지 않을 수 없었습니다. 온갖 방법을 다 기울여도 상황이 개선되지 않자 결연한 조치를 취하게 됩니다. 우선 건흥 6년(서기 228년)에는 마속을 사형시켰습니다. 건흥 9년(231년)에는 이엄을 파직시켰습니다. 제갈량은 이 두 번의 강력한 펀치로 일단 형주·동주·익주 등 3대 그룹 간의 갈등 관계를 잠시나마 수면 아래로 가라앉게 했습니다. 그러나 그것은 그저 미봉책이었을 뿐 근본적인 해결책은 아니었습니다. 결국 이런 촉한 정권 내부의 '집안 싸움'은 급기야 '위연 모반' 사건을 촉발시키고야 말았습니다.

이 '위연 모반' 사건은 많은 사람들이 아주 잘 알고 있습니다. 『삼국연의』에 아주 잘 각색돼 있으니까요. 그 이야기는 문학적인 측면에서 보면 독자들의 심금을 울릴 정도로 대단히 훌륭합니다. 그러나 역사적인 측면에서 그 사건을 보자면 당사자 위연에게는 너무나 억울한 일이었습니다. 더불어 제갈량도 마찬가지입니다.

왜 이렇게 말하냐고요? 먼저 사서에서는 이 사건에 대해 어떻게 말하고 있는지를 살펴보도록 하겠습니다.

### 위연 모반 사건의 경과

『삼국지』「위연전」에 따르면 상황은 이렇습니다. 건흥 12년(서기 234년) 8월 제갈량은 북벌에 나선 부대의 군영에서 병으로 세상을 떠났습니다. 그는 병이 위중해져 회생의 가능성이 거의 없자 급히 장사長史 양의楊儀와 사마司馬 비위費禕, 호군護軍 강유姜維 등을 불러 모았습니다. 자신이 사망한 다음의 철군 계획을 설명하기 위해서였습니다. 이때 제갈량은 군사를 후퇴할 경우 부대의 후방을 엄호하는 임무를 위연에게 맡기도록 명령을 내렸습니다. 이어 강유에게는 그다음 방어선을 지키도록 안배했습니다. 천하의 제갈량답게 그는 사후 일어날지도 모를 가능성에 대해서도 언급하는 치밀함을 보였습니다. 만약 위연이 명령을 따르지 않으면 그대로 내버려두고 부대는 바로 출발하라고 말입니다. 제갈량이 사망한 다음 양의 등은 비밀을 유지하기 위해 장례를 지내지 않았습니다. 그러나 비위를 보내 위연의 생각을 물었습니다. 위연은 제갈량의 우려대로 명령에 따를 생각은 하지 않은 채 벌컥 성을 내면서 "승상이 비록 사망했으나 나 위연은 아직 살아 있습니다. 위나라 군대와 계속 싸울 수 있습니다. 왜 승상 한 사람이 세상을 떠났다고 천하의 대사를 그르쳐야 합니까? 그리고 나 위연이 어떤 사람입니까? 양의라는 작자의 지휘를 받아 후방을 엄호하라니요"라고 불평했습니다.

위연은 자신의 말대로 앞뒤 가리지 않았습니다. 혼잣말을 계속 해가면서 자신이 직접 제갈량 사후의 전략과 계획을 수립하는 월권을 했습니다. 그런 다음 비위에게 연대 서명을 해 명령을 발표하라고 요구했습니다. 비위는 당연히 서명하지 않았습니다. 오히려 "나는 돌아가 일을 해야겠소. 그러나 양의는 어떤 전쟁도 치러보지 못한 서생이라 장군의 명령을 거역하지 않을 것이오"라면서 위연을 속였습니다. 위연은 그럴 수도 있다고 생각해 비위를 양의가 있는 본영으로 돌아가도록 했습니다. 비위는 위연의 군영을 나서자마자 말을 타고 쏜살같이 내달렸습니다. 위연은 바로 후회하며 비위를 추격했습니다. 그러나 그를 추격하는 데 성공하지는 못했습니다. 그는 병사를 보내 본영의 상황을 알아볼 수밖에 없었습니다. 예상대로 양의 등은 제갈량의 안배에 따라 위연을 버려둔 채 철군 준비를 하고 있었습니다. 위연은 화를 참지 못했습니다. 결국 기필코 양의보다 먼저 부대를 이끌고 돌아가겠다는 결정을 내렸습니다. 그렇다고 그냥 철군 길에 오른 것은 아니었습니다. 강을 건넌 뒤에는 다리를 부숴버렸을 뿐 아니라 도중의 모든 잔도(棧道, 협곡의 절벽에 만든 다리—옮긴이) 역시 모조리 불태워버렸습니다. 이런 행패는 양의 등의 퇴로를 그저 끊어버린 것만을 의미하지 않습니다. 최악의 경우 그들과 한번 일전을 벌이겠다는 의지라고도 할 수 있습니다. 위연은 그 정도에서 그치지 않았습니다. 조정에 표를 올려 양의가 모반했다고 공언하기도 했습니다. 다급해진 것은 위연에게 선수를 뺏기고 퇴로마저 끊겨서 어디로 갈지 모른 채 구석에 몰렸던 양의였습니다. 그 역시 위연이 모반했다고 표를 올릴 수밖에 없었습니다. 그야말로 졸지에 '하루 사이에 서로 다른 내용의 긴급 공문이 교차'하는 양상이 벌어졌습니다. 아무려나 쌍방이 서로 모반했다고 주장하는 상주문이 거의 동시에 촉한의 어전에 도착했습니다. 유선은 상대방이 '모반했다'고 주장하는 내용의 상주문을 받고는 황당했습니다. 당연히 어느 것이 진실을 담고 있는지 판단하지 못했습니다. 그는 도리 없이 동윤과 장완 등 측근에게 의견을 물었습니다. 사실 이 질문은 그다지 현명한 것이 아니었습니다. 거의 모든 신하들이 양의는 절대로 모반하지 않을 것이라고 말했던 것입니다. 그에 비해 위연을 옹호하는 사람은 단 한 명도 없었습니다.

위연으로서는 횡액을 피하기 어렵게 됐습니다. 위기를 타개하기 위한 조정의 후속 조치도 대단히 신속했습니다. 바로 장완에게 숙위영(宿衛營, 궁궐의 경비를 담당하는 부대-옮긴이)을 거느리고 '북행'하여 위연에 맞서 싸우도록 명령을 내렸습니다. 양의 역시 가만히 있지는 않았습니다. 공병들에게 나무를 벌목해 도로를 수리하도록 다그치면서 "밤낮으로 걸음을 재촉"해 위연의 뒤를 추격합니다. 위연은 양의의 추격을 예상했던 것 같습니다. 먼저 남곡구(南谷口, 포사곡褒斜谷 도로의 남쪽 입구. 지금의 산시성陝西省 한중시漢中市 서북쪽)에 도착해 주둔한 다음 기다렸다는 듯 양의의 부대를 공격했으니까요. 양의 역시 결연했습니다. 하평何平에게 명령을 내려 맞서 싸우도록 했습니다. 하평은 다름 아닌 가정전쟁에서의 공로로 큰 상을 받은 바 있는 왕평이었습니다. 그는 어릴 때 외가에서 자란 관계로 종종 어머니의 성을 쓰기도 했습니다. 하평은 위연을 보자마자 앞으로 돌진하면서 큰소리로 외쳤습니다. "승상의 유골이 아직 식지도 않았다. 그런데도 너희들이 감히 이럴 수 있느냐!"라고 말입니다. 위연의 부하들은 그 소리에 도리에 맞지 않는 일을 하는 것이 위연이라는 사실을 깨달았습니다. 당연히 그를 위해 목숨을 걸고 싸우기를 멈추고, 뿔뿔이 흩어지고 말았습니다. 위연은 아들과 소수의 심복을 데리고 한중으로 도망치는 것 외에는 다른 선택의 길이 없었습니다. 그러나 그는 곧 마대馬岱에게 살해됐습니다. 마대는 양의의 명령에 따라 위연의 머리를 가지고 개선했습니다. 양의는 위연의 머리를 보자마자 대로했습니다. 갑자기 일어나 발로 차는 것도 모자라 잔인하게 짓밟았습니다. "개 같은 놈의 자식, 네가 어디 다시 나쁜 짓을 할 수 있는지 보자!"라는 지독한 욕을 퍼부으면서 말입니다. 또한 양의는 바로 위연의 삼족을 멸했습니다.

　이상이 이 사건에 대한 『삼국지』「위연전」의 기록입니다. 이 기록을 통해 확실하게 알 수 있는 것이 있습니다. 이른바 '위연 모반' 사건이 '아니 땐 굴뚝에 난 연기'는 아니라는 사실입니다. 반면에 확실한 증거가 없다는 사실 또한 간과하기가 그리 어렵지 않습니다. 그렇다면 왜 '아니 땐 굴뚝에 난 연기'가 아니라는 말을 할 수 있을까요? 다음과 같은 이유 때문입니다. 우선 군인은 명령에 대한 복종을 생명처럼 생각해야 하나 위연은 전혀 그렇지 않았습니다. 특히 당시는 전쟁 중이었습니다. 총사령관의 명령을 듣지 않고 자신의 주장만 고집할 경우 모반의 혐의를 면하기 어렵다는 것은 굳이 구구한 설명이 필요 없습니다. 창끝을 돌려 군대를 이끌고 남하한 것 역시 상당히 곤란한 처사였습니다. 자기 마음대로 그렇게 행동한다면 믿을 사람이 누가 있겠습니까? 더구나 북벌에 나선 대군의 퇴로는 왜 끊었을까요? 전쟁 시에는 전 군대가 일사분란해야 하는데 단독 행동을 한 것 정도는 설사 백 번 양보하더라도 퇴로를 끊는 것은 정말 곤란했습니다. 사람들은 위연이 성도로 돌아와 촉한을 공격하여 전복하려 할 뿐 아니라 양의를 막아 유선을 구하지 못하도록 했다고 의심할 수밖에 없었던 것입니다. 바로 이 때문에 동윤과 장완 등도 위연을 의심한 것입니다. 이 역시 나름의 충분한 일리가 있는 것 같습니다. 위연과 양의 모두 상대방이 '반역'을 도모한다고 고변했을 때 양의는 결코 반역의 조짐이 없었습니다(사실 불가능하기도 했습니다). 반면 위연은 반역의 의도가 없다는 것을 분명하게 설명하지 못했습니다. 한마디로 진상이 명확하지 않았고, 진상을 밝히기 어려운 상황이었습니다. 이 상황에서는 국가 안전을 위해 먼저 위연이 모반을 획책했다고 가정할 수밖에 없었습니다.

그러나 앞서 언급했듯 위연이 정말 모반을 기도했는지에 대한 증거는 분명히 부족합니다. 게다가 별로 논리에 맞지도 않습니다. 이렇게 말할 수 있는 까닭은 아주 간단합니다. 우선 위연의 당시 능력과 실력으로 볼 때 스스로 황제가 된다는 것은 불가능했습니다. 또 그 자신도 이런 분수에 맞지 않는 생각을 하지는 않았을 것입니다. 만약 그가 모반을 기도하려 했다면, 추론이 가능한 시나리오는 오로지 촉한을 배반하고 조위에 투항하는 것이 아니었을까 싶습니다. 이런 가정하에서 볼 때 위연이 취할 수 있는 가장 좋은 방법은 '후방 엄호'의 명령을 이용해 지척의 거리에 있게 될 조위에 항복하고는 이어 사마의의 앞잡이가 돼서 말머리를 돌려 양의를 공격하는 것입니다. 이 시나리오는 사마의가 가장 갈망하는 것이기도 했습니다. 우리는 유비가 일생에서 가장 두려워한 단 한 사람이 조조였다는 사실을 잘 압니다. 사마의 역시 그랬습니다. 그는 오로지 제갈량만을 두려워했습니다. 그가 제갈량이 진중에서 세상을 떴다는 소식을 듣자 출병의 유혹을 받은 것은 그래서였습니다. 이 상황은 『삼국지』「제갈량전」의 배송지 주에서 인용한 『한진춘추』가 잘 묘사하고 있습니다. 이에 따르면 양의가 전장에서 철수할 때 사마의는 추격했습니다. 그러나 '군사를 되돌려 북을 치면서' 역습해오는 강유의 기세에 놀라 황급히 퇴각했습니다. 이것이 바로 "죽은 제갈량이 산 중달(仲達, 사마의)을 패주시켰다"라는 항간의 유명한 말을 낳게 한 당시의 장면이었습니다. 만약 이때 위연이 적에 투항한 다음 역습했다면 상황은 충분히 짐작이 갈듯 합니다. 적어도 전장에서 발 아래 밟힌 머리의 과반 이상이 양의 부대의 것이었지 위연 군사들의 것은 아니었을 것입니다. 그러나 위연은 결코 그렇게 하지 않았습니다. 양의보다 먼저 성도로 가기 위해 남행에 나섰습니다. 더구나 그는 왕평에게 패한 다음에도 북상하지 않고 훨씬 더 남쪽인 한중으로 도망을 갔습니다. 이것은 위연이 결코 위나라에 항복할 생각이 없었다는 사실을 증명합니다. 위나라에 투항할 생각을 하지 않았는데 어떻게 모반을 획책할 수 있었겠습니까? 이 때문에 동윤과 장완 역시 위연의 '모반'에 대해서는 의심했지만 그래도 확신할 수는 없었습니다. 당연히 위연이 지휘에 따르지 않고 마음대로 했기 때문입니다.

위연이 자기 마음대로 군사를 부린 것은 자신의 견해에 따른 것으로 그에는 두 가지 이유가 있었습니다. 첫째로 북벌을 계속해야겠다는 의지와 직접적인 관련이 있습니다. 둘째로는 양의에게 복종하지 않겠다는 생각이 있었던 것입니다. 첫째 이유는 위연이 모반을 획책하지 않았다는 사실을 확실하게 증명하기도 합니다. 하지만 다시 생각해보면 이 역시 문제가 없는 것은 아닙니다. 그가 진짜 북벌을 견지하려 했다면 현장에 남아 전쟁을 계속했어야만 합니다. 그런데 왜 서둘러 남하했을까요? 마찬가지로 둘째 이유 역시 문제가 있습니다. 만약 그가 그저 양의에게 복종하지 않으려 했다면 자신의 길을 걸어가면 됐습니다. 양의에게도 그 자신의 길을 가도록 하고 말이죠. 그런데 위연은 그렇게 하지 않았습니다. 왜 자신이 '지나간 곳의 잔도를 모두 불태워'버렸을까요? 양의를 사지로 몰아넣겠다는 생각이 아니고 무엇입니까? 물론 양의를 사지로 몰겠다는 생각과 위연 자신의 견해는 서로 모순되지 않습니다. 그가 양의를 죽이면 양의의 병권을 빼앗을 수 있었습니다. 더구나 자신의 생각대로 계속 북벌을 해 위나라를 멸망시켰을지도 모릅니다. 따라서 위연이 가지고 있던 견해를 뒷받침하는 두 가지 이유는 모두 말이 된다고 할 수 있습니다. 그러나 당시 그의 마음속에서는 두 번째 이유가 훨씬 더 막중한 비중을 차지하고 있었습니다. 단지 복종하지 않으려 한 것이 아니라 양의를 죽이려는 생각도 가지고 있었습니다. 이런 생각은 당연히 혹독한 비판을 받아 마땅했습니다.

그러나 모반이라는 누명을 씌워 생사람을 잡은 것은 정말 위연으로서는 너무나 억울한 일이었습니다. 삼족을 몰살시킨 것은 더욱 부당한 처벌이었습니다. 이 점에 대해서는 촉한 정권에서도 나중에 의식을 했던 것 같습니다. 두 가지 증거가 있습니다. 첫째 증거는 진수가 위연을 위해 전을 썼을 때 내린 결론입니다. 위연이 북상하지 않고 남하한 까닭은 진짜 양의 등을 죽이려고 생각했기 때문이었을 것이라는 결론 말입니다. 위연으로서는 양의를 죽일 경우 제갈량의 직무를 그대로 인계받을 수 있었으니까요. 그의 생각이 진짜 그랬다는 것은 모반의 뜻이 없었다는 사실과도 바로 통합니다. 우리는 엄격한 역사학자로 유명한 진수가 쉽게 이렇게 판단할 사람이 아니라는 사실을 잘 압니다. 따라서 그의 이런 견해는 아마도 당시의 공통된 인식을 대표했을 가능성이 매우 큽니다. 심지어 촉한 조정이 진상을 조사한 다음 이런 결론을 내렸을 가능성도 없지 않습니다.

둘째 증거는 한중 북문 밖에 있는 석마파石馬坡 유적입니다. 청대 건륭乾隆 황제 때 편찬된 『남정현지南鄭縣志』를 보면 그 유적이 촉한 조정이 "지극한 예로써 수습해 매장"한 위연의 묘일 가능성이 크다고 주장하고 있습니다. 왜 『남정현지』는 '지극한 예로써 수습해 매장'했다는 표현을 썼을까요? 간단합니다. 장완 등도 '위연 모반' 사건이 억울한 모함 사건이라는 사실을 깨달았을 가능성이 크다는 얘기입니다. 게다가 위연은 촉을 위해 견마지로(犬馬之勞, 개나 말 정도의 하찮은 힘이라는 뜻으로, 윗사람에게 충성을 다하는 자신의 노력을 낮추어 이르는 말—옮긴이)를 다한 노장에다 공훈이 있었습니다. 당연히 '이전의 공로를 감안' 해 예로써 후하게 장례를 치러준 것입니다. 위연을 위해 누명을 벗겨주었다고 해도 좋겠습니다.

## 양의의 동반 몰락

위에서 언급한 두 가지 증거는 그러나 그렇게 썩 훌륭하지 못합니다. 더 훌륭한 증거는 아무래도 촉한 조정의 관련 정식 문서일 것입니다. 하지만 단언하건대 이 문서는 아마도 영원히 찾을 수 없을 것입니다. 우리는 아쉬우나마 이쯤에서 다시 하나의 방증을 더 찾아볼 수 있습니다. 그것은 다름 아닌 양의의 죽음입니다. 일반적인 상식으로 볼 때 만약 위연이 정말 모반을 기도했거나 촉한 정권이 그가 모반을 했다고 확신했다면 양의는 '반란을 평정한 공'이 있는 대영웅입니다. 조정으로 돌아온 다음 마땅히 큰 상을 받아야 했습니다. 양의 자신도 그렇게 생각한 것 같습니다. 『삼국지』「양의전」에는 "양의는 군대를 이끌고 돌아왔다. 그는 위연을 토벌한 자신의 공이 매우 크다고 생각했다. 당연히 제갈량을 대신해 정무를 맡아볼 수 있을 것이라고 생각했다"는 기록이 분명히 나옵니다. 그러나 실제로는 어땠습니까? 직위는 있으나 실질적 권한은 전혀 없는 중군사中軍師에 봉해졌습니다. 휘하에 단 한 명의 병사도 없었습니다. 누가 보더라도 한직으로 내몰린 것입니다. 이에 반해 자격과 능력, 공헌도 면에서 양의보다 훨씬 못한 장완이 제갈량의 모든 것을 물려받았습니다.

이 조치는 양의의 온몸으로 열이 번지도록 했습니다. 불만이 뱃속에 가득 차고 분노가 머리끝까지 치밀었다는 표현까지 가능할 것 같습니다. 『삼국지』「양의전」도 비슷하게 기록하고 있습니다. "원한과 비분강개가 말소리와 얼굴빛에 나타났다. 볼멘 소리가 오장육부에서 터져나왔다"는 내용의 기록이 있습니다. 여파 역시 간단치 않았습니다. 주위의 모든 사람은 양의의 말이 극단적이고 규범을 벗어난다고 생각하게 됐습니다. 절제도 없고 함부로 금기를 범한다고 여겼습니다. 당연히 부담스러워 너나 할 것 없이 감히 그를 찾아볼 생각조차 하지 않았습니다. 그러나 후군사後軍師 비위는 달랐습니다. 찾아가 위로했습니다. 오랜만에 기회를 얻은 양의는 비위에게 불만과 자초지종을 다 털어놨습니다. 수다를 떨었다고 해도 과언이 아니었습니다. 비위는 그저 듣기만 했습니다. 말은 하지 않았습니다. 그런데 대화 막바지에 양의는 전혀 예기치 않은 말을 했습니다.

승상이 사망했을 때 내가 만약 진 부대를 이끌고 '위魏에 의탁'했다면 어떻게 됐겠습니까? 오늘처럼 이렇게 적적하고 낙망한 채 있겠습니까? 정말 후회막급입니다.

양의의 말은 '극도의 반동'이라는 표현조차 과하지 않을 정도였습니다. 비위로서도 '상황을 알면서도 신고하지 않는' 죄를 범할 수는 없었습니다. 결국 비위의 신고에 의해 양의는 건흥 13년(서기 235년) 파직된 다음 평민으로 신분이 강등되었고, 가군嘉郡으로 유배의 길을 떠납니다. 양의는 가군에 도착해서도 크게 달라지지 않았습니다. 죄를 뉘우쳐 새 사람이 되기는커녕 다시 글을 올려 조정을 비난했습니다. 게다가 언사까지 불손했습니다. 조정은 그를 체포하여 하옥시키라는 명령을 내릴 수밖에 없었습니다. 결말은 비참했습니다. 자살로 생을 마감한 것입니다. 그나마 다행인 것은 부인과 아이들은 촉군으로 돌아갔다는 사실입니다. 위연이 살해당한 때(건흥 12년 8월)로부터 딱 1년 반 후의 일이었습니다. 저는 촉한 조정이 만약 위연의 억울한 누명을 벗겨주려 했다면 이때가 가장 적기가 아니었나 생각합니다.

이 이야기에는 아주 자신 있게 말하기 어려운 묘한 문제가 하나 있습니다. 양의가 '내가 만약 전 부대를 이끌고 위에 의탁했다면 어떻게 됐겠습니까?'라고 한 말에서 '위魏'가 뭘 지칭하는가 하는 것입니다. 여기에서의 '위'는 조위일까요, 아니면 위연일까요? 만약 조위였다면 모반을 기도한 것은 위연이 아니라 양의가 됩니다. 만약 위연이라면 양의는 모반할 뜻이 없었다고 해야 합니다. 위연이 촉나라를 배신하고 위나라에 항복하려 했다면 전군을 이끌고 위연의 뒤를 따르려 한 양의 역시 '반역자'가 됐어야 하니까요. 더불어 양의가 스스로 모반을 인정한 것이 돼야 하니까요. 당연히 양의는 이처럼 어리석지 않았습니다. 조정 역시 '모반죄'로 양의를 처벌하지 않았습니다. 따라서 '내가 만약 전 부대를 이끌고 위에 의탁했다면 어떻게 됐겠습니까?'라는 말은 절대 '내가 만약 전 부대를 이끌고 조위에 투항했다면 어떻게 됐겠습니까?'로 해석할 수 없습니다. '내가 만약 전 부대를 이끌고 위연을 뒤따랐다면 어떻게 됐겠습니까?'로 해석해야 되는 것입니다. 위연을 뒤따르지 못한 것을 후회한 양의는 결코 모반을 생각하지 않았습니다. 때문에 양의가 뒤따르려 했던 위연 역시 모반을 생각하지 않았다고 할 수 있습니다.

그러나 누가 뭐래도 의심할 수 없는 사실이 하나 있습니다. 양의가 하늘이 두 쪽이 나더라도 절대로 위연을 뒤따르지 않았을 것이라는 사실이 그것입니다. '내가 만약에 전 부대를 이끌고 위에 의탁했으면 어떻게 됐겠습니까?'라는 말은 그저 불평에 불과했습니다. 그러나 아이러니하게도 이 불평은 위연의 결백함을 증명하고 있습니다. 이로써 알 수 있듯 위연 사건은 '모반'이 아니라 '내분'의 결과였습니다. 다시 말해 전형적인 '집안 싸움'의 결과였습니다. 사실 이 '집안 싸움'은 이유가 있었습니다. 위연과 양의의 사이가 평소에도 좋지 않았으니까요. 이들은 너무 지나칠 만큼 서로를 미워했습니다. 이를 부득부득 가는 것도 모자라 원한이 골수에 사무칠 정도였습니다. 한마디로 상대를 반드시 사지에 빠트려야 통쾌함을 느낀다는 표현이 딱 맞습니다. 심지어 이들은 국가의 안위조차 돌보지 않고 싸움을 벌이기도 했습니다.

이것은 정말 이상한 일이었습니다. 둘은 하나같이 촉한 정권 내에서

'제1세력(형주 그룹)'에 해당하는 인물들이었으니까요. 유비와 제갈량이 약속이나 한 듯 이들을 중용(위연은 전군사前軍師, 정서대장군征西大將軍에 임명된 다음 가절의 권위를 부여받고 남정후南鄭侯에 봉해졌으며, 양의는 승상장사丞相長史, 수군장군綏軍將軍에 임명됐습니다)한 것에서도 이 사실은 잘 드러납니다. 아무리 봐도 그들 사이에는 뭔가 쟁취하기 위해 다툴 만한 파벌 간의 이익이 없었습니다. 방침과 노선의 의견 차이도 전혀 없었습니다. 이 두 명의 철천지한은 과연 어디에서 연유한 것일까요?

사실 별것 아니었습니다. 이 두 사람 사이의 갈등은 간단했습니다. 일을 감정적으로 처리한 것이 원인이었습니다. 『삼국지』「위연전」이 사정을 잘 설명하고 있습니다. 이에 따르면 위연은 수하의 장졸들을 잘 대했습니다. 용맹스러움 역시 남보다 뛰어났습니다. 반면 타고난 품성은 자존심이 강한 데다 오만했습니다. 그래서 당시 모든 사람들이 일부러라도 그에게만은 양보하는 태도를 보였습니다. 그러나 양의만은 달랐습니다. 위연의 체면을 세워주지 않았습니다. 자연히 위연은 양의를 뼈에 사무치게 미워하게 됐습니다. 물과 불의 관계가 따로 없었습니다. 그러면 이 두 사람의 갈등은 과연 어떤 말썽까지 일으켰을까요? 같이 앉아 말을 할 수 없을 정도였습니다. 『삼국지』「비위전」은 이에 대해 다음과 같이 말하고 있습니다.

"위연과 양의는 같이 앉기만 하면 말다툼을 벌이고는 했다. 말싸움을 하다하다 안 되면 위연은 칼을 뽑아 종종 양의를 겨눴다. 이럴 때면 양의는 너무 분해 눈물을 흘렸다. 얼굴이 눈물범벅이 되는 경우가 많았다. 주위에서는 오로지 비위만이 둘을 화해시킬 수 있었다."

그렇습니다. 둘이 이처럼 싸우면 비위로서는 별 방법이 없었습니다. 두 사람 사이에 끼어들어 떼어놓거나 화해를 권유하는 것뿐이었습니다. 얼마나 기가 막힐 일입니까!

둘의 '집안 싸움'은 촉한 진영에서만 유명했던 것이 아니었습니다. 소문이 널리 퍼져 손권까지도 알고 비웃었습니다. 『삼국지』「동윤전」의 배송지 주에서 인용한 『양양기』에 관련 내용이 자세히 나와 있습니다. 한 번은 비위가 동오에 사신으로 가게 됐습니다. 손권은 연회를 열어 그를 접대했습니다. 손권은 비위가 곤드레만드레 취했을 때 슬쩍 "양의와 위연은 천박한 소인들이오. 비록 계명구도(鷄鳴狗盜, 보잘 것 없는 재능이나 특기를 가진 사람―옮긴이)의 능력은 있으나 일단 뜻을 이루면 기쁜 나머지 틀림없이 자신의 본분을 잊을 것이오. 귀국에 만약 제갈량이 없다면 이 두 사람은 분명 반란을 일으킬 것이오. 왜 환난을 미연에 방지하지 않소이까?"라고 물었습니다. 비위는 너무 갑작스러운 질문이라 말문이 막혔습니다. 이때 부사로 따라갔던 동회董恢가 그에게 다음과 같이 말하라고 몰래 일러줬습니다.

"양의와 위연은 '백성 내부의 개인적 모순'에 지나지 않습니다. 옛날의 경포黥布나 한신韓信처럼 그렇게 다루기가 어렵지 않습니다."

목이 멘다는 핑계로 먹는 것을 그만 두는 것처럼 제대로 말을 안 하고서 이리저리 둘러대면서 넘어간 것입니다. 그러나 비위의 말은 그럭저럭 들어맞았습니다. 손권의 평가는 너무 극단적이었다고 할 수 있습니다. 물론 위연과 양의에게는 확실히 결점이 있었습니다. 잘못도 적지 않았고, 문제가 있는 인물들이었습니다. 그러나 양의는 재능이 있었습니다. 위연은 용맹스러웠습니다. '목동' 같이 하찮은 인물들이라고 폄하하기는 어렵습니다. 더구나 유비와 제갈량은 모두 이들을 지극하게 아꼈습니다. 『삼국지』「위연전」도 이 사실을 증명하고 있습니다. 유비가 한중에서 칭왕을 한 다음 성도로 돌아올 준비를 할 때였습니다. 그는 대장 한 명을 남겨 한중을 지키게 하려 했습니다. 당시 거의 모든 사람은 이 중차대한 임무를 맡을 수 있는 사람이 장비 외에는 없다고 생각했습니다. 장비 자신 역시 그렇게 생각했습니다. 그러나 유비는 파격적으로 위연을 선택했습니다.

결과적으로 "전 부대가 깜짝 놀랐습니다." 유비는 당연히 수하들이 자신의 결정에 승복하지 않는다는 사실을 간파했습니다. 그는 바로 군신들을 소집해 위연에게 "과인이 그대에게 중임을 맡겼소. 그대는 어떻게 할 생각이오?"라고 물었습니다. 위연은 이에 지체 없이 "조조가 만약 병력을 총동원해 출병하면 소장은 대왕을 대신해 그를 막을 것입니다. 만약 고작 편장군 한 명이 십만 대군을 이끌고 공격한다면 소장은 대왕을 대신해 그를 먹어버리겠습니다!"라고 대답했습니다. 정말 대단한 기개가 아닐 수 없습니다. 사실 위연은 전쟁터에서 진짜로 용감히 잘 싸웠습니다. 제갈량이 북벌에 나설 때마다 위연이 종종 '전방 부대 사령관'이나 '선봉장'이 된 것은 다 이유가 있었던 것입니다.

양의 역시 능력 면에서는 내로라한 사람이었습니다. 『삼국지』「양의전」을 보면 알 수 있습니다. 제갈량이 출병할 때마다 양의가 작전 계획을 진행하고 부대 배치를 비롯한 각종 일을 책임졌는데, 즉석에서 아주 간단하게 일을 처리하는 기가 막힌 능력을 보였습니다. 예컨대 말 먹이를 비롯한 군량미의 조달, 군비 계산 등의 골치 아픈 일들을 처리하는 능력이 대단했습니다. 따라서 양의와 위연이 충돌할 때마다 제갈량이 골치를 앓은 것은 너무나 당연했습니다. 물론 그는 둘 중 어느 누구를 편애하지 않고 가능한 한 공평하게 대했습니다. 그러나 유감스럽게 제갈량이 최선을 다해 공평무사하게 일을 처리하고 비위가 원만하게 중재에 나섰음에도 둘은 '집안 싸움'을 멈추지 않았습니다. 결국 모두 생명을 잃는 이른바 양패구상兩敗俱傷이라는 최악의 결과를 맞고 말았습니다. 게다가 집과 가족, 지위와 명예도 한꺼번에 잃게 됐으니, 이 무슨 괜한 횡액입니까!

더욱 억울한 것은 둘이 약속이나 한 듯 죽은 다음에도 오명을 벗지 못하고 있다는 사실입니다. 우선 위연은 '반역자'라는 욕을 지금까지 먹고 있습니다. 더구나 이 죄는 소설 『삼국연의』에 의해 더욱 완벽하게 짊어지게 됐습니다. 그는 거의 '영원히 오명에서 벗어날 수 없는 신세'가 돼 있습니다. 양의 역시 '소인'으로 욕을 먹고 있습니다. 심지어 위연의 억울함을 안타까워하는 많은 사람들의 비난을 받고 있습니다. 이처럼 이른바 '위연 모반' 사건은 진짜 억울한 일이었습니다. 빚이 있으면 그 뒤에 빚쟁이가 있듯이 당연히 원한에는 상대가 있습니다. 이 억울한 사건을 만든 당사자는 말할 것도 없이 양의였습니다. 따라서 그는 책임을 피할 수 없습니다. 천얼둥 선생의 말을 빌리면 위연은 장군으로서 일생을 전쟁터에서 보내면서 "큰 공은 있으나 큰 죄는 없다"고 말할 수 있습니다. 그런데도 오히려 "큰 화를 당하고 모함까지 뒤집어썼습니다." 이것만도 엄청나게 억울할 일이었습니다. 그러나 양의는 그의 삼족까지 다 죽였습니다. 이것이 후세 사람들이 양의에게 대놓고 불평을 터뜨리는 가장 큰 이유이기도 합니다.

도대체 양의는 왜 그렇게 심하게 했을까요? 당연히 이유가 있습니다. 예컨대 학경郝經은 양의가 "개인적 보복을 위해 위연을 죽였다"고 주장했습니다. 그 때문에 죄가 위연보다 더 크다고 생각하기도 했습니다. 유가립劉家立 역시 그랬습니다. "그(위연)의 공로는 묻어버릴 수 없는 것이었다. 그런데도 삼족을 멸했다. 너무 심했다"라고 말했습니다(모두 『삼국지집해』 참고). 사람을 죽인다는 것은 사실 아무것도 아닙니다. 머리가 땅에 떨어지도록 하는 것에 불과합니다. 양의는 당시 이미 위연을 죽였습니다. 그러면 된 것입니다. 그러나 그는 다시 발로 그의 머리를 짓밟았습니다. 너무 심하지 않나요?

물론 양의도 억울할 수가 있습니다. 이유가 없을 까닭이 없습니다. 무엇보다 양의와 위연의 싸움은 순수한 개인의 원한에 따른 것이었습니다. 누가 맞고 누가 틀리다고 말하기 어려웠습니다. 아니 솔직히 공평하게 말하면 위연의 책임이 조금 더 크다고 할 수 있습니다. 두 사람의 불화는 순전히 위연의 거만하고 안하무인적인 태도가 원인을 제공했으니까요. 유독 양의만 그에게 허리를 굽히지 않은 것이 원인이었습니다. 양의는 이에 대해 어떤 책임도 질 필요가 없습니다. 설마 위연은 건방지게 굴어도 되고 양의는 자신의 의지에 따라 독자적 입장을 견지하면 안 되나요? 더구나 싸울 때마다 괴롭힘을 당하는 쪽은 양의였습니다. 남자가 여러 사람 앞에서 수모를 당해 눈물을 흘렸다면 그 마음이 어땠을까요? 양의가 나중에 위연에게 그렇게 심하게 대한 것은 괜한 것이 아니었습니다. 쌓인 원한이 너무 깊었습니다.

양의가 억울한 둘째 이유는 그가 이 사건의 앞부분에서만큼은 어떤 잘못도 없었다는 사실에 있습니다. 그는 순전히 제갈량의 안배에 따라 행동했으니까요. 『삼국지』「위연전」도 이에 대해서는 분명히 말하고 있습니다. 이에 의하면 제갈량은 숨을 거두기 전에 "후퇴할 때 위연에게는 후방을 엄호하도록 하라. 강유는 그다음 방어선을 맡도록 하라. 만약 위연이 명령에 따르지 않으면 그를 그대로 내버려두고 부대는 출발하도록 하라"는 명령을 내렸습니다. 양의는 제갈량이 하라는 대로 한 것입니다. 무슨 잘못이 있습니까? 위연이 명령을 따르지 않고 제멋대로 행동한 것이 문제였습니다. 더구나 '도중의 모든 잔도를 모조리 불태워버렸'으니, 양의의 입장에서는 퇴로가 끊겼습니다. 그 자리에서 죽음을 기다려야만 했을까요? 이뿐만이 아닙니다. 위연은 양의를 그저 사지에 몰아넣으려 한 것에서 그치지 않았습니다. 양의가 모반을 기도했다고 고변까지 했습니다. 양의는 과연 자위의 행동을 하면 안 됐을까요? 양의와 위연이 동시에 상대가 모반을 할 것이라고 상주했을 때의 상황을 봐도 그렇습니다. 모든 조정의 문무백관들이 '양의의 입장을 두둔하고 위연을 의심했'는데, 이것이 양의의 잘못입니까?

## 엇갈리는 사서의 기록들

이렇게 말하면 확실히 사건 발생의 잘못은 위연에게 있습니다. 그러나 이 또한 문제가 있지 않나 싶습니다. 위연 역시 제갈량의 안배에 따라 행동했을 가능성이 있기 때문입니다. 『삼국지』「위연전」의 배송지 주에서 인용한 『위략』을 보면 제갈량이 세상을 떠나기 전에 지명한 대리인은 절대로 양의가 아니었습니다. 오히려 위연이었을 개연성이 더 농후합니다. 여기에서 그치지 않습니다. 제갈량이 하달한 명령은 더욱 명확했습니다. "나를 대신해 모든 일을 처리하라. 비밀리에 나의 관을 운구해가라"는 것이었습니다. 위연은 명령을 받들었습니다. 비밀리에 부대를 이동해 포구(褒口, 앞에서 말한 남곡구)에서 비로소 제갈량의 장례를 치렀습니다. 이렇게 되자 양의는 잔뜩 긴장했습니다. '제갈량 대행'이 된 위연이 자신을 해치지 않을까 걱정하기 시작한 것입니다. 그래서 양의는 먼저 선수를 쳤습니다. 위연이 반란을 일으키려 한다는 사실을 조정에 상주한 것입니다. 그는 위연이 배신하여 곧 적에 투항할 것이라는 여론 역시 조성했습니다. 행동도 빨랐습니다. 공격이 최선의 방어라고 위연을 먼저 공격했습니다. 위연은 반란을 일으킬 생각이 전혀 없었습니다. 당연히 양의와 전투를 벌이지 않았습니다. 그는 그저 철군을 했을 뿐입니다. 그러나 결과적으로 피해를 당했습니다.

이 기록은 상당히 조심스럽게 접근하지 않으면 안 됩니다. 만약 이 설이 성립된다고 보고 『삼국지』의 기록 역시 부정하기 어렵다면 이 사건의 원인 제공자로서 제갈량의 책임이 누구보다도 크다고 할 수 있으니까요. 일단 이 부분의 내용을 사실이라고 가정할 경우 제갈량은 엉뚱하게 두 가지 서로 모순된 명령을 내렸다고 할 수 있습니다. 위연에게 '나를 대신해 모든 일을 처리하라. 비밀리에 나의 관을 운구해가라'는 명령을 내리면서 양의에게는 '후퇴할 때 위연에게 후방을 엄호하게 하라'고 지시한 것입니다. 이뿐만이 아닙니다. 양의에게는 '만약 위연이 명령을 따르지 않으면 그대로 내버려두고 부대를 철군시키도록 하라'는 명령까지 내렸습니다. 고의적으로 위연과 양의 간에 싸움을 붙인 것은 혹시 아닐까요? 장쥐야오 선생이 『유비평전』에서 위연이 당한 억울한 모함 사건이 "완전히 제갈량이 혼자 계획한 것"이라고 결론 내린 것은 바로 그래서였습니다.

이 논리에 따르면 제갈량은 위연의 억울한 사건을 사전에 '계획'했습니다. 또한 양의의 비극까지 '야기'했습니다. 앞에서 말했듯 양의는 장완과 비교할 때 자격과 능력이 모두 충분했습니다. 게다가 공로도 많았습니다. 설사 공로가 없다 하더라도 고생은 했습니다. 더구나 '반란을 평정'한 공도 있었습니다. 어쨌거나 지위가 장완의 아래에 있지는 않아야 했습니다. 그런데 왜 장완은 제갈량의 직권을 이어받고(승상이 된 것은 아닙니다) 양의는 한직으로 밀려났을까요? 모두 제갈량의 심모원려와 무관하지 않습니다. 『삼국지』「양의전」을 볼 필요가 있습니다. 이에 의하면 제갈량은 내심 양의를 좋게 생각하지 않았습니다. 성격이 좋지 않다고 판단한 것입니다. 성격이 급한 데다 속이 좁아 장완에 못 미친다는 것이 제갈량의 판단이었습니다. 결과적으로 장완은 승진했습니다. 반면 양의는 한직으로 내몰린 다음 마지막에 스스로 몰락을 자초하게 됩니다.

정말 무서운 일입니다. 제갈량이 '남의 칼을 빌려 사람을 죽인 것'이라 해도 무방합니다. 그야말로 일석이조였습니다. 위연을 제거하고 양의까지 제거한 것입니다. 어찌 음험하고 악독하다 하지 않겠습니까? 때문에 묻지 않을 수 없습니다. 진짜 제갈량이 이 모든 것을 미리 계획했을까요?

아닙니다. 무시무시한 음모에 의해 장완이 제갈량을 승계하고 양의는 좌천되었다는 분석은 솔직히 매우 의심스럽습니다. 이에 대해 『삼국지』「양의전」이 우선 변명을 해주고 있습니다. 이 안배가 제갈량이 '평생 품어온 생각'에 근거한 것이라고 말입니다. 그렇다면 제갈량이 내심 무슨 생각을 했는지는 과연 누가 알 수 있을까요?『삼국지』「장완전」을 참고해 봅시다. 이에 의하면 제갈량은 생존해 있을 때 종종 사람들에게 "공염(公琰, 장완의 자)의 포부는 참으로 청정하고 고상하다. 나와 함께 황상을 보좌해 큰일을 이룰 사람이다"라고 칭찬했다고 합니다. 이것은 아마도 여론을 조장하기 위한 것이 아니었나 판단됩니다. 이뿐이 아닙니다. 제갈량은 비밀리에 유선에게 표를 올려 "신이 만약에 세상을 떠나면 후사는 장완에게 맡겨야 할 것입니다"라고 말했습니다. 이는 자신의 사후 정치 구도에 대한 사전 안배로 볼 수 있겠습니다.

과연 그렇다면 제갈량은 왜 임종 시에 자신의 생각을 공표하지 않고 '비밀리에 후주에게 상주'를 했을까요? 우리는 장완이 제갈량의 뒤를 이으려 했을 때 조정의 문무백관들이 이를 인정하지 않고, 복종하지 않으려 한 사실을 잘 압니다. 그들은 나중에 '점차적으로 인정하고 복종'한 것입니다. 이 '점차적으로'라는 말의 의미는 분명합니다. 장완이 자리를 이으려 했을 때 그 상황이 어느 정도는 돌발적이고 누구나 내키지 않아 했다는 사실을 설명하는 것입니다. 바로 이 때문에 뤼쓰몐 선생은『삼국사화』에서 다음과 같은 심정을 토로했습니다.

"제갈량의 지위가 가지는 위엄이나 명망으로 볼 때 만약 이 일을 먼저 공개하고 분부했더라면 누가 반대하는 것을 두려워할 필요가 없었다. 일이 적절하게 잘 풀려나갔을 것이다."

그러면 제갈량은 왜 그렇게 하지 않았을까요? 뤼쓰몐 선생이 내린 결론은 간단합니다. 제갈량이 비밀리에 장완을 추천한 것은 '사실이 아니다'라는 것입니다. 당연히 가능한 분석입니다. 중국의 고대사에서 일단 권력 교체와 관계되는 사건들은 허허실실과 덮고 숨기는 것은 기본이고 몰래 나쁜 짓을 모의하는 일도 허다했으니까요.

저는 다른 하나의 가능성도 배제하지 않고 있습니다. 제갈량이 누군가를 꺼림칙하게 생각했다는 사실입니다. 누구를 꺼림칙하게 생각했을까요? 양의입니다. 앞에서 말했듯 양의는 자격과 능력 면에서 장완보다 훨씬 앞섰습니다. 공로 역시 많았습니다. 또 자신이 훌륭하다고 생각하기도 했습니다. 만약 제갈량이 세상을 떠나기 전에 이런 양의를 제치고 장완을 후계자로 삼는다는 사실을 선포했다면 어떻게 됐겠습니까? 양의가 길길이 뛰지 않았겠습니까? 제갈량이 살아 있을 동안에는 아마 그렇게 하지 못했을 것입니다. 그러나 제갈량이 세상을 떠났다면 어땠을까요? 뛰었을까요, 안 뛰었을까요? 그렇습니다. 난리가 났을 것입니다. 더구나 이때 장완은 군중에 있지 않았습니다. 위연 역시 전선에 출병하여 자리를 비운 상태였습니다. 군부는 양의가 완전히 수중에 장악하고 있었다는 사실을 알아야 합니다. 물론 양의 옆에는 비위와 강유 등이 있었습니다. 그러나 그를 제어하지 못했을 것입니다. 만약 제어했다 해도 그가 소란을 일으키려고 작정했다면 일은 벌어질 수 있었습니다. 따라서 모든 일은 촉의 대군이 성도로 돌아온 다음에 처리해야 했습니다. 제갈량이 그저 '비밀리에 후주에게 상서'할 수밖에 없었던 이유도 여기에 있습니다.

그러면 제갈량은 왜 또 위연에게 '나를 대신해 모든 일을 처리하라. 비밀리에 나의 관을 운구해가라'고 명령했을까요? 이 역시 양의에 대응하기 위해서였을까요? 아닙니다. 도저히 믿을 수 없는 이야기라고 생각됩니다. 믿지 말아야 하는 이유는 있습니다. "적국의 소문은 이 전傳에 올릴 것을 검토할 필요조차 없다"라는 배송지의 말에서 보듯 논리적으로 허술하기 이를 데 없기 때문입니다. 또 이 말은 완전히 성립될 수 없기도 합니다. 제갈량이 병사할 때 위연은 곁에 있지 않았습니다. 그의 곁에 있었던 것은 양의였습니다. 제갈량이 어떻게 위연에게 '나를 대신해 모든 일을 처리하라'고 명령했을까요? 또 위연은 어떻게 '비밀리에 제갈량의 관을 운구'해 갈 수 있었겠습니까? 제갈량이 무공武功의 오장원五丈原에서 병사를 했다는 사실도 감안해야 합니다. 위연이 '비밀리에 제갈량의 관을 운구' 했거나 '포구에 이르렀다'면 이미 멀리 남쪽으로 간 것이 되기 때문입니다. 그렇게 되면 양의가 어떻게 '위연이 병사들을 이끌고 북의 위나라에 귀순했다'라는 말을 할 수 있었겠습니까? 『위략』의 견해는 충분히 뒤집을 수 있다는 얘기가 되겠습니다.

『위략』의 이 부분의 기록이 믿을 만하지 않다면 『삼국지』 「위연전」의 견해는 과연 진실일까요? 만약 진실이라면 제갈량은 위연의 죽음에 대해 책임을 지지 않으면 안 됩니다. 만약 사실이 아니면 반드시 진상이 무엇인지 찾아야 합니다. 이에 대해서는 역사적으로 세 가지 다른 관점이 있습니다. 첫째 관점은 「위연전」의 기록이 사실이라는 것입니다. 나아가 제갈량이 이런 안배를 한 것은 위연이 반드시 배반할 것으로 예측했기 때문이라고 생각하는 것입니다. 이 관점은 『삼국연의』가 대표적으로 주장하고 있습니다. 둘째 관점은 「위연전」의 기록이 사실일 뿐 아니라 제갈량이 위연의 모반 사건을 '혼자 계획'했다고까지 생각하는 것입니다. 이 관점은 장쭤야오 선생의 『유비평전』이 대표적으로 주장하고 있습니다. 셋째 관점은 「위연전」의 기록은 사실이 아니라는 것입니다. 다른 진상이 있다고 생각하는 견해입니다. 이 관점은 뤼쓰몐 선생의 『삼국사화』와 천얼둥 선생의 『삼국한화』가 대표적으로 주장하고 있습니다. 첫째 관점에 동의하는 것은 위연의 억울함을 인정하는 것입니다. 반면 둘째 관점에 동의하는 것은 제갈량을 비정한 인간이라고 비판하는 것과 다를 바 없습니다. 셋째 관점에 동의하는 것은 『삼국지』를 부정하는 것입니다. 정말 난처한 일이 아닐 수 없습니다. 그렇다면 믿을 수 있는 네 번째 관점이 있는 것일까요?

**41강**
以攻爲守

# 공격은 최선의 수비

위연의 모반 사건은 이해가 안 되는 부분이 있다. 제갈량이 세상을 떠나기 전에 왜 위연에게 불리하도록 철군을 계획했는가 하는 것이다. 이 안배는 두 사람 사이의 전략적 노선 차이와 관계가 있었을까? 제갈량은 북벌을 진행할 때 왜 위연의 '자오곡子午谷의 기묘한 계책'을 수용하지 않았을까? 이 의견 차이의 배후에는 어떤 공개하지 못할 비밀이 있었을까? 제갈량은 또 기산으로 여러 번 출병했으나 헛수고만 했다. 그럼에도 계속 끝까지 북벌을 진행했다. 도대체 무엇 때문이었을까?

앞 강의에서 우리는 위연의 억울한 모반 사건에 대해 얘기했습니다. 이 사건의 성격은 분명합니다. 위연의 '반란'이나 '모반'이 아니라 '집안 싸움'이었습니다. 직접적인 책임자는 양의와 위연 그 자신들이었습니다. 그러나 제갈량 역시 책임이 있습니다. 세상을 떠나기 전에 이상한 안배를 했으니까요. 『삼국지』 「위연전」에 의하면 제갈량은 사망 직전 극비리에 '병상회의'를 소집했습니다. 참석자는 장사 양의와 사마 비위, 호군 강유 등이었습니다. 제갈량은 이 회의에서 자신이 사망한 다음 즉각적 철군과 위연의 후방 엄호를 지시했습니다. 만약 위연이 명령을 따르지 않으면 그대로 내버려두고 철군하라고도 했습니다.

이 내용은 상당히 의심스럽습니다. 주지하다시피 당시 북벌에 나선 부대의 군중에서 제갈량을 제외하면 지위가 제일 높았던 인물은 위연이었습니다. 우선 그는 전군사前軍師에 정서대장군이었습니다. 게다가 가절의 권위를 부여받았을 뿐 아니라 남정후南鄭侯에도 봉해졌습니다. 남정후는 현후縣侯로 최고의 작위였습니다. 대장군 역시 실제 직책으로 군대의 최고 계급이었습니다. 가절은 말할 것도 없습니다. 권위가 최고였습니다. 관례에 따를 경우 제갈량을 대신해 전군을 지휘할 사람은 당연히 위연이었습니다. 그러나 제갈량은 엉뚱하게 양의를 지명했습니다. 양의는 직무가 무엇이었을까요? 승상장사에 수군장군이었습니다. 승상장사는 승상의 비서실장이었습니다. 그러나 실질적 임무는 승상의 관사를 관리하는 집사였습니다. 수군장군도 그렇습니다. 부대를 통솔하지 않는 '부하 없는 사령관'이었습니다. 부대 내의 문관이라 할 수 있었습니다. 결론적으로 말해 제갈량의 이 안배는 군권을 군인에게 주지 않고, 문관에게 준 것입니다. 고관에게 준 것이 아니라 직급이 낮은 관리에게 준 것입니다. '부사령관'에게 주지 않고 '비서실장'에게 준 것입니다. 한마디로 뒤죽박죽인 조치였습니다. 이상하지 않습니까?

### 병상회의의 미스터리

당연히 의문이 제기돼야 합니다. 왜 제갈량은 위연을 기용하지 않고 양의를 중용했을까요? 또 왜 그는 자신이 소집한 극비 '병상회의'에 참가하도록 위연에게 통보하지 않았을까요? 위연이 명령에 따르지 않을 것이라고 예측한 다음 그대로 내버려두고 철군하라고 한 것도 이상합니다. 왜 그랬을까요? 이 마지막 의문은 답을 하기가 가장 어려운 문제인 것 같습니다. 솔직히 이 안배를 보면 누구나 제갈량이 위연을 사지로 몰아넣으려 했다는 사실을 잘 알 수 있습니다. 모반을 강요했다는 사실도 그대로 드러납니다. 최소한 그를 포기할 준비를 했다는 점은 명확합니다. 제갈량은 자신의 조치가 가져올 이해 관계를 당연히 알고 있었습니다. 그러면 그는 왜 그렇게 한 것일까요?

이와 관련해서 세 가지 분석이 있습니다. 첫째, 『삼국연의』는 제갈량이 일찌감치 위연이 배반할 것이라고 예측했다고 주장합니다. 모든 의혹을 충분히 해소할 수 있는 주장입니다. 그러나 이것은 소설가의 말입니다. 믿기가 어렵습니다. 실제로 그 어떤 역사학자도 이 견해를 긍정적으로 받아들이는 사람은 없습니다. 제갈량을 극도로 숭배하는 학자들(예컨대 위밍샤 선생)마저도 하나같이 이른바 '위연 모반' 사건은 '당시의 가장 억울한 사건(『제갈량평전』 참고)'이라고 생각했을 정도였습니다.

그러나 위연이 모반하지 않았을 것이라고 가정하면 제갈량의 입장은 무척이나 난감하게 됩니다. 제갈량의 조치는 총사령관이 부사령관을 포기하는 것이었습니다. 이것이 얼마나 엄청난 일인지 여러분도 잘 알 것입니다. 그 때문에 위연이 억울하다고 생각하면서도 제갈량을 옹호하려는 역사학자들은 『삼국지』의 기록이 사실이 아니라고 주장합니다. 이것이 두 번째 시각입니다. 예컨대 뤼쓰몐 선생이 그렇습니다. 그는 『삼국사화』에서 제갈량이 부대 철수 계획을 세우지 못한 채 갑자기 세상을 떠났다고 말합니다. 이른바 '위연에게 부대의 후방을 엄호하는 임무를 맡기고 강유에게는 그 다음 방어선을 지키도록 했다'는 명령은 양의의 머리에서 나온 것이지 제갈량의 계획이 아니었다는 것입니다. 이렇게 되면 위연을 내버려두고 출발하라는 지시 역시 자연히 양의의 지시가 됩니다. 제갈량의 지시가 아니고, 제갈량은 기본적으로 이렇게 말을 한 적도 없다는 것입니다. 천얼둥 선생이 이런 주장을 펼칩니다. 천 선생은 『한화삼분』에서 양의 등이 '승상의 유언'이라면서 거짓으로 전했을 가능성이 높다고 주장하고 있습니다.

충분히 말이 됩니다. 위연은 양의의 옆에 없었습니다. 제갈량은 이미 사망했습니다. 일어나 증명해보라고 할 수가 없었습니다. '승상의 유언'이라는 '구두 고지'는 양의가 입에서 나오는 대로 함부로 지껄인 것일 수 있었습니다. 이 분석은 나름대로 장점이 있습니다. 모든 문제를 모두 다 해결할 수 있습니다. 하지만 애석하게도 이는 그저 추측입니다. 추리일 뿐이지 전혀 증거가 없습니다.

따라서 세 번째 분석을 하지 않을 수 없습니다. 제갈량은 극비 '병상회의'를 정말 소집했습니다. 또 분명히 앞에서 언급한 안배들을 했습니다. 왜 제갈량은 이처럼 위연에게 불리한 안배를 했을까요? 이에 대해 장쬐야오 선생은 『유비평전』에서 제갈량이 위연을 불신했기 때문이라고 주장했습니다. 왜 불신했을까요? "군사적 전술에서 의견 충돌"이 있었기 때문입니다. 이 분석은 증거가 있을까요? 그렇습니다. 『삼국지』「위연전」을 보도록 합시다. 이에 의하면 위연은 출병할 때마다 항상 제갈량에게 1만여 명이나 되는 많은 병력을 요구했습니다. 또 자신이 단독으로 부대를 지휘하기를 원했습니다. 예컨대 자신과 제갈량이 두 방향으로 출병하여 동관에서 병력을 합치자는 식입니다. 마치 한신이 유방과 함께 천하를 다툴 때처럼 하자는 것이죠. 그러나 제갈량은 단 한 번도 그에게 흔쾌하게 답을 해준 적이 없었습니다. 위연은 제갈량이 간이 작아 일을 부담스러워한다고 생각할 수밖에 없었습니다. 능력이 뛰어난 자신이 공을 세울 기회를 잃는다고 몹시 분개하면서 불평하기도 했습니다.

## 제갈량, 위연의 계책을 거부하다

위연과 제갈량의 의견 충돌은 실제 사례도 있었습니다. 이른바 '자오곡의 기묘한 계책'과 관련한 충돌이었습니다. 당시 촉나라 군대가 한중에서 중원으로 북진하려면 반드시 진령秦嶺을 넘어야 했습니다. 이 진령을 넘는 길은 세 가지였습니다. 우선 동쪽의 자오곡 길을 들 수 있었습니다. 길이가 6백여 리로 출구는 바로 장안이었습니다. 또 다른 길은 중간의 주곡駐谷이었습니다. 전장이 4백여 리였습니다. 출구는 무공이었습니다. 마지막 길은 서쪽의 사곡斜谷이었습니다. 전장이 약 5백여 리에 출구는 미국(郿國, 미현郿縣)이었습니다. 바로 이 사곡의 중간에 서북 방향으로 난 한 갈래 길이 있었습니다. 기곡입니다. 기곡에서 나가면 바로 산관散關이 나왔습니다. 진창陳倉으로 가는 길이었습니다. 건흥 6년(서기 228년) 봄이었습니다. 이미 한중에 도착한 제갈량은 위를 공격하기로 결정했습니다. 그의 제1차 북벌이 시작된 것입니다. 여기서 어느 방향으로 공격할 것인가 하는 문제에 직면합니다.

『삼국지』「위연전」의 배송지 주에서 인용한 『위략』에 따르면 당시 제갈량이 군사회의를 소집한 장소는 남정이었습니다. 이 회의에서 위연은 처음 북벌 부대를 둘로 나누자고 주장했습니다. 구체적으로 들어가봅시다. 위연은 자신이 우선 5천 명의 정예 병력을 거느리고 출병하겠다고 역설했습니다. 또 군량미를 운반할 5천 명의 병력은 포중에서 진령을 따라 동쪽으로 가도록 하자고 제의했습니다. 자오곡을 따라 북상하는 것입니다. 이렇게 하면 10일이 안 돼 장안에 도착할 수 있다는 것이 그의 주장이었습니다. 그는 제갈량 역시 친히 대군을 이끌고 사곡을 거쳐 미국과 진창으로 진공하는 전략도 제시했습니다. 위연의 말을 들어볼 필요가 있겠습니다.

지금 장안을 지키는 장군은 조조의 사위인 하후무夏侯楙입니다. 그러나 그는 보살핏없는 부잣집 자식에 불과합니다. 만약 소장의 병사가 도착했다는 소식을 들으면 분명히 놀라 줄행랑을 칠 것입니다. 게다가 장안의 성 내에도 그럴 듯한 인물들이 없습니다. 반면 재정이나 군량은 충분합니다. 소장이 한동안은 지킬 수 있습니다. 그러다 승상의 부대가 오기를 기다려 양군이 병력을 합치면 함양咸陽 서쪽은 바로 끝장나지 않겠습니까?

그러나 제갈량은 위연의 말을 듣지 않았습니다. 위연이 말한 이 내용이 바로 '자오곡의 기묘한 계책'이었습니다. '제갈량 시대'에서 가장 많이 거론되는 문제입니다. 또 역사학자들 사이에 논쟁이 끊이지 않는 문제이기도 합니다. 많은 사람들은 지금도 제갈량이 왜 위연의 이 건의를 받아들이지 않았는지 의아하게 생각합니다. 사실 그럴 수밖에 없습니다. 이 기묘한 계책을 써서 자오곡으로 부대를 이끌고 가서 조위를 공격했을 경우 상대는 속수무책이었을 가능성이 높았으니까요. 솔직히 위연의 건의는 복잡하지 않았습니다. 딱 두 가지 내용을 포함하고 있었습니다. 첫째는 병력을 나누는 것이었습니다(위연이 만 명을 인솔해 자오곡으로 가고 제갈량은 대군을 거느리고 사곡으로 가는 것). 둘째는 기습이었습니다(장안으로 직접 공격하는 것). 따라서 이 문제는 두 가지 의문을 불러일으킵니다. 우선 제갈량이 왜 위연에게 군대를 나눠주지 않았느냐 하는 것입니다. 제갈량이 자오곡으로 가지 않은 것도 의문입니다.

먼저 군대를 가르지 않은 것에 대해 말해보겠습니다. 군대를 나누는 것은 사실 매우 정상적인 전략입니다. 유비와 관우는 자주 군대를 나눴습니다. 제갈량의 '융중대책'에도 이런 전략은 나옵니다. "바로 한 대장으로 하여금 형주의 군대를 거느리고 완성宛城과 낙양으로 향하게 하고 장군은 친히 익주의 군대를 이끌고 진천秦川으로 나아가십시오"라고 그 자신이 직접 말했습니다. 위연 역시 자신만만했습니다. "이것은 한신의 전략과 같다"라고 말했을 정도였으니까요. 제갈량을 유방과 유비, 자신을 한신과 관우에 비교한 것입니다. 자신을 충성스럽고 합리적인 사람으로 띄운 것이지요. 또한 제갈량이 실제로 병력을 나누지 않은 것도 아닙니다.『삼국지』「제갈량전」에 의하면 제갈량의 나중 결정은 사곡에서 출병하여 미국을 공격한다는 것이었습니다. 아울러 그는 조운과 등지를 보내 기곡을 점거하기도 했습니다. 자신은 대군을 이끌고 서쪽의 기산으로 진공했고요. 이로 볼 때 제갈량이 군대를 나눠주는 것은 절대 불가능한 조치가 아니었습니다. 그러나 그는 조운과 등지 등은 전선으로 보냈으면서도 위연은 쓰지 않았습니다. 그가 위연을 불신임하지 않았을까 하는 가정을 해보도록 만드는 대목입니다.

이에 대해서는 반론의 여지가 있습니다. 조운과 등지가 인솔한 부대는 그저 '적을 현혹시키는 병사'들이었으니까요. 결코 위연이 꼭 가야 했던 것은 아닙니다. 게다가 이때 조운의 지위는 위연보다 낮지 않았습니다(두 명 모두 건흥 원년에 정후亭侯에 봉해졌습니다. 조운의 직위는 중호군 진동장군이고, 위연의 직위는 승상사마 양주자사涼州刺史였습니다). 조운은 보내면서 위연은 가라고 하지 않은 것은 절대로 불신임해서가 아니었습니다. 또 제갈량이 위연을 중용하지 않았다고 하기 어렵습니다. 위연의 이력을 보면 알 수 있습니다. 위연은 무엇보다 유비의 눈에 든 사람이었습니다. 이른바 '선주의 중신'이었습니다. 유비 생존 시 그는 아문牙門장군과 진원鎭遠장군을 지낸 다음 진북鎭北장군에까지 승진했습니다. 이어 제갈량이 정권을 접수한 다음에는 도정후都亭侯에 봉해졌습니다. 건흥 5년(서기 227년) 제갈량이 한중에 진주했을 때도 위연의 승진은 이어졌습니다. 전방 사령관에 임명됐을 뿐 아니라 승상사마와 양주자사까지 겸임했습니다. 건흥 8년(서기 230년)에는 다시 전군사와 정서대장군으로 승진한 다음 가절의 권위를 부여받았습니다. 작위 역시 두 단계나 올랐습니다. 정후(도정후)에서 현후(남정후南鄭侯)로 승진한 것입니다.『삼국지』「유염전劉琰傳」을 봐도 위연의 위상은 잘 드러납니다. 유염과 위연이 갈등을 일으켰을 때 제갈량에게 책망의 말을 들은 것은 위연이 아닌 유염이었습니다. 따라서 제갈량이 위연을 신임하지 않았다는 말은 성립되지 않을 것 같습니다.

이제 제갈량이 자오곡으로 가지 않은 것에 대해서도 말해봐야겠습니다. 이 역시 역사적으로 논쟁이 많은 문제입니다. 논쟁의 초점은 대체로 위연의 기묘한 계책의 실현 가능성 여부에 모아지지 않나 싶습니다. 우선 제갈량이 위연의 계책을 수용하지 않은 것에 대해 애석하게 생각하는 사람들의 견해를 봅시다. 주지하다시피 당시 제갈량의 북벌에 대해 조위 진영에서는 조금도 마음의 준비를 하지 않았습니다. 촉나라 군대가 기산에 출현했을 때 남안과 천수·안정 등 3개 군이 동시에 '제갈량에 호응'하고 '결과적으로 관중이 소란' 해졌을 정도였으니까요. '조야가 모두 두려워했다'는 것은 더 말할 필요도 없습니다. 만약 이때 위연의 5천 명 정예부대가 장안에 출현했다면 어떤 상황이 벌어졌을까요? 그러나 애석하게도 제갈량은 너무 조심스러웠습니다. 앉아서 좋은 기회를 놓쳤습니다. 상당히 일리 있는 주장이라고 할 수 있습니다. 하지만 제갈량의 입장을 옹호하는 측의 견해 역시 무시할 수 없습니다. 그들은 위연의 계책이 너무 애매했다고 생각합니다. 이를테면 위연은 하후무가 성을 버리고 도망갈 것이라고 예측했으나 반드시 도망간다는 보장은 없는 것 아닙니까? 설사 하후무가 도주를 하더라도 다른 장군이 성을 사수할 수도 있습니다. 더구나 지척에는 위나라의 명장 곽준郭準 등도 있었습니다. 만약 위나라의 부대가 장안을 사수하고 곽준이 구원하러 오게 되면 군량미가 많지 않은 위연의 군사들은 포위당할 수도 있었습니다. 이뿐이 아닙니다. 위연은 제갈량의 대군이 사곡에서 북상해 뒤이어 도착할 것이라고 했으나 모든 것이 계획대로 된다는 법은 없지 않습니까? 자오곡이나 사곡은 하나같이 높은 산과 준령을 지나야 했습니다. 도로도 위험하고 기후의 변화가 심했습니다. 얼마가 걸릴지를 그렇게 정확히 예측할 수 없었습니다. 또한 먼 길을 가서 적을 습격하는 것은 성패를 예측하기 어렵습니다. 그래서 먼 곳으로의 출병은 신중에 신중을 기해야 했습니다. 더구나 위연의 부대는 산 넘고 물 건너 천신만고 끝에 장안에 도착해서는 힘이 다 빠진 상태가 될 수도 있었습니다. 쉬면서 힘을 비축했다 피로한 적을 맞아 싸우는 하후무의 병사들에게 어떻게 대적할 수 있겠습니까? 제갈량이 위연의 계책을 받아들이지 않은 것은 분명히 틀린 판단은 아니라고 할 수 있습니다.

## 제갈량의 북벌과 그 한계

이러한 견해들은 모두 나름의 일리가 충분히 있습니다. 그러나 저는 모두들 기본에 대해서는 말하지 않았다고 생각합니다. 기본은 무엇입니까? 바로 정치입니다. 전쟁은 정치의 연속입니다. 더구나 제갈량은 정치가였습니다. 정치가가 전쟁을 진행하면서 계산할 때 가장 먼저 꺼내드는 것이 정치 장부입니다. 그다음이 군사 장부입니다. 제갈량은 위연의 건의를 받아들일지 말지를 결정했을 때도 이렇게 했습니다.

그러면 제갈량이 어떤 정치 장부를 꺼내들고 계산을 했을까요? 이 의문에 대한 답을 얻기 위해서는 우선 하나의 큰 문제를 정확하게 인식해야 합니다. 그것은 제갈량이 왜 북벌을 했는가 하는 것입니다. 「출사표」는 이 문제의 해답을 주고 있습니다. 일반적으로 북벌의 목적은 「출사표」에 나오는 열여섯 글자를 통해 이해할 수 있습니다. 바로 "북정중원北定中原, 양제간흉攘除姦凶, 흥복한실興復漢室, 환어구도還於舊都(북으로 중원을 평정하고 간사하고 흉악한 무리를 몰아내 한실을 부흥시키고 옛 수도로 돌아간다)"입니다. 이 원칙은 제갈량의 이상이었습니다. 제가 여러 번 말했듯 제갈량은 일반 책사나 모사와는 다른 점이 많은 사람입니다. 그중 가장 중요한 것이 그에게는 이상이 있었다는 사실입니다. 또한 자신의 이상을 줄곧 잊지 않았습니다.

그러나 여러분에게 한번 물어보겠습니다. 제갈량은 이 이상을 실현했습니까? 아닙니다. 못했습니다. 제갈량은 여러 번 북벌을 시도했습니다. 이 결과 비록 무도武都와 음평陰平을 얻고 왕쌍王雙과 장합張郃을 죽이는 승리도 거두기는 했으나 전체적으로는 잃은 것이 얻은 것보다 더 많았습니다. 노력은 했으나 공은 없었다는 말이 되겠습니다. '한실을 부흥시키고 옛 수도로 돌아간다'는 목표와는 더욱 거리가 멀어졌다고 하겠습니다. 물론 이것은 그가 능력이 없어서가 아니었습니다. 그가 노력을 하지 않은 것은 더욱 아니었습니다. 그것은 필연적 추세였습니다.

여기에서 말한 '추세'는 대략 세 가지로 정리할 수 있습니다.

첫째, 조위는 결코 빨리 망할 나라가 아니었습니다.

유비와 제갈량의 눈과 입, 마음속에서 조위는 '한나라의 반역자'이자 '죄인'이었습니다. 이러한 정치적 입장을 그들은 기본적으로 포기한 적이 없었습니다(손권은 포기한 적이 있습니다).『제갈량집』을 보면 확연해집니다. 이에 따르면 유비가 사망한 다음, 사도 화흠華歆과 사공 왕랑王朗, 상서령 진궁, 태사령太史令 허지許芝 같은 조위 진영의 사람들은 모두 약속이나 한 듯 제갈량에게 편지를 썼습니다. 투항을 하라고 말입니다. 제갈량은 이에 하나하나 대답하지 않았습니다. 대신「정의正議」라는 문장을 지어 공개적으로 태도를 표명했습니다. 이 문장은 기세가 당당하고 정의롭고 늠름합니다. 또 최후의 한 구절은 제갈량의 북벌전쟁에 대한 인식을 잘 보여줍니다. "정도正道에 의거해 죄 있는 사람을 다스린다"는 내용입니다. 한마디로 제갈량은 자신이 일으킨 전쟁을 정의의 전쟁으로 생각했습니다.

사실 제갈량이 이런 말을 한다고 해도 크게 이상할 것이 없습니다. 아니 오히려 이런 말을 하지 않으면 제갈량이 아니라고 할 수 있겠습니다. 그러나 이른바 '정도에 의거해 죄 있는 사람을 다스린다'라는 말은 정치 구호일 뿐이었습니다. 그저 백성의 사기를 고무시키는 데 쓸 수 있을 뿐이었습니다. 솔직히 세상 물정을 모르는 사람의 생각이라 해도 좋습니다. 동한 말년은 천하가 크게 혼란했을 때였습니다. 누군가 나타나 세상을 정리하거나 천하를 통일하는 것은 크게 의미가 없었습니다. 백성이 편안하고 즐겁게 살면 됐습니다. 그것이 바로 정의였습니다. 더구나 삼국정립 이후 이런 말을 한다는 것은 조금 낯간지럽습니다. 위를 비롯해 촉과 오 모두 중국을 통일하려고 생각했으니까요. 부정적으로 말해 그들은 하나같이 천하를 제패하려고 했던 것입니다. 촉나라가 통일하는 것은 '정도'이고 조위가 통일하는 것은 '죄'라고 할 수는 없지 않을까요? 더구나 촉한이 '정도'라고 생각하는 것도 그렇습니다. 그저 성이 유劉라는 사실에 근거한 것일 뿐입니다. 좋습니다. 그렇다면 유비만 유씨입니까? 유표나 유장은 유씨가 아니었습니까? 형주와 익주의 '정권 교체'가 유비가 '정도'였기 때문이었습니까? 유표와 유장이 '유죄'였기 때문입니까? 아니겠죠! 톈위칭 선생도 그의 「융중대책의 재인식」이라는 글에서 분명히 말했습니다. 유비가 유표 부자나 유장을 제압한 원동력이 "세상을 떠돈 반평생의 약삭빠름"이었다고 말입니다. 아마 여기에 '그의 상대가 우매하고 나약해서 너무나 가볍게 보였다'는 사실도 추가해야 할지 모릅니다. 제갈량이 '정도에 의거해 죄 있는 사람을 다스린다'라고 말하는 것이 얼마나 웃기는 얘기입니까?

조위 진영 역시 '죄책감'을 가질 이유가 없었습니다. 물론 조조 생존 시에는 안팎으로 궁지에 몰린 데다 여러 곤란이 겹쳐 죽을 때까지 감히 칭제를 못했습니다. 그러나 그렇게 된 원인은 다른 데 있습니다. '한나라를 찬탈한 죄'가 있어서가 아니라 사족士族계급과의 모순이 이유였습니다. 이들 사족은 '췌엄의 유추(贅閹遺醜, 환관 자식의 더러운 자취를 잇는다는 뜻으로 조조를 의미함. 조조의 부친 조숭은 원래 성이 하후夏侯였으나 중상시中常侍 조등의 양자가 된 다음 조씨가 됐다—옮긴이)' 조조를 정말 업신여겼습니다. 게다가 '누구나 재능만 있으면 등용한다'는 조조의 인재 기용 원칙을 싫어했습니다. 그러나 이 문제는 조비가 해결했습니다. 그는 '구품중정제'를 통과시켜 일찍감치 사족과 화해했습니다. 결국 사족계급은 조위 정권을 지지하게 됐습니다. 조위 정권이 '안정적 단결' 속으로 진입하게 된 것이죠! 제갈량은 사실 이러한 것들을 다 생각하고 있었습니다. 호삼성은 『자치통감』에 주를 달 때 말했습니다. "제갈량이 위연의 계책을 수용하지 않은 것은 간이 작고 일이 잘못될까 걱정해서라고 사람들이 생각했으나 사실은 그렇지 않다"고 말입니다. 전쟁을 하려면 반드시 상대 쪽에 어떤 군주와 장군이 있는지를 분명히 알아야 합니다. 제갈량이 '위연의 계책을 채택하지 않은' 이유는 "위나라의 군주가 뛰어난 지모가 있었고 사마의를 경시해서는 안 된다"라는 사실을 잘 알았기 때문입니다. 조위는 결코 한 번에 밀어 넘어뜨릴 대상이 아니었습니다. 썩은 나무를 꺾듯 대할, 쉬운 상대가 아니었습니다.

둘째, 익주가 들어가 취할 만한 땅이 아니었다는 사실 역시 하나의 추세로 볼 수 있습니다. 주지하다시피 촉한은 스스로 정통이라고 자처했습니다. 하지만 진실은 고작 한 주의 패권을 차지했을 뿐입니다. 이 사실에 주의하시기 바랍니다. "한 구석에서 안주했다"는 얘기가 아닙니다. "한 구석에서 패권을 차지했다"는 얘기입니다. 이 말은 톈위칭 선생의 주장인데 저는 아주 정확한 표현이라고 생각합니다. 이는 촉한과 역사적으로 이 지방에서 할거했던 정권과의 차이점이기도 했습니다. 촉한은 소국이기는 했으나 분명 웅지가 있었습니다. '북으로 중원을 평정하고 옛 수도로 돌아간다'는 생각을 계속 가지고 있었습니다(최소한 말 자체만큼은 변하지 않았습니다). 바로 이 때문에 '한 구석에서 패권을 차지했다'라는 표현을 쓰고, '한 구석에서 안주했다'라고 하지 않은 것입니다. 당연히 이 말은 유비와 제갈량이 살아 있었을 때에만 유효했습니다. 제갈량이 사망한 다음에는 상황에 미묘한 변화가 발생했습니다. 무엇보다 유선과 장완, 비위 등이 북벌에 관심을 가지지 않았습니다. 강유는 옛날의 웅지를 다시 펼치고자 애썼으나 결과가 없었습니다. '한 구석에서 패권을 차지'할 수 없었을 뿐 아니라 '한 구석에서 안주'조차 할 수 없었습니다.

사실 어쩔 수 없는 일이었습니다. 옛일(동한 광무제 건원建元 원년부터 12년)을 한번 회상해보면 되겠습니다. 당시 공손술公孫述은 성도에서 나라를 세웠습니다. 촉 지방에 12년 동안이나 웅거했습니다. 여러 차례 삼협도 드나들었습니다. 그러나 형주와 익주를 넘어서지는 못했습니다. 나중에 유언이 촉에 들어간 것도 그렇습니다. 오로지 난리를 피하고 자신을 보호하기 위해 그런 것입니다. 그 원인은 촉이라는 지방의 근본적인 한계에 있었습니다. 이곳은 피난을 갈 수는 있었습니다. 이미 이룬 것을 발전시켜 나가는 것도 가능했습니다. 그러나 '북으로 중원을 평정'하는 근거지나 발원지는 될 수 없었습니다. 지도가 잘 말해줍니다. 익주 북쪽에는 한중이 있습니다. 동쪽에는 삼협이 있습니다. 게다가 천연의 진지와 험난한 요새인 검각劍閣과 기문夔門 등도 있습니다. 촉으로 가는 길은 시인 이백의 말대로 맑은 하늘로 올라가기보다 더 어렵습니다. 침입자들이 못 들어오게 하는 것은 거의 기본이었습니다. 더구나 마음만 먹으면 문을 꽁꽁 걸어 잠그고 자신을 외부로부터 격리시키는 것도 가능했습니다. 이 때문에 촉에 근거지를 둔 정권은 문을 닫고 날을 보내거나 그럭저럭 사는 것은 문제가 없었습니다. 하지만 문을 열고 나가 천하를 도모하는 것은 어려웠습니다. 한마디로 유비가 촉으로 들어간 것은 보험 상자(수비하기에 좋다는 의미-옮긴이) 속으로 들어간 것이었습니다. 한편 막다른 골목으로 들어간 것이기도 했습니다.

이렇게 볼 때 유장에게 익주를 빼앗은 것은 유비와 제갈량에게는 행운이자 불행이었습니다. 행운이라는 표현은 너무나 당연한 것입니다. 이때부터 그들은 나라를 세울 땅을 가지게 됐으니까요. 다시는 적에게 포위당하거나 추격을 당하는 등의 수모를 두려워할 필요가 없게 됐습니다. 불행했다는 표현 역시 수긍이 갑니다. 융중대책 계획의 실행이 한계에 봉착했기 때문입니다. 톈위칭 선생의 「융중대책의 재인식」을 보면 명확해집니다. "역사는 유비에게 이리저리 달아나면서 생존을 도모해야 하는 역할을 맡겼다. 제갈량에게는 나라 작고 백성 적은 정치 무대만 줬다"는 말이 나오는데 이는 단연코 탁견입니다. 당연히 작은 나라일지라도 한 구석에서 패권을 도모할 수는 있었습니다. 촉으로 들어간 다음에도 강해지려는 노력을 강구하지 않은 것은 아니었습니다. 그러나 '한실을 부흥시키고 옛 수도로 돌아간다'고 운운한 것은 분명 허장성세였습니다. 공격이 최선의 수비라는 생각을 한 것이지 진짜 그런 신념을 가졌던 것은 아닙니다. "유비는 삼협을 나왔으나 전군이 전멸했다. 제갈량은 북벌했으나 다년간 성과가 없었다"라는 톈위칭 선생의 말은 이 사실을 무엇보다 잘 증명하고 있습니다. 당연히 이것은 그들의 개인적인 능력이나 재능과는 무관했습니다. 그보다는 조건이 운명을 결정한 것이었습니다. 온정균溫庭筠의 "중원을 얻는 정권은 하늘이 내린다"라는 말을 되새겨봐야 하겠습니다.

셋째로 제갈량의 용병 능력이 모자랐다는 사실 역시 지적하지 않을 수 없습니다.

조위가 빨리 망할 나라가 아니었다는 사실은 촉에게 하늘의 도움이 없었다는 얘기가 됩니다. 익주가 들어가 취할 땅이 아니었다는 사실은 촉이 지형적 이점을 가지지 못했다는 말입니다. 촉한 진영이 그나마 기대할 수 있었던 마지막 희망은 '사람들의 화목' 밖에는 없었습니다. 애석하게도 이

것조차 문제가 있었습니다. 제갈량이 정권을 인수한 다음 그는 솔선수범과 법에 의한 통치가 무엇인지 모범을 보여주었습니다. 이는 의심할 여지가 없습니다. 이로 인해 촉나라에는 유언과 유장 부자 시대와 같은 반란은 일어나지 않았습니다. 그러나 제1차 북벌 때에는 이엄의 세력이 잔존하고 있었습니다. 제갈량에게 복종하지 않거나 불만을 가진 사람들도 여전히 남아 있었습니다. 이 국면은 제갈량이 마속을 죽이고 이엄을 파직시키고서야 비로소 타개됐습니다. 하지만 촉한 정권 내부 모순의 문제는 여전히 존재했습니다. 이 모순은 결국 촉한의 멸망까지 초래했습니다.

　제갈량은 삼군을 거느리고 천하를 통일할 조건도 갖추지 못했습니다. 그는 걸출한 정치가였으나 뛰어난 군사 전략가는 아니었습니다. 이 사실에 대해서는 정론까지 있습니다. "군대를 통솔하는 능력이 장점이나 기묘한 책략에는 약점이 있었다. 백성을 다스리는 능력이 용병하는 책략보다 훨씬 뛰어났다"라고 주장한 진수의 말입니다. 그렇습니다. 제갈량의 정치적 능력은 그의 군사적 능력보다 뛰어났습니다. 군사적 능력 중에서도 군대를 통솔하는 능력이 용병의 능력보다 훨씬 괜찮았습니다. 이 때문에 그가 나라를 다스리는 것은 아무 문제가 없었습니다. 그가 군대를 통솔해도 문제가 될 것은 없었습니다. 그러나 그는 기묘한 계책이나 절묘한 출병 등에서는 문제가 있었습니다. 이것이 대체로 널리 알려진 그에 대한 평가였습니다. 그러나 나중에 쓸데없는 논쟁이 일어났습니다. 제갈량의 용병 능력 평가에 대한 반대파의 근거는 『삼국지』「제갈량전」의 기록입니다. 사마의가 제갈량이 사망한 다음 촉의 군영을 순시할 때였습니다. 그는 자신도 모르게 "천하의 기재구나!"라는 찬탄의 말을 한마디 내뱉었습니다. 하지만 이것은 바로 제갈량이 '군대를 통솔하는 능력'에 대한 평가였습니다. '용병을 하는 능력'은 아니라는 것입니다. 그의 용병에 대한 다른 평가는 『진서』「선제기」에도 있습니다. "제갈량은 포부는 크나 대세를 잘 보지 못한다. 계책은 많으나 결단력이 부족하다. 용병을 좋아하나 임기응변을 모른다"라는 평가입니다. 뜻은 크나 능력이 부족하다는 말입니다. 전쟁을 지휘할 인재가 아니라는 평가도 되겠습니다. 그래서 사마의는 "제갈량의 많은 병력이나 기세가 대단한 것을 굳이 볼 필요가 없다. 그를 멸망시키는 것은 시간 문제이다"라고 말했던 것입니다. 제갈량이 북벌 과정에서 용병에 실수를 저지른 것은 많은 역사학자들이 이미 수없이 말했습니다. 굳이 여기에서 다시 군소리를 하지 않겠습니다.

이상 세 가지가 바로 제갈량의 북벌이 성공할 수 없었던 운명적으로 정해진 주요 요인들입니다. 하지만 송나라의 어느 성리학자가 "도덕적으로 순수하지 않았고 최선을 다해 나라를 다스리지 않았다"고 제갈량을 비판하는 것은 헛소리라고 말할 수밖에 없습니다. 반박할 가치조차 없습니다.

## 공격이 최선의 수비다

문제는 이런 모든 운명적 요인들을 제갈량 본인이 알고 있었나 하는 것입니다. 제갈량은 똑똑한 사람입니다. 그는 알고 있었습니다. 명백한 사실을 어떻게 이해하지 못했겠습니까! 제1차 북벌에 대해 얘기해봅시다. 그때 제갈량은 상당히 낙관적이었던 것 같습니다. 그러나 나중에는 정신을 차렸습니다. 사실 그는 융중에서 천하의 대세를 논할 때 분명히 말했습니다. 북으로 중원을 평정한 다음 한실을 부흥시키려면 천하에 변화가 있어야 할 뿐 아니라 두 길로 나눠 출병해야 한다는 사실을 말입니다. 그러나 당시 천하에는 변화가 없었습니다. 형주도 이미 잃었습니다. 어떻게 북벌에 성공하여 위나라를 멸망시킬 시기라고 할 수 있겠습니까? 그렇다면 제갈량은 왜 끝까지 북벌을 진행했을까요?

답은 역시 「출사표」에 있습니다. 「출사표」의 첫 문장을 봅시다.

선제께서 창업한 지 얼마 되지도 않아 세상을 떠났습니다. 천하도 셋으로 나뉘어 있고 익주는 피폐해져 있습니다. 실로 국가의 존망이 달린 위급한 때가 아닐 수 없습니다.

이것은 사실이었습니다. 그러나 '국가의 존망이 달린 위급한 때'가 조위의 위협 탓이라고 생각하면 옳지 않습니다. 조위 진영은 적벽대전 이후 주도적으로 촉한을 공격한 적이 없었습니다(손권을 공격한 적은 여러 번 있습니다). 오히려 먼저 도발을 한 쪽은 촉한이었습니다. 유비가 한중을 공격했고 관우가 양번을 포위했습니다. 또 공명은 기산으로 출병하는 등 여러 차례나 도발을 했습니다. 때문에 '익주가 피폐'해진 책임은 조위에 있지 않았습니다. 동오 진영에서도 군사적 위협을 가하지 않았습니다. 제갈량이 집권한 다음 오나라와 촉나라는 우호 관계를 회복했습니다. 평화적으로 공존하면서 화목하게 지냈습니다. '익주가 피폐'해진 가장 중요한 이유가 내부에 있었다고 말할 수밖에 없는 것입니다.

사실 제갈량이 북벌을 감행한 이유 역시 마찬가지입니다. 바로 내부를 안정시키는 것이 가장 큰 이유였습니다. "내부를 안정시키기 위해서는 반드시 외부의 적을 물리쳐야 한다"는 논리에 따른 것이었죠. 맞습니다. 전쟁은 사람들의 주의력을 다른 곳으로 돌릴 수 있는 가장 좋은 방법입니다. 내부 응집력을 강화하는 데에도 많은 도움이 됩니다. 만약 어느 한 나라가 전쟁 상태에 처해 있다고 가정해봅시다. 관리하고 통치하는 데 별 어려움이 없게 됩니다. 반대파를 정리하거나 제압하는 데에도 도움이 됩니다.

촉한이 삼국 중에서 가장 약소국이었다는 사실에도 주목해야 합니다.

당시 조위와 손오의 직접적 위협은 없었습니다. 그러나 약육강식의 시대에는 약소국일수록 더 부국강병을 도모해야 합니다. 「후출사표」도 이에 대해서는 "반역자를 토벌하지 않으면 왕업은 망합니다. 그저 앉아서 망할 때를 기다리는 것입니다. 어찌 토벌에 나서지 않겠습니까?"라고 분명히 말했습니다. 제갈량이 이 말을 했는가를 따지는 것은 그다지 중요하지 않습니다. 나름대로의 도리는 있으니까요. 이렇게 하면 확실히 "약한 것이 강하게 될 뿐 아니라 자위 역시 가능했습니다."(『화양국지』「후주지後主志」) 그 때문에 촉한으로서는 주도적으로 공격을 해야 했습니다. 그저 가만히 앉아 죽음을 기다릴 수는 없었습니다. 더구나 공격해 들어가다 기회를 잡을 가능성도 있었습니다. 왕부지가 『독통감론』에서 "제갈량의 북벌은 '공격을 최선의 수비로 생각한 것'이다. 전쟁을 통해 자신을 보전하려 했을 뿐 아니라 기회도 찾고자 했다. 그의 심모원려는 바로 여기에 있었다"라고 말한 것은 정곡을 찌른 것으로 볼 수 있습니다.

제갈량이 이상이 있는 사람이었다는 사실도 간과해서는 안 됩니다. 그의 이상이 북벌 때에도 변하지 않았던 것입니다. 이상이 있는 사람은 기회가 주어지면 이상의 실현을 위해 노력합니다. 그러나 문제는 이상은 변하지 않았으나 형세가 변했다는 것입니다. 따라서 목표와 전략 역시 변해야 했습니다. 구체적으로 말하면 '한실을 부흥시키고 옛 수도로 돌아간다'는 기치와 '한나라의 반역자와는 양립할 수 없다'는 원칙을 높이 들고 견지하면서 계속 북벌을 해야 했으나 적당한 정도에서 그칠 줄도 알아야 했습니다. 또한 세심하고 신중히 했어야 했습니다. 관우가 형주를 잃고 유비가 효정에서 패한 것과 같은 그런 막대한 손실을 다시 범해서는 안 됐던 것입니다.

내부를 안정시키기 위해서는 반드시 외부의 적을 물리쳐야 했습니다. 약소국으로서 더욱 부국강병을 도모해야 했습니다. 이상 역시 반드시 견지해야 했습니다. 이 세 가지 목적이 어우러지기 위한 방법은 결국 한마디로 귀착될 수밖에 없었습니다. '공격이 최선의 수비'가 바로 그것입니다. 이 '수비'는 우선 촉한 정권을 지킬 수 있었습니다. 제갈량 자신이 속한 형주 그룹을 지킬 수도 있었습니다. 게다가 최소한의 도덕 역시 지키는 것이 가능했습니다.

이렇게 복잡한 문제를 어떻게 위연에게 말할 수 있겠습니까? 또 어떻게 분명하게 그 뜻을 이해시킬 수 있겠습니까? 왕부지의 말을 빌리면 "제갈량으로서는 부득이한 상황이었다. 때문에 하나하나 위연 같은 사람에게 말할 수 없었다"라고 볼 수 있겠습니다. 제갈량은 더구나 위연이 조를 멸망시키고자 하는 열망과 전공을 세우려는 마음이 절박하다는 사실을 아주 잘 알았습니다(이것은 위연이 나중에 "나는 군사들을 이끌고 반역자를 공격했다"라고 한 말로 증명됩니다). 만약 말을 분명하게 했다면 위연이 길길이 날뛰지 않을 수 있겠습니까!

게다가 제갈량에게는 위연처럼 신념이 넘치는 '조에 대항하는 인재'가 필요했습니다. 이런 부류의 장군이 앞에서 돌격할 경우 '공격은 최선의 수비' 전략을 실현하는 데 큰 도움을 받을 수 있었습니다. 따라서 위연에게 솔직하게 말할 필요가 없었습니다. 말할 수도 없었습니다.

위연은 신념이 넘치는 '조에 대항하는 인재'였습니다. 제갈량과 정치 이념이 완전히 일치했습니다. 제갈량은 그런데 왜 '위연이 명령에 따르지 않으면 그대로 내버려두고 부대는 출발하라'는 당부를 했을까요? 이것은 추측할 수밖에 없습니다. 저는 두 가지 원인이 있다고 추측합니다. 우선 제갈량은 위연을 막을 수 없다는 것을 잘 알고 있었습니다. 촉한을 보호하기 위한 고육책이었을 수도 있습니다. 우리는 위연이 신념이 굳센 '조에 대항하는 인재'였을 뿐 아니라 잘난 체를 했다는 사실을 잘 압니다. 자기만 훌륭하다고 생각한 것입니다. 당시에 이런 그를 누를 수 있는 사람은 제갈량 외에는 없었습니다. 그러나 그는 말로만 복종했습니다. 마음속으로는 복종하지 않았습니다. 게다가 등 뒤에서 투덜거리기도 많이 했습니다. 제갈량으로서는 그가 명령에 복종하지 않을 것이라고 예상하는 것이 당연했습니다. 뿐만 아니었습니다. 둘째로 위연이 계속 북벌할 것이라는 가능성도 열어둔 것입니다(애석하게도 위연은 이렇게 하지 않았습니다). 막지 못할 바에야 그가 자기 마음대로 하는 것을 놔두는 것이 차라리 좋을 수 있었던 것이죠. 제갈량이 '만약 위연이 명령에 따르지 않으면 그를 죽여라'라고 말하는 대신 '만약 위연이 명령에 따르지 않으면 그대로 내버려두라'고 말한 것도 그래서였습니다. 이때 조위를 멸망시키는 것보다 더 중요했던 것이 대군의 철수와 촉한의 보존이었으니까요. 먼저 촉한을 보존해야만 조위를 멸망시킬 수 있지 않겠습니까?

그러나 애석하게도 이 일은 제갈량이 마음먹은 대로 되지 않았습니다. 제갈량이 사망한 지 30년 후에는 촉한도 멸망했습니다. 그러면 촉한은 왜 멸망했을까요?

## 42강 無力回天

## 국면을 되돌릴 힘이 없다

서기 263년, 유선과 신하들이 싸워보지도 않고 조위 정권에 투항한 것은 촉한 역사에서 풀리지 않는 최후의 미스터리이다. 이 투항을 결정하는 데 가장 중요한 역할을 한 사람은 직위는 있으나 실권이 없는 광록대부光祿大夫 초주譙周였다. 그는 왜 적극적으로 조위에 투항할 것을 주장했을까? 유선은 또 왜 그의 말을 들었을까? 촉한의 조야는 왜 소수의 사람만이 저항을 주장하고 대다수가 싸울 생각을 하지 않았을까? 촉한이 빨리 망한 배후에는 어떤 정치적 배경과 원인이 있었을까?

이번 강의는 촉한의 멸망에 대한 얘기입니다.

촉한은 삼국 중에서 제일 먼저 멸망했습니다. 이 사실은 많은 역사학자들을 곤혹스럽게 만듭니다. 일반적으로 조위나 손오와 비교할 때 촉한이 정치를 제일 잘했다는 평가를 지금도 듣고 있으니까요. 어떻게 반대로 제일 먼저 멸망했을까요? "지세가 험준하고 성벽이 견고하다"(『삼국지』 「등지전鄧芝傳」에 나오는 등지의 말)라는 말에서 보듯 지리적인 이점을 못 살린 것도 이상합니다. 다른 나라를 공격하기에는 적당하지 않더라도 방어를 하기에는 천혜의 조건을 갖춘 지형이라 하지 않았습니까? 마지막으로 조위의 출병에서 유선의 투항 때까지 걸린 시간이 고작 2개월이었다는 사실 역시 이상합니다. 촉한의 멸망은 왜 이렇게 빨리 현실이 됐을까요? 풀리지 않는 크나큰 의혹이 아닐 수 없습니다.

### 촉한, 멸망하다

그러나 미스터리는 미스터리이고 생각은 생각입니다. 생각 끝에 내릴 수 있는 결론은 일반적으로 네 가지가 아닌가 싶습니다. 첫째, 유선이 우선 우둔했습니다. 둘째, 황호黃皓가 권력을 마음대로 휘둘렀다는 사실도 거론해야 하겠습니다. 셋째, 진지陳祗가 정치를 엉망으로 했습니다. 넷째로 초주가 나라를 잘못된 길로 이끈 것 역시 이유로 볼 수 있습니다. 주지하다시피 위나라의 촉 정벌 군대는 조위 경원景元 4년(서기 263년으로 그해 상반기는 촉한 경요景耀 6년, 하반기는 촉한 염흥炎興 원년임) 8월에 낙양을 출발했습니다. 정벌을 결정한 것은 이보다 앞선 5월이었습니다. 『삼국지』 「강유전」에 의하면 당시 강유는 이 소식을 들은 즉시 유선에게 표를 올려 방어를 위한 부대의 배치 조치를 건의했습니다. 또 빨리 장익張翼과 요화廖化 등을 양안관구陽安關口와 음평교두陰平橋頭로 보내 "만일의 사태에 대비하도록 했습니다." 그러나 불행히도 이때 유선은 오로지 황호의 말만 들었습니다. 또 황호는 무당의 말만 들었습니다. 무당은 적이 공격하지 않을 것이라고 했습니다. 황호는 무당의 말을 진짜로 믿었습니다. 유선에게 상주문을 공개하지 말라고 권했습니다. 결과적으로 조정의 모든 문무백관은 큰 화가 닥칠 것이라는 사실을 몰랐습니다. 유선이 얼마나 한심한 군주였습니까? 황호가 권력을 마음대로 휘둘렀다고 하지 않을 수 있겠습니까?

그러면 황호는 어떤 사람이었을까요? 유선이 총애하고 믿었던 환관이었습니다. 다 아는 것처럼 동한이 멸망한 것은 환관이 정치에 개입했기 때문입니다. 이 교훈은 훌륭한 본보기였습니다. 경계해야 할 일이 결코 멀리 있는 것이 아니라는 사실을 말해줍니다. 제갈량은 그래서 살아 있을 때 특별히 동화董和의 아들 동윤을 '대내총관大內總管'에 임명했습니다. 이뿐만이 아니었습니다. 『삼국지』「동윤전」에 의하면 제갈량은 동윤을 시중侍中 겸 호분중랑장虎賁中郎將에도 임명했습니다. 황궁을 지키는 숙위친병들 역시 통솔하도록 했습니다. 제갈량이 「출사표」에서 "궁중의 일은 크고 작든 상관없이 모두 그에게 자문을 구하도록 하십시오"라고 유선에게 당부한 데에는 다 이유가 있습니다. 동윤은 기대를 저버리지 않았습니다. 유선과 황호를 철저하게 감시했습니다. 결과적으로 동윤 재임 시에 유선과 황호는 제멋대로 나쁜 짓을 하지 못했습니다.

그러나 동윤이 연희 9년(서기 246년)에 사망한 이후 상황은 완전히 변했습니다. 동윤에 이어 시중에 취임한 진지는 황호와 '관계가 밀접했'고 죽이 잘 맞아 결탁해서 나쁜 짓을 많이 저질렀습니다. 한마디로 "위로는 유선을 받들면서 아래로는 환관들과 어울렸던" 것입니다. 황호 역시 "정사에 간여하기 시작"하면서 "권력을 가지고 놀았습니다." 두 사람의 공통된 특징은 강유를 배제했다는 사실입니다. 황호는 심지어 강유를 파면시킬 계획을 세우기도 했습니다. 강유는 놀라 감히 성도로 돌아오지 못했습니다. 그저 자신의 말대로 답중(沓中, 지금의 간쑤성이라는 설과 칭하이성青海省이라는 설이 있음)에 가서 군량미용 밀을 심을 수밖에 없었습니다. 한 나라가 이 모양이 될 정도라면 정말 망국의 꼴이 아니었겠습니까? 촉한의 멸망 원인에는 유선의 우둔함과 황호의 권력 농단 외에 하나를 더 추가해야 하겠습니다. 진지가 정치를 엉망으로 한 것이 그것입니다.

위의 분석은 당연히 일리가 있습니다. 하지만 불완전하기도 합니다. 우선 『화양국지』와 『삼국지』「제갈량전」, 「제갈량전」의 배송지 주에서 인용한 손성의 『이동잡기異同雜記』를 살펴볼 필요가 있겠습니다. 이에 따르면 상황은 이렇습니다. 당시 강유를 불러들여 병권을 빼앗아야 한다고 건의한 사람은 황호뿐만이 아니었습니다. 제갈첨諸葛瞻과 동궐董厥도 있었습니다. 제갈첨은 제갈량의 아들로 촉한 멸망 당시 조위와의 전쟁에서 장렬히 전사했습니다. 동궐은 제갈량에 의해 '훌륭한 재목'으로 일컬어진 인물이었습니다. '소인배'는 분명 아니었습니다. 그러나 그들은 모두 강유의 대장군 지위를 박탈할 것을 주장했습니다. 게다가 모두들 황호에게 양보했습니다(동궐은 나중에 유선을 따라 조위에 투항했습니다). 이 때문에 촉한 멸망에 대해서는 도덕적 척도로 논할 수가 없을 것 같습니다. 모든 책임을 황호에게 다 뒤집어씌울 수도 없지 않나 싶습니다. 황호는 비록 일을 엉망으로 하기는 했으나 강유의 전방 군사 작전에 대해서는 간여하지 않았습니다. 전쟁은 강유가 했던 것입니다. 호삼성이 『자치통감』에 주를 달 때 강유가 촉한의 멸망에 책임이 있다고 생각한 것은 바로 그래서였습니다. 이것 역시 토론의 여지가 있습니다. 문제가 상당히 복잡하다는 뜻입니다. 황호는 일을 그르쳤지 나라를 그르치지는 않았습니다. 그는 투항을 주장하지도 않았습니다. 투항을 주장한 것은 초주였습니다. 그래서 많은 사람들은 촉한의 멸망에는 또 하나의 원인이 있다고 생각합니다. 초주가 나라를 그르쳤다는 생각입니다.

그러면 초주가 정말 나라를 그르쳤을까요?

먼저 당시의 상황을 한번 살펴보는 것이 좋겠습니다. 앞에서 말했듯 위나라 군대가 낙양을 출발한 것은 조위 경원 4년(기원 263년) 8월이었습니다. 10월에는 등애鄧艾의 군대도 음평(陰平, 지금의 간쑤성 원현文縣)에서 병력을 출동시켰습니다. 파죽지세가 따로 없었습니다. 강유(江由, 강유江油로 지금의 쓰촨성 핑우平武)와 면죽(綿竹, 지금의 쓰촨성 더양시德陽市)을 함락시킨 다음 낙현(雒縣, 지금의 쓰촨성 광한시廣漢市)에까지 일거에 다다른 것입니다. 거의 성도의 대문에 도착했다고 할 수 있었습니다. 『삼국지』「초주전」에 의하면 당시 촉한 군신들은 황호에게 철저하게 속았습니다. 위나라 군대가 공격해오지 않을 것이라는 생각에 근본적으로 어떤 대비도 하지 않았습니다. 등애의 군대는 그러나 상상 외의 "파죽지세로 공격해왔"고, 성

안의 백성들은 놀라 허둥댔습니다. 이들은 결국 줄을 이어 멀리 황야나 다름없는 성 밖 외곽으로 탈출했습니다. 도저히 막을 수가 없었습니다. 다급해진 유선은 군신회의를 소집했습니다. 그러나 마땅한 "방법을 생각해내지 못하"고 백성들과 마찬가지로 탈출하자는 의견이 주를 이뤘습니다. 우선 한 부류는 "오나라로 도망"할 것을 주장했습니다. 오나라는 그래도 동맹국으로 자신들을 받아줄 것이라고 생각했으니까요. 또 다른 부류는 "남쪽으로 도망"하는 것이 더 낫다고 주장했습니다. "남중 7개 군의 지세가 험하고 가팔라서 방어하기가 용이"하다고 생각했기 때문이죠. 아마도 일시 도피할 수는 있었을 것입니다. 아무튼 촉한 조정에는 '오나라로 도망'할 것인지 '남쪽으로 도망'할 것인지에 대한 의견이 분분하여 일치된 결론이 나오지 못했습니다.

이때 초주가 말했습니다.

초주는 두 가지 방법 모두 안 된다고 주장했습니다. 왜 '오나라로 도망'하는 것은 안 된다고 했을까요? 초주는 이에 대해 "자고이래로 다른 나라의 다른 황제가 있는 곳에 얹혀살면서 다시 천자가 된 경우는 없었습니다. 우리 황제가 동오로 가면 반드시 신을 자칭해야 합니다. 이왕 신을 칭할 것이라면 왜 큰 나라를 선택하지 않고 작은 나라를 선택합니까? 게다가 정치 투쟁의 기본 원칙은 대국이 소국을 겸병하는 것입니다. 위나라는 오나라를 겸병할 수 있습니다. 그러나 오나라는 위나라를 겸병할 수 없습니다. 이 사실을 모른다는 말입니까? 절대 의심의 여지가 없습니다. 만약 그때 가서 우리가 다시 한 번 투항하면 어떻게 되겠습니까? 만약 투항이 굴욕이라면 두 번 굴욕을 당하는 것과 한 번 굴욕을 당하는 것 중에 어느 것이 더 수치스럽겠습니까?"라고 말했습니다. '오나라로 도망'할 수 없는 나름의 이유로 부족함이 없었습니다.

'남으로 도망'하는 것에 대해서도 초주는 반대의 입장을 털어놨습니다.

실현 불가능한 일은 아니나 일찌감치 준비를 철저히 했어야 한다는 생각이었습니다. 그는 다음과 같이 말했습니다.

"현재 적군이 성 밑에까지 쳐들어왔습니다. 발등에 불이 떨어졌습니다. 그러나 일반 백성과 관리들은 하나도 믿을 수가 없습니다. 우리가 성문을 나서자마자 그들이 손을 쓸까 심히 두렵습니다. 어디 남방까지 무사히 도착이나 할 수 있겠습니까?"

초주의 이 주장에 대해 유선의 군신은 아무도 공개적으로 대놓고 반대하지 않았습니다. 그저 개별적으로 반문하는 신료는 있었습니다.

"등애가 곧 성도까지 공격할 것입니다. 만약 그가 투항을 받아들이지 않으면 어떻게 합니까?" 이에 초주가 대답했습니다.

"현재 동오는 아직 조위에 굴복하지 않고 있습니다. 신하를 칭하지 않고 있습니다. 등애는 이 때문에라도 반드시 우리의 항복을 받아들일 것입니다. 항복을 받아들이지 않을 수 없습니다. 항복을 받아들인 다음에도 우리에게 예우를 하지 않을 수 없습니다. 만약 위나라가 예상외로 폐하에게 토지와 작위를 봉하지 않으면 저 초주는 친히 위나라로 가 고대 선현들의 도리에 따라 끝까지 논쟁할 것입니다."

유선은 그래도 여전히 머뭇거렸습니다. 남쪽으로 도망할 생각을 버리지 않은 것입니다. 초주는 다시 한 번 유선에게 상소해 남쪽으로 절대 가서는 안 되는 까닭을 말했습니다.

"남방의 소수민족은 원래 남에게 잘 복종하지 않습니다. 우리가 만약 '막다른 골목에 이르렀다는 것'을 알게 되면 배신할 것이 틀림없습니다."

유선은 생각을 접을 수밖에 없었습니다. '오나라로 도망'할 수도, 그렇다고 '남쪽으로 도망'할 수도 없다면 길은 한 가지 외에는 없었습니다. 그저 투항만이 있을 뿐이었습니다. 이처럼 유선의 맥없는 투항은 분명 초주와 관계가 아주 컸습니다. 심지어 초주가 적극적으로 권유해 유선이 투항

**등애** 촉한 정벌에 나서 황제 유선의 항복을 받아낸 조위 군대의 장수가 등애였다. 촉한 정권은 너무나 맥없이 무너졌다. 그 속을 들여다보면 민심은 이미 벌써부터 촉한을 떠난 상태였다. 특히 촉한 내 토착 세력인 익주 그룹의 불만은 극에 달했다.

한 것이라고도 말할 수 있습니다. 진수는 이에 대해 "유선의 일가가 평안 무사하게 되고 촉한 백성들이 전란을 면한 것은 초주의 계책 덕이 컸다"라고 분석하기까지 했습니다.

　이것은 당연히 맞는 말입니다. 서진西晉의 신료이자 초주의 제자였던 진수로서는 이렇게 말하는 것이 정상이었습니다. 그러나 다른 입장을 가지고 있는 사람에게 이 말은 욕일 수밖에 없습니다. 초주를 '제일가는 매국노'로 인정하는 것과 다를 바가 없기 때문입니다. 그래서 후세 사람들은 초주가 '나라를 그르쳤다'고 욕설을 퍼부었습니다. 초주가 '염치없다'고 욕설을 퍼붓는 것입니다. 지금도 들어보십시오. 초주가 '비열한 소인'이라는 욕설을 퍼붓는 소리가 역사책에서 계속 들리지 않습니까. 초주는 '역사의 치욕이라는 기둥'에 확실하게 못 박혀 버렸다고 하겠습니다.

사실 이에 대해서는 논쟁이 좀 필요합니다. 초주에 대한 변명이 필요하다는 얘기입니다. 첫째로 당시 유선의 군신들은 모두 싸울 마음이 없었습니다. 어느 곳으로 도망갈지만 논의했을 따름입니다. 그들이 투항을 주장한 초주와 다른 점은 도망갈 것을 주장한 것 하나밖에 없었습니다. 심지어 그들은 투항도 반대하지 않았습니다. 그저 투항이 받아들여지지 않을까 걱정했을 뿐입니다. 그들은 초주가 가슴을 치면서 보장을 한 다음에야 아무 말도 하지 않았습니다. 초주가 없었더라도 그들이 투항했을 것이라고 가정할 수 있습니다. 둘째 초주의 주장이 비록 '투항 이론'이기는 했으나 '매국 이론'이라고 할 수는 없었습니다. 설사 '매국 이론'이라고 해도 그렇습니다. '온통 허튼 소리'는 아니었습니다. 솔직히 초주의 많은 말은 나름의 도리가 있었습니다. 예컨대 '일반 백성과 관리들은 하나도 믿을 수가 없습니다'라는 말이 그렇습니다. 남쪽 소수민족을 '나라에 우환을 일으킬 사람들'이라고 한 것이나 '반드시 배반할 것'이라고 예상한 점 역시 마찬가지입니다. 모두 사실이었습니다. 마지막으로 초주를 '매국노'라고 해도 그렇습니다. 하지만 반드시 '소인배'라고 할 수는 없었습니다. 당시에는 '삼국'의 위에 '천하'가 있었으니까요. 모두들 당연히 천하가 통일될 것을 원했습니다. 이 천하 통일 과정 중에 투항자가 어찌 소수일 수 있었겠습니까? 심지어 제갈량이 '훌륭한 재목'이라고 칭찬한 동궐도 그랬습니다. 만약 '매국노'라는 사실로만 욕을 먹어야 한다면 그럴 사람은 그야말로 부지기수 아니었을까요?

실제로도 초주는 '소인배'와는 거리가 멀었습니다. 『삼국지』 「초주전」을 보면 사실을 잘 알 수 있습니다. 기록에 의하면 초주는 일찍 아버지를 여읜 사람으로 어머니와 형을 따라 생활을 해나갔습니다. 자라면서 고서적을 특히 좋아하여 자연히 학문에 매진하게 되면서 대단히 뛰어난 학자로 성장했습니다. 『삼국지』 「두경전杜瓊傳」에도 그에 대한 기록은 있습니다. "통유(通儒, 각종 경서에 통달한 유능한 학자—옮긴이)"라는 칭찬이 바로 그것입니다. 물론 학문이 뛰어난 사람이 인품까지 좋은 것은 아닙니다. 학문은 대단히 뛰어난데도 인품이 떨어지는 사람을 여러분은 보지 않았습니까? 그러나 초주는 아마도 그렇지는 않았던 것 같습니다. 그에 대해서는 어떤 '나쁜 기록'도 없습니다. 칭찬이라고 할 수밖에 없는 말이 대부분입니다. 예컨대 집안이 가난했음에도 조금도 학문에 대한 열정이 식은 적이 없다는 기록입니다. 「초주전」의 기록은 이렇습니다.

"집이 가난했으나 경제에 관심이 없었다. 전적을 소리 내어 읽으면서 기뻐 혼자 웃고는 했다. 밥을 먹거나 잠자는 것조차 잊었다."

이처럼 안빈낙도하며 살았는데 어떻게 소인배라고 하겠습니까? 또 다른 평가도 있습니다. 용모가 뛰어나지 않았으나 겉치레에 신경을 쓰지 않았다는 평가입니다. 더구나 그는 말을 가식 없이 솔직하게 했습니다. 초주가 첫 번째 제갈량을 만났을 때 주위의 모든 사람들이 그를 비웃은 것도 그래서였습니다. 「초주전」의 배송지 주에서 인용한 『촉기』를 읽으면 상황이 어땠는지 잘 알 수 있습니다. 이에 따르면 당시 법 집행 담당자는 초주를 비웃은 사람들을 처벌할 것을 제갈량에게 요구했습니다. 이에 제갈량은 "그만두시오, 그만둬. 나도 못 참겠는데 다른 사람들은 오죽하겠소!"라고 말했습니다. 초주가 제갈량에게 좋지 않은 감정을 가질 수도 있다는 사실을 말해주는 대목이 아닌가 싶습니다. 그러나 제갈량이 병으로 사망했을 때 가장 먼저 전선으로 문상을 간 사람은 다른 사람이 아닌, 바로 초주 이 사람이었습니다. 이런 사람이 소인배입니까? 제갈량이 사망한 다음에도 그의 사람됨을 알 수 있는 사건이 있습니다. 제갈량이 세상을 떠난 틈을 타 유선이 자주 궁 밖으로 나가 노닐면서 궁중 악대의 인원까지 늘리려 할 때였습니다. 당시 관직이 태자가령太子家令이었던 그는 즉각 상소해 "저는 '황제께서 선제의 정책을 따르고 자손을 위해 검소하게 절약하는 모범'이 되기를 희망할 따름입니다"라고 간언했습니다. 이런 사람이 소인배입니까?

## 촉한의 멸망을 바란 촉한 사람들

초주는 '소인배'가 아니었는데도 왜 '매국'을 했을까요? 한 가지 해석이 있습니다. 그가 이 '나라'를 '팔아야 한다'고 생각했다는 것입니다. 다시 말해 그는 촉한이 일찍 망해야 한다고 생각했습니다. 심지어 멸망하기를 강력하게 희망했습니다. 왜 촉한이 망해야 한다고 희망했을까요? 촉한의 안위에 우선하는 것이 천하 통일이라고 생각했기 때문입니다. 더구나 그가 보기에 천하를 통일할 수 있는 곳은 촉한이 아니었습니다. 조위였습니다. 촉한이 아닌 조위가 한을 대신해 세워진 '천명이 귀속되는 나라'였습니다.

이렇게 말하는 것은 근거가 있는 것일까요? 있습니다. 근거는 『삼국지』의 「두경전」에 있습니다. 두경 역시 대학자였습니다. 초주보다 나이도 많았습니다. 초주가 항상 그에게 가르침을 구했을 정도였습니다. 한번은 초주가 두경에게 '대한자代漢者, 당도고當塗高'라는 말에 대한 가르침을 부탁했습니다. 이른바 '대한자, 당도고'는 동한 말년의 정치 참언이었습니다. 해석을 하면 '한나라를 대신할 사람은 대로에 우뚝 서 있는 크고 훤칠한 사람'이라는 뜻입니다. 이 말은 일찍이 민간에 떠돌았습니다. 원술에게 이용되기도 했습니다. 원술의 자가 '공로公路'였으니까요. 원술의 생각에 '당도고'는 공로였던 것입니다. 그러나 원술은 목적을 이루지 못했습니다. 누가 '당도고'인지 다시 해석하지 않으면 안 됐습니다. 익주 학계에서는 '당도고'가 위라는 해석이 우세했습니다.

제일 먼저 이런 새 해석을 내놓은 사람은 익주의 대학자 주서周舒였습니다. 이러한 해석은 나오자마자 촉 일대에 신속히 떠돌았습니다. 『삼국지』 「주군전」은 이에 대해 "향당(鄕黨, 5백 가구를 당, 1만 2천5백 가구를 향이라 했으나 합해서 향당이라 칭했음. 고을이라는 뜻—옮긴이) 학자가 개인적으로 그 말을 전했다"고 기록하고 있습니다. 그러나 주서는 그저 "당도고는 위가 된다"라고만 말했습니다. 왜 위가 되는지에 대해서는 해석하지 않았습니다. 바로 이 때문에 초주는 두경에게 가서 물었습니다. 두경은 그의 질문에 "이 도리는 간단하지 않은가? 위魏는 곧 궐闕의 이름이야!"라고 대답했습니다.

저 그럼, 여기에서 좀 더 살펴봅시다. 고대의 천자와 제후의 궁문 밖과 양쪽 도로에는 한 쌍의 높고 큰 건축물이 있었습니다. 이를 통칭 '궐'이나 '관觀'으로 불렀습니다. 그것들이 높고 큰 데다 훤칠해 우뚝 솟아 서 있는 것으로 보였으니까요. 이 이름은 또 '위魏'나 '위궐魏闕'로도 불렀습니다. 이 위궐 아래 양쪽에는 정령政令을 거는 곳이 있었습니다. 이를 '상위象魏'라 불렀습니다. 바로 이 때문에 위궐이나 상위는 조정의 대명사가 됐습니다. 『장자』의 「양왕襄王」편을 보면 이해가 더 쉽습니다. "몸은 강과 바다에 있으나 마음은 위궐의 아래에 있다"라는 말이 분명히 나옵니다. 위궐이나 상위가 대로에 우뚝 서 있는 크고 훤칠한 사람이 아닙니까? 영락없는 '당도고'가 아니고 무엇이겠습니까? 두경이 초주에게 말한 해석은 바로 이런 내용을 담고 있었습니다. 두경은 또 "앞의 현인들이 이렇게 말한 것은 일종의 은유 아닌가!"라고도 말했습니다.

두경의 자신감 넘치는 말에도 불구하고 초주는 그래도 주저하는 태도를 보였습니다. 이해하지 못했던 것입니다. 두경이 의아해 "또 모르는 것이 있는가?"라고 물었습니다. 초주는 이에 "제자는 아직 잘 이해하지 못하겠습니다"라고 대답했습니다. 두경이 다시 "자네 한번 생각해보게. 옛

날에 관부官府와 관원官員의 일부를 '조曹'라고 부르지 않았는가? 한나라 이후는 어땠나? 모두 '조'라고 불렀지"라고 부연 설명을 했습니다. 여기에서 다시 한나라의 제도를 설명해야겠습니다. 통상 황제가 머무르는 곳은 궁이라고 불렀습니다. 산하의 소속 기관들은 상(尚, 예컨대 상서)으로 통칭했습니다. 이에 비해 승상이 소재하는 곳은 부府로 불렀습니다. 산하의 소속 기관들은 조(曹, 예컨대 동조와 서조)였습니다. 달리 말해 황궁상부皇宮相府와 궁상부조宮尚府曹라는 말이 되겠습니다. 부는 사실 정부의 의미가 있었습니다. 또 정부의 각급 업무 기구들은 '조'로 불렀습니다. 이를테면 조의 장관은 '조연曹掾', 하급 관리는 '속조屬曹', 근무병은 '시조侍曹'로 불렀습니다. 이 '조'는 당연히 조조의 '조'가 아니었습니다. 그런데 왜 이렇게 공교롭게 됐을까요? 두경은 이것이 바로 하늘의 뜻이라고 생각했습니다. 달리 말해 두경은 속조와 시조는 조씨에 속할 뿐 아니라 조씨를 섬기는 것이라고 생각했습니다. 또 '당도고'라고 생각한 것입니다. 드디어 초주는 이해했습니다.

"하늘이 조조에게 천하를 통일하도록 하는구나!"

그는 그런 생각을 할 수밖에 없었습니다. 그래서 초주는 이런 유형의 여론을 주위에 퍼뜨리기 시작했습니다. 특히 그는 유비 부자의 이름을 가지고 글을 쓰기도 했습니다. 내용은 다음과 같습니다.

우리 선제의 이름은 무엇입니까? 비備입니다. 비는 무슨 뜻입니까? 구비한다는 뜻을 가지고 있습니다. 조금 분명하게 말하면 '충분하다'는 뜻입니다. 지금의 황제는 이름이 무엇입니까? 선禪입니다. 선은 무슨 뜻입니까? 선양하다는 뜻입니다. 조금 분명하게 말하면 '양보한다'는 뜻입니다!

이 정도는 아래의 사례에 비하면 그런대로 괜찮다고 할 수 있겠습니다.

경요 5년(기원 262년)은 촉한이 멸망하기 딱 1년 전이었습니다. 이때 궁중의 큰 나무가 이유 없이 부러졌습니다. 초주는 바로 기둥에 '반동적 표어'라고 할 만한 글을 휘갈겼습니다. "무리가 많고 커서 힘도 막강하다. 모든 사람들이 그에게 합쳐지기를 원한다. 모든 것을 갖춰주고 있으니 어찌 촉에 다시 황제가 될 사람이 있겠는가"라는 내용이었습니다. 진수는 이 말을 다음과 같이 해석했습니다. "무리는 다름 아닌 조曹이다. 조는 무리란 뜻이 있다(『광운廣韻』「호운豪韻」에도 '조는 무리이다'라는 말이 있습니다). 크고 커서는 위魏를 가리킨다. '위'는 '위巍'자와도 통한다. 높고 크다는 뜻을 가지고 있다. 갖췄다는 것은 구비했다는 뜻으로 유비를 가리킨다. 줬다는 것은 선양으로 유선을 가리킨다"라고 말입니다. 따라서 이 말을 풀자면 "촉한아, 촉한아! 너는 이미 하나로 충분하다. 그 하나가 선양을 준비하니 '뒤에 다시 사람'이 있겠는가?"라는 의미가 되겠습니다.

　초주의 생각이 이러했고, 이것이 바로 그가 나중에 촉나라를 '배신'하고 투항을 주장한 원인이었습니다. 초주의 '매국'은 지금까지 살펴본 대로 도덕적 품성의 문제가 아니었습니다. 정치적 입장의 문제였습니다. 다시 한 번 분명히 말하지만 초주는 조위를 옹호했습니다. 촉한을 반대했습니다. 이 점에서는 주서·두경·초주 모두가 그랬습니다. 조금도 의심할 여지가 없습니다. 아무 상관없는 일까지 견강부회하면서 사리에 맞지 않는 말을 했습니다. 마구 억지를 썼으며, 농간을 부렸다고 해도 좋겠습니다. 그러나 당시 이런 여론몰이는 대유행이었습니다. 더구나 사람들이 대부분 이 여론몰이에 넘어갔습니다. 『삼국지』「두경전」을 보면 잘 알 수 있습니다. 촉한이 멸망한 다음 "사람들이 모두 초주의 계산이 정확했다고 말했다"는 기록이 나옵니다. 사실 어디 계산이 정확했던 것입니까? 그들은 하나같이 조위의 승리와 촉한의 멸망을 기대한 것일 뿐입니다.

### 촉한 멸망의 내부적 원인

그러면 촉한은 어떻게 그들의 불만을 샀을까요? 이에는 네 가지 이유가 있었습니다.

첫째로 '이익 분배 불균형'을 들 수 있습니다. 이 사실은 당시 촉한을 반대하는 사람들이 어떤 이들이었는지를 살펴보면 이해하는 데 별 어려움이 없습니다. 주서는 파서의 낭중 사람이었습니다. 두경 역시 촉군의 성도 사람이었습니다. 초주는 파서의 서충西充 사람이었습니다. 너나 할 것 없이 '반동 여론'을 살포한 사람들이었습니다. 이외에 몇 사람 더 꼽을 수도 있습니다. 모반을 획책해 제갈량에게 살해당한 팽양은 광한 사람이었습니다. 동한이 곧 망하고 유비가 형주를 잃을 것이라 단언해 나중에 유비에게 살해된 장유는 촉군 사람이었습니다. 유비 재위 시에 귀가 들리지 않는 것처럼 가장해 '문을 닫고 출사하지 않았다'가 나중에 겨우 제갈량에 의해 산에서 나왔음에도 '나이가 많아 병에 걸렸으므로 돌아가야 한다'고 애걸한 두미 역시 마찬가지였습니다. 재동 부현 사람이었습니다. 하나같이 익주 사람 일색이었습니다.

이제 유비와 제갈량이 중용했던 사람들을 볼 필요가 있겠습니다. 관우·장비·마초·황충·조운 등을 굳이 거론할 필요도 없습니다. 먼저 방통은 형주 양양 사람이었습니다. 또 법정은 부풍 미현 사람이었습니다. 이 밖에 허정은 여남 평여平輿, 미축麋竺은 동해 구현朐縣, 동화는 남군 지강枝江, 위연은 형주 의양義陽, 양의는 형주 양양, 마속은 양양 의성宜城, 장완은 영릉 상향湘鄉, 비위는 강하 맹현鄳縣, 강유는 천수 기현冀縣 사람이었습니다. 형주 그룹과 동주 그룹에 속했습니다. 하나같이 익주 사람이 아니었습니다. 물론 익주 토착 세력 중에서도 신임을 받은 사람은 있었습니다. 비시가 대표적인 인물로 건위 남안 사람이었습니다. 이외에 황권은 파서의 낭중, 왕평은 파서의 탕거宕渠 사람이었습니다. 그러나 그들의 신임은 나중에 모두 무참하게 짓밟혔습니다. 처음부터 신임을 받지 못한(예컨대 왕평) 경우도 있고 나중에 신임을 잃은(예컨대 황권) 케이스도 있었습니다. 그도 아니면 중간에 문제가 발생하기도 했습니다(예컨대 비시).

솔직히 말해 제갈량이 이 문제를 의식하지 못한 것은 아닙니다. 해결을 위해 노력하지 않은 것도 아니었습니다. 양홍을 발탁해 키운 것이 대표적인 사례입니다. 그는 건위 무양武陽 사람으로 제갈량이 직접 발굴해냈습니다. 『삼국지』「양홍전」에 의하면 당시 이엄은 건위에서 태수를 맡고 있었습니다. 양홍은 이때 이엄의 부하로 공조(功曹, 사무원)였습니다. 그러나 그는 군의 수도를 이전하는 것에 반대했습니다. 이엄과 결별할 수밖에 없었습니다. 전화위복이라고 그는 어쩔 수 없어 가게 된 성도에서 제갈량의 눈에 띄었습니다. 결과적으로 이엄이 아직 건위에 있을 때 양홍은 촉군의 태수가 될 수 있었습니다. 양홍 역시 제갈량의 기대를 저버리지 않았습니다. 그 자신이 문하서좌(門下書佐, 공문서를 베껴 쓰는 사무원) 하지何祗를 발탁한 것입니다. 몇 년 후 하지는 광한태수로 임명됐습니다. 이때 양홍은 여전히 촉군태수로 있었습니다. 바로 이런 이유 탓에 당시 익주 사람들은 제갈량이 사람을 적재적소에 잘 쓴다고 대단히 탄복했던 것입니다. 이외에도 제갈량에 의해 중용됐을 뿐 아니라 제갈량을 존경한 익주 사람들 역시 없지 않습니다. 예컨대 촉군 성도 사람인 장예張裔 등이 대표적으로 꼽힙니다.

그러나 이런 노력도 근본적인 문제들을 해결하지는 못했습니다. 유비가 이미 결정한 조직의 기본 원칙(형주 그룹을 제일로 하고 다음이 동주, 익주라는 원칙)을 바꿀 수는 없었던 것입니다. 당연히 익주 그룹의 불만을 해소시키지 못했습니다. 그들의 계산은 아주 분명했습니다. "케이크가 이만큼이나 큰 데도 먹는 사람이 많아 입에 오는 것은 너무나 적다"는 것이었습니다. 더구나 '이익 분배 불균형' 문제까지 더하면 불만은 더욱 심해지지 않았을까요? 유장 시대에 그들은 '2등 신민<sub>臣民</sub>'이었습니다. 유비가 오자 그 신분이 '3등'으로 변해버렸습니다. 그들이 현실을 그대로 받아들일 수 있었겠습니까? 조위가 와서 통치하는 것만 못하다고 생각했던 것입니다. 하지만 조위가 온다면 익주 그룹은 '4등 신민'으로 전락하지 않았을까요? 그렇지 않았습니다. 조위가 탈취하고자 하는 것은 천하였지 익주 한 지방의 왕이 아니었으니까요. 더구나 조비는 조조로부터 자리를 물려받은 다음 '구품중정제'를 실시했습니다. 각 지방의 유력 인사들에게 '중정관<sub>中正官</sub>'을 맡겨 그 지역 사인<sub>士人</sub>들을 추천하는 책임을 지도록 했습니다. 이 조치들은 익주의 사족들에게 유리했습니다. 실제로 사마소는 촉을 멸망시킨 다음 형주 그룹과 동주 그룹에 속한 관원들을 모두 중원으로 데리고 갔습니다. 촉은 '촉의 사람들이 통치'하도록 한 것입니다. 익주 그룹이 촉한을 반대한 것은 확실히 탁월한 선택이었습니다.

둘째, '촉을 너무 엄하게 통치'한 것도 불만의 원인이라고 할 수 있었습니다. 알다시피 제갈량은 집권 후 법에 의거해 나라를 통치했습니다. 명령은 반드시 지켜야 했습니다. 금지 사항은 행하지 말아야 했습니다. 사실 이 원칙이 맞는 것입니다. 그러나 종종 일부 사람들의 불만을 일으킬 가능성은 있었습니다. 『삼국지』 「후주전」의 배송지 주에서 인용한 『촉기』가 당시 상황을 말해줄 수도 있습니다. "제갈량은 법을 너무 준엄하고 급하게 집행했다. 백성들도 냉혹하게 대했다. 군자에서 소인에 이르기까지 모두 원한을 마음에 품었다"라는 기록이 있는 것입니다. 물론 많은 사람들은 이 견해에 동의하지 않습니다. 우선 배송지조차 "정치를 잘한 것을 일컬어 냉혹하다고 하는 것은 들어보지 못했다"라는 말로 이 사료가 사실과는 다르다고 생각했으니까요. 이에 대해서는 진수의 다른 견해도 있습니다. 『삼국지』 「제갈량전」의 평어<sub>評語</sub>가 그렇습니다. "법을 너무 준엄하고 급하게 집행했으나 원한을 마음에 품는 사람은 없었다"라는 기록을 남기고 있습니다. 하나는 '원한을 마음에 품었다'이고 하나는 '원한을 마음에 품는 사람은 없었다'입니다. 모순이 아닐 수 없습니다. 이런 상황에서 우리는 당연히 정사를 믿어야지 야사를 믿을 수는 없습니다. "촉의 백성들은 원한을 마음에 품지 않았다"라고 해야 되는 것입니다.

그러나 사실 잘 보면 위의 두 견해는 크게 모순이 없을 수도 있습니다. 제갈량이 촉을 통치할 때 '엄하게' 치우치기는 했으나 기본적으로 '공평하게 엄했기' 때문입니다(당연히 불공평할 때도 있었습니다. 예컨대 익주의 호족 상방常房은 억울하게 죽었습니다. 이에 대해 배송지는 '멋대로 무고한 사람을 죽였다'고 생각했습니다). 공평하다는 사실은 제갈량이 인심을 크게 얻은 부분이기도 했습니다. 이에 대해 진수는 다음과 같이 해석했습니다.

"제갈량이 법을 준엄하고 급하게 집행했음에도 원한을 마음에 품었던 사람은 왜 없었을까? 그것은 그가 공정하고 공개적으로 법을 집행했기 때문이다. 그러나 공평하다는 것은 가혹하지 않다는 것과 같은 말은 아니다. 그래서 백성들은 제갈량이 불공평하다고 불평하지는 않았으나 가혹하다고 불평했다."

이렇게 봤을 때 『삼국지』와 『촉기』의 견해가 모두 맞을 수 있습니다.

셋째로 '전쟁이 너무 많았다'는 것도 이유가 될 듯합니다.

제갈량이 우선 "여러 번이나 기산으로 출병했"고, 강유 역시 "아홉 번이나 중원 정벌에 나섰습니다." 이 전쟁들은 모두 익주 그룹이 반대했던 것이었습니다. 심지어 초주는 「구국론仇國論」까지 발표해 각종 전쟁에 반대했습니다. 이 글에서 초주는 "지금은 결코 진나라 말기가 아니다. 오히려 전국시대 초기와 같다. 때문에 우리는 한 고조(천하를 통일했다는 의미―옮긴이)가 될 수 없다. 기껏해야 주 문왕(통일의 기초를 닦은 왕―옮긴이)이 될 수 있다. 만약 시세와 형세를 판단하지 않은 채 무력을 남용해 전쟁을 일으킨다면 우리는 반드시 여지없이 괴멸하게 된다. 그 경우 신선도 우리를 구할 수 없다!"라고 강조했습니다.

초주의 이 글은 그야말로 한 편의 '반전 선언'이었습니다. 익주 그룹을 대표하여 자신의 능력도 모르고 매년 전쟁을 일으킨 제갈량과 강유 등에게 보낸 강력한 불만의 표시였습니다. 나아가 촉한 당국에 대한 익주 그룹 최초의 공개적 도전이기도 했습니다. 그러나 이상하게도 초주는 이때의 행위로 어떤 처벌도 받지 않았습니다. 오히려 나중에 1계급 승진까지 했습니다. 광록대부가 된 것입니다. 지위가 바로 9경卿의 다음이었습니다. 이는 최소한 초주의 논조가 환영을 받을 여지가 있었다는 사실을 설명했습니다. 사실 당시 조정의 많은 사람들은 개인적으로는 그의 말이 옳다고 말했습니다.

넷째로 '백성들이 너무 고통스러웠다'는 현실 역시 간과해서는 곤란합니다. 『삼국지』 「초주전」의 기록인 "'군대를 자주 일으켜 출병'하면 반드시 '백성이 피폐해진다'"라는 말이 분명하게 이 문제를 지적하고 있습니다. 전쟁에는 막대한 전비가 필요하니까요. 더구나 이 전비는 하늘에서 떨어지는 것이 아니었습니다. 땅으로부터 솟아나는 것도 아니었습니다. 그저 백성들의 고혈을 쥐어짜야만 확보가 가능했습니다. 『삼국지』 「후주전」의 배송지 주에서 인용한 『촉기』를 참고하면 좋을 것 같습니다. 이에 의하면 유선이 투항할 때 촉나라의 호는 28만이었습니다. 또 인구는 94만 명이었습니다. 그러나 군대는 10만 2천 명에 관리는 4만 명이나 있었습니다. 단순하게 계산하면 평균 9명의 백성이 1명의 사병을 책임져야 했던 것입니다. 7호당 관리 1명을 먹여 살려야 했습니다. 촉나라 백성은 그 부담을 견뎌낼 수가 없었습니다!

물론 제갈량의 솔선수범으로 촉한의 관리들은 전체적으로 비교적 청렴했습니다. 그렇지 않았다면 아마 이 정권은 벌써 무너졌을 것입니다. 그러나 우리는 분명히 알아야 합니다. 백성들은 그 어느 것보다 자신들이 배불리 먹을 수 있는지의 여부에 더 관심을 기울인다는 사실을 말입니다. 불행히도 촉한은 백성에게 이렇게 해주지 못했습니다. 『삼국지』「설종전薛琮傳」의 배송지 주에서 인용한 『한진춘추』를 보면 당시 촉나라에 사신으로 갔던 설후薛珝가 귀국 후 손휴에게 다음과 같이 말하는 장면이 나옵니다.

제가 보기에 촉나라는 거의 끝난 것 같습니다. 왜냐고요? 그들의 조정에서 우선 올바른 소리를 들을 수가 없었습니다. 그들의 논밭에서도 건강한 안색을 가진 백성을 보지 못했습니다. 그렇습니다. 이런 나라가 어찌 망하지 않겠습니까? 제갈량이 다시 살아나더라도 국면을 되돌리기는 어려울 것입니다!

장제張悌라는 오나라 사람도 등애와 종회鍾會가 출병에 나섰을 때 촉한이 반드시 멸망할 것이라고 단정적으로 말했습니다. 위에서 말한 대로 정부에서 무리하게 전쟁을 일으켜 백성이 말로 다 할 수 없을 정도의 고통에 시달렸기 때문입니다. 그의 말은 『삼국지』「손호전」의 배송지 주에서 인용한 『양양기』와 『자치통감』에 기록으로 남아 있습니다. 장제와 설후의 말대로 촉한은 진짜 멸망했습니다.
자, 그러면 그들 자신의 나라 동오는 어땠을까요?

# 군주와 신하의 만남

손견과 손책 부자가 건국한 동오는 사실 유비가 세운 촉한과 같은 외래 정권이었다. 따라서 강동의 근거지는 쉽게 안정되기가 힘들었다. 더구나 손권이 손책의 자리를 승계했을 때는 나이가 고작 18세밖에 되지 않았다. 안팎으로 궁지에 몰리게 됐을 뿐 아니라 위기가 도처에 잠복해 있었다고 해도 과언이 아니었다. 그러나 손권은 이 위기를 극복하고 훌륭히 일어섰다. 나아가 아버지와 형이 못 이룬 '패업'을 발전시켜 '제업帝業'으로까지 이어갔다. 조위 및 촉한과 함께 삼국정립에 나설 수 있었던 것이다. 그렇다면 손권은 도대체 어떻게 난관을 넘어섰을까? 그의 성공의 길은 어땠을까?

처음으로 되돌아가 동오 진영의 상황을 한번 살펴보겠습니다. 동오의 군주는 손권이었습니다. 그러나 손권의 길은 결코 평탄하지 않았습니다. 모두 알다시피 손권이 부친과 형이 이룩한 가업을 이어받은 것은 건안 5년(서기 200년)이었습니다. 구체적인 일자는 『자치통감고이』에 따를 경우 대략 4월 4일이었습니다. 이때 그의 나이는 18세였습니다. '미성년자'였습니다. 그러나 미성년자 손권은 특별한 사람이었습니다. 그는 무엇보다 어려서부터 맏형 손책을 따라 남북의 전쟁터를 돌아다닌 남다른 경력이 있었습니다. 게다가 15세 때에는 양선(陽羨, 지금의 장쑤성 이싱宜興)의 현장縣長이 됐습니다. 한나라 때의 관료제도에 따르면 만 호 이상인 현의 장관은 현령縣令으로 불렀습니다. 반면 만 호가 안 될 경우는 그저 현장이라고 불렀습니다. 이처럼 양선은 작은 현이었습니다. 그러나 어쨌든 현장은 한 지역의 수장이었습니다. 손권이 15세 때에 현장이 될 수 있었던 것은 당연히 손책이라는 배경과 무관하지 않았습니다. 이 때문에 손책이 급사하자 손권의 충격은 컸습니다. 하늘이 무너지고 땅이 갈라진다는 표현이 과언이 아니었습니다. 하기야 그럴 수밖에 없었습니다. 18세의 그로서는 손책이 남겨놓은 무거운 짐을 짊어지는 것이 쉽지 않았을 테니까요. 물론 어떤 사람들은 손책이 손견을 계승했을 때도 고작 17~18세에 불과했다고 말할지 모릅니다(손견이 사망한 연도에 대해서는 논쟁이 있습니다. 『자치통감고이』를 참고하기 바랍니다). 손책도 무난히 해냈는데 손권이 못한다고 할 수 있을까요? 이치는 매우 간단합니다. 손견이 사망한 다음 그의 병력 대부분은 원술에게 넘어갔습니다. 손책에게는 그야말로 아무것도 없었습니다. 그러나 손권이 손책을 이었을 때 동오는 대략 규모가 갖춰진 지방의 할거 정권이었습니다. 손책은 맨손으로 자수성가했습니다. 심리적인 부담이 적었습니다. 반면 손권은 과거의 사업을 계승해야 했을 뿐 아니라 앞길도 개척해야 했습니다. 심리적 부담이 컸습니다. 다른 문제를 굳이 거론하지 않아도 됩니다. 손책의 옛 신하와 백전노장들을 어떻게 제압할 것인가 하는 문제만 해도 손권에게는 상당한 부담이었습니다.

### 불안정한 강동 정권의 토대

손권이 손책을 계승했을 때의 상황 역시 크게 좋지는 않았습니다. 『삼국지』 「손책전」의 끝 부분에 나오는 손성의 말이 손권이 접수한 정권에 대해 정확히 묘사하고 있습니다. "대업이 덕을 쌓은 기초 위에서 이뤄지지 않았다. 국가가 반석에 올라서지 못했다"라는 구절입니다. 손성이 이렇게 말한 데에는 다 까닭이 있습니다. 『삼국지』 「오주전」을 봐야 상황이 일목요연하게 그려질 것 같습니다. 이에 따르면 당시 손씨 진영은 그저 회계會稽를 비롯해 오군吳郡·단양丹陽·예장豫章·여릉廬陵 등의 다섯 군만 차지하고 있었습니다. 나름대로 규모가 있었다고 할지 모릅니다. 그러나 전반적 상황은 좋지 않았습니다. 우선 이들 지역에는 울창한 숲으로 둘러싸인 산간벽지들이 아주 많았습니다. 더구나 이 지역을 점거한 소수민족인 '산구山寇'는 복종하려 하지 않았습니다. 여러 지역에 할거하고 있던 세가대족(世家大族, 권문세가) 역시 문제였습니다. 북방에서 피난을 온 인사들은 더욱 가관이었습니다. 오로지 자신들의 안위와 편안히 머무르는 것에만 관심이 있었습니다. 이들 모두 약속이나 한 듯 손씨 형제들이 자신들의 군주라고 생각하지 않았습니다. 이에 대해서는 『삼국지』「장소전」의 배송지 주에서 인용한 『오서』 역시 "손책이 사망하자 강동 지구는 사분오열하는 경향을 보였다"라고 기술하고 있습니다. 『삼국지』「오주전」의 배송지 주에서 인용한 『강표전』 역시 마찬가지입니다. 당시의 여강廬江태수 이술李術이 반란을 일으켜 상황이 어수선했다는 기록을 남기고 있습니다. 실제로 이술은 손책이 사망한 다음 손권에게 신하의 예절을 갖춰 복종하지 않았습니다. 오히려 주변의 손권 반대 세력의 투항을 권유하거나 배반 세력을 받아들였습니다. 다시 말해 조직적으로 손권을 배반한 세력을 규합한 것입니다. "국가가 반석 위에 올라서지 못했다"라는 말이 들어맞는 것 아니겠습니까? 18세의 손권은 사실상 화약통에 들어가 앉았다고 할 수 있었습니다.

그렇다면 일이 왜 이렇게 됐을까요? 왜 손책이 사망하자마자 강동 지역의 사족과 백성은 당황해하면서 일사분란한 모습을 보이지 않았을까요? 『오서』는 이에 대해 손책이 정권을 건립한 지 얼마되지 않았기 때문이라고 분석했습니다. 정권 차원에서 베푼 은덕이 깊고 두텁게 두루 미치지 못했다는 분석이 되겠습니다. 하지만 이 말은 믿기 어렵습니다. 『오서』의 저자는 위요韋曜입니다. 오나라의 태사령이었습니다. 당연히 손책에게 유리하게 분석할 수밖에 없었습니다. '국가가 반석 위에 올라서지 못한' 근본 이유는 앞서 살펴본 대로 '대업이 덕을 쌓은 기초 위에서 이뤄지지 않았기' 때문이었습니다. 왜냐고요? 손책이 건립한 정권 역시 유비가 세운 촉한처럼 외래 정권이라는 것이 이유였습니다. 더구나 무자비한 무력에 의해 건립이 강행됐습니다. 어떤 사람들은 손씨는 원래 오 지방 사람이 아니냐고 말할지 모릅니다. 오 지방 사람이 오나라를 세웠으니 당연히 '본토 정권'이 아니냐는 논리의 근거가 되겠습니다. 그럴듯하게 들리나 실제는 그렇지 않습니다. 우선 손가는 비록 오 지방 사람이었으나 사족은 아니었습니다. 가난한 집안이었습니다. 진수의 말을 따르면 "비천하고 빈천했으나 입신출세"한 것입니다. 손견이 입신출세한 지방 역시 강동(지금의 '강남江南')이 아니었습니다. 그의 주력부대 또한 순수 강동 출신 병사들을 일컫는 '자제병子弟兵'이 아니었습니다. 그가 모집한 병사들은 이른바 '회사정예부대(회淮는 회하淮河, 사泗는 사수泗水를 지칭함─옮긴이)'였습니다. 더구나 손견은 원래 원술의 부하였습니다. 원술은 '반역의 신하'라는 악명이 높았습니다. 세력 역시 강서(江西, 현재 강북江北)에 있었습니다. 원술이 강서 출신이라면 그의 부하 손견도 당연히 강서 출신으로 볼 수 있는 것입니다. 이 때문에 강동의 사족들은 '강서 양주'와 '국가의 정권을 찬탈한 대도' 원술을 인정하지 않았을 뿐 아니라 당연히 손견을 '우리 편'이라고 인정하지 않았습니다. 손책이 손견의 원래 부하들과 나머지 군대를 이끌고 강을 건너왔을 때 강동 사람들이 그가 '집으로 돌아왔다'고 인정하지 않은 것은 그래서였습니다. 그보다는 오히려 '침공해온다'고 생각했습니다. 톈위칭 선생의 「손오 건국의 길」이란 글에도 이런 말이 나옵니다. 손책이 강동에서 마주친 것은 그야말로 도처에 깔린 적대감이라고 해도 좋았던 것입니다.

환영을 못 받은 결과 곳곳이 피로 얼룩졌습니다. 손책이 마구잡이로 살생에 나선 것입니다. 이는 기록이 잘 말해줍니다. 『삼국지』「오주전」의 배송지 주에서 인용한 『부자』가 우선 그렇습니다. 손책이 "현지의 명문가 호족들을 죽여 위세가 이웃 나라에까지 떨쳤다"라는 기록이 나옵니다. 『삼국지』「손소전孫韶傳」의 배송지 주에서 인용한 『회계전록會稽典錄』도 마찬가지입니다. 손책이 "오회吳會를 평정하고 현지의 유력한 호족들을 주살했다(오회는 바로 오군과 회계군입니다)"는 기록을 전하고 있습니다. 「곽가전」에도 손책이 "주살한 사람들은 모두 영웅호걸들로 현지인들의 지지를 받는 이들이었다"는 기록이 있습니다. 손책이 죽인 사람들이 모두 어떤 사람들인지 잘 알 수 있습니다. 당연히 이 폭거는 강동에 쇼크를 일으켰습니다. 이웃 나라의 분노도 일으켰습니다. 나중에 조조가 손권을 토벌하는 그럴듯한 구실도 됐습니다. 원래 사람을 죽이면 목숨으로 보상해야 합니다. 또 압박은 반항을 불러일으킵니다. 손책이 살아있을 때 강동 사람들은 폭력적 위세 앞에 겁을 먹었습니다. 격분했지만 감히 말은 못했습니다. 손책이 죽었으니 반란을 일으키는 것이 당연하지 않았겠습니까? 그렇다면 손권이 당시 맞닥뜨린 문제의 원인은 '베푼 은덕이 깊고 두텁게 두루 미치지 못했기' 때문이 아니라 '쌓인 원한이 많았던 것'이 이유였습니다. '백성의 원망이 들끓었던' 것이 그를 곤란하게 했던 것입니다.

손책은 이 사실을 잘 알고 있었습니다. 그래서 그는 성격과 행동거지가 자신과 비슷한 손익孫翊을 선택하지 않았습니다. 대신 "현자를 추천하고 능력 있는 사람을 임용해 모두의 능력을 다 발휘하게 하면서 강동을 보호할 수 있는" 손권을 선택했습니다. 이뿐만이 아니었습니다. 손책은 무력과 살육에 의해 건립된 정권은 '덕을 쌓은 기초 위에서 이뤄'진 것이 아니라는 사실도 분명히 알고 있었습니다. 또 많은 반대파가 있다는 사실이 '국가를 반석 위에 올라서지 못하게 할' 요인이 될 것이라는 점 역시 깨닫고 있었습니다. 그래서 그는 손권을 선택했음에도 임종 전에 마음을 놓지 못해 장소에게 탁고를 한 것입니다. 『삼국지』 「장소전」의 배송지 주에서 인용한 『오력』은 이에 대해 다음과 같이 기술하고 있습니다.

만약 내 동생이 중요한 임무를 감당하지 못하면 선생이 지휘권을 넘겨받으십시오. 이렇게 하면 비록 우리가 강동에서 성공하지 못하더라도 강서로 돌아갈 방법은 있습니다. 걱정할 필요가 없습니다.

손책으로서는 손씨 정권이 강동에서 제대로 설 수 있을지에 대해 자신을 갖지 못했다는 사실을 충분히 엿볼 수 있는 대목입니다. 더구나 손씨 정권에는 내우만 있는 것이 아니었습니다. 외환 역시 있었습니다. 손책이 사망할 즈음이었습니다. 당시 조조와 원소는 관도에서 서로 대치하고 있었습니다. 누가 이기고 지든 승자는 장차 강동에 대해 손을 쓸 가능성이 있었습니다. 그것이 북쪽의 상황이었습니다. 반면 서쪽에는 유표가 있었습니다. 이때 유표에게는 "땅이 몇 천리에 갑옷 입은 병사만 십여 만 명"이 있었고, 이를 바탕으로 조조와 원술 사이에서 적당하게 등거리 외교를 하면서 기회를 엿보고 있었습니다. 묘하게도 유표 진영에는 손책 형제의 부친 손견을 죽인 불구대천 원수도 있었습니다. 유표의 수하인 대장 황조黃祖였습니다. 황조는 이때 마침 강하에 머물면서 호시탐탐 오를 노리고 있었습니다. 그나마 다행이었던 것은 유표가 가슴속에 큰 뜻을 품고 있는 효웅이 아니라는 사실이었습니다. 아마 그렇지 않았다면 손책이 사망했을 때 황조가 공격해 들어왔을 가능성이 높습니다.

이처럼 모든 것을 종합해보면 손책을 계승했을 때의 손권은 "나이가 어리고 고립됐을 뿐 아니라 내우외환에 포위돼 있었다"라고 말할 수 있습니다. 다시 정리하면, 우선 저 멀리로는 강적(조조)이 있었고 가까운 곳에는 집안의 원수(유표)가 있었습니다. 또 안에는 우환(강동 사족의 불복)이 있었고 자신은 조금의 공로도 없었습니다(오나라의 국토는 자신이 싸워 얻은 것이 아닙니다). 한마디로 손권이 인계받은 것은 뜨거운 감자였습니다. 마치 제갈량이 촉한 정권을 접수할 때와 비슷한 상황이 아니었나 싶습니다. 앞날이 정녕 낙관적이지 못했습니다. 저는 촉한에 대해 강의하면서 이런 말을 한 적이 있습니다. 유비의 건국은 기초가 튼튼하지 못해 이릉전쟁에서 패하자마자 대지진이 일어났다고 말입니다. 이 말은 손권에게도 적용할 수 있습니다. 손씨도 역시 기초가 단단하지 않은 상태에서 오에 들어온 것이라고 말입니다. 더구나 형이 죽자 바로 지진이 일어났습니다.『삼국지』의「오주전」과「장소전」이 하나같이 당시 손권이 울음을 그치지 않았다고 한 것은 이런 상황에 비춰보면 크게 이상할 것이 없습니다. 손권은 확실히 비통함 말고도 걱정과 두려움 때문에 울음을 그칠 수 없었던 것입니다. 촉한 정권을 접수했을 때 제갈량은 이미 노련한 정치가로 성장해 있었습니다. 하지만 손권은 아직 미성년자였습니다. 울지 않을 수 있겠습니까?

그러나 그들은 모두 성공했습니다. 제갈량이 성공한 이유는 이미 수차례 말한 바와 같습니다. 우선 오나라와 연합해 위나라에 대항했습니다. 공격을 최선의 수비로 생각한 것도 성공했습니다. 내부를 안정시킨 다음 밖을 도모했습니다. 국내외의 일련의 모순 역시 정확하게 처리했습니다. 그러면 손권은 어떻게 성공할 수 있었을까요?

## 손권, 사람을 얻어 성공에 이르다 : 주유, 장소

일반적으로 지역적 이점을 하늘로부터 부여받았다는 견해가 유력합니다. 하늘로부터 좋은 기회를 얻은 조조와 사람들의 화목함을 얻었다는 유비와 비견되는 분석입니다. 하지만 이는 소설가의 말입니다. 의심스럽습니다. 하나씩 살펴봅시다. 우선 과연 조조가 하늘로부터 좋은 기회를 얻었습니까? 이에 대해서는 회의적으로 보는 시각이 더 많습니다. 무엇이 '하늘이 주는 기회'입니까? 사회 변화의 추세라고 할 수 있습니다. 당시의 변화 추세는 무엇이었습니까? 사족지주계급이 반드시 정치 무대의 주인공이 된다는 것이었습니다. 그러면 조조는 이 추세를 대표했습니까? 대표하지 않았습니다. 이 추세를 대표한 것은 사마의였습니다. 조조가 이 계급을 대표했습니까? 역시 대표하지 않았습니다. 이 계급을 대표한 것은 원소였습니다. 당시 상황이 이와 같았는데 어떻게 조조가 '하늘이 주는 기회를 얻었다'고 말할 수 있겠습니까?

유비 역시 반드시 '사람들의 화목함을 얻었다'고 하기 어렵습니다. 초기에는 그랬다고 할 수도 있습니다. 유비와 관우, 장비 등이 형제처럼 정다웠으니까요. 제갈량과 방통, 법정 역시 진심으로 유비를 보필했습니다. 그러나 후기에 가서는 '화목'을 말하기 어려웠습니다. '집안 싸움'이 계속 발생했습니다. 이엄이 파직당하고 팽양이 살해당했습니다. 유비의 양자인 유봉마저 사사賜死됐습니다. 위연과 양의는 더욱 가관이었습니다. 그야말로 죽어라 싸웠습니다. 촉한이 멸망한 중요 원인은 다름 아닌 바로 이 내분이었습니다. 형주 그룹은 동주 그룹과 겉으로는 친한 것 같았으나 사실은 소원했습니다. 익주 그룹과는 아예 불화, 반목했습니다. 익주 사인들은 심지어 조위가 하루 빨리 들어와서 자신을 '해방'시켜 주기를 희망했습니다. 촉한이 빨리 멸망하기를 간절히 바랐습니다. 어떻게 '사람들의 화목함을 얻었다'고 말할 수 있겠습니까?

손권의 성공 역시 마찬가지입니다. '지역적 이점을 확보'했기 때문이라고 말할 수 없습니다. 그의 집권 초창기에 최대 우환은 북쪽(조조와 원소)에 있지 않았습니다. 서쪽(유표와 유장)에도 있지 않았습니다. 바로 강동에 있었습니다. 이런 상황에서 무슨 '지역적 이점'을 운운할 수 있겠습니까? 사실 손권이 강동에 발을 붙인 채 계속 생존과 발전을 도모할 수 있었던 이유는 다른 데 있었습니다. 오히려 손권이 '사람들의 화목함'을 얻었습니다. 『삼국지』「오주전」은 이에 대해 분명히 말하고 있습니다. 손권이 막 손책을 계승했을 때 당대에 견줄 만한 자가 별로 없을 영웅호걸인 문관과 무관 두 사람이 손권을 '함께 대업을 이룰 수 있는 주군'으로 인정했기 때문이라고요. 그들은 기꺼이 손권을 추대하고 보좌해 그가 자신의 권위를 세울 수 있도록 도왔습니다. 이것이 어찌 '사람들의 화목함'을 얻은 것이 아니겠습니까?

우리는 이 두 사람이 바로 장소와 주유라는 사실을 압니다.

그것은 정말 매우 감동적인 장면이었습니다. 「오주전」과 「장소전」을 보면 상황을 그대로 재현할 수 있습니다. 손권이 '울음을 그치지 않고' 있을 때 장소가 그의 앞에 나타나 다음과 같이 말했다는 기록이 있습니다.

효렴(孝廉, 손권)! 지금이 울 때입니까? 잔인무도한 자들이 정권을 잡고 간악한 반역자들이 횡행하는 때가 지금입니다. 장군께서 만약 그저 형을 생각하며 울고만 있다면 이는 바로 문을 열어 도둑을 맞아들이는 것과 하나 진배없습니다. 이것은 그 어떤 '인과 애'가 아닙니다! 후계자에게 제일 중요한 것은 선인의 뒤를 이어 사업을 계속 발전시키는 것입니다. 지난날의 사업을 계승하고 앞날을 개척해 대업을 완성하는 것입니다. 어떻게 그렇게 평범한 사람처럼 남자답지 못하게 울음을 그치지 않습니까?

장소는 이렇게 말한 다음 바로 손권의 상복을 벗기고 군장으로 갈아 입혔습니다. 이어 친히 그를 부축해 말에 오르게 했습니다. 의장을 준비해서 삼군을 순시하게 했습니다. 손권 역시 바로 반응을 보였습니다. 영민하고 용맹스러우면서도 위엄 있는 모습으로 장병들 앞에 나타났습니다. 군주의 기상을 선보인 것입니다. 주위 사람들은 그때서야 새로운 군주가 확실하게 존재한다는 사실을 알게 됐습니다. 장소는 곧 "신료들을 이끌고 그를 군주로 세운 다음 보좌를 시작했습니다."

장소가 그렇게 손권을 추스르고 있을 때 주유 역시 파구(巴丘, 지금의 장시성 샤장현峽江縣, 나중에 조위의 군대가 전염병에 걸리고 주유가 병으로 사망한 지금의 후난성 웨양시에 위치한 파구가 아님)로부터 오현(吳縣, 지금의 장쑤성 쑤저우시)으로 급히 돌아왔습니다. 아울러 손권의 곁에 머물면서 중호군(근위군 사령관)의 신분으로 장사(비서실장)인 장소와 "함께 모든 일을 관장했습니다."「주유전」에 의하면 당시 손권의 신분은 그저 장군이었습니다. 이로 인해 수하들이나 빈객賓客들은 그에 대해 지극한 예의를 보이지 않았습니다. 그저 편한 대로 대했습니다. 그러나 주유는 그렇지 않았습니다. 혼자서라도 군신 관계에 따라 예의를 지켰습니다. 신하의 절도를 지켰습니다. 손권이 군주의 권위를 확립할 수 있도록 앞장선 것입니다. 한 명은 '신료들을 이끌고 그를 군주로 세운 다음 보좌' 했습니다. 다른 한 명은 '혼자서라도 군신 관계에 따라 예의와 신하로서의 절도'를 지켰습니다. 결과적으로 손권은 이 두 사람의 어깨 위에 설 수 있었습니다. 그의 지위는 곧바로 높아졌습니다.

장소와 주유의 지지는 아주 중요한 것이었습니다. 그들 두 사람은 모두 '강동 사람'이 아니었으니까요. 게다가 중요한 두 정치 세력을 대표했습니다. 우리는 유비가 촉에 들어가 건립한 촉한 정권처럼 손권이 건립한 동오 정권 역시 세 파벌로 이뤄졌다는 사실을 알고 있습니다. 그러나 손권이 손책을 계승했을 때 이 세 파벌은 그저 세 정치 세력이었습니다.

우리는 여기에서 이 세 정치 세력의 내력에 대해 살펴봐야겠습니다. 그렇지 않을 경우 동오와 관련된 수많은 일은 명확하게 설명하기가 곤란해집니다. 좀 더 상세한 내용을 알고 싶으시면 톈위칭 선생의 「손오 건국의 길」을 읽어보시기 바랍니다.

첫째 정치 세력은 '회사淮泗부대의 그룹'이었습니다. 약칭 '회사의 장군들'이라고 할 수 있겠습니다. 이 그룹은 손견과 손책의 옛 부하들을 포함합니다. 좀 더 명백하게 말하면 손견과 손책 부자를 따라 남북을 넘나들며 싸우던 사람들입니다. 그중 손견의 옛 부하에 속하는 사람으로는 우선 정보程普가 있습니다. 우북평군右北平郡 토은현土垠縣에서 태어났습니다. 황개黃蓋 역시 거론해야 합니다. 영릉군 천릉현泉陵縣 출신이었습니다. 이외에 한당韓當은 요서군遼西郡 영지현令支縣 사람이었습니다. 손책의 옛 부하에 속하는 사람으로는 장흠蔣欽이 대표적입니다. 구강군九江郡 수춘현 사람이었습니다. 또한 주태周泰는 구강군 하채현下蔡縣 사람이고, 진무陳武는 여강군 송자현松滋縣 출신이었습니다. 이 세력의 핵심 인물은 다름 아닌 여강군 서현舒縣 사람인 주유였습니다. 그는 어려서부터 손책과 사이가 아주 좋은 '죽마고우'였습니다. 또 손책과 함께 '강서'에서 강을 건너온 손책의 '형제'이자 '동서'이기도 했습니다. 당연히 이 세력의 지도자가 됐습니다.

다음 정치 세력은 '손님으로 떠돌면서 기거하는 인사들'이었습니다. 약칭 '북방의 유랑 인사들'이라고 할 수 있겠습니다. 그들은 원래 북방의 사인들이었으나 전란을 피해 강동으로 내려온 사람들이었습니다. 이들은 강동에 처음 왔을 때는 주로 주의 목이나 태수들에게 의지했습니다. 그러나 나중에는 회사의 장령이나 강동의 대족에게 몸을 기탁했습니다. '손님으로 떠돌면서 기거하는 인사들'이라는 표현이 전혀 어색하지 않았습니다. 이 세력의 인물을 대표하는 사람이 바로 장소였습니다. 장소는 팽성彭城 사람이었습니다. 제갈근은 낭야군 양도현陽都縣이 고향이었습니다. 또 보즐步騭은 임회군臨淮郡 회음현淮陰縣 사람이었습니다. 이외에 장굉張紘은 광릉군廣陵郡, 엄준嚴畯은 팽성, 시의是儀는 북해北海 영릉현營陵縣을 고향으로 두고 있었습니다. 이 세력은 비록 느슨한 그룹이었으나 영향력을 결코 낮게 평가해서는 안 됐습니다. 북방에서 온 사인들이었으니까요.

마지막 정치 세력은 '강동의 세가대족'이었습니다. 약칭 '강동 사족'으로 불러도 괜찮겠습니다. 이중 제일 영향력 있는 세력들이 우虞·위魏·고顧·육陸의 이른바 '4대 가문'이었습니다. 우씨와 위씨는 회계군에 주로 자리 잡고 있었습니다. 영향력은 우씨, 위씨의 순이었습니다. 대표적 인물은 우번虞飜과 위등魏騰이었습니다. 고씨와 육씨는 오군의 토호였였습니다. 고씨, 육씨 순으로 영향력이 컸습니다. 대표적 인물은 고옹顧雍과 육손이었습니다. 이 '4대 가문'의 가풍은 당연히 서로 달랐습니다. 네 명의 대표적 인물의 운명 역시 달랐습니다. 육손과 고옹은 '나가서는 장군, 들어와서는 재상'이라는 말처럼 동오 정권의 문무 지도자가 됐습니다. 이에 반해 우번은 두 번이나 직위가 강등된 다음 유배지에서 사망했습니다. 위등 역시 두 번이나 목숨을 잃을 뻔했습니다. 그중 한 번은 손책이 그를 죽이려 했던 것이었습니다. 다행히 그는 손책의 어머니 오부인吳夫人이 적극 나서 만류한 관계로 겨우 목숨을 부지할 수 있었습니다. 우리는 이를 『삼국지 강의』 18강 「강동의 기업」 편에서 이미 말한 바 있습니다.

손책이 강을 건너 강동에 들어온 이후의 '정치 지도'는 바로 이러했습니다. 만약 이를 '3원색'으로 표시하면 어떻게 될까요? 간단합니다. '회사의 장군들'은 붉은 색이었습니다. '북방의 유랑 인사들'은 노란 색이었습니다. 자연스럽게 '강동 사족'은 파란 색이 되겠습니다. 그렇다면 이들 각각의 색은 무엇을 의미했을까요? 역시 간단합니다. 빨간색은 칼, 노란색은 붓, 파란색은 돈을 의미했습니다. 손책이 세운 정권에 대한 각각의 정치 세력의 태도는 당연히 달랐습니다. '칼'은 지지했습니다. '붓'은 관망했습니다. 반면 '돈'은 내항했습니다. 원인은 앞에서 이미 수많은 사례를 들어 설명했습니다.

그러나 손권이 대업을 성취하기 위해서는 반드시 강동에 뿌리를 내려야 했습니다. 나아가 강동 사족의 지지 역시 쟁취해야 했습니다. 정 그들의 지지를 쟁취하기 어렵다면 다른 세력의 지지라도 이끌어내야 했습니다. 주유와 장소의 태도 표명이 주요 관건이었던 이유는 다름 아닌 여기에 있었습니다. 앞에서 말했듯 주유는 '회사의 장군들'의 지도자였습니다. 주유가 손권을 지지한 것은 따라서 의미가 컸습니다. 칼이 손권의 손에 쥐어진 것을 뜻했습니다. 일은 거의 된 것이나 마찬가지였습니다. 장소의 지지 역시 중요했습니다. 장소는 '손님으로 떠돌면서 기거하는 인사들'의 중심 인물로 두 번째 정치 세력에 속했으니까요. 비록 최고의 '지도자'는 아니었으나 영향력과 호소력은 있었습니다. 게다가 그는 '솔선수범의 효과'를 보일 수도 있는 인물이었습니다. 실제 장소가 손권을 오의 군주로 세운 다음 손책 시대 때의 일부 관망파와 '북방의 유랑 인사들'이 손권의 휘하로 들어오기 시작했습니다. 붓 역시 손권의 손에 쥐어진 것입니다. 그들 중 일부 인사는 손권이 직접 초빙했습니다. 예컨대 시의 같은 인물이었습니다. 또 일부 인사는 자신이 스스로 걸어 들어왔습니다. 여대呂岱가 그랬습니다. 당연히 일부 인사는 손권 주위의 다른 인사가 추천했습니다. 제갈근과 엄준이 그랬습니다. 이중 엄준은 장소가 추천했습니다.

### 손권, 사람을 얻어 성공에 이르다 : 초일류 인재 노숙

추천 인사 중 가장 중요한 인물은 단연 노숙이었습니다. 노숙은 주유가 추천했습니다. 뿐만 아니었습니다. 주유는 단번에 손권과 노숙의 만남도 이끌어냈습니다. 『삼국지』 「노숙전」에 의하면 주유는 이 만남을 성사시키기 위해 양쪽에 대한 적극적인 물밑 작업을 선행했습니다. 우선 노숙에게 가서는 손권을 위해 일하라고 적극적으로 권했습니다.

"손권은 현명한 인재를 중시합니다. 뛰어난 재주를 가진 인물을 초빙하는 것에도 힘을 써 앞으로 반드시 큰일을 이룰 수 있을 것입니다."

손권에게도 "노숙은 '재능이 정무를 보좌하는 데 적합'한 인물입니다. 이런 인재는 몇 차례라도 방문해서 초빙해야 합니다. 대업을 완성하기 위해서는 절대로 그를 다른 곳으로 흘려보내면 안 됩니다"라면서 적극적으로 추천했습니다. 결과적으로 손권과 노숙은 첫 만남에서부터 마치 옛 친구처럼 친해졌습니다. 물고기가 물을 만난 것같이 일치하지 않는 의견이 없었습니다. 결코 깰 수 없는 굳건한 군신 관계를 맺은 것입니다.

이 일은 상당히 큰 의미가 있었습니다. 무엇보다 노숙은 당시 쉽게 얻기 어려웠던 '초일류 인재'였습니다. 국정 운영 비전을 갖추고 있었던 데다 군 통솔에까지 일가견이 있었습니다. 게다가 외교에도 정통했습니다. 정치적 식견과 전략적 안목은 더 말할 것도 없습니다. 훌륭한 정치가, 군사 전략가, 외교관의 자질을 한 몸에 갖췄다고 할 수 있었습니다. 동오 진영에 대한 그의 공헌 역시 상당했습니다. 우선 그는 '건호제왕(建號帝王, 연호를 제정함으로써 대업의 기초를 닦음─옮긴이)함으로써 천하를 도모'한다는 전략 목표를 제안했습니다. 조 및 유(당시에는 유표. 나중에는 유비로 조정)와 함께 '천하를 삼분'하는 전략 계획 역시 그가 건의했습니다. 적벽대전 전후의 '손권─유비 동맹' 역시 크게 다르지 않습니다. 그가 혼자 이뤄낸 것이라고 봐도 틀리지 않습니다. 물론 '형주를 빌려준' 일은 나중의 평가가 좋지는 않았습니다(손권은 나중에 이를 실책이라고 생각했습니다). 그러나 노숙은 형주의 '반환을 요구'할 때에는 대담하고 용감하게 나서서 관우의 변명이 우습게 보이도록 했습니다. 대장의 풍모와 영웅의 본색이 따로 없었습니다. 육손이 손권과 밀담을 나눌 때 "노숙의 수준은 장의張儀나 소진蘇秦보다 위에 있습니다"라고 한 것은 괜한 말이 아니었습니다. 그의 역사적 지위는 한마디로 동한의 개국 원훈공신인 등우鄧禹에 해당한다고 할 수 있었습니다(『삼국지』「여몽전」).

그러나 이것은 그다지 중요한 사실이 아닙니다. 더 중요한 것은 노숙의 신분을 비롯해 그가 손권을 위해 출사한 시기와 경로, 그 후에 맡은 직책입니다.

먼저 노숙의 신분에 대해 말해보겠습니다. 『삼국지』「노숙전」에 따르면 노숙은 임회군 동성현東城縣 사람이었습니다. 그는 처음에는 원술에 의해 동성 현장으로 임명됐습니다. 그러나 그는 원술의 제안을 받아들이기 싫었습니다. 그는 곧 결단을 내렸습니다. 가족과 자신을 따르는 의협심 강한 청년 백여 명을 이끌고 남하하는 길을 택한 것입니다. 그가 처음 정착한 곳은 거소(巨巢, 지금의 안후이성 차오후시巢湖市 동북 쪽이라는 설과 안후이성 퉁청시桐城市 동남쪽이라는 설이 있음)였습니다. 그러고는 몸을 주유에게 의탁했습니다. 노숙의 고향 동성은 지금의 안후이성 딩위안현定遠縣 동남쪽입니다. 때문에 노숙은 '강서 사람'이지 '강동 사람'이 아니었습니다. 이 점은 '회사의 장군들'과 같았습니다. 주유를 주축으로 하는 정치 세력과 기본적인 공감대가 있었던 것입니다. 그러나 노숙은 남하해서 주유에게 의탁한 만큼 '손님으로 떠돌면서 기거하는 인사들' 그룹에도 속한다고 할 수 있었습니다. 장소의 세력과도

노숙 손권에게 노숙은 큰 복덩어리였다. 이질적인 동오 정권의 세 정치 세력을 융합할 수 있는 위치에 있었고, 손권에게 천하의 주역이 될 큰 밑그림을 그려주었다. 조그만 지방 정권의 군벌에 불과했던 손권이 오나라 황제를 칭하는 자리에서 이미 죽은 노숙을 떠올린 것은 그럴 만한 이유가 있었다.

공통 언어가 있었던 것입니다. 이뿐만이 아니었습니다. 그가 원술의 임명을 거절한 것도 나름의 의미가 있었습니다. 정치적 입장이 '강동 사족'과 서로 일치했으니까요. 그들과도 공감대를 형성할 수 있었던 것입니다. 한마디로 노숙은 세 정치 세력 모두와 연결고리를 찾을 수 있는 이른바 '3중 신분'의 인물이었습니다. 손씨의 진영에서는 그야말로 일찍이 찾을 수 없는 인물이었습니다. 이제 답이 나오는 것 같습니다. 손권은 '정치 지도'의 '3원색'을 적절하게 조화시키기 위해 이런 사람을 절실하게 필요로 했습니다. 물론 노숙이 실제로 이런 역할을 했다고 하기는 어려울 수 있습니다. 하지만 세 정치 세력과 연결 고리가 있는 그가 손권을 위해 출사했다는 사실은 적어도 상징적 의미가 있다고 할 수 있습니다.

시기도 언급해야겠습니다. 앞에서 말했다시피 '강동 사족'은 손씨 정권에 대해 배척하는 태도를 줄곧 유지했습니다. '북방의 유랑 인사들'은 그나마 좀 나았습니다. 관망하면서 보류하는 태도를 유지했으니까요. 노숙 역시 그랬습니다. '손님으로 떠돌면서 기거하는 인사들'로 태도가 거의 같았습니다. 어쩌면 그는 한 걸음 더 나갔는지도 모릅니다. 손씨 정권을 좋게 보지 않은 것입니다. 우리는 주유가 동쪽으로 강을 건넜을 때 노숙 역시 함께 강을 건넜다는 사실을 잘 압니다. 그는 그러나 강동에 도착해서도 손책에게 의탁하기를 원치 않았습니다. 이에 대해 「노숙전」의 배송지 주에서 인용한 『오서』에는 다소 다르게 기록돼 있습니다. 그가 손책을 만났다는 기록을 남긴 것입니다. 그러나 이는 이미 먀오웨 선생에 의해 사실이 아닌 것으로 확실하게 고증됐습니다. 아마도 노숙이 가서 거주한 곳은 곡아(曲阿, 지금의 장쑤성 단양시)가 아닌가 싶습니다. 곡아는 사실 매우 의미가 큰 곳이라고 할 수 있습니다. 조정이 파견한 양주목揚州牧 유요劉繇의 치소였으니까요. 양주의 치소는 원래 수춘에 있었습니다. 그러나 원술이 수춘을 점령한 탓에 유요는 할 수 없이 치소를 '강동'의 곡아로 할 수밖에 없었습니다. 강동과 강서에 두 개의 양주가 생기게 된 것은 바로 이런 이유 때문이었습니다. 이 차이를 파벌적 관점에서 볼 경우 손책은 '강서 양주' 세력에 속한다고 할 수 있습니다. 반면 노숙은 '강동 양주'의 치소에 거주했습니다. 이것이 정치적으로 의미가 있는지는 알 수가 없습니다. 그러나 손책이 사망한 다음 그가 결코 손권에게 의탁할 생각이 없었다는 점만은 확실해 보입니다. 그는 원래 친구인 유자양劉子揚의 천거에 따라 정보鄭寶라는 사람에게 의탁할 준비를 했던 것 같습니다. 정보는 도대체 어떤 사람이었을까요? 모릅니다. 아마도 큰 그릇이 되기는 어려웠던 사람인 모양입니다. 그러나 노숙은 정보에게 의탁하기를 희망했습니다. 손권에게는 의탁하지 않았습니다. 손권에 대해서 그가 망설이는 태도를 보였던 것입니다.

하지만 그는 끝내 손권을 위해 출사했습니다. 이것은 당연히 주유의 권고에 의한 것이었습니다. 그러나 결국 노숙이 원했기에 가능했던 것입니다. 저는 노숙이 '주유의 말을 따른 것'이 그렇게 간단했을 것으로는 생각하지 않습니다. 아마도 그 전에 여러 번 생각했을 것이 분명합니다. 따라서 그것은 하나의 신호로 볼 수 있습니다. 이른바 '손님으로 떠돌면서 기거하는 인사들'이 손권을 인정하기 시작했다는 사실을 의미했던 것입니다. 어쩌면 그들이 손권에게 의탁할 수도 있다고 생각하기 시작한 것입니다. 그래서 노숙이 손권에게 온 것은 그 타이밍이 절묘했습니다. 손권이 정말로 필요로 할 때 도움을 줬다는 얘기입니다. 더구나 그들은 서로 보자마자 의기투합했습니다. 노숙이 '건호제왕'을 입에 올렸을 뿐 아니라 '천하삼분'을 위한 자신의 '동오판 융중대책'을 건의할 정도였습니다. 손권은 감격, 아니 감동하지 않을 수 없었습니다. 몇 년이 지난 다음 손권이 육손에게 "짐이 그(노숙)와 유쾌하게 대화를 나누면서 원대한 제왕의 사업을 화제로 올렸다. 이는 정말 최고로 유쾌한 일이었다"고 말한 것은 이런 이유에서였습니다.

이번에는 노숙이 출사하게 된 경로와 직책 등을 말해보겠습니다. '손님으로 떠돌면서 기거하는 인사들'이 손씨 정권에 진입한 것은 사실 노숙이 그 시작은 아니었습니다. 또 결코 그 혼자만도 아니었습니다. 그러나 그들이 스스로 걸어 들어온 경우는 극히 드물었습니다. 보즐처럼 손권이 초빙하거나 엄준처럼 같은 정치 세력의 동지가 추천하는 과정을 거쳐 들어왔습니다. 게다가 장사와 주기主記에 각각 임명된 제갈근이나 보즐처럼 대부분 문관 관련 자리에 임명됐습니다. 이에 반해 노숙은 주유가 추천했습니다. 나중에는 무관직에도 임명됐습니다. 원래 손씨 정권의 구조는 문관의 경우 장소를 리더로 하고 있었습니다. 이들의 다수는 '북방의 유랑 인사들'이었습니다. 무관은 당연히 주유가 리더였습니다. 다수가 '회사의 장군들'이었습니다. 노숙의 출현과 무관직 임명은 이런 시스템을 완전히 파괴했습니다. 적어도 '제1세력'인 '회사의 장군들'과 '제2세력'인 '북방의 유랑 인사들' 간의 통합을 의미했습니다. 게다가 '북방의 유랑 인사들'이 '회사의 장군들' 위주의 군 시스템에 진입했다는 사실은 더 큰 의미가 있었습니다. '강동 사족'도 앞으로는 이에 합류할 수 있다는 가능성을 조심스럽게 점쳐볼 수 있지 않았을까요? 그렇습니다. 주유와 노숙, 여몽을 잇는 손오의 군 총사령관이 바로 이 '강동 사족' 출신에서 나왔습니다. 그것도 '4대 가문'으로 불리는 최강의 가문에서 나왔습니다. 우리는 그가 육손이라는 사실을 너무나 잘 압니다.

### 손권, 사람을 얻어 성공에 이르다 : 여몽

이렇게 살펴보면 노숙이 손권을 위해 출사한 의미는 실로 대단하다고 할 수 있습니다. 우리는 이제 이 정도에서 다시 여몽에게 눈길을 돌려야 할 것 같습니다. 그 역시 존재의 의미가 대단하니까요. 알다시피 여몽은 주유·노숙·육손과 함께 손오의 '4대 영장英將'의 한 명으로 노숙의 자리를 이어받았고, 나중에 육손을 추천해 자신을 승계하도록 했습니다. 그의 신분 역시 아주 특별했습니다. 『삼국지』 「여몽전」을 보면 잘 알 수 있습니다. 그는 원래 여남군汝南郡 부피현富陂(지금의 안휘성 푸양시阜陽市) 사람으로 '강동 사족'이 아니었습니다. 어렸을 때 매형인 등당鄧當을 따라 남쪽으로 도하해 정착한 사람이었습니다. 그의 집안은 그야말로 찢어지게 가난했습니다. 그렇다고 무슨 교육을 잘 받은 것도 아니었습니다. '북방의 유랑 인사들'이라는 명함은 애초부터 내밀기 어려웠습니다. 그저 '남쪽으로 도하한 평민'이라고 해야 했습니다. 그는 기본적으로 손책에 의해 발탁된 사람이라고 할 수 있었습니다. 그러나 손책은 그에게 그저 자신의 곁에서 시위하도록 했을 뿐이었습니다. 요즘 말로 하면 경호원이었습니다. 여몽이 다시 한 번 신분 상승의 기회를 잡은 것은 장소의 추천이 계기였습니다. 사망한 매형 등당을 대신해 별부사마別部司馬가 됐던 것입니다. 이런 사실을 종합해보면 그는 좋게 봐줄 경우 '회사의 장군들'의 사람이라고도 할 수 있었으나 역할은 미미했습니다.

여몽이 기본적으로 두각을 나타내기 쉽지 않았다는 사실은 더 이상 설명할 필요가 없을 것 같습니다. 사실 그가 담당했던 별부사마도 그렇습니다. 기본적으로 한 명의 정원도 없는 잡동사니 부대의 지휘관에 지나지 않았습니다. 그러나 그에게 어느 날 기회가 왔습니다. 손권이 손책을 계승한 다음이었습니다. 손권은 바로 군대의 정예화와 행정 기구의 간소화를 추진했습니다. 이른바 모든 '작은 부서'들이 통폐합의 운명에 직면하게 된 것입니다. 여몽은 이 사실을 일찌감치 들어 알고 있었습니다. 여몽은 돈을 빌려 부하 병사들의 군장을 마련한 다음 마치 시위하듯 군사 훈

련을 실시했습니다. 그 광경은 예상대로 부대 시찰을 나온 손권의 눈에 들었습니다. 손권의 눈은 그야말로 번쩍 뜨였습니다. 이때부터 손권은 전력을 다해 여몽을 키우는 데 힘썼습니다. 그에게 병력을 줬을 뿐 아니라 공부도 게을리 하지 않게 했습니다. 전쟁터에 내보내 성장하게 한 것은 더 말할 나위가 없었습니다. 여몽은 자신의 어깨에 떨어진 여망을 저버리지 않았습니다. 노숙의 입에서 괄목상대라는 말이 나오게 했습니다. 나중에 손권은 육손에게 "짐은 원래 자명(여몽)이 어려움을 두려워하지 않고 담력이 큰 줄로만 알았다. 그러나 뜻밖에 '학문이 날로 높아가고 전략이 비범해졌다.' 머지않아 주유를 따라 잡을 것이다"라고 말하면서 흐뭇해하기도 했습니다. 사실 여몽이 이렇게 된 것은 전적으로 손권의 힘이라고 할 수 있었습니다. 한마디로 여몽은 손권이 발견해서 물을 주고 키운 사람이었습니다.

이 부분은 사실 상당히 의미가 있는 대목입니다. '회사의 장군들'을 비롯해 '북방의 유랑 인사들'과 '강동 사족', 이 세 정치 세력은 노숙과 모두 관계가 있었습니다. 반면 여몽은 모두와 전혀 관계가 없습니다. 다시 한 번 손권의 '정치 지도'에 색깔을 표시해보겠습니다. 기존의 빨간 색, 노란색, 파란 색에 이어서 회색을 표시할 수도 있게 됐습니다. 이 색깔을 대표하는 세력이 바로 노숙과 여몽이었습니다.

사실 손권에게는 이 회색이 절대적으로 필요했습니다. 그로서는 정권 초기 회색을 통해 전혀 어울리지 않는 다른 세 가지 색깔을 조화시킬 필요성이 있었으니까요. 물론 나중에는 회색을 과도기로 삼아 정권의 주요 색깔을 '회사의 장군들'의 빨간색에서 '북방의 유랑 인사들'의 노란색으로 바꾼 다음 점차 '강동 사족'의 파란색으로 변화시키는 것도 필요했습니다. 톈위칭 선생이 말한 「손오 건국의 길」은 바로 이런 '강동화'의 과정이었던 것입니다. 이 견해는 네 군 총사령관의 기용을 통해서도 증명할 수 있을 것 같습니다. 주유(회사의 장군들)에서 노숙(북방의 유랑 인사들)과 여몽(남쪽으로 도하한 평민)을 거쳐 다시 육손(강동 사족)에 이르는 과정은 분명히 명백한 단서일 수 있습니다.

당연히 이런 견해는 후세 사람의 분석에 불과합니다. 당사자인 역사적 인물들의 관점에서 말할 것 같으면 아마도 그저 한 번의 풍운제회(風雲際會, 바람과 구름의 만남. 영웅들의 만남이라는 의미―옮긴이)에 불과할지도 모릅니다. 주유가 "지금은 원대한 뜻을 가진 영웅들이 제왕에게 의탁하는 시기"라고 노숙에게 말한 것처럼 말입니다. 주유는 이에 대해 마원馬援이 동한의 광무제에게 했던 말도 입에 올린 적이 있습니다. "현재의 세상은 군주가 신하를 선택할 뿐 아니라 신하 역시 군주를 선택합니다"라는 말이 바로 그것입니다. 그러면 주유와 노숙, 그들은 왜 손권을 선택했을까요? 또 손권은 과연 어떤 뛰어난 점이 있었기에 수많은 영웅들이 서로 앞을 다퉈 충성하게 됐을까요?

## 44강 坐斷東南

## 동남을 공략하다

자수성가한 조조와 유비의 고달픈 창업과는 달리 손권은 미성년자의 신분으로 부친과 형으로부터 사업 기반을 물려받았다. 게다가 부친과 형의 옛 신하들의 추대를 받았을 뿐 아니라 새로운 인재들의 도움을 얻을 수 있었다. 그러나 손권은 위·촉·오 삼국 중에서 가장 나중에 황제를 칭했다. 그는 왜 이를 차일피일 미뤘을까? 꾹 참고 참모습을 드러내지 않은 배후에는 도대체 어떤 고충과 장애가 있었을까? 손권은 또 어떻게 그 곤란에 대처했을까? 이어 나중에는 어떻게 곤경에서 벗어나 성공을 향해 달려 나갔을까?

앞 강의에서 우리는 의문 하나를 제기했습니다. 손권이 도대체 얼마나 뛰어났기에 많은 영웅호걸들이 그에게로 모여들었는가 하는 것이었습니다. 이 의문은 논의해볼 가치가 있습니다. 우리는 위·촉·오의 '세 거두' 중에서 손권이 비교적 특별하다는 사실을 잘 알고 있습니다. 조조와 유비의 사업은 자신 스스로가 시작한 것입니다. 자신들의 국토 역시 스스로 싸워 쟁취했습니다. 이에 반해 손권은 계승자였습니다. 그러나 모든 계승자 중에서 손권은 제일 뛰어난 인물이었습니다. 조비는 그저 부친이 창업한 '제업'을 대관식을 통해 완성한 것에 불과했습니다. 유선 역시 크게 다르지 않았습니다. 가업을 지키는 것조차 제대로 하지 못했습니다. 오로지 손권만이 부친과 형이 이루지 못한 '패업'을 발전시켜 '제업'을 이룩했습니다. 오죽했으면 나중에 송나라 때의 신기질辛棄疾이라는 문인이 다음과 같이 손권을 칭찬했을까요.

소년 장군에 만여 명의 군사라. 동남東南을 공략하고서도 전쟁을 쉬지 않았네. 천하 영웅 중 과연 누가 그의 적수일까? 조조인가, 유비인가? 아들을 낳으면 마땅히 손중모 같아야 하느니!(『남향자南鄕子』「등경구북고정유회登京口北固亭有懷」)

### 가장 성공한 계승자, 손권

손권은 확실히 대단했습니다. 이뿐만이 아닙니다. 그는 뭇 사람들의 선망의 대상이기도 했습니다. 조조나 유비와 비교하자면 그럴 만했습니다. 조조는 남북으로 돌아다니면서 쉬지 않고 전쟁을 벌였습니다. 그 고생 끝에 정말 어렵게 아무것도 없는 적수공권(赤手空拳, 맨손과 맨주먹이라는 뜻으로, 아무것도 가진 것이 없음을 이르는 말—옮긴이)에서 대륙의 반을 차지하는 발전을 이룩했으니까요. 유비는 유랑 생활을 비롯한 온갖 고생을 다 맛본 다음 남에게 얹혀살다 어렵사리 겨우 한 구석의 패주로 발전했습니다. 그러나 손권은 달랐습니다. 미성년자 때 바로 부친과 형이 남겨준 사업의 토대를 물려받았습니다. 게다가 그가 어쩔 줄 몰라 속수무책으로 있을 때 그의 곁에는 장소와 주유라는 두 명의 걸출한 선대의 옛 신하와 노장이 있었습니다. 이들은 손권을 위해 마치 마천루의 기둥처럼 무너질 것 같은 하늘을 떠받쳐줬습니다. 어디 그뿐입니까. 바로 이어 노숙·여몽·육손·고옹 등이 서로 경쟁하듯 나타났습니다. 풍운제회가 따로 없었습니다. 또한 손권은 거의 매 전쟁마다 무장한 채 몸소 병사들을 진두지휘한 조조나 유비와는 달리 전장에 나갈 필요도 없었습니다. 적벽대전과 이릉전쟁 같은 대부분의 전쟁에서 그는 후방에 주둔하면서 리모트 컨트롤로 지휘만 하면 됐습니다. 많은 사람들이 손권은 복을 타고난 인물이라고 생각하는 것은 이런 사실과 무관하지 않았습니다. 저우쩌슝周澤雄 선생은 심지어 그를 '복 많은 원수'라고 찬탄하기도 했습니다.

그러나 사실 손권 역시 매사가 쉽지는 않았습니다.

모두 알다시피 위·촉·오 세 나라의 '세 거두' 중에서 손권은 가장 나중에 칭제를 했습니다. 손권은 황제를 칭할 생각이 없었을까요? 당연히 그렇지 않았습니다. 그리할 수 없었던 이유가 있었던가요? 반드시 그렇다고도 할 수 없었습니다. 건안 25년(서기 220년) 10월 조비가 칭제를 한 다음 황초로 연호를 바꿨습니다. 반년 후인 위 문제 황초 2년(서기 221년) 4월에는 유비가 칭제를 했습니다. 연호도 장무로 바꿨습니다. 이때 손권이 유비를 따라 칭제했다면 결코 안 되는 일도 아니었습니다. 비슷한 조건에서 남은 하는데 나는 안 된다는 법이 세상에 어디 있습니까? 이 진리는 아큐阿Q(루쉰魯迅의 소설 「아큐정전」의 주인공으로 멍청이의 대명사—옮긴이)조차도 알고 있는 것입니다. 더구나 한나라는 당시 완전히 망했습니다. 손권이 칭제를 하지 않는다면 도대체 누구의 신하가 돼 복종을 해야 한다는 말입니까? 손권의 선택은 유비가 칭제한 지 4개월 후(황초 2년 8월)에 내려졌습니다. 또한 그것은 의외의 선택이었습니다. 조비에게 '사신을 보내 번(藩, 위의 속국이라는 의미—옮긴이)을 자칭'한 것입니다. 이 결정에 따라 손권은 포로로 잡힌 위나라 장군 우금을 돌려보내기도 했습니다. 이어 3개월 후(황초 2년 11월) 손권은 조비가 책봉한 오왕 칭호까지 받아들였습니다. 이것이 그가 자신에게 찾아온 칭제의 기회를 포기한 첫 번째 경우가 되겠습니다.

그가 두 번째 기회를 포기한 것은 황무黃武 2년(서기 223년) 4월이었습니다. 여기에서 황무는 동오의 연호입니다. 여기서 잠깐 설명이 필요합니다. 조비가 칭제하기 전까지 한나라 왕조는 명의상 존재했습니다. 따라서 당시 삼국은 한 헌제의 연호를 사용했습니다. 그러나 조비와 유비가 칭제한 다음에는 모두 자신의 연호를 사용했습니다. 그것이 황초와 장무였습니다. 손권의 경우는 비록 칭제하지 않았으나 오왕에 봉해졌으므로 독립 왕국의 왕이었습니다. 다음 해에 연호를 황무로 고쳐 부를 수 있었습니다. 다시 말해 한 헌제가 정권을 조비에게 넘겨준 다음에는 통일된 연호가 없었다는 얘기가 되겠습니다. 그래서 저는 삼국을 공평하게 대하기 위해 위·촉·오에 대해 각각 말할 때는 해당 나라의 연호를 사용하도록 하겠습니다. 이 때문에 독자들이 책을 읽을 때 번거로울 수 있습니다. 하지만 방법이 없습니다.

『삼국지』「오주전」에 의하면 황무 2년 4월 손권의 군신은 그가 황제로 즉위할 것을 권했습니다. 그러나 손권은 거절했습니다. 일반적으로 역사상의 권세가들은 너나 할 것 없이 '존호尊號'를 원했습니다. 그것이 칭왕이든 칭제이든 관계없었습니다. 그 절차에는 뚜렷한 공통된 특징이 있었습니다. 모두 아랫사람들이 권해야 했습니다. 또 자신들은 몇 번을 사양했습니다. 예컨대 조조의 사례입니다. 세 번이나 사양했습니다. 유비도 그랬습니다. 칭제를 하려 하지 않자 제갈량이 권했습니다. 그러나 손권의 '불허'는 허세나 트릭이 아니었습니다. 그는 진실로 동의하지 않았습니다. 동의하지 않은 표면적 원인은 「오주전」의 배송지 주에서 인용한 『강표전』에 나옵니다. 손권이 진심으로 차마 그렇게 하지 못했다고 말입니다. 그는 한 걸음 더 나아가 "한나라가 이런 모습으로 쇠미해졌다. 그런데도 과인은 조금도 도움이 되지 못했다. 어디 존호를 다툴 마음이 있겠는가?"라고 말했다고 합니다.

하지만 이 말은 당연히 거짓말이었습니다. 귀신도 믿지 않습니다. 만약 손권의 진짜 마음이 한나라 왕실에 있었다면 '조적曹賊'이 봉한 호를 받지 말았어야 하는 것 아닙니까? 정말 인격이 고상한 데다 굳은 절개까지 있었다면 오왕도 하지 말았어야죠! 오왕은 해도 되고 오제는 어떻게 하면 안 된다는 말입니까? 신하들은 그래서 손권의 사양이 쇼가 아닐 수 없다고 생각했습니다. 다시 칭제 주장을 견지한 것입니다. 손권은 더 이상 방법이 없었습니다. 비로소 약간의 마음속 말을 토해냈습니다. 다음과 같았습니다.

과인이 왜 조위가 봉한 호를 받았겠소? 당시 유현덕이 공격해왔기 때문이오(이릉전쟁을 가리킵니다). 이때 조위 진영에서는 우리를 도우려는 뜻이 있었소. 과인은 이런 도움이 나중에 뒤통수를 치는 행동으로 되돌아올 것이라는 사실을 잘 알았소. 그러나 만약 과인이 머리를 숙이고 신하가 돼 복종을 하지 않았다면 그들은 유비와 같이 공격해왔을 것이오. 우리가 '양쪽의 적을 감당' 해야 했던 것이오. 생각해보니 결과가 너무 끔찍할 것 같았소. 그래서 과인은 울분을 참으면서 아무 말 하지 않고 '봉왕을 수락' 할 수밖에 없었소. 과인의 이 의도를 여러분이 지금까지 완전히 이해하지 못하는 것 같아 이 기회에 조금 설명해주는 것이오!

하지만 이 말도 반만 사실이었습니다. 황초 2년(서기 221년)에 왜 봉왕을 수락했는지에 대한 설명은 되지만 황무 2년(서기 223년)에는 왜 칭제를 하지 않았는지에 대한 설명은 되지 않으니까요. 진짜 그렇습니다. 이때 유비는 이릉에서 오에게 패했습니다. 손권은 조비와 이미 얼굴을 붉힌 채 반목한 사이였습니다. 그것도 1년 전(서기 222년)부터입니다. 그가 연호를 황무로 바꾼 것은 다름 아닌 조비와의 반목이 원인이었습니다. 이에 대해서는 『삼국지』 「오주전」도 "손권은 이 때문에 연호를 바꾼 다음 장강을 굳게 지켰다"라는 기록을 남기고 있습니다. 의미 역시 아주 분명했습니다. '과인은 당신을 황제로 인정하지 않겠소. 당신의 연호도 사용하지 않을 테니까 공격하고 싶으면 공격해보시오!' 라는 의미가 되겠습니다. 이것은 정말 이상합니다. 이미 유비, 조조 등과 하나같이 반목했는데 손권은 또 무엇을 기다렸을까요?

솔직히 답은 아주 간단합니다. 유비, 조조 등과 반목한 탓에 오나라 내부의 안정감이 더욱 없어졌기 때문입니다. 그것이 바로 손권이 직면한 최대의 문제였던 것입니다. 『삼국지』「오주전」에는 손권 자신이 이를 설명하는 내용이 나옵니다.

생존해 있을 때는 멸망을 잊지 말아야 하오. 또 안전할 때는 곧 직면할 위험을 염려해야 하오. 이것이 옛 사람들이 남겨준 제일 좋은 가르침이오. 더구나 여러분은 변방에서 강적들과 마주하고 있소. 그런데 내가 어떻게 매사를 경솔하고 소홀하게 하면서 의외의 사태를 생각하지 않겠습니까?

이는 조비가 봉한 호를 받기 전에 여러 장군들에게 전달한 말입니다. 손권이 줄곧 유비와 조조를 '승냥이나 이리떼'로 보고 경각심을 가지고 있었다는 사실을 잘 보여주는 기록입니다. 그러나 손권은 조위는 건드리지 않으면서 피할 수 있다는 사실을 알았습니다. 반목한 다음에도 '여전히 위 문제와 왕래'한 것도 그래서였습니다. 유비에게도 그랬습니다. 너무 심하게 하지 않고 적당한 때를 봐서 물러났습니다. 사실 제일 좋은 것은 두 진영에 모두 심하게 대하지 않는 것이었습니다. 치고 당기면서도 극단적으로 대응하지 않는 것이었습니다. 이것이 대략 손권의 생각이었습니다. 못 믿겠다면 그의 연호가 뭐였는지 한번 보시기 바랍니다. 황무黃武였습니다. 첫눈에도 '조비의 황초黃初'에 '유비의 장무章武'를 합해 만든 것이라는 사실을 바로 알 수 있습니다. 그러나 나중에 칭제 때에는 연호를 '황룡黃龍'이라고 했습니다(이때 촉의 연호는 건흥建興, 위의 연호는 태화太和였음). 의미 역시 분명했습니다.

"과인은 이미 잉어가 용문에 오른 것처럼 됐다. 그들이 나를 어찌하겠는가!"

바로 그 뜻이었습니다. 손권은 이런 사람이었습니다. 그가 걸었던 길은 확실히 조조와 달랐습니다. 유비의 길과도 달랐습니다. 이에 대해서는 역사학계의 석학 젠보짠翦伯贊 선생의 명언을 한번 참고할 필요가 있습니다.

"조조는 '황포(황제가 입던 예복)'를 속옷으로 삼아 입었다(언제든지 겉옷을 벗고 황제를 칭할 수 있었다는 의미-옮긴이)."

이에 근거해서 우리는 유비의 경우 속옷을 황포로 삼아 입었다고 말할 수 있습니다. 반면 손권은 자신이 스스로 황포 한 벌을 만들어 먼저 뒤집어 입고 있었다고 말할 수 있습니다. 시기가 성숙할 경우 이렇게 하면 바로 입는 데 아주 편하다는 말입니다. 진수 역시 비슷한 말을 했습니다. "손권은 '구천(句踐, 고사 와신상담臥薪嘗膽의 주인공으로 원수를 갚기 위해 10년 세월을 은인자중하면서 온갖 굴욕을 다 견딤-옮긴이)'과 같은 뛰어난 영웅이다"라고 말입니다(『삼국지』「오주전」의 평가). 정말 이보다 더 정확한 표현은 없을 것 같습니다. 여러분 한번 생각해보십시오. 구천이 바로 옷을 뒤집어 입은 사람이 아니겠습니까? 그가 입었던 옷이 그저 왕의 옷에 불과하기는 했지만 말입니다.

### 손권의 성공 비결 : 탁월한 형세 판단, 감정 컨트롤

이제 우리는 먼저 강의에서 제기한 의문에 대한 답을 구할 수 있을 것 같습니다. 왜 뛰어난 영웅들이 경쟁적으로 손권의 곁으로 몰려들었는가에 대한 해답 말입니다. 답은 그가 '구천의 뛰어남'에 비견되는 '영걸'이었기 때문이었습니다. 스스로 황포를 만들 줄 알 뿐 아니라 입을 줄도 알았기 때문에 주유와 노숙 등이 그를 보좌하기를 희망했던 것입니다.

그러면 손권은 진짜 이런 사람이었을까요? 그렇습니다. 손권은 천부적으로 타고난 아주 특별한 인물이었던 것 같습니다. 『삼국지』「오주전」이 인용한 유완劉琓은 "손권은 '외모가 뛰어나고 체격이 범상치 않았다'"고 말하고 있습니다. 체격이 범상치 않다는 것은 무슨 말일까요? 배송지 주에서 인용한 『헌제춘추』는 "몸통은 길고 다리가 짧았다"라고 전하고 있습니다. 외모가 뛰어났다는 것은 무슨 말일까요? 배송지 주에서 인용한 『강표전』은 "머리가 네모나고 입이 컸다. 눈은 정기가 충만했다"고 전하고 있습니다. 머리가 네모나고 입이 컸다는 것은 대략 위풍당당했다는 얘기입니다. 눈에 정기가 충만했다는 사실은 눈이 반짝이고 기백이 넘쳤다는 말과 같다고 하겠습니다. 그는 성격 역시 아주 좋았습니다. "도량이 크고 활달했다. 어질고도 결단력이 있었다. 의협심이 강해 인재 배양을 좋아했다"는 기록이 이를 잘 증명합니다. 그러나 가장 중요한 점은 그가 일찍부터 손책 부대의 운영에 참여했다는 사실이었습니다. 손권이 종종 내놓는 의견 역시 손책을 깜짝 놀라게 했습니다. 그래서 손책은 항상 그를 곁에 데리고 다녔습니다. 심지어 자신의 부대 막료들이 모두 있는 자리에서 손권에게 "동생, 이 사람들이 앞으로 모두 너의 장군들이야"라고 말하기도 했습니다.

손책은 분명 손권에 대해 오판하지 않고, 제대로 보았다고 할 수 있습니다. 손권은 18세의 혈기 방장한 나이였을 뿐 아니라 원래 손책 자신처럼 협객 기질이 충만한 사람 아니었습니까! 그러나 손권은 일단 정권을 접수하자 바로 침착한 스타일로 변했습니다. 앞에서도 말했다시피 손권이 손책을 계승한 바로 그해 주유의 권유와 추천에 의해 손권에게 출사한 노숙이 웅대한 청사진을 계획하여 제출한 바 있습니다. 이때 손권은 어떻게 말했을까요? 그저 담담하게 "이 손모가 이 땅 위에서 최선을 나하는 것은 한나라 왕실을 보좌하기 위한 것에 불과하오. 그대가 말한 그 일은 본 장군이 생각하거나 할 수 있는 일이 아니오"라고 말했습니다. 제 생각에 이 말은 상투적인 대답이 아니었나 싶습니다. 당시의 상황은 "군마다 황제를 하고 현마다 왕을 한다(『삼국지』「여포전」의 배송지 주에서 인용한 『영웅기英雄記』에 실린 여포가 소건蕭建에게 보낸 편지)"는 여포의 말처럼 질풍노도의 시대였으니까요. 황제를 하겠다고 생각하는 사람이 하나둘이 아니었습니다. 손권이 그것을 생각하지 않았겠습니까? 제가 보기에는 손권은 그런 생각을 했습니다. 『삼국지』「노숙전」을 봐도 잘 알 수 있습니다. 이에 의하면 손권은 노숙의 제안을 받은 그때로부터 22년 후 결국 칭제를 단행했습니다. 이때 그는 황제 즉위식 단에 오르면서 주위의 신하들에게 "당초 노자경(魯子敬, 노숙)은 바로 오늘을 생각했소. 정말 '일의 형세를 이해한 것'이라고 말할 수 있겠소"라고 말했습니다. 황제가 되는 것은 할 수 있는 일이 아니라고 한 말은 마음속에도 없는 소리였습니다. 그가 정말로 하고 싶었던 한마디 말은 바로 '일의 형세를 이해한 것'이 더 중요하다는 것입니다. 노숙의 제안 당시만 해도 손권은 손씨 진영의 실력과 자신 개인의 능력으로 미뤄볼 때 황제의 꿈은 꿀 수 없었던 것입니다. 자신을 극도로 낮춘 그의 말은 농담이었습니다. 적당히 얼버무린 것이었습니다.

이 사실은 무엇을 설명할까요? 손권이 자신의 감정을 컨트롤할 수 있었다는 사실을 설명합니다. 감정을 컨트롤할 수 있다는 것은 정치가, 군사 전략가들이 갖춰야 할 필수불가결의 자질입니다. 『조귀론전曹劌論戰』을 읽어본 사람들은 다 압니다. "전쟁은 용기에 의지하는 것이나 북은 신중하게 쳐야 한다"라는 요지의 주장은 정말 불후의 진리입니다. 이는 쌍방의 실력이 백중할 때에는 누가 좀 더 감정을 잘 가라앉힐 수 있느냐가 관건이라는 말도 되겠습니다. 만약 적이 강하고 내가 약할 경우는 감정을 더욱 잘 가라앉혀야 합니다. 여러분 한번 생각해보십시오. 적의 기세가 너무나 대단한데 여러분이 스스로 감정을 가라앉히지 못하면 어떻게 되겠습니까? 멸망을 자초하는 것입니다. 그래서 역사적으로 성공한 정치가나 군사 전략가는 하나같이 상대가 먼저 공격해 들어오기를 기다린 다음 적을 제압했습니다. 이른바 "적이 공격해오면 우리는 물러난다. 적이 주둔하면 우리는 교란시킨다. 적이 피로하면 우리가 공격하고 적이 물러나면 우리가 추격한다"는 전술은 기본 중의 기본입니다. 이것은 먼저 내 감정을 컨트롤한 다음 적의 감정은 흥분시키는 전략입니다. 최후에 적을 물리치고 승리를 거둘 수밖에 없습니다.

실제로 손권은 창업 과정에서 줄곧 감정을 억눌렀습니다. 무척이나 온건했습니다. 『삼국지』「오주전」의 끝에 나오는 배송지 주를 보면 분명해집니다. 이에 의하면 진晉나라 사람 부현傅玄은 손권과 손책의 다른 점에 대해 다음과 같이 말했습니다.

"손책의 기풍은 총명 과감하고 혼자 결단을 내리는 것이다. 용맹이 천하를 덮을 정도이다. 반면 손권은 틈을 이용하고 때를 기다릴 줄을 안다. 군대를 경솔하게 출병시키지 않는다. 그래서 전쟁을 하면 실패를 대단히 적게 한다. 강남을 안정시킬 수 있었다."

맞는 말이었습니다. 손권은 비록 '동남을 공략하고서도 전쟁을 쉬지 않았네'라는 이야기의 주인공이기는 했으나 기본적으로 자신 없는 전쟁은 하지 않았습니다. 그러나 주동적으로 출병했을 때는 항상 수확이 있었습니다. 최소한 큰 손실은 입지 않았습니다. 예를 들어봅시다. 건안 8년 황조를 정벌했을 때 "그의 수군을 격파"하는 결과를 얻습니다. 12년 황조를 다시 정벌했을 때도 "그의 백성을 사로잡"는 성과를 올립니다. 13년 세 번째 황조를 정벌했을 때는 "그 성을 도륙한" 다음 "그 머리를 효수했"으며, 14년 조인을 정벌했을 때도 "조인이 성을 버리고 도망"가도록 했습니다. 19년 환성皖城 정벌에 나섰을 때는 "성을 점령했"으니 이 모두가 군내를 경솔하게 출병시키지 않아서 가능했던 것입니다.

물론 도저히 이해가 안 되는 사례도 없지는 않았습니다. 적벽대전의 경우가 그렇습니다. 솔직히 많은 사람들은 손권이 이때 왜 유비와 연합해 조조와 대항했는지 잘 이해하지 못합니다. 무엇보다 이 전쟁은 손권과 관계가 없는 일이었으니까요. 그는 왜 이전투구의 흙탕물 속으로 스스로 들어갔을까요? 더구나 이 전쟁에 대해 그는 필승의 자신이 없었습니다. 그는 왜 이 위험을 무릅썼을까요? 전쟁의 당사자인 두 사람과는 친분(유비)이나 불화(조조)도 없었습니다. 그는 왜 이 싸움에 끼어들어 한쪽의 편만 들었을까요? 많은 사람들이 노숙과 주유, 제갈량 등에 의해 손권이 흙탕물 속으로 빠져 들어갔다고 생각하는 것은 바로 이런 이유 때문입니다. '손권-유비 동맹' 결성의 공로는 노숙을 비롯해 주유, 제갈량 등에게 돌아가야 하니까요. 저 역시 『삼국지 강의』 1권에서 그렇게 말했습니다.

그러나 저는 지금 여러분에게 손권-유비 동맹의 진정한 창시자는 손권이라는 사실을 알려드려야겠습니다. 미안하지만 유비·제갈량·노숙·주유 모두 다 아닙니다. 『삼국지』 속의 이와 관련한 모든 전傳은 아주 분명하게 이렇게 말하고 있습니다. 우선 「오주전」입니다. "주유와 노숙이 '저항하는 입장을 견지했다. 생각이 손권과 같았다'"라는 기록이 나옵니다. 「주유전」은 "그대가 마땅히 공격해야 한다고 하는데 나의 뜻과 아주 잘 부합된다"는 손권의 말을 인용합니다. 「노숙전」 역시 "이들 여러 사람들의 입장이 나를 매우 실망시키고 있소. 지금 그대가 제안한 계획은 내 뜻과 똑같소"라고 손권의 말을 직접 인용하고 있습니다. 『삼국지』 「주유전」의 배송지 주에서 인용한 『강표전』의 기록도 있습니다.

"주유가 밤에 손권을 만나 5만 명의 정예 병력을 요구했다. 손권은 주유에게 '이미 3만 명을 선발했고 전선과 양식, 무기들을 모두 준비했소'라고 말했다. 이어 주유·노숙·정보를 먼저 출정시킨 다음 자신은 시상柴桑에서 후방 지원을 하겠다는 입장을 표했다. 그는 만약 주유 등이 출병해 불리해지면 자신이 친히 조조와 결사의 일전을 벌일 준비를 할 것이라고 의지를 밝혔다."

이로써 유비와 연합해 조조에게 대항하기로 결심한 사람이 바로 손권 자신이었다는 사실은 다시 분명해졌습니다. 그렇지 않다면 그가 어떻게 '실망'이라든가 '내 뜻과 같다'라는 말들을 할 수 있었겠습니까? 또 어떻게 병력을 선발했다거나 모든 준비를 완료했다는 말을 했겠습니까? 주유 등이 출병해 불리해지면 자신이 직접 조조와 일전을 벌이겠다고 한 말도 마찬가지였습니다. 손권의 생각은 이미 일찌감치 결정됐던 것입니다. 그는 사방으로 빛을 발하는 형형한 눈으로 장강 위의 안개를 꿰뚫어보고 있었을 뿐 아니라 상류의 화약 연기까지 응시하고 있었습니다.

하지만 이처럼 마음을 결정했음에도 그는 자신의 입장을 공개적으로 드러내지는 않았습니다. 자신의 생각을 주동적으로 말하지도 않았습니다. 대신 주위의 의견을 널리 구했습니다. 심지어 노숙의 말을 들은 다음에는 제갈량의 말을 들어봐야 한다고 했습니다. 제갈량의 말을 들은 다음에도 그랬습니다. 주유의 말을 들어봐야 한다고 한 것입니다. 마치 다른 모든 사람들의 말을 들어봐야 직성이 풀릴 것이라는 인상을 줬습니다. 이것이 바로 그가 지도자로서의 소질을 지니고 있었다는 증거입니다. 손권은 이런 중요한 결정을 할 때는 충분한 토론이 없으면 안 된다는 사실을 알았습니다. 굳건한 지지 역시 없으면 안 된다는 사실을 알았습니다. 만약 전쟁을 해야 했다면 주전파의 입장을 듣는 것이 제일 좋았을 것입니다. 노숙과 주유의 말이 되겠습니다. 또 동맹을 해야 했다면 제갈량 같은 동맹파의 의견을 경청하는 것이 제일 좋았을 것입니다. 장소처럼 다른 의견을 말해도 상관은 없었습니다. 각자의 정치적 입장과 정치적 태도를 검증할 수도 있었으니까요. 시간이 길어져도 괜찮았습니다. 손권은 감정을 컨트롤할 수 있는 사람이었으니까요. 게다가 그는 감정을 억눌러야만 정확한 결정을 내릴 수 있다는 사실도 알았습니다. 적을 물리쳐 승리를 거둘 수 있다는 사실 역시 마찬가지였습니다.

### 손권의 성공 비결 : 실용주의적 처세

손권은 안면을 바꿀 수도 있는 인물이었습니다. 그의 일생 동안 몇 번이나 그랬는지 모릅니다. 그와 유표는 원래 집안끼리 원수지간이었습니다. 그러나 유표가 죽자 그는 노숙을 조문 사절로 파견했습니다. 그와 유비는 맹우였습니다. 하지만 관우가 양번을 공격했을 때 등 뒤에서 칼로 그를 찔렀습니다. 그는 위와 연합했으나 다시 반목했습니다. 조에게 항복했으나 얼마 지나지 않아 배반했습니다. 형주를 빌려주고 빼앗기도 했습니다. 조조를 치켜세우다가 욕하기도 했습니다. 적벽대전 전후에도 크게 다르지 않았습니다. 조조가 밀려오는 기세가 너무 살벌하자 그에게 대항했습니다. 적벽대전이 끝난 다음 조조의 공세가 꺾이면서는 투항했습니다. 관우가 중원 지방에까지 위력을 떨쳤을 때 그는 기습했습니다. 유비가 이릉에서 크게 패했을 때는 화해를 청했습니다. 그는 마치 구룽(古龍, 대만의 무협소설 인기 작가-옮긴이) 소설 속의 등장인물과 같다고 해도 좋았습니다. 항상 가장 불가사의한 상황일 때 가장 불가사의한 각도에서 가장 불가사의한 수를 생각해냈습니다. 조조와 유비를 갈팡질팡하며 어쩔 줄 모르게 했습니다.

이런 행보들을 보면 손권은 확실히 천재적인 정치가였습니다. 그는 정치가 뭔지 분명히 이해했습니다. 무엇이 정치입니까? 다시 말하지만 정치는 관계입니다. 소위 말하는 정치적 관계는 정확하게 세 그룹으로 나눠집니다. 적과 나 그리고 우군입니다. 그에게 누가 적이었습니까? 조위(조조·조비·조예)는 적이었습니다. 누가 우군이었습니까? 유비였습니다. 그러나 조위라는 적과는 항상 반목할 수가 없었습니다. 유비라는 우군도 그랬습니다. 자주 안면을 바꿨습니다. 계속 전략을 수정하지 않으면 안 됐던 것입니다. 적을 우군으로 바꾸고 우군이 얼굴을 바꾸면 그 역시 그래야 했습니다. 적벽대전 이후의 시기를 대표적으로 꼽을 수 있습니다. 그는 조조와 싸웠으나 유비하고도 싸웠습니다. 유비하고 화해했으나 조조하고도 얼굴을 풀었습니다. 그는 이들 행보를 모두 솜씨 있게 처리했습니다. 예컨대 황초 2년(서기 221년) 7월 유비가 공격해왔을 때였습니다. 그는 조비에게 신하를 자칭했습니다. 그러나 다음 해(서기 222년) 6월에 유비를 격파한 다음에는 바로 안면을 바꿨습니다. 그러자 조비가 9월에 조휴·조인·조진 등에게 대군을 이끌고 나가 손권을 공격하도록 했습니다. 그는 다시 반대의 길을 걸었습니다. 유비가 비록 그의 수하인 여몽과 육손에게 참패한 패전지장이었으나 화해의 제스처를 보낸 것입니다. 이것은 결코 이랬다저랬다 하는 줏대 없는 행동이 아니었습니다. 그보다는 매를 맞을 처지에 있거나 중간에 끼어 있는 사람이 선택할 수밖에 없는 생존과 발전을 도모하는 전략이었습니다.

당시 그의 이런 전략을 일부 눈썰미 좋은 이들이 간파하기도 했습니다. 조위 진영의 유엽이 대표적인 인물이었습니다. 그는 손권이 신하를 칭하는 것을 절대로 믿어서는 안 된다는 입장을 견지했습니다. 『삼국지』「유엽전」을 보면 알기 쉽습니다. 이에 따르면 유엽은 조비에게 "오나라 사람은 멀리 장강과 한수 밖에 떨어져 있습니다. 진작부터 중원에 복종할 생각이 없었습니다. 그런데 이제 어떻게 갑자기 달려와서 충성을 표시합니까? 반드시 '외부의 압박과 내부의 곤경'이 동시다발로 일어났기 때문입니다. 우리를 속이려 하는 것입니다. 사실 손권이 어디 지금 한 번만 속이는 것이겠습니까? 그의 인생 전반부는 속임의 연속이었습니다. 더구나 동오 진영에서 어디 손권만 속였습니까? 다른 사람들도 다 그랬습니다. 관우가 양번을 공격할 때 여몽과 육손이 그를 잔인하게 속이지 않았습니까?"라고 간언했습니다. 그렇다면 이 전략은 무엇입니까? 배송지 주에서 인용한 『부자』는 이것을 "소국이 이익을 위해 어쩔 수 없이 쓰는 방법"이라고 설명했습니다. 약소국은 무리하게 다른 나라와 충돌할 수 없습니다. 항상 타개 방법을 생각해내야 합니다. 자기 의견을 굽혀 일을 성사시켜야 합니다. 심지어 트릭 같은 접근 방법을 써서라도 나라를 구해야 합니다.

당연히 이런 전략을 행하기는 쉽지 않습니다. 우선 감정을 컨트롤할 수 있어야 합니다. 나아가 안면을 바꿀 줄도 알아야 합니다. 허리를 숙이는 것은 더 말할 필요조차 없습니다. 그러나 손권은 이 어려운 일을 해냈습니다. 솔직히 그로서도 조비의 책봉을 받아들이는 일은 쉽지 않은 결정이었습니다. 둘은 과거에 지위나 권력이 거의 같았습니다. 그러나 그는 머리를 숙여 신하를 자칭했습니다. 이것이 아무나 할 수 있는 과감한 굴신屈身의 행동입니까? 과거 그는 삿대질을 하면서 조위를 '한적'이라고 욕했습니다. 그러나 그 다음에는 허리를 굽혀 '황제'라고 부르지 않으면 안 됐습니다. 그러했을 때 손권의 체면은 얼마나 깎였겠습니까? 더구나 그는 과거 말끝마다 "이 땅 위에서 최선을 다하는 것은 한나라 왕실을 보좌하기 위한 것에 불과하오"라고 말했습니다. 그런데 솔선수범해 '위나라의 신하'를 자칭했습니다. 이 말은 어떻게 해명할 수가 있었겠습니까? 당연히 강동 진영의 많은 사람들은 그래서는 안 된다고 생각했습니다. 진晉나라의 손성孫盛 역시 "만약 '신료들의 의견'을 받아들였다면 평생 '한나라 장군'을 칭했어야지 '위나라의 신하'라는 말을 들먹이지 말아야 했다. 그렇게 하는 것이 '정의로 세상을 감격하게 하고 인애가 백대를 감동시키는 것'이 아니겠는가? 의에 나아가고 모욕을 떨쳐버리는 것은 백이(伯夷·숙제叔齊·노중련(魯仲連, 전국시대 제나라 유세객—옮긴이) 같은 '필부'조차도

한 것인데 '천하를 삼분'하는 '열국의 군주'가 어찌 못하겠는가?"라면서 공공연히 손권을 비판했습니다.

이 주장은 사실 세상 물정에 어두운 사람의 말이라고 해도 좋습니다. 만약 개인이라면 백이, 숙제처럼 그렇게 '주周나라의 녹'을 먹지 않을 수 있습니다. 또 노중련같이 '정의를 위해 진秦나라 왕을 황제로 인정'하지 않아도 무방합니다. 그러나 정치가는 그저 개인의 명예나 도덕만을 고려해서는 안 됩니다. 천하의 대세와 국가 이익을 고려해야 합니다. 제갈량도 그랬습니다. 정 부득이한 때는 변칙적 임기응변을 쓰지 않을 수 없었습니다. 『삼국지』「오주전」의 배송지 주에서 인용한 『한진춘추』는 이 사실을 잘 보여줍니다. 이에 의하면 촉한 건흥 7년(서기 229년) 손권은 드디어 칭제를 했습니다. 이어 사신을 파견해 촉한에 '함께 두 황제 받들기'를 희망한다고 했습니다. 메시지는 간단했습니다. 상호 간의 황제를 인정하고 위나라 황제는 인정하지 말자는 것이었습니다. 결과는 떠들썩했습니다. 촉한 조야의 비판 여론이 비등했던 것입니다. 전통 도덕에 따르면 하늘에 두 개의 태양이 있을 수 없듯 백성 역시 두 군주를 섬길 수 없었으니까요. 그래서 모두 오와의 단교를 주장했습니다. 그러나 제갈량은 다수의 의견을 물리쳤습니다. 오나라 황제를 인정할 것을 강력하게 주장했습니다. 이유가 있었습니다. 촉한은 이른바 '기각掎角(앞뒤에서의 협공—옮긴이)의 도움'이 필요했던 것입니다. 제갈량이 이때 고려한 것은 분명히 실속 없는 이른바 '대의'가 아니었습니다. 실질적인 국가 이익이 무엇인가 하는 것이었습니다. 여기에 그치지 않았습니다. 제갈량은 다음과 같은 더 중요한 말도 했습니다.

걸출한 정치가의 정확한 결정은 시의에 따라 임기응변해야 한다. 심모원려도 해야 한다. 절대로 필부의 분노로 일을 처리해서는 안 된다.

이 말은 다시 말해 국가나 국민의 근본적인 이익과 장기적인 이익을 고려해야 한다는 말이 되겠습니다. 달리 말해 필부의 분노대로 하면 안 되고 교조주의도 안 된다는 뜻인 것입니다. 이 말은 정말 잘한 말입니다! 제갈량의 이 말 한마디에 '분노한 필부'들은 말을 쉬어도 되지 않았을까요?

실제 손권의 일처리가 그랬습니다. 시의에 따른 임기응변과 심모원려에 입각한 것이었습니다. 그는 허리를 굽혀 위나라에 굴복하기는 했습니다. 그러나 사례가 다소 부적절할 수도 있겠으나 그것은 '기예는 팔아도 몸은 팔지 않는다'라는 정신과 다를 바 없었습니다. 자신은 최소한 자존심을 지키는 원칙이 있었다는 얘기입니다. 최소한의 도덕적 한계를 지켰다는 말도 되겠습니다. 실제로 그는 여러 차례 조위의 수도로 자신의 아들을 인질로 보내라는 요구는 듣지 않았습니다. 진심으로 귀부하지 않았다는 사실을 알 수 있지 않나 싶습니다. 이에 대해 「오주전」은 "외면적으로는 위나라에 귀부했으나 성실한 마음이 없었다"라고 설명하고 있습니다. 이것은 더블 플레이가 아니었습니다. 부득이한 것이었습니다. 더구나 그는 성실한 마음이 없다는 사실만큼은 그다지 숨기지 않았습니다. 『삼국지』「오주전」을 참고해야 하겠습니다. 이에 의하면 손권은 오왕으로 봉해진 다음에 도위都尉 조자趙咨를 위나라에 사신으로 보냈습니다. 이때 조비가 조자에게 물었습니다.

"오왕은 어떤 군주요?"

조자는 "총명하고 어질면서도 지혜롭습니다. 비범한 책략을 가진 군주입니다"라고 대답했습니다. 조비는 그 말에 흥미를 느꼈습니다. 더욱 자세하게 그의 말에 대해 물었습니다. 조자는 다음과 같이 조목조목 설명했습니다.

초야의 선비들 가운데에서 노숙을 받아들였습니다. (우리 주군이) 총명하다는 사실을 말합니다. 군대에서는 여몽을 발탁했습니다. 현명함을 말해주는 것입니다. 우금을 사로잡았으나 죽이지 않았습니다. 인자함을 말하는 것으로 부족함이 없습니다. 형주를 다시 얻었을 때에는 무기에 피도 묻히지 않았습니다. 지혜가 없었으면 불가능했을 일입니다.

그는 이어 마지막에 "세 주(형주·양주·교주)를 점거해 천하를 호랑이 눈으로 노려보니 영웅의 뜻을 품었다고 볼 수 있습니다. 또 폐하에 대해 자신을 굽히고 있으나 이것은 책략에 불과합니다"라고 말했습니다.

이제 명확해지지 않았나요? '폐하에 대해 자신을 굽히는 것'은 그의 트릭이었습니다. '천하를 호랑이 눈으로 노려보는 것', 그것이 바로 손권의 참모습이었습니다.

문제는 손권이 이렇게 생각할 수 있느냐에 있지 않습니다. 그가 공개적으로 이렇게 말할 수 있다는 것이 핵심입니다. 더구나 그의 사신까지도 조비 앞에서 그렇게 말했습니다. 대단한 것입니다. 이것은 뭘 설명합니까? 손권이 허리를 굽혔다는 사실을 분명히 말합니다. 그러나 머리를 들 수 있었다는 사실도 설명합니다. 손권이 '폐하에 대해 자신을 굽힐' 때일지라도 머리는 들고 있었다는 얘기가 됩니다. 한마디로 그는 비굴하게 굴지라도 무릎은 꿇지 않는 사람이었습니다. 무릎을 꿇더라도 투항하지 않는 사람이었습니다. 강직한 성격은 있었으나 오만하지는 않았습니다. 굽혔다 폈다, 폈다 굽혔다 하는 것이 그의 특징이었던 것입니다. 그의 사신 역시 그랬습니다. 위나라 황제 앞에서였으나 비굴하지도 거만하지도 않았습니다. 『삼국지』「오주전」의 배송지 주에서 인용한 『오서』에는 조자와 조비의 다른 대화도 있습니다. 이에 의하면 조비는 자신의 학문이 뛰어난 데다 대시인이자 대이론가여서 그랬는지는 몰라도 얼굴에 다소 시니컬한 표정을 띤 채 조자에게 물었습니다.

"오왕도 학문을 이해하오?"

조자가 "오왕은 천 리의 강을 지키고 있습니다. 정병 백 만도 통솔하고 있습니다. 게다가 많은 인재들도 거느리고 있습니다. 그의 포부는 천하를 경략하는 것입니다. 이를 위해 그는 많은 책을 두루 읽고 있습니다. 그럼에도 미사여구를 우습게 알고 심장적구(尋章摘句, 전체적인 글을 모른 채 일부 글귀만 베낌. 독창성이 없다는 뜻―옮긴이)하지 않습니다"라고 대답했습니다. 조비가 다시 "짐이 오나라를 토벌할 수 있을 것 같소?"라고 물었습니다. 조자는 지체 없이 "폐하는 폐하의 군대가 있습니다. 우리 군주는 우리 군주의 대비책이 있습니다"라고 대답했습니다. 조비는 끈질기게도 "오나라는 우리 위를 두려워하오?"라는 질문을 재차 던졌습니다. 조자 역시 지지 않고 "뛰어난 장수와 백 만 정예 병력이 있는 데다 장강과 한수가 철옹성이니 무엇이 두렵겠습니까!"라고 버텼습니다. 조비가 마지막으로 물었습니다.

"당신의 오나라에는 귀하 같은 인재가 얼마나 있소이까?"

조자가 기다렸다는 듯 입을 열었습니다.

"특별히 똑똑한 사람은 80~90명 있습니다! 그러나 신과 같은 사람은 '수레에 실어도 이루 헤아릴 수 없을 정도'로 많습니다."

조자의 말이 맞았습니다. 손권의 내심 깊은 곳에는 확실히 '호랑이 눈으로 천하를 주시'하는 웅지가 있었습니다. 게다가 그는 감정을 컨트롤할 수 있었습니다. 안면도 바꿀 수 있었습니다. 허리를 굽히면서도 머리를 들 수 있었습니다. 더구나 그는 마지막에 자신의 목표까지 실현했습니다.『삼국지』「오주전」에 의하면 황룡 원년(서기 229년) 봄에 오의 신료들은 그에게 재차 황제의 자리에 오르도록 권고했습니다. 손권은 이번만큼은 양보하지 않았습니다. 결국 4월 13일 손권은 무창(武創, 지금의 후베이성 어저우시) 남쪽 교외에서 황제에 즉위했습니다. 그러면 이때 손권은 어떻게 아무 두려움 없이 황제에 오를 수 있었을까요? 조비가 3년 전에 사망한 것과 무관하지 않았습니다. 더구나 그를 계승한 조예는 손권이 보기에 두려워할 필요조차 없는 인물이었습니다. 후방을 두려워할 필요가 없었던 것 역시 이유가 될 것 같습니다. 촉한의 정권을 장악한 제갈량이 오촉연맹을 결연히 주장하고 있었으니까요. 뿐만 아니었습니다. 정권의 '강동화'라는 국책 역시 나름대로 형태를 갖춰가고 있었습니다. 육손이 이미 원수가 돼 있었고 고옹도 승상의 자리에 있었던 것입니다(황무 4년, 즉 서기 225년). 손권은 아무 부담 없이 뒤집어 입고 있던 황포를 바로 입었습니다.

손권의 예측은 틀리지 않았습니다. 그의 칭제는 가볍게 우군의 승인을 받아냈습니다. 6월 제갈량은 위위衛尉, 진진陳震 등을 파견해 축하했습니다. 두 나라는 더 나아가 '상호 불가침조약'까지 맺었습니다. 내용은 주목을 요하는 것이었습니다. 우선 "한과 오가 아니면 누가 이 책임을 맡겠는가?"라는 공동 인식하에 조위를 공동으로 토벌할 것을 공언했습니다. "한이 침략을 받으면 오가 지원하고 오가 침략을 받으면 한이 지원한다"는 상호 자동 원조 조항도 들어가 있었습니다. 그들은 지도상에서이기는 했으나 조위의 영토도 분할했습니다. 예주·청주·서주·유주는 오나라, 연주·기주·병주幷周·양주凉州는 촉이 갖기로 했습니다. 사주는 반반씩 나눴습니다. 이때는 조비가 칭제(서기 220년)한 때로부터 이미 9년이 지난 시점이었습니다. 유비가 칭제(서기 221년)한 때로부터는 8년이 되겠습니다. 손권은 정말 감정을 죽이고 기다렸던 것입니다.

실제로도 손권은 결코 겁약한 사람이 아니었습니다. 그는 원래 아주 영민하고 용맹스러웠습니다. 심지어 직접 말을 타고 활로 호랑이를 쏘기도 했습니다. 그럼에도 그는 절대로 자신의 재능을 드러내지 않았습니다. 적벽대전 때를 생각해보십시오. 그러나 그는 자신이 우선 '이미 이룬 사업을 발전시키는 군주'가 된 다음에 '개국 군주'가 돼야 한다는 사실을 너무나 잘 알았습니다. 그의 길이 당면한 업무나 정세를 완전히 파악한 다음에 영웅이 되는 것이라는 사실 역시 잘 알았습니다. 먼저 애송이인 체한 다음 패주가 돼야 한다는 것은 더 말할 필요조차 없었습니다. 그래서 그는 완전히 드러난 재간을 다시 감출 수 있었습니다. 어떤 사람들이 손권에 대해 '평상시에는 잘 안 보인다. 그러나 가끔 평범하지 않은 능력을 나타낸다'라고 한 것은 그래서였습니다. 진수 역시 그를 구천에 비유했습니다. 아마도 스스로 자신을 잘 드러내지 않은 이 특징이 이유였을 것입니다. 다시 말해 손권의 특징은 영민하고 용맹스러운 영웅임에도 꾹 참고 밖으로 드러내지 않는 것이었습니다.

이렇게 보면 손권은 사실 상당히 매력 있는 사람이었습니다. 그러나 이것은 결코 충분 조건은 아니었습니다. 항우나 원소 역시 이런 매력이 있었습니다. 그러나 그들은 성공할 수 없었습니다. 왜일까요? 사람을 부릴 줄 몰랐기 때문입니다. 이에 비해 손권은 성공했습니다. 이는 손권이 사람을 부릴 줄 알았다는 사실을 설명합니다. 그러면 사람을 부리는 손권의 용인술에는 어떤 특징이 있었을까요?

# 하늘 같은 정 바다 같은 한

45강
情天恨海

삼국시대의 주요 지도자 조조·손권·유비·제갈량 등의 공통적인 장점은 모두 용인술이 뛰어났다는 것이었다. 그들은 이를 통해 많은 사람들의 도움을 얻었다. 나아가 삼국의 세력이 정립할 수 있는 국면을 만들었다. 그러나 그들의 품격과 일처리 방법은 각각 서로 달랐다. 그러면 손권의 특징은 어떠했을까? 그만의 품격은 어느 방면에서 두드러졌을까? 또 그것은 어떻게 형성되었고 부족한 점은 무엇이었을까?

앞 강의에서 우리는 간단하게 손권이 성공에 이르게 된 길에 대해 살펴봤습니다. 여기에서 우리는 그의 개인적인 자질과 그의 정치적 책략에 영향을 미쳤던 여러 요인들을 살펴볼 수 있었습니다. 이를 다시 정리하자면 이렇습니다. 그는 우선 큰 뜻을 가슴에 품었으나 이를 드러내지 않았습니다. 다음으로 국면과 형세를 잘 판단했습니다. 또 능수능란하게 허리를 굽히고 머리를 쳐들었습니다. 처세가 자유자재였던 것입니다. 오나라 사신 조자가 말한 것을 다시 인용하면 바로 '영웅적 책략'을 지닌 것입니다. 그러나 이것은 그저 손권이 성공한 원인 중 하나에 불과합니다. 비교적 일반적인 손권에 대한 견해는 아마도 진수가 「오주전」의 평어에서 말한 내용이 될 것입니다. "자신을 굽히면서 굴욕을 인내하고 재능 있는 사람을 임용하고 계책을 중시"했다는 것 말입니다. 진수는 그가 바로 그랬기 때문에 비로소 강동에서 자리를 잡은 다음 삼국이 정립하는 국면을 형성했다고 생각했습니다. 다시 말한다면 손권이 성공하게 된 좀 더 확실한 이유는 세 가지가 되겠습니다. 가장 먼저 큰일을 위해 치욕을 참을 줄 알았다는 사실입니다. 지혜가 풍부하고 계략이 많았다는 것도 이유가 됩니다. 마지막으로 사람을 잘 부릴 줄 알았다는 사실을 빼놓을 수 없습니다. 앞의 두 가지에 대해 우리는 이미 앞 강의에서 충분히 살폈습니다. 이 강의에서는 손권의 사람을 부리는 용인술에 중점을 두겠습니다.

### 손권의 성공 비결 : 탁월한 용인술

모두 알다시피 삼국은 '풍운제회'라는 말처럼 대대적으로 많은 인재를 배출한 시대입니다. 더구나 이 시대의 중요한 지도자들인 조조·손권·유비·제갈량 등은 모두 용인술에 뛰어났습니다. 이에 대해서는 청나라의 조익이 『22사찰기』에서 "삼국에 인재는 넘치고 넘쳤다. 군주들도 사람을 잘 부렸다. 이들의 도움으로 삼국정립이 이뤄졌다"라고 말한 바 있습니다. 이러한 대전제 아래 만약 '랭킹'을 매긴다면(단지 용인술에 한하는 것이고, 전면적 평가가 아닙니다) 아마도 톱은 단연 조조가 될 것 같습니다. 그의 용인술은 당시에도 아주 유명했으니까요. 하기야 손권까지도 조조가 사람을 부리는 솜씨는 "유사 이래 볼 수 없었던 것"이라고 했으니 더 이상 설명은 필요 없을 듯합니다. 그러나 아이러니하게도 손권이 제갈근에게 건넨 이 말은 조조를 혹평하기 위한 것이었습니다. 조위가 대를 이어갈수록 인물이 못하다는 사실을 강조하기 위해 한 말이었기 때문입니다. 원문은 『삼국지』 「제갈근전」에 나옵니다. 이에 의하면 손권은 제갈근에게 다음과 같이 조조를 혹평했습니다.

조조 이 사람은 사람을 다소 심하게 죽였다. (수하의) 다른 가족이나 친척들을 이간질한 것은 너무 냉혹했다. 다만 사람을 부리는 부분은 옛날부터 지금까지 유래가 드물다.

손권의 이 말에 대해서는 당연히 여러 견해들이 있습니다. 조조가 '다소 심하게 죽였다'라는 말은 틀리다는 주장이 우선 그렇습니다. '너무 심했다'고 해야 옳다는 것입니다. 그러나 손권으로서는 어쩔 수 없는 이유가 있었습니다. 그 자신 역시 많은 살인을 했기 때문입니다. 조조의 용인술에 대한 그의 평가는 사실 공정하고 객관적이라고 말할 수 있습니다. 문을 걸어 잠근 채 자신의 집에서 한 말이기 때문에 꺼려야 할 누군가의 귀가 있었던 것도 아닙니다. 얘기의 당사자 조조 역시 완전히 적일 뿐 아니라 당시 이미 고인이었으니까요. 손권은 저 세상 사람인 조조에게 일부러 잘 보일 필요가 없었습니다. 더구나 손권 자신 역시 사람을 부리는 '군주'였습니다. 함부로 남을 칭찬하고 자신을 낮출 이유가 없었습니다. 그렇습니다. 손권의 고백대로입니다. 손권이 사람을 부리는 수준은 딱 조조 바로 다음이었습니다. 장쭤야오 선생의 『유비평전』을 봐도 이 사실은 잘 알 수 있습니다. "손권의 용인술은 유비보다 훨씬 위였다"라고 분명히 말하고 있습니다. 사실 그의 용인술은 적마저도 탄복하지 않을 수 없는 수준이었습니다. 예컨대 황무 3년(서기 224년) 9월 친히 군대를 이끌고 오나라를 정벌하러 나선 조비가 장강 변에 서서 감탄하면서 한 말을 우선 사례로 들면 좋을 것 같습니다. 조비가 "적은 인재가 많다. 함부로 도모할 수 있는 곳이 아니다"라고 말하면서 철군했다는 기록이 『삼국지』「오주전」에 있습니다. 이뿐만이 아니었습니다. 제갈량도 이에 대해서는 솔직히 인정했습니다. 동오와 반목해서는 안 되는 이유 중 하나를 말할 때 "그곳에는 현명한 인재들이 많다. 장군과 재상들이 화목하다"고 토로했던 것입니다. 이 말은 『삼국지』「제갈량전」의 배송지 주에서 인용한 『한진춘추』에 나옵니다. 이른바 '현명한 인재가 많고 장군과 재상이 화목'하다는 것은 인재가 곳곳에 그득하고 상하가 한마음 한뜻이었다는 말입니다. 이것은 바로 손권 정권 전기의 특징이었습니다(후기는 오히려 정반대였는데 뒤에 다시 언급하겠습니다). 더구나 손권 진영의 인재들은 끊어질 줄 모르고 계속 등장했습니다. 무장들을 예로 들면 주유 이후에 노숙, 노숙 다음에 여몽, 여몽 다음에 육손이 등장하는 식이었습니다. 더구나 이들은 능력과 수준이 막상막하였습니다. 거기에다 육손은 문무겸전의 보기 드문 인재였습니다. 문신 진영에서는 장소·고옹·제갈근·보즐 등을 꼽을 수 있겠습니다. 모두 한 시대를 풍미한 최고의 인재들이었습니다.

이 현상은 좀 이상하다고 볼 수 있습니다. 어떻게 동오에 인재를 끌어 모으는 그런 응집력이 있었을까요? 원인은 당연히 여러 가지가 있겠지만 손권의 뛰어난 용인술이 아무래도 중요한 원인의 하나가 될 수밖에 없습니다. 그러면 손권은 어떻게 사람을 잘 부렸을까요?

우선 그는 다른 나라 인재의 능력조차도 높이 샀습니다. 더구나 모사로 삼기를 주저하지 않았습니다. 예를 들어 봅시다. 손권은 제갈량이 사망한 다음 양의와 위연 두 사람이 '반드시 재난이 될 것'이라는 예측을 했습니다. 이 사실에 대해서는 이미 앞의 강의 「내부 분쟁의 먹구름」편에서 말했습니다. 손권이 처음 이 말을 한 것은 오나라에 사신으로 왔던 촉한의 비위를 만났을 때입니다. 손권이 남의 나라 사신에게 이런 말을 했다는 것은 이때 비위에게 마음을 빼앗겼다는 얘기가 되겠습니다. 『삼국지』「비위전」을 한번 보도록 합시다. 이에 의하면 당시 비위는 '소신교위昭信校尉' 신분으로 오나라에 갔습니다. 손권은 관례대로 주연을 열어 그를 접대했습니다. 손권은 원래 달변이었습니다. 농담을 하기 시작하면 그야말로 대책이 없었습니다. 반면 제갈각 같은 그의 수하들은 확실하고 틀림없는 말만 하는 사람들이었습니다. 자연적으로 연회 석상에서 비위와 이들 간의 격렬한 난상토론이 벌어졌습니다. 이때 비위는 "조리 있고 확실한 언사로 도리에 입각해 대답"했습니다. 급기야 손권의 극찬을 들었습니다. 이는 손권이 비위에게 "요즘 세상에 선생은 덕은 물론이고 재능까지 겸비했소. 틀림없이 촉나라의 기둥이 될 것이오. 앞으로 보지 못할 것 같아 염려되오"라고 한 말에서 잘 드러납니다.

비위가 당시 어떻게 여러 유생들과 설전을 벌였는지에 대한 기록은 없습니다. 「비위전」에도 기록은 없습니다. 다행히 「제갈량전」의 배송지 주에서 인용한 『각별전恪別傳』에 이와 관련한 기록이 하나 있습니다. 재미있는 일화로 한번 살펴봐도 무방하겠습니다. 이에 따르면 비위가 연회장에 들어갈 당시 주연에 참석한 사람들은 모두 머리를 숙인 채 음식을 먹었다고 합니다. 손권이 사전에 미리 언질을 준 탓이었습니다. 당연히 손권만이 일어나 그를 맞았습니다. 비위는 주연의 모습을 보자마자 바로 사언시 하나를 읊었습니다. "봉황이 비상해 날아오매, 기린은 먹는 것을 뱉고 정성스레 맞이하나, 버새는 아무것도 모르고 게걸스레 엎드려 먹는구나鳳凰來翔 麒麟吐哺 驢騾無知 伏食如故"라는 시였습니다. 동오 사람들의 체면이 말이 아니게 됐습니다. 당연히 응대를 하지 않으면 안 됐습니다. 제갈각이 나섰습니다.

"정성스레 오동나무를 심고 봉황을 기다렸으나, 무슨 참새 따위가 자칭 봉황이라고 하는가, 어찌 화살을 날려 고향으로 돌아가게 하지 않겠는가? 愛植梧桐 以待鳳凰 有何燕雀 自稱來翔 何不彈射 使還故鄉"

일단 결과는 비겼다고 볼 수 있겠습니다. 그러나 비위는 그저 오나라의 뭇 신료들만 풍자했습니다. 손권에게는 '기린'이라는 단어를 써가면서 체면을 세워줬습니다. 격조 면에서는 제갈각보다 한 수 위였습니다. 이런 '말싸움'은 사실 오나라와 촉나라 간의 외교사에서는 늘 볼 수 있는 일이었습니다. 양국 간 교류나 상호에 대한 호감의 정도는 전혀 방해가 되지 않았습니다. 그 시나 말들은 그저 봄철에 날아다니는 '꽃가루'에 불과했습니다. 결코 외교 담판에서 나온 내용이 아니었습니다. 오나라에 사신으로 갔을 당시 비위는 아마도 더 멋있게 표현했을 것이 분명합니다. 그렇지 않다면 손권이 크게 마음에 들어 했을 까닭이 없습니다. 「비위전」의 배송지 주에서 인용한 『위별전禪別傳』은 손권이 "수중에 항상 지니고 있던 보검을 그에게 선물로 줬다"라고 전했습니다. 이것은 보통 친밀한 관계를 의미하는 것이 아니었습니다. 중국 속담에 "보검은 열사에게 주고 물건은 아는 사람에게 판다"라는 말이 있습니다. 군인 사이에 무기를 주고받는 것은 최소한 상대방을 좋은 사람이라고 생각한다는 얘기입니다. 더구나 한 나라의 원수가 외국 사신에게 그것을 선물했습니다. 그것도 항상 몸에 지니고 다니는 것을 말입니다. 그 행동은 경의를 표하는 것이었습니다. 당신을 중시한다는 의미도 담고 있었습니다. 마음에 들 뿐 아니라 신뢰한다는 의미도 있었습니다. 비위는 무척 감동했습니다. 그가 "신이 무슨 덕과 능력이 있어 이런 은혜를 받을 수 있겠습니까? 그러나 칼은 '반역자를 처치하고 폭동을 진압하는 것'입니다. 명을 따르도록 하겠습니다. 대왕께서는 부디 '공을 잘 쌓으셔서 함께 한나라 왕실을 지탱'하십시오. 신은 비록 우매하나 반드시 대왕의 두터운 신망을 저버리지 않을 것입니다"라고 말한 것은 당연할 수밖에 없었습니다.

여기에서 우리는 손권 용인술의 특징을 분명히 볼 수 있습니다. 그것은 '정으로 사람을 감동시키는 것'이었습니다. 저는 삼국시대의 지도자(비록 군주는 아니나 실제적으로 핵심 지도자였던 제갈량을 포함합니다)들의 용인술 특징을 다음의 열두 자로 정리하고자 합니다. 바로 '조이지操以智, 권이정權以情, 비이의備以義, 양이법亮利法'입니다. 해석하면 조조는 지혜, 손권은 정, 유비는 의리, 제갈량은 법으로 사람을 썼다는 얘기가 됩니다. 특히 제갈량은 법에다 공개·공정·공평이라는 덕목까지 더해 나라를 다스렸습니다. 법으로 사람을 썼으므로 그의 정부에는 탐관오리가 없었습니다. 모든 관리들이 일로매진一路邁進하여 노력하고 자신을 잊고 일했습니다. 그래서 제갈량의 정부가 가장 정부다웠다고 말할 수 있습니다. 이에 비해 조조·유비·손권의 정부는 그렇지 못했습니다. 조조의 정부는 약간 살롱 비슷한 분위기를 풍겼습니다. 유비의 정부 역시 좋은 평가를 받기는 어렵습니다. 무슨 비밀결사 같았습니다. 그러나 이 모두는 정상 참작이 가능합니다. 조조와 유비 등이 무슨 구체적인 확실한 프로그램에 의해 정권을 세운 것이 아니라 하나같이 무에서 유, 소에서 대, 군벌에서 제왕으로 가는 험난한 과정을 거쳤으니까요. 당연히 그들의 부하 진영 역시 비슷한 변화 과정을 겪었습니다. 초기에는 장군의 막부 비슷했습니다. 비로소 제왕의 조정이 됐던 것은 훨씬 후였습니다. 막부는 어쨌거나 개인의 색채가 두드러집니다. 리더의 성격에 따라 막부도 비슷한 분위기가 나타났다는 얘기입니다. 따라서 지혜를 우선하는 조조의 막부가 살롱과 비슷했던 것은 아주 당연한 귀결이었습니다. 의리를 중시한 유비 막부의 경우 비밀결사 냄새가 물씬거릴 수밖에 없었겠죠. 좀 심하게 말하면 '거지 집단'의 성격이 있었다고도 할 수 있겠습니다.

그러면 손권 막부는 무엇과 비슷했을까요? 가족 집단과 비슷했습니다. 장소는 '작은 아버지', 주유는 '맏형'이었습니다. 가장 어른인 장소의 '작은 아버지' 지위는 손책 시대에 확립된 것이었습니다. 우리는 이를 이미 『삼국지 강의』 18강 「강동의 기업」편에서 살펴봤습니다. 주유 역시 크게 다를 바 없었습니다. 어려서부터 손책과 '막역지우'였습니다. 뿐만 아니었습니다. 두 사람은 '서로의 모친을 어머니로 모시는 네 것 내 것도 없는' 확고부동한 형제였습니다. 나중에 손권의 모친 오부인이 자신은 주유를 친아들로 생각한다면서 손권에게 친형같이 생각하라고 당부한 것은 다 이런 사실에 기인합니다. 이 역시 『삼국지 강의』 23강 「세찬 물결 속에 우뚝 서서」편에서 이미 설명한 바 있습니다. 이처럼 주유는 손권과 집안 식구처럼 친했습니다. 노숙과는 형제같이 친했습니다. 이러니 손권이 노숙과 친하지 않을 수 없었습니다. 이와 관련한 재미있는 일화도 있습니다. 노숙이 손권을 위해 출사를 결심했을 때였습니다. 손권은 고마운 마음에 노숙의 모친에게 옷과 커튼을 비롯한 생활용품을 보냈습니다. 행동이 마치 조카가 숙모를 대하는 것과 비슷했습니다. 이 일은 『삼국지』 「노숙전」에 기록으로 남아 있습니다. 그러면 노숙은 어땠을까요? 여몽의 모친을 찾아뵙고 그와는 형제처럼 지냈습니다. 이 사실은 「여몽전」에 기록돼 있습니다. 결론적으로 말하면 여몽과 노숙은 형제였습니다. 노숙과 주유도 형제였습니다. 주유와 손권 역시 형제였습니다. 이것을 무엇이라고 불러야 하겠습니까? 이른바 '형제의 연결고리'였습니다.

이런 분위기는 굳이 따지자면 유비 진영의 상황과 비교적 비슷했습니다. 형제처럼 친한 데다 정과 의리를 중시한 것이 거의 그대로였습니다. 그러나 좀 더 엄격하게 비교해보면 유비는 의리를 더 중시했습니다. 손권은 정을 더 중시했습니다. 이는 전통적인 대륙의 남북 문화 차이이기도 했습니다. 지금도 대륙 남쪽 사람들은 정, 북쪽 사람들은 의리를 중시하니까요. 유비와 관우, 장비의 관계가 처음부터 끝까지 의리라는 한 글자로 관철된 것은 그래서 너무나 당연한 것이었습니다. 이제 정의 색채가 농후한 손권 진영이 어느 정도인지 보도록 합시다. 「주유전」을 참고하면 주유는 갑자기 병사한 것으로 나옵니다. 그 소식을 듣고 손권은 "소복을 입은 채 소리 높여 울어 주위 사람들을 감동시켰"으며 직접 무호無湖에까지 나가 영구를 맞았습니다. 그가 곁에서 사라진 지 한참이나 됐어도 다르지 않았습니다. 손권은 주유를 늘 생각하면서 잊지 않았습니다. 손권이 조조를 물리치고 형주를 빼앗을 때에도 그랬습니다. 주유를 생각하면서 모두 그의 공로라고 말했습니다. "과인이 공근을 생각하는 마음이 어찌 그칠 수가 있겠는가!"라는 안타까움을 토로하면서 말입니다. 은혜에 감사하는 마음, 옛 정을 생각하는 마음이 이런 것 아니겠습니까? 확실히 손권 진영에는 정이 있었습니다.

손권은 노숙과 여몽에게도 거의 똑같이 대했습니다. 「노숙전」을 보면 손권은 노숙이 사망하자 '대성통곡'했을 뿐 아니라 장례에도 직접 참석했습니다. 「여몽전」을 봐도 큰 차이는 없습니다. 여몽이 위독할 때였습니다. 손권은 즉시 여몽을 궁전으로 불러 병을 치료하게 했습니다. 이어 전국적으로 명의를 모집했습니다. 그를 치료하기 위해 온갖 방법을 다 쓴 것입니다. 여몽을 치료할 당시에는 아마도 침을 사용했던 것 같습니다. 손권은 그때마다 몹시 마음 아파했습니다. 그러나 여몽을 문병하려고 해도 그럴 수가 없었습니다. 그럴 경우 여몽이 예의를 갖춰야 하고 힘들어질 수 있었으니까요. 고심 끝에 그는 여몽 병실의 벽에 구멍을 내는 묘안을 찾아냈습니다. 몰래 살펴보기 위해서였죠. 이때 그는 여몽이 조금이라도 음식을 먹으면 대단히 기뻐했다고 합니다. 심지어 희색이 만면했다고 합니다. 그러나 먹지 못하면 한숨을 연달아 내쉬면서 밤잠을 이루지 못했다고 합니다. 자신의 집안 식구를 대하는 것과 진배없지 않습니까?

이러니 손권의 수하들 역시 거의 이런 느낌을 가지지 않을 수 없었습니다. 최소한 주유는 그랬습니다. 이는 "겉으로는 군신 간의 의리를 지키나 안으로는 가족의 은혜로 맺어져 있다"는 주유의 말에서도 잘 알 수 있습니다. 주유의 이 말은 조조 수하에 있던 친구 장간에게 한 말입니다. 『삼국지』「주유전」의 배송지 주에서 인용한 『강표전』에 의하면 장간은 "풍채가 좋은 데다 재능과 언변이 뛰어나 칭찬을 받았다. 장강과 회하淮河 사이에서는 비교할 사람이 없었다"라는 말을 들었던 인물이었습니다. 풍채와 재능이 뛰어났다는 얘기겠죠. 그는 구강九江, 주유는 여강廬江 사람이었습니다. 당시 구강과 여강은 모두 양주에 속해 있었습니다. 둘은 한 고향 사람이라고 말할 수 있었습니다. 지금도 그렇지만 누구나 고향 사람을 만나면 눈에서 눈물이 펑펑 쏟아지기 마련입니다. 조조가 이 장간을 유세객으로 주유에게 보낸 것은 그래서 당연한 것이었는지도 모릅니다. 『자치통감』에 의하면 구체적인 시기는 건안 14년(서기 209년)이었습니다. 소설에서는 이 사실과 관련해 주유가 조조의 부하 장군들이 자신에게 보낸 가짜 편지를 훔쳐가도록 장간을 유도해 이들을 간첩죄로 죽게 한 것으로 돼 있으나 그렇지 않습니다. 실제 상황은 소설 내용 속의 반간계反間計와는 많이 다릅니다. 조조는 적벽대전에서 대패한 다음 주유가 대단한 역할을 했다는 사실을 누구보다 잘 알았습니다. 당연히 손권 진영을 이간질시키거나 최소한 그를 설득하여 귀순하게 했으면 하고 생각했습니다. 말 잘하는 장간을 보내 주유를 흔들려고 한 것입니다. 조조의 이런 치사한 생각을 주유가 모를 리가 있었을까요? 주유가 장간이 자신의 군영에 도착하자마자 크게 웃으면서 "자익(子翼, 장간의 호) 수고했소이다! 멀리 강을 건너 왔으니 아마 조조를 위해 나를 설득하러 왔겠소이다"라고 말한 것은 무엇보다 이를 잘 말해줍니다. 주유는 사흘 후에 장간을 데리고 여러 곳을 구경시킨 다음 접대 연회를 마련했습니다. 연회 석상에서 그는 장간에게 "남자 대장부가 세상을 살면서 쉽게 얻기 어려운 것은 자기를 알아주는 군주요. 이런 군주와는 겉으로는 군신 간의 의리를 지키나 안으로는 가족의 은혜로 맺어질 수 있소. 말과 계책을 모두 받아들이고 화복을 같이 할 수 있소. 이런 군신의 만남이 있으면 장의나 소진, 역이기(鄭食其, 유방의 참모인 변설가—옮긴이)가 살아온다 해도 나 주유는 그들의 등을 쓰다듬고 웃으면서 일축할 것이오. 하물며 귀하는 어떻겠소?"라면서 확실하게 자신의 속내를 말했습니다. 장간은 주유를 결코 설득할 수 없다는 사실을 바로 깨달았습니다. 그는 한마디도 하지 않는 것으로 말귀를 알아들었다는 사실을 나타냈습니다. 그는 돌아간 뒤 조조에게 "주유는 도량이 넓고 큽니다. 품격이 고상합니다. 감언이설로 이간질시킬 수 있는 인물이 아닙니다. 이 일은 하지 않는 것이 좋습니다"라고 말할 수밖에 없었습니다.

주유는 당연히 장간 말대로 도량이 크고 품격이 고상한 사람이었습니다. 그러나 손권도 크게 다르지 않았습니다. 주유에게 '가족의 은혜'를 보여줬습니다. 물론 모든 사람이 하나같이 주유와 같은 이런 느낌을 받을 수는 없었습니다. 하지만 한 가정이나 한 가족이라 해도 상호 간 친소親疎나 멀고 가까운 것은 있지 않나요? 손권이 구축해놓은 이런 가족형 용인 스타일이 대단히 정상적이라는 얘기입니다. 더구나 그의 동오 정권은 원래 '가족 회사'였습니다. 손권은 어려서부터 이 회사에서 뒤섞여 살면서 이른바 '회사의 장군들'과 생사를 같이 했습니다. 깊고 두터운 우정으로 맺어진 것은 아주 당연한 결과였습니다. 게다가 당시 손씨 진영은 그저 일련의 세력이었지 결코 왕조가 아니었습니다. 그렇게 번거로운 예절을 필요로 하지 않았습니다(『강표전』에는 손권이 손책을 이었을 때 "여러 장군과 빈객들이 아주 간단하게 예의를 취했다"고 말하고 있습니다). 가족처럼 친하지 않으면 오히려 그것이 이상했을 것입니다. 우리는 『삼국지』를 읽을 때 많이 나오는 장면들 중에서 손권과 군신들이 종종 함께 어울리면서 술을 마시고 풍류를 즐기는 모습을 기억할 수 있습니다. 이는 아마도 창업 시기에 남겨진 유풍이 아닐까 생각됩니다.

손권이 탁월했다는 것은 정을 정치에도 이용했다는 데에 있습니다. 진짜 이는 쉬운 일이 아닙니다. 사례가 무엇보다 잘 설명해줍니다. 『삼국지』 「주태선周泰傳」을 봐야 할 것 같습니다. 이에 의하면 건안 18년(서기 213년) 조조의 군대는 유수구로 물러나 있었습니다. 이때 손권은 비천한 출신의 주태周泰를 평로장군平虜將軍으로 임명하여 이곳을 지키게 했습니다. 주태의 부장으로는 주연朱然과 서성徐盛을 임명했습니다. 문제는 주연과 서성이 주태에게 마음속으로 복종하지 않았다는 사실이었습니다. 손권은 이 사실을 알고 있었습니다. 그는 어느 날 순시를 핑계로 주태의 군영에 들이닥쳤습니다. 이어 큰 연회를 열어 많은 장군들을 불러 모았습니다. 연회는 화기애애했습니다. 손권이 친히 참석하여 장군들에게 순서에 따라 술을 따랐으니까요. 드디어 손권이 주태 앞에 이르게 됩니다. 그는 갑자기 주태에게 옷을 벗으라고 명령했습니다. 연회에 모인 사람들은 어안이 벙벙했습니다. 원래 주태의 몸에는 상처가 많았습니다. 그야말로 만신창이라고 해도 좋았습니다. 손권은 손으로 그 상처들을 하나하나 가리키면서 어떻게 된 일이냐고 물었습니다. 주태 역시 하나하나 짚어가면서 그 상처들이 전쟁에서 생긴 것이라고 설명했습니다. 배송지 주에서 인용한 『강표전』에 의하면 이때 손권은 울었습니다. 그는 주태의 팔뚝을 끌면서 말했습니다.

"유평(幼平, 주태의 자), 유평! 그대가 과인의 형제들을 위해 목숨을 걸고 전쟁을 했구려! 그러니 과인이 어떻게 그대를 형제로 여기지 않을 수 있겠소? 또 어떻게 그대에게 중책을 맡기지 않을 수 있겠소? 마음 놓고 행하시오. 출신이 비천하다고 주저하지 마시오. 과인이 그대와 슬픔도 기쁨도 함께 할 테요. 영욕도 같이 하겠소!"

이에 주연과 서성뿐 아니라 주위의 모든 사람들은 주태에게 수하의 예를 갖추지 않을 수 없었습니다.

손권의 이런 '가족의 은혜'는 주유와 주태처럼 손책을 따라 천하 쟁패에 나섰던 '회사의 장군들'에게만 주어진 것이 아니었습니다. 다른 사람들에게도 주어졌습니다. 제갈근의 사례를 들 수 있습니다. 『삼국지』「제갈근전」에 의하면 제갈량의 형인 제갈근은 이릉전쟁 직전 유비에게 편지를 써서 철군을 권유했습니다. 이에 일부 사람들이 유언비어를 퍼뜨렸습니다. 제갈근이 '적과 내통'한다고 소문을 낸 것입니다. 배송지 주에서 주로 인용한 『강표전』에 의하면 이 정도에서 그치지 않았습니다. 이 일로 결국 의견이 분분하게 됐습니다. 육손마저도 압력을 느낄 정도였습니다. 육손은 도리 없이 손권에게 편지를 보내 유언비어를 막는 방법을 강구해보자고 건의했습니다. 그러자 손권은 우선 "과인과 자유(子瑜, 제갈근)는 서로 배반하지 않는다는 생사불변의 맹세를 했다"고 공개적으로 말했습니다. 동시에 육손에게 다음과 같이 편지를 썼습니다.

과인과 자유는 여러 해 일을 같이 해 '가족의 은혜'를 느끼는 사이오. 그의 사람 됨됨이는 부도덕한 일을 하지 않소. 부도덕한 말도 하지 않소. 과인은 공명이 사신으로 우리나라에 왔을 때가 생각나는구려. 그때 과인은 자유를 시켜 공명을 남게 하도록 하는 것이 어떨까 생각했소. 그래서 과인은 자유에게 '동생이 형을 따르는 것은 당연한 도리요! 만약 공명이 원한다면 과인이 자연스럽게 유현덕에게 설명하겠소'라고 말했소. 그대는 자유가 어떻게 말했는지 아시오? 그는 '제 동생이 이미 유예주(유비)를 따르기로 했다면 두 마음을 가지지 않을 것입니다. 절대로 장군의 진영에 머무르려 하지 않을 것입니다. 이는 제가 유예주에게 몸을 의탁하지 않으려는 것과 같습니다'라고 말했소. 그대가 한번 보시오. 이 마음은 천하의 귀감이 될 말이 아니오! 바로 이 때문에 과인은 자유를 모함하는 편지를 보라고 전해줬소. 그대가 보낸 이 편지 역시 과인이 전달해 자유로 하여금 그대의 좋은 마음을 알도록 하겠소. 그대는 마음을 놓으시오. 과인과 자유는 '의기투합'했다고 말할 수 있소. 절대 유언비어로 이간질시킬 사이가 아니오.

조금도 의심할 것이 없습니다. 이런 스타일은 바로 "사람을 일단 쓰면 절대로 의심하지 않는다"라는 불후의 진리를 생각하게 하는 것입니다. 이는 사실 용인술의 기본 원칙이기도 합니다. 더구나 여기에 손권만의 특징

**손권** 그는 삼국시대 인물 중 가장 뛰어난 계승자였다. 조비나 유선에 비할 바가 아니다. 아버지와 형이 세워 놓은 정권을 발전시켜 명실상부한 황제의 자리까지 올랐다. 사람을 잘 부리고, 형세 판단에 뛰어났으며, 명분보다는 실리에 따른 순발력 있는 처세에 능했기 때문에 가능한 일이었다.

인 '가족의 은혜'가 덧붙여졌습니다. 그와 제갈근·주유·주태 등과의 관계는 바로 이런 것이었습니다. 손권의 장군 막부가 어찌 가정과 같다고 하지 않을 수 있겠습니까? 수하에 대한 손권의 신뢰, 상대가 신뢰할 만하다는 사실을 아는 이성, 그리고 정이라는 덕목이 하나 더 자리 잡고 있었던 것입니다. 손권이 제갈근에게 이런 정을 표시했을 때 주위의 다른 사람들이 직접 배려를 받은 것처럼 어찌 고맙게 생각하지 않을 수 있겠습니까? 모든 사람이 직접 배려를 받은 것처럼 고맙게 생각할 때 어찌 '온 천하가 모두 형제'가 아니라고 할 수 있겠습니까? 그렇습니다. 다른 나라 출신 가운데 진짜 이 정에 감동해 손권의 중신이 된 사람이 있었으니까요. 대표적인 인물이 바로 반준潘濬이라는 사람이었습니다.

반준은 원래 유비 진영의 사람이었습니다. 유비의 수하에서 말단 관리를 지냈습니다. 관우가 살해당한 다음에는 손권을 따랐습니다. 『삼국지』 「반준전」의 배송지 주에서 인용한 『강표전』을 보면 당시 상황이 잘 나옵니다. 이에 의하면 형주의 관리들이 모두 손권에게 투항했을 때 유독 반준만은 "병이 있다는 핑계를 대고 손권을 보려 하지 않았"다고 합니다. 사실은 투항을 원치 않았던 것입니다. 손권은 그 사실을 듣고 사람을 보내 그의 투항을 권유했습니다. 그러나 그는 요지부동이었습니다. 손권은 그의 침대를 들어내 밖으로 끌어내는 수밖에 없었습니다. 그래도 반준은 얼굴을 침대에 파묻은 채 움직이지 않았습니다.

그저 얼굴 가득 눈물을 흘리면서 비통하게 흐느낄 뿐이었습니다. 손권은 그의 자를 부르면서 위로했습니다. 이어 주변 신료들에게 그의 눈물을 닦게 했습니다. 반준은 감동했습니다. 이후 끝까지 손권을 보좌했습니다. 내친 김에 사족으로 한마디 더 하면 손권은 나중에 반준을 다시 한 번 감동시켰습니다. 상황은 제갈근과 거의 비슷했습니다. 반준이 다른 사람에게 무고를 당했던 것입니다. 그러나 손권은 그를 예전처럼 신임했습니다.

손권의 용인술은 정말 장점이 많았습니다. 그는 조조처럼 격식에 전혀 구애를 받지 않았습니다. 재능만 있으면 등용했습니다. 게다가 사람을 쓰는 조건으로 다른 것은 일절 보지 않았습니다. 가문과 신분을 철저하게 무시했습니다. 심지어 원한 관계도 따지지 않았습니다. 완벽은 더욱 요구하지 않았습니다. 예를 들어보면 잘 알 수 있습니다. 우선 보즐은 '자경농부'에 가까웠습니다. 감택闞澤 역시 "집안 대대로 농사를 업으로 했"고, 진표陳表는 "무관 가정의 서자"였으며, 장량張梁은 "알려지지 않은 인물"이었습니다. 한 걸음 더 나아가 유기劉基는 원수의 아들이었습니다. 감녕甘寧 역시 적국의 장군이었습니다. 능통凌統은 다혈질의 성질을 이기지 못해 살인한 적이 있습니다. 호종胡綜은 그야말로 술을 목숨처럼 좋아했습니다. 그럼에도 손권은 이들 모두를 재능에 따라 등용한 다음 능력에 따라 썼습니다. 이외에도 허심탄회하게 간언을 받아들이는 점이나 자신을 반성할 줄 아는 태도 역시 손권 용인술의 장점으로 볼 수 있습니다. 이 점은 정녕 조조와 같았습니다.

### 달라진 말년의 손권

손권이 조조와 비슷한 점은 또 있었습니다. 그의 뛰어난 장점들이 모두 젊은 시절과 정권의 전반기에 빛을 발했다는 사실입니다. 달리 말해 만년이나 후반기에는 좋았다고 말하기가 힘들다는 얘기입니다. 이는 굳이 만년의 그와 군신 간의 관계를 보지 않더라도 잘 알 수 있습니다. 바로 자신의 집안에서조차 혈육의 정을 말할 수 없었으니까요. 손권은 모두 7명의 아들이 있었습니다. 첫째 아들 손등孫登을 비롯해 손려孫慮·손화孫和·손패孫霸·손분孫奮·손휴孫休·손량孫亮이 그들입니다. 이중 손등은 첫 번째 태자로 임명됐습니다. 그러나 손권에 앞서 사망했습니다. 장자를 잃은 손권으로서는 마음이 아팠겠지만 당사자로서는 일찍 죽었기에 큰 고통을 당하지 않았습니다. 둘째 아들인 손려는 20세 때에 요절했습니다. 역시 고통을 겪지 않았다고 하겠습니다. 여섯 째 아들 손휴는 오나라의 세 번째 황제로 6년 동안 나라를 다스린 다음 36세에 사망했습니다. 시호가 경황제景皇帝로 그런대로 괜찮았습니다. 그러나 그의 황후와 두 아들은 모두 조카인 손호孫皓(손화의 아들)에게 살해당했습니다. 아주 처참했습니다. 하지만 나중 얘기입니다.

제일 비참했던 이들은 나머지 네 명이었습니다. 우선 셋째 아들 손화(두 번째 태자)와 넷째 아들 손패(노왕魯王)가 더 많은 총애를 얻기 위해 이전투구를 벌였습니다. 이 결과 손화는 폐위되고 손패는 사사되는 운명을 맞게 됩니다. 더구나 손화는 나중에 권신인 손준(孫峻, 손견의 동생인 손정孫靜의 증손)에게 살해당하는 횡액을 감수해야 했습니다. 다섯째 아들 손분 역시 나중에 조카 손호에게 살해됐습니다. 반면 일곱째 아들 손량은 두 번째 황제가 되는 행운을 잡았습니다. 그러나 그는 제위에 올랐을 때 10세에 불과했습니다. 결국 16세 때 권신들에 의해 하야하고, 세 번째 황제인 자신의 형 손휴로부터 죽음을 강요당했습니다. 독살당했다는 설도 있습니다. 손휴는 동생인 손량을 죽였기 때문일까요? 손휴 자신의 황후와 아들은 나중에 형 손화의 아들 손호에게 살해당하고 맙니다. 여러분 이게 도대체 무슨 일인지 설명할 수 있겠습니까! 아버지가 아들을 살해했습니다 (손권이 손패를 살해). 형이 동생을 죽였습니다(손휴가 손량을 살해). 조카가 숙부를 살해했습니다(손호가 손분을 살해). 종친이 황족을 죽였습니다(손준이 손화를 살해). 이것을 어찌 '혈육의 정' 운운할 수 있겠습니까? 아닙니다! '골육상쟁' 입니다.

무차별한 살육의 현장은 다름 아닌 가정이었습니다. 다시 말해 조정이었습니다. 그렇다면 손권 집권 후기 오나라 조정의 상황은 어땠을까요? 엉망이었습니다. 손권이 이상하게도 까닭 없이 주위의 신료들을 시기하기 시작하더니, 모두들 놀라고 겁이 나 벌벌 떨었습니다. 도대체 왜 그랬을까요? 손권이 이전과는 완전히 딴판으로 변한 것은 사찰 정치, 즉 정보 정치를 실시한 이후였습니다. 가화嘉禾 연간(서기 232년~237년)은 손권의 나이 51세 이후의 시기였습니다. 손권은 이 시기를 즈음해 여일呂壹이라는 교사관校事官을 신임하기 시작했습니다. 교사는 전교典校 · 교조校曹 · 교랑校郞 · 교관校官으로도 불리는 관직으로 조위와 손오에 모두 있었습니다. 담당하는 직무는 다른 것이 아니었습니다. 먀오웨 선생이 지은 『삼국지선주』의 해석에 의하면 황제의 눈과 귀 역할이었습니다. 이를테면 대소 신료들의 언행을 사찰하는 것이 주요 임무였습니다. 좀 더 확실하게 말하면 나치 독일의 게쉬타포, 구소련의 KGB 같은 기관의 수장이었습니다. 더구나 이 비밀경찰의 수장 여일은 대단히 광폭했습니다. 『삼국지』「고옹전」을 보면 잘 알 수 있습니다. "대신들을 헐뜯는 것도 모자라 무고한 사람들을 쫓아내고 모함했다"라는 기록이 있습니다. 「보즐전」에도 비슷한 기록이 있습니다. "억지로 남의 죄를 들춰내고 무고를 너무 많이 한 죄가 크다"라는 기록입니다. 그러나 손권은 여일의 말을 들었습니다. 조정의 모든 신료들은 자신의 자리 보존에만 급급할 수밖에 없었습니다. 『삼국지』「오주전」도 살펴봐야 합니다. 이에 의하면 한 번은 여일이 강하태수인 조가刁嘉를 무고했습니다. 그가 조정을 비방한다고 고자질을 한 것이죠. 손권은 언제나처럼 화를 버럭 냈습니다. 바로 조가를 하옥시키고 관련자들을 조사하고 심문하라는 명령이 떨어졌습니다. 끌려온 사람들은 후환이 두려웠는지 하나같이 조정을 비난하는 조가의 말을 들었다고 했습니다. 그러나 시의만은 달랐습니다. 단 한 번도 들어본 적이 없다고 했습니다. 손권은 더욱 화가 났습니다. 시의를 더욱 혹독하게 다그친 것입니다. 주위의 모든 사람들은 너무나 놀라 숨도 제대로 내쉬지 못했습니다. 그런데도 시의는 "칼이 이미 목에 들어왔습니다. 어찌 제가 거짓말을 하겠습니까? 들어본 적이 없는 것을 들어본 적이 없다고 하는 것입니다!"라고 당당하게 말했습니다. 손권은 도리 없이 조가를 풀어줘야 했습니다. 만약 시의가 없었다면 아마도 조가의 머리는 영문도 모른 채 땅에 떨어졌을 것입니다.

사실 만년의 손권은 어쩐 일인지 대단히 신경이 예민해져 있었습니다. 의심 역시 아주 심하게 많았습니다. 게다가 변덕스럽기까지 했습니다. 예컨대 강동의 대표적 명사인 우번虞飜은 오로지 연회 석상에서 술에 취한 척했다는 이유로 살해당할 뻔했습니다(『삼국지』 「우번전」 참고). 태자태부太子太傅 장온張溫은 촉나라에 사신으로 가기 전까지만 해도 손권이 '대단히 신임하고 총애'한 인물이었습니다. 그러나 귀국 후 이유도 없이 그를 '적과 내통'한 인물이라고 의심했습니다. 의심한 데서 그쳤다면 그래도 다행일지 모르겠습니다. 장온의 자자한 명성을 시기해 "절대로 기용하지 말아야 한다"고 생각했을 정도였으니까요. 묘하게도 이때 마침 장온과 관계된 어떤 사건이 일어났습니다. 손권은 기다렸다는 듯 장온을 하옥시키고, 이어 고향으로 추방해 중노동의 벌을 내렸습니다(『삼국지』 「장온전」 참고). 이처럼 손권은 청년 시절이나 집권 전반기의 '가족의 은혜' 운운하던 사람과는 완전히 딴 사람으로 변해버렸습니다. 아마 이 때문에 옌렁 선생은

『삼국사화』에서 "손권은 아마도 노인성 치매에 걸린 것 같았다"라는 극단적인 표현을 썼는지 모르겠습니다. 하지만 이는 당연히 농담입니다.

우번과 장온이 불행한 횡액에 봉착했던 것은 배후에 나름의 아주 복잡한 정치적 원인이 있었으니까요. 이에 대해서는 나중에 좀 더 상세히 설명하겠습니다.

다시 본래 이야기로 돌아가자면, 손권의 스타일이 변한 근본적 원인은 군주제에 있었던 것 같습니다. 군주제는 일종의 가부장제의 확대판이라고 할 수 있습니다. 서로 통한다는 얘기이겠죠. 더구나 손권은 전형적인 가장의 풍모를 지니고 있었습니다. 사실 이런 스타일의 군주들은 유사 이래로 하나같이 유아독존적인 모습을 보였습니다. 또 얼굴을 바로 바꾸고 시치미를 떼는 것이 특징이었습니다. 중국 역사상 '영웅적 책략을 지닌 군주'들은 다 그랬습니다. 특히 그들의 말년에는 하나도 예외가 없었습니다. 조조를 비롯해 유방, 이보다 앞선 시대의 구천 등이 모두 다 그러했습니다. 진수는 『삼국지』 「오주전」 평어에서 손권을 구천과 비견될 영웅이라고 칭찬했습니다. 그러나 솔직히 말하면 그 말이 반드시 칭찬이라고 하기는 어렵습니다. 다른 뜻이 하나 더 있었기 때문이죠. 진수의 말대로 손권은 확실히 구천과 닮았습니다. 굴욕을 참는 것이나 책임감이 강한 것이 모두 그렇습니다. 그러나 안면을 바꾸고 시치미를 딱 잡아떼는 것 또한 닮았습니다. 서로 시대와 신분은 달랐으나 그 둘이 공통적인 특징을 가지고 있다는 분석은 맞는 것 같습니다.

더구나 손권은 원래 성격이 잔인했습니다. 의심 역시 지나칠 정도로 많았습니다. "성격이 시기를 잘 하고 살육을 과분하게 한다"라는 진수의 말은 결코 지나치지 않았습니다. 만년으로 갈수록 더욱 심했던 것을 보면 어쩌면 정곡을 찌른 것이 아닌가 보입니다.

사실 이는 이상한 것이 아닙니다. 모든 것에는 다 양면성이 있습니다.

또 사람의 특징은 양날의 칼인 경우가 많습니다. 손권은 정을 중시했습니다. 하지만 정이 많은 사람은 의심도 많은 법입니다. 하늘과 같은 정은 종종 바다와 같은 한이 될 수 있었던 것입니다. 사랑이 깊으면 증오도 깊다는 말과도 상통합니다. 결론적으로 '가족의 은혜' 운운과 '과분한 살육'은 동전의 양면 관계와도 같은 것이었습니다. 그래서 나중에 장소를 냉대하고 육손을 압박해 죽인 것을 포함하여 손권이 안면을 바꾼 모든 일들이 나름대로 합리적이었다는 아이러니한 평가 역시 반드시 틀리다고 보기는 어렵습니다.

그러면 장소와 육손, 이 두 중신은 말년에 왜 불공평한 대우를 받았을까요?

# 따뜻한 인생, 차가운 최후

장소와 육손은 손권의 두 중신이었다. 손권을 위해 세상에서 으뜸가는 공을 세웠다고 할 수 있다. 그러나 그들의 말년은 모두 좋지 않았다. 장소는 푸대접을 받았고, 육손은 죽음을 강요당했다. 그러면 이 일들의 배후에는 어떤 시대적 배경과 정치적 원인이 있었을까? 우리는 장소와 육손의 따뜻했지만 차가웠던 인생에서 무엇을 볼 수 있을까?

    앞 강의에서 우리는 손권의 용인술에 대해 살펴보았습니다. 우리는 손권 휘하의 가장 중요한 무장들이 주유를 비롯해 노숙·여몽·육손이었다는 사실을 너무 잘 압니다. 이를 문신에 그대로 적용하면 장소와 고옹이 됩니다. 그러나 맨 앞의 세 사람은 아쉽게도 명이 별로 길지 못했습니다. 주유는 36세, 노숙은 46세, 여몽은 42세에 각각 세상을 떠났습니다. 이에 비한다면 장소와 육손은 상당히 장수했다고 할 수 있습니다. 장소는 81세, 육손은 63세에 세상을 떠났습니다. 그러나 불행히도 이 두 사람의 말년은 결코 좋았다고 할 수 없습니다. 심지어 육손은 비명에 죽었다고 말할 수 있습니다. 앞의 강의에서 우리는 손권이 정과 의리를 중시한다고 말했습니다. 그러면 그런 그가 왜 말년의 장소와 육손을 홀대했을까요?

    먼저 장소에 대해 말씀드려보겠습니다.

    장소는 손권의 대공신이었습니다. 만약 손책 사망 후 장소가 주위의 신료들을 이끌고 손권을 옹립하지 않았을 경우를 생각해봅시다. 아마도 손권의 자리는 안정적이지 않았을 것입니다. 장소는 또 손권 진영의 집사이기도 했습니다. 만약 그가 조정 안팎의 일을 처리하지 않았다면 손권은 상당히 난감했을 것입니다. 여러분도 잘 아시다시피 손권이 손책의 자리를 이었을 당시 장소가 조정에 상주문을 올리고 군현에는 공문을 보내지 않았습니까? 이뿐만이 아니었습니다. 장소는 부하 장군들과 신료들이 모두 자신의 자리에서 맡은 바 직무를 다하도록 리더십을 발휘했습니다. 마치 한 나라의 재상 같지 않나요?

### 대공신 장소의 쓸쓸한 말년

손권이 칭제할 때 조정의 거의 모든 신료들이 승상 자리가 장소에게 돌아갈 것이라고 생각했던 것은 바로 그래서였습니다. 그러나 결과는 그렇지 않았습니다. 손권은 손소孫邵를 승상에 임명했습니다. 손소는 북해 사람이었습니다. 공융이 북해상北海相으로 있었을 때 그 밑에서 공조를 책임지고 있었습니다. 강동에는 나중에 유요를 따라 남하한 것이었습니다. 말하자면 장소와 같은 '손님으로 떠돌면서 기거하는 인사들'에 속하는 인물이었습니다. 손권이 손책의 자리를 이었을 때 손소는 손권을 따르기는 했지만 어떤 뛰어난 공헌도 한 바 없었습니다. 게다가 뛰어난 능력도 없었습니다. 그저 공융이 일찍이 그를 "나라의 정치를 할 만한 인재"라고 칭찬했을 뿐입니다. 또한 그 말에 대한 증거도 없었습니다. 당연히 손소에게 초대 승상을 맡긴 것은 분분한 논란을 불러왔습니다. 손권으로서는 설명을 하지 않을 수 없었습니다. 『삼국지』「장소전」에 의하면 손권은 이때 "지금은 일이 많을 때입니다. 직위가 크면 책임 역시 막중합니다. 만약 장공에게 승상을 맡기면 그것은 그분을 생각해주는 것이 아닙니다"라고 해명했다고 합니다. 그러나 얼마 후 손소가 사망했습니다. 이번에도 주위에서는 하나같이 장소를 승상으로 추천했습니다. 손권은 다시 동의하지 않고 고옹을 임명했습니다. 이 결과 은근히 경륜을 펼치고자 희망했던 장소는 할 일이 없게 됐습니다. 그는 『춘추좌씨전해春秋左氏傳解』와 『논어주論語注』라는 책을 쓸 수밖에 없었습니다.

이 일은 아무래도 이상합니다. 손권은 왜 수차례에 걸친 주위 여러 사람들의 추천을 모른 체하고 장소를 승상에 임명하지 않았을까요?

여러 가지 분석이 가능합니다. 첫 번째 분석은 손권이 배은망덕한 사람이라는 것입니다. 손권에게 그런 경향이 있기는 했습니다. 예컨대 마즈제 馬植杰 선생의 『삼국사三國史』는 손권이 형인 손책에 대해 매우 야박했다고 주장하고 있습니다. 나중에도 황제로 존호를 추증하지 않았을 뿐 아니라 (그저 장사환왕長沙桓王으로 존호가 추증되었습니다) 조카 역시 후에 봉한 것에 그쳤으니까요. 이에 대해서는 사실 진수도 좋게 평가하지 않았습니다. 저는 앞 강의에서 손권이 옛 정을 잊지 않고 은혜에 감사할 줄 아는 사람이라고 말했습니다. 사실 좀 더 진지하게 생각해보면 입으로만 그랬던 것이 아닌가 싶습니다. 증거는 있습니다. 주유를 비롯해 노숙, 여몽 등의 사후에 이들의 후세들이 별로 빛을 보지 못했다는 사실이 우선 그렇습니다. 여기에서 그치지 않습니다. 주가周家·노가魯家·여가呂家 등은 손권의 외면 속에서 나중에도 명문가로 발전하지 못했습니다. 야박하고 은혜를 모르는 것이 아닙니까? 그러나 이 분석은 장소에게는 적용할 수 없을 것 같습니다. 이때 장소는 아직 멀쩡했으니까요.

두 번째 분석이 있어야 하겠습니다. 그것은 바로 손권이 장소에게 앙심을 품었다는 것입니다. 구체적으로 말해 적벽대전 당시 장소가 조조에게 항복하자고 주장한 일을 손권이 항상 마음에 두고 있었다는 얘기입니다.

이에 대해서는 저는 이미 『삼국지 강의』 22강 「거센 물결을 막아내다」편에서 말한 바 있습니다. 이 때문에 손권은 황제에 즉위할 당시 장소에게 "그때 짐이 만약 선생의 말을 들었다면 지금 어디에서 구걸을 하고 있을지 모르겠네요!"라고 말을 했던 것입니다. 이 말을 들은 장소는 땅에 엎드려 비 오듯 땀을 흘릴 수밖에 없었습니다. 손권이 장소에게 일찌감치 앙심을 품고 있었으므로 승상에 임명하지 않았다는 분석은 확실히 말이 됩니다. 이와 관련한 자료는 「장소전」의 배송지 주에 나옵니다. "손권이 존호를 칭하자 장소는 늙고 병들었다는 사실을 핑계로 관직과 군대 통솔 권한을 반납했다"라는 기록이 있습니다. 부언이 되겠으나 손권의 의도는 아주 확실했습니다. 이 두 가지 일을 연결시킨 것입니다. 나름의 충분한 논리도 있었습니다. 가령 이런 것입니다.

'선생은 짐이 조조에게 항복하기를 원하지 않았습니까? 짐이 만약 그때 조조에게 투항을 했더라면 지금 어떻게 황제가 됐겠습니까? 짐이 황제를 할 수 없으면 선생 역시 승상이 되겠습니까? 선생은 원래 승상이 될 수 없었으니 이번에도 하지 마십시오! 승상을 할 수 없는 것만이 아닙니다. 모든 자리와 권한 역시 이번에 모두 내놓으십시오(명의상으로는 장소 자신이 반환했습니다). 왜냐고요? 모든 일은 마무리된 다음에 누가 옳고 그른지 계산해봐야 하는 것이니까요!'

나중에 따져보니 장소가 틀렸고, 그에 대한 책임을 져야 한다는 말이 되겠습니다.

그러나 이런 '보복'이나 '악감정'은 한 번으로 족합니다. 더구나 적벽대전 후 조조는 손권에게 편지를 보내 투항을 권유하면서 장소를 '블랙리스트'에 집어넣었습니다. 장소로서는 '조조에 아첨'한다는 혐의를 거의 씻었다고 할 수 있었습니다. 따라서 장소가 정말 승상에 오를 유일무이한 적임자였다면 손권은 손소가 죽은 다음 마땅히 그를 지명했어야 했습니다. 이 때문에 일부 사람들은 다른 까닭이 있을 것이라고 주장합니다. 손권이 장소에 대해 가진 감정은 앙심이 아니라 거리낌이었다는 것입니다. 이것이 세 번째 분석입니다.「장소전」끝에 나오는 진수의 평어를 보면 잘 알 수 있습니다. "너무 준엄하여 거리끼게 됐고 지위가 높아 소원해졌다"라는 기록이 분명히 있습니다. 그래서 승상이 될 수 없었을 뿐 아니라 태사·태부·태보의 직위조차도 가지지 못했다는 이야기입니다.

진수의 말도 일리는 있습니다. 장소가 그리도 엄했습니까? 엄했습니다. 우리는 손권이 막 손책의 자리를 이었을 때 "장소를 사부의 예로 대했다"는 사실을 잘 압니다. 『삼국지』「오주전」에도 이 사실은 나와 있습니다. 손권에 대한 장소의 요구는 엄격했습니다. 태도 역시 준엄했습니다. 장소의 생각은 아주 간단했습니다. '당신이 나를 사부처럼 대하지 않았습니까? 그러면 나는 진짜 선생같이 해야죠'라는 것이었습니다. 당연히 장소는 자주 손권의 일에 간섭했습니다. 아래의 이야기들은「장소전」의 기록이 전하는 것입니다.

"손권은 말 타고 사냥하는 것을 좋아했다. 직접 호랑이를 활로 쏘기까지 했다(소동파蘇東坡의 사詞「친사호親射虎, 간손랑看孫郎」에 나오는 구절은 바로 이를 말합니다)"

사실 이는 일국의 군주가 해서는 안 되는 위험한 일이었습니다. 더구나 어느 날인가는 호랑이가 달려들어 발로 말의 안장을 할퀸 사건까지 발생했습니다. 장소는 얼굴색을 바꾸고 앞으로 나가 "장군 어찌 이러십니까? 군주가 부려야 할 것은 영웅입니다. 준마가 결코 아닙니다. 대적해야 할 대상도 적이지 야수가 아닙니다. 만약 뜻밖의 사고가 발생하면 어찌 천하의 웃음거리가 아니겠습니까!"라고 말했습니다. 손권은 잘못을 인정할 수밖에 없었습니다. 결국 그는 "내가 어리고 철이 없어 그랬습니다. 죄송스러울 따름입니다"라고 말했습니다.

46강 따뜻한 인생, 차가운 최후

이런 일은 대략 몇 번 정도 일어났습니다. 손권은 그때마다 겸허하게 받아들였습니다. 그러나 단호히 고치지는 않았습니다. 그래도 계속 활로 호랑이를 쏘아댔습니다. 물론 말을 타지는 않았습니다. 그 대신 수레를 탔습니다. 장인들에게 '호랑이를 쏘는 수레'를 만들게 한 다음 자신은 그 안에 앉아 활을 쏜 것입니다. 그러나 이렇게 했더라도 호랑이는 덮쳐왔습니다. 손권은 계속 손수 죽이는 것을 오락으로 삼았습니다. 당연히 장소가 간섭했습니다. 되풀이해 간언했습니다. 손권은 자연스레 요령을 배웠습니다. 그저 웃으면서 아무 말도 하지 않는 것이 손권의 대응책이었습니다.

이 부분에서 우리는 다시 한 번 장군 막부에서 풍길 듯한 손권 진영의 가정적 분위기를 느낄 수 있습니다. 장소는 할머니나 어머니처럼 잔소리를 많이 하는 큰 삼촌에 가까웠습니다. 손권은 당연히 말썽을 부리는 개구쟁이 조카가 돼야 하겠습니다. 다만 '조카'는 사장, '큰 삼촌'은 반대로 그 아래 직원이었습니다. 그럼에도 집사 같은 삼촌이 큰 조카를 단속하는 것은 불가능한 일이 아니었습니다. 역사적으로도 이런 경우가 많았습니다. 문제는 조카가 갈수록 커가고 사장으로서 틀이 잡힌 다음 마지막에는 황제가 됐다는 사실이었습니다. 과거에 했던 방식으로 관계를 지속해서는 안 됐던 것입니다. 그럼에도 장소는 지난날과 크게 다름이 없었습니다. 한 번은 손권이 무창의 임조대臨釣臺에서 큰 연회를 마련했습니다. 흥에 겨웠는지 많은 사람들이 곤드레만드레 취했습니다. 그런데도 손권은 연회를 파하려 하지 않았습니다. 오히려 군신들에게 찬물을 끼얹으라고 명령하고는, 오늘 모두 취해 연회석 위에 쓰러져야 술을 마신 것으로 하겠다는 말을 덧붙이기까지 했습니다. 장소는 그 말을 듣고 한마디도 하지 않았습니다. 그저 굳은 표정을 한 채 수레가 있는 곳까지 뛰어갔습니다. 그곳에 앉아 답답한 마음을 달래려 했던 것입니다. 손권은 사람을 보내 그를 불러 "오늘 기쁘지 않습니까? 선생은 왜 화를 내십니까?"라고 물었습니다. 장소는 "은殷의 주왕紂王 당시에도 주지육림(酒池肉林, 술로 연못을 이루고 고기로 숲을 이룬다는 뜻으로, 호사스러운 술잔치를 이르는 말—옮긴이) 이라는 말이 생겨날 정도로 밤새도록 술을 마셨습니다. 너나 할 것 없이 모두들 즐거웠습니다. 좋지 않다고 생각한 사람은 아무도 없었습니다"라고 바로 쏘아붙였습니다. 손권은 할 말을 잃었고, 산회를 선포할 수밖에 없었습니다.

진수는 이어 말했습니다. "처음 손권이 승상 제도를 도입했을 때 모든 사람들은 승상 자리는 장소에게 돌아갈 것으로 생각했다"라고 말입니다. 이 서술 방식은 사실 깊이 음미해볼 가치가 있습니다. 진수는 우선 임조대의 사건에 대해 말하고 승상을 설치하는 문제는 나중에 언급했습니다. 아마도 장소가 승상에 임명되지 않은 미스터리에 설명을 하려고 그런 것이 아닐까요? 한마디로 장소가 승상에 임명되지 못한 이유는 분명했습니다. 그가 중요하지 않은 일에 너무 많이 참견했기 때문입니다. 게다가 단속이 너무 엄격했습니다. 이외에 지위도 너무 높았습니다. 융통성 없는 성격은 더 말할 필요조차 없습니다.

물론 장소는 그럴 만한 인물이었습니다. 수준이 아주 높았고, 능력도 매우 뛰어났습니다. 자격이 충분했을 뿐 아니라 공로도 많았습니다. 따라서 언행에 매우 위엄이 있었습니다. 손권조차도 그와 함부로 말을 할 수 없을 정도였습니다. 그러나 이런 스타일의 사람은 고문으로서는 괜찮으나 총리로는 아무래도 적합하지 않습니다. 손권의 입장 역시 그랬습니다. 그래서 그는 군신들이 두 번째로 장소를 추천했을 때 "여러분은 설마 짐이 자포를 쓸 생각이 없다고 생각하는 것은 아니겠죠? 아니오. 승상은 일이 너무 많은 자리요. 그러나 장소는 성질이 좋지 않소. 만약 여러분이 건의한 것을 계속 받아들이지 않으면 원한과 실수가 잇따라 발생하게 되오. 이것은 그에게 좋지 않소이다!"라고 말했던 것입니다.

문제는 손권이 장소 대신 첫 번째로 선택한 손소가 적합한 인물이었는가 하는 것입니다. 아마 꼭 그렇다고는 할 수 없을 것 같습니다. 그는 『삼국지』 안에 전傳조차도 없습니다. 그의 행적은 『삼국지』 「오주전」의 배송지 주에서 인용한 『오록』에 오로지 한마디만 보입니다. 승상이 되기 전이나 승상이 된 다음의 정치적 업적이 하나같이 보통이었다는 얘기가 되겠습니다. 언급할 만한 일이 없었습니다. 그러니 어떻게 승상에 적합하다고 하겠습니까? 사실 답은 바로 여기에 있습니다. 손권은 승상에 대해 특별한 요구를 했습니다. 바로 그 자리에 가만히 있으라는 것이었습니다.

제가 내린 이 결론은 톈위칭 선생이 「기염曁艷 사건과 상관 문제」라는 글에 근거하고 있습니다. 이 글에서 톈 선생은 이 문제에 대해 "장소는 계획을 짜내는 신하였지 결코 직접 업무를 관장한 사람이 아니었다. 손권은 대권을 장악한 다음 장소에게 특별히 의지하지 않았다"라는 말로 총괄했습니다. 나중에는 장소가 그렇게 중요한 사람이 아니었을 뿐 아니라 손권이 봤을 때 승상의 자리는 굳이 중요할 필요가 없었다는 얘기가 되겠습니다.

그러나 이렇게 말하고 나면 다시 이상해집니다. 손권은 중요할 필요가 없는 승상 자리에 별로 중요하지 않은 장소를 왜 기용하지 않았을까요? 아주 간단합니다. 장소가 중요하지 않았던 것은 그가 직접 업무를 관장하지 않았기 때문이었습니다(「오주전」의 배송지 주에서 인용한 『오서』에 의하면 장소는 몇 번의 작은 전투를 지휘한 뒤로는 다시는 장군의 임무를 맡지 않고 그저 고위 막료만 했습니다). 그렇다면 승상으로 임명해 직접 업무를 관장하게 하면 다시 그의 역할이 중요해지지 않겠습니까? 그 때문에 톈위칭 선생은 "장소를 등용할 경우 승상의 권한이 너무 커지게 된다. 이는 손권이 용인할 수 없는 일이었다"고 말했던 것입니다. 한마디로 장소를 승상으로 임명하는 것은 장소에게 세력을 키우는 기회를 주는 것이었고, 승상의 세력이 강해지게 된다는 사실도 의미했습니다.

그래서 여기에서 한번 의문을 제기할 필요가 있습니다. 손권은 장소의 권세가 강해지는 것을 원하지 않았을까요? 아니면 승상의 자리가 강해지는 것을 원하지 않았을까요?

저는 손권에게 두 가지 생각이 모두 있었다고 봅니다. 우선 왜 장소의 권세가 강해지는 것을 원하지 않았는지 말해보겠습니다. 우리는 손권이 칭제를 했을 때 창업 당시의 옛 신하와 중신들이 얼마 남지 않았다는 사실을 잘 압니다. 주유와 노숙, 여몽 등이 일찌감치 잇따라 사망했습니다. 제갈근과 보즐은 감히 장소와 어깨를 나란히 할 수 없었습니다. 장소는 손책이 탁고한 고명대신이었으니까요. 그뿐이 아니었습니다. 손책은 탁고를 하면서 만약 손권이 주어진 일을 감당하지 못하면 선생이 스스로 취하라는 말도 장소에게 했습니다. 이 말은 비상 시기의 비상한 부탁이었습니다. 물론 반드시 유효한 것은 아니었습니다. 그러나 누구도 취소하지 않았습니다(당연히 취소할 수 없었습니다). 그런데 만약 황제와 승상 사이에 불화가 생긴다고 생각해보십시오. 장소가 손책의 탁고 카드를 들고 나온다면 어떻게 하나요? 주수창周壽昌은 그래서 『삼국지주증유三國志注證遺』에서 이것이 장소가 재상의 자리에 오를 수 없었던 최대의 이유였다고 생각했습니다.

장소는 사실상 손권을 관리, 감독하고 가르쳤습니다. 이것은 '탁고의 위력' 때문에 가능했습니다. 근거가 되는 사례도 있었습니다. 장소가 2선으로 물러난 다음 손권이 그를 위로하러 갔을 때였습니다. 장소는 손권에게 "그때 태후(손권의 모친 오부인)과 환왕(손책)께서는 '폐하에게 신을 맡긴 것이 아니고 폐하를 신에게 맡겼습니다.' 그래서 신은 말하지 않은 것이 없었습니다. 말을 하면 진실하게 하나도 남김없이 다 했습니다. 하지만 신은 애석하게도 너무 우둔하고 식견이 좁아 폐하의 뜻을 거슬렀습니다. 여생은 아마도 황폐한 교외에서 늙을 것이라고 생각한 이유는 그 때문이었습니다. 그런데도 뜻밖에 이렇게 알현할 수 있게 돼 다시 폐하의 옆에 있게 됐습니다. 하지만 신이 할 수 있는 일은 온 마음을 다해 조정에 충성하는 것입니다. 권세 있는 자에게 빌붙고 아부하거나 기회주의적으로 행동하는 것은 절대로 못합니다"라고 단호하게 말했습니다. 이 뜻은 아주 분명했습니다. "환왕이 탁고를 하고 태후가 유훈을 남겼습니다. 소신을 폐하에게 부탁한 것이 아니고 소신에게 폐하를 부탁한 것입니다. 저는 간섭해야 할 것은 간섭하겠습니다. 말해야 할 것은 말하겠습니다"라고 주장한 것입니다. 손권으로서는 말을 못하고, 사과하는 것 외에는 도리가 없었습니다.

장소는 실제로 이렇게 말했고 말대로 실행했습니다. 가화嘉禾 원년(서기 232년) 10월이었습니다. 위나라 요동태수 공손연公孫淵이 손권에게 표를 올려 신하를 자칭하겠다고 했습니다. 손권은 너무 기뻐 공손연을 바로 연왕燕王에 책봉하려 했습니다. 그러나 승상 고옹을 필두로 조정의 모든 문무백관들은 공손연이 변덕이 죽 끓듯이 해 믿을 수 없다는 입장을 피력했습니다. 손권도 고집불통이었습니다. 주위의 말을 듣지 않고 자기 멋대로 책봉을 강행하겠다는 입장을 계속 견지했습니다. 장소도 손권과 입씨름을 벌였습니다. 상황은 갈수록 험악해졌습니다. 손권은 참다못해 옆구리에 찬 칼에 손을 가져가면서 장소에게 말했습니다.

"우리 오나라 사람들은 궁에 들어오면 짐에게 인사를 합니다. 그러나 궁을 나가면 선생에게 인사를 합니다. 짐은 선생에게 존경과 예의로 대한 것이 이 정도면 충분했다고 생각합니다! 그러나 선생은 항상 짐의 체면을 세워주지 않았습니다. 여러 사람 앞에서 짐을 반박했습니다. 짐은 자칫하면 성질을 이기지 못하고 실수를 저지를까 걱정이 됩니다."

장소는 손권을 뚫어져라 쳐다보면서 "신 역시 말해도 소용이 없다는 것을 잘 압니다. 그런데도 왜 말을 하는지 아십니까? 태후의 유언이 아직도

귀에 쟁쟁하기 때문이 아닙니까? 그 말은 태후가 임종하시기 전에 신을 침상 옆에 불러놓고 한 말입니다!"라고 대답했습니다. 장소는 말을 마친 다음 통곡하듯 눈물을 뿌렸습니다. 손권 역시 칼을 집어던지면서 울었습니다. 군신 두 사람이 함께 울었던 것입니다. 그러나 손권은 그저 울었을 뿐입니다. 하겠다는 일은 끝내 하고자 했습니다. 그가 다음해 정월 많은 수행원을 대동한 조정의 중신(태상太常 장미張彌, 집금오執金吾 허연許宴)들을 요동으로 가게 한 것은 그 사실을 잘 말해줍니다. 장소는 화가 단단히 났습니다. 바로 "병을 핑계로 조정에 들어가지 않"은 것입니다. 손권 역시 화가 났습니다. 장소의 집 문을 흙으로 봉해버리도록 했습니다. 장소는 만만치 않았습니다. 마치 보란 듯 문 안에 담을 쌓은 것입니다. 문제는 장소의 우려가 틀리지 않았다는 사실이었습니다. 장미와 허연은 요동에 도착하자마자 진짜 살해당하고 말았습니다. 심지어 머리까지 조위에게 보내졌습니다. 손권은 체면이 영 말이 아니었습니다. 그는 여러 차례나 사람을 보내 장소에게 잘못을 표시했습니다. 그러나 장소는 집에서 나오지 않았습니다. 손권은 직접 장소의 집으로 가 면담을 요청하는 수밖에 없었습니다. 장소는 그래도 손권과 대면하기를 원하지 않았습니다. 손권은 급기야 발끈했습니다. 장소의 집에 불을 지르라는 명령을 내린 것입니다. 그러자 장소는 반대로 문을 더 굳게 걸어 닫았습니다. 손권은 도리 없이 불을 끄도록 명령을 내렸습니다. 이어 자신은 문 앞에서 기다렸습니다. 일촉즉발의 상황을 해결한 것은 장소의 아들들이었습니다. 다시 문제를 일으키면 골치 아프다는 사실을 직감하고는 아버지를 침대에서 부축해 일으켜 세운 것입니다. 결국 장소는 손권과 함께 수레를 타고 궁으로 들어갔습니다. 궁으로 돌아간 다음 손권은 통렬하게 반성했습니다. 장소는 그제야 비로소 조회에 참가하기로 했습니다. 여러분 생각해보십시오. 이때 장소는 이미 반 은퇴 상태였습니다. 그런데도 이렇게 굽힐 줄 몰랐습니다. 만약 그가 승상이 됐다면 얼마나 더 대단했겠습니까?

　손권이 장소가 강해지기를 원하지 않은 원인은 이처럼 확실했던 것 같습니다.

　그러면 그는 왜 또 승상이 강해지는 것을 원하지 않았을까요?

　제 생각에는 여기에도 두 가지 원인이 있습니다. 첫째 원인은 바로 텐위칭 선생이 말한 것이 아닌가 싶습니다. 손오 정권은 반드시 '강동화' 해야 한다는 것입니다. 손권이 칭제했을 때 군 총사령관은 강동 사족(육손)이었습니다. 당연히 문신 쪽에서도 '강동화'를 위해 절대적 역할을 할 인물이 필요했습니다. 더구나 그것이 승상이라면 더할 나위 없이 좋았습니다. 그러나 당시 '회사의 장군들'과 '북방의 유랑 인사들'의 힘은 여전히 매우 컸습니다. 조정에서 공개적으로 장소를 승상으로 추천했던 것도 바로 이런 현실과 무관하지 않았습니다. 손권은 도리 없이 한걸음 물러나 차선책을 강구했습니다. 손소를 과도기 인물로 쓰자고 결정한 것입니다. 당연히 과도적 인물은 강할 필요가 없었습니다. 아니 강해서는 안 됐다는 것이 더 정확할 것입니다.

　둘째 원인에 대해서도 텐위칭 선생이 답해주는 것 같습니다. 손권이 원래 막중한 책임을 지면서 많은 일을 하는 승상을 원하지 않았다는 것입니다. 그저 기용된 다음 윗사람의 마음을 읽고 그대로 따라서 하는 승상이면 됐습니다. '뛰어난 능력'을 기대한 것이 아니라 그저 존재하기만 하면 됐다는 얘기가 되겠습니다. 이 조건에 따를 경우 장소는 적합하지 않았습니다. 오로지 손소와 고옹만이 최적의 인물이었습니다. 손소는 사실 승상 재임 동안 어떤 뛰어난 공헌도 남기지 못했습니다. 부처님이었다고 해도 틀리지 않을 것 같습니다. 듣기 좋은 말로 하면 침착하고 중후하며 노련하게 국가를 운영했다고 볼 수 있습니다. 좀 더 솔직히 말한다면 '고급 꽃병'이었다고 할 수 있습니다. 이 경우 고옹은 다소 억울할 수도 있습니다.

어느 정도 일을 했기에 단순히 '꽃병'이라고 하기에는 미안합니다. 하지만 고옹과 장소는 너무나 달랐습니다. 우선 고옹은 주동적으로 건의한 적이 거의 없었습니다. 손권이 묻지 않으면 말하지 않았습니다. 말해야 하는 것에는 반드시 입을 닫았습니다. 어느 정도인지는 『삼국지』「고옹전」에 잘 나와 있습니다. "군대와 나라를 다스리는 득실과 일을 해야 하는지 말아야 하는지에 대한 문제가 아니면 말하지 않았다"라는 기록이 있는 것입니다. 설사 손권과 신료들 앞에서 말을 한다 해도 과묵하게 했습니다. 한 번은 장소가 조회에서 너무 심하다 싶을 만큼 시대적인 병폐에 대해 진언을 올렸습니다. 법령이 너무 번잡할 뿐 아니라 형벌이 무겁다는 내용이었습니다. 장소답게 아마 많은 말들을 했을 것입니다. 손권은 잠자코 장소의 말을 듣고 있다가 고옹에게 "승상은 어떻게 생각합니까?"라고 물었습니다. 고옹의 대답은 단 한마디였습니다.

"신이 들은 것은 장소와 같습니다."

이로써 우리는 몇 가지 확실한 사실을 알 수 있습니다. 우선 고옹 자신이 승상을 고문 자리로 생각하고 있었다는 사실입니다. 이뿐만이 아니었습니다. 그는 자신의 자리에 딱 맞게 행동했습니다. 잘못하는 일이 없었습니다. 화를 자초하지도 않았습니다. 그는 손권이 필요로 하는 승상이 어떤 것이었는지 아주 잘 알고 있었습니다. 주제넘

**고옹** 손권의 칭제 후 오나라의 두 번째 승상에 오른 고옹은 군주 손권이 원하는 승상의 역할을 너무 잘 이해하고 있었다. 존재는 하되 그 권한을 애써 주장하지 않는 승상이 바로 그것이었다. 고옹이 죽을 때까지 19년 동안이나 승상 자리에 앉아 있었던 까닭이다.

지 않았습니다. 황제를 돕기는 했으나 번거롭게 하지 않았습니다. 일이 있으면 고문 역할을 했고 그렇지 않으면 기꺼이 장식품이 됐습니다. 고옹은 자신의 분수를 너무나 잘 파악한 것입니다. 그가 승상을 무려 19년이나 한 것은 다 이유가 있었습니다. 고옹은 적오赤烏 6년(서기 243년) 재임 기간 중 사망했습니다. 향년 67세였습니다.

### 문무겸비의 영웅, 육손의 등장

고옹의 자리를 이어 승상에 오른 사람은 바로 62세의 '상대장군上大將軍' 육손이었습니다. 이에 대한 의미는 한눈에 훤히 알 수 있습니다. 텐위칭 선생이 말한 '강동화'가 되겠습니다. 고옹과 육손은 주지하다시피 모두 강동 사족 출신이었습니다. 이미 앞에서 말했습니다. 강동의 '4대 가문'은 우·위·고·육씨 등이었습니다. 우와 위씨는 회계, 고와 육씨는 오군에 있었습니다. 오군 안에서도 별도의 '4대 가문'이 있었습니다. 고, 육씨 외에 주와 장씨가 더 포함됩니다. 고옹과 육손은 '오군 4대 가문' 출신일 뿐 아니라 '강동 4대 가문' 출신이기도 했던 것입니다. 가문의 배경이 대단했습니다. 손권은 우선 육손을 원수, 고옹을 승상으로 삼았습니다. 이어 나중에 육손은 고옹의 승상 자리까지 이어받았습니다. 이것은 바로 '강동화'의 지표였습니다.

사실 더 깊이 들어가면 육손은 손오 정권 '강동화'의 진정한 지표성 인물이었습니다. 육손이 강동과 오군의 '4대 가문'에 속할 뿐 아니라 육가가 손가와는 불화가 있었으니까요. 한번 살펴보겠습니다. 육손의 종조부(從祖父, 조부의 형이나 동생)는 육강이라는 사람으로 동한 말년의 여강태수였습니다. 『삼국지』「육강전」에 의하면 원술이 수춘에 있을 때 군량미가 다 떨어진 적이 있습니다. 원술은 바로 육강에게 원조를 요청했습니다. 그러나 육강은 상대도 하지 않았습니다. 원술이 반역자였기 때문입니다. 원술은 크게 화가 나 손책을 보내 육강을 공격했습니다. 이 전쟁은 꼬박 2년이나 걸렸습니다. 결국 성은 함락당하고 70세의 육강 역시 한 달 후 발병해 사망했습니다. 당시 육강을 따른 육씨의 종친은 백여 명이었습니다. 이들은 하나같이 엄청난 고생을 했습니다. 거의 반이나 죽어 나갔습니다.

육가와 손가는 이처럼 원수지간이었습니다. 손권은 따라서 육손에 대해 유보하는 입장을 취하지 않으면 안 됐습니다. 물론 다른 한편으로는 정치적 필요에 의해 육가를 구슬려 힘도 빌려야 했습니다. 그래서 손책의 딸을 육손과 결혼(육손이 손권의 조카 사위가 됨―옮긴이)하게 했습니다. 진짜 육손을 중용할 생각이 없는 것도 아니었습니다. 그러나 손권은 망설였습니다. 『삼국지』의 「육손전」과 「주연전」을 볼 필요가 있겠습니다. 여몽은 자신의 병이 깊어갈 때 두 번에 걸쳐 두 사람의 후계자를 추천했습니다. 첫 번째는 관우가 양번을 공격할 때였습니다. 이때 여몽은 병을 핑계로 건업으로 돌아가려던 차였습니다. 손권은 그에게 "누가 그대를 대신할 수 있겠소이까?" 하고 물었습니다. 여몽은 지체 없이 육손을 추천했습니다. 이 일은 이미 앞의 강의 「흰 옷을 입고 강을 건너다」편에서 말한 바 있습니다. 그러나 이때 여몽은 결코 진짜 자리에서 물러나려고 한 것이 아니었습니다. 육손이 여몽을 대신한 이유는 그저 관우를 속이기 위해서일 뿐이었습니다. 손권이 바로 동의를 한 것도 그래서였습니다. 전쟁이 끝날 즈음에 이르러 여몽은 진짜 중한 병이 들어 일어나지 못했습니다. 손권은 다시 "누가 그대를 대신할 수 있겠소이까?"라고 물었습니다. 이때 여몽이 추천한 사람은 주연朱然이었습니다.

이 일은 한 번 짚고 넘어갈 가치가 충분히 있습니다. 이때 육손은 이미 여몽을 대리하고 있었습니다. 정식으로 계승하는 것이 이치에 맞았습니다. 그래야 일이 순조로운 것이었습니다. 그런데도 손권은 왜 다시 물었을까요? 손권이 육손을 유보하고 있다는 사실을 알 수 있습니다. 또 손권이 다시 물었을 때 여몽은 왜 말을 바꿨을까요? 육손이 이 전쟁에서 대단한 역할을 수행했다는 사실을 알아야 합니다. 손권은 그런 육손이 부담스러웠던 것입니다. 저는 여몽이 이미 손권의 마음을 읽고 주연을 추천했다고 봅니다.

여몽의 이 추천 역시 상당한 의미가 있었습니다. 주연은 주치朱治의 양자였습니다. 고향은 단양군 고장현故鄣縣으로 강동 사람이었습니다. 그러나 『삼국지』「주치전」은 주치가 일찌감치 "손견을 따라 정벌"에 나섰을 뿐 아니라 이후 다시 손책을 "보좌"했다는 사실을 말해주고 있습니다. 그는 강동 사람이었으나 초창기 '회사의 장군들'이기도 했던 것입니다. 주연은 바로 이런 주치의 양자였습니다. 어려서부터 '회사의 군사 그룹'에서 자란 것입니다. 이것은 '뿌리가 바르다'라고 할 수 있겠습니다. 그는 손권과도 동문수학한 사이로 서로 감정이 그럴 수 없이 좋았습니다. '관계가 확고부동'했다고 해도 좋겠습니다. 더구나 그는 출생은 강동이었으나 파벌은 회사 쪽에 속해 있었습니다. 양쪽에서 모두 받아들일 수 있었습니다. '회사의 장군들'에서 '강동 사족'으로 흘러가는 과도기에 아주 적절한 인물이었습니다. 여몽의 이 추천은 따라서 상당히 높은 수준의 조치라 할 수 있었습니다. 정치를 대단히 잘한 것이었습니다.

손권은 여몽의 건의를 받아들였습니다. 주연에게 가절의 권위를 부여한 다음 강릉에 진주해 주둔하도록 했습니다. 지위가 육손의 위였습니다. 그러나 이릉전쟁 때는 육손이 오히려 대도독을 맡았습니다. 주연이 그의 부하가 된 것입니다. 왜 그랬을까요?

많은 원인이 있었습니다. 직접적 원인은 아마도 병력을 총동원한 유비가 기세등등하게 침공해 들어왔기 때문이 아닌가 싶습니다. 육손이 삼군을 거느리지 않으면 안 됐던 것입니다. 더구나 '강동화'는 도저히 피하기 어려운 추세였습니다. 질질 끌면 문제가 생길 수밖에 없었습니다. 이번 기회를 빌려 일거에 강동화를 처리하는 것이 더 나았던 것입니다. 게다가 육손이 올린 성과 역시 손권을 만족시켰습니다. 톈위칭 선생은 육손이 "처세에 능했고 오나라 일이라면 물불을 가리지 않았다"라고 말했습니다. 또한 매우 친절하다고 칭찬했습니다. 손권이 원하고 있던 사람은 다름 아닌 이런 인물이었습니다.

한 번은 손권과 육손이 아주 진지한 대화를 나눴습니다. 『삼국지』 「여몽전」에 기록이 남아 있습니다. 이 대화에서 손권은 주유를 비롯해 노숙, 여몽 등 세 사람에 대해 하나씩 평가했습니다. 손권이 사람을 잘 알아보고 능숙하게 사람을 부릴 줄 안다는 증거가 될 수 있겠습니다. 그러나 제 생각에 이 말은 아무 부담 없이 편하게 얘기한 것이 아니었습니다. 다른 깊은 뜻이 있다고 해야 합니다. 손권이 어떻게 말했나 살펴봅시다.

> 공근(주유)은 위풍당당하고 강직했소. 뛰어난 재능과 원대한 전략이 있었소. 그의 위대한 업적을 이을 수 있는 사람은 매우 적소. 그러나 현재 장군이 계승했소.

손권은 분명히 육손을 '제2의 주유'로 봤습니다. 희망과 기대가 노숙과 여몽을 가볍게 초월했습니다. 손권이 이 말을 한 것은 언제였을까요? 분명치 않습니다. 『자치통감』 역시 그저 '후後'라는 한 글자만 쓰고 있습니다. 아마도 여몽이 사망한 후의 모년 모월 모일이었을 것입니다. 육손은 그러나 손권의 여망을 저버리지 않았습니다. 정말이었습니다. 고옹이 사망하자 손권이 그를 바로 후임으로 임명한 것은 무엇보다 이 사실을 잘 말해줍니다. 강동 제일의 인재가 드디어 나가서는 장군, 들어와서는 재상인 이른바 '문무겸비'의 영웅이 됐던 것입니다.

### 육손의 억울한 죽음

그러나 이상한 것은 육손이 승상으로 임명된 지 얼마 안 돼 손권에게 죽음을 강요당했다는 사실입니다. 왜 그랬을까요? 비극의 직접적 원인은 이른바 '남로南魯 당쟁'이었습니다. 남南은 남궁(南宮, 남쪽의 궁)으로 태자 손화를 가리켰습니다. 노는 노왕魯王으로 손패를 일컬었습니다. 우리는 이미 앞에서 손권에게 아들이 모두 7명이나 있었다는 것을 살펴봤습니다. 이중 첫째 아들 손등은 첫 번째 태자로 33세에 사망했습니다. 이때 둘째 아들 손려 역시 함께 사망했습니다(20세). 이에 따라 19세의 셋째 아들 손화가 두 번째 태자가 됐습니다. 손화는 손권이 좋아하는 아들이었습니다. 손화의 모친 왕부인王夫人 역시 손권이 총애했습니다. 문제는 손권이 넷째 아들 손패도 좋아해 그를 노왕에 봉했다는 사실이었습니다. 『삼국지』「손패전」에 의하면 손패에 대한 손권의 총애나 대우는 보통 이상이었습니다. 태자와 다를 바 없었습니다. 이 상황은 일부 사람들에게 터무니없는 생각을 하게 했습니다. 심지어 어떤 사람들은 아예 발 빠르게 행동으로 옮겨 이간질에 나서기까지 했습니다. 『삼국지』「손화전」을 아무래도 한번 봐야겠습니다. 이에 의하면 당시 손권의 큰딸 전공주全公主와 손화의 모친 왕부인은 사이가 아주 나빴습니다. 전공주는 급기야 손권에게 그들 모자에 대해 좋지 않게 말했습니다. 손권은 화가 몹시 났습니다. 왕부인은 걱정이 지나쳐 그만 사망하고 말았습니다. 손화는 이때부터 총애를 잃기 시작했습니다. 그는 폐위를 당할까봐 두려워하기 시작했습니다. 손패 역시 이

틈을 이용해 손화를 폐위시킨 다음 자신이 태자가 되고자 했습니다. 조정의 관리와 황제의 인척들은 이로 인해 결국 두 파로 나눠졌습니다. 해결이 쉽지 않았습니다. 어느 정도였는지는 『삼국지』 「손화전」의 배송지 주에서 인용한 은기殷基의 『통어通語』에 잘 나옵니다. 조정 내외 문신과 무장들이 "나라를 완전히 두 토막으로 분열시켰다"고 기록하고 있으니까요. 완전한 대파열이었습니다. 손권은 양비론에 기대는 것 외에는 달리 방법이 없었습니다. 결국 그는 적오 13년(서기 250년) 8월에 손화를 폐위시키고 손패에게는 사약을 내렸습니다. 왜 손화를 폐위시켰냐고요? 아주 간단했습니다. '짐이 아직 건재하다. 너는 떠들면 안 된다'는 논리였습니다. 왜 손패까지 죽였을까요? 역시 아주 간단했습니다. '짐이 주지 않는다. 너는 빼앗을 수 없다'는 논리였습니다. 제위를 찬탈하지 못하면 결론은 죽음 이외에는 없었던 것입니다.

하지만 이로 인해 한바탕의 대학살도 일어났습니다. 일일이 살펴보겠습니다. 태자 손화를 옹호한 근위병 장군 진정陳正과 진상陳象은 일족이 처형당했습니다. 표기장군 주거朱據, 상서복야尙書僕射 굴황屈晃은 죽도록 두들겨 맞았습니다. 사건에 연루돼 살해되거나 직위가 강등된 집안도 수십 가구에 이르렀습니다. 노왕 손패의 무리였던 전기全寄, 오안吳安, 손기孫奇, 양축楊竺 등은 모두 살해당했습니다. 양축은 그 시체가 강에 버려져 떠내려갔습니다. 태자당이나 노왕당이나 모두 결말이 좋지 않았습니다.

육손 역시 이 일과 관련된 사건을 빌미로 희생됐습니다. 태자를 적극 옹호한 탓에 죽음을 강요당한 것입니다. 사건은 적오 8년(서기 245년) 2월에 있었습니다. 『삼국지』 「육손전」에 의하면 구체적 상황을 대략 구성해볼 수 있습니다. 우선 손권이 육손의 의견을 받아들이지 않았습니다. 또 육손과의 면담도 원하지 않았습니다. 심지어 나중에는 여러 차례 사람을 보내 육손을 비난했습니다. 이 과정에서 육손의 외조카 몇 명 역시 횡액을 당했습니다. 태자와 친했던 탓에 면직당하거나 유배됐습니다. 태자태부 오찬吾粲은 육손에게 몰래 정보를 전해줬다가 하옥돼 사형에 처해졌습니다. 육손은 슬픔과 분노가 교차했습니다. 시쳇말로 멀쩡한 상태에서 열에 받쳐 사망하고야 말았습니다. 향년 63세였습니다. 그는 세상을 떠난 후 "집에 남은 재산이 없었다"는 기록이 있을 정도로 청빈했다고 합니다. 그러면 손권은 '여러 차례 사람을 보내 육손을 책망' 했을 때 조조가 순욱에게 그랬던 것처럼 빈 찬합을 보냈을까요? 모르겠습니다만 그렇게 하지는 않았을 것입니다.

 손권은 왜 육손에게 죽음을 강요했을까요? 표면적으로 보면 '남로 당쟁'에 개입했기 때문이었습니다. 이른바 '태자당'의 좌장으로 보였기 때문이라는 분석이 가능합니다. 그러나 육손 사후에 '태자당'의 '넘버 2'였던 제갈각은 대장군으로 진급하고 육손이 맡았던 형주의 주사州事로 자리를 옮겼습니다. '노왕당'의 상징적 인물이었던 보즐은 육손을 대신해 승상을 맡게 됐습니다. '노왕당'의 '넘버 2' 여대呂岱는 상대장군에 진급했습니다. '넘버 3' 전종全琮 역시 우대사마右大司馬에 진급했습니다. 문제가 그렇게 간단하지 않았다는 사실을 알 수 있지 않습니까? 바로 이 때문에 이 사건의 배후에 좀 더 심각하고 비밀스런 일이 있지 않았나 묻지 않을 수 없는 것입니다.

## 거슬러 올라가다

육손은 손오 정권이 국책으로 펼친 '강동화'의 대표적 인물이었다. 군대의 원수였을 뿐 아니라 승상의 자리까지 올라 신분이 최고에 이르렀다. 그러나 그는 인생의 절정기를 맞자마자 오히려 손권에게 죽음을 강요당했다. 반면 '남로 당쟁'에 개입했던 다른 사람들은 엉뚱하게 관직이 높아졌다. 그렇다면 이 사건의 배후에는 다른 중대한 정치적 배경과 원인이 있는 것이 아닐까? 이 배경과 원인은 조조·유비·손권의 건국의 길과 무슨 관계가 있었을까?

앞 강의에서 우리는 육손의 사망에 대해 살펴봤습니다. 그렇다면 육손의 운명은 누구와 비슷했습니까? 최염이었습니까 아니면 순욱이었습니까? 제가 보기에는 다 비슷합니다. 또 모두 비슷하지 않다고도 할 수 있습니다. 육손은 순욱처럼 울분이 넘쳐 사망했습니다(순욱은 '우울해서 사망'했고, 육손은 '비분이 교차해 열에 받쳐 사망'했습니다). 그러나 순욱에게는 죽음을 선택한 다른 이유가 있었습니다. 바로 '정치적 이상'이었습니다. 순욱과 조조는 중대한 정치적 의견이 일치하지 않았습니다. 하지만 육손의 경우는 그렇게 말할 수 없습니다. 태자를 세우는 문제 역시 무슨 정치적 이상의 차이가 있었던 것은 아니었습니다. 손권은 그저 태도를 모호하게 하는 부당한 처리를 했습니다. 별도로 손패를 세우겠다는 입장을 명확하게 하지도 않았습니다. 손패 역시 최후에 사약을 받아 사망했으나 태자를 하고자 한 것은 어느 정도 감상적인 마음의 발로였던 것 같습니다. 결론적으로 육손이 죽은 이유는 영문을 모른다고 해도 틀리지 않습니다. 이 사실은 최염과 비슷합니다. 그러나 최염의 사망에 대해서는 조조가 분명히 입장을 표명했습니다.『삼국지』「최염전」에 "최염에게 사약을 내려라"라고 말한 사실이 분명히 기록돼 있습니다. 이에 반해 육손은 사약을 받아 그런 것이 아니라 화가 북받쳐 사망했습니다. 최염과 확실히 다른 점입니다.

### 육손의 죽음에 숨겨진 비밀

물론 최염의 사망 역시 상당히 이해하기 어려운 측면이 있습니다. 저는 앞의 강의「살인 사건의 진상」편에서 이에 대해 많은 추측을 했습니다. 그럼에도 언제나 뭔가 조금 부족하다는 느낌을 지울 수 없었습니다. 그러다 나중에 판수즈樊樹志 선생의 『국사개요國史槪要』를 읽고 문득 크게 깨달았습니다. 판수즈 선생이 최염의 사망과 공융, 예형의 죽음을 하나의 유형으로 귀납했으니까요. 선생은 그들이 모두 '명사名士'였다는 사실에 답이 있다고 보았습니다. 맞는 것 같습니다. 육손의 문제 역시 이 죽음들과 맥락이 같지 않나 싶습니다. 앞 강의에서 우리는 육손 사후에 같이 '남로 당쟁'에 개입했던 '태자당'의 '넘버 2' 인물인 제갈각과 '노왕당'의 좌장인 보즐, '넘버 2' 여대, '넘버 3' 전종 등이 모두 벌을 받지 않고 오히려 관직이 높아졌다는 사실에 대해 살펴봤습니다. 이렇게 된 원인은 어디에 있었을까요? 그렇습니다. 정치적 배경과 출신 가문이 다르기 때문이라는 것입니다. 이력을 조사해보면 바로 알 수 있습니다. 우선 보즐은 '강동으로 피난' 했던 사람이고, 여대는 '난을 피해 남쪽으로 도하' 한 인사였습니다. 모두 '북방의 유랑 인사들' 이었습니다. 또 제갈각은 '북방의 유랑 인사들' 의 후예로 부친 제갈근이 '강동으로 피난'을 한 경우에 해당했습니다. 전종은 강동 사람(오군 전당錢唐 사람)이기는 했으나 손책이 오에 도착했을 때 자신의 부대를 거느리고 먼저 투항했습니다. '제왕의 창업에 참가한 신하'였습니다. 어느 정도는 '회사의 장군들'의 색채도 있었습니다. 이외에 '태자당'의 '넘버 5'인 회계태수 등윤滕胤은 비록 관직이 높지는 않았으나 무사했습니다. 손권의 임종 때에는 고명대신이 되기까지 했습니다. 원인은 매우 간단했습니다. 제갈각처럼 '북방의 유랑 인사들'의 후예였던 것입니다. 이밖에 눈에 띄는 인물이 한 명 있었습니다. 시의是儀입니다. 그는 노왕 손패의 사부로 일찍이 적오 5년(서기 242년) 손패의 대우를 낮추자고 주장했습니다. 심지어 그를 수도에서 내보내자고 했습니다. 모두 제자를 위한 좋은 의도에서였습니다. 그럼에도 무사했습니다. 당연히 무사할 수밖에 없었습니다. 시의는 북해 영릉 사람으로 '강동으로 피난'한 '북방의 유랑 인사들'에 속했으니까요!

　이와는 반대로 '남로 당쟁' 사건으로 정리된 사람 중에 강동 출신이 아닌 사람은 단 한 명도 없었습니다. 우선 하옥된 다음 사형에 처해진 태자태부 오찬은 오군 오정烏程 사람이었습니다. 면직된 다음 유배된 태상 고담顧譚은 오군 오현 사람이었습니다. 사실 고담은 집안 내력이 범상치 않은 인물이었습니다. 고옹의 손자에 육손의 외조카였습니다. 재수가 없었다는 말 외에는 달리 할 말이 없겠습니다. 그는 '태자당'의 '넘버 3'에 불과했으나 너무 높게 튀어서(손권에게 상서를 했습니다) "벌을 받아 마땅했다"고 볼 수 있습니다. 그의 동생 고승顧承 역시 형과 함께 유배됐습니다. 연루된 것이라 해야겠습니다.

　여기서 문제를 명확히 하고 모두가 일목요연하게 볼 수 있도록 관련자들의 명단을 나열해보겠습니다.

우선 태자당입니다.

육손은 오군 오현 사람이었습니다. 강동과 오군 '4대 가문'의 일원이었으나 '비분이 교차해 열에 받쳐 사망'했습니다.

제갈각은 낭야 양도 출신이었습니다. '북방의 유랑 인사들'의 후예로 나중에 오히려 관직이 더 높아졌습니다.

고담은 오군 오현이 고향이었습니다. 강동과 오군 '4대 가문'의 일원으로 육손의 외조카였습니다. 면직 후 유배됐습니다.

주거는 오군 오현 사람이었습니다. 오군의 '4대 가문'의 일원이었습니다. 적오 13년에 직위가 강등된 다음 사약을 받았습니다.

등윤은 북해 극현劇縣이 고향이었습니다. '북방의 유랑 인사들'의 후예로 무사했습니다.

오찬은 오군 오정 출신이었습니다. 하옥된 다음 사형에 처해졌습니다.

시의는 북해 영릉 사람이었습니다. '북방의 유랑 인사들'의 후예로 무사했습니다.

노왕당은 다음과 같았습니다.

보즐은 임회 회음 사람이었습니다. '북방의 유랑 인사들'의 후예로 오히려 관직이 높아졌습니다.

여대는 광릉 해릉이 고향이었습니다. '북방의 유랑 인사들'의 후예로 관직이 높아졌습니다.

전종은 오군 전당 출신이었습니다. 그러나 '회사의 장군들' 파벌로 관직이 높아졌습니다.


이렇게 보면 아주 분명해집니다. 손권은 결코 태자와 노왕에 대한 태도만 가지고 이들을 처리한 것은 아니었습니다. 이는 손권이 손화를 폐위시키고 손패에게 사약을 내린 것이 적오 13년(서기 250년) 8월이라는 사실에서도 잘 나타납니다. 육손을 압박해서 죽음에 이르게 한 것은 적오 8년(서기 245년) 2월이었으니까요. 두 사건은 시간만 해도 5년 반 차이가 납니다. 손권이 육손의 죽음을 압박했을 때만 해도 '남로 당쟁' 문제를 철저하게 해결할 의지가 없지 않았나 생각할 수 있습니다. 더구나 '태자당'과 '노왕당'이 나라를 반쪽 낼 조짐도 이때 막 시작됐습니다. 따라서 '남로 당쟁'은 육손이 정리를 당한 가장 중요한 원인은 아니었습니다. 또 손권이 정리를 위해 선을 그은 기준도 아니었습니다.

그러면 손권이 선을 그은 기준은 무엇이었을까요? 당연히 파벌이었습니다. 이는 '태자당' 중에서 정리당한 사람들이 모두 강동 사람이었다는 사실에서 잘 확인됩니다. 이들 외의 다른 사람들은 전원이 무사했습니다. 오히려 제갈각은 관직이 더욱 높아졌습니다. 이는 뜻이 매우 분명했습니다. 다른 사람('회사의 장군들'이나 '북방의 유랑 인사들')은 태자를 책봉하는 일에 개입해도 괜찮으나 너희들 강동 사족만큼은 안 된다는 얘기였습니다.

특히 육손은 더 안 된다는 얘기가 되겠습니다! 이미 살펴본 것처럼 육손의 사건을 처리하는 와중에서 정리를 당한 사람들은 강동 사람이 아닌 경우가 거의 없었습니다. 또한 육손과 관계없는 사람도 거의 없었습니다. 예를 들어보겠습니다. 고담은 육손의 외조카였습니다. 오찬은 육손에게 몰래 정보를 알려줬습니다.

그러나 이와는 달리 나름대로 중요한 인물인 주거는 '태자당'에다 오군의 '4대 가문'에 속했음에도 5년 반 후에나 정리를 당했습니다. 때문에 저로서는 육손이 태자를 보호한 것은 그저 정리를 당한 표면상의 원인에 지나지 않는다고 생각할 수밖에 없습니다. 강동 사족 출신인 것 역시 그저 그가 정리된 부분적 원인일 뿐이라고 할 수 있겠습니다. 더 깊이 들어가면 손권이 육손을 정리할 마음을 갖고 있지 않았나 하는 생각이 드는 것입니다.

 그러면 손권은 왜 육손을 정리하려고 했을까요?

 마즈제 선생은 『삼국사』에서 그에 대해 네 가지 이유를 들었습니다. 첫째, 육손은 강동 사족이었습니다. 게다가 그중에서도 세력이 제일 컸습니다. 실제로 육가의 자제들과 친인척은 오나라에서 높은 벼슬과 많은 녹봉을 받았을 뿐 아니라 지위가 드높았습니다. 둘째로 육손이 무창에 진주해 방어에 나섰을 때부터 명성과 인망이 자자했다는 사실도 무시하기 어렵습니다. 위로는 태자 손등, 아래로는 오나라의 권세 있고 지위 높은 사람들이 모두 육손과 친분을 맺었을 정도였으니까요. 각종 기록에 의하면 손권은 이 두 가지에 대해 진정 두려워하고 거리꼈던 것이 분명합니다. 따라서 셋째 이유는 손권이 자신의 후계자가 육손을 제대로 부리지 못할 것을 두려워했다는 것입니다. 그래서 반드시 자기 생전에 제거하려 했다는 결론이 가능하겠습니다. 마지막 넷째로 육손이 손책의 사위였다는 사실입니다. 손권은 손책 자녀들의 세력이 너무 커지는 것을 원하지 않았습니다.

 이로써 알 수 있듯 육손은 손권이 보기에 너무나 많은 것을 가지고 있었습니다. 몇 가지는 되지 말거나 하지 말았어야 했던 것입니다. 우선 그는 사족이 되지 말았어야 했습니다. 설령 사족이었다 하더라도 '4대 가문' 운운할 정도의 큰 집안 출신은 아니어야 했습니다. 설사 관리를 했다 하더라도 손권 아래에서 하지 말았어야 했습니다. 마지막으로 관리를 하는 것이 정 부득이했다면 최고의 자리에 있지 말았어야 했습니다. 그러나 그렇지 않았습니다. 결국 그는 인생의 절정기에 이르러 그야말로 죽어 마땅한 조건을 모두 갖추게 된 것입니다. 더구나 태자를 책봉하는 다툼에 개입했다면 어찌 스스로 죽음을 자초한 것이 아니겠습니까? 그것은 다른 사람의 '집안 일' 아니었습니까? 그가 개입할 필요가 있었을까요?

 그러나 육손은 이렇게 생각하지 않았습니다. 그는 선비를 의미하는 이른바 '사인士人'이었으니까요. 사인의 특징은 무엇입니까? 천하의 일을 자기의 임무로 생각하는 사람들입니다. 천하는 누구의 것입니까? 사인의 관점에서는 황제의 것이기도 했으나 사인의 것이기도 했습니다. 황제가 천하 통일의 상징이라면 사인은 천하 태평의 버팀목이었습니다. 그래서 사인은 국가의 기둥으로서 황제가 천하를 다스리는 것을 보좌하고 나아가 황제를 도와 태자를 세우는 문제를 처리해야 했던 것입니다. 그들의 관점에서는 태자의 운명이 나라의 근본이었으니까요. 만약 태자가 견고하지 못하면 나라의 근본은 흔들립니다. 사인은 이 태자를 보호해야 했습니다. 때문에 육손은 이것이 손권의 '집안 일'이 아닌 동오의 '나라 일'이라고 생각했습니다. 당연히 자신이 쓸데없는 일을 한다고 생각하지 않고 오히려 충성의 도리를 다하는 것이라 여겼습니다. 하지만 육손의 가슴에 가득 찬 뜨거운 피는 오히려 정면에서부터 한 바가지의 차디찬 물벼락을 맞았습니다. 게다가 살을 에는 심한 찬바람까지 불었습니다. 그의 마음은 이로 인해 급속도로 식었습니다. 비분이 교차해 열에 받쳐 사망한 것이 결코 이상하지 않았습니다.

　육손은 사실 너무 순진했습니다. 그는 손오 정권이 이미 '강동화'가 됐다고 생각했습니다. 강동 사족 역시 이미 '손오화'가 됐다고 믿어 의심치 않았습니다. 심지어 손오 정권과 강동 사족이 이미 어우러져 한 몸이자 '한 집안 식구'가 됐다고 여겼습니다. 그가 어떻게 손권이 추진한 '강동화'가 부득이한 것이었다는 사실을 알았겠습니까? 손권은 그저 강동 사족을 이용했을 뿐이지 영원히 그들을 신임하지 않았습니다. 더구나 육손은 앞에서 언급한 이유들 때문에 손권이 그를 견제했다는 것을 아예 꿈에서조차 생각하지 못했습니다. 그러나 일찍부터 그를 정리하려고 생각했던 손권은 기회가 오자 조금도 망설이지 않고 칼을 들었습니다.

### 장온, 너무나 강직하여 미움을 받다

그렇다면 손권은 내친 김에 육손에 이어 다른 사람도 정리했을까요? 그랬습니다. 장온張溫의 사건을 보면 잘 알 수 있습니다. 장온의 운명은 사람들로 하여금 아마도 무엇을 '따뜻한 인생, 차가운 최후'라고 하는지 가장 잘 느끼게 하지 않을까 싶습니다. 장온은 강동의 명사였습니다. 오군 '4대 가문' 중 하나인 장가 출신이었습니다. 출신 성분만 좋은 것이 아니었습니다. 본인의 자질도 아주 좋았습니다. 『삼국지』「장온전」을 보면 잘 알 수 있습니다 "젊어서 절조 있는 생활에 힘썼고 용모가 뛰어났다"라고 말하고 있습니다. 톈위칭 선생의 고증에 의하면 장온이 관직에 나아간 것은 32세 때였습니다. 당시 그를 추천한 사람들은 많았습니다. 손권의 주의를 불러일으킬 수밖에 없었습니다. 손권은 군신들에게 장온을 누구와 비교할 수 있는지 물었습니다. 대사농(大司農, 우리나라의 농림부장관에 해당) 유기劉基가 "수남장군綏南將軍 전당후錢唐侯 전종과 함께 논할 수 있습니다"라고 말했습니다. 태상 고옹 역시 "장온은 지금 견줄 사람이 없습니다"라고 높이 평가했습니다. 손권은 장온을 불러 직접 접견했습니다. 역시 듣던 대로였습니다. 재능이 뛰어났습니다. 대답도 유창했습니다. 옆에서 듣고 있던 사람들이 모두 그를 향해 몸을 기울일 정도였습니다. 일부는 목을 빼고 마치 심취한 듯한 자세로 들었습니다. 손권 역시 경건한 마음으로 옷깃을 여미면서 예의를 다했습니다. 접견을 마치고 나온 다음 장소는 은근하게 장온의 손을 잡아끌었습니다. 장소는 "노부가 선생에게 인사의 말을 전하겠습니다. 선생은 노부의 뜻을 이해하시겠죠?"라고 말했습니다. 장소의 뜻이 도대체 무엇인지 우리는 모릅니다. 그러나 장소가 장온을 각별하게 대했던 것은 분명합니다. 장온의 출사는 깜짝 놀랄 만큼 대단한 것이었습니다. 그는 임용되자마자 단번에 만만치 않은 자리에 오릅니다. 이후의 승진도 눈부셨습니다. 겨우 2~3년 만에 의랑議郞에서부터 선조상서選曹尙書를 거쳐 태자태부에 이르게 됐습니다. 보의중랑장輔義中郞將의 신분으로 촉한에 사신으로 다녀오기도 했습니다.

그런데 장온이 촉나라에서 돌아온 다음 상황은 완전히 변했습니다. 천지가 진동했다는 말이 따로 없었습니다. 손권이 이유도 없이 그를 질투하고 미워했던 것입니다. 결국 손권은 구실을 찾아 그를 하옥시켰습니다. 나중에는 벌로 고향에 보내 중노동을 시켰습니다. 결국 6년 후에는 병사하고 맙니다. 두 남동생 역시 함께 파면당했습니다. 세 명의 누나와 여동생도 예외는 아니었습니다. 그와 연루돼 운명이 처참하게 변해버렸습니다.

도대체 장온은 어떤 사건 때문에 정리됐을까요?

이 사건은 복잡하다면 복잡합니다. 반면에 간단하다면 간단합니다. 기염曁艶이라는 관리가 삼서三署를 감사하다 문제를 일으킨 것입니다. 삼서는 오관중랑장서五官中郞將署·좌중랑장서左中郞將署·우중랑장서右中郞將署 등을 일컬었습니다. 이 삼서의 간부를 낭郞이라 했습니다. 또 낭관郞官이라 부르기도 했습니다. 각각 낭중郞中·중랑中郞·시랑侍郞으로 불리는 간부들이 있었습니다. 이들은 평소 황제의 신변을 따르거나 수행했습니다. 궁궐 호위 역시 종종 이들이 책임지기도 했습니다. 이를 통해 관리로서의 자질을 닦은 것입니다. 실제로 이들은 기회가 있으면 곧바로 관리가 되기도 했습니다. 텐위칭 선생의 말을 빌리면 이른바 삼서는 바로 오나라의 '관리 양성 및 예비 기구'였던 것입니다. 삼서의 낭관은 따라서 지금의 말로 하면 바로 미래를 책임지는 '제3세대'로도 부를 수 있겠습니다. 기염은 당시 선조상서였습니다. 관리를 선발하고 임명을 책임지는 관리였습니다. 그런데 그는 감사를 통해 분명한 사실 하나를 알게 됐습니다. 삼서의 낭관들 중에 실력 없고 품행 역시 방정하지 못한 엉뚱한 이들이 많이 있다는 사실을 말입니다. 당연히 그들은 배경을 동원했거나 이른바 뒷문을 통해 들어온 사람들이었습니다. 성격이 강직했던 기염은 바로 그들에 대한 대대적 정리, 정돈 작업을 벌였습니다. 결과적으로 그들을 천거한 권세 있고 지위 높은 사람들의 심기를 건드리고 말았습니다. 기염은 지속적으로 무고를 당했습니다. 결국 자살을 선택하고 맙니다. 문제는 이 화근이 장온에게까지 미쳤다는 사실이었습니다.

왜 장온까지 연루됐을까요? 세 가지 이유가 있었습니다. 우선 장온과 기염은 모두 오군 사람이었습니다. 게다가 기염은 장온이 추천했습니다. 마지막으로 장온과 기염은 인생관이 서로 비슷했습니다. 사이가 아주 좋아 자주 오가기도 했습니다. 결국 죽음을 강요당한 기염의 불운이 장온까지 덮쳐버린 셈이었습니다. 『삼국지』 「장온전」에 따르면 사건의 개요는 대략 이렇습니다.

기염은 관리들을 감독하고 숙청하면서 엄격하게 다스렸습니다. 정당하지 않은 풍조를 공격했습니다. 이것이 죽음에까지 내몰려야 했던 죄가 될 수 있는 것입니까? 장온은 기염과 왕래가 밀접한 것에 불과했습니다. 더욱 죄가 없었습니다. 기염은 정말 억울했습니다. 장온은 더 억울했습니다. 그러나 손권이 장온에게 강요한 죄명은 엄청났습니다. "흉악하고 추악한 일을 도모하고 지속적으로 나쁜 마음을 품고 있었다"라고 뒤집어 씌웠습니다. "그 속을 관찰하면 행태가 정말 보인다"라고도 했습니다. "군주의 은혜를 팔아 자랑하고 자기의 권위로 삼았다"거나 "나쁜 마음으로 하지 않은 일이 없다"라는 죄목 역시 더해졌습니다. 현대 중국어로 번역하면 끔찍하기까지 합니다. 흉악무도한 본색이 드러났을 뿐 아니라 권력으로 사욕을 취해 도저히 용서할 수 없을 정도라는 뜻을 담고 있는 무시무시한 말들이 사용됐습니다. 이를 갈 정도로 증오했던 것입니다.

손권은 왜 이렇게 장온을 증오했을까요? 나중의 육손 사건과 연결해보면 그가 강동 사족을 증오했다는 사실을 자연스럽게 떠올릴 수도 있을지 모르겠습니다. 그러나 그 같은 해석은 맞지 않습니다. 장온은 누가 뭐래도 오군 '4대 가문' 출신 중의 한 명이었습니다. 기염 역시 오군 사람이었습니다. 그런데 기염이 삼서를 감사한 것은 기관에 대한 정리, 정돈을 통해 관리를 다스린 것이었습니다. 자신의 출신 집단인 강동 사족들에게 칼을 겨눈 것이었습니다. "삼서를 통해 낭관이 된 다음 동오 정권에 진입하는 것은 바로 강동 사족, 특히 오군 4대 가문의 이익과 밀접한 관계가 있었다"는 톈위칭 선생의 말은 무엇보다 이런 사실을 잘 보여줍니다. 그 때문에 장온과 기염이 삼서를 엄격히 관리하는 것을 반대한 사람은 육손을 비롯한 육모陸瑁, 주거朱據 등이었습니다. 이들은 모두 오군의 '4대 가문'에 속하는 사람들이었습니다. 장온 사건의 본질이 육손 사건과 전혀 같지 않다고 할 수 있는 것입니다. 그렇다면 손권이 이번에는 반대로 강동 사족의 근본 이익을 보호한 것인가요?

이것은 더 이상합니다! 누가 봐도 이 일은 억울한 사건이었습니다. 뿐만 아니라 기괴한 사건이었습니다. 당시에 적지 않은 파문을 불러일으킨 것도 그래서였습니다. 심지어 제갈량조차도 이에 대해서는 불가사의하게 생각했다고 합니다. 『삼국지』「장온전」의 배송지 주에서 인용한 『회계전록』을 보면 될 것 같습니다. 제갈량은 "장온의 일을 듣고 아무리 생각해도 이해가 되지 않았다. 그는 며칠을 생각한 다음에야 비로소 크게 깨달았다. 그는 '나는 이제야 이해했다! 장온은 시비와 선악, 청류와 탁류를 너무 분명하게 봤다. 너무 심하게 구분했다!'고 말했다"라는 기록이 나옵니다.

제갈량의 말은 상당히 주의할 만한 가치가 있습니다. 확실히 사람은 시비가 없을 수 없습니다. 선악에 대한 판단 역시 없을 수 없습니다. 정의감이 없으면 더욱 안 됩니다. 악인에게 관용을 베풀어 나쁜 일을 하도록 조장해서도 안 됩니다. 그러나 세상의 모든 일은 '한계'가 있어야 합니다.

청탁은 명백히 해야 하나 너무 명백하게 하면 안 됩니다. 선악은 구분해야 하나 너무 심하게 구분하면 절대 안 됩니다. 너무 간악한 것은 당연히 용서할 수 없으나 작은 실수는 적당히 넘어가줘도 됩니다. 그러나 「장온전」의 기록을 보면 기염과 장온은 정리, 정돈에 나서 관리들을 다스렸을 때 거의 "하나도 용서하지 않았다"고 합니다. 삼서의 낭관들은 거의 모두 강등됐습니다. 원래 자리에 남게 된 사람은 몇 명 없었습니다. 주위 사람들에게 심어준 인상은 오로지 그들 자신만이 좋은 사람이라는 것이었습니다. 타협을 전혀 몰랐던 것입니다. 물이 너무 맑으면 고기가 없습니다. 사람도 지나치게 깨끗하면 친구가 안 생깁니다. 우뚝 솟은 깃대는 쉽게 부러지기 마련입니다. 깨끗한 것은 쉽게 더럽혀질 수밖에 없습니다. 그러나 자신들만 깨끗하다고 한 결과 도처에 원성이 자자했습니다. 주변 사람들이 반대한 것은 아무것도 아니었습니다. 절친한 사람들마저 떠나가 버렸습니다. 장온은 이 이치를 이해하지 못했던 것 같습니다.

장온만 그런 것이 아니었습니다. 그의 친구인 장군 낙통駱統도 그러했습니다. 낙통은 장온이 하옥을 당한 다음 표를 올려 친구를 위해 적극적으로 변호했습니다. 손권이 장온에게 강요한 죄명을 하나하나 반박한 것입니다. 그러나 배송지에 의하면 이것은 오히려 손권을 도와준 꼴이 되고 말았습니다. 「장온전」에 붙인 주에서 "장자가 말하기를 '국가에 이름이 난 사람은 너무 많은 명성을 얻으면 안 된다'라고 했다. 장온이 공격을 받은 것은 그가 '너무 많은 명성'을 얻어서였다. 손권의 시기를 유발할 수밖에 없었다. 그런데도 낙통은 표를 올려 '남보다 뛰어난 데다 밝고 찬란해 세상에 그와 비교할 사람은 없다'고 말했다. 불난 집에 부채질한 꼴이 아닌가?"라고 낙통을 힐책한 것입니다.

제갈량의 관점에 의하면 장온은 운이 좋지 않았습니다. 너무 정직하고 솔직했습니다. 배송지의 관점 역시 비슷합니다. 너무 떠벌렸습니다. 사실

두 사람의 말은 모두 일리가 있습니다. 너무 정직하고 솔직하며 잘 떠벌리는 것은 장온 같은 사람들의 공통적인 특징이니까요.

### 삼국의 군주들이 모두 미워한 명사

그러면 이른바 '장온 같은 사람'은 어떤 유형의 사람일까요? 바로 명사名士입니다!

장온이 명사였습니까? 그렇습니다. 톈위칭 선생의 「기염 사건과 상관 문제」라는 글에 의하면 장온은 "한말 이래 명사 지도자의 각종 특징을 다 갖췄다"라고 할 정도였습니다.

그러면 명사는 어떤 특징이 있었을까요? 명사의 표준은 무엇이었을까요? 저는 다음과 같은 몇 가지가 있었다고 생각합니다. 첫째, 가문이 깨끗해야 했습니다. 명문 출신이면 가장 좋습니다. 그렇기 때문에 '췌엄의 유추'로 불린 조조 같은 경우는 명사가 될 생각조차 하지 말아야 했습니다. 둘째, 뛰어난 재능 역시 넘쳐흘러야 했습니다. 여기에 시서詩書를 충분히 읽고 뛰어난 학식이나 경륜을 지니고 있으면 더욱 좋았습니다. '독서하기를 좋아하지 않고 개와 말, 음악 및 아름다운 옷을 좋아하는' 유비 같은 사람은 안 되는 것입니다. 셋째, 아웃사이더에다가 관리를 하지 않았어야 합니다. 설사 했더라도 고관대작을 지내지 말았어야 했습니다. 하기는 했으나 하지 않은 것과 같아야 했습니다. 이 표준은 원래 명사의 기본 조건이었습니다. 정현鄭玄은 이른바 '명사'를 "지명도가 있으나 관리를 하지 않은 사람"이라고 말하기도 했습니다. 그러나 어느 사인이 관리를 하기 전에 이미 지명도가 있었고 관리를 한 후에도 명사 신분을 비롯해 명사 관념, 명사 입장, 명사들과의 교유 관계를 유지하고 있었다면 여전히 명사라고 할 수 있었습니다. 그러나 손권처럼 15세에 현장을 한 다음 18세에 군주가 된 사람은 명사라고 할 수 없었습니다.

명사를 명사로 부르는 이유는 당연히 그들이 유명한 탓이었습니다. 유명해지는 이유는 많았습니다. 우선 명문 귀족 출신이었다는 사실을 들 수 있겠습니다. 여기에 독불장군적 견해를 가지고 세상을 살아갔다거나 학문이 사람을 놀라게 할 정도였다는 것도 이유가 될 수 있겠습니다. 결과적으로 이들은 세상 사람들의 추앙을 받았습니다. 요즘 말로 하면 많은 팬을 거느리고 있었습니다. 이들이 만약 어떤 사안에 대해 의견을 발표하면 여론에 영향을 줄 수도 있었습니다. 사실 이들은 의견을 발표하기를 좋아했습니다. 조정에 있든 재야에 있든 하나같이 민간인의 신분으로 민간의 입장에서 의견을 발표하고는 했습니다. 당시 민간에서는 이를 '청의(淸議, 당대 정치에 대한 비평. 사회여론—옮긴이)'라고 했습니다. 이처럼 이른바 '명사'는 현대의 '오피니언 리더' 내지는 '공인'이었습니다.

그러나 명사라고 모두 다 같은 것은 아니었습니다. 판원란范文瀾 선생의 『중국통사』를 보면 알기 쉽습니다. 한말의 명사를 세 종류로 분류하고 있으니까요. 이에 따르면 우선 첫째 유형은 '명성은 추구하나 관직은 추구하지 않는' 사람이었습니다. 이런 유형의 사람은 평생 관리를 하지 않으나 큰 이름은 얻습니다. 출사를 거절할 때마다 명성과 인망이 계속 올라가기 때문이죠. 다시 말해 관직에 나가지 않으면 않을수록 명성은 더 커지고 나중에는 '고관대작'에 필적할 만큼 사회적 지위가 커지게 되는 것입니다. 다음 유형은 '언행이 굳세고 강하면서 나쁜 일이나 나쁜 사람을 원수처럼 증오'하는 부류입니다. 이를 우리는 '강직파'라고 불러도 무방하겠습니다. 그들은 무엇보다 하나의 체계를 갖춘 자신의 도덕 표준(기본적으로 유가적인 것)이 있습니다. 그래서 누가 마음에 들지 않으면 조금도 사정을 봐주지 않습니다. 호되게 꾸짖으면서 비판했습니다. 이른바 '청의'는 바로 이런 사람들이 발표하는 것입니다. 셋째 부류는 '풍조에 영합'하는 사람입니다. 이를 우리는 '유행파'라고 불러도 무방하겠습니다. 종종 시국에 대한 자신의 판단으로 정치적 태도와 정치적 입장을 선택하는 사람들입니다. 이들은 당국과의 협력을 상당히 좋아합니다. 당국에서 가장 좋아하는 사람들이라고 하겠습니다. 이들 중에서 첫째 유형의 명사들은 당국에 협력하지는 않으나 번거롭게 하지도 않습니다. 시비도 걸지 않습니다. 반면 둘째 유형은 당국으로서는 골치가 아픕니다. '강직파'니까요. 장온은 바로 이 '강직파 명사'에 해당했습니다. 이 부류의 명사로 또 한 사람이 있었습니다. 저 유명한 우번이 주인공입니다. 그는 회계 여요餘姚 사람이었습니다. '강동 4대 가문'의 우가 출신이었습니다. 학문이 대단히 뛰어났습니다. 그가 쓴 책인『주역주周易注』가 일찍이 공융의 찬탄을 받았을 정도였으니까요. 심지어 그의 저서는 지금도 학자들이 종종 인용하고 있습니다. 어쨌거나 그의 명성이 대단히 컸기 때문에 한 조정과 조조는 하나같이 그를 초빙하여 출사하도록 권했습니다. 그러나 그는 모두 거절했습니다. 그저 나중에 동오에서 미관말직을 맡았을 뿐이었습니다. 이 행동들은 사실 모두 명사의 표준에 부합하는 것이었습니다. 그저 우번만 봐도 '강직파 명사'가 어떤 사람들인지는 바로 알 수 있을 것입니다.

『삼국지』「우번전」을 계속 참고해보겠습니다. 이에 의하면 우번은 성격이 거칠고 세심하지 못했습니다. 또 솔직담백했습니다. 사람 됨됨이 역시 독불장군이어서 많은 사람과 관계를 맺지 못했습니다. 오죽했으면 진수마저 그를 "고지식하고 미친 듯 강직했다"고 평했겠습니까. 이런 사람은 사실 생각나는 대로 가식 없이 말을 내뱉는 것이 일반적 특징입니다. 또 대놓고 심한 말로 반박하기도 합니다. 한마디로 다른 사람의 체면을 세워주는 경우가 별로 없습니다. 양번전쟁 때의 얘기로 한번 돌아가봅시다. 당시 위나라 장군 우금于禁은 관우에게 투항한 탓에 강릉에 수감돼 있었습니다. 그러나 우금은 손권이 강릉을 점령한 다음 석방됩니다. 손권은 이상하게 그에게 상당한 예우를 했습니다. 어느 날 손권이 우금을 데리고 외출했습니다. 두 사람은 말을 나란히 한 채 유유히 거닐었습니다. 이때였습니다. 갑자기 우번이 앞으로 뛰쳐나와 "너는 항복한 포로가 아니던가? 그런데 어떻게 감히 우리 주공과 말머리를 나란히 하고 갈 수 있느냐?"라면서 큰소리로 우금을 꾸짖었습니다. 이어 채찍으로 우금을 때리려 했습니다. 그의 행동은 그러나 손권에 의해 저지당했습니다. 나중에 손권은 망루가 설치된 큰 배에서 군신들과 대형 연회를 열었습니다. 우금이 이때 음악을 듣고 눈물을 흘렸습니다. 우번은 다시 큰소리로 "이놈이 다시 가련한 체를 하는구나. 죄를 면하기 위해서가 아니더냐?"라고 힐책했습니다. 손권은 기분이 나쁠 수밖에 없었습니다.

우번이 이처럼 우금을 대한 것은 일종의 정의감의 표출이라고 할 수 있습니다. 동한 말년의 명사들에게는 일반적으로 '도덕적 결벽'이 있었으니까요. 이런 '결벽'은 어떤 때는 진짜였습니다. 또 어떤 때는 가식적이기도 했습니다. 그러나 진짜, 가짜를 막론하고 그래야 할 경우에는 항상 표출했습니다. 우번이 그랬습니다. 그가 투항한 장군들을 멸시하는 행동을 한 것은 한 번에 그치지 않습니다. 「우번전」을 보면 되겠습니다. 이에 의하면 한 번은 그가 배를 타고 가다 좁은 수로에서 미방麋芳과 맞닥뜨렸습니다. 당연히 미방의 부하는 "빨리 우리 장군의 배를 피하십시오!"라고 하면서 우번에게 길을 양보하라고 종용했습니다. 미방은 원래 관우의 부하였습니다. 여몽이 형주를 기습했을 때 그와 사인士仁은 강릉과 공안 두 성을 헌납하고 손권에게 투항했습니다. 우번이 이런 사람을 존중했겠습니까? 당연히 길을 양보하지 않았습니다. 아니 오히려 배의 앞에 서서 그에게 호되게 욕을 퍼부었습니다.

"충성과 신의를 잃은 사람이 무엇을 가지고 군주를 보좌하려는가? 두 성을 팔고 아직 큰소리로 자칭 장군이라고 하는 것이 부끄럽지도 않은가?"

이때 미방은 선실에 숨어 한마디도 하지 않았습니다. 그저 뱃사공에게 빨리 우번에게 길을 양보하라고 명령했을 뿐입니다. 우번은 이번에도 기를 편 채 그의 도덕적 결벽 성향을 마음대로 표출했습니다. 그러나 이런 행동은 손권에게는 별로 달가운 것이 아니었습니다. 굳이 손권까지 들먹일 필요도 없습니다. 조조를 비롯해 유비와 제갈량 등 역시 우번과 같은 이의 이런 '도덕적 결벽'에는 별로 흥미를 느끼지 못했으니까요. 사례도 있습니다. 법정이 유장의 명령으로 유비를 맞이하러 갔을 때였습니다. 법정은 이때 익주를 탈취하도록 유비를 종용했습니다. 사실 이런 행위는 전통적 도덕 관념에 따르자면 배신이었습니다. '주인을 팔아 영화를 추구'하는 것과 하나 다를 바 없었습니다. 그런데 제갈량은 왜 그를 힐책하지 않고 오히려 법정의 공적을 몇 번에 걸쳐 긍정적으로 말했을까요?

해답은 정치가와 책상물림은 기본적으로 관점이 서로 다르다는 데 있습니다. 책상물림의 이른바 '도덕감'은 반드시 누구에게 환심을 사려는 것이 아닙니다. 예컨대 손권이 우금과 함께 말을 끌고 유유자적한 것은 일종의 쇼였습니다. 주위의 다른 사람들에게 보여주려 한 것입니다. 그런데 이때 우번이 굳이 우금이 처한 상황을 들춰낸다면 손권으로서는 기분이 어떠했겠습니까? 그러나 우번은 손권의 기분은 상관하지 않았습니다. 그저 자신의 성격대로 한 것입니다.

비슷한 다른 사례도 있었습니다. 손권이 장소와 함께 신선에 대한 얘기를 나누고 있었을 때였습니다. 우번이 주제넘게 끼어들면서 "그들은 모두 죽은 사람입니다. 신선에 대해 무슨 토론을 합니까? 세상에 어디 신선이 있습니까!"라고 손권에게 말했습니다. 손권은 안 그래도 우번에 대해 꾹 참고 있던 참이었습니다. 그러나 이번에는 용서할 수가 없었습니다. 결국 그를 교주(交州, 현재 광둥성廣東省과 광시廣西 자치구 및 베트남의 일부분)로 유배를 보내버리고 말았습니다. 우번은 결국 그곳에서 세상을 떠났습니다.

사실 손권은 일찍부터 우번을 정리하려고 했습니다. 다음과 같은 좋지 않은 기억이 있었으니까요. 손권이 오왕이 된 다음 군신들에게 경축 연회를 열 때였습니다. 손권은 연회가 끝나기 전 일어나 친히 신료들에게 술을 따랐습니다. 그러나 우번은 바닥에 엎드려 술에 취한 척하고는 술을 받지 않았습니다. 그러고는 손권이 지나가자마자 기다렸다는 듯이 바로 일어나 앉았습니다. 고의적으로 손권에게 무안을 준 것이나 마찬가지의 결례가 아닐 수 없었습니다. 손권은 크게 화가 났습니다. 바로 칼을 뽑아 우번을 죽이려 했습니다. 주위의 모든 사람들은 깜짝 놀라 어쩔 줄 몰라 했습니다. 다행히 대사농 유기가 달려들어 손권을 끌어안으면서 말했습니다.

"대왕이 술을 마신 다음 명사를 죽이면 설사 그가 죄가 있다 해도 누가 알겠습니까? 게다가 오나라는 천하의 사람들이 모두 다 경모하고 있지 않습니까? 그것은 대왕께서 인재를 존경하고 명사를 사랑하기 때문이 아니겠습니까? 이런 좋은 명성을 우번으로 인해 잃는 것이 과연 가치가 있습니까?"

그러나 손권은 화가 풀리지 않았는지 "조맹덕은 공융을 죽이지 않았는가! 과인은 왜 우번을 죽일 수 없는가!"라고 싸늘하게 대꾸했습니다. 유기가 다시 손권을 달랬습니다. "조조는 명사를 마구잡이로 죽여 크게 욕을 먹지 않았습니까! 전하는 요순을 본받으셔야지 어떻게 조조를 닮으려 하십니까?" 손권이 가만히 생각하니 유기의 말도 일리가 있었습니다. 비로소 우번을 용서해주기로 한 것입니다. 손권은 거기에서 그치지 않았습니다. '술로 인한 말실수'는 앞으로 책임지지 않아도 된다는 규정까지 즉석에서 마련했습니다.

이 이야기에는 주의할 만한 말이 하나 있습니다. 바로 손권이 언급한 '조맹덕은 공융을 죽이지 않았는가! 과인이 왜 우번을 죽일 수 없는가!'라는 말입니다. 왜 주의할 만한 가치가 있을까요? 다른 사람도 비슷한 말을 했기 때문입니다. 이 사람은 다름 아닌 제갈량입니다. 『송서宋書』「왕미전王薇傳」을 보도록 합시다. 제갈량이 내민來敏 문제를 처리할 때였습니다. 당시 제갈량은 "내민이 백성을 현혹시킨 것은 공문거(공융)보다 심했다"고 말했습니다. 이에 대해서는 이미 앞에서 언급한 바도 있습니다. 아무튼 『삼국지』「내민전」에 의하면 그는 '형초荊楚의 명족' 출신이었습니다. 부친 내염이 일찍이 삼공(사공司空을 지냈음)을 지낸 사람이었습니다. 내민 역시 많은 전적을 읽은 탓에 여러 분야의 학술에 정통했습니다. 전형적인 명사라 할 수 있었습니다. 뿐만 아니었습니다. 그는 다른 명사들과 함께 세태에 대한 입장을 발표하기를 좋아했습니다. 시정에 간여하기를 좋아한 것이죠. 그러나 결과는 좋지 않았습니다. 제갈량이 '백성을 현혹시킨다'는 죄명을 씌어 파면시켜버린 것입니다.

다음과 같이 비교하면 더욱 재미있지 않나 싶습니다. 손권은 우번을 공융으로 간주했습니다. 이에 반해 제갈량은 내민을 공융으로 생각했습니다. 조조는 공융을 죽였습니다. 반면 손권과 제갈량은 우번과 내민을 죽이지 않았습니다. 그러나 죽일 수 없다고 생각한 것은 결코 아니었습니다. 손권의 뜻은 매우 분명했습니다. 조조가 공융을 죽일 수 있듯 본인도 우번을 죽일 수 있다는 것이었습니다. 제갈량의 뜻 역시 다르지 않았습니다. 내민의 죄가 공융보다 크다는 것이었습니다. 그럼에도 그를 죽이지 않고 그저 파면만 시킨 것은 사실 관용적인 자세라 할 수 있었습니다. 이는 또 무엇을 설명할까요? 세 가지를 설명합니다. 첫째, 공융과 우번, 내민은 같은 유형의 사람이라는 것입니다. '강직파 명사'라는 말이 되겠습니다. 둘째, 이런 유형의 사람들은 도처에 있다는 사실도 설명합니다. 내민은 촉나라의 공융, 우번은 오나라의 공융이라는 얘기가 되겠습니다. 셋째, 이런 유형의 사람들은 어디를 가든 모두 환영을 받지 못한다는 사실 역시 보여줍니다. 삼국의 주요 지도자들인 조조·손권·유비·제갈량 모두 하나같이 그들을 싫어했습니다. 다만 처리하는 방법이 달랐을 뿐입니다.

이쯤에서 우리는 이번 강의에서 말한 세 사건에 대한 총론을 내려보겠습니다. 무엇보다 육손이 정리당한 것은 그가 사족이었기 때문이었습니다. 우번이 정리를 당한 것도 그렇습니다. 그가 명사였기 때문이었습니다. 장온이 정리를 당한 것도 그가 사족에다 명사였기 때문이었습니다. 이렇게 보면 군주 손권과 육손·장온·우번 등 인물 사이의 모순은 분명했습니다. 바로 손권과 사족, 명사와의 모순이었습니다. 사실 이 문제는 조조를 비롯해 유비와 제갈량 등도 마주친 공통의 문제였습니다. 바꿔 말해 위·촉·오 3대 정권이 모두 사족과 충돌하고 있었다는 얘기가 되겠습니다. 사실 세 나라가 세력 균형을 이루면서 정립한 삼국시대와 이를 이은 반半통일 국가였던 양진兩晉 및 분열의 남북조 시대는 모두 이 모순과 관계가 있었습니다. 사족과 명사가 대표하는 것이 위로는 동한을 계승하고 아래로는 양진을 연결하는 정치 역량이었으니까요. 그러나 이들은 조조와 유비, 손권 등과 서로 충돌하고 투쟁하면서 정권을 확실히 장악하지 못한 탓에 이른바 반동의 길인 '거슬러 올라가는 길'을 택했습니다. 조조와 유비, 손권 역시 마찬가지였습니다. 사족과 명사의 존재가 역사 발전의 필연적인 추세였기 때문에 이를 제어하기 위해, 정도의 차이는 있으나 '거슬러 올라가는 길'을 선택한 것입니다. 바로 이런 두 갈래의 '거슬러 올라가는 길'은 결국 위·촉·오로 하여금 다른 건국의 역정을 걷도록 했습니다. 뿐만 아니라 나중에는 모두 진나라에 귀속되는 결과를 낳습니다. 그러면 위·촉·오 세 나라의 역정은 어떠했을까요? 세 나라 모두 진나라에 귀속된 것에는 어떤 의미가 있는 것일까요?

## 방법은 달라도 결과는 같다

동오의 손권이 마주쳤던 사족士族, 명사名士들과의 모순 관계는 조조의 조위나 유비, 제갈량의 촉한에도 존재했다. 왜냐하면 위·촉·오 삼국은 모두 사족 출신이 아닌 인물이 건국했기 때문이다. 물론 그들 역시 사족지주계급의 정권을 건국할 뜻이 없었다. 이것은 결과적으로 그들의 건국 역정을 평탄하지 못하게 했다. 더 나아가 그들의 정권을 멸망으로 이끌었다. 그러면 위·촉·오 세 나라의 역정은 어떤 공통점과 차이점이 있었을까? 또한 위·촉·오는 왜 모두 진나라에 귀속됐을까?

   앞 강의에서 우리는 손권과 사족 및 명사 간의 모순 관계에 대해 말했습니다. 이것은 사실 조조·유비·제갈량 등도 마주친 공통적인 문제였습니다. 조조는 변양邊讓을 비롯해 공융·최염·양수 등을 죽였습니다. 또 유비는 장유張裕를 죽였습니다. 제갈량 역시 다르지 않았습니다. 팽양과 내민, 요립을 죽이거나 해직시켰습니다. 모두 사족이나 명사와의 모순이 충돌한 결과였습니다. 그렇다면 조조·손권·유비·제갈량 등은 왜 모두 사족이나 명사와 모순 관계에 놓여 있었을까요? 또 왜 충돌을 했을까요?
   이 문제에 대해 정확하게 답을 말하려면 우선 사족士族이 무엇인지 정확히 알아야 합니다.

### 사족계급의 형성

사족은 대대로 관리를 한 가문을 말합니다. 한 가문이 어떻게 대대로 관리를 할 수 있습니까? 가능합니다. 당시는 관리를 하는 것이 쉽지 않았으니까요. 판원란 선생의 『중국통사』를 보면 어느 정도 이해가 됩니다. 이에 의하면 한나라 때 정규 경로로 관리가 되기 위해서는 꼭 세 가지 조건을 갖춰야 했습니다. 첫째, 반드시 사인이어야 했습니다. 둘째, 경학에도 통달해야 했습니다. 셋째, 효렴孝廉으로 추천받는 것 역시 필수 조건이었습니다. 효렴은 효자염사孝子廉士의 준말로 덕에 대한 요구가 되겠습니다. 경학에 통달하는 것은 명경明經으로도 불렸습니다. 재능에 대한 요구였습니다. 사인이어야 한다는 조건도 그렇습니다. 신분에 대한 요구에 다름 아니었습니다. 사士는 주대周代에는 원래 최저 계층의 귀족이었습니다. 그러나 한대에 이르러서는 신분이 변해 최고의 평민이 됐습니다. 이 평민은 다시 네 종류로 나뉘었습니다. 사농공상士農工商이 바로 그것입니다. 사인士人은 바로 사농공상에서의 사士였습니다. 사인의 의무는 다른 것이 아니었습니다. 독서였습니다. 바꿔 말해 두뇌 노동에 종사하는 정신 노동자가 돼야 했던 것입니다. 지금도 그런 경향이 많이 남아 있지만, 당시에는 정신 노동을 하는 사람이 남을 다스렸습니다. 반면 육체 노동을 하는 사람은 남에게 부림을 당했습니다. 그래서 사농공상 중에서 사는 지위가 제일 높았습니다. 당연히 상의 지위가 제일 낮았습니다. 심지어 이들은 관리를 할 권리도 없었습니다.

이렇게 말하면 누구나 다 이해하지 않을까 싶습니다. 당시에 이 세 가지의 표준을 갖춘 사람은 정말 많지 않았습니다. 다른 표준을 굳이 말할 필요도 없습니다. 경학에 통달하는 것만 해도 보통 어려운 일이 아니었습니다. 모든 사람이 다 글을 읽으려 하거나 읽을 능력이 있었던 것은 아니었으니까요. 더구나 아무것도 하지 않고 전문적으로 글만 읽을 것을 요구할 경우는 더욱 어려웠습니다. 그래서 관리는 글을 읽으려 하거나 읽을 능력이 되는 사람들 중에서 진보가 빠르고 뛰어나게 우수한 사람만이 될 수 있었습니다. 더구나 다른 직업을 가졌다면 더 곤란했습니다. 결론적으로 관리가 되려면 반드시 글을 읽어야 했습니다. 그리하여 글을 읽는 것과 관리가 되는 것은 서서히 하나의 일로 변했습니다. 직업으로 변한 것입니다. 만약 한 가문이 이처럼 글을 읽는 것을 통해 관리가 되는 것을 직업으로 했다면 그들은 '사족士族'으로 불렸습니다. 또 대대로 글을 읽어 관리가 됐다면 그들은 '세족世族'으로 불렸습니다. 따라서 사족은 바로 세족이라고 할 수 있었습니다.

이처럼 이른바 사족은 대대로 글을 읽고 관리를 하는 사람들이었습니다. 평민 계급에서 분화돼 나온 특수한 계층이었습니다.

그들의 특수성은 아마도 세 가지 방면에서 나타나지 않았을까 싶습니다. 첫째, 벼슬길의 독점, 둘째, 여론 장악, 셋째, 호강(豪强, 지방의 힘 있는 세력. 호족의 개념으로 보면 됨-옮긴이)으로의 변신 등이 그것이었습니다. 그렇다면 사족은 어떻게 벼슬길을 독점할 수 있었을까요? 이유는 간단합니다. 우선 어느 사람이 글을 읽을 조건을 갖춘 다음 관리가 됐다고 칩시다. 그들의 자손들은 자연히 다른 사람과 비교해 글을 읽을 기회가 많아질 수밖에 없습니다. 당연히 관리를 할 기회도 많아집니다. 이렇다면 바로 하나의 현상이 자연스럽게 나타나게 됩니다. 관리를 많이 배출한 가문에서 대대로 관리, 그것도 고관이 나온다는 사실 말입니다. 예컨대 '사세삼공'을 했다는 원훈家가 그렇습니다. 특정한 가문들이 관리의 쿼터를 확보하고, 일정한 관직을 독점하는 것은 당연할 수밖에 없습니다.

한 사람이 관리를 하게 되면 추천권이 있다는 사실 역시 벼슬길이 사족에 의해 독점됐던 이유가 되겠습니다. 그렇다면 어떤 사람들이 추천 대상이었을까요? 두 종류의 사람이었습니다. 우선 같은 집안의 사람이었습니다. 사회 계급이 비교적 낮은 글 읽는 사람들 역시 대상이 될 수 있었습니다. 더구나 관리를 할 기회가 적은 이들은 일단 추천의 은혜를 입으면 이에 감사하고 보답하려고 노력했습니다. 심지어 추천한 사람과 정치적으로 주종 관계가 형성되기도 했습니다. 감정적으로는 부자 관계가 형성된다고 해도 좋습니다. 이른바 '비혈연 관계의 가족 구성원'은 이런 형태를 의미했습니다. 한 사람의 관직이 크면 클수록 추천권은 그에 따라 커졌습니다. 당연히 관리로 재임한 시간이 길면 추천권을 사용할 기회 역시 더 많았습니다. 이뿐만이 아니었습니다. 만약 대대로 관리를 하게 되면 이른바 '문생고리'(門生故吏, 문하에 있던 제자와 관직에 있을 때 부하로 있던 사람들—옮긴이)가 천하에 퍼지는' 현상이 한 가문에 나타날 수 있었습니다. 더구나 이들 '문생고리' 역시 다른 사람을 추천하는 권한을 가지고 있었습니다. 그러나 그들이 이미 어떤 가문의 '문생고리'라면 그들은 추천권을 사용할 때 해당 가문의 눈치를 볼 수밖에 없었습니다. 실제로 이들은 약간의 자리를 자신을 추천한 가문에 내줌으로써 은혜에 보답하기도 했습니다. 그 때문에 한 가문의 '문생고리'가 많으면 그들이 행사하는 추천권은 많아졌습니다. 따라서 시간이 지날수록 관리를 하거나 추천하는 권한을 독점하는 것은 결코 이상한 현상이 아니었습니다.

추천권을 가진 사람이 서로 추천을 할 수 있었던 것도 이유로 거론하지 않으면 안 되겠습니다. 서로 추천이 가능하니 폐쇄된 집단인 사족들끼리 선물을 주고받는 것처럼 추천권을 행사해도 문제가 없었던 것입니다. 결국 추천권과 관리를 하는 권한이 모두 크고 작은 사족에게 분할될 수밖에 없었습니다.

그러면 사족은 어떻게 여론을 장악할 수 있었을까요? 당연하지 않을까 싶습니다. 글을 읽었던 사람이었으므로 당연히 교육 수준이 높을 수밖에 없었으니까요. 더군다나 이들은 사상계·문화계·학술계의 지도 세력으로서 일단의 문화인들을 끌어모으는 것이 별로 어렵지 않았습니다. 그들이 바로 명사와 태학생太學生이었습니다. 태학생은 태학(太學, 국립대학—옮긴이) 내의 생원으로 요즘 말로 하면 바로 '예비 간부'였습니다. 또 명사는 바로 사회의 저명인사였습니다. 물론 명사는 반드시 사족 출신은 아니었습니다. 일부 명사는 다른 신분을 겸하는 경우도 없지 않았습니다. 예컨대 두무竇武는 외척 겸 명사였습니다. 유표의 경우 종실의 일원이자 명사였습니다. 그러나 어떤 신분이든 모두 사족과 관계가 밀접했습니다. 다시 말해 대체적으로 명사는 사족을 의지했습니다. 또 사족은 명사의 도움을 받았습니다. 태학생은 그들의 지지자일 수밖에 없었습니다. 앞의 강의에서 우리는 이른바 명사가 현대의 '오피니언 리더'라 할 수 있으며, 이들이 발표하는 시국에 관한 의견을 '청의'라고 말한 바 있습니다. 그런데 이 '청의'의 영향력은 대단히 컸습니다. 파괴력 또한 아주 강했습니다. 한 사람이 만약 청의에 의해 뜨게 되면 몸값이 거의 백 배 이상 나가기도 했습니다. 반대로 청의에 의해 비판을 당하면 그야말로 피냄새가 코를 찌르는 일이 생겨났습니다. 청의의 힘은 이처럼 컸습니다. 청의를 발표하는 명사는 누구였습니까? 사족 편에 서 있었습니다. 게다가 태학생들이 호응을 했습니다. 사족이 여론을 장악하는 것은 자연적인 수순이었습니다.

   사족이 관권을 장악하면서 국가 전체의 벼슬길을 틀어쥐었습니다. 언로도 장악해 여론을 마음대로 주물렀습니다. 절대적으로 유리한 이 두 가지 조건은 그들을 자연스럽게 호족으로 변화시킬 수 있었습니다. 이것은 이상한 일이 아니었습니다. 동한은 원래 호족(남양의 호족이라는 것이 중요합니다)이 건립한 정권이었으니까요. 이를테면 외척·환관·대상인 같은 호족들이 이 왕조를 이끌었습니다. 그들은 당연히 하나같이 대지주이기도 했습니다. 사인은 원래 중소 지주 출신으로 호족은 아니었습니다. 그러나 사인이 사족으로 변한 다음 상황은 달라졌습니다. 우연히 관리를 하다가 대대로 관리를 하는 세력으로 변했으니까 말입니다. 관리는 지위가 높아지면 바로 유명해졌습니다. 권력이 크면 유리해졌습니다. 유명한 데다 유리했으므로 그들의 가문은 자신들이 점유하고 있던 정치적 자원과 정치적 장점을 이용해 계속 강대해졌습니다. 중소 지주에서 바로 대지주로 변한 다음 급기야 천하를 응시하면서 어느 한 쪽을 제패하는 호족이 됐습니다. 이런 대성 호족은 일반적으로 '세가대족世家大族'이라고 불렸습니다. 또 '의관망족衣冠望族'과 '명문망족名門望族', 약칭으로는 세족世族, 사족士族, 망족望族, 세족勢族 등으로도 불렸습니다. '세가世家'는 바로 대대로 관리를 하는 집안이었습니다. 의관衣冠은 시서전(詩書傳, 경학의 통칭—옮긴이)을 읽는 사람들이었습니다. 자연히 명성과 인망이 생길 수밖에 없었습니다. '망족'과 '명문'으로 불리는 것이 당연했습니다. 대대로 관리를 하게 될 경우 권세는 당연히 따라왔습니다. '세족勢族'이라는 말은 바로 그래서 나왔습니다. 이에 반해 권세도 없고 명성과 인망이 없는 서민의 집안은 '한문寒門'이라고 불렸습니다. '서족庶族'이나 '한족寒族' 역시 비슷한 의미가 되겠습니다.

말할 것도 없이 사족은 하나의 매우 특수한 계층이었습니다. 그들은 귀족(황제의 친척)이 아니었습니다. 서족(보통 평민)도 아니었습니다. 평민 계급에 속했으나 평민보다 고귀했습니다. 관직을 세습할 수는 없었지만 벼슬길을 독점할 수는 있었습니다. 굳이 특징적으로 말한다면 '반세습의 준귀족'이었습니다. 지위의 경우 귀족에 접근하는 '고급 평민'이었습니다. 명사들과는 밀접한 관계를 유지했습니다. 그러나 이런 끈끈한 연계에도 불구하고 구별은 있었습니다. 사족은 그룹이고, 명사는 개인이라는 것이 가장 큰 차이였습니다. 또 사족은 반드시 관리를 했으나 명사는 꼭 그렇지는 않았습니다. 그러나 여러 가지 상황을 종합하면 명사와 사족은 계급적 입장을 비롯해 도덕 관념, 정치적 이상이 일치했습니다. 사족이 종종 명사를 후원하는 스폰서가 되고 명사가 사족의 대변인을 자처한 것은 다 이런 현실과 관계가 있었습니다.

사족의 정치적 이상은 무엇이었을까요? 당연히 자신들의 계급이 장악하는 정권을 세우는 것이었습니다. 그런 다음 이 정권에서 최소한 어느 정도의 지위를 차지하는 것이었습니다. 이들의 이상은 바로 조조를 비롯해 손권·유비·제갈량의 입장과 모순에 처할 수밖에 없었습니다. 충돌을 피하기 어렵게 된 것이죠. 당연했습니다. 우선 삼국의 군주는 모두 사족 출신이 아니었습니다. 사족을 통치 계급으로 용인할 생각은 더군다나 없었습니다.

### 삼국 정권과 사족계급의 투쟁 : 조위 정권

그러나 위·촉·오의 상황은 각각 다 달랐습니다. 나눠서 설명할 필요가 있겠습니다. 사족계급이 어떻게 그들과 투쟁을 진행했는지를 말입니다. 나아가 위·촉·오 삼국이 마지막에는 어떻게 모두 진나라에 귀속됐는지도 설명해보겠습니다.

먼저 조위의 상황에 대해 말해보겠습니다.

조위의 건국은 쉽지 않았습니다. 저는 이를 '비평화적 변화'라고 부르도록 하겠습니다. 왜 이렇게 말하느냐고요? 조조의 천하가 사실은 무력으로 쟁취한 것이기 때문입니다. 절대로 '평화적 변화'에서 비롯된 것이 아닙니다. 그러나 이 정권의 합법성은 엉뚱하게도 '선양禪讓'에 기인합니다. 한 헌제가 행한 일련의 책봉이 조위 정권에 정통성을 부여했다는 얘기입니다. 이를테면 조조의 이름 앞에 덧붙여진 구석·위공·위왕 등의 칭호는 하나같이 '평화적 변화'를 상징한다고 하겠습니다. 그렇지만 어디까지나 상징일 뿐이고, 다 알다시피 실제 내용은 달랐습니다. 그 실제 정권 쟁취 과정을 뭐라 이름 붙여야 할지 몰라 그저 '비평화적 변화'나 '비궁정 쿠데타'라고 부르도록 하겠습니다.

그렇다면 조조 진영은 원래 이 과정을 주도면밀하게 계획한 것일까요? 제가 보기에는 그렇지 않았습니다. 조조가 걸어온 길은 그가 한 발 한 발 천천히 내딛는 과정에서 그때그때 생각해낸 것이었습니다. 그의 야심이 조금씩 커진 것이라는 얘기가 되겠죠. 조조로서는 적어도 동탁을 타도하기 위한 관동關東 연합군이 결성됐을 때까지는 무슨 정권을 수립하겠다는 생각이 전혀 없었습니다. 이에 대해서는 저 역시 자신 있게 말할 수 있습니다. 『삼국지』「무제기」의 기록을 한번 보도록 합시다.

초평初平 원년 춘 정월 후장군 원술, 기주목 한복韓馥, 예주자사 공주孔伷, 연주자사 유대劉岱, 하내태수河內太守 왕광王匡, 발해태수 원소, 진류태수 장막張邈, 동군태수東郡太守 교모橋瑁, 산양태수山陽太守 원유袁遺, 제북상濟北相 포신鮑信 등이 동시에 군사를 일으켰다. 병력이 각각 수만 명이었다. 이들은 원소를 맹주로 추대했다. 태조(조조)는 분무장군奮武將軍으로 임명됐다.

이 기록은 매우 분명한 사실을 하나 말해줍니다. 관동 연합군이라는 이 '재벌 회사'에 조조의 '지분 주식'이 없었다는 사실이 바로 그것입니다. 그는 '회장'이 아니었습니다. 그렇다고 '주주'도 아니었습니다. 그저 '직원'이었습니다. 어디 무슨 다른 생각을 할 수 있었겠습니까?

조조가 자신의 정권을 세울 생각을 한 것은 대략 언제부터였을까요? 저는 아마도 관도대전 이후와 적벽대전 이전, 그 사이가 아닐까 생각합니다.

만약 정권이라는 것을 집에 비유할 경우 새로운 정권을 수립하는 것은

'집을 짓는 것'이라고 할 수 있습니다. 그러나 당시 중원에는 사람이 없었습니다. '새 집을 지을 능력'이 있는 '건설 회사'나 '건축사'로는 오로지 조조 일가만 남았던 것입니다. 그 때문에 조조가 천자를 허현에서 맞이한 것은 새 정권 창출을 위해 토지를 얻은 것과 같다고 하겠습니다. 원소를 이긴 것은 그러면 뭘까요? 새로운 집을 지을 시공 능력을 인정받은 것과 다를 바 없었습니다. 사실 조조는 그때까지 은인자중하고 있었습니다. 그러나 자연스럽게 '토지'와 '시공 능력의 공인'이라는 두 가지 조건이 굴러 들어왔습니다. 한번 나서지 않는다면 그것도 이상한 것이겠죠! 건안 13년 (서기 208년) 6월 조조는 드디어 이미 오래전에 폐지한 승상 제도를 회복시켰습니다. 이어 스스로 승상이 됐습니다. 그가 정권 창출에 나선다는 사실을 널리 알리는 신호탄이었습니다.

그렇다면 조조의 '새 집'은 설계도가 있었습니까? 없었습니다. 조조의 특징은 이상은 있었으나 청사진은 없었다는 것입니다. 그의 이상은 다름 아닌 '비사족정권'을 수립하는 것이었습니다. 조조의 정권은 천인커陳寅恪 선생의 「최호崔浩와 구겸지寇謙之」라는 글을 따르자면 '법가法家 한족寒族의 조위 정권'이라고 부를 수 있습니다. 조조의 말과 행동을 비롯한 모든 것을 보면 잘 알 수 있습니다. 무엇보다 그는 천명을 믿지 않았습니다. 법치를 중시해 엄격히 실시했습니다. 요즘 말로 하면 M&A인 겸병도 억제했습니다. 용인술은 아예 파격적이었습니다. 근검절약을 제창했을 뿐 아니라 실제와 부합하지 않는 허명은 동경하지 않았습니다. 어느 것 하나 사족에 반하지 않은 것이 있었습니까? 더구나 그는 능력만 있으면 등용한다는 원칙을 확고하게 세워놓고 있었습니다. 사족의 조상 무덤을 파는 것이라 해도 과언이 아니었습니다! 만약 실제로 이런 개혁 조치에 따라 인재 등용 제도를 개비한다면 사족이 어떻게 관리가 되는 권리를 독점할 수 있었겠습니까? 조조 부자는 심지어 자신들이 좋아하는 문학에서조차 사족과는 다른 길을 갔습니다. 사족은 수신치국을 위한 '경서의 뜻'을 중시했으나 조조 부자는 현란한 수식과 기교가 특징인 이른바 '문사文辭'에 천착했던 것입니다.

조조는 당연히 사족에게 배척당할 수밖에 없었습니다. 명사들로부터의 풍자도 당할 만큼 당했습니다. 조조가 이에 대응할 생각을 하지 않은 것은 아닙니다. 그러나 조조는 자신이 사족에게 죄를 짓고 있다는 사실을 너무나 잘 알았습니다. 명사들 대부분이 사족과 의기투합해 대응할 것이라는 사실도 알고 있었습니다. 그래서 그의 대응 방법은 선택적으로 사람을 죽이는 것이었습니다. 그는 일찍이 양표를 죽이려고 했습니다. 그러나 죽이지 못했습니다. 대신 공융은 죽였습니다. 양가(양표)는 원가(원소)와 마찬가지로 사족 중에서는 최정상급 망족이었습니다. 아니 어떻게 보면 원소보다 더 대단했습니다. 사세삼공의 명예가 지금도 빛나고 있습니다. 공융 역시 대단했습니다. 두말할 것 없는 정상급 명사로 공자의 20대손이었습니다. 조조는 이런 양표를 죽이려고 생각했고 공융은 과감하게 죽였습니다. 이는 조조가 사족과 명사에 대해 대단히 신경을 썼다는 사실을 의미합니다(그렇지 않으면 죽일 필요가 없었으니까요). 그러나 사족과 명사들에게는 대단히 불행하게도 한편 조조는 그들을 대수롭게 여기지 않았습니다(그렇지 않으면 감히 죽이지 못했겠지요). 한마디로 사족의 배척이나 명사의 반대가 조조에게 최대의 어려움은 아니었던 것입니다.

조조가 직면한 어려움은 바로 자신의 자본이었습니다. 조조의 자본은 무엇이었습니까? '천자를 모시고 불복종하는 신하를 호령하는 것'이었습니다. 그는 이 자본에 의지해 비로소 토지를 얻었습니다. 그러나 이렇게 함으로써 명분을 얻었지만 그만큼 부담도 안게 됐습니다. 그 딜레마는 자신이 집을 지을 땅에 있던 기존의 집을 철거해서는 안 된다는 것이었습니다. 그로서는 별도로 새로운 집을 건축해야만 했습니다. 게다가 이전의 집도 잘 유지하고 보호하는 것처럼 가장해야 했습니다. 성의와 책임을 다하는 노련한 집사 같아야 했습니다. 집을 철거해 다른 곳으로 이주시켜버리는 건설 회사가 되면 안 됐습니다. 분명히 조조의 집은 짓기가 쉽지 않았습니다.

다행인지 불행인지 조조는 원대한 이상은 있었으나 청사진은 없는 사람이었습니다. 그는 이상을 펼쳐나가면서도 다른 한편으로는 엉뚱한 모색을 했습니다. 조조는 드디어 자신만의 방법을 찾아냈습니다. 조조의 방법은 '내부 인테리어'를 뜯어 고치는 것이었습니다. 내부 장식을 하는 방법으로 조금씩 집을 개조하면서 마지막에는 다른 사람의 집을 자신의 뜻과 취향에 맞게 고쳐서 자기가 취하는 것이었습니다. 이 방법은 정말 좋았습니다. 하지만 전제 조건이 있었습니다. 기존의 '오래된 집'을 철거해서는 안 됐습니다. 설사 안이 낡아빠졌더라도 틀은 남겨둬야 했습니다. 동한 왕조의 이 '오래된 집'의 틀은 어떤 모양이었습니까? 세 개의 기둥과 하나의 지붕이었습니다. 기둥은 외척·환관·사족이었습니다. 지붕은 한 나라 천자였습니다. 지붕은 조조가 허현에서 황제를 맞이함으로써 분명히 존재했습니다. 그러나 세 개의 기둥 중 두 개는 이미 쓰러져 있었습니다. 외척과 환관들은 동탁이 장안으로 들이닥치기도 전에 서로 죽고 죽인 끝에 모두 완전히 허물어지고 말았던 것입니다. 이후 그들은 다시는 일어서지 못했습니다.

그런데 만약 나머지 하나(사족)도 쓰러진다면 집은 무너질 수밖에 없었습니다. 이것은 조조의 난제이자 사족의 난제였습니다. 조조로서는 집을 헐 수는 없었으니까요. 일단 사족이라는 기둥은 무너뜨릴 수 없었습니다. 그는 내부 인테리어 공사를 다시 해야 했습니다. 명확하게 말해 대들보를 훔쳐낸 다음 기둥을 바꿔 넣어야 했습니다. 궁극적으로는 이 기둥을 어느 정도 움직이지 않을 수는 없었습니다. 사족 역시 비슷한 상황이었습니다.

그들의 역할은 지붕을 지탱하는 것이었습니다. 지붕이 가는 곳으로 따라가야 한다는 말이 되겠습니다. 그러나 당시 지붕은 조조 쪽으로 옮겨가 있었습니다. 이 상황에서 기둥이 따라 나서야 합니까, 말아야 합니까? 만약 따라 나선다면 조조의 기둥이 되는 것이었습니다. 만약 가지 않으면 지붕이 없는 것과 마찬가지였습니다. 지붕이 없다면 기둥으로서 할 일이 뭐가 있겠습니까? 결국 지붕을 따라갈 수밖에 없었던 것입니다. 그럼에도 조조의 기둥이 될 수는 없지 않겠습니까? 이 문제는 정말 사람을 어렵게 했습니다.

조금 더 구체적으로 살펴봅시다. 그렇게 되면 이 문제를 이해하는 것은 크게 어렵지 않습니다. 우선 조조가 실시한 통치 노선이 왜 '법가 한족(서족)의 노선'이었을까 생각해볼 필요가 있습니다. 또 그의 진영에 왜 유독 사족 출신이나 사족을 따르는 명사들이 다른 출신의 사람들보다 많았을까요? 왜 그랬을까요? 이유는 어렵지 않게 알 수 있습니다. 조조는 이들이 없으면 '인테리어'마저도 할 수 없다는 사실을 너무나 잘 알고 있었습니다. 이 점에 대해서는 사족과 명사들 역시 대단히 분명했습니다. 그들에게는 허도로 간다고 해도 조조에 의탁하는 것은 아니라는 생각이 있었던 것입니다. 또 설령 조조에게 의탁한다고 하더라도 완전히 그에게 충성하는 것은 아니라는 생각 역시 있었습니다. 설사 충성한다 해도 조조를 따라 최후의 나쁜 곳까지 가지는 않는다고 말할 수도 있었습니다. 조조와 사족, 명사들은 하나같이 모두 같은 계산을 하고 있었던 것입니다. 상대방을 이용해 자기 목적을 실현하는 것 말입니다.

이렇게 해서 조조와 사족, 명사들은 서로 이용하면서도 서로 경계하는 묘한 관계에 처하게 됐습니다. 조조의 주변에 명사들이 다른 유형의 사람들보다 많았다는 사실이 별로 이상하지 않았던 것입니다. 살해당한 사람이 많았던 것도 그렇습니다. 그로서는 조심스럽게 예방하지 않을 수 없었으니까요. 심지어 조조는 신경과민 상태에 빠져 의심을 남발하기도 했습니다. 이 결과 많은 무고한 사람이 그의 손에 죽었습니다. 순욱이 그랬고 최염과 양수 등이 그랬습니다. 이 몇 가지 사건은 일반인들이 얼핏 보면 아주 이해하기 어려울 수도 있습니다. 조조가 할 일이 없어 남의 꼬투리를 잡아 사단을 만들었다고 생각할 수 있는 것입니다. 그러나 그들이 모두 명사였다는 사실을 감안한다면 바로 이 사건들의 오묘함은 그리 어렵지 않게 이해할 수 있을 것 같습니다.

조조가 사람을 마구잡이로 죽인 것은 반드시 비판을 받아야 합니다. 그러나 조조의 의심이 전혀 까닭이 없는 것은 아니었습니다. 당시 그의 진영에 제각기 다른 생각을 품고 있는 각종 부류의 명사들이 대단히 많았으니까요. 이중 적어도 세 종류의 사람은 언급할 만한 가치가 있을 것 같습니다. 첫째, 가장 먼저 거론해야 할 부류는 큰 지붕은 인정하면서도 인테리어 기술자를 인정하지 않은 이들이었습니다. 더구나 그들은 기술자로 하여금 인테리어 공사도 못하게 했습니다. 공융이 그랬습니다. 둘째는 지붕과 인테리어 기술자를 모두 인정하는 부류였습니다. 게다가 일정한 도움도 줬습니다. 그러나 그들의 마지막 생각은 달랐습니다. 인테리어 공사를 제대로 해서 좀 더 멋진 집으로 단장한 다음 다시 집주인에게 돌려주는 것이 원칙이라고 생각한 것입니다. 순욱이 그랬습니다. 마지막으로 셋째는 당신이나 나나 모두 인테리어 공사를 할 수 있지 않느냐는 부류였습니다. 표면적으로는 당신이 인테리어 공사를 하는 것처럼 보이지만 실제로는 내가 하는 것이라는 생각을 가진 사람들이었습니다. 일이 거의 다 돼갈 무렵 다시 집은 내가 말한 바대로 지어야 한다고 말한 부류였습니다. 진군陳群이 그랬습니다. 건안 25년(서기 220년) 정월 조조가 낙양에서 사망했습니다. 조비가 바로 자리를 이어 위왕이 됐습니다. 이후 얼마 지나지 않아 진군은 자신이 제정한 '구품관인법(九品官人法, 구품중정제)'을 제안하게 됩니다. 이 '구품관인법'은 까놓고 말해 사족으로 하여금 관권을 독점하게 하는 것이었습니다. 좀 더 구체적으로 살펴보면 사족 내부의 명성과 인망의 높고 낮음, 문벌의 상하 및 세력의 크고 작음에 따라 관위官位와 관직을 분배하자는 주장이었습니다. 그런데 조비가 진군의 건의를 받아들였습니다. 이어 바로 실시할 것을 강력히 명령했습니다. 이에 따라 얼마 후 조비는 중원 사족의 추대에 힘입어 황제가 될 수 있었습니다. 제국이라는 집(이때는 그저 절반에 불과했음)이 비로소 유씨로부터 조씨에게 정식으로 '소유권 명의 이전'이 된 것입니다.

이것은 조비의 승리이자 조비의 실패였습니다. 조비의 코미디였습니다. 나아가 조조의 비극이었습니다. 조조는 비사족 정권을 세우기 위해 엄청나게 고생했습니다. 욕도 엄청나게 먹었습니다. 주변의 사람들 역시 엄청나게 죽였습니다. 심지어 마지막 수세에 몰렸을 때는 '내부 인테리어' 공사를 하는 방법으로 '집을 개조'하기도 했습니다. 그러나 그가 집을 거의 다 개조한 다음 후계자가 '재산권'을 처리하게 됐을 때 상황은 일변했습니다. 그가 옮겨놓으려던 '기둥'은 튼튼한 '지반'으로 바뀌어버렸습니다. 심지어 집의 기본적인 구조까지 바뀌었습니다. 여러분, 만약 조조가 지하에서 이 사실을 알았다면 웃어야 했을까요? 울어야 했을까요?

조비가 진군의 건의를 받아들인 것은 물론 이유가 있었습니다. 그가 사족이 원하는 것이 무엇인지를 정확히 이해하고 납득했기 때문입니다. 판원란 선생은 이에 대해 명확하게 설명해줍니다.

"사족은 조조가 한나라 대신 황제가 되는 것을 방해했다. 그러나 그것은 그들이 한나라를 옹호하기 위한 것이 아니라 조조에게 관리가 되는 특권을 돌려달라고 하기 위해서였다."

그러나 조위는 어쨌거나 '비사족'의 '법가 한족 정권'이었습니다. 그런데 구품관인법을 도입함으로써 정권의 실질적 주체가 사족지주계급으로 변할 수밖에 없었습니다. 무슨 존재 가치와 의미가 있겠습니까? 따라서 조비의 위나라는 이미 조조의 위나라가 아니었다고 할 수 있습니다. 조비가 한나라를 대신해 황제를 칭한 날은 바로 조위의 멸망을 앞둔 카운트다운이 시작된 날이었던 것입니다. 사마司馬 가문을 축으로 하는 사족이 비사족의 조위를 뒤엎은 것은 이 때문에 사족 정권이 다시 등장한 것에 불과하다고 할 수밖에 없습니다. 이것이 바로 조위 정권이 걸어온 역정입니다. 끝내 멸망의 길을 걷게 된 근본 원인은 바로 여기에 있습니다.

### 삼국 정권과 사족계급의 투쟁 : 동오·촉한 정권

그러면 손오와 촉한은 또 어땠을까요?

손오와 촉한은 사실 기본적으로 건국의 자격조차 없었다고 하겠습니다. 우선 손권의 부친과 형은 무력에 의지해 근거지를 강탈했습니다. 더구나 처음에는 대제국이라는 단지 안의 아파트 한 채에 불과했습니다. 손권 자신은 재산권조차 없었습니다. 유비는 이보다 더 불쌍했습니다. 집을 구태여 말할 필요도 없었습니다. 기거할 방조차도 없어 다른 사람에게 빌붙어 살아야 했습니다. 손권과 유비가 자신의 집을 지을 수 있었던 것은 사실 조조에게 감사해야 할 일입니다. 조조가 먼저 공사를 시작했으니까요. 이뿐만이 아닙니다. 손권과 유비는 또한 긍정적이고도 부정적인 두 방면의 경험을 제공해준 것에 대해서도 조조에게 감사해야 합니다. 조조가 제공한 긍정적인 경험은 다른 것이 아니었습니다. "사족은 결코 두려운 존재가 아니다, 비사족도 천하를 탈취할 수 있다"는 것이었습니다. 반면에 그가 제공한 부정적인 경험은 사족의 세력이 너무 커 이용할 수는 있어도 대항할 수 없다는 사실이었습니다.

바로 이 때문에 손권과 유비는 조조와 다소 다른 건국 노선과 전략적 방침을 채택했습니다. 굳이 비교해 말하자면 조조는 확실하게 거슬러 올라갔으나 손권과 유비의 경우는 한 명은 추세에 따라, 다른 한 명은 길을 돌아가는 방법을 선택했다고 하겠습니다. 추세를 따른 것은 손권이었습니다. 그것이 바로 '강동화', 즉 '본토화'였습니다. 이미 앞에서 말했듯 동오 정권의 주체는 원래 주유를 중심으로 하는 '회사의 장군들'과 장소를 축으로 하는 '북방의 유랑 인사들'이었습니다. 이들은 모두 외부에서 온 정치 세력이었습니다. 자연적으로 동지가 많지 않았습니다. 파워 역시 크지 않았습니다. 토대가 튼튼하지 않아 그대로 쓸 수도 없었습니다. 바로 그런 탓에 손권은 자신을 포함한 외부 세력에만 의존해서 건국을 할 수 없었습니다. 만약 그랬다가는 동오는 아마도 영원히 흔들리는 정권이 됐을 것입니다. 손권으로서는 '강동화'에 나설 수밖에 없었습니다. 또 반드시 '강동화'를 해야만 했습니다. 그가 결연히 일부 정치 권력과 군사 권력을 각각 고옹과 육손에게 준 것도 바로 그래서였습니다. 손권 진영에서 관리를 한 오군의 '4대 가문' 자제들도 손권에게서 천명을 헤아릴 것을 선택한 것입니다. 이렇게 해서 강동 사족은 손오 정권과 한데 묶이게 됐습니다. 하나의 이익 공동체를 형성했습니다. 손오 정권의 이익이 바로 강동 사족의 이익이 된 것입니다. 강동 사족으로서는 결과적으로 자신들의 정치적 지위와 정치적 이익을 보호하기 위해서라도 손오 정권을 수호하지 않으면 안 됐습니다. 이것은 사실 정치적으로는 문제가 있었습니다. 손오가 삼국 중에서 정치를 제일 못했다는 평가를 듣는 것도 바로 이 현실과 무관하지 않습니다. 그러나 정권의 차원에서는 달랐습니다. 오랫동안 버틸 수 있는 원인이 되기도 했으니까요.

이처럼 일체의 책략은 모두 양날의 칼인 경우가 대부분입니다. '강동화' 역시 그랬습니다. 비록 처음에는 손오 정권의 기초를 단단히 다졌으나 나중에는 손오 정권의 성질을 확 바꿔버리게 된 것입니다. 앞의 것은 손권의 희망이었습니다. 반면 뒤의 것은 손권이 두려워한 것이었습니다. 결국 이런 현실은 손권을 변하게 만들었습니다. 마음의 분열, 변태적 심리, 외고집, 비뚤어진 성격, 강동 사족에 대한 극도의 의심 등은 이로 인해 더욱 심해졌습니다. 앞의 강의에서 말한 몇 개의 사건 역시 아마도 그래서 발생한 것이 아닌가 싶습니다. 이뿐만이 아니었습니다. 손권이 임종 시에 지정한 고명대신은 대장군 제갈각과 회계태수 등윤이었습니다. 모두 '북방의 유랑 인사들'의 후예였습니다. 한마디로 손권은 죽을 때까지도 진정으로 강동 사족을 믿지 않았습니다. 손권이 폭압적이고 독선적이었다거나 형벌이 혹독했던 것은 다 까닭이 있었던 것입니다. 오나라의 언로가 막히고 서로 불화, 반목한 것도 마찬가지 아닐까 싶습니다. 한마디로 오나라는 내부가 가장 불안정한 국가였다고 할 수 있습니다. 더구나 강동 사족은 북방의 사족과 겨룰 만한 수준에 있지 않았습니다. 결국 손오는 진나라에 귀속되고 말았습니다. 만약 조위를 '비평화적 변화'에 의한 정권이라고 말한다면 손오는 '본토화 생존'에 노력한 정권이라 할 수 있습니다.

그러면 촉한 정권의 성격은 어떻게 규정해야 할까요? 바로 '계획 외의 프로젝트'가 되겠습니다. 이치대로 따진다면 유비는 손권처럼 건국할 자격이 없었습니다. 비록 황족·종실·좌장군·예주목 등의 직함은 있었으나 그것들은 하나같이 '공수표'였습니다. 쓸모가 없었습니다. 그에게는 자신을 따르는 작은 그룹이 있긴 했습니다. 그러나 "무장은 강했으나 책사는 약했다"라는 말에서 보듯 싹수가 노랬습니다. 군웅할거시대에 아무도 유비를 눈여겨보지 않은 것은 괜한 일이 아니었습니다. 하기야 노숙의 '동오판 융중대책' 역시 손권이 조조, 유표 등과 함께 천하를 삼분할 것이라고 예측했으니까요. 촉한은 계획에 없이 갑자기 나타난 정권이 확실합니다.

그럼에도 유비가 뜻밖의 성공을 거둔 데에는 두 가지 이유가 있습니다. 첫째, 그 자신의 노력을 들 수 있습니다. 둘째로는 그가 운이 좋았다고 하겠습니다. 운이 좋은 것도 두 가지 측면에서 볼 수 있습니다. 하나는 그가 제갈량과 방통, 법정 등의 보좌를 받을 수 있게 됐다는 사실입니다. '무장은 강했으나 책사는 약한' 세력에서 졸지에 무장과 책사 모두가 강한 세력이 된 것입니다. 또 다른 하나는 유비의 집안 사람인 유표와 유장이 그들의 무능함 때문에 결과적으로 유비에게 근거지를 뺏긴 것도 거론할 수 있을 것 같습니다.

그럼에도 불구하고 유비가 제갈량을 비롯해 방통, 법정의 보좌를 받을 수 있었던 것은 그 자신의 노력과 밀접한 관련이 있습니다. 그로서는 현인을 목마르게 갈구했으니까요. 그러나 그가 아무리 현인을 목마르게 갈구했다 해도 제갈량 등이 그를 좋게 생각하지 않았다면 만사는 수포로 돌아갔을 것입니다. 확실히 그가 운이 있었다는 얘기가 되겠습니다. 유표와 유장의 나약함 역시 완전히 유비의 운이었습니다.

촉한 정권은 이렇게 건립됐으나 유비는 여전했습니다. 정권의 성격에 대해 별로 계획을 가지지 않았다는 얘기입니다. "그는 물결치는 대로 표류하는, 명확한 전략적 사고를 지니지 않은 사람이었다"고 한 톈위칭 선생의 말은 다 까닭이 있습니다. 그러나 다행히도 유비는 똑똑했습니다. 그는 계속 조조를 지켜봤습니다. 그런 다음 모든 것을 반대로 했습니다(유비는 일찍이 방통에게 "매번 조조와 반대로 하면 일을 이룰 수 있다"고 말했습니다). 사족의 처리 문제도 그랬습니다. 조조가 적극적으로 거슬러 올라갔다면 유비는 은근하게 길을 돌아갔다고 하겠습니다. 사족과 정면충돌하는 것을 가능한 피했다는 얘기가 되겠습니다. 『삼국지』 「선주전」을 보면 잘 알 수 있습니다. 유비가 촉으로 들어간 다음 단행한 인사를 높이 평가하는 다음과 같은 기록이 있습니다.

"동화董和·황권·이엄은 유장의 옛 부하였다. 오일과 비관費觀은 유장의 인척이었다. 이외에 팽양은 일찍이 유장으로부터 따돌림을 당했다. 유파는 유비 자신이 싫어했다. 그러나 모두 눈에 띌 만한 자리에 안배해 그들로 하여금 충분히 재능을 발휘하게 했다. 결과적으로 뜻이 있는 사람 중에 경쟁적으로 공을 세우지 않은 이가 없었다."

제갈량이 나라를 다스리는 방법에도 점수를 후하게 줘야겠습니다. 법에 의거해 나라를 다스렸을 뿐 아니라 법에 따라 사람을 썼습니다. 결과적으로 촉한 정부에는 탐관오리가 없었습니다. 모든 사람이 열심히 노력하고 자신을 잊고 일했습니다. 제갈량은 나아가 토착 인재를 선발, 기용하는 문제에도 대단한 신경을 썼습니다. 결과적으로 익주 사람들이 너나 할 것 없이 탄복했습니다. 이에 대한 증거도 있습니다. 예컨대 제갈량에 대해 칭송을 아끼지 않은 장예張裔 같은 사람의 말이 되겠습니다. 『삼국지』「장예전」에 기록된 장예의 말입니다.

승상은 상을 줄 때 결코 소원하지 않다. 사람을 누락시키지 않는다. 벌을 집행할 때도 친근한 사람 편만 들지 않는다. 그 때문에 공로가 없으면 작위를 얻을 수 없다. 설사 권세가 있더라도 잘못한 일이 있으면 징벌을 면할 수 없다. 이것이 우리 촉나라가 모든 사람이 자신을 잊고 일하는 이유이다.

### 사족계급, 촉한을 멸망으로 이끌다

그런데 삼국 중에서 왜 촉한이 가장 먼저 망했을까요?

여기에는 세 가지 원인이 있습니다. 첫째로 제갈량의 정치 이념과 치국 이념이 법에 의거해 나라를 다스리는 것이기 때문이었습니다. 그렇습니다. 법에 의할 경우 '사람에 의하는 것'은 불가능했습니다. 한마디로 법치는 인치가 아니었습니다. 이것은 사족계급의 이상이나 이념과 완전히 상반되는 것이었습니다. 사족은 사람에 의한 통치, 이른바 인치를 원했으니까요. 이 경우 어찌 '사람에 의하는 것'에 그쳤겠습니까? 가문의 명성과 인망, 가문에 의한 것을 원하지 않았겠습니까? 이것은 완전히 '법도 하늘도 업신여기는 것'이었습니다. 촉한이 표면상으로 길을 돌아간 것처럼 보여도 실제로는 거슬러 올라간 것으로 봐야 하는 이유는 그래서입니다. 그러나 조위가 너무 강대했으므로 제갈량의 노력은 물거품이 되지 않을 수 없었습니다. 나약한 촉한의 힘으로 어떻게 조위에 대항할 수 있었을까요?

둘째, 촉한이 '비사족 정권'인 데다 '외래 정권'이었다는 사실 역시 무시할 수 없습니다. 토착 사족(익주 사족)과 모순이 발생할 수밖에 없었다는 얘기가 되겠습니다. 물론 촉한이 동오처럼 그렇게 '본토화'를 했다면 상황은 아마도 달라졌을지 모릅니다. 그러나 유비와 제갈량은 하나같이 '형주 그룹이 제일이고 다음이 동주, 익주 그룹'이라는 원칙을 견지했습니다. 더구나 제갈량의 계승자 장완을 비롯해 비위, 강유 역시 하나같이 익주 사람이 아니었습니다. 이 정도에서 그치지 않았습니다. 촉한 정부는 틈만 나면 익주 호족과 사족들로부터 재물을 징발했습니다. 방대한 군비 지출에 충당하기 위해서였죠. '촉 본토 인사가 전권을 장악'하는 상황에도 너무 신경을 많이 썼습니다. 이들에 대처하기 위한 성격의 법률까지 제정했을 정도였으니까요. 익주 사족을 위무하기보다는 그들의 저항을 억누르는 데에만 신경을 썼다고 할 수 있겠습니다. 한마디로 익주 사족은 사실상 토착 세력이었음에도 불구하고 철저하게 배제됐습니다. 정치·경제·법률적으로 모두 그랬다고 해도 과언이 아닐 것 같습니다. 그렇다고 벼슬길에서 희망이 보였던 것도 아닙니다. 촉한 정부와는 '동반자'가 아니라 완전히 '대립각'을 세웠다는 표현이 적절하지 않을까 싶습니다. 익주 사족의 이런 상황은 당연히 촉한 정권의 전체 이익과 배치되는 것이었습니다. 심지어 모순에 따른 충돌 역시 종종 발생했습니다. 그래서 익주 사족이 점점 정권에 등을 돌리게 된 것은 당연할 수밖에 없었습니다. 우선 그들은 강동 사족처럼 그렇게 열심히 국가를 방어하기 위해 노력하지 않았습니다. 오히려 자신과는 관계가 없다면서 무관심했습니다. 수수방관하는 것에서도 모자라 차가운 조소와 신랄한 풍자만 보냈습니다. 어떤 때는 남의 재앙을 보고 기뻐했습니다. 밖에서 공격하고 안에서는 호응했습니다. 이 상황에서는 아무리 촉한 정권의 지도자도 방법이 없었습니다. 나라를 위해 힘을 다해도 마찬가지였습니다. 솔선수범은 아예 헛수고라 해도 좋았습니다. 익주 사족이 지향하는 것은 오로지 집단과 개인적 이익일 뿐이었습니다.

셋째, 제갈량이 자신의 정치 이상이 갖는 호소력을 너무 높게 평가했다는 사실 역시 간과해서는 곤란하겠습니다. 제갈량은 당시의 조위가 이미 과거의 조위가 아니라는 사실을 몰랐습니다. '한 황실의 부흥'은 이미 지나간 구호였던 것입니다. 사족지주계급의 입장에서는 '구품관인법'을 실시하는 조위가 동한보다 훨씬 좋을 수밖에 없었으니까요. 그들에게는 '한 황실의 부흥'을 원할 이유가 없었습니다. 한대의 제도를 견지하는 촉한은 완전히 매력을 잃게 된 것입니다. 익주 사족이 제갈량의 정치 이상과 건국 방략을 진정으로 지지하지 않은 것은 너무나 당연했습니다. 대신 그들이 원하는 것은 오직 한 가지였습니다. 조위가 들어와 자신들을 '해방'시키는 것이었습니다. 조위 아래에서 자신들의 이상을 실현하는 것이었습니다. 그것이 바로 '촉나라 사람들에 의한 촉의 통치'와 '구품관인제'였습니다.

지금 우리는 다시 하나의 작은 결론을 내릴 수 있습니다. 그것은 위·촉·오 등이 본질적으로 모두 '비사족 정권'이라는 것입니다. 그 때문에 그들과 사족계급은 모두 모순 관계에 처했습니다. 충돌하고 서로 투쟁할 수밖에 없었습니다. 투쟁의 결과는 당연히 서로 달랐습니다. 조위는 사족을 방치했습니다. 손오는 적당하게 타협했습니다. 촉한은 사족과의 충돌을 끝까지 견지했습니다. 촉한이 가장 먼저 멸망한 것은 그래서였습니다. 조위 역시 방치했기 때문에 멸망하지 않을 수 없었습니다. 그나마 손오는 조금 나았습니다. 타협한 탓에 목숨은 겨우 연명해 나갈 수 있었습니다. 그러나 멸망이라는 운명을 되돌릴 수는 없었습니다. 그다음 들어선 진나라가 철저한 사족지주계급 정권이었기 때문입니다.

 서기 263년에 위나라는 촉나라를 멸망시켰습니다. 이어 서기 265년에는 진나라가 위나라를 멸망시켰습니다. 진나라는 또 서기 280년에 오나라의 항복을 받아냈습니다. 중국 역사는 이때부터 대륙 전체가 사족지주계급의 시대로 진입했습니다. 삼국의 역사 또한 끝났습니다. 우리가 어떻게 이 시대의 역사를 볼 것인가에 대해서는 다른 자리에서 이야기해야 하겠습니다.

| 결문

# 장강은 여전히 동으로 흐른다

이로써 주요 내용에 대한 강의를 모두 마쳤다. 그러나 삼국과 관련한 이야기는 아직도 많이 남아 있다. 한평생 말해도 다 끝낼 수 없을 것이다. 삼국시대의 역사는 아무리 토론해도 끝이 보이지 않는 영원한 화제인 것이다. 누구나 삼국의 역사와 관련해 자신의 생각이나 관점을 말할 수 있다. 각자의 생각과 관점은 아마 서로 다른 역사관을 배경으로 형성됐을 것이다. 그렇다면 우리는 어떤 역사관을 가져야 하는가? 어떤 역사관을 바탕으로 삼국의 역사와 그 역사의 무대에 등장하는 인물을 평가해야 하는가?

이제까지 총 마흔 여덟 번의 강의를 통해 삼국시대의 역사를 대략적으로 살펴봤습니다. 제 강의는 전면적이지도 체계적이지도, 나아가 완벽하지도 못합니다. 물론 제가 전면적이고 체계적이며 완벽하게 강의할 수도 없고요. 이 책(그리고 이 책과 관련된 TV프로그램)은 『삼국사』가 아니고 『삼국지 강의』이기 때문입니다. 『삼국사』의 평가 기준으로 『삼국지 강의』를 평가해서는 당연히 안 됩니다. 물론 일단 '강의'라고 했으므로 일부 문제에 대해 짚고 넘어갈 필요는 있겠습니다.

예를 들어 삼국시대의 역사는 어떤 모습이었을까요? 또한 삼국의 역사와 그 역사의 무대에 등장하는 사람들을 어떻게 평가할 수 있을까요? 솔직히 이 문제들은 대답하기가 매우 어렵습니다. 과학적 역사관과 방법론을 바탕으로 하지 않고는 대답할 수 없는 문제들입니다.

위의 문제들에 대해 어떻게 대답할 수 있을까 생각하다 갑자기 칼 마르크스의 『루이 보나파르트의 브뤼메르 18일』이라는 책이 떠올라 그 책을 다시 읽었습니다. 그리고 그 책을 통해 느낀 것이 많았습니다. 어떤 감흥을 받았을까요? 나폴레옹의 조카 루이 보나파르트가 정변을 일으킨 다음 모든 사람들은 그저 "매우 놀라워했을 뿐"입니다. "무엇 때문에 그런 일이 일어날 수 있었는지 그 원인을 이해"한 사람은 거의 없었습니다. 어떤 사람은 그저 나폴레옹의 조카가 도덕에 위배되는 일을 했다고 "도덕적 분노"를 표시했습니다. 또 어떤 사람은 사건의 발생과 관련해 간단한 분석만 했을 뿐이었습니다. 그러나 마르크스는 달랐습니다. 다른 사람들과는 달리 다음과 같은 문제에 대한 대답을 제시했습니다. 이를테면 무엇 때문에 루이 보나파르트와 같이 "평범하고 별 볼일 없는 인물"이 "영웅적인 역할을 담당할 수 있었는가" 하는 것이었습니다. 과연 무엇 때문이었을까요? 마르크스는 프랑스의 계급 투쟁이 "일종의 조건과 정세를 마련해줬다"고 지적합니다. 특정한 '조건과 정세'가 있었으므로 루이 보나파르트와 같은 인물이 정치 무대에 등장해서 유럽 전역의 정계를 들썩이는 놀라운 일을 해낼 수 있었다는 것입니다. 다시 말해 어떤 역사적 인물이 영웅이 되기까지는 당시의 '조건과 정세'가 대단히 중요한 역할을 한다는 것입니다. 심지어 '조건과 정세'는 개인의 품격이나 자질보다 더 중요하게 여겨질 수도 있습니다. 그래서 어떤 인물을 분석할 때 '조건과 정세'를 먼저 분석하는 것이 '도덕적인 분노'를 표시하는 것보다 더 중요합니다.

마르크스의 이런 역사관과 방법론은 보편적으로 적용할 수 있습니다. 즉 루이 보나파르트의 정변에도 적용되고 삼국시대의 역사를 분석할 때도 적용이 가능합니다. 삼국시대는 영웅적 인물들이 속출한 시기였습니다. 삼국시대 영웅들 역시 특정한 '조건과 정세'에 의해 나타난 인물들이었습니다. 그렇다고 삼국시대의 영웅들이 모두 '평범하고 별 볼일 없는 인물'들이라는 것은 아닙니다. 따라서 우리는 '삼국의 범위를 벗어나 삼국시대의 역사를 조망해볼' 필요가 있겠습니다. 거시적 시각에서 당시 천하의 대세를 살펴볼 필요가 있다는 것입니다.

### 1. 사족이 귀족을 대체하다

삼국시대의 역사는 아주 특별합니다. 삼국시대는 심지어 시대 구분조차 하기 어렵습니다. 삼국시대는 앞의 절반이 동한東漢, 나머지 절반이 위진魏晉에 속하기 때문입니다. 한 건안 25년은 위 황초 원년이기도 했습니다. 삼국시대는 '한도 아니고 위도 아닌' 제3자가 두 왕조 사이에 끼어든 것이었습니다. 역사의 에피소드라고나 할까요.

사실 위진이나 그 뒤에 이어지는 남북조南北朝 모두 역사의 에피소드라고 할 수 있습니다. 다만 위진이나 남북조가 삼국시대보다 좀 더 긴 에피소드일 뿐입니다. 위진 남북조는 장장 369년 동안이나 존속했습니다. 짧지 않은 세월이었죠. 그러나 그 국가 형태나 정치적 상태는 전무후무한 것이라 해도 과언이 아닙니다.

위진 남북조의 앞뒤에는 각각 두 개씩 네 개의 통일 왕조가 버티고 있었습니다. 위진의 앞에 있던 왕조는 진秦과 한漢이었습니다. 남북조의 뒤에는 수隋와 당唐이 이어졌습니다. 그런데 이 통일 왕조들을 살펴보면 어떤 공통 관계를 찾을 수 있습니다. 연속된 두 왕조 중 앞의 왕조(진과 수)는 존속 기간이 짧았고, 뒤의 왕조(한과 당)는 존속 기간이 길었습니다. 이 중 생각해봐야 할 것은 진과 수의 경우 존속 기간이 짧았음에도 불구하고 통일된 왕조였다는 사실입니다. 반면 위진 남북조는 존속 기간이 길었으나 통일과 분열이 뒤섞인 역사였습니다. 게다가 통일 상태의 기간은 짧고 분열 상태의 기간은 길었습니다. 이것은 역사의 우연이 아니었습니다. 역사의 논리에 따라 해석해야 할 문제인 것입니다.

먼저 진秦에 대해 얘기해볼까요? 진의 존속 기간은 왜 짧았을까요? 이유가 있습니다. 진나라 때에 바로 통치 계급과 국가 형태가 교체됐기 때문입니다. 진 이전까지의 통치 계급은 바로 영주계급이었습니다. 진 이후는 누구였을까요? 지주계급이었습니다. 진 이전의 국가 형태는 어떤 것이었습니까? 방국(邦國, 제후국)이었습니다. 그런데 진 이후부터는 제국帝國으로 바뀌었습니다. 제후국과 제국은 어떻게 다를까요? 제후국은 봉건제封建制, 제국은 군현제郡縣制를 실시했습니다. 봉건이라는 것은 봉토건국封土建國의 준말입니다. 봉토건국이라는 것은 무엇일까요? '봉토'는 영토를 획정해 나눠주는 것이고 '건국'은 국군國君을 세우는 것을 의미합니다. 구체적으로는 하늘 아래의 모든 곳을 '천하'라 하고 천하를 다스리는 유일한 군주를 '천자天子'라 했습니다. 천자가 천하를 여러 개의 영지로 분할해 '제후諸侯'들에게 나눠준 것을 '국國'이라 했습니다. 제후는 다시 '국'을 여러 개의 영지로 나눠 '대부大夫'에게 줬습니다. 이를 '가家'라 했습니다. 대부와 제후 및 천자는 모두 '영지'를 가지고 있었습니다. 그래서 그들은 모두 '영주'였습니다. 다른 점이라면 대부가 영지를 가지고 있었음에도 정권을 틀어쥐지 못해 '가'로 불린데 반해 제후는 영지와 정권을 모두 가지고 있었기에 '국'이라고 불렸다는 사실입니다. 국과 국 사이에는 전쟁도 할 수 있었습니다. 강화·연맹·통상도 가능했습니다. 하지만 마지막에는 천자를 '천하의 주인'으로 모셔야 했습니다. 이것이 바로 '봉건제' 혹은 '방국제'였습니다.

봉건제의 요지는 '봉토건국'이었습니다만 군현제의 특징은 '중앙집권'이었습니다. 봉건제는 '하나의 천하와 여러 개의 국가, 한 명의 천자와 여러 명의 국군' 체제인 반면 군현제는 '하나의 천하와 하나의 국가, 하나의 주인과 하나의 정부' 체제였습니다. 본래 독립적 주권을 가지고 있던 '국'이 없어지고 대신 하나의 통일 국가로 거듭난 것입니다. 진이나 한이 대표적 군현제 국가입니다. 이 시기의 국가는 바로 '천하'였습니다. 나아가 본래 독립적 주권을 행사하던 국군은 없어지고 대신 진시황秦始皇이나 한漢 고조高祖와 같은 오로지 한 명의 군주만 존재하게 됐습니다. 이 시대의 국군은 따라서 동시에 '천자'이기도 했습니다. 천자는 통일 국가의 국군이자 천하의 유일한 주인이기도 했습니다. 또 '왕'이라 하지 않고 '황제'라고 칭했습니다. 이러한 제도를 '제국제'라고 합니다. 하나의 국가, 하나의 주인만 인정하는 제국에서 독립적 주권을 가지는 '국'이나 독립적 주권이 없는 '가'가 존재할 수 없다는 것은 당연한 일이었습니다. 따라서 방국시대의 국과 가는 제국의 군郡과 현縣으로 탈바꿈해야 했습니다. 군현과 제국의 관계는 지방과 중앙의 관계였습니다. 군과 현을 관리하는 사람은 모두 중앙 정부에서 임명해 파견한 관리였습니다. 이런 제도가 바로 군현제였습니다.

　군현제와 봉건제를 구별하는 요인은 또 있습니다. 예컨대 봉건시대(방국시대)에는 천자를 비롯해 제후와 대부가 모두 세습이 가능했습니다. 그러나 군현시대(제국시대)에는 황제만 세습이 가능하고 군수와 현령은 세습할 수 없었습니다. 뿐만 아니라 중앙이나 지방의 모든 관리도 원칙적으로 세습할 수 없었습니다. 이를테면 귀족은 세습했으나 관료는 세습하지 못했던 것입니다. 그 때문에 봉건제는 귀족제, 군현제는 관료제이기도 했습니다.

　이제 좀 정리가 되셨나요? 방국제는 봉건제, 귀족제와 삼위일체를 이뤘습니다. 이에 반해 제국제는 군현제, 관료제와 삼위일체를 이뤘습니다. 방국시대에는 천자, 제후 및 대부가 모두 영주였던 탓에 통치 계급은 영주계급이었습니다. 제국시대에는 관료들이 나라를 관리했습니다. 관료는 영지도 없고 세습하지도 못했습니다. 그래서 제국시대의 통치 계급은 지주계급이었습니다. 진은 6국을 멸하고 천하를 통일한 다음 '봉토건국'을 택하지 않고, '중앙집권'을 선택했습니다. 귀족제 대신 관료제, 봉건제 대신 군현제, 방국제 대신 제국제를 실시했습니다. 지주계급이 영주계급을 대체해 통치 계급으로 자리 잡았습니다. 두말할 필요도 없이 획기적인 대변혁이었습니다. 따라서 당시 사회 모순이 첨예해지고 계급 충돌은 매우 치열했습니다. 더구나 새로운 통치 계급은 경험 부족으로 말미암아 그릇된 통치 이념(법가法家학설)을 선택했습니다. 그릇된 통치방식(폭력에 의한 통치 방식)도 취했습니다. 자연히 천인공노할 지경에까지 이르고 맙니다. 결국 겨우 진 2세에 이르러 멸망하고 말았습니다. 한의 통치 계급은 진의 멸망에서 교훈을 얻었습니다. 새로운 통치 이념(처음에는 도가학설, 나중에는 유가학설 채용)과 통치 방식(먼저 '여민휴식與民休息' 정책을 실시했고, 나중에는 '왕도와 패도 잡용王霸雜用' 정책을 실시함)을 채택했습니다. 이 결과 천하가 태평해졌습니다. 한의 통치 역시 무려 4백여 년이나 이어졌습니다.

 진은 연대는 비록 짧았으나 새로운 제도의 개척자였습니다. 한은 진 왕조가 펼치다 만 정치적 제도를 그대로 집행한 것에 불과했습니다. 그 이후의 역대 왕조들도 마찬가지였습니다. 진이 개척한 군현 제도를 계승했습니다. 제국시대의 통치 계급은 모두 지주계급이었으나 지주계급이라 해서 모두 같은 것은 아니었습니다. 서로 다른 시대마다 서로 다른 지주계급이 정권을 장악했으니까요. 구체적으로 말하면 진한시대에는 귀족지주, 위진시대에는 사족지주, 수당 이후부터는 서족庶族지주가 통치 계급이 됐습니다.

 귀족지주는 봉건영주에서 변화된 것이었습니다. 봉건영주는 모두 귀족이었으므로 귀족영주계급으로도 불립니다. 진은 6국을 멸한 다음 '봉토건국'의 '봉건제'를 폐지하고 대신 '중앙집권'의 '군현제'를 실시했습니다. 그래서 영주가 없어지고 대신 지주가 생겨난 것이었습니다. 영주에서 변화된 지주가 귀족의 성격을 그대로 가지고 있음은 물론이었습니다. 적어도 큰 지주나 권력을 장악한 지주, 국가 기밀이나 중앙 정부를 수중에 장악한 지주는 귀족지주일 수밖에 없었습니다. 그들이 바로 황족과 외척 및 식읍(食邑, 영지)을 가지고 있는 공후(公侯, 공작과 후작)였습니다. 그들은 작위와 영지를 받았으나 '재산권만 있고 통치권이 없거나' 혹은 '재산은 있으나 정권은 없는' 처지였습니다. 독립적 국가 주권을 행사하지 못하고 세금만 거둬 경제적 이익만 챙길 수 있었습니다. 정권이 없다보니 정치적으로는 지주이면서, 재산권을 가졌으나 경제적으로는 영주 신분인 사람이 바로 '반영주 반지주' 즉 '귀족지주'였습니다. 이들이 진이나 한과 같은 제국의 통치자로 군림했으므로 진과 한은 귀족지주계급의 시대로 불리는 것입니다.

그러나 제국 제도는 본질적으로 비귀족 제도였습니다. 따라서 제국의 통치 계급 내부에서도 '신분 교체'가 생길 수밖에 없었습니다. 처음에는 귀족지주가 정권을 장악하던 것을 나중에는 사족지주가 대체하고, 더 나중에는 서족지주가 통치 계급으로 자리 잡았습니다. 이에 대해서는 앞의 「방법은 달라도 결과는 같다」편에서 언급한 바가 있습니다. 사족은 대대손손 벼슬을 하는 가문을 가리켰습니다. 일명 망족, 세족 등이라고도 했습니다. 이에 비해 권세도 없고 명망도 없는 서민 가문은 '한문寒門'이라 했습니다. 일명 '서족庶族', '한족寒族'이라고도 했습니다. 그렇다면 무엇 때문에 서족지주가 제국시대의 마지막 통치 그룹이 될 수 있었을까요? 나아가 수, 당에서부터 시작해 명, 청에 이르기까지 긴 시간 동안 통치자로서의 지위를 굳건히 지킬 수 있었을까요? 그 원인은 서족지주계급이 제국의 통치자로서 적임자이기 때문이었습니다. 서족지주는 지주계급 중에서도 사회적 지위가 가장 낮은 계급이었습니다. 그들이 국가 정권에 개입하기 위해서는 반드시 부지런히 학문에 힘써 과거에 급제해야 했습니다. 그들은 윗세대 관직을 세습할 수 없었을 뿐 아니라 완전히 자신의 힘에 의해서만 관리가 될 수 있었습니다. 이런 방식은 세습 제도를 반대하는 제국제의 요구에 부합했습니다. 나아가 백성도 이들이 정권을 잡으면 걱정을 덜 수 있었습니다.

서족지주계급이 시험을 통과해 국가정권에 참여하는 제도가 바로 '과거科擧'였습니다. '과거'의 '과科'는 과목을 마련해 시험을 보도록 하는 것을 가리켰습니다. 또 '거擧'는 관리를 선발, 등용하는 것을 가리켰습니다. 과거를 실시해 관리를 등용하는 제도가 바로 '과거제'였던 것입니다. 물론 그 이전부터 관리를 임용하기 위한 시험은 있었습니다. 양진兩晉시대의 이른바 '효렴시경, 수재시책(孝廉試經 秀才試策, 효렴은 경전, 수재는 시사 문제에 대한 시험을 보도록 한 것—옮긴이)' 제도가 그렇다고 할 수 있습니다. 그러나 수隋 문제文帝가 구품중정제를 폐지한 다음부터 과거 제도는 정식으로 역사의 무대에 등장했습니다. 그 때문에 수나라 역시 중대한 '교체'를 진행한 시대라 할 수 있습니다. 진과 같이 존속 시간이 매우 짧았던 것은 아마 그래서가 아닐까 싶습니다. 물론 수나라의 '변혁'은 진나라처럼 크지 않았습니다. 계급 투쟁 역시 진나라 때처럼 매우 치열한 정도는 아니었습니다. 이후 각 제국은 그 시기의 자국 통치에 가장 적합한 통치 계급과 인사 제도를 정립했습니다. 왕조가 바뀌더라도 통치자만 교체되고 통치 계급은 여전히 서족계급이었다는 얘기가 되겠습니다. 즉 모순이 생기더라도 계급 사이의 모순이 아니라 계급 내부의 모순이었던 것입니다.

그러나 역사가 발전하려면 일정한 과정이 필요했습니다. 서족지주계급이 하루아침에 귀족지주계급을 대체할 수는 없었던 것입니다. 일정한 과도기가 필요했지요. 통치 계급이 귀족으로부터 서족으로 넘어가는 과정에 중요한 역할을 한 것은 바로 사족지주계급이었습니다.

사족과 귀족의 차이점은 무엇일까요? 우선 귀족은 혈연 관계에 의해 귀족이 됩니다. 이에 반해 사족은 학문을 닦아 관리가 돼야만 사족이 될 수 있었습니다. 사족과 서족의 차이점은 또 무엇일까요? 서족은 관리가 되기 위해 학문을 닦아 과거에 급제만 하면 됐습니다. 그러나 사족이 관리가 되려면 가정의 사회적 신분이 중요했습니다. 따라서 사족은 절반 정도는 귀족과 비슷한 성질, 나머지 절반은 서족과 비슷한 성격을 가진 계급이었습니다. 이러한 성격 때문에 사족은 통치 계급이 귀족에서 서족으로 넘어가는 과정의 과도기적 역할을 맡을 수 있었습니다. 위진 남북조 시대가 바로 이런 과도적인 시기였습니다.

귀족이 서족으로 넘어가는 단계인 위진 남북조 시대에는 '문벌 제도'나 '사족 제도'라는 정치 제도가 실시됐습니다. 먼저 '문벌 제도'에 대해 살펴보겠습니다. 당시에는 학문만 힘써 닦는다고 다 관리가 될 수 있는 것은 아니었습니다. 그 가문에 대한 평가나 명망, 귀천의 등급, 공훈이나 경력 등이 우선 아주 중요하게 여겨졌습니다. 가족문에 대한 평가나 명망을 이른바 '문망門望'이라 했습니다. 귀천貴賤의 등급은 '문제門第'라고 했으며, 공훈이나 경력은 '벌열閥閱'이라고 했습니다. 당시 관리들의 집 대문 밖에는 두 개의 기둥이 세워져 있었다고 합니다. 그들 가문의 공훈이나 경력을 기재하는 용도였죠. 이중 공훈을 표방하는 기둥은 '벌閥'이라 하고 왼쪽에 세웠습니다. 경력을 표시하는 기둥은 '열閱'이라 하고 오른쪽에 세웠습니다. '벌'과 '열'은 모두 '문', 즉 '가문'이나 가족에서 비롯된 것이었습니다. 가족의 문망·문제·벌열, 이 세 가지는 합쳐서 '문벌門閥'이라고도 했습니다. 문망은 높고 낮음이 있었습니다. 명망이 높은 가족을 '망족'이라 했습니다. 문제 역시 높고 낮음이 있었습니다. 신분의 등급이 높은 가문을 '고문高門'이라고 했습니다. 한 가문이 망족이나 고문이 되기 위해서는 다른 것은 필요 없었습니다. 학문을 닦아 관직에 나아가면 됐습니다. 심지어 이를 통해 대대손손 관직에 나아간 가문도 있었습니다. 또 관리를 해야 공훈이나 경력을 논할 수 있었습니다. 공훈이나 경력이 있어야 명망과 지위가 높아질 수 있었습니다. 그 때문에 문망·문제·벌열, 이 세 가지는 삼위일체를 이뤘습니다. 다시 말하거니와 '문벌'이라 불렸습니다. 간단하게 말하면 문벌이라는 것은 바로 당시 대대손손 관리직에 있던 귀한 가문을 일컫는 말이었습니다. 그리고 문벌 제도는 바로 문벌계급의 정치적 이익을 보호하는 제도였습니다. 문벌 제도의 구체적 실시방안이 바로 '구품중정제' 혹은 '구품관인제'였습니다.

이런 제도는 사족계급이 선호했던 제도였습니다. 더구나 중·고급 신분의 사족들은 이런 제도가 실시되기를 손꼽아 기다렸습니다. 이 제도가 실시될 경우 그들은 대대손손 벼슬자리를 독점할 수 있었으니까 말입니다. 이 제도는 결국 실행에 옮겨졌습니다. 동한 말년부터 사족이 점차 관직을 독점하기 시작했던 것입니다. 이 때문에 판원란 선생은 『중국통사』에서 이른바 '구품관인법'이라는 것이 "기존의 현실에 대해 법률로 다시 규정한 것"에 불과할 뿐이라고 지적한 바 있습니다. 관리가 될 권리를 독점하는 것은 세습할 수 없는 관직을 세습이 가능한 것으로 변화시키는 것이었습니다. '세습방식이 아닌 세습제'를 구축한 것이나 다름없었습니다. 달리 말해 관료 그룹의 반세습제를 구축한 것이나 마찬가지였습니다. 물론 이런 제도가 제국 제도와 서로 용납될 수 없는 것은 자명한 일이었습니다. 제국 제도는 관료의 세습을 반대하는 제도니까요. 그래서 문벌 제도는 역사의 무대에서 퇴장하고 대신 관료 세습이 불가능한 과거 제도가 역사 무대에 등장할 수밖에 없었습니다. 사족지주계급도 역사 무대에서 물러나고 관직을 독점하지 않는 서족지주계급이 등장했습니다. 이런 이유로 저는 위진 남북조시대를 역사의 '큰 에피소드'라고 했던 것입니다.

흥미 있는 것은 이 '큰 에피소드' 앞에 또 '작은 에피소드'가 끼어들었다는 것입니다. 이 작은 에피소드가 바로 삼국시대입니다. 제가 앞의 강의에서 이런 말을 한 적이 있습니다. 사족이 동한 말년에 이미 관직을 독점하고 여론을 장악했을 뿐 아니라 막강한 권세까지 휘둘렀다고요. 관직을 독점했다는 것은 정치적 권력을 잡았다는 의미입니다. 여론을 장악하면 통치 이념을 장악하게 됩니다. 막강한 권세를 휘둘렀다는 것은 경제적으로도 매우 튼튼한 토대가 있었다는 얘기가 됩니다. 국가의 정권을 거의 장악한 것이나 다름없을 정도로 발전한 것입니다. 그대로 차근차근 나아가면 사족지주계급은 제국의 통치 계급이 될 것이 틀림없었습니다. 그러나 사족계급은 결국 통치 계급으로 발전하지 못했습니다. 그 원인은 무엇일까요? 역사의 수레바퀴가 어떻게 굴러갔기에 사족들이 마음대로 주무르던 계산기가 오작동을 일으켰을까요? 불행히도 문벌이 군벌軍閥을 만났기 때문이 아닌가 싶습니다.

## 2. 문벌이 군벌을 만나다

군벌은 일반적으로 독립적 무장력을 가지고 있는 지방의 호족을 가리킵니다. 이 군벌의 뿌리는 동한까지 거슬러 올라가 살펴볼 수 있습니다. 군벌은 한마디로 동한 왕조가 제멋대로 내버려둔 토호(土豪, 지방의 세력가―옮긴이)가 나중에 발전한 토착 무장 세력이라고 정의할 수 있습니다. 동한 말년, 더구나 황건적黃巾賊의 봉기 이후 중앙 정부의 지방 통치능력이 갈수록 힘을 잃게 됐습니다. 그 대신 토호 세력은 갈수록 강해졌습니다. 그중 일부는 지방에서 패왕으로 자처했습니다. 이들은 호패豪霸로 불렸습니다. 또 일부는 개인의 무장 세력을 구축하기도 했습니다. 이들은 호수豪帥로 불렸습니다. 이뿐만이 아니었습니다. 조정에서 임명한 관직을 이용하여 땅을 분할해 '제후'로 자처한 경우도 있습니다. 이들은 모두 자체 무장 세력을 가지고 있었습니다. '군벌'이라고 통칭해야겠습니다. 다만 이들은 한漢 영제靈帝가 죽기 전까지는 정치적 세력으로 변신하지는 못했습니다.

군벌이 정치 무대에 등장하기 위해서는 전제 조건이 필요했습니다. 즉 중앙 정부가 완전히 무너지거나 유명무실한 껍데기가 돼야 한다는 것이었습니다. 중앙 정부와 문관들이 지방과 나라를 제대로 다스리지 못하거나 관리하지 못해야 비로소 토호들이 '패왕'으로 자처하고 군벌이 횡행하게 되는 것입니다. 이때가 되면 거의 통치 계급으로 기어오르려던 사족 역시 통치권을 내놓을 수밖에 없게 됩니다. 사실 사족(기타 정치세력 망라)이 대단한 권세를 누릴 수 있었던 기본 원인은 중앙집권 정치 제도에 있었습니다. 조정이 천하를 호령하던 시대였기 때문입니다. 그러나 황제가 고립무원의 상태에 빠지거나 심지어 '천자'에서 '유랑자' 신분으로 전락하고 각지의 목수(牧守, 주와 군의 장관)들이 임금의 명령마저도 듣지 않는다고 합시다. 사족들이라고 어떻게 황제에게 기대어 세도를 부릴 수 있겠습니까? 이 시기에는 신분이나 지위, 명망 따위는 아무 소용도 없었습니다. 관직이나 권력 역시 반드시 쓸모가 있다고 할 수 없었습니다. 군사력이 모든 것을 좌지우지하는 시절이었습니다. 그렇다면 누가 군사력을 장악했습니까? 바로 군벌이었습니다. 중앙 정부를 유명무실하게 만들어버린 것이 누구였습니까? 역시 군벌이었습니다. 여러분도 알다시피 군벌의 대표적인 인물은 바로 동탁이었습니다.

동탁은 최초로 역사 무대에 등장한 군벌이었습니다. 그는 본래 양주의 지방 토호로 일찍부터 군사를 길러왔습니다. 판원란 선생의 지적에 의하면 일부 지방의 '토호패왕'이나 오랑캐인 강족羌族, 호족胡族의 '추장'들까지 수하로 거느렸을 정도였습니다. 그러니 동탁은 명실상부한 군벌이라

할 수 있겠죠. 물론 동탁은 스스로 군벌로 행세하지는 않았습니다. 그가 낙양에 쳐들어간 것도 군벌로 자처하기 위해서는 아니었습니다. 새로운 질서를 세우기 위해서였습니다. 문제는 동탁이 어떻게 새로운 질서를 세워야 하는지 몰랐다는 사실입니다. 더구나 그 자신 역시 원리원칙대로 하는 사람도 아니었습니다. 결국 새로운 질서는 확립되지 못하고 기존의 낡은 질서가 수명을 다하는 결과로 이어졌습니다.

물론 동탁 한 사람에게 모든 책임을 다 뒤집어씌울 수는 없습니다. 결과적으로는 동한 왕조가 제 수명을 다해 거의 무너질 때 동탁이 그것을 슬쩍 건드렸을 뿐이니까요. 동한 왕조는 세 개의 기둥으로 세워진 제국이었습니다. 외척, 환관 및 사족이 그 세 개의 기둥이었습니다. 외척은 당연히 황후 및 황태후의 친정 쪽을 가리킵니다. 통속적으로 이야기하면 황제의 외가 친족을 말하죠. 중국에는 "한 여자가 황후가 되면 그녀의 친정집에서 기르던 닭이나 개까지도 하늘로 올라간다"는 말이 있습니다. 새로 등극한 황제가 나이가 어려 정사를 볼 줄 모르면 태후가 국정을 맡아야 합니다. 이 경우 조정은 태후 친정 쪽, 즉 외척의 수중에 장악당하기 쉽습니다. 동한 시대가 바로 그랬습니다. 한번 살펴보겠습니다. 소제少帝 유변劉辯을 비롯해 동한 황제 열세 명 중 최초의 황제 광무제는 62세까지 살았습니다. 그다음 황제 한 명제明帝는 48세에 죽었습니다. 마지막 황제 한 헌제獻帝 역시 54세까지 살았습니다. 그러나 나머지 황제 열 명은 모두 수명이 40세를 넘지 못했습니다. 황제 등극 시의 연령을 살펴보면 한 명제만 30세에 황제가 됐을 뿐입니다. 나머지 열한 명은 모두 20세 미만에 황제가 됐습니다. 이중 한 장제章帝는 19세에 등극했습니다. 반면 가장 어린 나이에 등극한 한 상제殤帝는 즉위 당시 태어난 지 백 일밖에 되지 않았습니다. 또 한 충제沖帝도 두 살에 즉위했습니다. 바로 이 때문에 동한 시대에 태후가 국정에 참여하고 외척이 세도를 부린 경우가 여섯 번이나 나타나게 된 것입니다. 한 화제漢和帝 시기의 경우 두竇태후가 수렴청정하고, 두헌竇憲이 집권했습니다. 한 안제安帝 시기에는 등鄧태후가 수렴청정, 등즐鄧騭이 정권을 잡았습니다. 북北 향후鄕候 시기에는 염閻태후가 수렴청정, 염현閻顯이 집권했습니다. 한 환제漢桓帝 시기에는 양梁태후가 수렴청정, 양기梁冀가 정권을 잡았습니다. 한 영제靈帝 시기에는 두竇태후가 수렴청정, 두무竇武가 집권했습니다. 홍농왕弘農王 시기 역시 크게 다르지 않습니다. 하何태후가 수렴청정, 하진何進이 집권했습니다. 이렇게 따져보면 동한 왕조 역사의 절반 이상은 태후와 외척이 집권한 역사라고 봐도 과언이 아닐 것 같습니다.

외척이 정권을 장악해서 좋아할 황제가 있겠습니까? 물론 없습니다. 이 때문에 어린 황제들은 몸소 정사를 볼 수 있게 될 시기가 되면 외척의 권력을 빼앗겠다고 작정합니다. 이때 황제를 도와줄 수 있는 사람이 바로 환관이었습니다. 환관은 자신의 이익을 위해서 황제가 외척을 제거하는 일을 돕거나 아예 대신하는 임무를 기꺼이 맡았습니다. 이들은 서기 92년에 두헌, 서기 121년에 등즐, 서기 125년에 염현, 서기 159년에 양기, 서기 168년에 두무, 서기 189년에는 하진을 각각 살해했습니다. 흥미 있는 일이 아닐 수 없습니다. 동한 역사에 태후가 국정을 맡아보고 외척이 집권한 경우가 여섯 번 나타났습니다. 그러나 그 외척들은 다시 모두 황제가 환관을 시켜 죽였거나 환관이 황제를 도와 살해했습니다. 심지어는 환관이 독자적으로 결정해 살해한 경우도 있습니다.

따라서 외척과 환관 사이의 모순은 갈수록 첨예해질 수밖에 없었습니다. 동한 왕조 역사의 거의 대부분이 외척과 환관 간 싸움의 역사라고 해도 과언이 아닌 것은 다 이 때문입니다. 그런데 외척과 환관의 싸움에서 사족은 외척 편에 섰습니다. 사족은 외척의 횡포에 불만이 컸습니다. 그러나 그보다는 탐욕스러운 환관과 이들의 꽁무니를 따라다니면서 사족들과 권력 다툼을 하는 '소인배'들을 더 미워했습니다. 그래서 한 영제가 죽은 다음 원소를 필두로 하는 사족은 하진을 위시한 외척과 힘을 합쳐 환관 무리들과 목숨을 건 사투를 벌였던 것입니다. 이 결과 환관 무리들은 하진을 죽이고 원소는 환관 무리들을 제거했습니다. 외척과 환관들이 함께 망해버린 것이죠. 제국이라는 큰 '건물'을 지탱해주던 세 개의 기둥 중에서 두 개가 넘어졌으니 나머지 하나마저 위태위태해질 수밖에 없었습니다.

이때 동탁이 등장했습니다. 동탁이 사족인 원소의 요청으로 낙양에 들어왔던 것입니다. 그야말로 결정적인 순간이었습니다. 만약 동탁도 사족 신분이었거나 사족이 받아들일 수 있는 사람이었다면 역사는 아마도 지금과 다르게 흘러갔을 것입니다. 동탁 역시 사족의 힘에 기대 제국의 새로운 질서를 세우고자 하는 생각이 있었으니까요. 그러나 사족은 동탁과 뜻을 같이 할 생각이 없었습니다. 동탁은 게다가 어떻게 사족과 손을 잡아야 할지 방법도 몰랐습니다. 그저 예의범절도 지키지 않고 법도도 없이 마음대로 싸돌아다녔습니다. 행패를 부리는 경우가 적지 않았습니다. 동탁의 행동은 주위에서 보기에 정말로 볼썽사납게 변해갔습니다. 결국 그는 사족 집단에 의해 "전 국민이 공동으로 징벌하고 천하 사람들이 함께 토벌"해야 하는 '백성의 공공의 적'으로 전락하고 말았습니다. 우선 왕윤王允을 비롯한 조정의 관리들이 그를 암살하려는 계획을 꾸몄습니다. 원소를 위시한 지방 관리들 역시 군사를 일으켜 동탁을 토벌하려고 적극 나섰습니다. 조야가 일거에 혼란에 빠졌습니다.

본래 혼란스럽던 정세는 이렇게 해서 완전 난장판이 돼버렸습니다. 문벌의 천하가 졸지에 군벌의 천하로 변한 것입니다. 더구나 조정에서 각지에 파견했던 주목州牧, 자사, 태수들은 너도나도 군대를 키웠습니다. 제멋대로 땅을 분할하여 할거 국면을 형성했습니다. 이뿐만이 아니었습니다.

명문세가와 지방 토호들 역시 이에 뒤질세라 붓과 호미자루를 내던졌습니다. 너나 할 것 없이 군사를 모으고 패거리를 끌어들여 '왕'을 자처하고 나섰습니다. "큰 군벌은 여러 군국郡國, 중간 군벌은 각 성읍城邑, 작은 군벌은 천맥(阡陌, 작은 마을을 의미—옮긴이)을 모아 세력을 키웠다(조비의 『전론典論』에서 발췌)"라는 말이 딱 들어맞았습니다. 동탁을 토벌한다는 명목하에 근거지 마련에 혈안이 된 것입니다. 원래 군벌이 될 생각은 없었던 군벌인 동탁이 수많은 사람들을 군벌로 만들었다고 할 수 있겠습니다.

군벌시대가 열렸으니 혼란스러운 국면을 수습할 수 있는 사람이 누구겠습니까? 당연히 군벌이어야 하겠죠. 문벌은 국면을 수습할 능력이 없었습니다. 문벌이란 무엇입니까? 대대손손 고귀한 가문입니다. 군벌이란 무엇입니까? 자체의 군대를 거느린 집단입니다. 대대손손 고귀한 지위에 있는 문벌이나 군사를 거느리면서 사회에서 특수한 지배적 지위에 있고 특수한 힘을 과시하는 군벌은 모두 '벌閥'이라 불립니다. 그러나 문벌은 비록 '벌'이기는 하나 신분의 등급과 명망에 의해 '벌'이 된 것이었습니다. 그에 반해 군벌은 무장력을 기반으로 '벌'이 된 것입니다. 신분의 등급이나 명망으로는 군사력을 막아낼 수가 없었습니다. 따라서 문벌이 군벌과 싸워 이길 수는 없었습니다. 문벌이 군벌을 만난 것은 한마디로 과거 합격자가 길거리에서 병졸을 만난 것과 같았습니다. 논리나 도리에서는 명분이 있으나 힘에서는 이기지 못하죠. 문벌인 동시에 군벌이라면 또 모를까 말입니다.

사족들이 이 분야에서 전혀 노력을 하지 않은 것은 아니었습니다. 원소와 원술은 '문벌에 군벌을 겸'한 사람이고 유표와 유언은 '종실宗室에다 군벌을 겸'한 세력이었습니다. 이들도 한때는 날아다니는 새도 떨어뜨렸다는 인물들이었습니다. 더구나 원소는 당당한 망족으로 조상 4대가 세 번이나 공公이라는 작위를 받았습니다. 집안의 인재들이 천하에 널린 가문 출신입니다. 게다가 기주·청주·병주·유주 등 네 개 주를 손에 넣고 있었습니다. 북방 지역의 절반 정도를 장악하고 있었던 것입니다. 좋은 가문에 재산과 권세도 내로라하는 세력이었습니다. 또 그는 '동탁 토벌 동맹'의 맹주까지 맡고 있었습니다. 사족계급이 그에게 모든 희망을 걸었다는 뜻이지요. 그러나 결과는 어떻게 됐습니까? 실패했습니다. 왜 실패했습니까? 조조라는 생뚱맞은 인물이 튀어나왔기 때문이죠.

조조는 사족이 아니었습니다. 사족이 제일 싫어하고 멸시하는 환관 가족 출신이었습니다. 원래 군벌도 아니었습니다. 낙양에서 도망칠 때 조조에게는 수하에 장군이나 병사들이 없었습니다. 심지어 관직조차 없었습니다. 나중에 진류(陳留, 현재의 허난성 카이펑開封 동남)에서 '가산을 처분하고 군사들을 규합'했으나 그 전력은 한계가 있었습니다. 그래서 동탁 토벌 부대였던 '관동 연합군'이라는 대그룹은 조조 따위는 소액 주주로도 생각하지 않았습니다. 조조 역시 자신의 자본이 미미하다는 사실을 알았습니다. 기꺼이 연합군의 선봉 역할을 자처한 것도 그래서였습니다. 그러나 관동 제후들의 이기적인 흑심, 한치 앞도 내다보지 못하는 좁은 안목, 무서워서 앞으로 나아가지 못하는 나약함 등은 조조에게 큰 실망을 안겨줬습니다. 조조는 거기에서 확실하게 깨달았습니다. 권문세가라는 것은 헛된 명성만 높다는 사실을 말입니다. 나아가 문벌이 군벌을 이길 수 없다는 이치도 분명하게 자신의 머리에 각인시켰습니다. 조조가 그 자신이 직접 군벌이 되기로 결심한 것은 너무나 당연했습니다. 군벌이 돼 천하를 손아귀에 넣을 야심을 마침내 품게 된 것이죠.

결론부터 말하자면 사족계급의 정권 탈취 꿈을 물거품으로 만들어버린 인물은 다른 사람이 아니었습니다. 조조였습니다. 아무튼 조조는 다년간의 노력을 거쳐 군벌로 변신했습니다. 그러나 그는 평범하지 않은 군벌이었습니다. 당시 조조 말고도 군벌은 많았습니다. 하지만 이들은 자신들이 할거한 한 곳에서만 '황제'로 군림하겠다는 생각밖에 없었습니다. 이에 반해 조조는 천하 통일을 꿈꿨습니다. 이것이 조조와 다른 군벌과의 첫 번째 차이였습니다. 두 번째 차이는 조조가 통일 후의 국가에 대해 새로운 체제를 꿈꿨다는 사실이었습니다. 조조의 이상은 다름 아닌 '비사족 정권'을 건립하는 것이었습니다. 적어도 동한의 옛 길을 걷지 않고 정치적으로 새로운 개혁을 진행하는 것이었습니다. 이것이 원소와 다른 점이었습니다. 물론 원소 역시 새로운 질서를 세우려고 했습니다. 하지만 그의 소위 '새로운 질서'는 사족지주계급의 이익을 대표하는 낡은 질서에 불과할 뿐이었습니다.

동탁, 원소 등과 조조가 가진 생각의 차이를 다시 한 번 말해보면 이렇습니다. 동탁은 낡은 질서의 파괴자였습니다. 또 원소는 낡은 질서의 수호자였습니다. 그러나 조조는 새로운 질서의 건설자였습니다. 동탁은 낡은 질서를 파괴할 줄만 알았지 새로운 질서를 세울 줄 몰랐습니다. 그래서 조조와 원소는 힘을 합쳐 동탁을 반대하고 동탁에 의해 파괴된 질서를 새로 세우려고 시도한 것입니다. 그러나 새로운 질서를 세우는 면에서 조조와 원소는 입장과 관점, 노선이 완전히 달랐습니다. 때문에 두 사람은 각각 제 갈 길을 간 것이지요. 심지어 나중에는 서로 칼을 들이대는 원수 사이로 변했던 것입니다.

그렇다면 조조의 계획은 순조롭게 진행됐습니까? 아니었습니다.

조조의 행동 역시 사족계급의 심한 반대에 직면했습니다. 그 반대의 결과가 연주兗州전쟁과 관도대전 등 두 번의 전투였습니다. 먼저 연주전쟁은 한 헌제 흥평興平 원년(서기 194년) 여름에 일어났습니다. 조조가 서주 정벌을 떠난 틈을 타 장막張邈과 진궁이 반란을 일으킨 것입니다. 이들은 이를 통해 여포와 연합해 조조의 근거지를 탈취할 수 있었습니다. 순욱과 정욱, 하후돈이 견성·범현·동아 등을 결사적으로 고수하지 않았더라면 조조는 아마 이때 의지할 곳 없는 불쌍한 신세가 되고 말았을 것입니다. 사실 장막과 진궁은 조조의 오랜 친구였습니다. 그런데 왜 조조에게 반기를 들었을까요? 그 이유는 다름이 아니었습니다. 조조가 연주 명사 변양邊讓을 죽였기 때문입니다. 당연히 사족과 명사들의 공분을 일으켰지요(이 일은 『후한서』와 『자치통감』에 모두 기재돼 있는데, 여기서는 『자치통감』의 입장을 채용했습니다). 조조가 변양을 죽인 이유 역시 분명했습니다. 사족들에게 위세를 과시하려는 단순한 목적에서였습니다. 결론적으로 그는 하마터면 제 무덤을 팔 뻔했습니다. 사족이 그렇게 만만하게 볼 존재는 아니었겠죠?

그러나 사족들은 조조를 제거하지 못했습니다. 원소 역시 계속 힘을 키워갔습니다. 결국 다음 전투가 일어나고 말았습니다. 바로 관도대전입니다. 연주전쟁은 권문세가들이 조조를 불의에 습격해서 벌어진 전투였습니다. 그러나 관도대전은 두 개 계급과 두 개 노선 사이의 대결전이었습니다. 텐위칭 선생이 말한 것처럼 원소와 조조의 전쟁은 사회적 지위로 볼 때 사족士族과 한족寒族의 전쟁이었습니다. 이념적으로 보면 유가와 법가의 전쟁이었습니다(『조조와 원소의 전쟁과 권문세가』). 이 전투에서 원소가 이긴다면 천하는 사족과 유가의 수중에 장악될 수 있었습니다. 반면 조조가 이길 경우에는 한족과 법가들이 정권을 틀어쥘 수 있게 됐습니다. 따라서 관도대전은 당시 중국의 운명과 미래를 결정하는 중요한 전쟁이었다고 해도 과언이 아닙니다.

아슬아슬한 전쟁이 드디어 시작됐습니다. 당시 사족지주계급은 원소를 적극적으로 지지했습니다. 원소의 승리도 믿어 의심치 않았습니다. 사족이 아닌 사람들까지도 그렇게 믿었으니까요. 이에 반해 조조를 지지하는 사람은 매우 적었습니다. 사실 그때 그는 사면초가였습니다. 우선 동승이 정변을 일으킨 다음 유비가 모반하고 도망을 쳤습니다. 이에 따라 예주

도처에 소란이 빈발했습니다. 서주의 군과 현 역시 말이 아니었습니다. 원소에게 투항하는 경우가 속출했습니다. 유표가 암암리에 반란을 꾀한 것은 손책이 불의의 습격을 시도한 것과 같은 큰 압력이었습니다. 심지어 명사들의 우두머리인 공융은 허현에서 '원소군은 무적의 군대'라는 풍문을 퍼뜨리면서 불리한 여론을 조성하고 있었습니다. 다행히 조조에게는 당시 순욱 등 수하들의 적극적인 지지가 있었습니다. 만약 그렇지 않았다면 그는 버텨내지 못했을지도 모릅니다. 저는 『삼국지 강의』 1권에서 다음과 같은 이야기를 한 적이 있습니다. 원소에게 이긴 다음 조조는 '수하들이 원소와 내통한 증거' 편지들을 적지 않게 노획했습니다. 그러나 조조는 그 편지들을 읽지도 않고 몽땅 불에 태워버렸습니다. 조조는 당시 "원소의 세력이 강대해 나 역시 자신을 보호할 수 없었다. 하물며 보통 사람들이야 어떠했겠는가"라고 말했습니다. 많은 사람들은 이 사실을 통해 조조가 매우 대범한 사람이거나 권모술수에 능한 사람이라고 생각했습니다. 그러나 사실은 조조의 대범함이나 권모술수가 아니었습니다. 부득이한 상황에서의 어쩔 수 없는 선택이었습니다. 자신의 수하들이 거의 대부분 등을 돌린 상황에서 어떻게 그 책임을 다 추궁하겠습니까?

그러나 결과적으로 조조는 승리했습니다. 원소는 처절하게 실패했습니다. 이렇게 되자 역사의 흐름은 완전 뒤죽박죽이 돼버렸습니다. 동탁이 쳐들어왔을 때 사족계급은 큰 손실을 입었습니다. 그러나 그들에게는 그래도 '사족 겸 군벌'인 원소라는 비장의 카드가 있었습니다. 즉 기회와 도전이 병존했죠. 그러나 원소는 상상할 수 없을 정도의 참패를 당했습니다. 사족들의 희망은 완전히 산산조각 날 수밖에 없었습니다. 원소는 사족 중에서도 최고 레벨의 망족이었습니다. 그런 원소조차 성공하지 못했습니다. 그런데 하물며 다른 사람들이야 더 말해 무엇하겠습니까? 군벌이 전면적으로 득세하는 시대에 사족 출신은 완전히 가망이 없어져버렸습니다. 사족 겸 군벌이라도 마찬가지였습니다. 대세를 쥐락펴락하는 사람들은 사족 출신이 아닌 사람, 즉 유비와 손권 같은 인물이었습니다.

유비와 손권은 모두 사족이 아니고 군벌이었습니다. 물론 조조도 마찬가지였습니다. 유비와 손권이 조조와 다른 점이라면 모두 남방에 정권을 세웠다는 사실이었습니다. 그들은 남방에 정권을 세운 탓에 북방에 있는 조조와 삼국정립의 국면을 형성할 수 있었던 것입니다. 그래서 조조가 원소를 대파한 것은 한족이 사족을 무찌른 것이 되고 손권과 유비가 조조에게 대항한 것은 남방과 북방의 대항이 되는 것입니다. 그렇다면 남방은 무슨 재주로 북방에 대항할 수 있었을까요? 남방과 북방의 대치 국면 배후에는 또 어떤 비밀이 숨겨져 있을까요?

### 3. 남방과 북방의 대치

여기에서 가리키는 '남방'은 장강 일선의 세 주, 즉 익주·형주·양주를 가리킵니다. 이 세 주는 당시 '낙후한 지역'에 속했습니다. '낙후한 지역'인 탓에 '전前 삼국시대(동탁의 낙양 진입부터 적벽대전까지)'에는 정치적 투쟁과 군사적 투쟁의 주요 무대로 떠오르지 못했습니다. 그저 원술이 양주 북부를 차지하고 그곳에서 패왕으로 자처하려고 시도한 것이 거의 사건의 전부일 정도였으니까요. 이에 반해 야심과 실력이 있는 조조나 원소 같은 군벌들은 오로지 중원 쟁탈을 위해 온 정력을 집중했습니다. 심지어 조조나 원소보다 약간 못한 여포와 같은 군벌들 역시 북방 정벌을 시도했을 정도였습니다. 그래서 '낙후한 지역'인 남방은 조정과 거물들의 힘이 미처 미치지 못하는 지역이라고 해도 좋았습니다. 이렇게 되자 실력이 약한 작은 군벌들이 이 세 주를 하나씩 장악하고 할거하게 됐습니다. 제후로 자처하게 된 것입니다. 이들이 바로 유언, 유표와 손책 등의 인물이었습니다.

손책이 양주 남부를 장악하게 된 것도 사실 어떻게 보면 이상한 일이 아닐 수 없었습니다. 장강 일선에 자리 잡은 세 주가 원래는 모두 유씨 소유였으니까요. 『후한서』 「유언전」에 따르면 한 영제 중평中平 5년(서기 188년)에 조정에서는 황건적의 봉기에 대처하기 위해 유언의 건의를 받아들여 주관(州官, 주의 장관이자 책임자—옮긴이)의 권력 비중을 강화하기로 결정했습니다. 자사를 목으로 개명한 다음 조정 충신들과 황실 종친들을 임명한 것입니다. 이들은 바로 각 주에 파견됐습니다. 첫 번째로 파견된 사람은 태복(太僕, 천자의 거마車馬를 관장하는 장관—옮긴이) 황완黃琬이었습니다. 그는 예주목의 소임을 맡았습니다. 또 종정(宗正, 황족 종실을 관리하는 장관—옮긴이) 유우劉虞는 유주목으로 임명됐습니다. 유언은 익주의 목을 맡았습니다. 즉 세 주의 목 중 두 주는 종실인 유언과 유우가 맡았던 것입니다. 그 후 조정에서는 다시 유표를 형주목, 유요를 양주목으로 파견했습니다. 건안 원년(서기 196년) 조조는 또 유비를 예주목으로 추천해 파견했습니다. 유비가 종실이니 관례에 따라 임명이 가능했던 것입니다. 물론 이는 먼 훗날의 일입니다.

위에서 이미 살펴봤다시피 유언·유우·유표·유요 등 종실 네 명 중 셋은 장강 일선의 주로 파견됐습니다. 유언이 익주, 유표가 형주, 유요가 양주에 각각 자리 잡게 됐습니다. 그러나 이 세 주는 발전 상황이 달랐고, 나중에 운명도 달라졌습니다. 세 주목들의 처지 역시 달라졌습니다. 발전이 진행된 상황을 살펴보면 양주가 가장 앞서 나갔습니다. 다음이 형주였고 익주는 가장 낙후했습니다. 그러나 주목 개인들의 운명은 발전 상황과 완전 반대였습니다. 유언의 처지가 가장 나았던 것입니다. 유표는 다음이었습니다. 가장 나빴던 사람은 유요였습니다. 사실 유요는 넓은 영토에 봉해질 만한 자질이 부족한 사람이었습니다. 결국 양주는 두 동강이 나고 말았습니다. 그중 장강 서쪽(강서江西)은 원술에 의해 점령당했습니다. 장강 동쪽(강동江東)은 손책이 호시탐탐 노리게 됐습니다. 결과적으로 유요는 싸움에서 실패하고, 병으로 죽고 맙니다. 양주 여섯 개 군 중 오군·회계·단양·예장 등은 그대로 손책 수중에 들어가게 됐습니다. 나중에 손오 정권의 기반이 된 것입니다.

 손권이 손씨 정권을 물려받은 것은 건안 5년(서기 200년) 4월부터였습니다. 이 시기 조조와 원소는 관도에서 팽팽하게 대치하고 있었습니다. 결정적으로 승부가 나지 않은 상태였습니다. 그러나 그해 10월 경, 즉 조조가 원소와의 싸움에서 우위를 차지하기 시작할 무렵 손권 주위에는 '건호제왕을 통해 천하 통일을 도모할 것'을 주장하는 사람이 나타났습니다. 다름 아닌 노숙이었습니다. 이른바 '탑전대책榻前對策'으로 불리는 노숙의 이 전략은 그야말로 '동오판 융중대책'이라 할 수 있었습니다. 노숙의 계획은 크게 별 다를 것은 없었습니다. 다음과 같은 세 단계를 거쳐 천하를 손에 넣는 것을 최후 목표로 했습니다. 우선 첫 번째 단계는 강동에서 세력을 키워 중원(조조), 형주(유표)와 '삼국정립'의 국면을 형성하는 것이었습니다. 두 번째 단계는 적당한 시기를 노려 형주를 탈취한 다음 장강 유역 전체를 장악해서 북방과 대치 국면을 형성하는 것이었습니다. 세 번째 단계는 말할 것도 없었습니다. '황제'를 칭하고 나라를 세워 천하를 통일하는 것이었습니다. 노숙의 이 계책은 7년 후 제갈량이 유비에게 건의한 전략과 놀랍게도 비슷한 부분이 많았습니다. 두 사람은 우선 '먼저 천하를 세 부분으로 분할한 다음 나중에 통일'하는 것을 주장했습니다. 또 '남방과 북방의 대치'도 강조했습니다. 다른 점은 노숙이 언급한 '삼국'은 조조·손권·유표의 나라를 가리킨 것이지만 제갈량의 '삼국'은 조조·손권·유비의 위·오·촉이라는 사실이었습니다. 하지만 기본 개념은 같았습니다. 형주가 유표의 손에 있었다면 조조·손권·유표가 삼국정립을 형성했을 것입니다. 그러나 형주가 유비 손에 있게 되면 조조·손권·유비가 삼국정립을 형성할 수밖에 없었습니다. 실제로도 그랬습니다. 유표가 죽고 유종이 투항한 다음 노숙과 손권은 원래 계획을 즉각 수정했으니까요. 노숙의 계책에 언급된 '극중 인물' 유표가 유비로 바로 바뀐 것입니다. 나아가 형주와 대치하기로 했던 전략 역시 손을 잡는 전략으로 수정됐습니다.

이렇게 볼 때 나중에 위·오·촉 삼국의 정립 국면 형성에 가장 큰 공헌을 한 사람은 노숙이라고 할 수 있습니다. 손권과 유비의 동맹이 없었다면 적벽대전도 일어나지 않았을 것이고 적벽대전이 없었다면 삼국정립의 국면도 형성되지 않았을 테니까요. 게다가 손권-유비동맹의 주도권은 손권에게 있었습니다. 손권이 동맹을 결성할 생각이 없었다면 유비와 제갈량도 별 방법이 없었다는 얘기가 되겠습니다. 그렇다면 손권은 무엇 때문에 유비와 연합해 조조와 대항할 결심을 했을까요? 중요한 원인 중 하나는 바로 7년 전 노숙이 향후의 계획을 손권에게 말할 때 명쾌하게 밝힌 바 있었습니다. 그때 "두 사람은 얼굴을 마주한 채 술을 마시면서" 밀담을 나눴습니다. 노숙은 이 밀담에서 손권을 위해 향후의 확실한 전략적 계획을 건의했습니다. 게다가 그 계획이 실현 가능하다는 근거까지 자신 있게 내놓았습니다. 노숙은 "한실을 부흥시키는 일도 조조를 즉각 제거하는 것도 불가능한 일"이라고 강조했습니다. 노숙은 천하 대세에 대해 이렇게 판단했고, 그 판단은 아주 정확했습니다. 여러분도 아시겠지만 정치가들에게 가장 두려운 것이 무엇입니까? 앞날의 정세가 불분명한 것입니다. 앞날에 대한 명확한 목표를 세우지 못하는 것입니다. 그러나 노숙은 손권에게 천하 대세를 조리 있게 분석해줬습니다. 손권 역시 마음속에서 뭔가를 계산했습니다. 사실 그럴 수밖에 없었습니다. 우선 한실을 부흥시킬 수 없다면 손권은 '패업에서 제업까지'를 모토로 삼을 수 있었습니다. 게다가 조조를 즉각 제거하지 못한다면 '우선 천하를 삼등분했다 다시 하나로 통일하는 것'도 반드시 거쳐야 할 과정이었습니다. 이뿐만이 아니었습니다. 손권의 방침이 조조와 '강을 사이에 두고 통치하는 것'이라면 '남방과 북방의 대치' 역시 필연적이었습니다. 그러나 남방의 세력은 대단히 약했습니다. 그에 반해 북방의 조조 세력은 점점 강대해지고 있었습니다. 남방이 북방과 대항하기 위해서는 반드시 다른 세력과의 연합을 필요로 할 수밖에 없었습니다. 이것이 바로 노숙이 손권-유비동맹을 강력하게 주장한 원인이었습니다. 나아가 손권이 유비와 연합해 적벽대전을 일으킨 원인이기도 했습니다.

확실히 노숙이 제안한 전략의 역할과 의의는 제갈량의 융중대책에 못지않았습니다. 당시 유비의 처지를 살펴보면 알 수 있습니다. 제갈량은 노숙의 이 전략처럼 유비를 위해 심모원려의 전략적 계획을 내놓았습니다. 그러나 삼고초려 당시 유비는 제갈량의 계획을 실시할 기본 여건조차 마련하지 못했던 상황이었습니다. 심지어 유비는 당양 전투에서 패하자 바로 창오蒼梧태수 오거吳巨에게 몸을 의탁할 생각조차 했습니다. 이는 나중에 노숙이 유비를 "멀리 도망치려 한 소인배"라고 비웃은 빌미가 되기도 했습니다. 이런 상황에서 유비가 어디 삼분천하의 꿈이나 꿀 수 있었겠습니까? 물론 유비가 오거에게 가겠다고 한 것은 별 생각 없이 그저 한 말일 수도 있을 것입니다. 그는 당시 강하에 있는 유기에게 갈 수도 있었으니까요. 그러나 솔직히 말해 노숙이 손권과 유비의 동맹을 적극 주장하지 않고 주유가 조조와의 대항을 적극 추진하지 않았다면 유비의 앞길은 그야말로 막막하지 않을 수 없었습니다. 오거에게 몸을 의탁했다면 다행히 목숨만은 부지하면서 근근이 살아갔겠죠. 더구나 유기에게 갔다면 더욱 위험했을 것입니다. 조조가 싸움도 해보지 않고 양양을 얻었으니 그 여세를 빌어 파죽지세로 강릉으로 공격했을 것은 뻔한 이치였으니까요.

조조가 유기와 유비를 처리하는 것은 그야말로 식은 죽 먹기였던 것입니다. 만약 진짜 그런 상황이 닥쳤더라면 유비는 바로 목숨을 잃을 수 있습니다. 그렇다면 융중대책이 무슨 의미가 있겠습니까? 유비가 나중에 운 좋게 목숨도 건지고 출세한 것은 제갈량의 공로도 컸으나 크게 감사해야 할 사람은 아마 노숙이 아닐까 싶습니다.

사실 유비가 고마움을 표해야 할 사람은 또 있습니다. 다름 아닌 조조입니다. 조조가 형주로 진공하지 않았거나 강릉을 얻은 다음 계속 동쪽으로 진공하지 않았으면 일은 아마 다른 방향으로 전개됐을 것이 확실했으니까요. 그러나 조조는 그 싸움을 하지 않으면 안 되는 이유가 있었습니다.

첫째, 조조는 반드시 형주를 탈취해야 했습니다. 형주는 장강 일선의 세 주 중에서 가장 중요한 주였으니까요. 이는 형주를 탈취하고 나아가 강릉을 점령한 다음 장강을 거슬러 올라가면 익주도 바로 손에 넣을 수 있었다는 사실이 잘 말해줍니다. 또 장강을 따라 내려가면 양주를 공략할 수도 있었습니다. 이것은 나중에 유비와 손권이 결사적으로 형주를 탈취하려 한 원인이기도 했습니다. 반대로 조조가 형주를 포기하거나 형주를 잃으면 조조의 세력은 더 이상 장강 이남으로 확장하기 어려울 수 있었습니다. 이것은 그 후의 사실이 증명해줬습니다. 그래서 곽가는 조조에게 "현재 급선무는 형주를 손에 넣는 것"이라고 간언했던 것입니다. 조조 본인 역시 관도대전 이후 유표를 정벌할 생각을 두 번이나 했습니다. 한 번은 건안 6년(서기 201년) 봄이었습니다. 공격을 거의 결정했으나 순욱이 반대해 그만뒀습니다. 다른 한 번은 건안 8년(서기 203년) 가을이었습니다. 이번에는 순유의 반대로 실현하지 못했습니다. 순욱이나 순유가 유표 정벌을 반대한 이유는 당연히 있었습니다. 원소 세력이 아직 잔존해 있었으니까요. 원소의 무리들이 "살아 있는 한 (조조와의 투쟁을) 단념하지 않을 것"이라고 판단한 것입니다. 그러나 건안 9년(서기 204년) 업성이 조조에 의해 함락됐습니다. 건안 10년(서기 205년)에는 기주 전체가 조조의 수중에 들어갔습니다. 건안 12년(서기 207년)에도 조조는 빛나는 전공을 거뒀습니다. 원소 할거 세력의 뒷마당인 오환까지 평정한 것입니다. 이에 따라 이 시기 조조는 뒤를 돌아봐야 할 걱정이 없어졌습니다. 그래서 형주를 탈취할 수 있었습니다. 또 반드시 형주를 손에 넣어야만 했습니다.

둘째, 조조는 반드시 유표를 제거해야 할 필요가 있었습니다. 유표는 어떤 사람이었습니까? 유표는 형주의 목이었습니다. 뿐만 아니라 황족·종실·명사이자 군벌이기도 했습니다. 다시 말해 군벌로 할거해 있는 지방 세력이자 사족계급의 대표 인물이었습니다. 이런 유형의 인물은 원술과 원소가 죽은 다음에 오직 한 사람, 유표밖에 남지 않았습니다. 유언의 아들 유장 같은 경우는 계산에 넣을 필요도 없었습니다. 게다가 조조가 보기에도 유표는 유장보다 영향력이 훨씬 더 컸습니다. 유장보다 더 눈에 거슬리게 행동했습니다. 『후한서』「유표전」을 볼 필요가 있겠습니다. 이에 따르면 유표는 당시 '북방의 유랑 인사' 천여 명 이상을 수용했습니다. 게다가 "사재를 털어 백성을 구제"했습니다. 그는 또 학교를 세우고 유교를 널리 전파했습니다. 후정後定이라고 불리는『오경장구五經章句』를 편찬한 것도 이때였습니다. 유표는 원소와 마찬가지로 철두철미한 '유가 사족'의 노선을 견지했던 것입니다. '법가 한족 정권'을 세우려 혈안이 돼 있는 조조의 눈에 유표의 행동은 눈엣가시가 아니었을까요? 더구나 조조는 건안 13년(서기 208년)에 승상 제도를 회복한 다음 스스로 승상을 맡고 있었습니다. 마침 유비도 유표에 의탁하고 있었으니 조조로서는 모조리 송두리째 뽑아버리기 딱 좋지 않았나 싶군요.

셋째, 조조는 손권을 위협할 생각도 있었습니다. 건안 7년(서기 202년) 조조는 손권에게 아들을 낙양에 인질로 보내라고 요구했습니다. 그러나 손권은 거절했습니다. 조조는 아마 이때부터 손권의 이름을 '블랙리스트'

에 넣은 것 같습니다. 만약 이때 형주를 정벌하여 유표를 제거한다면 적어도 그에게 경고 한 번은 줄 수 있었습니다. 조조는 결국 손권에게 '공갈 편지'를 보내기에 이릅니다. 그러나 조조의 속셈은 여지없이 빗나갔습니다. 손권은 조조의 협박에 두려워 벌벌 떨지 않았습니다. 오히려 유비와 손잡고 조조에게 불벼락을 안겨 쩔쩔 매도록 만들었습니다. 유표는 죽었으나 유비는 오히려 더 강해졌습니다. 조조는 강릉을 손에 넣었다 다시 잃었습니다. 손에 넣지 못한 것이나 다름없었습니다. 조조가 얻은 것은 양양뿐이었습니다. 강릉은 여전히 상대방의 수중에 장악돼 있었습니다. 조조는 더 이상 장강 저 멀리로 발을 내디딜 수가 없게 됐습니다. 아무튼 이 싸움에서 조조는 얻은 것보다 잃은 것이 더 많았습니다.

바로 이 때문에 적벽대전은 삼국의 역사에서 가장 중요한 전쟁이라 할 수 있습니다. 적벽대전을 계기로 삼국정립의 국면이 기본적으로 형성됐으니까요. 남방과 북방의 대치 역시 이뤄졌습니다. 이후 남방과 북방 세력 사이의 전쟁은 여러 번 있었습니다. 조조가 손권을 치러 남정한 것이나 관우가 양번에서 조조와 벌인 전쟁 등이 다 포함되겠습니다. 그러나 모두 아무런 소득이 없었습니다. 왔던 곳으로 되돌아갔거나(조조의 경우) 스스로 멸망을 자초(관우의 경우)했습니다. 누구도 상대방을 윽박지르지 못했습니다. 한마디로 남북의 전쟁은 남지 않는 장사였습니다.

그나마 수확이 큰 전쟁은 '동서전쟁'이 아니었던가 싶습니다. 예컨대 유비와 손권이 익주와 형주를 탈취한 전쟁입니다. 건안 19년(서기 214년) 유장은 유비에게 투항했습니다. 유비는 성도에 진입, 익주가 자신의 것이라는 사실을 만천하에 알렸습니다. 형주목의 신분에 익주의 목까지 겸하게 된 것입니다. 건안 24년(서기 219년)에는 관우가 피살되고 손권이 강릉으로 진공했습니다. 형주 대부분이 손권의 수중에 들어갔습니다. 손권이 서주의 목 신분에 형주목까지 겸임하게 된 것입니다. 이 전쟁들을 통해 장강 일선에 있는 세 주의 주인은 완전히 바뀌었습니다. 원래 종실의 목이었던 세 사람 유요, 유표 및 유언 부자는 이렇게 강호에서 완전히 잊혀지고 말았습니다. 남방은 손권과 유비 두 군벌의 무대로 변해버렸습니다.

　장강 일선 세 주의 구도가 이렇게 된 것은 사실 조금도 이상하지 않습니다. 중국 고대 역사를 한번 살펴보면 좋습니다. "왁자지껄한 가운데 네가 노래를 끝내면 내가 다시 무대로 등장"하는 것이 항상 이 지역의 현실이었으니까 말입니다. 더구나 당시는 동란의 시대가 아니었습니까! 문제는 이들의 '직위'로 인해 모순이 비롯됐다는 사실입니다. 모두 알다시피 손권의 '서주목' 직위는 유비가 추천한 것이었습니다. 또 유비의 '형주목'은 손권의 동의를 거쳤습니다. 그들의 '직위'는 한마디로 서로 상대방에게 수여했거나 최소한 상대방의 승인과 동의를 얻은 것이었습니다. 그런데 서주목은 형주목, 형주목은 익주목으로 바뀌었습니다. 완전히 뒤죽박죽이 된 것이죠. 더구나 유비는 손권이 형주목이라는 사실도 인정하지 않았습니다. 형주가 자신의 땅이라고 계속 우겼죠. 손권 역시 유비의 익주목 신분을 인정하지 않았습니다. 손권은 익주가 유장의 소유라고 주장했습니다. 나중에는 서로 감정이 틀어져 공개적으로 비난하기까지에 이르렀습니다. 이 지경이 됐으니 손권과 유비의 동맹이 깨지는 것은 뻔할 수밖에 없었습니다. 결국 그들 사이에는 전쟁이 일어나고 맙니다. 바로 이릉전쟁이었습니다.

　이릉전쟁은 한나라 말기의 삼국역사에서 관도대전, 적벽대전과 함께 가장 중요한 세 전쟁 가운데 하나였습니다. 이를 계기로 중국 남부의 두 세력이 동서로 갈라져 공존하면서 서로를 견제하는 국면이 형성됐으니까요. 그 이전까지 손권과 유비 진영은 사이가 괜찮았습니다. 서로 싸움도 했으나 필요에 따라 연합하기도 했습니다. 그러나 나중에 분위기는 점점 경색됩니다. 손권 쪽에서는 주유, 여몽을 필두로 '유비를 삼켜서 커지자'고 주장하는 파가 힘을 얻었습니다. 유비 쪽에서도 유비와 관우를 대표로 하는 '오나라 합병파'가 호시탐탐 기회를 엿보고 있었습니다. 모순의 포인트는 형주였습니다. 그래서 육손 휘하의 병사들이 흰 옷을 입고 강을 건너 강릉을 기습한 사건과 유비가 국력을 전부 기울여 이릉전쟁에 임한 사건 등이 일어난 것입니다. 형주가 장강 일선의 세 주 가운데에서 얼마나 중요한 지위에 있는지 알 수 있지 않나 싶습니다. 적벽대전을 봐도 그렇습니다. 형주를 차지하기 위한 다툼이었습니다. 이릉전쟁 역시 형주를 사이에 두고 벌어진 싸움이었습니다. 조조는 형주를 얻었다 다시 빼앗겼습니다. 유비 역시 형주를 손에 넣었다 도로 내주고 말았습니다. 그 결과 조조는 북방으로 쫓겨 갔습니다. 유비는 서촉西蜀으로 물러났습니다. 그렇다면 최후에 형주(정확하게 말하면 남군과 강릉을 의미함)를 차지하고 끝까지 뺏기지 않았던 손권은 무엇 때문에 천하를 통일하지 못했을까요?

이유는 매우 간단했습니다. "중원에서 천하의 패권을 차지하는 일은 사람에게 달려 있지 않다中原得鹿不由人"라는 온정균溫庭筠의 시가 답이 되지 않을까 싶습니다.


### 4. 사슴을 쫓는 자가 반드시 사슴을 얻는 것은 아니다

이릉전쟁부터 살펴봅시다.

한나라 말 삼국시대의 3대 전쟁(관도대전, 적벽대전, 이릉전쟁) 중 하나인 이릉전쟁은 이해하기 어려운 부분이 많습니다. 이에 대해서는 텐위칭 선생도 분명히 "이해하기 매우 어렵다"고 지적합니다. 더구나 사서에는 이 전쟁에 대해 제갈량이 어떤 태도를 취했는지도 나오지 않습니다. 역사학자들은 그저 나름대로 추측할 뿐이었습니다. 전쟁의 결과 역시 사람들의 예상을 완전히 벗어났습니다. 우선 싸움에서 크게 승리한 육손은 자발적으로 군대를 철수시켰습니다. 반면 전쟁에서 패한 유비는 오히려 싸움을 재개하려 시도했습니다. 『삼국지』「육손전」이 상황을 잘 설명할 것 같습니다. 이에 따르면 유비가 전쟁에서 대패해 백제성으로 후퇴하자 동오의 수많은 장군들이 앞을 다퉈 손권에게 표를 올렸습니다. 유비가 '독안에 든 쥐'가 됐으니 승리의 여세를 몰아 추격하자고 말입니다. 그러나 육손을 비롯해 주연, 낙통 등은 그렇게 생각하지 않았습니다. 조비가 오나라를 돕고 유비를 토벌한다는 명목으로 병력을 이동시키고 장군을 파견했으나 사실은 오를 넘보려는 나쁜 속셈을 품고 있다고 판단한 것입니다. 바로 이런 이유로 육손은 전쟁터에서 철수하기로 결정을 내릴 수밖에 없었습니다. 손권이 더 진공하지 않는다는 것은 촉한으로서는 당연히 다행한 일이었습니다. 그러나 뜻밖에도 유비가 강경한 태도로 나왔습니다. 「육손전」의 배송지 주에서 인용한 『오록』에 의하면 당시 유비는 육손에게 다음과 같은 내용의 편지를 보냈습니다.

"적군(위나라 군대)은 지금 벌써 강릉에 있소. 짐도 이에 대응하기 위해 다시 동쪽으로 갈 것이오. 장군은 이에 동의하오?"

하지만 결과적으로 유비는 육손에게 된통 한 방을 맞게 됩니다. 육손은 "그저 걱정되는 것은 당신의 군대가 지금 패배해 상처가 아직 치유되지 않았다는 사실이오. 그런데 다시 목숨을 잃으려 할 필요는 없지 않겠소"라고 답했습니다.

유비는 그제야 못 이긴 척하고 휴전에 동의했습니다.

육손의 결정은 대단히 정확했습니다. 유비는 사실 강릉으로 다시 갈 생각이 없었던 것입니다. 그들 모두는 잘 알고 있었습니다. 위·촉·오가 삼국정립의 국면을 이미 형성한 이상 어느 누구도 다른 누구를 삼켜버릴 수 없다는 사실을 말입니다. 또한 세 세력 중 어느 하나가 좀 더 커지거나 강

대해지는 기미가 보일 경우 다른 두 세력이 바로 나서서 제어할 것이라는 사실 역시 잘 알고 있었습니다. 어느 두 세력 사이에 싸움이 벌어진다면, 심지어 싸움이 시작되기도 전에, 다른 제3자가 나타나 간섭할 것이라는 사실은 더 말할 것이 없었습니다. 당연히 육손으로서는 적당한 시기에 군사를 철수할 수밖에 없었던 것입니다. 유비의 경우도 크게 다르지 않았습니다. 긁어 부스럼을 만들 필요가 없었습니다. 이후 유비는 곧 세상을 뜨고 제갈량이 정권을 잡았습니다. 그는 등지를 오나라에 사신으로 파견했습니다. 촉과 오가 다시 동맹을 결성한 것이죠. 이때의 상황은 『삼국지』「등지전」에 잘 묘사돼 있습니다. 이에 의하면 등지는 손권을 만나 "촉에는 첩첩의 험준한 요충지들이 있습니다. 오에도 삼강三江의 방어벽이 있습니다. 이 두 장점을 합쳐 양국이 입술과 이빨의 관계가 된다면 나아가서는 천하를 겸병할 수 있습니다. 또 물러나서는 삼국정립이 가능하게 됩니다. 이것은 자연의 이치입니다. 그러나 대왕께서 만약 위나라에 귀부歸附하면서도 독립을 유지할 것을 바란다면 위나라는 반드시 대왕을 칠 것입니다. 촉한 역시 대왕을 칠 것입니다. 이와 같이 된다면 강남의 땅은 대왕의 손에서 멀어질 수밖에 없습니다"라고 반 협박조로 분명히 말했습니다. 손권은 한동안 침묵했습니다. 그러다 등지의 말이 옳다고 인정했습니다. 등지는 확실히 맞는 말을 했습니다. 삼국이 정립한 시기에 세력이 약한 두 나라는 확실히 평화 공존 내지는 우호적 연맹 관계를 맺어야 세력이 강한 나라를 견제할 수 있었습니다. 황룡 원년(서기 229년) 4월 손권이 스스로 황제로 칭했을 때에 제갈량이 "하늘에는 두 개의 태양이 있을 수 없다"고 운운하는 말 따위를 듣지 않고 사신을 보내 축하한 것도 그래서였습니다. 어디 그뿐이었습니까? 제갈량은 손권과 '상호 불가침조약'까지 체결한 다음 미리 위나라 영토마저 분할해 나눠가졌습니다.

　이것은 한나라 말 삼국시대의 중대 사건이 아닐 수 없었습니다. 이 시기에 이르러 이른바 삼국정립의 국면이 정식으로 형성됐다고 말할 수 있으니까요. 이때 조위는 촉한과 손오를 승인하지 않았습니다. 손오와 촉한 역시 조위를 승인하지 않았습니다. 하지만 오와 촉 쌍방은 서로를 승인했습니다. 다시 말해 오와 촉은 더 이상 제국의 '정통성'에 연연하지 않고 천하에 두 명의 황제가 동시에 있을 수 있다는 사실을 공공연히 인정한 것입니다. 이것은 정녕 전례가 없던 일이었습니다.

이 승인은 아마 촉한에게 더욱 어려운 결정이었을 것입니다. 줄곧 황실의 맥을 이은 '정통파'라는 자부심을 가지고 있었으니 말입니다. 반면 원래 '정통파'가 아닐 뿐 아니라 영원히 그럴 가능성이 없는 손오 쪽에서는 스스럼없이 나설 수 있었습니다. 사실 손권은 오래전부터 이런 교차 승인에 대한 생각을 품고 있었습니다. 촉한 건흥 2년(서기 224년) 등지가 두 번째로 오나라를 방문했을 당시였을 겁니다. 손권은 이때 "조위를 멸망시키고 천하가 태평해진 다음에는 두 군주가 천하를 나눠 다스려도 좋지 않겠소!"라면서 이런 생각을 은근히 내비쳤습니다. 등지는 손권의 말에 "하늘에는 두개의 태양이 없고 땅에는 두 명의 군주가 없습니다. 위를 겸병한 다음 대왕이 천명을 잘 알지 못하면(촉한에 투항하지 않으려면) 양국의 주군은 자신들의 덕행을 함양해야 하고 신하들은 충성을 다해야 합니다. 또 병사들은 북을 울려 전쟁터에 나아가야 합니다. 그때에 이르면 진정한 전쟁이 시작되지 않겠습니까?"라고 대답했습니다. 손권은 그 말을 듣고 크게 웃으면서 "정말로 성실한 대답이오"라고 말했습니다.

그러나 그때부터 5년이 지난 다음 '두 개의 태양' 운운하는 말은 촉나라에서 더 이상 나오지 않았습니다. 등지는 말할 것도 없고 제갈량조차 입 밖에 내지 않았습니다. 무엇 때문이었습니까? 제갈량은 삼국정립 국면이 이미 기정사실로 굳어져 변하지 않을 것이라는 것을 확실하게 인식했던 것입니다. '한왕조 부흥'의 꿈이 실현될 가능성이 매우 적다는 사실도 아마 인식하지 않았을까 싶습니다. 아니 솔직히 말해 실현될 가능성이 적은 것이 아니라 근본적으로 가망이 없었습니다. 제 개인적인 생각은 진짜 그렇습니다.『삼국지』「무제기」의 배송지 주에서 인용한『위략』을 보면 잘 알 수 있습니다. 진군과 환계 등이 조조에게 황제 즉위를 진언하면서 "한나라에는 땅 한 치도 백성 한 명도 없습니다"라고 한 말이 보입니다. 한 치의 땅도 한 명의 백성도 없는데 어떻게 한이 나라를 다시 일으킬 수 있겠습니까?

이 '잔혹'한 현실을 가장 먼저 분명하게 까밝힌 사람은 다름 아닌 노숙이었습니다. 앞에서도 언급한 '탑전대책'에서 "한실은 부흥할 수 없다"고 손권에게 분명하게 말했습니다. 그러나 7년 후 제갈량은 융중에서 유비와 얘기를 나눌 때 "한실은 부흥할 수 있다"고 말했습니다. 심지어 그는 촉한 건흥 5년(서기 227년)에 쓴「출사표」에까지 한실 부흥을 구호로 내걸었습니다. 어떤 사람은 이와 관련해 제갈량이 노숙보다 훨씬 더 넓은 안목을 가지고 있었다고 말합니다. 또 어떤 사람은 제갈량이 객관적 형세를 판단할 줄 모르는 사람이라고 혹평하기도 합니다. 하지만 사실 노숙이나 제갈량을 폄하하는 위의 평가들은 모두 정확하지 않습니다. 노숙의 경우 제갈량처럼 멀리 내다보지 못해 그렇게 말한 것이 아니었습니다. 노숙은 진짜 아주 예리한 현실적 안목과 판단력을 가지고 있는 인물이었습니다. 제갈량 역시 형세를 객관적으로 판단하지 못한 것은 아니었습니다. 그는 이상적으로 추구해야 할 어떤 목표를 가진 사람이었습니다. 다시 말해 노숙과 제갈량은 지향하는 바가 달랐습니다. 한 사람은 현실을 중시했고 다른 한 사람은 이상을 추구했다고 하겠습니다. 중요한 사실은 노숙과 제갈량 둘 모두 후세 사람들의 존경을 받는 인물이라는 점이 아닐까 싶습니다.

제갈량과 노숙은 오와 촉 양대 진영에서 사이가 가장 좋았습니다. 어느 정도인지는 짧은 기술로 유명한『삼국지』를 보면 되겠습니다. 노숙이 세상을 떠났다는 소식을 듣고 "제갈량이 매우 슬퍼했다"는 기록을 남기고 있습니다. 서로를 아끼는 두 사람의 깊은 우정을 충분히 엿볼 수 있습니다. 이런 우정은 언제부터 생겨났을까요? 그들이 손권-유비동맹을 추진하고 유지시키는 과정에서 생겨났다고 하는 게 답이 될 것입니다. 서로에 대한 이해와 일하는 과정에서의 의기투합에서 비롯된 것이었습니다. 정말 소중한 우정이 아닐 수 없습니다. 사상과 추구하는 경지가 완전히 다른 두 사람 사이에 그런 우정이 싹틀 수 있다는 것은 사실 불가사의할지 모릅니다. 그러나 둘의 서로 다른 정치적 이념이 정치적 입장에 의한 것이라는 사실을 알면 얘기는 달라질 수 있습니다. 다시 말해 둘은 각자 다른 입장을 가졌기 때문에 다른 판단과 이념이 생겼을 뿐이었습니다. 그러나 이것이 두 사람이 친근한 맹우 내지 전우가 되는 데 방해가 되지는 않았습니다.

그렇다면 노숙과 제갈량의 입장은 어떻게 달랐을까요? 그 둘은 분명하게 달랐습니다. 노숙은 손권을 보좌해 '패업'을 이룬 다음 '제업'을 이루는 것이 목표였습니다. 반면 제갈량은 유비를 보좌해 먼저 '패업'을 이룬 다음 '한실을 부흥하는 것'이 이상이었습니다. 각자 주군을 보좌해 먼저 '패업'을 이룬다는 첫 목표는 일치했습니다. 하지만 궁극적 목표는 달랐습니다. 따라서 노숙과 제갈량은 친구는 될 수 있었습니다. 그러나 같은 길을 가는 '동지'가 될 수는 없었습니다. 이 점에서는 손권과 유비 역시 비슷했습니다. 처음에는 동맹을 맺었다 나중에는 각자 제 갈 길을 가면서 서로 반목했으니까요. 손권과 유비가 사이가 틀어진 원인은 당연히 두 나라의 이익이 서로 충돌했기 때문입니다. 그러나 손권과 유비가 서로 제 갈 길을 간 진짜 원인은 따로 있습니다.

손권부터 살펴봅시다. 손권은 원소처럼 화려한 권문세가 배경을 가지지 못했습니다. 또 유비처럼 황족의 종실이라는 고귀한 신분 역시 가지지 못했습니다. 출신 성분으로만 말하면 조조와 약간 비슷한 면이 있었습니다. 조조가 출신이 나쁘다고 평가받는 원인은 분명합니다. 그의 가문이 '불결한 가문(환관)'이기 때문이었습니다. 손권 역시 '비천한 가문' 출신이니 별로 다를 것은 없습니다. 그러나 손권은 조조처럼 '중앙 정부에서 관리를 한 경력'이나 경험이 없었습니다. 또 이른바 '천자를 받들어 불복종하는 신하를 호령'한 경력도 없었습니다. 손권은 그저 토로討虜장군이라는 직위와 별로 안정되지 못한 할거 정권(강동 정권)을 보유하고 있었을 뿐입니다. 더 솔직하게 말하면 크지도 작지도 않은 군벌일 뿐이었습니다. 이런 이유 때문에 그는 현실을 중시했습니다. 다른 세력들의 틈바구니에서 생존을 도모할 수밖에 없었습니다. 그래서 노숙의 현실주의 사상은 손권의 구미에 맞았던 것입니다. 노숙의 전략적 계획을 일사분란하게 실행에 옮겼던 것 역시 그래서였습니다. 그 결과 그는 강동의 기반을 공고히 할 수 있었습니다. 강동 최대의 큰 세력이 될 수 있었습니다. 형주도 탈취하고 삼국의 하나가 됐습니다. 심지어 그는 제왕까지 자처했습니다. 조조나 유비보다 늦기는 했지만 말입니다. 이뿐만이 아니었습니다. 그는 익주까지 탈취해 장강 전체 유역을 통치할 생각도 했습니다. 그러나 이 야망은 실현되지 못했습니다. 다시 말하자면 노숙이 손권을 위해 세운 전략적 계획은 공담이 아닌 현실적인 것이었습니다. 『삼국지』「여몽전」이 무엇보다 잘 증명합니다. 이에 의하면 손권은 나중에 육손과의 대화에서 노숙을 광무제 유수에게 천하를 탈취해 제왕을 칭하고 나라를 세우라는 건의를 올린 등우鄧禹에 비유했다고 합니다. 노숙의 입장이 곧 손권의 입장일 뿐 아니라 손권의 방침이 바로 노숙의 방침이라는 사실을 알 수 있는 것입니다.

유비의 상황은 또 다릅니다. 출신을 보면 그는 조조나 손권보다는 훨씬 월등했습니다. 환관 출신인 조조나 한문 출신인 손권은 모두 사족계급에게 무시당하는 입장이었습니다. 그러나 유비는 황족 출신이었습니다. 게다가 유가 명사인 노식盧植의 제자이기도 했습니다. 그는 정치적으로 유용한 자본을 상당히 가지고 있었습니다. 그는 민심을 모을 줄도 아는 사람이었습니다. 군벌들이 이전투구할 때 대체로 다른 군벌들은 기반을 확장하기 위해 혈안이 돼 있었습니다. 그러나 그는 명망을 얻기 위해 노력했습니다. 판원란 선생이 말한 것처럼 유비가 작은 그룹을 형성할 수 있었던 것은 다 이 때문입니다. 물론 그를 간혹 깔보는 사람(원술 등)도 없었던 것은 아닙니다. 하지만 그래도 대부분의 군벌들은 예의를 갖춰 그에게 정중하게 대했습니다. 그가 의탁했던 도겸陶謙이 대표적으로 꼽히는 사람입니다. 예주자사로 추천한 데 그치지 않고 나중에 다시 서주를 맡겼습니다. 조조 역시 그랬습니다. 자신을 찾아온 유비를 예주목, 좌장군으로 추천한 다음 깍듯이 예우했습니다. "밖에 나갈 때는 같은 수레를 타고 자리에 앉을 때 같은 좌석에 앉았을 정도였다"고 합니다. 그럼 원소는 어땠나요. 유비가 찾아갔을 때 수하 장군을 보내 영접했습니다. 자신 역시 성 밖 2백 리까지 나와 맞이했습니다. 유표라고 예외는 아니었습니다. 성 밖에서 유비를 영접하고 귀빈으로 예우했습니다. 다른 것은 제쳐놓아도 좋습니다. 조조와 원소가 경쟁적으로 예우한 사실에서 유비의 명망이 어떠했는지는 미뤄 짐작하기 어렵지 않습니다.

당연히 군벌들이 유비를 가볍게 보지 않은 이유는 있었습니다. 유비가 사족계급에게 일정한 호소력을 가지고 있었기 때문입니다. 더구나 원소가 죽은 다음 조조를 반대하는 사족과 명사들이 희망을 걸 사람은 유비뿐이 있습니다. 제갈량이 손권에게 "유예주는 황실의 후예로 뛰어난 재주가 세상을 덮습니다. 뭇 선비들이 앙모하는 것이 마치 물이 바다로 흘러들어가듯 합니다"라고 유비를 치켜세운 것은 확실히 괜한 과찬만은 아니었습니다. 그것은 제갈량이 다른 사람이 아닌 유비를 주군으로 선택한 이유도 될 수 있습니다. 물론 그가 유비를 선택한 더 큰 이유는 종실이었기 때문입니다. '삼고초려'에 감동했다는 것은 지엽말단에 흐른 해석일 뿐입니다. 모두 알다시피 제갈량은 '한 왕조의 부흥'을 목표로 한 사람이었습니다. 이런 '역사적 사명'은 아무래도 종실을 등에 업고 완성하는 것이 좋을 수밖에 없습니다. 아니 반드시 종실이 그 '역사적 사명'을 완성해야만 마땅했습니다. 종실이 앞장서 다른 사람들을 이끌면 적어도 광무제의 성공 사례를 모방할 수 있었으니까요. 그러나 이때 종실이었던 유언·유요·유우는 이미 다 죽고 없었습니다. 심지어 유요와 유우는 자신의 기반까지 잃은 상황이었습니다. 유언의 아들 유장은 비록 아버지의 익주목을 계승했으나 큰일을 할 사람은 아니었습니다. 게다가 익주도 큰일을 도모할 지방은 아니었습니다. 혹 유표가 어땠는지 궁금해하는 사람이 있을지 모르겠습니다. 그러나 유표는 가슴에 큰 뜻을 품지 못한 인물이었습니다. 천성적으로 옹졸한 사람이었습니다. 그는 수많은 중원의 사인들이 형주에 피난을 왔을 때 그들을 구제하기는 했지만 중용하지는 않았습니다. 이에 반해 유비는 남에게 얹혀사는 신세였음에도 유표보다 명망이 훨씬 더 높았습니다. 바로 이런 이유 때문에 제갈량은 유비를 선택하고 저 유명한 융중대책을 내놓은 것입니다.

　제갈량의 이 구상은 정말 대단한 것입니다. 그러나 제갈량은 유비에게 난제도 함께 내놓았습니다. 제갈량의 원대한 구상이 실현되지 못할 경우 유비가 어떻게 해야 하는가 하는 문제였습니다. 앞에서 강의한 세 전쟁만 살펴봐도 우리는 이 세상에 사람의 의지에 따라 움직이지 않는 일들이 많다는 사실을 알 수 있습니다. 세 전쟁은 어떤 공통점이 있었습니까? 모두 전쟁을 개시한 쪽의 실패로 끝났다는 것입니다. 관도대전은 원소가 불을 지폈습니다. 그러나 원소는 패했습니다. 적벽대전은 조조가 시작했습니다. 그 역시 실패했습니다. 이릉전쟁은 유비가 일으켰습니다. 마찬가지 운명에 직면했습니다. 여러분은 이들의 실패 원인이 무엇이라고 생각하십니까? 인생이 각박해서였을까요? 운이 나빠서였을까요? 아니면 풍수 탓이었을까요? 도대체 무엇 때문이었을까요?

정답은 시세의 변화 때문이었습니다. 시세가 역사를 그저 그렇게 흘러가도록 만들었던 것입니다. 원소가 실패한 원인은 문벌이 군벌을 만났기 때문이었습니다. 조조가 실패한 원인은 남방이 북방에 대항한 것이 이유였습니다. 유비가 실패한 원인은 앞에서도 언급했듯 제한된 범위 내에서는 '변두리의 패왕' 밖에는 될 수 없는데도 더 큰 욕심을 부렸기 때문입니다. 즉 "중원에서 사슴을 얻는 일은 사람에게 달려 있지 않다"라는 진리를 몰랐던 것이겠죠.

그러면 제갈량처럼 큰 뜻을 품고 있던 인물이 이런 잔혹한 현실에 직면하고 이를 인정한다는 것은 얼마나 어려운 일이었을까요? 조비는 이상주의자가 아니었습니다. 그는 그래서 중원의 사족들에게 양보해 '구품관인법'을 실시할 수 있었습니다. 손권 역시 이상주의자가 아니었습니다. 그가 강동 사족들에게 양보하여, '강동화'를 통해 '오인치오(吳人治吳, 오나라 사람이 오나라를 다스리는 것)'를 거의 정착시킨 것도 그래서였습니다. 그러나 제갈량은 그의 이상에 반하는 '구품관인법'이나 '촉나라 사람이 촉나라를 다스리는 원칙'을 실시할 수가 없었습니다. 그 결과 촉한은 삼국 중 가장 먼저 멸망하고 말았습니다. 불행인지 다행인지 모르겠지만요.

지금 불현듯 다른 한 사람이 생각납니다. 바로 순욱입니다.

### 5. 방울은 매단 자가 풀어야 한다

순욱과 제갈량, 노숙 등은 각각 당시의 위·촉·오 3대 진영에서 가장 이목을 끈 '모사'였다고 해도 좋습니다. 물론 이 말은 주유나 여몽, 육손 등의 다른 사람이 중요하지 않다는 얘기는 아닙니다. 그러나 위·촉·오 세 나라의 건국과 관련해서는 절대 위의 세 사람을 빼놓고 말할 수가 없습니다. 이들은 각자 서로 다른 정치적 이념과 건국 방안(서로 다른 버전의 융중대책)을 가지고 있었습니다. 또 각자의 군주들에게 큰 영향을 미친 인물들이었습니다. 그런 의미에서 이들은 단순한 의미에서의 모사가 아니었습니다. 아니 어쩌면 모사라는 명칭보다는 정치가라는 칭호가 더 어울릴지 모르겠습니다. 그러나 이들 세 사람은 서로 다른 운명을 맞이했습니다. 순욱은 이중에서도 가장 불행한 사람이었습니다. 그는 조조를 위해 한평생 노고를 아끼지 않았습니다. 하지만 50세 되던 해에 조조에게 미움을 사 근심과 울분 속에서 죽음을 강요당했습니다. 노숙이나 제갈량과 비교하면 그야말로 천양지차天壤之差라고 하겠습니다. 제갈량의 경우 유비로부터 탁고를 받았으니까요. 노숙 역시 크게 다르지 않았습니다. 손권으로부터 죽은 다음에도 높은 평가를 받았습니다(비록 공과가 7대3이라는 평가를 받았지만 말입니다). 그렇다면 순욱은 무엇을 얻었습니까? 죽은 다음 경후敬侯라는 시호를 받았을 뿐입니다.

　순욱의 죽음에 대해서는 이미 앞의 강의에서 분석한 바 있습니다. 여기에서 더 상세하게 설명할 것은 다른 것이 아닙니다. 당시의 '조건과 정세'가 어떻게 한 역사적 인물의 운명을 좌지우지했는가 하는 것입니다. 아시다시피 순욱은 조조 진영 내에서 비교적 특별한 인물이었습니다. 그는 사족 가문에서 태어났습니다. 조부는 낭릉朗陵 현령, 부친은 제남의 국상國相이었습니다. 숙부 순상荀爽은 삼공으로 불리는 사공의 관직에까지 올라갔습니다. 순욱은 또한 명사였습니다. 하옹何顒으로부터 '왕을 보좌할 만한 인재'로 평가받을 정도였습니다. 이 평가를 내린 하옹은 예사 인물이 아니었습니다. 동한 말기의 '당고중인(黨錮中人, 환관을 반대해 관직 금지령을 받은 사람—옮긴이)' 중 한 사람이었습니다. 명사 그룹의 중요한 인물이기도 했습니다. 일찍이 동탁 암살 계획도 세운 적이 있는 사람이었습니다. 그는 또 처음으로 조조에 대해 좋은 평가를 했던 두 사람(다른 한 명은 교현橋玄) 중 한 명이었습니다. 순욱이 보통 사족이나 명사가 아니라는 얘기가 되겠습니다.

그러나 사족이자 명사이기도 한 순욱은 마지막에 조조의 진영에 가담했습니다. 그것도 사족의 지지를 받던 원소를 버리고 조조에게 갔습니다. 우리는 원소의 노선이 '유교 사족'의 노선이라는 사실을 잘 알고 있습니다. 이에 반해 조조는 '법가 한족'의 노선을 견지한 사람이었습니다. 순욱이 원소를 버리고 조조를 선택한 것은 정말 대단한 결단이었다는 얘기가 되겠습니다. 더욱 간단치 않은 것은 순욱이 조조의 진영에 가담한 시기가 한 헌제 초평 2년(서기 191년)이라는 사실입니다. 당시 원소는 한복韓馥의 기반을 빼앗아 익주목에 오른 상태였습니다. 그러나 조조는 원소의 추천에 의해 동군태수라는 보잘것없는 관직만 맡고 있었습니다. 당시 두 사람의 차이는 굳이 설명이 필요 없을 테지요. 앞에서도 말했지만 관도대전 당시(서기 200년) 조조는 '천자를 받들어 불복종하는 신하들을 호령'하고 있었습니다. 그럼에도 대부분의 사람들은 조조가 전쟁에서 틀림없이 패배할 것이라고 굳게 믿었습니다. 그러나 순욱은 관도대전이 터지기 9년 전에 원소를 버리고 조조에게 갔습니다. 사람들의 예상을 뛰어넘는 대단한 결단이 아닙니까?

그렇다면 순욱은 왜 원소를 떠나 조조에게 갔을까요? 간단합니다. "원소가 큰일을 할 인물이 아니다"라고 평가했기 때문입니다. 순욱이 생각한 '큰일'은 그러면 어떤 것이었을까요? 그렇습니다. 순욱의 이상은 제갈량과 마찬가지로 한 왕실을 부흥시키는 것이었습니다. 그러나 애석하게도 당시 그의 눈에는 관동 연합군에 모여들었던 제후들 중에 쓸모 있는 사람은 하나도 없었습니다. 그나마 가장 좋은 조건과 능력을 갖췄다고 볼 수 있는 원소와 원술마저 황제 자리를 꿈꿨으니 말입니다. 당시 가장 볼품없어 보이던 조조를 선택한 것은 따라서 그로서는 어쩔 수 없는 선택이었습니다. 사실 조조의 담력이나 식견, 능력은 당시 이미 서서히 나타나고 있었습니다. 게다가 조조는 당시만 해도 동한 왕조의 충실한 신하에다 나라를 위해 목숨을 바쳐 힘써 일하는 영웅이었습니다. 이것이 바로 순욱이 조조에게 희망을 건 원인이었습니다. 조조에 대한 순욱의 평가는 순욱판 융중대책을 보면 잘 알 수 있습니다. 당시 순욱은 조조가 '마음을 황실에 두고' 있다고 생각했습니다. 또 '천하를 구제하는 소박한 뜻을 품고' 있다고 판단했습니다. 순욱이 조조에게 제출한 정치 강령은 무엇이었습니까? 첫째는 '황제를 받들고 백성의 바라는 바에 따르는 것'이었습니다. 둘째는 '공평무사한 자세로 호걸들을 복종시키는 것'이었습니다. 셋째는 '대의를 통해 영재와 준걸을 부르는 것'이었습니다. 순욱의 입장은 이 이상 더 분명하게 표현될 수 없다고 하겠습니다.

순욱이 이 정치 강령을 내놓은 것은 건안 원년(서기 196년)이었습니다. 그러나 건안 17년(서기 212년)에 여러 상황은 돌변했습니다. 조조는 더 이상 황실에 마음을 두지 않았습니다. 천자를 받들지도 않았습니다. 대신 '천자를 끼고 뭇 제후들을 호령'했습니다. 이어 스스로 공에 봉하고 나라를 세우기에 이릅니다. 위험한 신호가 아닐 수 없었습니다. 조금 더 나갈 경우 순욱의 이상과 처음의 충정에 어긋나는 일이 저질러질 것이 불 보듯 뻔했습니다. 순욱으로서는 조조를 말리지 않을 수 없었습니다. 하지만 순욱의 간청은 조조에게 통하지 않았습니다. 조조는 이미 자신의 '도둑배'에 올라 뱃머리를 다른 길로 돌리려 하지 않았습니다. 결국 순욱은 조조와 다른 길을 가기로 결심합니다. 죽음의 길을 선택한 것입니다. 자신의 목숨을 던짐으로써 스스로의 이상을 지켰던 것입니다. 그는 또 자신의 죽음을 통해 조조에게 마지막으로 간언하려는 생각도 있었을지 모릅니다.

순욱이 죽음을 선택한 이유는 여러 가지가 있겠습니다. 그러나 본질적으로는 순욱이 명사이자 사족이었기에 사족으로서의 입장과 유교 사상에 따라 죽음을 선택한 것으로 여겨집니다. 동한 왕조는 명교(名敎, 유가가 정한 명분과 교훈을 준칙으로 하는 도덕 관념—옮긴이)로 나라를 부흥시키는 것을 국가의 이념으로 삼았습니다. 또 권문세가는 유학을 통해 관리로 입신하는 것을 원칙으로 삼았습니다. 때문에 너나 할 것 없이 '군주에게 충성하고 정절을 지켜야 한다'는 관념이 머릿속에 뿌리박혀 있었습니다. 한마디로 정권을 바꾼다는 것은 이들에게는 꿈에도 엄두를 내지 못할 엄청난 일이었습니다. 심지어 이것은 사족 간에 정치적 노선을 가르는 표준이기도 했습니다. 판원란 선생이 허도에 모여든 중원 사족들을 '한 왕조 지지파'와 '조조 지지파' 등 두 개 파벌로 분류한 것도 바로 그래서였습니다. 그러나 사실 '한 왕조 지지파'나 '조조 지지파'를 분류하는 뚜렷한 경계선은 없다고 해도 좋았습니다. '한 왕조 지지파'도 사족, '조조 지지파'도 사족이었으니까요. 이 분류에 의하면 순욱은 '조조 지지파'였습니다. 하지만 내심은 '한 왕조 지지파'에 더 가까웠습니다. 영락없이 '몸은 조조 진영에 있으나 마음은 한 왕조에 있다'는 형국이었습니다. 순욱의 비극은 바로 이런 풀 수 없는 모순으로 인해 초래됐던 것입니다.

순욱처럼 비극적 종말을 맞이하지 않은 사람도 있었습니다. 진군이 그런 사람이었습니다. 『삼국지』 「진군전」과 배송지 주에 따르면 진군의 조부와 부친, 숙부는 모두 당시의 뛰어난 인물들로 하나같이 관직에 올랐습니다. 진군 역시 마찬가지였습니다. 공융조차 재주를 인정했을 정도였습니다. 그 역시 사족이자 명사였습니다. 그러나 진군은 조조의 건국을 반대하지 않았습니다. 심지어 조조가 황제로 등극하도록 적극 권유하기도 했습니다. 물론 조조는 황제 등극에 동의하지 않았습니다. 여기까지만 보면 진군은 철두철미한 '조조 지지파'라 볼 수 있겠습니다. 그러나 조조가 죽자 그는 바로 조비에게 자신이 제정한 '구품관인법'을 제출합니다. 그리고 결국 실시되도록 했습니다. 사족계급이 조조에게 빼앗겼던 권리를 그가 '훔쳐' 온 셈이 되는 것입니다. 그렇다면 진군은 도대체 어느 파벌이라고 해야 하겠습니까?

사실 순욱과 진군은 모두 진정한 '조조 지지파'가 아니었습니다. 순욱의 경우는 동한 왕조를 유지하기 위해 노력했으니까요. 진군 역시 힘차게 발전하고 있는 사족계급을 수호하기 위해 노력했습니다. 방법론적인 면에서도 순욱은 총명한 사람이었습니다. 순욱은 한 왕조의 부활과 통일을 위해서는 당시 황제의 힘만으로는 부족하다고 느꼈습니다. 그 때문에 반드시 조조라는 귀신 잡는 '종규鍾馗(역귀나 마귀를 쫓는다는 신)'를 이용해 다른 '귀신'들을 잡아야 한다고 생각하게 됐습니다. 그러나 그는 '종규'가 '귀신을 잡는' 과정에서 스스로 '귀신'으로 변해버릴 수 있다는 사실을 간과했습니다. 그로서는 목숨을 바쳐 자신의 입장을 고수할 수밖에 없었습니다. 순욱에 비한다면 진군은 더욱 현명한 사람이었습니다. 그는 '방울은 매단 자가 풀어야 한다'는 진리를 알고 있었던 것 같습니다. 사실 그렇습니다. 사족계급이 잃어버린 권리를 되찾기 위해서는 먼저 그 권리를 빼앗은 자부터 때려눕혀야 했으니까요. 그래서 그는 '그 사람의 논리로 그 사람을 다스리는' 방법을 택했던 것입니다. 조조가 '대들보를 훔쳐 기둥으로 바꿨다'면 그는 '기둥을 바꿈으로써 대들보를 훔쳐' 낸 것입니다. 조조가 '한 왕조 지지' 깃발을 내걸고 '한 왕조 찬탈'을 생각했다면 그는 '조조를 지지'한다는 명목하에 '조조를 배반'한 셈이 됐습니다. 결과적으로 순욱이 고상한 사람이었다면 진군은 수가 높은 현명한 사람이었습니다.

순욱은 마지막에 조조와 다른 길을 걸었습니다. 그러나 노숙은 손권과 같은 길을 걸었습니다. 그래서 비극적 결말을 맞이하지 않았습니다. 손권 역시 일이 훨씬 쉬워졌습니다. 손권은 사족이 아니었습니다. 노숙 역시 명사가 아니었습니다. 둘 모두 부담이 매우 적었습니다. 노숙이 한 왕조는 도저히 살아날 가능성이 없다고 직언할 수 있었던 것도 그런 이유가 있었습니다. 손권이 한동안 조조를 반대하다 다시 조조에게 투항할 수 있었던 것도 마찬가지였습니다. 손권의 입장에서는 조조를 반대하는 것이나 한 왕조를 지지하는 것 모두 모순되는 것이 아니었으니까요. 그렇게 볼 경우 조조에게 투항하는 것이나 한 왕조를 지지하는 것 역시 모순되는 것은 아니었습니다. 심지어 그는 조조에게 투항할 때(유비와 대항하기 위해)에는 조조를 '한나라의 승상'이라 불렀습니다. 또 조조를 반대할 때(유비와 연합하기 위해)에는 조조를 '한나라의 간신'이라고 혹평했습니다. 전형적인 실용주의파의 언행이 아닐 수 없었습니다. 사실 동오의 국력이 약했다는 사실을 감안하면 간에 붙었다 쓸개에 붙었다 하는 손권의 언행은 충분히 이해의 소지가 있었습니다. 손권에게 한 가지 이상을 위해 몸을 바치라고 강요하는 것은 무리였던 것입니다. 더구나 그는 이상이라는 것이 없는 인물이었습니다.

손권이 얼굴을 능수능란하게 바꿀 수 있었던 것도 아마 이 때문이었는지 모릅니다. 손권의 행동은 듣기 싫게 말하면 "바람 부는 대로 돛을 단다"라고 할 수 있을 것 같습니다. 반면 듣기 좋게 말할 경우는 "시기와 형세를 잘 살핀다"라고 할 수 있겠습니다. 아무튼 손권의 근본 목적은 천하를 도모하는 것이었으니까요. 그러나 여기에는 전제 조건이 있었습니다. '천하를 도모'하기 위해서는 '제왕이 돼야' 했고 제왕이 되기 위해서는 강동의 기반을 튼튼히 하지 않으면 안 됐습니다. 나아가 강동을 공고히 하기 위해서는 강동 사족들의 지지를 얻어야 했습니다. 그 때문에 손권은 결연히 강동 사족들에게 큰 권력을 줬습니다. 육손과 고옹에게 군권과 정권을 나눠줬습니다. 수많은 사족 자녀들을 육손과 고옹의 수하에 모여들게 했습니다. 이른바 오나라 사람이 오나라를 통치하는 제도를 도입한 것입니다. 손권 정권의 '현지화'는 바로 이렇게 실현됐습니다. 손권이 한 일은 조비가 중원에서 한 것과 본질적으로는 거의 똑같았습니다. 방법은 다르나 효과는 같았습니다. 알다시피 손권 정권은 원래 강동 사족과는 대립 관계에 있었습니다. 손책 집권 시에는 심지어 강동 호족들을 대량 살육하기도 했습니다. 그러나 나중에는 그들과 손을 잡고 화해했을 뿐 아니라 참정권까지 대대적으로 줬습니다. 그야말로 '방울을 매단 자가 푸는 격'이 아닐 수 없었습니다. 손권 그 자신이 스스로 원해서 했다는 것이 조비 진영과의 차이기는 했지만 말입니다.

그렇다면 손권은 왜 그렇게 할 수 있었을까요? 근본적인 원인은 손권이 이상주의자가 아니라는 사실에 기인했다고 할 수 있습니다. 좀 더 정확하게 말할 수도 있습니다. 목표는 있지만 이상이 없는 사람이었기 때문입니다. 실제 손권은 동한 왕조의 멸망이나 보존에 별 관심이 없었습니다. 조조가 충신인지의 여부에 대해서도 크게 개의치 않았습니다. 그저 자신의 기반만 보존하면 괜찮았던 것입니다. 그는 심지어 어떤 계급(사족이나 서족)이 그 기반의 정권을 장악하는가에 대해서도 무관심했습니다. 정권을 잡은 사람의 성이 '손'씨이면 그만이라는 생각이었죠. 그래서 손권은 부담이 없었습니다.

오히려 어려움에 봉착했던 것은 유비와 제갈량이었습니다.

유비의 어려움은 그의 신분에서 비롯됐습니다. 종실이라는 신분은 그에게 적지 않은 이로움을 가져다줬습니다. 하지만 부담을 주기도 했습니다. 앞에서도 설명했듯 원소가 죽은 다음 사족과 명사들은 모든 희망을 유비에게 걸었습니다. 유비가 스스로 한 왕조의 부흥이나 대의를 운운한 것도 그래서였습니다. 이것은 유비의 정치적 자본이자 그의 정치적 부담이기도 했습니다. 다시 말해 유비는 기본적으로 손권처럼 임기응변해서는 절대로 안 되는 입장에 처해 있었습니다. 그는 반드시 한 왕조 부흥의 깃발을 끝까지 치켜들어야 했습니다. 다행히 유비의 신분은 그가 기가 막힐 정도로 풍수가 좋은 유장의 땅을 빼앗는 데 걸림돌이 되지 않았습니다. 유장도 유비와 같은 종실이기는 했지만 말입니다. 게다가 유비가 한 걸음씩 조조의 건국 절차를 모방해가는 데도 방해가 되지 않았습니다. 비록 조조가 '한나라의 간신'으로 악명이 높았지만 말입니다. 그 모두가 유비의 능란한 처세술 덕분이었습니다. 실제로 조조가 위왕을 칭하자 그는 자신을 바로 한중왕으로 칭했습니다. 조비가 또 위제를 칭하자 한제를 칭했습니다. 텐위칭 선생이 촉에 대해 "역사를 답습하고 이웃 국가를 표절한 나라"라고 혹평한 데에는 다 이유가 있는 것입니다. 아무튼 촉한은 건국 전까지 번거로움이 거의 없었습니다. 그러나 나라를 세우고 나자 이런저런 어려움에 봉착했습니다. 그것도 유비가 아닌 제갈량이 그 어려움을 떠맡았습니다. 무엇 때문일까요? 유비는 제위에 오른 지 2년 만에 세상을 떠나고 제갈량이 유비의 뒤를 이어 촉나라를 다스렸기 때문입니다.

 제갈량이 어려움에 봉착한 이유는 그의 정치적 이상 탓이었습니다. 제갈량의 이상은 무엇이었습니까? 하나는 한 왕조 부흥이었습니다. 다른 하나는 법에 의해 나라를 다스린다는 의법치국依法治國이었습니다. 전자는 '천하'와 관련된 것이었습니다. 그가 촉나라를 다스리기 시작했을 때는 이미 실현될 가망이 없었습니다. 포기할 수밖에 없었습니다. 후자는 '국가'와 관련된 것이었습니다. 제갈량이 반드시 해야 됐습니다. 또 할 수 있었습니다. 나아가 더 잘 할 수도 있었습니다. 그 때문에 여기에서 몇 마디 더 말하고 넘어가겠습니다. 제갈량의 이른바 의법치국 노선은 효율성 있고 청렴한 정부를 건설하는 것을 일컬었습니다. 공정하고 깨끗한 사회를 건설하는 것을 가리켰습니다. 진수의 다음과 같은 말로 개괄할 수도 있습니다.

 "관리는 부정을 행하지 않았다. 백성은 스스로를 힘써 권면했다. 길에 물건이 떨어져 있어도 주워 가는 사람이 없었다. 강한 자가 약한 자를 괴롭히지도 않았다. 기풍이 근엄했다."

정말 그런 사회였습니다. 제갈량은 정말 그런 사회를 만들어냈습니다. 제갈량이 이렇게 할 수 있었던 이유는 있었습니다. "백성을 다독거리면서 예법과 규칙을 몸소 보여줬다. 관리들의 권력을 제약했고 관직을 간소화했다. 성실한 마음을 가지도록 했고 공정한 정치를 실시했다"라는 기록이 그것을 설명합니다. 바로 법에 따라 나라를 다스렸기 때문에 가능했던 것입니다.

그런데 이렇게 좋은 일이 오히려 제갈량에게 어려움을 가져왔습니다. 이상한 일이 아닙니까? 원인은 매우 간단했습니다. 권문세가와 지방 호족들이 제갈량에게 불만을 품었기 때문입니다. 사실 공정을 기하려면 사족의 역성을 들 수 없었습니다. 또 효율성을 따지기 위해서는 출신만 중시하던 관습을 버려야 했습니다. 청렴한 사회를 건설하려면 부패를 용납하지 말아야 했습니다. 더구나 맑고 깨끗하게 살기 위해서는 패도를 용납해서도 안 됐습니다. 아무튼 제갈량이 실시한 모든 제도나 원칙은 '벼슬길을 독점하고 여론을 통제해 호족으로 발전'한 사족지주계급과는 물과 불처럼 전혀 맞지 않았습니다. 그들이 어찌 제갈량을 지지할 수 있었겠습니까?

손권은 정권 후반기에 기본적으로 '강동화'를 실시했습니다. 그러나 제갈량은 그의 이상인 이른바 한 왕조 부흥을 위해 현지화 제도를 실시할 수 없었습니다. 촉한 정권이 일단 현지화되면 필연적으로 보수적인 '편안지국(偏安之國, 한 지방에 할거해 그것으로 만족하는 국가—옮긴이)'이 될 것이 너무 뻔했으니까요. 그 상태에 만족할 경우 진취적 기상이 없어져 다시 중원으로 북진하는 것은 요원할 것이 분명했습니다. 더구나 외래 정권의 지도자로서의 제갈량은 '토착 주민'들을 완전히 신뢰할 수도 없는 상황이었습니다. 오히려 익주 현지의 사족과 호족들에 대해 정치적 및 경제적인 제약을 가할 수밖에 없었던 것입니다. 다른 것은 제쳐놓더라도 북벌전쟁에 필요한 군비만 해도 반드시 그들에게서 받아들여야 했습니다. 그들이 바로 '살이 찐 양'이었기 때문입니다. 사실 제갈량이 법의 공정성을 기했다면 돈을 가장 많이 내야 할 사람들은 사족계급이 틀림없었습니다. 따라서 제갈량이 사족계급의 불만을 해소시키려 했다면 북벌을 중지하거나 공평한 법에 의한 통치를 중지해야 했습니다. 그러나 애석하게도 북벌을 중지한다거나 공평한 법에 의한 통치를 그만둔다는 것은 제갈량의 이상과는 저촉되는 것이었습니다. 모순이 아닐 수 없었습니다. 그리고 이 모순은 영원히 풀 수 없는 매듭이었습니다. 다시 말해 촉한에는 '방울을 매단 사람'만 있었습니다. '방울을 풀 수 있는 사람'이 없었습니다. 최후에 그 '방울'을 풀 수 있었던 것이 바로 조위 정권이었습니다.

## 6. 뒤 파도가 앞 파도를 밀어내다

촉한은 조위에 의해 멸망했습니다. 유감이 아닐 수 없습니다. 유감은 한두 가지가 아닙니다. 제갈량 집권하의 촉한이 삼국 중에서도 가장 정치를 잘 했다는 사실이 무엇보다 그렇습니다. 당시의 조위가 이미 조조의 이상 속 국가가 아니었다는 사실 역시 유감스럽기는 마찬가지입니다. 극단적이기는 하지만 사실 어떤 의미에서는 제갈량의 촉한이 조조의 방침을 더 잘 따랐다고 볼 수 있습니다. 그러나 조조의 방침을 잘 건지한 촉한은 조조의 방침을 포기하고 다른 길로 나아간 조위에게 멸망하고 말았습니다. 이것은 하늘의 뜻이었을까요? 아니면 사람의 음모에 의해 그렇게 됐을까요?

매우 부담스런 논란거리일 것 같습니다. 이 물음에 답하기 전에 우선 제갈량의 촉한이 진짜 '조조의 노선'을 잘 따랐는지를 알아볼 필요가 있겠습니다. 저는 진짜 그랬다고 긍정적으로 생각하고 싶습니다.

조조와 제갈량은 두 개의 서로 다른 정치 집단을 대표하는 인물이었습니다. 완전히 상반되는 길을 걸었습니다. 대부분의 사람들 역시 이렇게 생각합니다. 당연히 이유가 없는 말은 아닙니다. 실제로도 두 사람에 대해서는 문학적으로 부각된 이미지와 민간에서 떠도는 얘기 속의 이미지는 천양지차입니다. 또 그들의 '역사적 이미지' 역시 매우 큰 차이가 있습니다. 두 사람이 '고양이와 개'처럼 양립할 수 없는 관계로 묘사됐던 것도 바로 그래서였습니다. 그러나 당시 왕실의 정통성에 대한 의미 없는 논쟁을 그만둔다고 가정해봅시다. 또 두 사람의 개인적 품성에 대한 도덕적 평가도 잠시 제쳐놓기로 합시다. 그런 다음 계급적 입장과 정치적 노선에 근거해 두 사람을 비교할 경우 우리는 그들 사이에 놀랄 정도로 비슷한 점이 많다는 사실을 발견할 수 있습니다. 다시 말해 이들의 건국 과정이나 통치 이념이 모두 원소의 '유가 사족'의 노선과는 완전히 다르다는 사실을 알 수 있습니다. 조조에 대해서는 앞에서도 설명했으므로 생략하고 유비와 제갈량에 대해 한번 분석해보겠습니다.

앞에서 언급했듯 삼국의 군주는 모두 사족 출신이 아니었습니다. 그중 유비는 좀 특수한 상황에 해당됩니다. 종실이라는 그럴듯한 브랜드를 가지고 있었습니다. 그러나 사실 그는 한문이었습니다. 『삼국지』「선주전」에 따르면 그는 "한 경제景帝의 아들 중산정왕中山靖王의 직계 후손"이었습니다. 그래서 그의 신분은 '귀'했습니다. 그러나 그는 어릴 때부터 "어머니와 함께 짚신과 돗자리를 엮어 생계를 유지"했습니다. '빈'했다고 할 수 있겠습니다. 결론적으로 유비의 출신은 '빈천'하지도 않았고 '부귀'하지도 않았습니다. 한마디로 개괄하면 '빈귀', 즉 '가난했으나 귀했다'라고 할 수 있겠습니다. 이런 특수한 출신 배경 탓에 그는 이중 신분을 가지게 됐습니다. 사족과 한문 등 양측에서 모두 환영을 받을 수 있었습니다. 이렇게 보면 유비는 기본적으로 '인화人和'를 얻고 출발했다고 하겠습니다. 그러나 유비가 민심을 얻을 수 있었던 가장 큰 원인은 출신 성분에 있는 것 같지 않습니다. 그보다는 '짚신과 돗자리를 엮어 팔던' 경력과 더 큰 관계가 있지 않나 싶습니다. 사회의 최하 계층으로 생활하면서 민간의 고통을 잘 살펴볼 수 있었던 것이 힘이 된 것입니다. 게다가 그는 인성人性의 중요성에 대해 깊이 깨닫고 있었습니다. 이런 면에서 그는 조조와 매우 비슷했습니다. '더러운 환관' 출신인 조조와 '빈한'한 가문 출신인 유비와 같은 사람은 특징이 있었습니다. 마음속으로 사족과 명사들을 싫어한 것입니다. 특히 이들은 사족과 명사들이 허세를 부리는 것을 경멸했습니다. 스스로 우쭐거리면서 청렴한 척하는 행동거지를 미워했습니다. 반대로 한족이나 서민들과 함께 어울리는 것은 좋아했습니다. 사실 유비 세력의 초기 핵심 인물인 관우나 장비 역시 모두 비슷했습니다. 하나같이 명문 귀족 출신이 아니었습니다. 더구나 관우는 사족이나 명사, 사대부들을 거들떠보지 않는 것으로 유명했습니다(장비는 그렇지 않았습니다. 『삼국지』 「장비전」을 읽어보면 알 수 있습니다). 저는 바로 그 때문에 조조가 관우를 좋아하지 않았나 생각합니다. 자신보다 관우가 사족들을 더 멸시하니 아무래도 끌렸던 것입니다. 그렇다면 유비는 어땠을까요? 그는 그래도 명사들을 비교적 정중하게 대했습니다. 그러나 유비가 마음속으로도 그들을 좋아했다고 장담하기는 어렵습니다. 한 가지 예도 있습니다. 촉의 명사 장유가 불손한 언어를 구사했다는 이유로 유비에게 죽임을 당한 것이 바로 그것입니다. 이에 대한 얘기는 『삼국지』 「주군전」에서 볼 수 있습니다. 아무리 난초가 아름답더라도 문 앞에 있는 것은 잘라버려야 한다고 유비가 말했다는 사실을 기록하고 있습니다. 말투나 행동이 조조와 조금도 다를 바가 없었습니다.

이에 비하면 제갈량은 명사들을 꽤 동정했다고 할 수 있습니다. 유비가 장유를 죽이기로 했을 때였습니다. 제갈량은 적극적으로 말렸습니다. 그러나 장유의 목숨을 구하지는 못했습니다. 제갈량은 촉한 정권을 이어받은 다음에도 두미, 초주 등 촉나라 명사들을 깍듯하게 예우했습니다(그래서 초주는 촉한을 배반했으나 제갈량을 배반하지는 않았습니다). 이것은 결코 이상한 일이 아니었습니다. 제갈량 본인이 바로 사인이었으니까요. 굳이 분류하자면 법정·장소·노숙 등처럼 '북방의 유랑 인사들' 그룹에 낄 수 있겠습니다(방통은 형주 명사입니다). 그러나 제갈량의 신분은 이들과 좀 달랐습니다. 사인일 뿐 아니라 촉한의 승상이기도 했던 것입니다. 당연한 말이지만 승상이라는 신분과 역할은 사인이라는 신분보다도 훨씬 더 중요했습니다. 그 때문에 어느 명사의 행동이나 여론이 촉한 정권에 위협을 줄 때에는 제갈량도 사정을 봐주지 않았습니다. 심지어 조조처럼 "불손한 말을 했다"는 이유로 죄를 다스리기도 했습니다. 예를 들 수도 좋습니다. '초의 뛰어난 인재'로 불린 요립의 경우는 "선왕을 비방하고 뭇 신료들을 비난했다"는 죄명으로 일반 서민으로 신분이 강등됐습니다. 내민 역시 크게 다르지 않았습니다. 민심을 혼란시켰다는 죄를 뒤집어썼습니다. 심지어 익주 명사 팽양은 37세의 젊은 나이에 죽임을 당하기도 했습니다.

팽양의 죽음은 공융이나 예형의 죽음과 비슷한 점이 있었습니다. 팽양의 죄명은 '반란을 선동하고 정권을 전복하려 시도한 것'이었습니다. 팽양이 마초에게 "경은 성 밖을 맡고 내가 성 안에서 호응하면 천하를 손에 넣을 수 있을 것이다"라고 말했으니까요. 물론 팽양은 나중에 "제 말은 다른 뜻이 아니었습니다. '마초 장군은 밖에서 전공을 세우시오. 나는 안에서 주공을 잘 보좌 하겠소.' 바로 이런 의지를 다지기 위해 한 말이었습니다. 그렇게 힘을 합쳐 조조를 토벌하자는 것이지, 반란을 도모할 뜻은 전혀 없었습니다"라고 변명했습니다. 제 개인적 생각으로도 팽양은 아마 애매모호하게 죄명을 뒤집어쓴 것이 아닌가 생각됩니다. 팽양의 사람 됨됨이는 그야말로 '성격이 교만하고 행동거지가 경솔'한 것이 특징이었으니까요. 뿐만 아니었습니다. 팽양은 자신이 명사라는 사실만 믿고 자신의 말이 어떤 파장을 가져올지 생각도 하지 않고 불손한 말을 내뱉기 일쑤였습니다. 그는 마초에게 그 말을 하기 전에도 유비에 대해 "늙어 황당할 뿐 아니라 어그러졌다"고 마구 욕을 해댄 적이 있었습니다. 팽양은 이에 대해서도 나중에 "주공은 아직 늙지 않으셨습니다"라고 감옥에서 유비에게 글을 올려 변명했습니다. 술에 취해서 나온 실언이었다고 말입니다. 어쨌거나 팽양은 허튼소리를 하는 데는 이골이 난 사람이 분명했습니다. 마초에게 한 말 역시 입에서 나오는 대로 거침없이 지껄인 것이었다고 해도 좋습니다. 그 때문에 제갈량은 과감하게 그를 죽일 수 있었습니다. 비록 마음속에는 반란을 도모할 뜻이 없었으나 입에서 오해의 소지가 다분한 말을 마구 지껄였으니까 말이죠. 『삼국지』 「팽양전」을 참고할 필요가 있겠습니다. 이에 따르면 제갈량은 겉으로는 팽양을 아주 정중하게 대했습니다. 그러나 속으로는 팽양을 대단히 미워했습니다. 몇 번이나 유비에게 "팽양을 중용해서는 안 된다"고도 진언했습니다. 그러던 차에 좋은 구실을 찾았으니 문 앞의 난초처럼 가볍게 제거해버릴 수 있었습니다.

    제갈량이 팽양을 싫어한 이유는 조조가 예형이나 공융을 미워한 이유와 거의 똑같습니다. 이 몇몇 사람들은 모두 사람들의 미움깨나 받음 직한 명사들이었습니다. 즉 "실속 없이 겉만 번지르르하고 무리를 지어 백성을 현혹시키는 수인배"였습니다. 이 부류의 명사들은 몇 가지 공통점도 있었습니다. 즉 명성이 높은 것만큼이나 성질이 좋지 않았습니다. 학문이 높은 만큼 허세를 잘 부렸습니다. 게다가 논쟁을 벌이기를 즐기고 허튼소리를 거침없이 내뱉었습니다. 일을 성공시키기는커녕 망치지 않으면 다행인 사람들이었습니다. 『후한서』 「공융전」을 참고할 필요가 있겠습니다.

이에 따르면 조조는 공융을 죽이기에 앞서 그에게 다음과 같은 내용의 편지를 썼다고 합니다.

나 조조는 나아가서는 교화로 낡은 풍속을 고치고 물러나서는 인덕을 세워 사람을 단결시키는 능력은 없소. 그러나 나를 위해 몸 바칠 전사들을 기르고 경박하게 말만 앞세우면서 파당을 이뤄 사익을 챙기는 소인배를 징벌할 책략은 아주 많이 가지고 있소.

제갈량도 아마 조조와 같은 생각을 했을 것이 분명합니다. 내민을 서민으로 강등시키면서 "내민이 백성을 현혹시킨 것은 공융에 못지 않다"라고 말했으니까요. 내민이 바로 촉나라의 공융이고 팽양이 바로 촉나라의 예형인 셈이었습니다. 이런 사람들은 조조의 위나라는 말할 것도 없고 제갈량의 촉나라에서도 환영을 받지 못했던 것입니다.

사실 제갈량도 조조와 마찬가지로 매우 현실적이고도 진중한 사람이었습니다. 그의 융중대책을 살펴보십시오. 어디 한마디도 빈 말이 있습니까? 융중대책뿐이 아닙니다. 그의 다른 표나 상주문, 교령 등 역시 마찬가지입니다. 모두 문장이 간결하고 소박합니다. 『위씨춘추』도 참고할 만하겠습니다. 제갈량이 곤장 20대가 넘는 형사 재판은 모두 직접 맡아 했다고 기록하고 있습니다. 이에 대해서는 불가사의한 일이라고 말하는 사람이 많습니다. 어떤 사람은 제갈량이 수하를 잘 관리하지 못했거나 수하의 일처리를 믿지 못해서 그랬다고 주장합니다. 물론 일국의 재상이 친히 그런 일을 한다는 것은 믿기 어렵습니다. 또 제갈량이 그렇게 한 것이 잘한 일이 아닐 수도 있습니다. 제 개인적인 생각으로도 제갈량이 곤장 20대가 넘는 형사 재판을 모두 친히 맡아 하기가 쉽지 않았을 것이라고 봅니다. 그러나 제갈량이 재판 현장에 가끔 나타났거나 비정기적으로 재판을 친히 맡아 했을 가능성은 충분히 있습니다. 그 이유는 제갈량이 솔선수범하지 않으면 안 됐기 때문입니다. 법과 기율을 엄격히 하지 않거나 관리들의 부정부패를 예방하지 않으면 안 됐기 때문입니다. 바로 제갈량의 진중한 성격이 구현된 모습이라고 하겠습니다. 이렇게 진중하고 현실적인 사람이 어떻게 말만 그럴듯하고 실속 없는 명사들을 좋아할 리가 있겠습니까?

공융이나 장유, 팽양 등이 죽은 원인은 이들이 나쁜 사람이기 때문이 아니었습니다. 정치적 필요성이 있었기 때문입니다. 이런 정치적 필요성은 정권을 공고히 하기 위해 필수적이었습니다. 또 그들의 정치적 노선과 연관해서도 필요했습니다. 사실 동탁이 천하를 혼란스럽게 만들어놓은 다음부터 거의 대부분의 뜻있는 사람들은 새 질서 정립 문제에 대해 나름대로 생각을 하고 있었습니다. 앞에서도 설명했듯 동탁과 원소, 조조 등이 그런 사람이었습니다. 낡은 질서의 파괴자, 낡은 질서의 수호자, 새로운 질서를 수립한 사람이라는 각각 다른 평가가 내려지고 있지만 말입니다. 이들 세 사람과 굳이 비교하자면 제갈량도 조조처럼 새로운 질서를 수립하려 한 사람이라고 할 수 있었습니다.

그렇습니다. 그런 측면에서 제갈량은 원소와는 상반됐습니다. 조조와 비슷한 길을 걸었습니다. 다시 말해 동한의 옛 길을 따르지 않았습니다. 이른바 동한의 옛 길이라는 것은 "벼슬길을 독점하고 여론을 통제해 호족이 되겠다"고 하는 권문세가들의 자세와 다를 것이 없었습니다. 그러나 제갈량이 취했던 각종 조치들을 살펴보면 사족들의 비위를 맞추겠다는 생각이 하나도 없었다는 사실을 잘 알 수 있습니다. 그는 한나라 초기의 '찰서제(察擧制, 추천에 의한 관리 임용 방식-옮긴이)'를 견지했습니다. 이 제도는 사족이 벼슬길을 독점하는 것을 방지하는 제도였습니다. 나아가 그는 팽양을 죽이고 내민과 요립을 서민으로 강등시켰습니다. 사족들이 여론을 통제하지 못하게 하기 위해서였습니다. 호족과 관련해서도 그는 철저하게 억제하는 정책을 실시했습니다.

　제갈량은 낡은 제도의 개혁자이기도 했습니다. 이는 "조조는 북방에서 제갈량은 촉나라에서 동한의 일부 나쁜 악정惡政을 개혁했다"라는 판원란 선생의 말에서도 잘 알 수 있습니다. 톈위칭 선생도 이에 대해서는 비슷한 얘기를 했습니다.「조조와 관련한 몇 가지 문제」라는 제목의 글에서 "조조는 겉치레를 혁파하고 권력 독점을 개혁했다. 또 호족의 세력을 억제했다. 원소와 뚜렷이 비교됐다. 조조와 비견할 수 있는 인물은 제갈량뿐이다"라고 말했습니다. 역사가들의 적절한 평가라 할 수 있겠습니다.

　결과적으로 제갈량이 실시한 각종 제도는 '조조가 참여하지 않은 조조의 노선' 내지는 '조조를 반대하는 조조 노선'이었습니다. 더구나 제갈량은 조조의 노선을 조조보다 더 오래 견지했습니다. 조조는 이상은 가지고 있었으나 청사진은 가지고 있지 않은 사람이었습니다. 그는 동한의 옛 길을 다시 걸어가서는 안 된다는 사실만 알았지 어떻게 새로운 길을 걸어야 하는지에 대해서는 생각해보지 않은 사람이었습니다. 나아가 자신이 선택한 길을 흔들림 없이 똑바로 걸어가지 못했습니다. 또 머릿속에 대책이 없었습니다. 그 때문에 항상 잘못을 범하거나 뒷걸음질치면서 도망갈 자세만 취하기 일쑤였습니다. 조조는 변양을 죽이고 서주를 공격해 권문세가들에게 위세를 떨쳐보였습니다. 하지만 결국 그 자신은 영원히 치욕스런 인물로 역사에 남게 됐습니다. 그는 원소를 타도하고 오환을 정벌했으나 순욱이나 곽가처럼 의지가 굳세지 못해 하마터면 싸움에서 질 뻔하기도 했습니다. 조조가 시행한 정책 중 가장 중요한 정책인 '능력이 있으면 등용한다'는 정책도 사실은 계속 미루다 건안 15년(서기 210년)에 이르러서야 겨우 시행될 수 있었습니다. 이때는 적벽대전도 이미 끝났을 뿐 아니라 조조 본인 역시 벌써 56세로 황혼에 접어든 나이였습니다. 결론적으로 조조라는 사람은 '돌다리를 두드려보면서 강을 건너'는 방식으로 일을 했음에도 끊임없이 잘못을 범했습니다. 또 끊임없이 그 잘못을 고치면서 다시 잘못을 범했습니다. 따라서 그의 '법가 한족' 노선은 그가 한 걸음 한 걸음 직접 실천을 통해 모색해낸 것이라 해도 과언이 아니었습니다.

제갈량은 이 면에서는 조조와 완전히 구별됩니다. 제갈량은 이상도 있고 마음속에 청사진도 그려져 있는 사람이었습니다. 제갈량이 촉나라를 다스린 것을 보십시오. 얼마나 질서정연하고 도리가 있었습니까? 제갈량의 마음속에 이미 계산이 다 있었기 때문입니다. 다시 말해 그는 뚜렷한 건국 방침과 집권 이념을 가지고 있었습니다. 심지어 그는 양한의 성공과 실패의 경험을 뭉뚱그려 새로운 국가 제도를 수립했다고도 할 수 있습니다. 제갈량이 실천한 이 새로운 제도는 다음과 같은 여덟 글자로 개괄할 수 있겠습니다. 바로 '허군실상, 의법치국(虛君實相 依法治國, 이름뿐인 군주에 실제 권력을 틀어쥔 승상이 다스리는, 법에 의한 통치—옮긴이)'이었습니다. '의법치국'은 물론 조조도 실천에 옮겼습니다. 하지만 그래도 제갈량이 조조보다 훨씬 훌륭하게 실행했습니다. 조조의 '치국'은 어딘가 모르게 '법'보다는 '사람'에 의한 것이라는 느낌을 풍겼으나 제갈량은 달랐습니다. 진짜 완벽하게 법에 의해 나라를 다스려 공평성을 기했습니다. 조조의 정부는 부패를 근절하지 못했으나 제갈량의 정부는 그렇지 않았습니다. 그 어느 정부보다 훨씬 더 청렴했습니다. 사실 이것도 '조건과 정세'에 따라 그렇게 된 것이라 할 수 있습니다. 조조의 경우 사족과 명사들에게 에워싸여 그들에게 신세를 지는 형편이었습니다. 따라서 부득불 그들에게 다소 양보할 수밖에 없는 바가 적지 않았습니다. 이에 대해서는 톈위징 선생이 일찍이 「이엄의 성패와 제갈량의 인재등용」이라는 글에서 설명하기도 했습니다. 위와 촉은 많은 문제에 대해서 같이 비교하기 어렵다는 얘기겠죠. 사실 그렇습니다. 우선 조위는 중원에 위치한 중앙 정부인 탓에 사족들이 많이 운집해 있었습니다. 그러나 촉한은 익주라는 지방에 위치해 있어서 명사가 많지 않았습니다. 따라서 똑같은 일이라 해도 조위에서는 큰 평지풍파가 일어나지만 촉한에서는 그렇지 않았습니다. 예컨대 제갈량이 팽양을 죽인 사건은 조조가 공융을 죽인 일보다 영향력이 크지 않았습니다. 심지어 많은 사람들은 그 일조차 모르고 있었습니다.

'의법치국'은 조조도 실행에 옮겼습니다. 그러나 '허군실상'은 아마도 제갈량 고유의 정치적 이상이었지 않나 싶습니다. 실제 상황을 살펴보면 이해가 좀 더 쉽습니다. 우선 조조가 승상 자리에 오른 것과 제갈량이 승상을 맡아 통치를 한 것은 외견적으로 완전히 똑같습니다. 두 사람 모두 승상 대권을 틀어쥔 채 실권을 행사했고 황제는 허깨비처럼 아무 역할도 하지 못했으니까요. 하기야 한 헌제조차 허수아비처럼 맥을 못 썼는데 유선이 실권이 있었겠습니까? 제갈량의 경우 직무마저 조조와 똑같이 받았습니다. 즉 두 사람 모두 자신의 부를 연 승상이었습니다. 또 모두 현후에 봉해졌습니다(조조는 무평후武平侯, 제갈량은 무향후武鄕侯). 주의 목이이라는 관직 역시 받았습니다(조조는 기주의 목, 제갈량은 익주의 목). 그러나 조조는 나중에 위공에 봉해지고 위나라를 건립해 위왕을 칭했습니다. 이어 아들 조비는 황제의 자리까지 빼앗았습니다. 하지만 제갈량은 이런 일을 한 가지도 하지 않았습니다. 그러니 두 사람의 '허군실상'의 정치적 이상은 완전히 달랐다고 할 수 있습니다. 무엇 때문에 다르다고 하겠습니까? 조조의 '허군실상'의 목적은 자신이 '왕위를 찬탈하고 권력을 빼앗으려는 것'이 아니었습니까? 그러나 제갈량은 그렇지 않았습니다. 그는 공으로 봉해지지 않았습니다. 나라도 세우지 않았습니다. 왕으로 칭하지 않은 것은 물론이었습니다. 더구나 죽은 다음에도 자신의 승상 자리를 아들에게 물려주지 않았습니다. 제갈량의 '허군실상'은 완전히 국가적 견지에서 비롯된 것이라 할 수 있습니다.

위의 설명에 따르면 제갈량은 군주에게 충성하고 나라를 사랑하는 사람이었습니다. 게다가 정권을 탈취하려는 생각이 전혀 없었습니다. 그렇다면 무엇 때문에 그는 황제를 꼭두각시로 만들어놓았을까요? 제갈량의 명예를 수호하고자 하는 사람들은 유선이 너무 무능해서였다고 한마디로 결론을 내립니다. 하지만 유선이 결코 무능한 사람이 아님을 잘 알고 있는 다른 학자들은 달리 말합니다. 제갈량이 권력욕이 강할 뿐 아니라 권력을 틀어쥐려는 조급한 마음이 있어서라고요. 사실 이 두 가지 견해 모두 나름의 일리는 있습니다. 그러나 꼭 맞지는 않은 것 같습니다. 제가 최대한 선의를 가지고 추측한다면 이렇지 않을까 싶습니다. 제갈량의 '허군실상'은 사실 일종의 제도적인 역할 분담의 개혁과 통했다는 것입니다. 즉 이에 의하면 황제는 명목상의 국가 수뇌로서 국가의 주권과 통일을 상징하게 됩니다. 또 승상은 실질적인 정부 수뇌로서 실제적 정책의 제정과 실행에 나서는 사람이 됩니다. 실제로도 서한 초기에는 이와 비슷한 제도가 싹튼 적이 있었습니다. 정말 이렇다면 제갈량의 이 제도는 당시 상황에서는 가장 좋은 제도였음에 틀림없습니다. 이 경우 제갈량의 촉나라는 요즘 말로 풀이하면 '정치 특구'라고도 할 수 있을지 모르겠습니다. 그러나 아쉽게도 제갈량의 이 제도는 실천만 됐을 뿐 이론으로 형성되지 못했습니다. 법률로도 제정되지 못했습니다. 다시 말해 진정한 의미로서의 제도로 정착하지 못했습니다. 더구나 제갈량은 큰 뜻을 채 펴지도 못하고 세상을 떠났습니다. 당연히 제갈량의 이 제도 역시 흐지부지되고 말았습니다. 통탄스럽지 않을 수 없습니다.

제갈량이 불행한 이유는 이것뿐만이 아니었습니다. 그의 생각을 이해하고 농조한 사람들이 적었다는 사실 역시 그의 불행이었습니다. 촉한이 가장 먼저 망한 이유도 아마 여기에 있을 것입니다. 실제로 제갈량이 죽은 다음 그의 새로운 제도 '실험'은 바로 중지됐습니다. 그의 이상 역시 철저하게 파괴됐습니다. 심지어 그를 숭배하고 기리는 사람들조차 그의

'한 왕조 부흥'의 뜻만 높이 평가하고 '출병의 실패'에 대해서만 아쉬움을 표할 뿐입니다. '의법치국'이나 '허군실상'에 대해 언급하는 사람은 거의 없습니다. 이것이 제갈량의 가장 큰 불행이 아니고 무엇이겠습니까? 위대한 인물일수록 더 외롭다는 말이 있습니다. 제갈량도 아마 그런 사람이 아닌가 싶습니다.

또한 그런 맥락에서는 조조 역시 불행한 인물로 전혀 손색이 없습니다. 그는 거의 2천여 년 동안 가장 의견이 분분했던 역사적 인물 중의 한 사람이었습니다. 지금도 그를 화제로 삼아 논쟁을 펼치는 사람들이 있을 정도이니 말입니다. 그라는 인물을 한마디로 요약하면 간단합니다. '온 천하에 명성을 떨친 인물이자 천하의 모든 사람들로부터 비난을 받는 인물'이 바로 그것입니다. 그러나 그를 진정으로 이해할 수 있는 사람은 과연 몇 명이나 있겠습니까? 그에 대해 객관적이고도 공정하게 심도 깊은 평가를 내리는 사람이 과연 몇 명이나 있을까요? 제가 지금까지 살아오면서 조조와 관련해 들은 평가라고는 고작 '도의적인 분노'가 전부일 뿐입니다. 솔직히 사람들의 이런 태도는 엥겔스조차 말도 안 된다고 생각하지 않을까 싶습니다(엥겔스가 1885년에 마르크스의 『루이 보나파르트의 브뤼메르 18일』의 제3판에 쓴 서문을 보면 엥겔스는 루이 보나파르트의 정변에 대한 사람들의 평가가 대부분 '도의적인 분노' 수준에 있음을 개탄하고 있습니다)!

사실 제 강의에서 조조에 대해 전면적으로 분석하거나 평가할 수는 없습니다(제갈량에 대해서도 마찬가지입니다). 그저 저의 아직 성숙하지 못한 개인적인 견해를 간략하게 설명할 수는 있겠습니다. 제 생각에는 조조의 주요 공적은 그가 삼국을 통일하고자 한 것에 있지 않습니다. 마찬가지로 그의 가장 큰 잘못 역시 간교하고 잔혹하다는 데 있지 않습니다. 삼국통일에 나선다는 것은 조조에게 주어진 특권이 아니었습니다. 더구나 조조한 사람만의 일도 아니었습니다. 유비와 손권 역시 천하를 통일할 자격이 있는 사람이었습니다. 또 나중에 현실이 된 통일을 위해 나름의 준비도 했고 기여도 했습니다. 조조가 간교하고 잔혹한 면이 있다는 사실은 저 역시 인정합니다. 이것을 부인하거나 조조를 위해 변명하려는 생각은 없습니다. 그러나 지적해야 할 사실은 조조의 간교함과 잔혹함이 항상 과장되어 사람들에게 알려졌다는 점입니다. 이 문제에 대해서는 오래전부터 많은 역사학자들이 증명했으므로 더 부언하지는 않겠습니다.

조조에게는 긍정적인 장점도 많았습니다. 그가 새 질서를 수립하려고 노력했다는 사실이 무엇보다 그렇습니다. 조조가 수립하고자 한 이 새 질서는 계급적 차원에서 보면 '서족'을 핵심으로 하는 것이었습니다. 통치 이념에서 보면 법가의 사상을 따른 것이었습니다. 그 때문에 조조가 수립하려 한 이 새로운 질서 역시 조조 본인과 마찬가지로 조금 폄하된 느낌이 없지 않습니다. 역사적으로 입증된 바에 의하면 제국에 가장 적합한 통치 계급은 서족지주계급입니다. 반면 제국에 가장 적합한 통치 이념은 법가 사상이 아닙니다. 수, 당 이후의 국가에서 채택한 정치적 노선을 보면 잘 알 수 있을 것 같습니다. 원소의 '유가 사족'이나 조조의 '법가 서족' 노선이 아니라 '유가儒家 서족庶族'의 노선이었습니다. 이것은 위진 남북조 시대의 여러 왕조와 369년 동안의 시행착오를 거쳐 실현된 것이었습니다. 당연히 사마씨 가문을 대표로 하는 사족 정권 역시 역사적 필연이었습니다. 조조는 미리 앞을 내다보고 수백 년 이후의 노선을 미리 실시하고자 했던 것입니다(통치 계급으로서의 서족). 게다가 그가 다 맞지는 않았습니다(법가가 아니라 유가가 통치 이념으로 적합했다는 것). 너무 시대를 앞질렀고, 과오까지 있었으니 어찌 실패하지 않을 수 있겠습니까?

우리는 사족지주계급이 무엇 때문에 조조를 미워했는지 그 이유를 잘 압니다. 조조는 그들의 길을 막았습니다. 그들의 정권 독점에 걸림돌이었습니다. 그들에게 시간을 지체하게 만들었습니다. 앞에서도 강의했지만 사족계급은 동한 말기에 이미 주요 통치 집단에서 핵심 역량으로 군림했습니다. 따라서 그들이 통치 계급으로 부상하려면 두 가지 방법 중 한 가지를 취해야 했습니다. 하나는 평화적인 과도기를 거치는 것이었습니다. 다른 하나는 당연히 무장 투쟁을 통한 것이었습니다. 첫 번째 방법은 동탁이 낙양에 쳐들어감으로써 물 건너가고 말았습니다. 두 번째 방법 역시 관도대전을 통해 완전히 물거품이 되고 말았습니다. 이때 정권을 탈취할 수 있는 것은 오로지 비사족 출신의 군벌들뿐이었습니다. 나아가 원소 진영이 견지했던 '유가 사족 노선'을 잠시 접어둬야만 성공할 수 있었습니다. 이것이 바로 유비, 손권 등 인물들이 '포스트 원소 시기'에 승리할 수 있었던 원인이었습니다. 당연히 비사족 군벌들이 두각을 나타내고 비사족계급의 정권이 세력을 얻을 수 있었던 이유가 있었습니다. '앞에 차가 있고 뒤에 바퀴가 있기 때문'이었습니다. 다시 말해 조조가 '견인 작용'을 했다고 볼 수 있는 것입니다. 그 때문에 사족지주계급은 분노의 예봉을 조조에게 돌리고 조조를 '마녀'처럼 폄하하기 위해 애를 쓸 수밖에 없었습니다. 애석한 점은 조조 본인 역시 의롭지 못한 부분이 많았다는 사실입니다. 그래서 영웅에서 '간웅'으로 전락하지 않으면 안 됐던 것입니다.

더구나 조조는 후대 사람에게 힐책을 당할 결정적인 일도 했습니다. 조조의 가장 큰 과오는 다른 것이 아니었습니다. 바로 조비가 황제에 등극할 수 있는 결정적인 조건을 만들어준 것입니다. 역사는 가정할 수 없습니다. 그러나 만약 조조가 스스로 위왕으로 칭하지 않았다고 가정해봅시다. 위공으로 봉해지지 않고 위나라를 세우지 않았다고 가정해봅시다. 이 경우 아마도 조씨 일가는 대대손손 승상을 했을 가능성이 큽니다. 역사는 다른 방향으로 흘러갔을 것입니다. 하지만 그는 불행하게도 최고 권력에 너무 집착했습니다. 결국 돌을 들어 제 발을 찍고 말았습니다. 루이 보나프르트가 그의 백부 나폴레옹을 모방해 정변을 일으켰을 때 마르크스는 이렇게 예언했습니다.

"황포가 루이 보나파르트의 몸에 걸쳐지게 될 때면 아마도 나폴레옹의 동상은 방돔 광장 원기둥 위에서 굴러 떨어질 것이다."

마르크스의 예언을 조조에게 적용해본다면 이렇게 말할 수 있을 것 같습니다.

"조비가 황포를 자신의 몸에 걸쳤을 때 조조는 화가들에 의해 흰 얼굴(나쁜 사람)로 그려지는 것을 감내하지 않으면 안 됐다."

조조의 이미지는 아들에 의해 지옥으로 굴러 떨어져 만신창이가 됐습니다. 하지만 제갈량은 반대였습니다. 그의 이미지는 사람들에 의해 '신'의 위치로까지 올라갔습니다. 사실 이 부분은 누구도 부인할 수 없습니다. 그는 천하에 뜻을 두고 국가와 백성의 안위를 걱정했습니다. 나라를 위해 온 힘을 다했습니다. 게다가 청렴하고 겸손했습니다. 사람이 진중했습니다. 말보다 행동으로 본보기를 보였습니다. 천고에 보기 드문 모범적 인물이라 해도 과언이 아닙니다. 그러나 제갈량이 '신'으로 추앙받는 이유는 제갈량 본인의 장점 때문만은 아니었습니다. 사회에서 이런 전형적 인물을 필요로 했기 때문입니다. 삼국시대 이후 제국의 통치자들은 충신을 필요로 했습니다. 일반 백성도 청렴한 관리를 원했습니다. 문인과 사대부들은 그들을 대변할 이미지가 필요했습니다. 조조를 '귀신'으로 폄하하는 것과 같은 이치입니다. 어느 사회에서나 부정적 인물만큼이나 긍정적 인물도 필요한 것이니까요.

그러나 제 개인적 생각은 이렇습니다. 역사에 실존한 인물인 조조와 제갈량은 장강의 앞 파도와 뒤의 파도에 지나지 않습니다. 또 문학적 캐릭터와 민간 이미지로서의 조조와 제갈량 역시 그저 동전의 앞면과 뒷면에 불과할 뿐입니다. 그러나 뭇 사람들은 동전 양면의 극명한 대립과 그 기준으로서 인간성을 강조합니다. 한 면은 천사이고 다른 한 면은 악마가 되라고 하는 경우가 종종 있는 것입니다. 이렇게 해서 제갈량은 '천사'로 칭송받았습니다. 조조는 당연히 '악마'가 될 수밖에 없었던 것입니다. 같은 이치로 '뒤의 파도'인 제갈량은 '앞의 파도'인 조조를 해변가에 쓰러뜨렸습니다. 그러고는 일어나지 못하게 했습니다.

사실 이것이 우리가 바라는 바는 아닙니다. 우리는 '장강의 뒤 파도가 앞 파도를 밀고 앞의 파도는 다시 새로운 파도가 되는' 결과를 원합니다. 그러나 역사라는 기나긴 강이 과연 우리 소원대로 흘러갈 수 있을까요?

역자 후기

# 삼국지는 결코 끝나지 않는다

'삼국지'는 중국인의 영원한 문화 코드라 해도 좋다. 중국 현지에서는 요즘도 '삼국지'와 관련한 각 분야의 책들이 쏟아진다. 대중의 주목을 받는 정치, 경제, 사회, 문화계의 저명인사도 삼국지를 인용해 적어도 한마디씩은 해야 문화인이라는 소리를 듣는다. 이런 현실을 감안하면 확실히 '삼국지 천하'라 해도 과하지 않다. 더불어 베이징北京대나 칭화淸華대 등 유명 대학 MBA 과정에 삼국지를 벤치마킹한 이른바 '삼국지 경영학'이 교과 과정으로 들어가는 최근의 현실도 그렇다는 사실을 증명한다.

사실 이런 삼국지의 열풍은 소설 『삼국연의』가 중국 4대 고전으로 우뚝 서 있을 뿐 아니라 일정한 사이클을 두고 삼국지 읽기가 유행했던 만큼 결코 우연한 일은 아니다. 그럼에도 최근의 열풍에는 나름의 계기가 있다. 단언컨대 그 계기는 이 책의 저자인 이중톈易中天교수의 '삼국지 강의'일 것이다. 이는 이 책의 출판 이후 유, 무명작가들과 교수들의 아류 작품들이 쏟아졌고 지금도 계속 나오는 사실이 증명하고 있다. 거의 광풍이라고 해도 좋은 최근의 고전 학습 열풍도 한 증거이다.

역자가 번역한 이 『삼국지 강의 2』는 중국 현지에서는 올해 상반기 출간됐다. 한번 쇄를 거듭할 때마다 최소 10만부씩을 찍었을 정도로 반응도 뜨거웠다. 전작前作이 인기가 좋으면 후속편은 실패한다는 세계 출판계의 속설을 여지없이 깨버린 셈이다.

그렇다고 독자들에게만 평판이 좋은, 이른바 대중적 베스트셀러도 아닙니다. 진짜 그런지는 책이 완간된 이후의 반응을 살펴보면 잘 알 수 있다. 우선 언론의 경우 대중적인 책에는 눈길을 잘 주지 않는 보수적인 최고 권위지 〈런민르바오人民日報〉의 반응이 그렇다. 책이 출간된 즉시 열린 저자의 '사인 판매 행사'를 집중 조명하는 것도 모자라 서점 앞에 길게 줄을 선 독자들의 행렬을 담은 사진까지 대대적으로 실었다. 이 신문은 특히 이런 열광적 현상에 대해 "경제적 자신감이 중국 전통문화에 대한 자부심으로 나타났다. 이중톈의 '삼국지 강의'가 이 현상에 불을 붙였다"면서 긍정적으로 분석했다. 〈런민르바오〉는 이후에도 틈만 나면 귀중한 지면을 할애하여 '삼국지 강의'의 거센 열풍을 전하는 데 주저하지 않고 있다. 〈원화바오文化報〉를 비롯한 독서, 문화 관련 매체들의 반응 역시 〈런민르바오〉보다 더하면 더했지 못하지 않다. 책이 완간된 이후 지금까지 6개월 이상이 지났는데도 거의 1주일에 한번씩은 '삼국지 강의'나 이중톈을 조명하고 있다.

독자들의 반응은 거의 광적이라고 표현해야 할 것 같다. 이중톈 팬 카페를 이미 여럿 만든 것에서도 모자라 작품 읽기 모임 등도 활발하게 전개하고 있다. 이 분위기는 주로 대학생 등 젊은 층이 주도한다는 특징을 가지고 있다.

'삼국지 강의'는 양에서는 진수의 『삼국지』나 나관중의 『삼국연의』와 비교하기 어렵다. 중국어로 250쪽 전후의 책으로 달랑 두 권일 뿐이다. 그러나 의미만큼은 결코 가볍게 치부해서는 곤란하다. 일부 학자들에 의해 쓰레기로 매도되는 배송지 주가 인용한 수많은 고전들을 저자가 직접 다시 확인, 인용했다는 사실이 우선 높이 평가돼야 한다. 이는 그만큼 저자 이중톈의 독서량이 엄청나다는 반증이기도 하다. 여기에 소설『삼국연의』의 의심스런 부분을 명쾌하게 해석해줬다는 사실에도 나름의 의미를 부여해야 할 것이다.

런민대학人民大學의 저명한 중문학자이자 문인인 마샹우馬相武 교수는 최근 역자에게 "이교수의 글은 강연을 바탕으로 한 것인 만큼 문장으로서는 완벽하지 않을 수도 있다. 그러나 그렇다고 해서 그가 최근 이룬 성과나 업적을 부정해서는 안 된다. 천하의 미인 서시에게도 티는 있었다"라고 말한 바 있다. 최근 중국 내외에서 일고 있는 극히 일부의 부정적 여론을 다분히 의식한 발언으로 보인다.

『삼국지 강의』는 현재 300만 부를 돌파한 여세를 몰아 400만 부 판매를 향해 달려가고 있다고 한다. 더구나 이 판매량은 몇 종이나 출판됐는지도 모르는 해적판이 전국 곳곳의 골목에서 팔려나가는 와중에서 달성된 기록이다. 이 상태로 갈 경우 미증유의 1000만 부 판매도 가능하다는 전망이 나오는 것은 괜한 일이 아니다.

역자는 이 책을 학수고대할 한국의 독자들을 생각해 최대한 빠르고 정확하게 번역하기 위해 노력했다. 그럼에도 불구하고 티 하나 없는 완벽한 번역이라고 100% 자신하기는 어렵다. 여러 방면에서 역자보다 높은 수준에 있을 무서운 독자들의 질정을 바랄 뿐이다.

2007년 초겨울 베이징에서<br>
홍순도

天下大勢, 分久必合, 合久必分.
무릇 천하의 대세는 나누어진 지 오래면 반드시 합쳐지고,
합쳐진 지 오래면 나누어지는 법이다.